JN405305

무료 동영상 강의를 제공하는

전산회계 운용사

2급 · 필기

편집진행 김준일 · 백한강 · 권민협 | 표지디자인 조혜령 | 본문디자인 김기화 · 고현준

Profile

고민석 세무사

- 중앙대학교 졸업(경영대학)
- 중앙대학교 대학원 수료(회계학)
- 現 세무법인 소속
- 現 에듀피디, 에듀온 강사

[주요저서]
- 전산회계운용사 2급 필기, 전산회계운용사 3급 필기(시대에듀)
- 우편상식, 금융상식 예상문제집(세진에듀)
- 개인 병의원 회계와 세무실무, 장애인 세법(어울림)

기출문제 추가제공

시대에듀 접속 www.sdedu.co.kr ➤ 학습자료 클릭 ➤ 기출문제 클릭 ➤ 전산회계운용사 검색

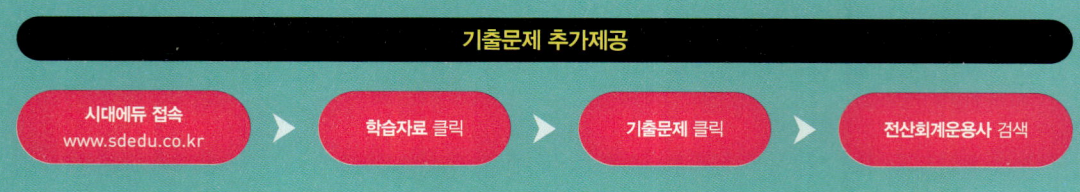

※ 자세한 사항은 도서 228쪽 참조

머리말 PREFACE

회계학! 특히 한국채택국제회계기준(K-IFRS)의 이론은 추상적인 개념이 많아 이를 바로 이해하기가 쉽지는 않습니다. 우리의 목표는 K-IFRS에 대한 완벽한 이해보다는 시험에 합격하여 자격을 취득하는 것입니다. 시험에서 만점을 받는 것보다는 적정한 시간을 투입하여 일정 수준 이상의 점수를 얻는 전략이 필요합니다. 지나치게 높은 수준의 학습을 하는 것은 마치 천원짜리 지폐만 사용할 수 있는 자판기 앞에서 만원짜리 지폐를 들고 음료가 나오길 기다리는 것과 같습니다. 따라서 학습할 분량과 내용은 어느 정도 선택과 집중이 필요하므로 교재에서도 학습하기 용이하도록 어떤 항목은 서술형으로, 또 다른 것들은 요약 형태로 정리되어 있습니다.

시험에 합격하는 데 있어 기출문제는 대단히 중요합니다. 시험의 범위와 출제경향을 알 수 있으며 유사한 형태의 문제를 대비하게 도와줍니다. 기출문제의 세부적인 회계처리와 관련 이론을 확인하고 꼼꼼히 풀어 보는 것이 좋습니다. 이런 과정이 반복되면 실력은 어느 순간 도약하게 될 것입니다.

전산회계운용사 2급을 학습하기 위해서는 분개(회계처리) 관련 지식을 사전에 어느 정도 습득하고 시작하는 것이 바람직합니다. 만일 분개하는 데 자신이 없다면 전산회계운용사 3급 필기 교재(분개하는 데 있어 유용한 팁과 내용을 포함하고 있어 회계를 처음 접하는 분들에게 유용합니다)를 참고하여 이에 대한 충분한 학습을 한 후에 2급을 준비하시길 권해드립니다.

본 교재가 합격의 좋은 안내자 역할을 하여 수험생 여러분의 도전에 작은 보탬이 되었으면 하는 바람입니다. 시험 합격 후에는 이 분야가 적성에 맞는다면, 더 높은 수준의 자격 시험에도 관심을 가지길 바랍니다. 새로운 시험 도전은 여러분 인생을 달라지게 할 것입니다. 교재 출간을 위해 기획, 편집에 많은 도움을 주신 편집자님께 마음 속 깊은 감사를 드립니다.

편저자 고민석 올림

자격시험 안내 INFORMATION

◇ 종목소개

방대한 회계정보의 체계적인 관리 필요성이 높아짐에 따라 전산회계운용 전문가에 대한 기업 현장의 수요도 증가하고 있습니다. 전산회계운용사 2급 시험은 고등학교 졸업 또는 대학의 중급 수준의 회계원리와 원가회계에 관한 지식을 갖추고 대기업의 회계실무자 또는 중소기업의 회계책임자로서 회계프로그램을 이용하여 회계 전반에 관한 업무를 수행할 수 있는 능력의 유무를 평가합니다.

◇ 시험과목 및 평가방법

등 급		시험과목	출제형태	시험시간	합격기준(100점 만점)
1급	필 기	재무회계 원가관리회계 세무회계	객관식 60문항	80분	과목당 40점 이상이고 전체 평균 60점 이상
	실 기	회계시스템의 운용	컴퓨터 작업형	100분	70점 이상
2급	필 기	재무회계 원가회계	객관식 40문항	60분	과목당 40점 이상이고 전체 평균 60점 이상
	실 기	회계시스템의 운용	컴퓨터 작업형	80분	70점 이상
3급	필 기	회계원리	객관식 25문항	40분	60점 이상
	실 기	회계시스템의 운용	컴퓨터 작업형	60분	70점 이상

※ 계산기는 일반계산기만 지참 가능하며, 실기프로그램은 CAMP sERP, New sPLUS 중 택 1

◇ 시험일정 및 접수방법

구 분	내 용
시험일	상시(시험개설 여부는 시험장 상황에 따라 다름)
접수기간	개설일로부터 4일 전까지 인터넷 접수 또는 방문 접수
합격발표	대한상공회의소 자격평가사업단 홈페이지(license.korcham.net) 또는 고객센터(02-2102-3600) • 필기 : 시험일 다음 날 오전 10시 • 실기 : 매주 수요일~그 다음주 화요일까지 응시한 경우, 그로부터 2주 후 화요일 오전 10시
검정수수료	필기 : 17,000원 / 실기 : 22,000원 ※ 인터넷 접수 시 수수료 1,200원 별도 부과

◇ 응시자격 | 제한없음

◇ 전산회계운용사 2급 필기 출제기준

❶ 재무회계

구 분	주요항목	세부항목
회계와 순환과정	회계의 기초	회계의 기초개념 · 분류 · 역할 등, 재무상태와 경영성과의 이해, 재무보고를 위한 개념체계, 회계 관련 규정
	회계순환과정	회계의 순환과정과 각 절차의 목적, 전표회계, 결산의 절차 및 결산정리의 이해, 당기순손익 계산의 이해
재무제표 작성	재무제표 작성	재무상태표, 포괄손익계산서, 자본변동표, 현금흐름표
재무제표 요소	현금및현금성자산	현금, 요구불예금, 현금성자산
	금융자산	금융자산의 분류 · 의의 · 취득 · 평가 · 처분, 금융상품과 지분상품의 구분
	투자부동산	투자부동산의 인식 · 분류, 원가모형 및 공정가치모형
	매출채권과 매입채무	외상매출과 외상매입(운반비 포함), 매출처원장과 매입처원장, 어음, 매출채권의 양도 · 할인 · 담보 · 손상
	기타채권과 채무	대여금과 차입금, 미수금과 미지급금, 선급금과 선수금, 가지급금과 가수금, 예수금
	재고자산	취득원가의 결정, 재고자산의 소유권 결정, 원가배분(수량의 흐름, 단가의 결정), 재고자산 단가결정의 효과, 기말재고자산의 평가
	유형자산	취득원가 결정, 감가상각, 제거(처분), 취득 후 지출
	무형자산	무형자산의 인식 · 분류, 취득원가 결정, 내부적으로 창출한 무형자산, 웹사이트원가
	비유동부채	금융부채의 개념, 사채발행과 상환, 충당부채 · 우발부채 · 우발자산
	자 본	자본의 의의 · 분류, 개인기업의 자본, 주식회사의 자본, 주당이익
	수익과 비용	수익의 개념과 회계처리, 비용의 개념과 회계처리, 종업원급여, 법인세비용

❷ 원가회계

구 분	주요항목	세부항목
원가계산	원가의 기초	원가회계와 관리회계의 비교, 원가의 개념과 분류, 원가행태의 추정, 재료원가 · 노무원가 · 제조경비의 계산, 원가배분의 의의 · 목적 · 절차 · 기준
	부문별 원가계산	보조부문원가의 배분 이유와 목적, 제조부문원가의 배부 및 예정배부
	개별원가계산	개별원가계산의 기초 및 절차
	종합원가계산	종합원가계산의 기초 및 절차, 당기제품제조원가 · 매출원가의 계산

이 책의 구성과 특징 STRUCTURES

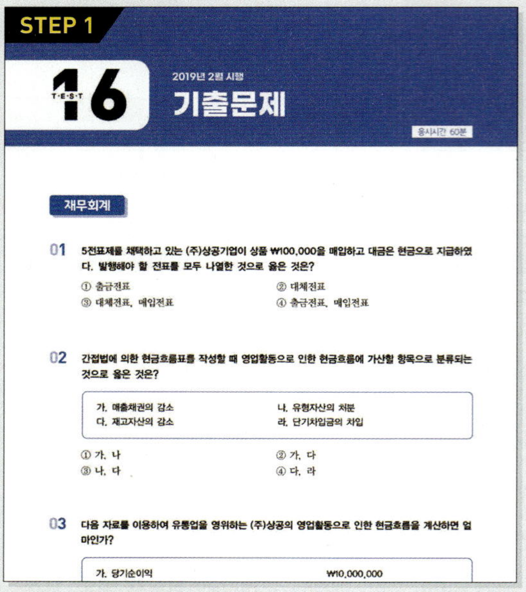

최신 기출문제 16회분 수록

2021년 기출 비공개 및 상시시험 전환 이후
복원기출 10회분을 포함한 최신 기출문제 16회분 수록

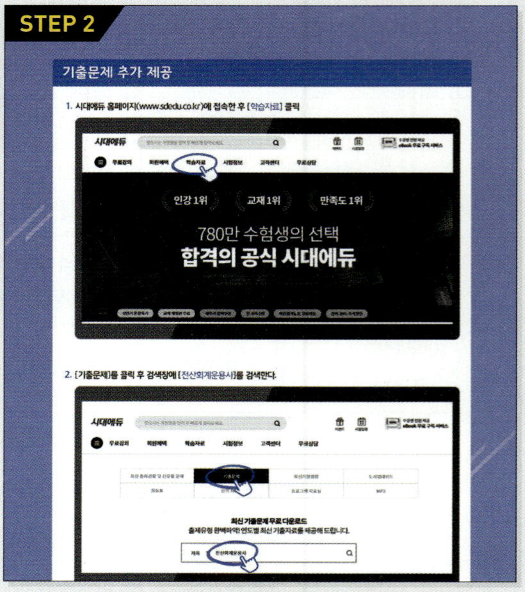

과년도 기출문제 7회분 온라인 추가 제공

문제은행 방식으로 출제되는 시험의 특징에 맞추어
과년도 기출문제 7회분 온라인 추가 제공 (p.228 참고)

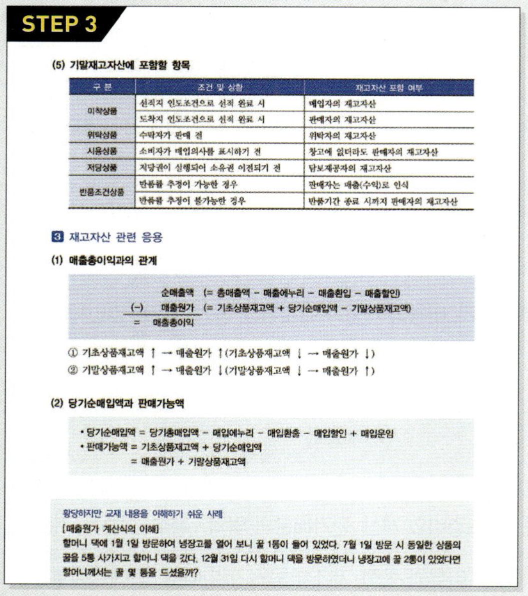

기출을 분석하여 엄선한 핵심이론

다년간의 기출을 분석하여
출제빈도 및 중요도가 높은 핵심이론을 엄선하여 수록

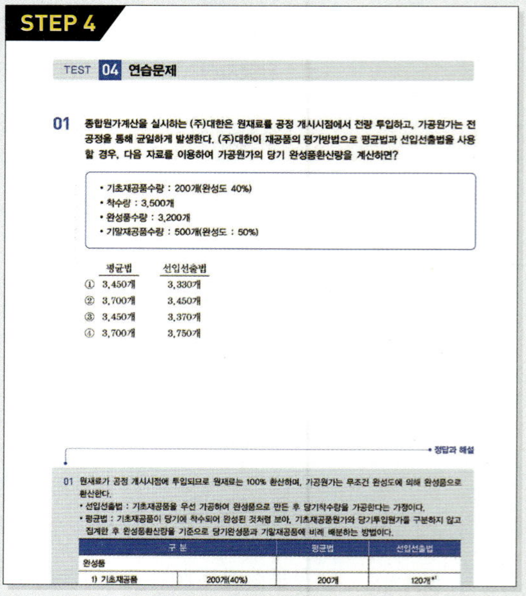

풍부한 예시 & 예제와 연습문제

이해를 돕기 위한 다양한 예시&예제와
이해도 점검을 위한 단원별 연습문제 수록

이 책의 차례 CONTENTS

이 책의 차례 CONTENTS

PART 1

전산회계운용사
2급 필기

재무회계

아이들이 답이 있는 질문을 하기 시작하면 그들이 성장하고 있음을 알 수 있다.

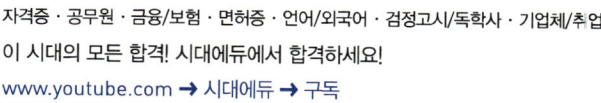

– 존 J. 플롬프 –

CHAPTER 01

PART 1 재무회계

부기와 회계의 기본원리

PART 1

01 부기의 기본개념

1 부 기

부기란 기업의 경영활동을 통하여 발생하는 재화와 채권·채무 등의 경제가치 변화를 일정한 원리원칙에 의하여 계산·기록·정리하는 과정이다.

2 부기의 분류 – 기록·계산 방법에 의한 분류

① **단식부기** : 일정한 원리원칙 없이 현금의 수입과 지출을 중심으로 기입하는 회계처리방법으로 현금출납장이나 가계부가 대표적인 예이다.

② **복식부기** : 하나의 거래를 대차평균의 원리에 따라 차변과 대변에 기록하는 방식이다. 일정한 원리원칙에 의해 재화의 증감은 물론 손익의 발생을 조직적으로 기록·계산하여 기장하는 방식으로서 정확한 재무상태와 손익상태를 파악할 수 있다. 복식부기는 '자산 = 부채 + 자본'의 기본구조를 갖는다.

단식부기	복식부기
• 필요한 거래사실만 임의적 장부에 기록 • 기장 오류발견이 어려움 • 주관적, 임의적으로 기록	• 거래를 체계적으로 장부에 기록 • 자기검증으로 오류발견이 용이 • 객관적 원리원칙에 의하여 기록

02 회계의 기본개념

1 회 계

회계는 부기에 의하여 얻어진 회계장부를 인식·측정·식별하여 기업의 이해관계자들(투자자, 주주, 채권자, 거래처, 경영자, 종업원, 정부기관 등)이 합리적인 판단과 의사결정을 할 수 있도록 기업실체에 관한 유용한 정보를 식별하고 측정하여 전달하는 과정이다.

2 회계의 목적

회계는 정보이용자가 한정된 자원을 효율적으로 배분하기 위하여 합리적인 의사결정을 하는 데 필요한 유용한 정보를 제공하는 것이 기본목적이다.

정보이용자	정보수요
투자자	투자위험을 감수하는 자본제공자와 그들의 투자자문가는 투자에 내재된 위험과 투자수익에 대한 정보에 관심을 갖는다(주식의 매수, 매도, 보유 의사결정 및 배당능력 평가에 필요한 정보를 필요로 함).
경영자	경영방침 및 경영 계획수립을 위한 자료를 제공한다.
종업원	고용주인 기업의 안정성과 수익성에 대한 정보에 관심을 갖는다(기업보수, 퇴직급여, 고용기회 제공능력을 평가할 수 있는 정보 제공).
대여자	대여금과 대여금에 대한 이자가 지급기일에 적절히 지급되는지를 결정하는 데 도움을 줄 수 있는 정보를 필요로 한다.
공급자와 그 밖의 거래 채권자	기업의 지급기일 내 지급능력을 결정하기 위한 정보를 필요로 한다(일반적으로 당해 기업에 대해 대여자보다는 단기적인 관심을 가질 가능성이 높다).
고 객	특정 기업과 장기간 거래관계를 유지하고 있거나 의존도가 높은 경우에 그 기업의 존속가능성에 대한 정보에 관심을 갖는다.
정부와 유관기관	기업활동 규제, 조세정책 결정(과세결정의 기초자료 제공), 국민소득 등 통계자료의 근거로 사용한다.
일반 대중	기업의 성장과 활동범위에 관한 추세 및 현황에 대한 정보를 얻을 수 있다.

3 회계의 분류

(1) 재무회계

기업의 외부이해관계자(주주, 채권자)의 합리적인 의사결정을 위해 유용한 정보를 제공하는 것을 목적으로 하는 회계를 말한다. 그러나 정보이용자가 요구하는 정보는 다양하므로 모든 정보수요를 충족시키는 것은 현실적으로 불가능하다. 그러므로 재무회계는 일반적으로 인정된 회계원칙(GAAP ; Generally Accepted Accounting Principles)에 따라 일반목적의 재무제표를 작성하여 재무정보이용자들이 필요로 하는 공통적인 정보를 정기적으로 제공한다.

(2) 관리회계

기업의 내부이해관계자인 경영자가 계획을 수립하고 합리적인 의사결정을 할 수 있도록 유용한 정보를 제공하는 것을 목적으로 하는 회계이다. 관리회계는 경영자의 의사결정에 필요한 정보를 제공하는 것이 목적이므로 일정한 기준이나 양식에 제약을 받지 않고 필요할 때에 수시로 정보를 제공한다.

구 분	재무회계	관리회계
정보이용자	외부이해관계자(주주, 채권자)	내부이해관계자(경영자)
목 적	외부정보이용자의 경제적 의사결정에 유용한 정보를 제공	내부정보이용자의 관리적 의사결정에 유용한 정보를 제공
정보의 성격	과거 지향적	미래 지향적
보고수단	재무제표	의사결정에 목적적합한 방법(일정한 형식 없음)
회계기준	일반적으로 인정된 회계원칙	객관적으로 공통된 기준 없음

4 회계단위(장소적 범위)

기업의 자산・부채・자본의 증감 변화와 그 원인을 기록・계산하는 장소적 범위를 회계단위라 한다.

예 본점과 지점, 본사와 공장

5 회계기간(시간적 범위)

기업의 경영활동은 영업을 개시하여 폐업에 이르기까지 계속적으로 이루어지지만 일정기간 동안의 경영성과를 명백히 계산하기 위하여 6개월 또는 1년 등의 인위적으로 적당한 기간으로 구분・설정하는데, 이것을 회계연도 또는 회계기간이라 하며, 1년을 초과할 수 없다.

(1) **기초** : 회계기간의 첫 날

(2) **기중** : 보고기간 동안

(3) **기말** : 회계기간의 마지막 날

(4) **개인기업** : 1월 1일 ~ 12월 31일

(5) **법인기업** : 정관에 규정

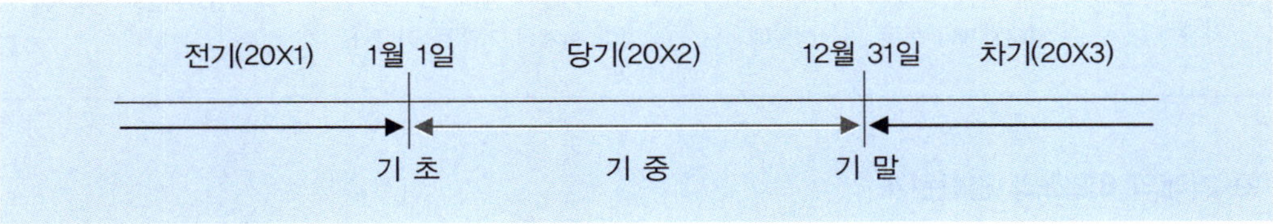

03 거래 및 회계순환과정

1 거 래

(1) 거래의 의의

회계상의 거래란 회계주체인 자산・부채・자본(수익, 비용)의 변동을 초래하는 모든 사건으로서 화폐액으로 표시 가능한 것을 말한다. 즉, ① 재무상태의 변동과 ② 화폐액으로 표시 가능한 두 가지 조건을 충족시킬 수 있는 경제적 사건을 말한다.

구 분	사 례
회계상 거래	화재, 도난, 분실, 손상(= 대손), 감가 등
공 통	현금의 수입과 지출, 상품매매, 채권・채무의 증가와 감소, 비용의 지급, 수익의 수입 등
일반적인 거래(회계상 거래 아님)	임대차계약, 상품 주문, 종업원 채용 등

예제

다음 중 회계상 거래는 ○, 회계상 거래가 아닌 것은 ×로 표기하여라.

(1) 화재로 인하여 창고 건물 3,000,000원이 소실되다.	(　)
(2) 현금 1,000,000원을 출자하여 영업을 개시하다.	(　)
(3) 상품 500,000원을 주문하다.	(　)
(4) 김포상점에서 상품 300,000원을 외상으로 매입하다.	(　)
(5) 종업원의 급여 800,000원을 주기로 하고 채용하다.	(　)
(6) 거래처의 파산으로 외상매출금이 회수불능(손상)되다.	(　)
(7) 상품 400,000원을 매출하고, 대금은 월 말에 받기로 하다.	(　)
(8) 월세 5,000원을 주기로 하고, 건물의 임대차계약을 맺다.	(　)
(9) 현금 820,000원을 도난 당하다.	(　)

정답 및 해설

(1) ○, (2) ○, (3) ×, (4) ○, (5) ×, (6) ○, (7) ○, (8) ×, (9) ○
회계상 거래가 되기 위해서는 자산, 부채, 자본의 증감변화가 있어야 한다.
따라서 화재로 인한 손실, 손상(= 대손), 도난 등이 회계상 거래가 된다. 그러나 단순히 상품을 주문하거나 종업원 채용계약, 단순 임대차계약 등은 일상생활에서는 거래이나 회계상 거래는 아니다.

(2) 거래의 8요소와 결합관계

복식부기시스템에서는 회사의 거래가 발생할 때 이를 재무상태표 요소인 자산・부채・자본과 손익계산서 요소인 수익・비용의 증감으로 분류하여 차변과 대변에 각각 같은 금액을 기록함으로써(거래의 이중성), 그 기록의 합계액(대차합계)이 항상 일치하도록(대차평균의 원리) 되어 있다. 이때 이러한 5가지 요소가 결합이 되어 이루어지는 거래유형을 '거래의 8요소'라 하며 다음과 같은 결합관계로 요약할 수 있다.

① 자산의 증가는 차변에, 자산의 감소는 대변에 기록한다.
② 부채의 증가는 대변에, 부채의 감소는 차변에 기록한다.
③ 자본의 증가는 대변에, 자본의 감소는 차변에 기록한다.
④ 수익의 증가는 대변에, 수익의 감소는 차변에 기록한다.
⑤ 비용의 증가는 차변에, 비용의 감소는 대변에 기록한다.

〈거래의 8요소〉

차 변	대 변
자산의 증가	자산의 감소
부채의 감소	부채의 증가
자본의 감소	자본의 증가
비용의 발생	수익의 발생

구 분	내 용
자 산	과거사건의 결과로 기업이 통제하는 현재의 경제적자원
부 채	과거사건의 결과로 기업이 경제적자원을 이전해야 하는 현재의무
자 본	기업의 자산에서 모든 부채를 차감한 잔여지분

예시

고급 음식점을 만들어 장사를 한다고 가정해보자.

사업을 시작하기에 앞서 우선 어느 정도의 규모로 할 것인지 결정하고, 그에 따른 자금소요는 얼마나 되는지를 검토한다.

사업장을 빌리기 위한 자금, 사업장을 꾸미고 관련된 시설을 설치하는 인테리어, 운영에 들어가는 여러 가지 비용이 무엇이 있는지를 아래 표로 정리할 수 있다.

여러 가지 자금을 필요로 하는 분야 (주로 큰 돈이 들어감)	해당 자금을 조달하기 위한 방법
• 사업장을 빌리기 위한 자금(임차보증금) • 사업장 인테리어 • 주방시설장치 • 차량 등	• 남의 돈(빚) • 내 돈

이번에는 고급 음식점을 운영하면서 어떤 돈이 지출되고 버는지 생각해 보자.

사업을 위해 쓰는 돈	버는 돈
• 인건비 • 식재료비 • 월 세 • 전화요금, 수도요금, 전기요금 등	• 음식을 팔아 돈을 번다(매출).

이를 도식화하면 다음과 같다. 전체 흐름은 시계 역방향으로 진행된다.

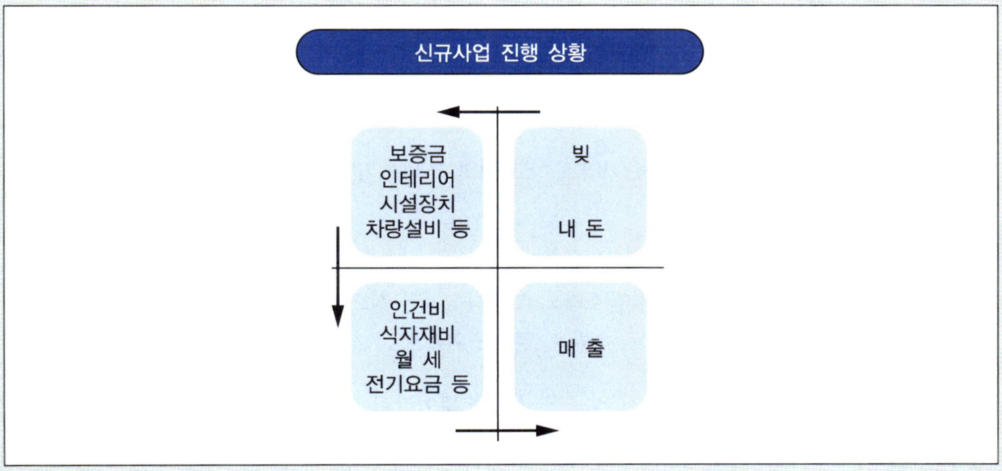

이를 우리가 공부하는 회계적인 접근 방식으로 바꾼다면 다음과 같다.

여러 가지 자금을 필요로 하는 분야	해당 자금을 조달하기 위한 방법
• 주로 눈에 보여지는 사업장 모습 → 자산	• 남의 돈(빚) → 부채 • 내 돈 → 자본

사업을 위해 쓰는 돈 → 비용	버는 돈 → 수익

사람들은 자신에 대한 정보를 제공할 때 밝고 좋은 면을 우선 부각시킨다. 따라서 자산을 먼저 등장시키고 이후 이에 대한 자금조달의 원천인 부채와 자본을 얘기한다.

예를 들어 누군가와 사는 곳에 대해서 말한다면 집의 시세가 어떻게 되었는지를 먼저 언급하고 이후 그 집을 얻기 위해 얼마의 빚을 지웠으며 순수한 내 돈은 얼마나 들어갔는지를 설명할 것이다(경우에 따라서는 생략하기도 한다).

반면, 사업을 할 때는 돈을 잘 번다라고 떠벌리고 다니지 않고 자신이 사업을 위해 얼마나 많은 돈을 집어넣는지를 얘기한다. 실제 사업을 하려면 항상 어떤 비용 지출이 선행된다. 그리고 나서 벌어들이기 시작한다.

회계순환 과정 및 명칭

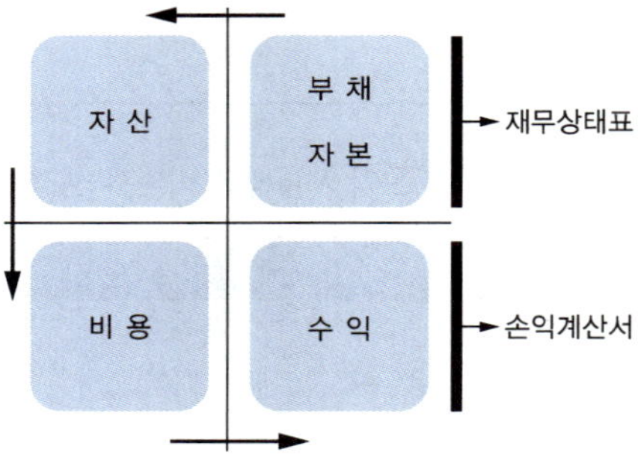

이제 복잡한 암호문에 쓰일 8가지 알파벳을 자산, 부채, 자본, 비용, 수익을 가지고 만들어 볼 것이다. 암호문이란 회사에서 발생되는 수많은 거래를 오른쪽과 왼쪽의 표시를 통해 짧게 줄여 분개하는 것이다.

편의상 왼쪽을 차변, 오른쪽을 대변이라 한다(이는 회계의 오래된 전통으로 원래 역사적 의미가 있으나 우리의 관심사항은 아니므로 고민하지 말고 외운다).

자기 자리에 있을 때를 (+)증가라고 하고 남의 자리에 가면 불편해서 (−)감소라고 한다.

자산은 왼쪽이 자기의 본래 자리이므로 왼쪽에 있을 때 자산의 증가라고 하고, 남의 자리 즉 오른쪽 부채와 자본쪽으로 갔을 때 자산의 감소라고 부른다. 이런 식으로 부채와 자본도 동일하게 적용하여 오른쪽에 부채(자본)가 있다면 부채(자본)의 증가, 왼쪽으로 건너가면 부채(자본)의 감소라고 한다.

비용과 수익은 증가와 감소라고 하지 않고 발생과 소멸이라고 한다. 왼쪽에 비용이 있다면 비용의 발생, 오른쪽에 수익이 있다면 수익의 발생이다. 반면, 각각 반대쪽으로 이동할 경우 비용(수익)의 소멸이라 할 수도 있지만 일반적으로 이 부분은 거래의 8요소에 포함시키지는 않고 있다.

〈계정과목〉

구 분		계정과목
재무상태표 계정과목	자산 계정	현금, 예금, 매출채권, 미수금, 대여금, 상품, 토지, 건물, 차량운반구, 비품, 기계장치, 보증금 등
	부채 계정	매입채무, 차입금, 미지급금, 예수금 등
	자본 계정	자본금, 자본잉여금, 이익잉여금 등
포괄손익계산서 계정과목	수익 계정	매출, 임대료수익, 이자수익, 유형자산처분이익 등
	비용 계정	매출원가, 급여, 복리후생비, 보험료, 접대비, 임차료 등

다음 예제의 거래의 8요소를 통한 분개는 자산, 부채, 자본 및 수익과 비용에 대한 대략적인 개념이 필요하다. 따라서 20페이지 기업의 재무상태와 23페이지 기업의 손익계산 및 38페이지의 포괄손익계산서를 먼저 학습하길 권한다.

예제

다음 사항을 분개하시오(거래 8요소 반영).

(1) 상품 250,000원을 매입하고 대금은 외상으로 한다.
(2) 영업용 책상과 의자를 100,000원에 구입하고, 대금은 월 말에 지급하기로 하다.
(3) 상품 300,000원을 매입하고, 대금은 현금으로 지급하다.
(4) 현금 1,000,000원을 출자하여 영업을 개시하다.
(5) 상품 50,000원을 매출하고, 대금은 외상으로 하다.
(6) 외상매출금 30,000원을 현금으로 회수하다.
(7) 이달분 종업원급여 500,000원을 현금으로 지급하다.
(8) 전화요금 및 인터넷 사용료 120,000원을 현금으로 지급하다.
(9) 상품판매를 알선하고, 중개수수료 80,000원을 현금으로 받다.
(10) 사무실 월세 250,000원을 현금으로 지급하다.
(11) 상품 350,000원을 매출하고, 대금은 현금으로 받다.
(12) 단기차입금 500,000원과 그 이자 20,000원을 현금으로 지급하다.
(13) 단기대여금 800,000원과 그 이자 30,000원을 현금으로 회수하다.

정답 및 해설

	차 변			대 변			차 변		대 변
(1)	상품(= 매입)	250,000	/	외상매입금	250,000	:	(자산의 증가)	/	(부채의 증가)
(2)	비 품	100,000	/	미지급금	100,000	:	(자산의 증가)	/	(부채의 증가)
(3)	상품(= 매입)	300,000	/	현 금	300,000	:	(자산의 증가)	/	(자산의 감소)
(4)	현 금	1,000,000	/	자본금	1,000,000	:	(자산의 증가)	/	(자본의 증가)
(5)	외상매출금	50,000	/	상품매출	50,000	:	(자산의 증가)	/	(수익의 발생)
(6)	현 금	30,000	/	외상매출금	30,000	:	(자산의 증가)	/	(자산의 감소)

(7)	(종업원)급여	500,000	/ 현 금	500,000	:	(비용의 발생)	/	(자산의 감소)
(8)	통신비	120,000	/ 현 금	120,000	:	(비용의 발생)	/	(자산의 감소)
(9)	현 금	80,000	/ 수입수수료	80,000	:	(자산의 증가)	/	(수익의 발생)
(10)	지급임차료	250,000	/ 현 금	250,000	:	(비용의 발생)	/	(자산의 감소)
(11)	현 금	350,000	/ 상품매출	350,000	:	(자산의 증가)	/	(수익의 발생)
(12)	단기차입금	500,000	/ 현 금	520,000	:	(부채의 감소)	/	(자산의 감소)
	이자비용	20,000				(비용의 발생)		
(13)	현 금	830,000	/ 단기대여금	800,000	:	(자산의 증가)	/	(자산의 감소)
			이자수익	30,000				(수익의 발생)

상품에 관한 회계처리는 2분법과 3분법이 있다. 위 정답에서 소개되는 것은 2분법의 방식이다. 실기프로그램에서는 2분법이, 이론에는 3분법이 다루어진다. 3분법의 경우 상품을 매입할 때 '매입'으로, 매출할 때 '매출'로 표기된다.

(3) 거래의 종류

거래의 8요소인 자산・부채 및 자본의 증감과 수익・비용의 변동 여부에 따라 거래를 분류하면 교환거래, 손익거래, 혼합거래가 있다.

① 교환거래 : 자산・부채・자본의 자체 또는 상호 간에 증감이 발생하는 거래로 수익과 비용에는 아무런 관계가 없는 거래를 말한다.

- 상품을 구입하고 현금 100원을 지급하다.

(차) 상품(자산의 증가)	100	(대) 현금(자산의 감소)	100

② 손익거래 : 자산・부채・자본의 증감 원인으로 수익이나 비용이 작용하는 거래이다.

- 직원 인건비로 현금 100원을 지급하다.

(차) 종업원급여(비용의 발생)	100	(대) 현금(자산의 감소)	100

③ 혼합거래 : 거래가 발생하면 교환거래가 차변・대변에 이루어지고 손익거래가 동시에 발생하는 거래를 말한다. 주된 교환거래 속에 손익거래가 부수적으로 작용하는 거래이다.

- 대여금 200원과 이자수익 10원을 현금으로 수령하다.

(차) 현금(자산의 증가)	210	(대) 대여금(자산의 감소)	200
		이자수익(수익의 발생)	10

(4) 거래의 이중성

거래의 결합관계에서 본 바와 같이 어느 한 쪽에 계정과 금액이 발생하면 그 반대쪽에도 계정과 금액이 발생하기 마련이다. 이와 같이 거래는 항상 동일한 금액의 원인과 결과가 되어 회계처리 시 양쪽에 영향을 미치게 된다. 이것을 거래의 이중성이라고 한다.

또한, 모든 거래는 서로 대립되어 양쪽에서 같은 금액이 발생한다. 회계는 이 양쪽의 변동을 동시에 기록하는 특징이 있으며, 이에 의하여 복식부기는 자기검증기능도 지니게 된다.

2 계 정

(1) 계정의 의의

기업활동으로 매일 거래가 발생되고, 자산・부채 및 자본에 변동이 생긴다. 이때에 자산・부채 및 자본의 증감과 수익・비용의 발생 또는 소멸 등의 내용을 종류별 또는 항목별로 기록하기 위하여 설정된 계산단위를 계정이라고 한다.

그리고 각 거래를 항목별, 종류별로 기록・계산하기 위해 각 계정에 부여된 각 거래요소의 구체적인 명칭을 계정과목이라 하고, 계정마다 기장하는 장부상의 계산장소를 계정계좌라 한다.

(2) 계정의 분류

계정은 자산 계정, 부채 계정, 자본 계정, 수익 계정, 비용 계정으로 분류된다. 재무상태표에 기재되는 자산, 부채, 자본에 속하는 계정을 재무상태표 계정이라 하며, 포괄손익계산서에 기재되는 수익과 비용에 속하는 계정을 포괄손익계산서 계정이라고 한다.

(3) 대차평균의 원리

모든 회계상의 거래는 반드시 어떤 계정의 차변과 다른 계정의 대변에 같은 금액을 기입(거래의 이중성)하므로, 아무리 많은 거래가 기입되더라도 계정 전체를 보면 차변금액의 합계와 대변금액의 합계는 반드시 일치하게 되는데, 이것을 '대차평균의 원리'라 한다.

이와 같은 대차평균의 원리에 의하여 복식부기는 기장이 완료된 후 기장이 정확히 되었는지 여부를 스스로 검증하는 능력인 '자기검증능력'을 가진다.

3 분개와 전기

(1) 분개와 분개장

거래에서 발생하는 자산・부채・자본 및 수익・비용의 증감변화를 계정에 기입하기 위한 준비로 ① 어느 계정에 기입할 것인가? ② 기입할 금액은 얼마인가? ③ 어느 계정의 차변・대변에 기입할 것인가? 등을 미리 결정하는 절차를 분개라 하고, 분개를 기입하는 장부를 분개장이라고 한다.

(2) 전기와 총계정원장

전기란 거래를 발생순으로 분개장에 분개하고 원장의 각 계정계좌에 기입하는 것을 말하며, 이들 계정이 설정되어 있는 장부를 원장 또는 총계정원장이라고 한다.

총계정원장에 전기하는 방법은 다음과 같다.

① 분개장에 기록된 분개의 해당 계정을 찾는다.

② 차변에 있는 계정과목의 금액은 그 계정계좌의 차변에 기입한다.

③ 대변에 있는 계정과목의 금액은 그 계정계좌의 대변에 기입한다.

④ 적요란에는 상대방 계정과목을 기입한다.

⑤ 상대방 계정과목이 2과목 이상인 경우에는 '제좌'라 기입한다.

4 장 부

(1) 장부의 의의

장부란 회계상의 거래를 조직적 또는 계속적으로 기록・계산하기 위한 것을 말하며, 주요(장)부와 보조(장)부로 나뉜다.

(2) 장부의 구분

① **주요(장)부** : 경영활동에서 일어나는 모든 거래를 총괄하여 기록・계산하는 장부로서 분개장과 총계정원장이 있다.

② **보조(장)부** : 현금의 수입과 지출, 상품의 매입과 매출 등 어떤 특수한 거래 또는 계정에 대해서만 그 내용을 상세히 기장하여 주요(장)부에 요약된 내용을 보충하기 위한 장부이다.

(3) 분개장

회계상 거래가 발생하면 발생한 순서대로 분개하여 기입하는 장부를 분개장이라고 하고, 분개장의 양식에는 병립식과 분할식이 있다.

참고

전 표

회계 실무에서는 수많은 거래에 대해 분개장을 작성하기보다는 효율을 높이기 위해 전표를 이용하여 업무처리를 하고 있다. 전표는 장부조직을 간소화하고 거래발생 사실을 입증하는 서류 등을 첨부하여 결재를 받기 때문에 책임소재를 명확히 할 수 있는 장점이 있다.

전표의 종류

① 3전표제 : 입금전표, 출금전표, 대체전표

② 5전표제 : 입금전표, 출금전표, 대체전표, 매입전표, 매출전표

(4) 총계정원장

거래가 발생하여 분개장에 기입된 거래의 내용을 계정과목별로 구분해서 전기하여 기록할 수 있도록 설정되어 있는 장부를 총계정원장 또는 원장이라고 하는데, 원장의 형식에는 표준식과 잔액식이 있다.

5 결산절차

결산이란 재무상태와 경영성과를 명확히 하기 위한 장부의 마감과정이며 수정전 시산표를 기초로 하여 기말정리사항을 정리하는 절차를 말한다.

(1) 결산예비절차

① **시산표** : 기업에서는 모든 거래를 분개장에 발생 순서대로 분개하고, 이것을 원장에 전기한다. 이와 같이 기입된 총계정원장의 차변・대변의 합계액 또는 잔액을 모아 만든 집계표를 시산표(T/B)라 한다.

㉠ 시산표의 종류
- 합계시산표 : 재무제표를 작성하기 전에 총계정원장의 각 계정(자산 · 부채 · 자본 및 수익 · 비용)의 차변과 대변의 합계금액 집계표
- 잔액시산표 : 원장 각 계정의 차변합계액과 대변합계액을 비교하여 많은 금액에서 적은 금액의 차감 잔액을 많은 쪽에 기입하여 작성한 집계표
- 합계잔액시산표 : 합계시산표와 잔액시산표의 집계표

㉡ 시산표의 오류와 조사법
- 시산표 자체의 차변합계액과 대변합계액을 검사한다.
- 원장 각 계정의 대 · 차 합계 또는 잔액이 정확하게 시산표에 전기되었는지 조사한다.
- 각 계정의 대차합계액 또는 잔액을 검사한다.
- 분개장에서 원장에 전기할 때 전기의 누락, 전기금액의 오기 · 이중전기 등의 잘못은 없는지 조사한다.
- 분개장에 기장된 분개 자체에 잘못은 없는지 조사한다.

㉢ 시산표에서 발견할 수 없는 오류
- 거래 전체의 분개가 누락되거나, 전기가 누락된 경우
- 분개는 틀렸으나 대차의 금액은 일치하는 경우와 어떤 거래의 분개가 중복으로 기입된 경우
- 분개장에서 원장에 대차를 반대로 전기하였을 때
- 다른 계정과목에 잘못 전기하였을 때
- 오류에 의하여 전기된 금액이 우연히 일치하여 서로 상계되었을 때
- 2개의 오류가 서로 겹쳐서 상계된 경우

② **재고조사표의 작성** : 시산표에 의해서 각 계정의 기입이 정확하다고 인정되더라도 그 계정의 잔액 중에서 실제로 남아 있는 현재액과 일치되지 않는 것이 있다. 따라서 자산 · 부채의 현재액과 기간 중의 수익 · 비용의 실제발생액을 조사하여 장부잔액을 실제재고액에 일치시키기 위하여 조사하는 것을 재고조사라 하며, 그 결과를 기재한 표를 재고조사표라고 한다.

③ **결산정리**

㉠ 재무상태표상의 기말수정사항
- 기말재고자산 실사 및 평가에 의한 상품 계정의 정리
- 금융자산의 평가
- 채권 · 채무의 재조정과 손실(대손)충당금 설정
- 유형자산의 감가상각비 및 무형자산의 상각액 계상
- 퇴직급여충당부채의 설정
- 현금과부족 및 가지급금 · 가수금 등의 가계정 및 미결산계정의 정리

㉡ 포괄손익계산서상의 기말수정사항
- 선급비용 · 미지급비용의 계상
- 선수수익 · 미수수익의 계상

④ **정산표** : 잔액시산표는 원장 각 계정의 잔액을 집계하여 작성되는 것이므로, 이 표를 기초로 하여 포괄손익계산서와 재무상태표를 작성할 수가 있다. 원장 각 계정의 마감 전에 신속 · 정확하게, 또는 간단한 방법으로 기업의 경영성과와 재무상태를 알기 위하여 작성한 일람표를 정산표라고 한다.

(2) 결산본절차

① **집합손익 계정의 설정** : 한 회계기간이 끝나면 그 기간에 발생한 수익과 비용은 해당 계정별로 집계되어 있으므로 기업의 전체적인 수익총액과 비용총액을 알기 어렵다. 그러므로 수익 계정과 비용 계정의 잔액을 대응시켜 순손익을 산출하기 위하여 손익 계정을 설정하고 원장의 수익과 비용을 집계한다.

② **수익과 비용 계정의 집계와 마감** : 기업의 영업활동의 결과로 발생한 순이익 또는 순손실을 계산하기 위하여 수익과 비용 계정의 잔액을 손익 계정에 대체한다. 이때 수익에 속하는 각 계정의 대변잔액을 해당 계정의 차변에 기입하여 소멸시키는 동시에 손익 계정의 대변에 대체한다. 또한 비용에 속하는 계정의 차변잔액을 해당 계정의 대변에 기입하여 소멸시키는 동시에 손익 계정의 차변에 대체한다.

• 수익 계정	(차) (수익 계정)	xxx	(대) 손 익	xxx
• 비용 계정	(차) 손 익	xxx	(대) (비용 계정)	xxx

③ **순손익을 이익잉여금 계정에 대체** : 손익 계정의 차변합계는 비용총액이며 대변합계액은 수익총액이므로, 대변합계액이 많으면 순이익을 표시하고 차변합계액이 많으면 순손실을 표시한다.

• 순이익의 경우	(차) 손 익	xxx	(대) 이익잉여금	xxx
• 순손실의 경우	(차) 이익잉여금	xxx	(대) 손 익	xxx

④ **자산 · 부채 · 자본 계정의 마감** : 정리분개에 의하여 원장 각 계정의 정리기입이 끝나고, 수익과 비용 계정 잔액을 손익 계정에 대체기입한 다음 손익 계정에서 산출된 순이익(또는 순손실)을 이익잉여금 계정에 대체기입하면, 자산 · 부채 · 자본에 속하는 각 계정을 마감하여야 한다.

(3) 결산보고서의 작성

분개장과 원장 및 기타장부의 마감이 끝나면, 기업에 대한 일정기간의 영업결과인 경영성과와 일정시점의 재무상태를 명백히 하기 위하여 포괄손익계산서와 재무상태표를 작성한다.

예제

다음 중 결산본절차인 것은?

① 재무상태표 작성
② 재고조사표 작성
③ 분개장 및 기타장부 마감
④ 포괄손익계산서 작성

정답 및 해설

③

결산예비절차	수정전 시산표 작성, 재고조사표 작성(결산정리분개와 기입), 정산표 작성
결산본절차	총계정원장, 분개장, 기타장부의 마감, 이월시산표 작성
결산 후 재무제표 작성	포괄손익계산서, 재무상태표, 현금흐름표, 자본변동표 등

6 회계의 순환과정

회계의 순환과정이란 계속기업의 회계대상을 전제로 하여 영업개시일부터 재무상태의 변동사항을 기록·계산·요약·정리하고, 회계연도 말 결산예비절차와 본절차를 매년 반복적으로 수행하는 회계절차를 말한다.

04 결산수정분개

1 의 의

회계기간 말에 각 계정 잔액이 실제잔액을 표시하지 않으므로 수정 전의 잔액을 기준으로 작성한 재무상태표와 포괄손익계산서로는 기업의 재무상태와 경영성과를 정확하게 파악할 수 없으므로 모든 장부를 정리하여 각 계정의 잔액을 실제금액에 맞추는 수정을 해야 한다. 이를 '결산정리'라 하며 결산정리를 하기 위해 행하는 분개를 '수정분개'라 한다.

2 결산수정분개 대상

결산기말에 자산의 가치변동을 파악하여 자산 또는 부채의 변동을 기록하고 임시계정항목을 정리하는 경우 결산수정사항은 다음과 같다.

기 타	수익·비용 계정
• 현금과부족 계정의 정리 • 인출금 계정 및 임시계정의 정리 • 재고자산감모손실 및 평가손실의 계상 • 유가증권(당기손익-공정가치측정금융자산 등)의 평가 • 외화자산·부채의 평가 • 투자부동산의 공정가치 평가	• 미지급법인세 및 이연법인세의 계상 • 충당부채 등의 설정 • 유형자산의 감가상각·무형자산의 상각 • 손실(대손)충당금의 설정과 환입 • 매출원가 계산 • 소모품 결산정리 • 선수수익(수익의 이연) • 미수수익(수익의 발생) • 선급비용(비용의 이연) • 미지급비용(비용의 발생)

3 결산수정분개 유형정리

손익의 결산정리는 수익·비용이 당기 인식할 금액과 일치하지 않는 경우 일치시키는 과정이다. 이는 수익·비용의 원칙이 발생주의이므로 회계기간 중에 현금주의로 인식한 것을 결산기말에 손익의 결산정리를 통해 발생주의로 수정하는 절차이다.

손익의 결산정리사항으로는 선수수익, 선급비용, 소모품과 발생항목인 미지급비용, 미수수익이 있다.

(1) 선수수익과 선급비용

① **선수수익** : 현금으로 미리 수령하고 수익으로 계상하였지만 결산일 현재 일부 수익이 실현되지 않은 경우가 수익의 이연이다. 수익이 실현되지 않은 부분에 대해서는 선수수익(부채)으로 수정하여 차기로 이연하여야 한다. 현금 수수시점의 회계처리에 따라 결산일의 회계처리가 달라지게 되므로 주의하여야 한다.

선수수익 이연	선수수익 실현
미경과수익을 선수수익으로 기록하여 차기로 이연	선수수익 중 당기수익부분을 수익으로 인식

〈선수수익의 이연〉

• 현금수령 시	(차) 현 금	xxx	(대) 수 익	xxx
• 결산시점	(차) 수 익	xxx	(대) 선수수익	xxx

〈선수수익의 실현〉

• 현금수령 시	(차) 현 금	xxx	(대) 선수수익	xxx
• 결산시점	(차) 선수수익	xxx	(대) 수 익	xxx

예제

10월 1일 임대료 1년치 120만원을 현금으로 수령하였다. 수령 당시 임대료를 수익으로 전액 반영한 경우 기말결산정리분개는?

정답 및 해설

• 10월 1일 분 개	: (차) 현 금	1,200,000	(대) 수입임대료	1,200,000
• 12월 31일 결산분개	: (차) 수입임대료	900,000	(대) 선수수익	900,000

※ 당기 임대료분은 10월 ~ 12월에 해당하는 30만원이므로 120만원 중 30만원을 제외한 90만원이 차기의 수익이 될 것이다. 먼저 받은 수익은 선수수익으로 부채처리하고 해당 금액은 수익에서 차감한다.

② **선급비용** : 현금을 이미 지출하고 비용으로 계상하였지만 결산일 현재 일부 사용 또는 소비되지 않은 경우가 비용의 이연이다. 비용화되지 않은 부분에 대해서는 선급비용(자산)으로 수정하여 차기로 이연하여야 한다. 그리고 선급비용은 차기에 사용 또는 소비될 때 비용으로 대체된다. 현금 수수시점의 회계처리에 따라 결산일의 회계처리가 달라지게 되므로 주의하여야 한다.

선급비용 이연	선급비용 배분
미경과비용을 선급비용으로 기록하여 차기로 이연	선급비용 중 당기비용부분을 비용으로 인식

〈선급비용의 이연〉

• 현금수령 시	(차) 비 용	xxx	(대) 현 금	xxx
• 결산시점	(차) 선급비용	xxx	(대) 비 용	xxx

〈선급비용의 배분〉

• 현금수령 시	(차) 선급비용	xxx	(대) 현 금	xxx
• 결산시점	(차) 비 용	xxx	(대) 선급비용	xxx

예제

10월 1일 차량의 보험료 1년치 120만원을 현금으로 지급하였다. 지급 당시 보험료를 전액 비용으로 반영한 경우 기말결산정리분개는?

정답 및 해설

• 10월 1일	분 개	: (차) 보험료	1,200,000	(대) 현 금	1,200,000
• 12월 31일	결산분개	: (차) 선급비용	900,000	(대) 보험료	900,000

※ 당기 보험료분은 10월 ~ 12월에 해당하는 30만원이므로 120만원 중 30만원을 제외한 90만원이 차기의 비용이 될 것이다. 먼저 지급한 비용은 선급비용으로 자산처리하고 해당 금액은 비용에서 차감한다.

예제

당기에 현금으로 수입된 수익은 일단 수익 계정으로 처리하고 결산 시에 그 수익 중 차기에 속하는 부분을 계산하여 당기의 수익 계정에서 차감하는 선수금의 성질을 가진 일종의 부채로 차기이월하는 것을 무엇이라 하는가?

① 수익의 이연
② 비용의 이연
③ 수익의 발생
④ 비용의 발생

정답 및 해설

①

이연계정 (−)	
수익의 이연	(= 선수수익, 부채) 당기수입액 중 미경과분을 차기로 이월
비용의 이연	(= 선급비용, 자산) 당기지급액 중 미경과분을 차기로 이월

(2) 소모품

소모품이란 내용연수가 1년 미만이거나 또는 내용연수는 1년 이상이지만 가격이 비교적 저렴한 사무용품, 문방구 등을 말한다. 소모품을 구입하여 인식하는 방법으로는 비용 계정으로 처리하는 방법과 자산 계정으로 처리하는 방법이 있다.

① **비용 계정으로 처리** : 소모품 구입 시 소모품비(비용) 계정을 사용하였을 경우 결산 시 소모품 미사용액을 소모품비 계정에서 소모품(자산) 계정의 차변에 대체하고, 차기 기초에는 소모품 계정에서 소모품비 계정의 차변에 재대체한다.

• 구입 시	(차) 소모품비(비용)	xxx	(대) 현 금	xxx
• 결산 시	(차) 소모품(자산)	xxx	(대) 소모품비(비용)	xxx

② **자산 계정으로 처리** : 소모품 구입 시 소모품(자산) 계정을 사용하였을 경우 결산 시 소모품 사용액을 소모품비(비용) 계정의 차변에 대체한다.

• 구입 시	(차) 소모품(자산)	xxx	(대) 현 금	xxx
• 결산 시	(차) 소모품비(비용)	xxx	(대) 소모품(자산)	xxx

예 제

(주)한국은 기초 소모품이 ₩5,000이었다. 기중에 소모품 ₩6,000을 추가로 구입하고 자산으로 처리하였다. 기말에 남아 있는 소모품이 ₩3,000이라면, 소모품과 관련된 기말수정분개는?

	(차 변)		(대 변)	
①	소모품비	8,000	소모품	8,000
②	소모품	3,000	소모품비	3,000
③	소모품비	3,000	소모품	3,000
④	소모품	8,000	소모품비	8,000

정답 및 해설

①

• 구입 시	(차) 소모품	6,000	(대) 현 금	6,000
• 결산 시	(차) 소모품비	8,000	(대) 소모품	8,000

※ 미소멸(사용되지 않고 남아 있는)된 자산은 소모품처리하고 소멸(사용)된 자산은 비용으로 소모품비처리한다.

(3) 미수수익과 미지급비용

① 미수수익 : 미수수익은 당기에 용역을 제공하여 수익이 발생하고 대가를 수령할 권리가 있으나 결산일 현재까지 그 대가를 아직 수령하지 못한 경우를 말한다. 이런 경우에는 당기수익으로 계상하며 그 수입은 차기에 이루어지므로 현금을 수령하는 시점에 회수되어 소멸된다.

• 기말수정분개 (차) 미수수익(자산) xxx (대) 수익 계정(수익) xxx

예제

10월 1일 거래처에 대한 대여금의 이자는 총 80만원이다. 이를 만기시점(다음 연도 1월 31일)에 원금과 함께 이자를 수령할 예정이다. 이 경우 기말결산정리분개는?

정답 및 해설

• 12월 31일 결산분개 : (차) 미수수익 600,000 (대) 이자수익 600,000

※ 총 이자수익 80만원 중 당기분은 10월 ~ 12월에 해당하는 60만원이다. 수익으로 인식하고 해당 금액을 미수수익으로 자산처리한다.

② 미지급비용 : 미지급비용은 기중에 용역을 제공받아 비용이 발생하였고 대가를 지불할 권리가 있으나 결산일 현재까지 아직 비용의 지급이 이행되지 않은 경우를 말한다. 이런 경우에는 미지급비용으로 계상하며 그 비용은 현금을 지급하는 시점에서 소멸된다.

• 기말수정분개 (차) 비용 계정 xxx (대) 미지급비용(부채) xxx

예제

10월 1일 만기 1년으로 연 이자율 6% 조건으로 100만원 차입하였다. 만기 시 원금과 이자를 지급할 경우 기말결산정리분개는?

정답 및 해설

• 12월 31일 결산분개 : (차) 이자비용 15,000 (대) 미지급비용 15,000

※ 10월부터 12월까지 해당하는 이자비용을 발생주의에 따라 인식하고 해당 금액을 미지급비용으로 부채처리한다.

100만원 $\times$ 6% $\times \frac{3}{12}$(10월 ~ 12월분) = 15,000

※ 위 문제에서 미지급비용 계정과목을 사용한다. 미지급비용은 기말결산정리, 도래 전 사항에 대해서 사용되며, 미지급금은 도래 후 사항을 처리한다. 만기가 1년이기 때문에 차기 9월 30일 원금과 이자를 지급하는 것이므로 보고기간 말(12월 31일) 기준으로 도래 전 사항이다.

05 기업의 재무상태

1 자 산

자산은 과거사건의 결과로 기업이 통제하는 현재의 경제적자원을 의미하며, 유동자산과 비유동자산으로 분류된다.

(1) 자산의 분류

① **유동자산** : 유동자산이란 1년 또는 정상적인 영업주기 내에 현금화 또는 실현될 것으로 예상되는 자산이다. 이외의 자산은 비유동자산으로 분류한다. 정상적인 영업주기란 재고자산을 구입하여 판매한 후 현금으로 회수되는 기간을 말한다.

② **비유동자산** : 비유동자산은 유동자산에 속하지 않는 자산으로 1년 또는 정상적인 영업주기 내에 현금화 또는 실현될 것으로 예상되지 않는 자산을 말한다.

(2) 자산의 종류

과 목	내 용
현 금	지폐와 주화, 통화대용증권(자기앞수표 등)
당좌예금	당좌수표를 발행할 목적으로 은행에 돈을 예입한 것
현금및현금성자산	현금, 당좌예금, 보통예금 등을 합한 것
단기금융자산	정기예금, 정기적금 등(단, 만기가 1년 이내인 것)
당기손익-공정가치측정 금융자산	단기 시세차익을 위해 주식, 사채, 공채증서 등을 구입한 경우
외상매출금	상품을 매출하고, 대금을 외상으로 한 경우
받을어음	상품을 매출하고, 대금을 약속어음으로 받은 경우
매출채권	외상매출금과 받을어음을 합한 것
미수금	상품이 아닌 물건을 외상으로 매각처분한 경우
단기대여금	금전을 타인에게 빌려주고, 차용증서를 받은 경우
선급금	상품을 매입하기로 하고, 계약금을 미리 지급한 것
상 품	판매를 목적으로 외부로부터 매입한 물품
소모품	사무용으로 필요한 사무용품(문구용품)을 구입한 것, 소모성 자산으로 미사용 재화
비 품	영업용으로 사용하는 책상, 의자, 금고, 컴퓨터 등을 구입한 것
건 물	영업용으로 사용하는 사무실, 창고, 점포 등을 구입한 것
토 지	영업용으로 사용하는 땅을 구입한 것(주차장 등)
차량운반구	영업용으로 사용하는 트럭, 승용차 등을 구입한 것
기계장치	영업용으로 사용하는 설비장치, 기계장치 등을 구입한 것

예 제

다음 계정과목에 대한 설명 중 옳지 않은 것은?

① 대여금 계정 – 차용증서를 받고 대여하였을 때 처리하는 계정
② 미수금 계정 – 상품을 매출하고 아직 대금을 받지 않았을 때 처리하는 계정
③ 선급금 계정 – 상품을 매입하기로 하고, 계약금을 미리 지급하였을 때 처리하는 계정
④ 가지급금 계정 – 현금의 지급은 있었으나, 계정과목이나 금액이 미확정일 때 처리하는 계정

정답 및 해설

②
미수금 계정은 상품 이외의 물품을 외상으로 매각하였을 경우에 처리하는 계정이다.

PART 1

2 부 채

부채는 기업이 가지고 있는 총 재산 중에서 남으로부터 빌려온 재산을 말하며, 유동부채와 비유동부채로 구분한다. 과거사건의 결과로 기업이 경제적자원을 이전해야 하는 현재의무를 말한다.

(1) 부채의 분류

① **유동부채** : 유동부채는 재무상태표일로부터 1년 또는 정상영업주기 내에 상환 등을 통하여 소멸할 것이 예상되는 부채를 말한다.
- 정상영업주기 내에 결제될 것으로 예상하고 있다.
- 보고기간 후 12개월 이내에 결제하기로 되어있다.

예 매입채무와 미지급비용, 단기금융부채, 당좌차월, 비유동금융부채의 유동성대체 부분, 미지급배당금, 당기법인세부채 등

② **비유동부채** : 비유동부채는 부채 중 유동부채에 해당되지 않는 부채를 말한다.

예 사채, 장기매입채무, 퇴직급여부채, 장기차입금 등

(2) 부채의 종류

과 목	내 용
외상매입금	상품을 매입하고, 대금은 외상으로 한 경우
지급어음	상품을 매입하고, 대금은 약속어음으로 발행한 경우
매입채무	외상매입금과 지급어음을 합한 것
미지급금	상품이 아닌 물건(토지 등)을 외상으로 구입한 경우
단기차입금	1년 이내에 상환하기로 하고 차용증서를 발행하여 금전을 빌려온 것
선수금	상품을 매출하기로 하고, 계약금으로 미리 받은 것
장기차입금	차입금 중 상환기한이 1년 이상인 것

예 제

자산이나 부채의 유동 · 비유동성 구분에 대한 설명으로 옳지 않은 것은?

① 사용의 제한이 없는 현금및현금성자산은 유동자산으로 분류한다.

② 단기매매목적으로 보유하는 자산은 유동자산으로 분류한다.

③ 정상적인 영업주기 내에 소멸할 것으로 예상되는 매입채무와 미지급비용 등은 보고기간 종료일로부터 1년 이내에 결제되지 않으면 비유동부채로 분류한다.

④ 기업의 정상적인 영업주기 내에 실현될 것으로 예상되거나 판매목적 또는 소비목적으로 보유하고 있는 자산은 유동자산으로 분류한다.

정답 및 해설

③

정상적인 영업주기 내에 소멸할 것으로 예상되는 경우 유동부채로 분류한다.

3 자 본

자본이란 기업이 소유하고 있는 자산총액에서 부채총액을 차감한 잔액을 말하며, 순자산(소유주지분, 잔여지분, 주주지분)이라고 말한다.

자본 등식	→	자 본 = 자 산 − 부 채

4 재무상태표

재무상태표란 기업의 일정시점 재무상태를 나타내는 일람표를 말하며 재무상태란 재정상태 또는 재산상태라고도 하며 경제적 상태, 즉 자산 · 부채 · 자본의 상태를 말한다.

〈재무상태표〉

자 산	부 채
	자 본

재무상태표 작성 시에는 재무상태표라는 명칭, 기업명칭(상호), 보고기간종료일, 보고통화 및 금액단위를 표시하여야 한다.

5 재산법등식

기초자본과 기말자본을 비교하여 순이익 또는 순손실을 산출하는 방법을 재산법이라 한다. 그러나 기중에 자본주로부터 추가출자나 인출이 있으면 이를 별도로 고려하여 이익을 계산하여야 한다.

기초와 기말의 재무상태를 각각 자본등식에 의하여 자본총액을 계산하고, 두 시점에서의 자본액 차이가 그 기간 동안의 영업활동에 의한 순이익 또는 순손실이 된다. 기초자본보다 기말자본이 증가된 경우에는 그 차액은 순이익이 되고, 기초자본보다 기말자본이 감소된 경우에는 그 차액이 순손실이 된다. 이를 등식으로 표시하면 다음과 같다.

기초자본 < 기말자본 기초자본 > 기말자본	→	기말자본 − 기초자본 = 당기순이익 기초자본 − 기말자본 = 당기순손실

06 기업의 손익계산

1 수 익

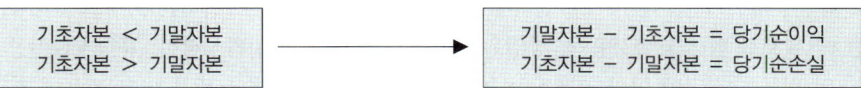

수익이란 기업의 영업활동 과정에서 고객에게 제품 등을 판매하고 받은 매출액이나 용역을 제공하고 그 대가로 받아들이는 수수료수익 등과 같이 경제적 효익의 총유입을 말한다. 수익은 자산의 증가 또는 부채의 감소와 관련하여 ① 미래 경제적 효익이 증가하고 ② 이를 신뢰성 있게 측정할 수 있을 때 포괄손익계산서에 인식한다. 이는 실제로 수익의 인식이 자산의 증가나 부채의 감소에 대한 인식과 동시에 이루어짐을 의미한다.

(1) 수익의 분류

① **매출액** : 매출액은 그 기업의 가장 중요한 영업활동과 관련하여 재화나 용역을 제공하고 그 대가로 받은 수익을 말한다.

매출액 = 총매출액 − (매출환입 + 매출에누리 + 매출할인)

② **기타수익** : 기타수익은 그 기업의 주요 영업활동과는 관련이 없으나 영업활동의 결과에서 부수적으로 발생하는 수익을 말한다.

2 비 용

비용이란 기업의 영업활동 과정에서 수익을 얻기 위하여 소비한 각종 재화나 서비스가치의 화폐 합계액이다. 비용은 자산의 감소 또는 부채의 증가와 관련하여 미래 경제적 효익이 감소하고 이를 신뢰성 있게 측정할 수 있을 때 포괄손익계산서에 인식한다. 이는 실제로 비용의 인식이 부채의 증가나 자산의 감소에 대한 인식과 동시에 이루어짐을 의미한다.

비용을 분류하는 두 가지 방식으로 성격별과 기능별 분류방법 중 더 신뢰성 있고 목적적합한 정보를 제공하는 방법을 선택하여 분석한 내용을 공시하여야 한다.

성격별 분류방법이란 비용항목을 분류할 때 각 항목의 유형별로 구분하는 방법으로 제품 및 재공품재고변동, 원재료 및 소모품사용액, 종업원급여, 감가상각비 및 기타상각비, 유형자산손상차손, 금융원가 등의 비용을 성격에 따라 분류하는 것이다. 기능별 분류방법은 비용을 그 기능에 따라 매출원가, 물류비, 관리비 등으로 구분하는 것이다.

구 분	내 용
성격별	• 각 항목의 유형별 구분 • 제품, 재공품재고변동, 원재료 및 소모품사용액, 종업원급여 등으로 분류
기능별	• 매출원가, 물류비, 관리비, 기타비용 등으로 구분 • 기능별 분류 선택 시 성격별 분류를 주석 공시

(1) 비용의 분류(기능별 분류 시)

① **매출원가** : 매출원가란 당기에 매출을 얻기 위하여 직접적으로 소비된 원가를 말한다.

> 매출원가 = 기초재고 + 당기매입* − 기말재고
> * 당기매입 = 총매입액 − (매입환출 + 매입에누리 + 매입할인) + 매입부대비용(매입운임, 매입수수료 등)

② **물류원가와 관리비** : 물류원가(예 운반비)와 관리비(예 복리후생비, 접대비, 손상차손(= 대손상각비) 등)란 매출원가와 같이 매출수익을 얻기 위하여 직접적으로 소비된 원가는 아니지만, 매출활동을 수행하기 위하여 간접적으로 발생한 원가를 말한다.

③ **기타비용(영업외비용)** : 기타비용이란 그 기업의 중요한 영업활동과는 관련이 없으나 영업활동의 결과에서 부수적으로 발생하는 비용을 말한다. 예 기부금, 당기손익–공정가치측정금융자산평가손실, 재해손실, 기타의손상차손(기타의대손상각비) 등

(2) 비용의 인식

구 분	인식방법	사 례
직접 대응	특정 수익항목의 가득과 관련된 경우	매출원가
체계적 · 합리적 배분	특정한 수익과 직접 관련은 없지만 일정기간 동안 수익창출과정에 사용된 자산으로 수익창출기간 동안 배분하는 경우	감가상각비
기간 비용	미래 경제적 효익이 기대되지 않거나 자산으로 인식되기 위한 조건을 충족하지 못한 경우	광고선전비

3 포괄손익계산서

포괄손익계산서란 기업의 일정기간 동안의 경영성과(영업성적)를 나타내는 표로서 수익 · 비용 · 순손익으로 구성된다. 포괄손익계산서 작성 시에는 포괄손익계산서라는 명칭, 기업명칭(상호), 회계기간, 보고통화 및 금액단위를 표시하여야 한다.

(1) 포괄손익계산서의 표시방법

① 당기손익과 기타포괄손익*은 단일의 포괄손익계산서에 두 부분으로 나누어 표시할 수 있다.

* 기타포괄손익 : 재평가잉여금변동, 기타포괄손익-공정가치측정금융자산평가손익, 해외사업환산손익, 현금흐름위험회피손익, 확정급여제도의 보험수리적손익 등

단일의 포괄손익계산서	
당기순손익	xxx
기타포괄손익	xxx
총포괄손익	xxx

② 당기손익 부분은 별개의 손익계산서에 표시할 수도 있다.

별개의 손익계산서	
당기순손익	xxx

포괄손익계산서	
당기순손익	xxx
기타포괄손익	xxx
총포괄손익	xxx

4 결산수정분개에 따른 당기순손익 영향

자 산	부 채
선급비용	선수수익
미수수익	미지급비용
자산 ↑ = 순이익 ↑	부채 ↑ = 순이익 ↓

5 결산수정분개 누락에 따른 당기순손익 영향

자 산	부 채
선급비용 누락	선수수익 누락
미수수익 누락	미지급비용 누락
순이익 과소계상	순이익 과대계상

TEST 01 연습문제

01 회계상 거래에 포함될 수 없는 것은?

① 장부가액 ₩2,500,000인 건물이 화재로 인해 소실되었다.
② 상품을 판매하고 아직 대금을 받지 않았다.
③ 원료 공급회사와 100톤의 원재료를 ₩1,000,000에 구입하기로 계약을 체결하였다.
④ 기계장치를 구입하여 인도받았으나 아직 대금을 지급하지 않았다.

02 행복상사의 기초자산은 ₩500,000, 기말자산은 ₩700,000이다. 기말의 부채는 ₩400,000이고 당기순이익이 ₩30,000이며 기중 자본거래는 없다면 기초부채는?

① ₩200,000
② ₩230,000
③ ₩260,000
④ ₩290,000

03 회계상의 거래는 분개와 전기의 과정을 거쳐 계정에 기입된다. 다음은 어떤 계정에 대한 전기내역의 일부이다. 이때 (㉠) 안에 기입할 계정과목으로 옳은 것은?

(㉠)

(차 변)			(대 변)		
	⋮			⋮	
3월 5일	매 출	xxx	3월 10일	현 금	xxx
3월 30일	손실(대손)충당금	xxx	3월 15일	매출환입	xxx
	⋮			⋮	

① 매출채권
② 상 품
③ 손상차손(= 대손상각비)
④ 매입채무

정답과 해설

01 계약, 주문, 약속, 임직원의 채용 등은 회계상의 거래에 포함되지 않는다.

02 ₩700,000(기말자산) − ₩400,000(기말부채) = ₩300,000(기말자본)
₩300,000(기말자본) − ₩30,000(당기순이익) = ₩270,000(기초자본)
₩500,000(기초자산) − ₩270,000(기초자본) = ₩230,000(기초부채)

03 차변의 매출과 대변의 매출환입 등으로 매출채권 계정임을 알 수 있다.

정답 01 ③ 02 ② 03 ①

04 X월 X일 상품 관련 고객상담을 하여 불합격월 불합격일 상품을 매입하겠다는 통지를 받고 합격월 합격일 상품을 인도하였다. 상품대금은 내년월 내년일에 회수하였다. 상품에 대한 회계처리 인식일자로 올바른 것은?

① X월 X일
② 불합격월 불합격일
③ 합격월 합격일
④ 내년월 내년일

05 거래내용에 따른 계정과목이 잘못된 것은?

① 비상장회사주식을 일시소유목적으로 취득 : 기타포괄손익–공정가치측정금융자산 계정
② 화재로 건물이 소실된 경우 보험금의 미결정 : 미결산 계정
③ 중고비품의 외상판매 : 미수금 계정
④ 부동산회사가 판매목적으로 건물 취득 : 건물 계정

06 시산표를 통해 발견할 수 없는 오류가 아닌 것은?

① 분개 시 차변과 대변의 금액 차이가 일치하지 않는 경우
② 하나의 거래를 두 번 분개한 경우
③ 분개 시 차변과 대변이 서로 바뀐 경우
④ 차변과 대변의 동일금액이 우연히 상계된 경우

PART 1

정답과 해설

04 상품매출 시의 수익인식시점은 '인도시점'이다. 따라서 수익인식일은 상품을 인도한 '합격월 합격일'이다.

05 부동산(매매)회사에서 판매를 목적으로 취득한 건물은 상품으로 재고자산 계정으로 기록한다.

06 차변과 대변의 금액이 일치하지 않으므로 시산표에서 발견할 수 있는 오류이다. ②·③·④는 시산표에서 발견할 수 없는 오류이다.

정답 04 ③ 05 ④ 06 ①

07 알뜰상사의 기초자산은 ₩60,000이고, 기말자산은 ₩70,000이며, 기말부채는 ₩40,000으로 이는 기초보다 ₩5,000이 증가한 것이다. 기말납입자본금은 ₩25,000으로 기초와 차이가 없다면 이 회계연도의 당기순이익은?

① ₩15,000 이익
② ₩5,000 손실
③ ₩5,000 이익
④ ₩10,000 이익

08 일반적인 회계처리 순서로 보기 어려운 것은?

① 거래발생 – 분개 – 전기
② 분개장 – 원장 – 수정전 시산표
③ 수정전 시산표 – 수정분개 – 수정후 시산표 – 재무제표
④ 매출원가 – 수정전 시산표 – 집합손익 – 이익잉여금

09 기본적인 재무제표에 해당되지 않는 것은?

① 재무상태표
② 현금흐름표
③ 포괄손익계산서
④ 제조원가명세서

정답과 해설

07
- 기말자본 = ₩70,000(기말자산) – ₩40,000(기말부채) = ₩30,000
- 기초자본 = ₩60,000(기초자산) – ₩35,000(기초부채) = ₩25,000
- 당기순이익 = ₩30,000(기말자본) – ₩25,000(기초자본) = ₩5,000

08 매출원가는 수정후 시산표에서 나타난다.

09
- 재무제표는 재무상태표, 포괄손익계산서, 현금흐름표, 자본변동표, 주석이다.
- 제조원가명세서는 포괄손익계산서의 부속명세서이다.

정답 07 ③ 08 ④ 09 ④

10 다음과 같은 누락사항을 반영하기 전 당기순이익이 ₩500,000인 경우, 수정 후 당기순이익은?

• 보험료 중 선급분	₩10,000
• 이자비용 중 미지급분	₩13,000
• 비용으로 처리한 소모품 중 미사용분	₩18,000
• 가수금 중 거래처 외상대금 회수분	₩20,000

① ₩485,000 ② ₩505,000
③ ₩515,000 ④ ₩535,000

11 (주)갑을은 판매관리비용을 지출시점에서 모두 비용으로 기록하고 있다. 20X1년 5월 1일에 1년분 보험료 ₩12,000을 지급하였다. (주)갑을이 20X1년 말에 수행할 결산수정분개와 이를 누락했을 때 법인세비용차감전순이익에 미치는 영향을 가장 옳게 표시한 것은?

① 수정분개 : (차) 선급보험료 4,000 (대) 보험료 4,000
법인세비용차감전순이익에 미치는 영향 : ₩4,000 과소계상
② 수정분개 : (차) 보험료 8,000 (대) 선급보험료 8,000
법인세비용차감전순이익에 미치는 영향 : ₩4,000 과소계상
③ 수정분개 : (차) 선급보험료 4,000 (대) 보험료 4,000
법인세비용차감전순이익에 미치는 영향 : ₩4,000 과대계상
④ 수정분개 : (차) 보험료 8,000 (대) 선급보험료 8,000
법인세비용차감전순이익에 미치는 영향 : ₩4,000 과대계상

정답과 해설

10 ₩500,000(수정 전 순이익) + ₩10,000(선급보험료) − ₩13,000(미지급이자) + ₩18,000(소모품) = ₩515,000

11 • 20X1년 5월 1일 회계처리

(차) 보험료 12,000 (대) 현 금 12,000

• 20X1년 말 결산 시 회계처리

(차) 선급보험료 4,000 (대) 보험료 4,000

• $12,000 \times \frac{4}{12}$(1월 ~ 4월분) = 4,000

• 이를 누락했을 경우 비용이 과대계상되어 법인세비용차감전순이익이 ₩4,000 과소계상된다.

정답 10 ③ 11 ①

12 다음은 (주)신라의 20X1년 12월 31일 종료되는 회계연도의 수정전 시산표상 계정들과 그에 대한 설명이다.

보험료	₩360,000	소모품비	₩50,000	임대수익	₩600,000

- 보험료는 20X1년 7월 1일에 1년분 화재보험료를 현금지급하면서 계상한 것이다.
- 소모품비는 소모품을 구입하면서 계상한 것인데, 현재 미사용한 소모품은 ₩15,000이다.
- 임대수익은 20X1년 11월 1일에 3개월분의 임대료를 수령하면서 계상한 것이다.

위의 계정에 대한 결산수정분개가 20X1년도 당기순이익에 미치는 영향은 얼마인가?

① ₩5,000(감소)
② ₩15,000(증가)
③ ₩190,000(증가)
④ ₩235,000(증가)

정답과 해설

12 〈수정분개〉

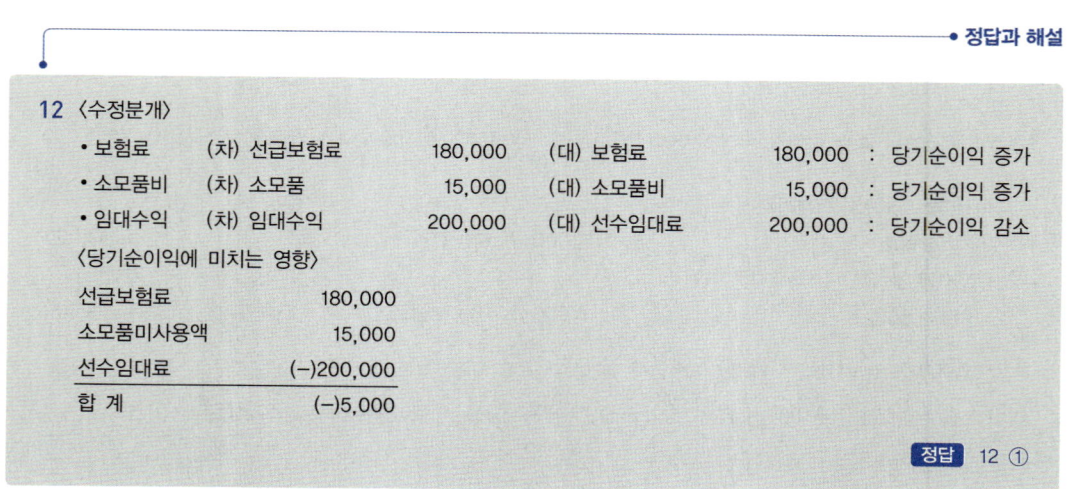

• 보험료	(차) 선급보험료 180,000	(대) 보험료	180,000	:	당기순이익 증가
• 소모품비	(차) 소모품 15,000	(대) 소모품비	15,000	:	당기순이익 증가
• 임대수익	(차) 임대수익 200,000	(대) 선수임대료	200,000	:	당기순이익 감소

〈당기순이익에 미치는 영향〉

선급보험료	180,000
소모품미사용액	15,000
선수임대료	(−)200,000
합 계	(−)5,000

정답 12 ①

CHAPTER 02

PART 1 재무회계

재무회계 개념체계

01 개념체계의 의의와 목적

1 개념체계의 의의

① 개념체계는 회계기준위원회가 일관성 있는 회계기준을 제정·개정함에 있어 도움을 주며, 재무제표의 작성자가 회계기준이 정립되지 않은 새로운 거래에 대하여 회계정책을 개발하는 데 준거체계를 제공하는 지침으로서의 역할을 수행한다.

② 개념체계는 국제회계기준이 아니므로, 개념체계의 어떠한 내용도 회계기준이나 회계기준의 요구사항에 우선하지 않는다.

③ 개념체계는 회계기준위원회에 의해 수시로 개정될 수 있으며, 개념체계가 개정되었다고 자동으로 회계기준이 개정되는 것은 아니다.

PART 1

2 개념체계의 목적

① **회계기준위원회** : 회계기준위원회가 일관된 개념에 기반하여 국제회계기준을 제정·개정하는 데 도움을 제공한다.

② **재무제표의 작성자** : 특정 거래나 다른 사건에 적용할 회계기준이 없거나 회계기준에서 회계정책을 선택하는 것을 허용하는 경우에 재무제표 작성자가 일관된 회계정책을 개발하는 데 도움을 제공한다.

③ 모든 이해관계자가 회계기준을 이해하고 해석하는 데 도움을 준다.

3 회계기준위원회의 공식임무와 개념체계의 관계

개념체계에 기반한 회계기준은 경영진의 책임을 묻기 위해 필요한 정보를 제공하며, 이로 인해 자본제공자와 자본 수탁자 간의 정보 격차를 줄임으로써 책임을 강화하고, 투자자에게 전 세계의 기회와 위험을 파악하도록 도움을 주어 자본 배분을 향상시킴으로써 경제적 효율성에 기여한다.

4 기본가정(계속기업의 가정)

경영진은 재무제표를 작성할 때 계속기업으로서의 존속가능성을 평가해야 한다. 경영진이 기업을 청산하거나 경영활동을 중단할 의도를 가지고 있거나, 청산 또는 경영활동의 중단 외에 다른 현실적인 대안이 없는 경우가 아니면 계속기업을 전제로 재무제표를 작성한다.

02 일반목적재무보고

1 일반목적재무보고의 목적

현재 및 잠재적 투자자, 대여자 및 그 밖의 채권자가 기업에 자원을 제공하는 것에 대한 의사결정을 할 때 유용한 보고기업 재무정보를 제공하는 것이다.

2 주요정보이용자

주요정보이용자인 현재 및 잠재적 투자자, 대여자 및 그 밖의 채권자는 그들에게 직접 정보를 제공하도록 보고기업에 요구할 수 없으며, 필요로 하는 재무정보의 많은 부분을 일반목적재무보고서에 의존해야만 한다. 보고기업의 경영진, 감독당국과 투자자, 대여자 및 그 밖의 채권자가 아닌 일반대중에게도 일반목적재무보고가 유용할 수는 있으나, 이들이 일반목적재무보고의 주요대상은 아니다.

3 일반목적재무보고에 포함되어야 하는 정보

(1) 기업의 경제적 자원과 이에 대한 청구권 및 그 변동에 관한 정보

보고기업의 경제적 자원과 청구권의 성격 및 금액에 대한 정보는 이용자들이 보고기업의 재무적 강점과 약점을 식별하는 데 도움을 준다.

(2) 기업의 경제적 자원의 사용에 관한 정보

보고기업의 경영진이 기업의 경제적 자원을 얼마나 효율적이고 효과적으로 사용하는 책임을 이행하고 있는지에 대한 정보는 이용자들이 해당 자원에 대한 경영자의 수탁책임을 평가할 수 있도록 도움을 준다.

4 일반목적재무보고의 한계

일반목적재무보고서는 정보이용자가 필요로 하는 모든 정보를 제공할 수는 없다. 일반목적재무보고서는 보고기업의 가치를 보여주지 않고, 보고기업의 가치를 추정하는 데 도움이 되는 정보를 제공하는 것이며, 재무보고기준을 제정할 때에는 주요 이용자 최대 다수의 수요를 충족시키는 정보를 제공하기 위해 노력해야 한다. 하지만 공통된 정보 수요에 초점을 맞춘다고 해서 보고기업으로 하여금 주요 이용자의 특정한 일부에게 가장 유용한 추가적인 정보를 제공하지 못하는 것은 아니다. 또한 재무보고서는 정확한 서술보다는 상당 부분 추정, 판단 및 모형에 근거할 수 있다.

03 유용한 재무정보의 질적특성

1 질적특성의 적용

재무정보의 질적특성은 일반목적재무보고를 통해 제공되는 정보가 그 목적을 달성하기 위해 갖추어야 할 주요 속성을 말한다.

근본적 질적특성	• 목적적합성(예측가치, 확인가치, 중요성) • 표현충실성(완전한 서술, 중립적 서술, 오류없는 기술)
보강적 질적특성	비교가능성, 검증가능성, 적시성, 이해가능성

2 근본적 질적특성

(1) 목적적합성

의사결정에 차이가 나도록 할 수 있는 재무정보

① **예측가치** : 정보이용자들이 미래결과를 예측하기 위해 사용되는 절차의 투입요소로 재무정보가 사용될 수 있다면, 그 재무정보는 예측가치를 갖는다. 즉, 재무정보가 예측가치를 갖기 위해서 그 자체가 예측치 또는 예상치일 필요는 없으며 예측가치를 갖는 재무정보도 정보이용자 자신이 예측하는 데 사용된다.

② **확인가치** : 재무정보가 과거 평가에 대해 피드백을 제공한다면 확인가치를 갖는다.
재무정보의 예측가치와 확인가치는 상호 연관되어 있으며, 예측가치를 갖는 정보는 확인가치도 갖는 경우가 많다.

③ **중요성** : 개별기업 재무보고서 관점에서 해당 정보와 관련된 항목의 성격이나 규모 또는 이 둘 모두에 근거하여 해당 기업에 특유한 측면의 목적적합성을 의미한다. 회계기준위원회는 중요성에 대한 획일적인 계량 임계치를 정하거나 특정한 상황에서 무엇이 중요한 것인지를 미리 결정할 수 없다.

예 소액의 사무용 소모품 구입 즉시 비용처리

(2) 표현충실성

나타내고자 하는 현상의 실질을 충실하게 표현하는 재무정보

① **완전성** : 필요한 기술과 설명을 포함하여 정보이용자가 서술되는 현상을 이해하는 데 필요한 모든 정보를 포함해야 한다.

② **중립성** : 재무정보의 선택이나 표시에 편의가 없어야 하며, 편파적이 되거나, 편중되거나, 강조되거나, 경시되거나 그 밖의 방식으로 조작되지 않아야 한다. 중립적 정보는 목적이 없거나 행동에 대한 영향력이 없는 정보를 의미하는 것은 아니다. 중립성은 신중을 기함으로써 뒷받침되며, 신중성은 불확실한 상황에서 판단할 때 주의를 기울이는 것인데 신중을 기한다는 것은 자산과 수익이 과대평가되지 않고 부채와 비용이 과소평가되지 않는 것을 의미한다. 마찬가지로 신중을 기한다는 것은 자산이나 수익의 과소평가나 부채나 비용의 과대평가를 허용하지 않는다.

③ **오류없는 서술** : 현상의 기술에 오류나 누락이 없고, 보고 정보를 생산하는 데 사용되는 절차의 선택과 적용 시 절차상 오류가 없어야 하며, 오류가 없다는 것은 모든 면에서 완벽하게 정확하다는 것을 의미하는 것은 아니다.

3 보강적 질적특성

(1) 비교가능성

다른 기업에 대한 유사한 정보 및 해당 기업에 대한 다른 기간이나 다른 일자의 유사한 정보와 비교할 수 있다면 더욱 유용하다. 다른 질적특성과 달리 비교가능성은 단 하나의 항목에 관련된 것이 아니며, 비교하려면 최소한 두 항목이 필요하다. 비교가능성은 일관성과 관련은 있지만 동일하지는 않고, 통일성과는 다른 개념이다. 또한 비교가능성은 목표이고 일관성은 그 목표를 달성하는 데 도움을 주는 것이다(일관성은 한 보고기업 내에서 기간 간 또는 같은 기간 동안에 기업 간, 동일한 항목에 대해 동일한 방법을 적용하는 것을 의미한다).

(2) 검증가능성

합리적인 판단력이 있고 독립적인 서로 다른 관찰자가 어떤 서술에 대한 표현충실성에 있어서 비록 완전하게 일치하지는 않더라도, 경제적 현상을 충실히 표현하는지를 정보이용자가 확인하는 데 도움을 준다면 더욱 유용하다. 또한 검증가능한 계량화된 정보는 단일 점추정치이어야 할 필요는 없다.

(3) 적시성

의사결정자가 정보를 제때 이용가능하다면 그 정보는 더욱 유용하다. 정보는 오래될수록 유용성이 낮아지지만, 일부 정보는 보고기간말 후에도 오랫동안 적시성을 유지할 수 있다. 예 추세분석

(4) 이해가능성

정보를 명확하고 간결하게 분류・표시하여 이해가능하게 해 준다면 더욱 유용하다. 특정 정보가 복잡하여 이해하기 어렵다는 이유로 재무보고서에서 제외되면 불완전한 정보가 제공되어 의사결정을 오도할 수 있다. 재무보고서는 사업활동과 경제활동에 대해 합리적인 지식이 있고, 부지런히 정보를 검토하고 분석하는 정보이용자를 위해 작성되며, 때로는 박식하고 부지런한 정보이용자도 복잡한 경제적 현상에 대한 정보를 이해하기 위해 전문가의 도움을 받는 것이 필요할 수 있다.

4 보강적 질적특성의 적용

보강적 질적특성을 적용하는 것은 근본적 질적특성과는 달리 어떤 규정된 순서를 따르지 않는 반복적인 과정이다.

5 유용한 재무보고에 대한 원가 제약

원가는 재무보고로 제공될 수 있는 정보에 대한 포괄적 제약요인이므로, 모든 이용자가 목적적합하다고 보는 모든 정보를 일반목적재무보고서에서 제공하는 것은 불가능하다. 회계기준위원회도 특정 정보를 보고하는 효익이 그 정보를 제공하고 사용하는 데 발생한 원가를 정당화할 수 있을 것인지 평가해야 한다. 본질적인 주관성 때문에, 재무정보의 특정 항목 보고의 원가 및 효익에 대한 평가는 개인마다 달라진다. 그렇다고 원가와 효익의 평가가 동일한 보고 요구사항을 모든 기업에 대해 언제나 정당화하는 것은 아니다.

<목적적합성과 표현충실성의 상충관계>

구 분	목적적합성	표현충실성
유형자산	재평가모형	원가모형
유가증권	공정가치평가	역사적 원가측정
재무제표	중간재무제표 작성	연차재무제표 작성
건설공사	진행기준	완성기준

04 일반목적의 재무제표

1 일반목적재무제표의 목적과 작성의 가정

(1) 일반목적재무제표의 목적

보고기업에 유입될 미래순현금흐름에 대한 전망을 하는 데 유용한 보고기업의 자산, 부채, 자본, 수익 및 비용에 대한 재무정보를 재무제표 이용자들에게 제공하는 것이며, 보고기업의 경제적 자원에 대한 경영진의 수탁책임을 평가하는 데 유용한 보고기업의 자산, 부채, 자본, 수익 및 비용에 대한 재무정보를 재무제표 이용자들에게 제공하는 것이다.

(2) 일반목적재무제표의 종류

기준서 제1001호 재무제표 표시 : 재무상태표, 포괄손익계산서, 자본변동표, 현금흐름표, 주석으로 분류된다.

(3) 일반목적재무제표의 작성의 가정(계속기업)

재무제표는 일반적으로 보고기업이 계속기업이며 예측가능한 미래에 영업을 계속할 것이라는 가정하에 작성된다. 다만, 기업이 청산을 하거나 거래를 중단하려는 의도나 필요가 있다면, 재무제표는 계속기업과는 다른 기준에 따라 작성되어야 한다.

계속기업의 유용성

① 역사적 원가주의가 타당성을 갖는다. 기업이 곧 청산될 것이라는 가정하에 회계처리를 한다면 자산을 취득원가로 기록하는 대신 청산가치로 평가하는 것이 합리적일 것이다.
② 계속기업의 가정을 따를 경우에 한하여 유형자산의 취득원가를 미래의 기간에 걸쳐 비용으로 배분하는 감가상각 등과 같은 회계처리방식이 정당화될 수 있다.
③ 계속기업을 가정하지 않았다면 자산과 부채를 유동성이 높은 순서대로 배열하는 유동성배열법이 그 의미를 상실하게 되고, 대신 처분할 순서 혹은 결제할 순서대로 배열하는 것이 합리적이 될 것이다.
④ 계속기업의 전제를 바탕으로 개발비를 무형자산으로 인식할 수 있으며, 계속기업이 전제되어야 기업 특유의 가치를 측정요소로 사용할 수 있다.

2 재무상태표의 종류별 작성과 표시

(1) 재무상태표의 의의

재무상태표는 기업실체의 일정시점에서의 재무상태를 나타내는 재무제표로서 기업의 유동성, 재무적 탄력성, 수익성과 위험을 평가하는 데 유용한 정보를 제공한다. 여기서 재무상태란 일정시점에서의 자산, 부채 및 자본의 구성내용과 크기를 의미한다. 재무상태표의 구성요소는 자산, 부채 및 자본이며, 이러한 재무상태표의 3가지 구성요소는 항상 일정한 관계를 가지게 되는데 이를 회계등식이라 한다. 이 등식에 의하면 기업이 소유한 자원(자산)은 자원에 대한 청구권(부채와 자본)과 동일한 금액이다.

자 산	=	부 채 + 자 본
경제적 자원		자원에 대한 청구권

(2) 재무상태표의 구성항목

① 자 산

유동자산	• 현금및현금성자산 : 현금, 당좌예금, 보통예금, 현금성자산 • 매출채권 및 기타채권 : 외상매출금, 받을어음, 단기대여금, 미수금 • 기타단기금융자산 : 단기예금, 당기손익-공정가치측정금융자산 • 재고자산 : 상품, 제품, 원재료, 재공품, 반제품, 저장품
비유동자산	• 대여금 및 수취채권 : 장기대여금, 장기미수금 • 기타장기금융자산 : 기타포괄손익-공정가치측정금융자산, 상각후원가측정금융자산 • 투자부동산 • 유형자산 : 토지, 건물, 기계장치, 비품, 차량운반구, 건설중인자산 • 무형자산 : 영업권, 산업재산권, 광업권, 어업권, 개발비, 컴퓨터 소프트웨어 • 기타비유동자산 : 임차보증금, 장기선급금

② 부 채

유동부채	• 매입채무 : 외상매입금, 지급어음 • 기타단기금융부채 : 단기차입금, 미지급금, 예수금, 미지급법인세 • 충당부채 : 제품보증충당부채, 경품충당부채 • 기타유동부채 : 선수금, 미지급비용, 선수수익
비유동부채	• 장기금융부채 : 장기차입금, 장기미지급금, 사채 • 퇴직급여부채 • 기타비유동부채 : 장기선수금, 임대보증금

③ 자 본

자본금	보통주자본금, 우선주자본금
자본잉여금	주식발행초과금, 감자차익, 자기주식처분이익
자본조정	주식할인발행차금, 감자차손, 자기주식처분손실, 자기주식, 배당건설이자, 주식매수선택권
기타포괄손익 누계액	기타포괄손익-공정가치측정금융자산평가손익, 해외사업환산손익, 재평가잉여금, 현금흐름위험회피파생상품평가손익
이익잉여금	• 법정적립금 : 이익준비금 • 임의적립금 : 사업확장적립금, 감채적립금, 배당평균적립금 등 • 미처분이익잉여금

※ 자본의 구분 : 국제회계기준에서는 자본을 크게 납입자본, 이익잉여금, 기타자본구성요소로 구분하고 있다. 국제회계기준은 각 국가의 상법을 고려하여 구체적으로 자본의 항목을 구분하지 않았다. 따라서 기존 기업회계기준의 자본 분류를 알아야 하는데 발생원천에 따라 자본금, 자본잉여금, 자본조정, 기타포괄손익누계액, 이익잉여금으로 구분하고 있다.

(3) 재무상태표의 기본구조

재무상태표의 표시방법은 유동성・비유동성 구분법과 유동성 순서배열법이 있다. 유동성 순서배열법을 적용할 경우 모든 자산과 부채는 유동성의 순서에 따라 표시한다. 유동성 순서배열법이 보다 신뢰성 있고 더욱 목적적합한 정보를 제공하는 경우를 제외하고는 유동성・비유동성 구분법으로 재무상태표를 작성한다. 이는 유동자산과 비유동자산, 유동부채와 비유동부채로 구분하여 재무상태표를 표시하며, 구체적인 작성 사례 양식은 다음과 같다.

① **유동성・비유동성 구분법의 적용** : 기업이 명확히 식별 가능한 영업주기 내에서 재화나 용역을 제공하는 경우, 재무상태표는 유동성・비유동성 구분법으로 표시한다. 이는 운전자본으로서 계속 순환되는 순자산과 장기 영업활동에서 사용하는 순자산을 구분함으로써 유용한 정보를 제공하기 때문이다. 또한 정상영업주기 내에 실현될 것으로 예상되는 자산과 동 기간 내에 결제 기일이 도래하는 부채를 구분하여 보여준다.

② **유동성 순서배열법의 적용** : 금융회사와 같은 일부 기업의 경우에는 오름차순이나 내림차순의 유동성 순서배열법으로 자산과 부채를 표시하는 것이 유동성・비유동성 구분법보다 신뢰성 있고 더욱 목적적합한 정보를 제공한다. 이러한 기업은 재화나 서비스를 명확히 식별 가능한 영업주기 내에 제공하지 않기 때문이다.

③ **혼합표시방법의 적용** : 신뢰성 있고 더욱 목적적합한 정보를 제공한다면 자산과 부채의 일부는 유동성・비유동성 구분법으로, 나머지는 유동성 순서배열법으로 표시하는 것이 허용된다. 이러한 혼합표시방법은 기업이 다양한 사업을 영위하는 경우에 필요할 수 있다.

(4) 자산의 분류

자산을 재무상태표에 공시할 때에는 외부정보이용자들이 이해하기 쉽도록 해당 자산의 성격을 잘 나타낼 수 있는 계정과목을 사용해야 하며, 이들 계정과목은 유동성과 비유동성으로 구분해야 한다.

① **유동자산** : 자산은 다음의 경우에 유동자산으로 분류하며, 그 밖의 경우에는 비유동자산으로 분류한다.

- 기업의 정상영업주기 내에 실현될 것으로 예상하거나, 정상영업주기 내에 판매하거나 소비할 의도가 있다.
- 주로 단기매매 목적으로 보유하고 있다.
- 보고기간 후 12개월 이내에 실현될 것으로 예상한다.
- 현금이나 현금성자산으로서, 교환이나 부채 상환 목적으로의 사용에 대한 제한 기간이 보고기간 후 12개월 이상이 아니다.

정상영업주기는 영업활동을 위한 자산의 취득시점부터 그 자산이 현금이나 현금성자산으로 실현되는 시점까지 소요되는 기간이다. 정상영업주기를 명확히 식별할 수 없는 경우에는 그 기간이 12개월인 것으로 가정한다.

② **비유동자산** : 비유동자산은 유형자산, 무형자산 및 장기의 성격을 가진 금융자산 등을 포함한다.

(5) 부채의 분류

부채를 재무상태표에 공시할 때에는 외부정보이용자들에게 유용하도록 해당 부채의 성격을 잘 나타낼 수 있는 계정과목을 사용해야 하며, 이들 계정과목은 유동성과 비유동성으로 구분해야 한다.

① **유동부채** : 부채는 다음의 경우에 유동부채로 분류하며, 그 밖의 경우에는 비유동부채로 분류한다.

- 정상영업주기 내에 결제될 것으로 예상하고 있다.
- 주로 단기매매 목적으로 보유하고 있다.
- 보고기간 후 12개월 이내에 결제하기로 되어 있다.

이러한 유동부채에는 매입채무와 미지급비용, 단기금융부채, 당좌차월, 비유동금융부채의 유동성대체 부분, 미지급배당금, 당기법인세부채 등이 있다.

② **비유동부채** : 비유동부채에는 사채, 장기매입채무, 확정급여부채, 장기차입금 등이 있다.

(6) 자본의 분류

한국채택국제회계기준에서는 자본을 납입자본, 이익잉여금 및 기타자본구성요소로 분류하고 있다.

① **납입자본** : 회사와 소유주(주주)와의 자본거래에서 소유주가 회사에 납입한 자본금액을 말한다.

예 자본금, 주식발행초과금

② **이익잉여금** : 기업의 경영활동에서 발생한 이익 중 주주에 대한 배당 등을 통하여 처분된 금액을 차감한 후에 사내에 유보된 잉여금이다.

예 법정적립금, 임의적립금, 미처분이익잉여금

③ **기타자본구성요소** : 회사의 자본 중 자본금과 이익잉여금으로 분류되지 않는 자본항목들이다.

예 기타자본잉여금, 자본조정, 기타포괄손익누계액

3 포괄손익계산서

(1) 의 의

포괄손익계산서는 주주(소유주)와의 자본거래에 따른 자본의 변동을 제외한 기업 순자산의 변동을 표시하는 보고서이다. 이 중 당기순손익을 통해 기업실체의 일정기간 동안의 경영성과를 나타내며, 총포괄손익은 기업의 미래현금흐름과 수익창출능력 등의 예측에 유용한 정보를 제공한다. 여기서 일정기간이란 일반적으로 회계기간을 의미하며, 경영성과란 경영자가 주주나 채권자로부터 위탁받은 자산을 효율적으로 운용하여 얻은 순이익의 크기를 의미한다. 그리고 총포괄손익은 회사의 순자산 변동 중 주주(소유주)와의 자본거래를 제외한 금액을 말하며, 당기순손익과 기타포괄손익의 합계액으로 구성된다. 이러한 내용을 산식으로 정리하면 다음과 같다.

(총)포괄손익 = 당기순손익* ± 기타포괄손익

* 당기순손익 = 수익 − 비용

이때 기타포괄손익이란 포괄손익 중 수익과 비용으로 실현처리 되지 않은 순자산의 변동액을 말하며, 재분류조정이란 당기나 과거 기간에 기타포괄손익으로 인식되었으나 당기손익으로 재분류된 금액을 말한다.

① **기타포괄손익의 종류** : 재평가잉여금 변동, 기타포괄손익-공정가치측정금융자산평가손익, 해외사업환산손익, 현금흐름위험회피손익(효과적인 부분), 확정급여제도의 보험수리적손익 등

(2) 포괄손익계산서의 구성항목

포괄손익계산서에는 적어도 당해 기간의 다음 금액을 표시하는 항목을 포함한다.

① 수 익

㉠ 매출액 : 매출

㉡ 기타수익 : 수수료수익, 로열티수익, 보험차익, 외환차익, 당기손익-공정가치측정금융자산처분이익, 당기손익-공정가치측정금융자산평가이익, 유형자산처분이익, 사채상환이익, 외화환산이익, 자산수증이익, 채무면제이익, 잡이익, 임대료

㉢ 금융수익 : 이자수익, 배당금수익

② 비용(기능별 분류)

㉠ 매출원가 : 기초재고액 + 당기매입액 − 기말재고액

㉡ 판매비와관리비 : 종업원급여, 퇴직급여, 통신비, 접대비, 여비교통비, 수도광열비, 복리후생비, 차량유지비, 감가상각비, 손상차손(= 대손상각비), 세금과공과, 임차료, 보험료, 광고선전비 등

㉢ 기타비용 : 수수료비용, 외환차손, 외화환산손실, 당기손익-공정가치측정금융자산처분손실, 당기손익-공정가치측정금융자산평가손실, 유형자산처분손실, 재고자산감모손실, 재고자산평가손실, 사채상환손실, 재해손실, 잡손실, 기부금, 기타의손상차손(기타의대손상각비) 등

㉣ 금융원가 : 이자비용

㉤ 법인세비용 : 법인세, 지방소득세, 농특세

참고

수 익	영업수익	매출액
	영업외수익(기타수익, 금융수익)	이자수익, 배당금수익, 로열티수익, 당기손익-공정가치측정금융자산처분이익, 당기손익-공정가치측정금융자산평가이익, 유형자산처분이익, 사채상환이익, 잡이익 등
비 용	매출원가	
	판매비와관리비(물류원가, 관리비 등)	종업원급여, 퇴직급여, 광고선전비, 접대비, 복리후생비, 통신비, 수도광열비, 세금과공과, 임차료, 보험료, 감가상각비, 손상차손(= 대손상각비), 소모품비, 차량유지비, 수수료비용, 교육훈련비 등
	영업외비용(기타비용, 금융원가)	이자비용, 당기손익-공정가치측정금융자산처분손실, 당기손익-공정가치측정금융자산평가손실, 유형자산처분손실, 기부금, 사채상환손실, 기타의손상차손(기타의대손상각비) 등

③ **비용(성격별 분류)** : 상품의 변동, 상품매입액, 종업원급여, 감가상각비와 기타상각비, 기타비용 등

(3) 수익과 비용 표시

수익과 비용을 포괄손익계산서 또는 별도의 손익계산서에 표시하는 방법 중 중요사항은 다음과 같다.

① **별도 표시** : 수익과 비용 항목이 중요한 경우 그 성격과 금액을 별도로 공시한다.
(다만, 차손은 일반적으로 관련 수익을 차감한 금액으로 보고된다)

② **비용의 분류표시** : 기업은 비용의 성격별 또는 기능별 분류방법 중에서 신뢰성 있고 더욱 목적적합한 정보를 제공할 수 있는 방법을 적용하여 당기손익으로 인식한 비용의 분석내용을 표시한다.

4 기타 재무제표

(1) 자본변동표

자본변동표는 일정기간 동안의 자본변동에 관한 정보를 제공하는 재무제표이다. 자본변동표는 자본의 각 구성요소별로 당기순손익, 기타포괄손익의 각 항목 및 소유주(주주)와의 자본거래에 따른 변동액을 구분하여 표시한다. 즉 기초시점과 기말시점의 장부금액 조정내역을 자본항목별로 구체적으로 표시한다.

자본변동표
20X1년 1월 1일 ~ 20X1년 12월 31일

과 목	납입자본	이익잉여금	재평가잉여금	·········	자본총계
20X1.1.1					
유상증자					
·········					
배당 등					
20X1.12.31					

(2) 현금흐름표

현금흐름표는 영업활동, 투자활동, 재무활동별로 기업의 일정기간 동안의 현금및현금성자산의 변동에 관한 정보를 제공하는 재무제표이다. 이러한 현금흐름정보는 현금주의 기준의 경영성과, 기업의 현금창출능력과 기업의 현금필요성에 대한 정보를 재무제표 이용자에게 제공한다.

구 분	내 용
영업활동	재화의 판매, 용역 제공에 대한 현금유입, 재화와 용역의 구입에 따른 현금유출, 종업원과 관련하여 직·간접으로 발생하는 현금유출, 단기매매 목적으로 보유하는 계약 관련 등
투자활동	유형, 무형 및 기타 장기성자산의 취득과 처분, 선급금 및 대여금의 회수와 대여, 다른 기업의 지분상품과 채무상품의 취득과 처분
재무활동	지분상품의 발행 및 상환, 사채의 발행 및 상환, 금융리스부채의 상환

5 주 석

(1) 의의와 구조

재무상태표, 포괄손익계산서, 자본변동표 및 현금흐름표에 표시하는 정보에 추가하여 제공하는 정보이다. 주석은 상기 재무제표에 표시된 항목을 구체적으로 설명하거나 세분화하고, 상기 재무제표 인식요건을 충족하지 못하는 항목에 대한 정보를 제공한다.

(2) 회계정책의 공시

유의적인 회계정책의 요약과 관련하여 재무제표를 작성하기 위해 사용한 측정기준과 재무제표를 이해하는 데 목적적합한 기타의 회계정책을 공시한다.

(3) 추정 불확실성의 원천

미래에 대한 가정과 보고기간말의 추정 불확실성에 대한 기타 주요 원천에 대한 정보를 공시한다. 그리고 이로부터 영향을 받을 자산과 부채에 대하여 자산과 부채의 성격과 보고기간말의 장부금액 등을 주석으로 기재한다. 예를 들어 유형자산의 분류별 회수가능액, 재고자산에 대한 기술적 진부화의 영향, 진행 중인 소송사건의 미래 경과에 따라 변동되는 충당부채 등은 미래지향적인 추정에 의존하게 된다.

구 분	재무제표
재무상태표	일정시점 재무상태(자산·부채·자본)를 나타내는 정태적 보고서
포괄손익계산서	일정기간 경영성과(수익·비용)를 나타내는 동태적 보고서
현금흐름표	일정기간 현금흐름 변동을 파악하기 위해 작성하는 동태적 보고서
자본변동표	일정기간 자본의 크기와 자본 구성 항목의 변동에 관한 정보를 제공
주 석	난외, 별지에 간단명료하게 기재(유의적 회계정책의 요약 등)

6 중간재무제표

(1) 의 의

기업은 일반적으로 연차재무제표를 작성하며, 이외에 중간기간에 재무제표를 보고하기 위하여 중간재무제표를 작성한다. 중간재무제표는 연차재무제표에 비해 적시성 있는 정보를 제공하나, 신뢰성 측면에서는 유용하지 않다.

(2) 중간재무제표가 제시되어야 하는 기간

중간재무보고서는 다음 기간에 대한 중간재무제표(요약 또는 전체)를 포함하여야 한다.

① 당해 중간보고기간말과 직전 연차보고기간말을 비교하는 형식으로 작성한 재무상태표

② 당해 중간기간과 당해 회계연도 누적기간을 직전 회계연도의 동일기간과 비교하는 형식으로 작성한 포괄손익계산서

③ 당해 회계연도 누적기간을 직전 회계연도의 동일기간과 비교하는 형식으로 작성한 자본변동표

④ 당해 회계연도 누적기간을 직전 회계연도의 동일기간과 비교하는 형식으로 작성한 현금흐름표

〈12월 말 결산법인의 3분기 중간재무제표 작성 사례〉

구 분	당 기	전 기
재무상태표	9월 30일	12월 31일
포괄손익계산서	7월 1일 ~ 9월 30일	7월 1일 ~ 9월 30일
	1월 1일 ~ 9월 30일	1월 1일 ~ 9월 30일

7 재무비율 분석

재무비율의 분석은 재무자료의 변화를 알아볼 수 있도록 개별항목 간의 배율을 산출하여 기업의 재무상태나 재무성과를 분석・판단하는 방법으로 기업의 신용분석수단 및 투자자들의 투자분석수단으로 활용되고 있다. 해당 내용은 전산회계운용사 2급 필기 출제기준에는 제외되어 있으나, 간혹 문제로 출제되는 사례가 있어 이를 반영하였다.

(1) 유동성 비율

유동성 비율은 기업이 1년 이내에 만기가 도래하는 단기채무를 변제할 수 있는 능력을 나타내는 재무비율이다.

① **유동비율** : 유동비율은 유동자산을 유동부채로 나누어 측정하는 비율로서 유동비율이 높을수록 기업의 유동성이 좋으며, 유동비율이 낮을수록 기업의 유동성이 낮아 단기채무의 지급능력이 어렵다.

$$\text{유동비율} = \frac{\text{유동자산}}{\text{유동부채}}$$

② **당좌비율** : 당좌비율은 재고자산을 제외한 당좌자산만을 고려하여 단기유동성을 측정하는 비율이다. 재고자산은 단기간 내에 현금화하기 어려우므로 유동자산에서 재고자산을 제외한 당좌자산만을 가지고 측정한다. 당좌비율이 높을수록 단기유동성이 좋고 당좌비율이 낮을수록 단기유동성이 어렵다.

$$\text{당좌비율} = \frac{\text{당좌자산}}{\text{유동부채}} = \frac{\text{유동자산} - \text{재고자산}}{\text{유동부채}}$$

(2) 안정성 비율

안정성 비율은 기업의 장기적인 지급능력과 재무구조의 건전성 여부를 판단하는 비율이다. 즉, 기업이 장기부채에 대한 원금과 이자를 지급할 수 있는지 평가하는 데 주요한 측정치이다.

① **부채비율** : 부채비율은 기업의 지급능력을 측정하는 것으로 부채비율이 클수록 기업이 불안정하며, 부채비율이 낮을수록 기업의 안정성이 좋다.

$$\text{부채비율} = \frac{\text{부채}}{\text{자기자본}^{*}}$$

* 자기자본 대신 총자산을 반영하기도 함

② **자기자본비율** : 자기자본비율은 총자본에서 자기자본이 차지하는 비율로서 자기자본비율이 높을수록 안정성이 좋다.

$$\text{자기자본비율} = \frac{\text{자기자본}}{\text{총자본}^{*1}} = (1 - \text{부채구성비율}^{*2})$$

*1 총자본 = 부채(타인자본) + 자기자본

*2 부채구성비율 = $\frac{\text{부채}}{\text{총자본}}$

(3) 수익성 비율

수익성 비율은 기업의 영업성과를 나타내는 재무비율이다. 이는 기업의 투자자본이 효율적으로 이용되는지의 정보를 제공해 주는 지표로서 일반적으로 아래와 같은 수익성 비율들을 이용하고 있다.

① **자기자본이익률** : 기업 경영자의 수익창출의 효율성을 나타내는 재무적 측정치로 자기자본이익률이 높을수록 수익성이 좋다고 판단한다.

$$\text{자기자본이익률} = \frac{\text{당기순이익}}{\text{평균자기자본}}$$

② **매출액이익률** : 매출액이익률은 매출액에서 당기순이익이 차지하는 비율이다. 매출액이익률이 높을수록 수익성이 좋다고 판단한다.

$$\text{매출액이익률} = \frac{\text{당기순이익}}{\text{매출액}}$$

PART 1

(4) 활동성 비율

기업의 자산에 대한 효율적인 운용을 평가하는 재무적 측정치가 활동성 비율이다.

① **재고자산회전율** : 재고자산회전율은 기업이 재고자산을 얼마나 효율적으로 관리하고 있는지 나타내는 지표로 기업의 현금화 속도를 의미한다. 재고자산회전율이 높을수록 재고자산이 효율적으로 관리된 것으로 판단한다.

$$재고자산회전율 = \frac{매출원가}{평균재고자산}$$

② **매출채권회전율** : 매출채권회전율은 기업의 매출채권의 현금화 속도를 의미한다. 그러므로 매출채권회전율이 높을수록 매출채권의 회수가 빠른 것으로 판단한다.

$$매출채권회전율 = \frac{순외상매출액^{*1}}{평균매출채권^{*2}}$$

*1 순외상매출액 대신 매출액을 반영하기도 함

*2 $평균매출채권 = \frac{기초매출채권 + 기말매출채권}{2}$

예 제

㈜대한은 20X1년 회계기간 동안 매출채권 기초잔액 ₩36,000, 기말잔액 ₩40,000, 현금매출액 ₩150,000, 매출채권회전율이 5.0이다. ㈜대한의 20X1년 매출액은?(단, 매출채권회전율의 계산은 외상매출액 및 기초와 기말 매출채권 잔액의 평균을 이용한다)

정답 및 해설

₩340,000

- 평균매출채권 : (₩36,000 + ₩40,000) / 2 = ₩38,000
- 외상매출액 : ₩38,000 × 5.0 = ₩190,000

※ '매출채권회전율 = 외상매출액 / 평균매출채권'이므로 '외상매출액 = 평균매출채권 × 매출채권회전율'이다.

- 매출액 : ₩190,000(외상매출) + ₩150,000(현금매출) = ₩340,000

TEST 02 연습문제

01 의사결정에 유용한 정보가 되기 위해 재무제표 정보가 갖추어야 할 질적특성인 목적적합성과 관련이 가장 적은 것은?

① 예측가치　　② 확인가치
③ 중요성　　④ 신중성

02 한국채택국제회계기준에서 제시하고 있는 재무제표의 질적특성에 대한 설명으로 옳지 않은 것은?

① 완전한 서술은 목적적합성과 관련된 개념으로, 기업의 재무구조를 건실하게 만든다는 장점이 있다.
② 감가상각방법을 정률법에서 정액법으로 변경하는 것은 비교가능성을 훼손시킬 수 있다.
③ 재무제표의 보강적 질적특성에는 이해가능성, 검증가능성, 적시성 및 비교가능성이 있다.
④ 재무제표 정보가 신뢰성을 갖기 위해서는 편의가 없이 중립적이어야 한다.

03 재무정보의 질적특성에 관한 설명으로 옳지 않은 것은?

① 충실한 표현을 위해서는 서술이 완전하고, 중립적이며, 오류가 없어야 한다.
② 보강적 질적특성을 적용하는 것은 근본적 질적특성과는 달리 어떤 규정된 순서를 따르지 않는 반복적인 과정이다.
③ 재무정보의 질적특성은 일반목적 재무보고를 통해 제공되는 정보가 그 목적을 달성하기 위해 갖추어야 할 주요 속성을 말한다.
④ 비교가능성은 통일성과 관련은 되어 있지만 동일하지는 않으며, 일관성과 같은 개념이다.

정답과 해설

01 목적적합성 : 예측가치, 확인가치, 중요성

02 완전한 서술은 표현충실성의 구성요소이다.

03 비교가능성은 일관성과 관련은 되어 있지만 동일하지는 않으며, 통일성과는 다른 개념이다.

정답 01 ④ 02 ① 03 ④

CHAPTER 03

PART 1 재무회계

수익인식 등

01 수익과 비용의 인식

1 수익의 정의

수익은 정상적인 경영활동에서 발생하는 경제적 효익의 총 유입을 말하며, 자산의 증가 또는 부채의 감소로 나타난다. 다만, 주주의 지분참여로 인한 자본증가는 수익에 포함하지 아니한다. 수익은 고객에게 기업의 재화나 용역을 제공하고 대가를 받기로 한 계약에서 발생하는 것으로 부가가치세처럼 제3자를 대신해서 받는 것은 수익으로 보지 않는다. 또한 정유사가 특정지역 고객 수요를 적시에 충족시키기 위해 서로 유류를 교환하기로 한 계약같이 고객에게 판매를 쉽게 하기 위해 행하는 같은 사업영역에 있는 기업 간의 비화폐성 교환은 수익으로 보지 않는다.

2 수익인식의 단계

고객과의 계약에서 수익을 인식할 때는 다음의 5단계를 거쳐 계약과 의무를 식별하고 수익금액을 측정하여 수익을 인식한다.

〈수익인식 5단계 모형〉

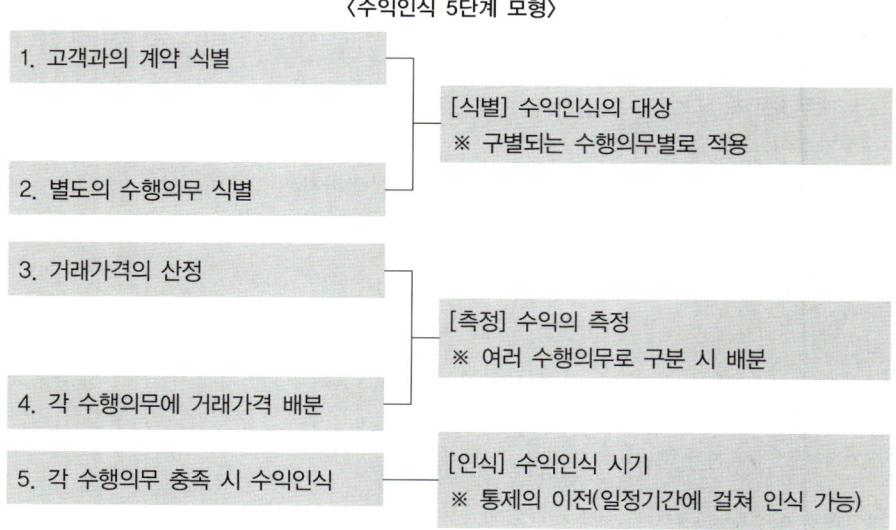

1. 고객과의 계약 식별
2. 별도의 수행의무 식별

→ [식별] 수익인식의 대상
※ 구별되는 수행의무별로 적용

3. 거래가격의 산정
4. 각 수행의무에 거래가격 배분

→ [측정] 수익의 측정
※ 여러 수행의무로 구분 시 배분

5. 각 수행의무 충족 시 수익인식

→ [인식] 수익인식 시기
※ 통제의 이전(일정기간에 걸쳐 인식 가능)

예시

(주)시대는 4월 20일 기계 A와 기계 B 2대를 700만원에 판매하기로 하고 이에 대한 계약서를 작성한 후 (주)고시에게 700만원을 이체받고 해당 거래 사실에 대한 세금계산서를 발행하였다(개별적인 판매가격은 기계 A 400만원, 기계 B 600만원이다).

1. 고객과의 계약 식별	기계 판매에 따른 계약서에 의해 확인
2. 별도의 수행의무 식별	기계 A와 기계 B를 인도하는 것
3. 거래가격의 산정	700만원
4. 각 수행의무에 거래가격 배분	• 기계A[700만원 × 400만원 ÷ (400만원 + 600만원)] = 280만원 • 기계B[700만원 × 600만원 ÷ (400만원 + 600만원)] = 420만원
5. 각 수행의무 총족 시 수익인식	한 시점에 이행하는 수행의무로 인도기준에 따라 4월 20일 인식

(1) 고객과의 계약 식별

계약은 둘 이상의 당사자 사이에 집행 가능한 권리와 의무가 생기게 하는 합의로서 서면, 구두 또는 사업관행에 따라 체결된다. 회계기준서에 따르면 다음 기준을 모두 충족하는 경우에만 고객과의 계약으로 회계처리한다.

- 계약 당사자들이 계약을 승인하고 각자의 의무를 수행하기로 확약한다.
- 이전할 재화나 용역과 관련된 각 당사자의 권리를 식별할 수 있다.
- 이전할 재화나 용역의 지급조건을 식별할 수 있다.
- 계약에 상업적 실질이 있다.
- 재화나 용역에 대한 대가의 회수 가능성이 높다.

(2) 수행의무의 식별

계약 개시시점에 고객과의 계약에서 약속한 재화나 용역을 검토하여 고객에게 ① 구별되는 재화나 용역 혹은 ② 실질적으로 서로 같고 고객에게 이전하는 방식도 같은 '일련의 구별되는 재화나 용역'을 이전하기로 한 각 약속을 하나의 수행의무로 식별한다.

예 하나의 계약에 여러 수행의무가 포함될 수 있다.

(3) 거래가격의 산정

거래가격이란 고객에게 재화나 용역을 이전하고 이에 대한 대가로 판매자가 받을 것으로 예상하는 금액이며, 부가가치세처럼 제3자를 대신해 회수한 금액은 제외한다. 거래가격을 산정하는 경우 다음과 같은 사항을 반영한다.

① **변동대가** : 고객으로부터 받을 대가에 할인, 리베이트, 환불, 장려금 등이 포함되어 있다면 대가가 변동될 수 있다. 또한 판매자가 받을 대가가 미래사건의 발생 여부에 달려 있는 경우에도 대가가 변동될 수 있다. 예를 들어 구매량이 1,000개 이상이 되는 경우 단가 할인을 해주는 경우 대가가 변동된다고 볼 수 있다.

② **계약에 있는 유의적 금융요소** : 고객과의 계약에 따라 합의한 지급시기 때문에 유의적인 금융 효익이 고객에게 제공되는 경우 화폐의 시간가치를 반영하여 거래가격을 조정한다. 고객이 별도 금융거래를 하는 경우 적용할 할인율을 사용하여 거래가격을 조정하되, 만약 재화나 용역을 이전하는 시점과 고객이 대가를 지급하는 시점이 1년 이내로 예상되는 경우 유의적 금액이 아니라고 보아 조정하지 않을 수 있다.

③ **고객에게 지급할 대가** : 판매자가 고객에게 현금, 상품권 등을 지급하거나 지급이 예상되는 금액은 고객이 판매자에게 별도 재화나 용역을 공급하고 지급하는 대가가 아니라면 수익에서 차감한다. 예를 들어 (주)시대가 유통거래처에 1,000원의 제품을 판매하고 100원을 납품 후 고객에게 지급하기로 하였다면 (주)시대는 900원의 수익을 인식하여야 한다.

④ **재화나 용역 간의 교환(현금 외 거래)** : 재화나 용역을 제공하고 대가를 현금 외에 재화 혹은 용역으로 수령하는 경우 수령하는 재화 등의 성격이나 가치가 제공하는 것과 유사한지 여부에 따라 판단한다. 만약 교환되는 재화 등의 성격 등이 유사하다면 별도 거래로 보지 않는다.
반면, 서로 유사하지 않다면 별도 거래로 보아 수령한 재화나 용역의 공정가치로 수익을 인식한다.

〈재화나 용역 간의 교환〉

구 분	수익측정	사 례
성격과 가치가 유사한 교환	거래로 보지 않음	고객의 수요에 대응하기 위해 정유사 간 동종 유류품의 교환
성격과 가치가 상이한 교환	① 수취한 재화 등의 공정가치	경영컨설팅 용역을 제공하고 리조트 사용권을 받은 경우
	② ①을 측정할 수 없는 경우 : 제공한 재화 등의 공정가치	

(4) 거래가격의 배분

고객과의 계약금액을 각 수행의무별로 수익을 측정하기 위하여 계약 개시시점에 각 수행의무 대상인 재화 혹은 용역의 개별판매가격을 산정하고 이 가격에 비례하여 거래가격을 배부한다. 예를 들어 전산장비와 관련 프로그램을 1,000원에 판매하였으나 시장에서는 각각 900원과 600원에 거래된다면 전산장비 납품의무에 대해서는 600원(1,000원 × 900원/1,500원)의 계약금액이 배부되고 프로그램공급은 400원(1,000원 × 600원/1,500원)이 배부된다.

(5) 수익의 인식

고객에게 약속한 재화나 용역을 이전하여 수행의무를 이행할 때, 즉 고객이 자산을 통제할 때 수익을 인식한다. 이때 기간에 걸쳐서 수행의무가 이행되는 경우 그 기간에 걸쳐, 즉 진행기준에 따라 수익을 인식한다.

① **한 시점에 이행하는 수행의무** : 한 시점에 이행하는 수행의무는 고객이 약속된 자산을 통제하고 기업이 의무를 이행하는 시점에 수익을 인식한다. 고객이 자산을 통제하는 시점의 예는 다음과 같다.

- 판매기업이 자산에 대해 현재 지급청구권이 있다.
- 고객에게 자산의 법적 소유권이 있다.
- 판매기업이 자산의 물리적 점유를 이전하였다.
- 자산의 소유에 따른 유의적인 위험과 보상이 고객에게 있다.
- 고객이 자산을 인수하였다.

② **기간에 걸쳐 이행하는 수행의무** : 다음 기준 중 하나를 충족하면 기업은 재화나 용역에 대한 통제를 기간에 걸쳐 이전하는 것으로 보아 기간에 걸쳐 수익을 인식한다.

- 고객은 기업이 수행하는 대로 기업의 수행에서 제공하는 효익을 동시에 얻고 소비한다.
- 기업이 수행하여 만들어지거나 가치가 높아지는 대로 고객이 통제하는 자산을 기업이 만들거나 그 자산 가치를 높인다.
- 기업이 수행하여 만든 자산이 기업 자체에는 대체 용도가 없고, 지금까지 수행을 완료한 부분에 대해 집행 가능한 지급청구권이 기업에 있다.

3 비용의 인식

① **비용의 의의** : 비용이란 정상적인 경영활동을 통하여 수익을 창출하는 과정에서 희생된 자원을 말한다. 이로 인해 기업의 순자산 감소(자산의 감소 또는 부채의 증가)가 나타난다. 비용은 매출원가, 관리원가, 기타비용 및 법인세비용 등으로 분류할 수 있다.

② **비용의 인식** : 비용은 수익을 인식하는 기간에 대응하는데 이를 수익·비용 대응의 원칙이라 한다. 즉, 비용은 수익의 그림자이다. 수익과 비용을 대응시키는 방법에는 직접대응, 합리적이고 체계적인 배분 및 즉시 비용화가 있다.

직접대응은 특정수익과 인과관계를 직접 추정할 수 있는 경우에 사용하는 방법으로 매출원가, 판매수수료, 판매보증비 등이 이에 속한다. 특정수익과 인과관계를 직접 추정할 수 없으나 자산으로부터 다수 기간에 걸쳐 경제적 효익이 제공되는 경우에는 합리적이고 체계적인 방법으로 배분한 금액을 비용으로 처리한다. 예를 들면 유형자산에 대한 감가상각비나 여러 기간에 걸쳐 배분하는 보험료, 임차료 등이 여기에 속한다.

한편, 미래 경제적 효익이 없거나 미래 경제적 효익에 대한 불확실성이 큰 비용은 발생시점에서 즉시 비용화한다. 이런 비용에는 광고선전비, 급여, 소모품비 등이 있다.

02 재화의 판매 및 용역의 제공

1 거래형태별 수익인식

재화의 판매와 관련하여 수익인식은 거래형태별로 다양하다. 이는 판매거래별 특성이나 계약조건이 다르기 때문이다. 이를 거래형태별로 구분하여 설명하고자 한다.

(1) 위탁판매

위탁판매란 위탁자가 수탁자에게 상품이나 제품 등의 재화를 위탁하여 판매하고 수탁자에게 판매수수료를 지급하는 판매유형이다.

① **적송일** : 위탁자가 수탁자에게 위탁하는 재화를 위탁품 또는 적송품이라 한다. 이는 다른 상품과 구별하여 체계적으로 관리하기 위하여 적송품 계정을 사용하며, 적송품 발송과 관련된 운반비는 적송품 원가에 포함한다. 왜냐하면 상품을 판매가능한 상태로 도달하기 위해 발생한 거래원가로 보기 때문이다.

• 위탁자의 적송일	(차) 적송품	xxx	(대) 재고자산	xxx
			현금(운반비)	xxx

※ 수탁자가 위탁자로부터 수취한 물품을 수탁품이라 한다.

② **적송품 판매** : 위탁자는 수탁자에게 적송하는 시점에서는 위험과 보상이 실질적으로 이전되지 않으므로, 상품을 수탁자가 제3자에게 판매할 때 수익을 인식한다.

③ **재고자산** : 수탁자가 적송품을 제3자에게 판매하기 이전에는 수익을 인식하지 않으므로 수탁자가 보유하고 있는 적송품은 위탁자의 창고에 보관되어 있지 않더라도 위탁자의 재고자산에 포함한다.

(2) 할부판매

① **재화판매** : 상품이나 제품을 판매함에 있어서 판매대금을 분할하여 회수하는 조건으로 이루어지는 판매형태가 할부판매이다. 할부판매의 경우 수익인식은 장·단기 구분없이 재화가 인도되는 시점에 인식한다.

② **이자수익** : 장기할부판매에 따른 이자수익은 유효이자율법을 사용하여 가득하는 시점에 수익으로 인식한다.

(3) 시용판매

시용판매란 상품을 고객에게 먼저 발송하고, 고객이 시험적으로 사용 후 매입의사를 표시하면 판매가 성립되는 거래를 말한다. 이런 판매는 고객이 매입의사를 표시하여야 재화에 대한 위험과 보상이 실질적으로 이전된다. 그러므로 고객의 매입의사 시점이 수익인식 시점이 된다.

기말에 매입의사표시가 없는 부분에 대해서는 기업이 재고를 보유하고 있지 않더라도 기업의 재고자산에 포함한다.

(4) 상품권

① **상품권 판매** : 상품권과 관련된 수익은 재화를 인도하고 상품권을 회수하는 시점에서 인식한다. 그러므로 상품권 발행으로 인한 현금 수취는 선수금으로 처리한다.

② 유효기간 경과 등의 소멸시효가 완성된 경우에는 해당 금액을 기타수익으로 인식한다.

• 판매 시	(차) 현 금	xxx	(대) 상품권선수금	xxx
	상품권할인액	xxx		
• 회수 시	(차) 상품선수금	xxx	(대) 매 출	xxx
	매출(에누리)	xxx	상품권할인액	xxx
• 잔액환급 시	(차) 상품선수금	xxx	(대) 현 금	xxx

(5) 기 타

① **이자수익** : 이자수익은 원칙적으로 유효이자율을 적용하여 발생기준에 따라 수익을 인식한다.

② **배당금수익** : 배당금수익은 배당금을 받을 권리와 금액이 확정되는 시점에 수익을 인식한다.

③ **로열티수익** : 로열티수익은 관련된 약정의 실질을 반영하여 발생기준에 따라 인식한다.

④ **반품권이 부여된 판매**

구 분	수익인식시점
반품 가능성을 예측할 수 있음	재화에 대한 통제를 이전하는 시점
반품 가능성을 예측할 수 없음	반품권이 소멸되는 시점

예제

수익실현 기준시점에 관한 설명으로 적합하지 않은 것은?

① 도급공사의 경우 장기와 단기 구분 없이 진행기준에 따른다.

② 위탁판매의 경우 수탁자로부터 위탁품 판매사실을 통보받은 날이다.

③ 예약매출의 경우 장기와 단기 구분 없이 진행기준에 따른다.

④ 시용매출의 경우 매입자가 매입의사표시를 한 날이다.

정답 및 해설

②

위탁판매의 수익실현시기는 수탁자가 위탁품을 판매한 날이다.

2 용역제공의 거래형태별 수익인식

(1) 원 칙

원칙적으로 용역제공에 따른 수익은 진행기준에 의해 인식한다.

광고 수수료	광고매체 수수료	광고 또는 상업방송이 대중에게 전달될 때 인식
	광고제작 수수료	광고제작의 진행률에 따라 인식
입장료	공연에서 발생하는 수익은 행사가 개최되는 시점에 인식	
수강료	수강료 수익은 강의기간에 걸쳐 인식	
건설공사	진행기준으로 인식	

TEST 03 연습문제

01 수익인식과 관련된 내용으로 옳지 않은 것은?

① 상품권을 판매한 때 현금수령액은 선수금으로 처리하고 상품권 회수시점에 이를 수익으로 인식한다.

② 임대업을 영위하는 회사는 임대매장에서 발생하는 매출과는 무관하므로 임차인으로부터 수취하는 임대료만을 수익으로 인식해야 한다.

③ 수출업무를 대행하는 종합상사는 판매를 위탁하는 회사를 대신하여 상품을 수출하므로 판매수수료만을 수익으로 인식해야 한다.

④ 방송사의 광고수익은 해당 광고계약을 체결하는 시점에 수익을 인식해야 한다.

PART 1

02 매출수익의 실현에 관한 보기의 설명 중 옳지 않은 것은?

① 할부매출은 상품 등을 인도한 날에 실현된 것으로 한다.

② 건설형 공사계약의 수익은 진행기준에 따라 실현되는 것으로 한다.

③ 위탁매출은 수탁자가 위탁자에게 위탁품 판매통지서를 발송한 날에 실현되는 것으로 한다.

④ 시용매출액은 매입자가 매입의사표시를 한 날에 실현되는 것으로 한다.

정답과 해설

01 방송사의 광고수익은 해당 광고를 대중에게 전달하는 시점에 수익으로 인식한다.

02 위탁매출은 수탁자가 해당 재화를 제3자에게 판매한 날에 인식한다.

정답 01 ④ 02 ③

03 12월 말 결산법인인 (주)한국은 20X2년 12월 5일 상품 110,000개를 개당 ₩50에 판매하는 계약을 (주)대한과 체결하였다. 이 계약에 따라 20X2년 12월에 50,000개, 20X3년 1월과 2월에 각각 30,000개를 (주)대한에 인도하였다. 한편 판매대금은 20X2년 12월에 ₩3,000,000을, 20X3년 1월과 2월에 각각 ₩1,500,000과 ₩1,000,000을 현금으로 받았다. 이 거래와 관련하여 20X2년도에 (주)한국이 인식해야 할 매출액은?

① ₩2,500,000
② ₩3,000,000
③ ₩4,000,000
④ ₩5,500,000

04 다음 자료에 의하여 상품매출총이익을 계산하면?

기초상품재고액	₩450,000	매입액	₩300,000
매출액	₩510,000	환출액	₩30,000
매입에누리	₩10,000	환입액	₩40,000
매출에누리	₩20,000	기말상품재고액	₩490,000

① ₩190,000
② ₩210,000
③ ₩230,000
④ ₩250,000

정답과 해설

03 재화의 판매에 대한 수익인식기준 시점은 원칙적으로 인도시점이다. 따라서 20X2년도에 인도한 50,000개에 대한 금액이 매출수익으로 인식된다.
50,000개 × ₩50 = ₩2,500,000
20X3년도 재화를 인도한 1월, 2월분은 20X2년도 매출액에서 제외한다.

04 • 순매입액 = 매입액 300,000원 − 환출액 30,000원 − 매입에누리 10,000원 = 260,000원
• 순매출액 = 매출액 510,000원 − 환입액 40,000원 − 매출에누리 20,000원 = 450,000원

상 품

기초상품재고액	450,000	매출원가	220,000
순매입액	260,000	기말상품재고액	490,000
	710,000		710,000

∴ 상품매출총이익 = 순매출액 450,000원 − 매출원가 220,000원 = 230,000원

정답 03 ① 04 ③

재고자산

01 재고자산의 의의와 취득원가

1 재고자산의 의의

재고자산이란 정상적인 영업과정에서 판매를 위하여 보유 중인 상품과 제품, 정상적인 영업과정에서 판매를 위하여 생산 중인 재공품 및 생산 또는 용역제공과정에 투입될 원재료나 소모품의 형태로 존재하는 자산을 말한다.

기말재고자산은 재무상태표에 표시되어 기업의 재무상태를 나타내며, 판매된 재고자산의 원가인 매출원가는 포괄손익계산서에 표시되어 기업의 경영성과평가에 영향을 미친다.

재고자산

기 초	xxx	매출원가	xxx
매 입	xxx	타계정대체	xxx
		기 말	xxx
	xxx		xxx

재고자산은 기업이 영위하는 영업활동의 성격에 따라 달라진다. 예를 들어 부동산의 경우 영업활동을 위해 취득한 경우 유형자산, 투자목적이라면 투자부동산, 판매목적인 경우에는 재고자산이 된다.

〈재고자산의 분류〉

상 품	정상적인 영업활동에서 판매를 목적으로 구입한 상품
제 품	판매목적으로 제조한 생산품
반제품	자가제조한 중간제품과 부분품으로 판매가 가능한 것
재공품	제품의 제조를 위하여 제조과정에 있는 것
원(부)재료	제품을 제조하고 가공할 목적으로 구입한 원료, 재료, 부재료 등
미착품	운송 중에 있어서 아직 도착하지 않은 원재료(상품)

2 재고자산의 취득원가 측정

재고자산의 취득원가는 매입원가, 전환원가 및 재고자산을 현재의 장소에 현재의 상태로 이르게 하는 데 발생한 기타원가 모두를 포함한다. 여기서 전환원가란 제조기업이 제품을 완성하기까지 투입된 직접노무원가와 제조간접원가를 말한다.

(1) 외부구입

재고자산의 매입원가는 매입가격에 수입관세와 제세금(과세당국으로부터 추후 환급을 받을 수 있는 금액은 제외), 매입운임, 하역료, 그리고 완제품・원재료 및 용역의 취득과정에 직접 관련된 기타 원가를 가산한 금액이다. 이때 매입할인, 리베이트 및 기타 유사한 항목은 매입원가를 결정할 때 차감한다.

도착지 인도기준	도착시점에 매입자에게 소유권이 이전되기 때문에 운임은 판매자가 부담한다. 그러므로 판매자의 비용으로 처리되어야 한다.
선적지 인도기준	선적시점에 재고자산의 소유권이 매입자에게 이전되기 때문에 매입자가 운임을 부담한다. 그러므로 운임은 매입자의 재고자산가액에 포함되어야 한다.

예제

다음의 사항이 반영되기 전 (주)갑의 20X2년 12월 31일 기말 현재 실제재고액은 ₩100,000이다. 다음 사항을 모두 반영할 경우 기말재고자산은 얼마인가?(단, 주어진 금액은 모두 원가이다)

- 20X2년 12월 29일 선적지 인도조건으로 구입한 상품 ₩15,000이 12월 31일 현재 운송 중에 있다.
- 위탁판매분 중 수탁자가 12월 31일까지 판매하지 못한 위탁품 ₩30,000이 있다.
- 시용판매분 중 고객이 12월 31일까지 매입의사를 표시하지 않은 시송품 ₩20,000이 있다.

정답 및 해설

₩165,000
기말재고자산 = ₩100,000 + ₩15,000 + ₩30,000 + ₩20,000 = ₩165,000

(2) 취득과정에서 발생한 차입원가

재고자산의 구입 및 제조에 장기간이 소요되는 경우, 취득과정에서 발생한 차입원가는 그 금액을 객관적으로 측정할 수 있는 경우에는 해당 자산의 취득원가에 포함한다.

(3) 재고자산의 원가에 포함할 수 없는 지출

재고자산의 취득원가에 포함되지 않고, 발생기간의 비용으로 인식하여야 하는 원가는 다음과 같다.

- 제조원가 중 비정상적으로 낭비된 부분
- 재고자산의 취득에 기여하지 않은 관리간접원가
- 불필요한 보관원가
- 판매원가

(4) 매입환출, 매입에누리, 매입할인(재고자산 취득원가에서 차감)

① 매입환출 : 구매한 재고자산의 하자(품질 저하, 불량, 수량부족 등) 발생으로 매입한 재고자산을 판매처에 반품하는 것

② 매입에누리 : 재고자산의 하자로 인한 가격할인

③ 매입할인 : 외상매입금을 조기 결제함으로 판매자가 가격을 할인해 주는 것

(5) 기말재고자산에 포함할 항목

구 분	조건 및 상황	재고자산 포함 여부
미착상품	선적지 인도조건으로 선적 완료 시	매입자의 재고자산
	도착지 인도조건으로 선적 완료 시	판매자의 재고자산
위탁상품	수탁자가 판매 전	위탁자의 재고자산
시용상품	소비자가 매입의사를 표시하기 전	창고에 없더라도 판매자의 재고자산
저당상품	저당권이 실행되어 소유권 이전되기 전	담보제공자의 재고자산
반품조건상품	반품률 추정이 가능한 경우	판매자는 매출(수익)로 인식
	반품률 추정이 불가능한 경우	반품기간 종료 시까지 판매자의 재고자산

3 재고자산 관련 응용

(1) 매출총이익과의 관계

	순매출액	(= 총매출액 − 매출에누리 − 매출환입 − 매출할인)
(−)	매출원가	(= 기초상품재고액 + 당기순매입액 − 기말상품재고액)
=	매출총이익	

① 기초상품재고액 ↑ → 매출원가 ↑(기초상품재고액 ↓ → 매출원가 ↓)

② 기말상품재고액 ↑ → 매출원가 ↓(기말상품재고액 ↓ → 매출원가 ↑)

(2) 당기순매입액과 판매가능액

- 당기순매입액 = 당기총매입액 − 매입에누리 − 매입환출 − 매입할인 + 매입운임
- 판매가능액 = 기초상품재고액 + 당기순매입액
  = 매출원가 + 기말상품재고액

황당하지만 교재 내용을 이해하기 쉬운 사례

[매출원가 계산식의 이해]

할머니 댁에 1월 1일 방문하여 냉장고를 열어 보니 꿀 1통이 들어 있었다. 7월 1일 방문 시 동일한 상품의 꿀을 5통 사가지고 할머니 댁을 갔다. 12월 31일 다시 할머니 댁을 방문하였더니 냉장고에 꿀 2통이 있었다면 할머니께서는 꿀 몇 통을 드셨을까?

여러분은 4통이라는 것을 알고 있을 것이다. 왜? [1 + 5 − 2 = 4] 이므로

이를 다시 표현하면 [1월 1일 기초상품 + 7월 1일 당기순매입 − 12월 31일 기말상품]이다.

여기에 1통당 금액을 반영하면 매출원가를 구하는 공식이 된다.

02 재고자산의 평가

1 재고자산 수량결정

기초재고수량과 당기매입수량을 확정한 후 이를 판매된 수량과 기말재고수량으로 구분해야 한다. 이를 위해서는 재고자산의 수량을 파악하고 회계기록을 유지해야 하는데 계속기록법과 실지재고조사법 및 병행법이 존재한다.

(1) 계속기록법

계속기록법이란 재고자산이 입고·출고될 때마다 수량을 계속기록하여 판매량과 재고량을 파악하는 방법이다. 계속기록법에 의한 기말재고수량은 아래와 같이 결정된다.

당기판매수량을 파악 후 단가를 적용하여 매출원가를 산정하고, 이를 바탕으로 기말재고원가를 결정한다. 매출원가의 회계처리는 판매시점에서 처리하며, 기말재고원가는 판매가능한 총원가에 매출원가를 차감한 나머지 장부금액으로 결정한다.

기초수량 + 당기매입수량 − 당기판매수량 = 기말재고수량

재고자산

기초재고원가	xxx	매출원가	xxx ←	① 판매 시마다 기록
당기매입원가	xxx	기말재고원가	xxx ←	② 자동으로 산출
	xxx		xxx	

(2) 실지재고조사법

실지재고조사법이란 정기적으로 재고실사를 하여 재고수량을 파악해 판매량과 재고량을 결정하는 방법이다. 실지재고조사법에 따른 당기판매수량은 아래와 같이 결정된다.

기말재고수량 파악 후 단가를 적용하여 기말재고원가를 먼저 산정하고, 이를 바탕으로 매출원가를 결정한다. 실지재고조사법을 적용하는 경우 재고자산의 판매시점에서 매출원가에 대한 회계처리를 하지 않으므로 결산과정에서 매출원가를 산정하는 회계처리를 한다. 기중에 재고자산을 매입하는 경우에는 재고자산의 취득원가를 매입 계정으로 기록한다.

기초재고수량 + 당기매입수량 − 실지재고수량 = 당기판매수량

재고자산

기초재고원가	xxx	매출원가	xxx ←	② 자동으로 산출
당기매입원가	xxx	기말재고원가	xxx ←	① 재고실사를 통해 먼저 확정
	xxx		xxx	

(3) 병행법

병행법은 실사를 통해 파악한 기말재고수량과 계속기록법에 의해 기록된 기말장부수량을 비교하여 감모수량을 파악하는 방법이다. 이는 기업의 경영과정에서 판매 이외에 재고자산이 감소할 수 있는데 흔히 재고자산의 수량부족에 따른 감모손실이 발생하기 때문이다. 계속기록법을 독립적으로 적용하는 경우에는 재고자산감모손실이 파악되지 않으므로 기말재고원가에 재고자산감모손실이 포함된다. 실지재고조사법을 적용할 경우 재고자산감모손실은 매출원가에 포함되므로 계속기록법과 실지재고조사법을 함께 사용하는 것이 합리적이다.

수 량	×	단 가	=	금 액
(계속기록법, 실지재고조사법)		(개별법, 선입선출법, 평균법 등)		

예제

재고자산평가방법 중 실지재고조사법(실사법)하에서만 이용 가능한 것은?

① 선입선출법　　② 후입선출법
③ 총평균법　　④ 이동평균법

정답 및 해설

③

구 분	계속기록법	실지재고조사법
개별법, 선입선출법, 후입선출법	○	○
이동평균법	○	×
총평균법, 기타방법	×	○

2 단위원가의 산정

매출원가와 기말재고원가로 배분하기 위해서는 판매수량과 기말재고수량에 적용될 단위당 원가를 결정하여야 한다.

(1) 개별법

개별법은 각각의 재고자산을 개별적으로 인식하여 매입과 매출을 기록하는 방법으로 판매된 재고자산과 미판매된 재고자산에 각각의 개별취득 단가를 적용한다.

(2) 선입선출법(FIFO ; First-In-First-Out method)

선입선출법은 먼저 매입 또는 생산된 재고자산이 먼저 판매되고 결과적으로 기말에 재고로 남아 있는 항목을 가장 최근에 매입 또는 생산된 항목이라고 가정하는 방법이다. 실제 물량흐름과 일치하고 기말재고자산이 현행원가 근사치로 반영된다. 실지재고조사법과 계속기록법의 결과가 동일하다.

(3) 가중평균법

① **이동평균법** : 매입 또는 생산할 때마다 단위당 평균원가를 구하기 위해서 계속기록법을 적용하는 방법

② **총평균법** : 결산일에 일정기간 동안의 단위당 평균원가를 일괄적으로 구하기 위해서 실지재고조사법을 적용하는 방법

(4) 후입선출법(LIFO ; Last-In-First-Out method)

후입선출법은 가장 최근에 입고된 재고항목이 가장 먼저 판매된다고 원가흐름을 가정하는 방법이다. 따라서 기말에 재고로 남아 있는 항목은 가장 먼저 입고된 항목으로 가정하므로, 후입선출법을 적용하는 경우에는 언제 구입한 재고가 남아있는지 재고를 분석해야 한다. 한국채택국제회계기준에서는 후입선출법을 사용할 수 없도록 하고 있다. 후입선출법은 수익・비용 대응원칙에 충실하고, 세금효과로 인한 현금흐름이 개선되는 장점이 있으나, 실제물량흐름과 일치하지 않는 단점이 있다.

예 모래, 석탄 채취 등

예제

다음은 (주)대한의 20X2년 3월의 재고자산 입고 및 출고에 관한 자료이다. 선입선출법을 적용하는 경우와 총평균법을 적용하는 경우, (주)대한의 20X2년 3월 31일 현재 재고자산금액은?

일 자	적 요	수량(개)	단가(₩)
3월 1일	월초재고	20	100
3월 7일	매 입	20	100
3월 11일	매 출	20	150
3월 14일	매 입	20	130
3월 27일	매 출	20	200
3월 31일	월말재고	20	

	선입선출법	총평균법
①	₩2,200	₩2,200
②	₩2,200	₩2,600
③	₩2,600	₩2,200
④	₩2,600	₩2,600

정답 및 해설

③

• 선입선출법 : 20개(3월 31일 기말재고) × ₩130 = ₩2,600

재고자산

기초재고액	2,000	매출원가	4,000	………… ₩6,600 − ₩2,600
당기매입액	4,600	기말재고액	2,600	………… 20개 × ₩130
	6,600		6,600	

• 총평균법 : 20개(기말재고수량) × ₩110* = ₩2,200

$$* \frac{(20개 \times 100) + (20개 \times 100) + (20개 \times 130)}{60개} = ₩110$$

재고자산

기초재고액	2,000	매출원가	4,400	·········· ₩6,600 − ₩2,200
당기매입액	4,600	기말재고액	2,200	·········· 20개 × ₩110
	6,600		6,600	

예 제

(주)수경은 20X1년 11월부터 배낭을 판매하고 있다. 모든 거래는 현금으로 이루어진다. 20X1년 11월 8일에 매출한 상품의 매출원가는 얼마인가?(이동평균법으로 평가함)

상품재고장					
일 자	적 요	입고란		출고란	
		수 량	단 가	수 량	단 가
11월 1일	매 입	20개	@₩1,200		
11월 6일	매 입	60개	@₩1,600		
11월 8일	매 출			30개	@₩2,000
11월 10일	매 입	80개	@₩1,800		

정답 및 해설

₩45,000

• 이동평균법에 의한 11월 8일 현재 평균단가 $= \frac{(20개 \times @1,200) + (60개 \times @1,600)}{80개} = @1,500$

∴ 매출원가 = 30개 × @1,500 = ₩45,000

(5) 원가흐름의 비교

재고 관련 현금흐름은 재고자산을 매입하거나 판매함에 따라 발생하며, 내부적으로 이루어지는 원가배분은 현금흐름에 영향을 미치지 않으므로 원가흐름의 가정과 현금흐름은 무관하다. 그러나 법인세가 있는 경우에는 당기손익이 달라지므로 법인세납부액을 통해 현금흐름에 영향을 미친다.

〈물가가 지속적으로 상승하고 재고자산의 크기가 일정하게 유지되는 경우〉

당기순이익	선입선출법	>	이동평균법	>	총평균법	>	후입선출법
기말재고자산	선입선출법	>	이동평균법	>	총평균법	>	후입선출법
매출원가	선입선출법	<	이동평균법	<	총평균법	<	후입선출법

※ 물가하락 시 부등호 방향 반대

황당하지만 교재 내용을 이해하기 쉬운 사례

뜬금없이 세금이야기를 좀 한다면 세법에서는 재고자산에 대한 평가방법을 신고하도록 되어 있다. 만일 신고하지 않게 되면 어떤 방법을 쓰라고 강제하고 있다. 이 경우 어떤 방법을 쓸까? 바로 선입선출법이다. 왜? 과세당국에서 재고자산의 평가방법을 신고하도록 기회를 주었는데도 불구하고 이에 대해 별도 신고를 하지 않았다면 가급적 세금을 많이 거두어들이는 방식을 적용받도록 하기 때문이다.

따라서 위 내용을 암기하려면 가장 먼저 당기순이익(매출총이익)을 먼저 기억한다. 선입선출법 > 가중평균법(이동평균법, 총평균법) > 후입선출법

	매출액
(−)	매출원가(① + ② − ③)
	① 기초상품재고액
	② 당기매입액
	③ 기말상품재고액
(=)	매출총이익

매출총이익과 기말상품재고액은 가까이 붙어 있어 같은 방향성을 지닌다.
반면, 매출원가와 매출총이익은 상대적으로 멀리 떨어져 있어 반대로 움직인다. 이러한 원리를 이해하고 원가흐름에 따른 당기순이익, 기말재고자산, 매출원가 크기를 비교해서 살펴본다면 조금 더 수월하게 암기할 수 있다.

예제

재고자산의 구입가격이 계속 상승할 때, 재고자산 원가결정방법 중 당기순이익이 많게 계상되는 것부터 바르게 나열한 것은?

① 선입선출법 > 가중평균법 > 후입선출법
② 후입선출법 > 가중평균법 > 선입선출법
③ 가중평균법 > 선입선출법 > 후입선출법
④ 선입선출법 > 후입선출법 > 가중평균법

정답 및 해설

①
물가상승 시 기말재고액의 크기 : 선입선출법 > 가중평균법 > 후입선출법

03 재고자산 수량부족과 저가평가

1 재고자산 수량부족

재고자산의 수량부족은 파손, 도난, 훼손 등의 원인으로 발생한다. 이는 계속기록법에 의한 장부수량과 실지재고조사에 의한 실제수량과의 차이로 파악한다. 수량부족에 따른 손실을 비용으로 처리하도록 규정하고 있으나 구체적인 과목에 대한 언급은 없다. 따라서 수량부족이 발생한 경우 재고자산을 직접 차감시키고 당기비용으로 반영한다.

① 수량부족이 정상적으로 발생한 경우 : 매출원가

② 수량부족이 비정상적으로 발생한 경우 : 재고자산감모손실(기타비용)

• 결산일	(차) 매출원가	xxx	(대) 재고자산	xxx
	재고자산감모손실	xxx		

2 저가평가

저가법이란 기말재고자산을 취득원가와 순실현가능가치 중 낮은 금액으로 보고하는 평가방법을 말한다. 기말재고자산은 보수주의에 의해 저가법으로 평가한다.

다음의 경우에는 재고자산의 원가를 회수하기 어려울 수 있으므로 저가평가에 따른 재고자산평가손실이 발생할 수 있다.

- 전체 또는 부분적으로 진부화 된 경우
- 물리적으로 손상된 경우
- 판매가격이 하락한 경우

저가법 : 기말재고자산 = MIN[취득원가, 순실현가능가치]

(1) 순실현가능가치

순실현가능가치란 정상적인 영업과정의 예상 판매가격에서 예상되는 추가 완성원가와 판매비용을 차감한 금액을 말하며, 재고자산의 보유목적을 고려하여 순실현가능가치를 추정한다.

원재료의 순실현가능가치는 현행대체원가가 최선의 추정치이다.

(2) 재고자산평가손실의 계산

재고자산의 저가법은 항목별로 적용한다. 그러나 경우에 따라서 서로 관련 있는 항목들을 통합하여 적용하는 것이 적정할 수 있다.

재고자산평가손실 = 재고자산 실제수량 × 단위당 가격하락액
= 재고자산 실제수량 × (단위당 취득원가 − 단위당 순실현가능가치)

(3) 재고자산평가손실 회계처리

재고자산평가손실이 발생한 경우 재고자산을 직·간접으로 차감시키고 매출원가로 비용 처리한다. 재고자산을 간접적으로 차감시키기 위해서는 재고자산평가충당금을 계상하며, 이는 재고자산의 차감적인 평가계정항목으로 재무상태표에 표시한다. 그리고 매 후속기간마다 순실현가능가치를 재평가한다. 감액이 초래되었던 상황이 회복되었을 경우 등의 순실현가능가치가 증가하는 경우에는 최초의 장부금액을 초과하지 않는 범위 내에서 평가손실을 환입한다.

재고자산평가손실환입액은 별도의 수익이 아니라 매출원가에서 차감하여 인식한다.

• 가격하락 (매출원가 가산)	(차) 매출원가 (재고자산평가손실)	xxx	(대) 재고자산평가충당금	xxx
• 가격회복 (매출원가 차감)	(차) 재고자산평가충당금	xxx	(대) 매출원가 (재고자산평가손실환입)	xxx

예제

(주)서울의 20X2년도 말 재고자산에 대한 취득원가와 순실현가능가치는 다음과 같으며, 각 상품 종목은 서로 유사하거나 관련되어 있지 않다.

상품종목	취득원가	순실현가능가액
상품1	₩30,000	₩20,000
상품2	₩40,000	₩30,000
상품3	₩50,000	₩60,000
합 계	₩120,000	₩110,000

(주)서울의 20X2년도 기말상품재고액은?

정답 및 해설

₩100,000

상품종목	비 교	기말상품재고액	
상품1	취득원가 > 순실현가능가치	순실현가능가치	₩20,000
상품2	취득원가 > 순실현가능가치	순실현가능가치	₩30,000
상품3	취득원가 < 순실현가능가치	취득원가	₩50,000

04 재고자산의 추정

1 매출총이익률법

매출총이익률법이란 도난, 화재 등으로 인해 재고자산과 관련된 계정을 이용할 수 없는 경우나 내부관리목적으로 결산을 실시하는 경우에 이용할 수 있는 방법이다.
과거의 매출총이익률을 이용하여 기말재고자산을 추정하는 방법이므로 현행 한국채택국제회계기준에서는 인정하고 있지 않는 방법이다.

2 소매재고법(매출가격환원법)

소매재고법이란 소매가(판매가)로 표시된 기말상품재고액에 당기 원가율을 곱하여 기말상품재고액(원가)을 구하는 방법으로 매출가격환원법이라고도 한다. 소매재고법은 이익률이 유사하고 품종의 변화가 심한 상품을 취급하는 백화점이나 대형마트에서 다른 합리적인 원가측정방법이 없는 경우에 한하여 한국채택국제회계기준에서 인정하는 방법이다.

TEST 04 연습문제

01 (주)대한의 20X2 회계연도의 매출 및 매입 관련 자료에 대한 설명으로 옳은 것은?

• 총매출액	₩1,000	• 매출할인	₩100	• 기말재고	₩300
• 기초재고	₩400	• 매입운임	₩100	• 매입에누리	₩100
• 매출환입	₩100	• 총매입액	₩700	• 매입할인	₩100

① 순매출액은 ₩900이다.
② 순매입액은 ₩800이다.
③ 매출원가는 ₩700이다.
④ 매출총이익은 ₩200이다.

02 (주)한국의 외부감사를 맡고 있는 A회계법인은 12월 말 현재 미착상품(FOB 선적지 인도기준) ₩18,000에 대해 장부에는 매입으로 기록되었으나, 실지재고조사과정에서 기말재고자산에는 포함되지 않았음을 발견하였다. 수정전 시산표상 기초재고자산은 ₩50,000이고, 당기매입액은 ₩180,000이고, 실지재고조사법에 의해 조사된 기말재고자산은 ₩48,000이었다. 감사과정에서 발견된 사항을 반영하였을 경우 매출원가는?(단, 재고감모손실은 없다)

① ₩164,000
② ₩178,000
③ ₩182,000
④ ₩200,000

정답과 해설

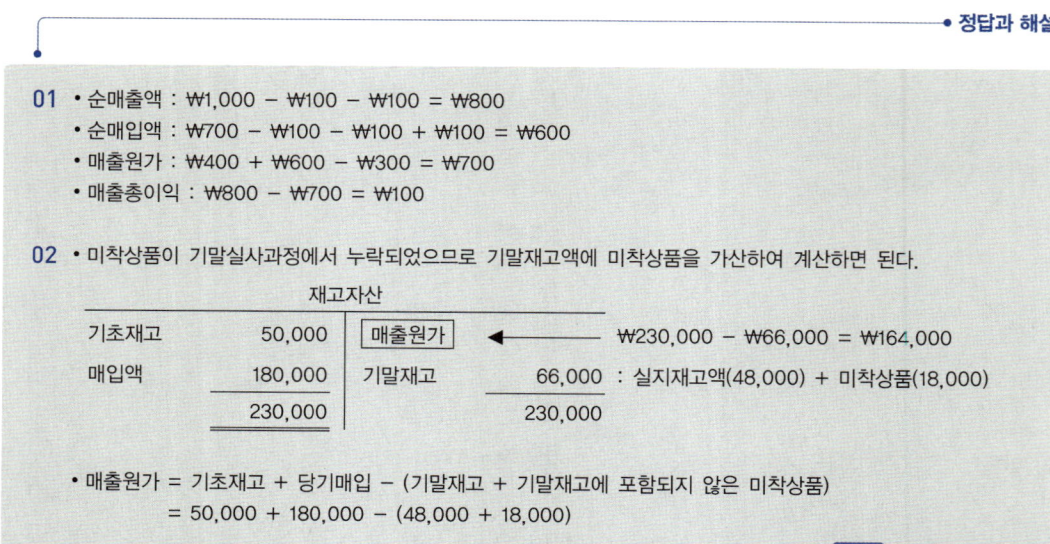

01 • 순매출액 : ₩1,000 − ₩100 − ₩100 = ₩800
• 순매입액 : ₩700 − ₩100 − ₩100 + ₩100 = ₩600
• 매출원가 : ₩400 + ₩600 − ₩300 = ₩700
• 매출총이익 : ₩800 − ₩700 = ₩100

02 • 미착상품이 기말실사과정에서 누락되었으므로 기말재고액에 미착상품을 가산하여 계산하면 된다.

재고자산

기초재고	50,000	매출원가		← ₩230,000 − ₩66,000 = ₩164,000
매입액	180,000	기말재고	66,000	: 실지재고액(48,000) + 미착상품(18,000)
	230,000		230,000	

• 매출원가 = 기초재고 + 당기매입 − (기말재고 + 기말재고에 포함되지 않은 미착상품)
= 50,000 + 180,000 − (48,000 + 18,000)

정답 01 ③ 02 ①

03 (주)여수는 실지재고조사법에 의해 기말재고수량을 파악하고 원가흐름에 대한 가정으로 선입선출법을 적용한다. 20X2년 재고자산과 관련된 자료는 다음과 같다.

거래내용	수량(개)	단가(₩)	원가(₩)
기초재고	100	10	1,000
1차 매입	500	12	6,000
2차 매입	400	15	6,000
합 계	1,000		13,000

(주)여수의 20X2년 회계기간의 판매량은 700개, 기말재고는 300개이며, 단위당 판매가격은 ₩20으로 일정하였다. (주)여수의 20X2년 매출총이익은?

① ₩4,400　② ₩4,700
③ ₩4,900　④ ₩5,500

PART 1

04 (주)갑에서는 20X2년 중 재고자산의 도난사건이 발생하였다. (주)갑의 20X2년 1월 1일 기초재고자산은 ₩500이며, 20X2년 중의 매입액은 ₩1,500이고, 매출액은 ₩2,000이다. (주)갑의 매출총이익률은 매년 30%로 일정하며, 20X2년 중에서도 그대로 유지될 것으로 예상된다. 재고자산 실사액이 ₩400이라면 재고자산의 도난추정금액은?

① ₩100　② ₩200
③ ₩1,000　④ ₩1,100

정답과 해설

03
- 매출액 : 700개 × ₩20 = ₩14,000
- 매출원가 : (100개 × ₩10) + (500개 × ₩12) + (100개 × ₩15) = ₩8,500
- 매출총이익 : ₩14,000 − ₩8,500 = ₩5,500

04
- 매출원가 : ₩2,000 × (1 − 30%) = ₩1,400
- 기말재고 : ₩500 + ₩1,500 − ₩1,400 − ₩400 = ₩200

정답 03 ④ 04 ②

05 (주)갑의 10월 한 달간의 상품매입과 매출에 관한 자료는 아래와 같다. 회사는 실사법에 의해 기말 재고수량을 파악하고, 원가흐름에 대한 가정으로 선입선출법을 적용한다. 10월 31일 현재 실사결과 상품재고수량은 100개로 파악되었다. (주)갑의 10월 31일 현재 상품재고액은?

일자별	내 역	수 량	매입(또는 판매)단가	금 액
10월 1일	전월이월	100개	₩1,000	₩100,000
10월 10일	매 입	300개	₩1,200	₩360,000
10월 11일	매입에누리(10월 10일 매입상품)			₩30,000
10월 20일	매 출	350개	₩2,000	₩700,000
10월 25일	매 입	50개	₩1,300	₩65,000

① ₩65,000 ② ₩75,000
③ ₩120,000 ④ ₩125,000

06 (주)갑을은 재고자산 평가일인 20X2년 말에 화재로 인하여 창고에 보관 중이던 재고자산의 20%가 소실되었다. (주)갑을은 재고자산 구입원가에 30%의 판매이익을 가산하여 판매가격을 결정하고 있다. (주)갑을의 20X2년 기초재고자산은 ₩600,000이고, 20X2년 한 해 동안의 매입액은 ₩2,800,000이며, 매출액은 ₩3,900,000이었다. 화재로 소실된 (주)갑을의 재고자산 금액을 구하면?

① ₩80,000 ② ₩108,000
③ ₩134,000 ④ ₩160,000

정답과 해설

05

재고자산

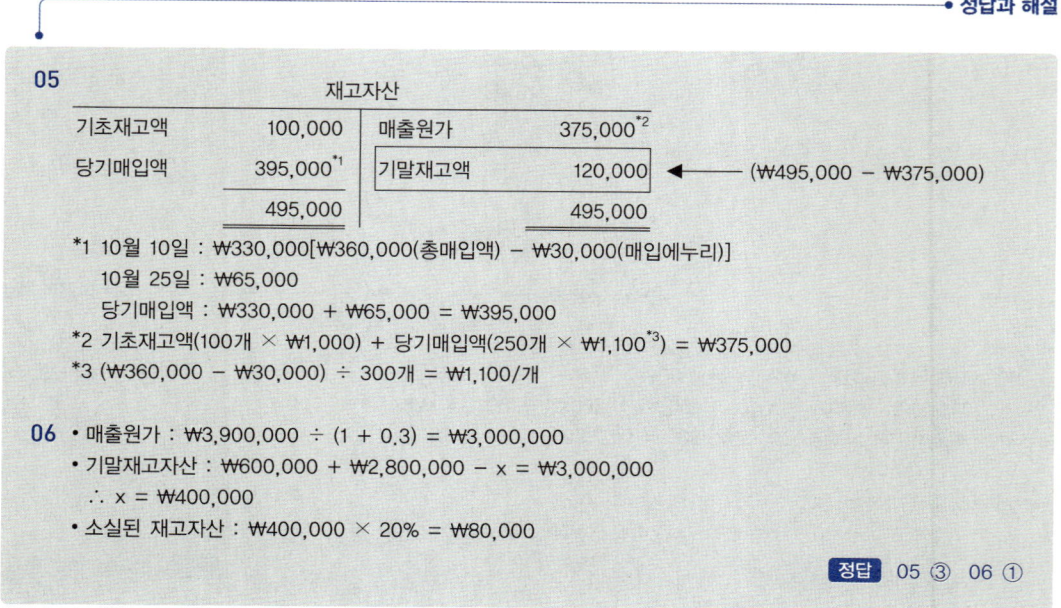

기초재고액	100,000	매출원가	375,000*2
당기매입액	395,000*1	기말재고액	120,000 ← (₩495,000 − ₩375,000)
	495,000		495,000

*1 10월 10일 : ₩330,000[₩360,000(총매입액) − ₩30,000(매입에누리)]
10월 25일 : ₩65,000
당기매입액 : ₩330,000 + ₩65,000 = ₩395,000
*2 기초재고액(100개 × ₩1,000) + 당기매입액(250개 × ₩1,100*3) = ₩375,000
*3 (₩360,000 − ₩30,000) ÷ 300개 = ₩1,100/개

06
• 매출원가 : ₩3,900,000 ÷ (1 + 0.3) = ₩3,000,000
• 기말재고자산 : ₩600,000 + ₩2,800,000 − x = ₩3,000,000
∴ x = ₩400,000
• 소실된 재고자산 : ₩400,000 × 20% = ₩80,000

정답 05 ③ 06 ①

07 다음은 (주)한강의 8월 재고자산 관련 자료이다.

• 월초 재고자산가액	₩58
• 당월 재고자산 매입액	₩685
• 당월 매출액	₩840

매출원가는 매출액의 80%이고, 월초 재고자산가액은 실제재고액과 일치한다. 한편, 회사는 8월 중 재고자산이 분실되고 있다는 의심을 품고 월말재고자산을 실사한 결과 재고액은 ₩44이었다. 장부상 재고자산가액과 재고자산 실사금액과의 차액을 전액 분실된 것으로 간주한다면 분실된 재고자산 추정액은 얼마인가?

① ₩69 ② ₩71
③ ₩27 ④ ₩113

PART 1

08 다음 중 재고자산에 대한 설명으로 틀린 것은?

① 재고자산은 취득원가를 재무상태표가액으로 한다.
② 시송품은 상품에 대한 점유가 이전되었으므로 매입자의 재고자산에 포함된다.
③ 재고자산의 시가가 장부가액 이하로 하락하여 발생한 평가손실은 재고자산의 차감계정으로 표시하고 매출원가로 가산한다.
④ 재고자산의 매입원가는 매입가액에 매입운임, 하역료 및 보험료 등 취득과정에서 정상적으로 발생한 부대비용을 가산한 금액이다.

정답과 해설

07 • 매출원가 : ₩840 × 80% = ₩672
• 기말재고액 : 기초재고 + 매입액 − 매출원가 = ₩58 + ₩685 − ₩672 = ₩71
• 분실된 자산 추정액 : 기말재고 − 실지재고 = ₩71 − ₩44 = ₩27

08 시송품은 상품에 대한 판매가 이루어지지 않았으므로 매출자의 재고자산에 포함된다.

정답 07 ③ 08 ②

09 다음 자료를 이용하여 매출총이익을 계산하면 얼마인가?

• 기초상품재고액	₩1,000(₩10 × 100단위)
• 장부상 기말상품재고액	₩1,800(₩10 × 180단위)
• 실제 기말상품재고수량 (상품재고감모량 중 80%는 원가성이 있음)	150단위
• 당기매입액	₩9,000
• 당기매출액	₩12,000

① ₩4,040　② ₩3,740
③ ₩3,560　④ ₩3,500

10 재고자산의 회계처리에 관한 설명으로 옳지 않은 것은?

① 재고자산의 시가가 장부가액 이하로 하락하여 발생한 평가손실은 재고자산의 차감계정으로 표시하고 매출원가에 가산한다.
② 재고자산의 장부상 수량과 실제수량과의 차이에서 발생하는 감모손실의 경우 정상적으로 발생한 감모손실은 기타비용으로 분류한다.
③ 재고자산평가를 위한 저가법은 종목별로 적용한다.
④ 재고항목들이 서로 유사하거나 관련되어 있는 경우에는 저가법을 조별로 적용할 수 있다.

정답과 해설

09

상 품

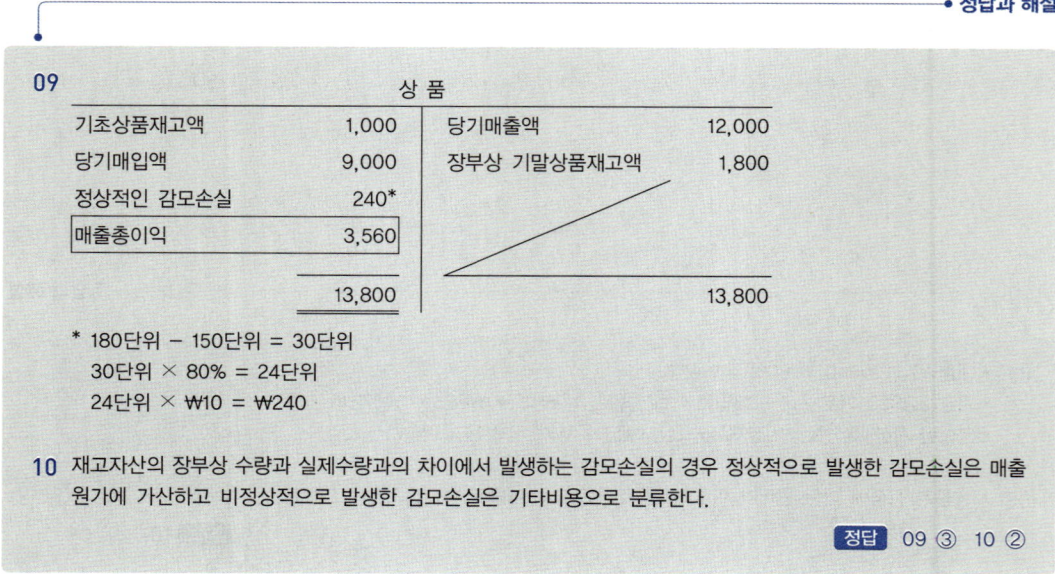

기초상품재고액	1,000	당기매출액	12,000
당기매입액	9,000	장부상 기말상품재고액	1,800
정상적인 감모손실	240*		
매출총이익	3,560		
	13,800		13,800

* 180단위 − 150단위 = 30단위
30단위 × 80% = 24단위
24단위 × ₩10 = ₩240

10 재고자산의 장부상 수량과 실제수량과의 차이에서 발생하는 감모손실의 경우 정상적으로 발생한 감모손실은 매출원가에 가산하고 비정상적으로 발생한 감모손실은 기타비용으로 분류한다.

정답 09 ③ 10 ②

CHAPTER 05

PART 1 재무회계

유형자산

01 유형자산의 취득

1 유형자산의 정의

유형자산은 재화의 생산, 용역의 제공, 타인에 대한 임대 또는 기업활동에 사용할 목적으로 한 회계기간(1년)을 초과하여 사용하기 위해 보유하는 물리적 형체가 있는 자산이다.

토지, 토지와 건물, 기계장치, 선박, 차량운반구, 집기, 항공기, 사무용비품

① 영업에 사용할 목적의 자산으로 재고자산 및 투자부동산과는 구분된다.

예 토지 취득의 사유가 투자목적인 경우 투자부동산, 매매목적인 경우 재고자산, 영업목적인 경우 유형자산으로 구분

② 유형자산과 관련된 수익은 1년을 초과하여 발생하므로 취득시점에 비용으로 처리하는 것보다 내용연수 동안 원가를 배분하여 비용으로 인식하는 것이 수익·비용 대응의 관점에 적절하다.

③ 장기간 사용을 통해 경제적 효익을 제공하고 물리적 형태가 없는 자산은 무형자산으로 분류하며, 물리적 형태가 있는 유형자산과는 구분이 된다.

(1) 인식기준

유형자산으로 인식되기 위해서는 아래의 3가지 조건을 모두 충족시켜야 한다.

- 유형자산의 정의를 충족한다.
- 자산으로부터 발생하는 미래 경제적 효익이 기업에 유입될 가능성이 높다.
- 자산의 원가를 신뢰성 있게 측정할 수 있다.

(2) 유형자산의 구분

① 비상각자산 : 시간이 경과되거나 사용을 하여도 가치가 감소되지 않는 자산을 말한다.

예 토지, 건설중인자산

② 상각자산 : 시간이 경과되거나 사용으로 인하여 가치가 감소되는 자산을 말한다.

예 기계장치, 선박, 자동차 등

(3) 재무상태표의 표시

유형자산은 취득원가에서 감가상각누계액과 손상차손누계액을 차감하는 형식으로 재무상태표에 표시한다. 유형자산 취득에 따른 정부로부터 수취한 정부보조금은 취득원가에서 차감하는 형식으로 표시한다. 각 보고기간말마다 개별 자산별로 손상징후를 검토하고, 해당 징후가 있으면 손상검사를 실시한다.

2 유형자산의 취득원가

유형자산의 취득원가는 자산을 취득하기 위해 제공한 대가와 경영진이 의도하는 방식으로 자산을 가동하는 데 필요한 장소와 상태에 이르게 하는데 직접 관련된 원가, 자산을 해체, 제거하거나 부지를 복구하는데 소요될 것으로 최초에 추정되는 원가로 구성된다.

(1) 구입가격

일반적으로 구입가격은 외부구입가격에 해당하므로 관세 및 환급불가능한 취득 관련 세금을 자산취득원가에 가산하고 리베이트 등을 차감한 순구입가격을 말한다.

(2) 취득 관련 직접원가

경영진이 의도하는 방식으로 자산을 가동하는 데 필요한 장소와 상태에 이르게 하는데 직접 관련되는 원가를 말한다. 다음은 유형자산의 취득원가에 포함되는 것이 합리적인 취득부대비용의 예이다.

- 유형자산의 매입 또는 건설과 직접적으로 관련되어 발생한 종업원급여
- 설치장소 준비원가(토지정지비용, 건물철거비용, 운송비 등)
- 최초의 운송 및 취급 관련 원가(매입운임 등)
- 설치원가 및 조립원가(기계장치 설비 등)
- 유형자산이 정상적으로 작동되는지 여부를 시험하는 과정(예 자산의 기술적, 물리적 성능이 재화나 용역의 생산이나 제공, 타인에 대한 임대 또는 관리활동에 사용할 수 있는 정도인지를 평가)에서 발생하는 원가
- 유형자산의 취득과 관련하여 전문가에게 지급하는 수수료(중개수수료, 법률자문료 등)

(3) 취득원가 제외항목

① 취득하는 과정에서 발생한 원가의 경우에도 유형자산의 취득과 직접 관련이 없는 다음의 원가는 당기비용으로 처리한다.

- 새로운 시설을 개선하는데 소요되는 원가
- 새로운 상품과 서비스를 소개하는데 소요되는 원가
- 새로운 지역에서 또는 새로운 고객층을 대상으로 영업을 하는데 소요되는 원가
- 관리 및 기타 일반간접원가

② 취득이 완료된 유형자산이 경영진이 의도하는 방식으로 가동될 수 있는 장소와 상태에 이른 후에는 취득원가를 인식하지 않는다.

③ 유형자산과 관련된 산출물에 대한 수요가 형성되는 과정에서 발생하는 가동손실과 같은 초기 가동손실

④ 기업의 영업 전부 또는 일부를 재배치하거나 재편성하는 과정에서 발생하는 원가

⑤ 경영진이 의도한 방식으로 유형자산을 가동할 수 있는 장소와 상태에 이르게 하는 동안에 재화(예 자산이 정상적으로 작동되는지를 시험할 때 생산되는 시제품)가 생산될 경우, 해당 재화를 판매하여 얻은 매각금액과 그 재화의 원가는 당기손익으로 인식한다.

(4) 복구원가

복구원가는 기업의 유형자산으로 계상된 시설물을 해체, 제거하거나 부지를 복원하는데 소요될 것으로 추정되는 원가를 말한다. 이는 유형자산을 취득시점 또는 특정기간 동안 재고자산 생산 이외의 목적으로 사용한 결과 발생한 것으로, 이러한 복구원가는 유형자산의 취득원가에 포함되는 것이 합리적이다.

예 원자력발전소, 해상구조물, 쓰레기매립장 등의 유형자산의 경우 그 사용이 종료된 후에 환경보전을 위하여 원상복구함

PART 1

예제

(주)대한은 다음 자료와 같이 기계장치를 취득하였다. 기계장치의 취득원가는 얼마인가?

• 기계장치 구입대금	₩20,000
• 운반비	₩1,000
• 설치비	₩3,000
• 시운전비	₩2,000
• 구입 후 수선비	₩2,000

정답 및 해설

₩26,000

₩20,000(기계장치 구입대금) + ₩1,000(운반비) + ₩3,000(설치비) + ₩2,000(시운전비) = ₩26,000

02 유형자산의 유형별 취득원가

1 채권의 구입

유형자산 취득과 관련하여 국・공채 등을 불가피하게 고가로 취득하는 경우, 국・공채의 공정가치와 매입가액의 차이를 유형자산의 취득원가에 포함한다. 국・공채의 취득원가는 공정가치로 측정한다.

2 토지와 건물의 외부구입

(1) 일괄구입

토지와 건물을 일괄로 구입하는 경우 자산의 사용에 따라 취득원가를 측정한다.

① **토지만 사용할 목적** : 토지의 취득원가는 일괄구입가격과 순철거비용으로 측정한다.

② **토지와 건물을 사용할 목적** : 공정가치기준으로 토지와 건물의 취득원가를 안분하여 측정한다.

(2) 토지구입

토지 취득 관련 직접원가는 취득세 등의 취득과 관련된 비용이 포함되며, 토지를 사용가능한 상태로 만들기 위해 지출하는 구획정리비용, 개발부담금 등도 취득원가에 포함된다.

토지만 사용할 목적인 경우 토지의 취득원가는 토지와 건물의 일괄구입대가에 건물철거비용(철거과정에서 발생된 잔존폐물의 매각 수익은 차감)과 토지정지비용을 가산하여 산정한다.

예제

(주)갑은 회사사옥 건립을 목적으로 기존건물이 있는 토지를 ₩300,000에 취득하였다. 이 토지의 취득과정에서 다음과 같은 추가지출과 수입이 발생하였다. 토지의 취득원가는?

• 기존건물 철거비용	₩20,000
• 철거건물 부산물 매각액	₩4,000
• 취득세	₩6,000
• 토지의 구획정리비용	₩3,000

정답 및 해설

₩325,000

토지의 취득원가 = ₩300,000 + (₩20,000 − ₩4,000) + ₩6,000 + ₩3,000 = ₩325,000

(3) 건물의 외부구입

건물의 취득원가는 구입가격에 취득과 관련 있는 직접원가의 합계액으로 측정한다.

예제

(주)태백은 영업용으로 사용할 건물을 ₩100,000에 구입하고 구입대금을 다음 지출항목과 함께 수표를 발행하여 지급하였다. 건물의 취득원가는 얼마인가?

• 사용 전 수리비	₩10,000
• 건물 구입 관련 컨설팅비용	₩20,000
• 취득세	₩20,000
• 취득 후 재산세	₩40,000
• 등기비용	₩30,000
• 부동산중개수수료	₩10,000

정답 및 해설

₩190,000

• 건물의 취득원가 = 구입액 ₩100,000 + 사용 전 수리비 ₩10,000 + 취득세 ₩20,000 + 등기비용 ₩30,000
　　+ 컨설팅비용 ₩20,000 + 부동산중개수수료 ₩10,000
　　= ₩190,000

※ 취득 후 재산세는 세금과공과 계정으로 비용처리한다.

3 자가건설

건물, 기계장치 등을 자가건설하는 유형자산 원가는 외부에서 구입한 유형자산에 적용하는 것과 같은 기준을 적용하여 결정한다. 즉, 자가건설하는 제작원가에 직접 관련 원가를 가산한 금액이다.

구 분	내 용
정 의	아직 완성되지 않은 고정자산(예 건물, 기계장치)의 취득을 위해 지출된 금액을 일시적으로 처리
사 례	건설 설계비, 건축 자재비, 인건비, 건설 기간 중 발생한 금융비용(자본화 요건 충족 시)
회계처리	• 건설 완료 전 : 건설중인자산 • 건설 완료 후 : 해당 자산 계정과목으로 대체
감가상각	아직 완성된 자산이 아니므로 감가상각하지 않음

4 현물출자 또는 증여

(1) 현물출자

현물출자란 기업이 자산을 취득하고 그 대가로 주식을 발행하여 교부하는 거래를 말한다. 현물출자에 의해 취득한 유형자산의 취득원가는 현물출자의 대가로 발행하는 주식의 공정가치로 측정한다. 그러나 발행주식의 공정가치가 명확하지 않은 경우에는 취득한 자산의 공정가치를 유형자산의 원가로 한다.

• 현물출자	(차) 유형자산	xxx	(대) 자본금	xxx
			주식발행초과금	xxx

(2) 증 여

기업이 대가를 지급하지 않고, 무상으로 유형자산을 취득하는 거래도 발생한다. 이러한 경우 제공한 대가가 없으므로 취득한 자산의 공정가치를 취득원가로 측정하고 자산수증이익, 즉 당기손익을 인식한다.

• 증 여 (차) 유형자산 xxx (대) 자산수증이익 xxx

03 교환에 의한 유형자산 취득 시

교환에 의한 유형자산의 취득이란, 기업이 유형자산을 취득하기 위해 대개 현금을 지급하지만 상대방의 요구나 기타 환경적인 요인에 의해 기업이 사용하던 유형자산을 취득대가로 제공하고 유형자산을 취득하는 방법이다.

① 상업적 실질이 결여된 경우나 ② 제공 또는 제공받는 유형자산의 공정가치를 신뢰성 있게 측정할 수 없는 경우에는 제공한 자산의 장부금액을 유형자산의 취득원가로 측정한다.

1 공정가치로 측정

(1) 공정가치법

구 분	공정가치법
유형자산의 취득원가	제공한 자산의 공정가치 + 현금지급액(또는 − 현금수취액)
유형자산의 처분손익	제공한 자산의 공정가치 − 제공한 자산의 장부금액

2 장부가액으로 측정

(1) 장부금액법

구 분	장부금액법
유형자산의 취득원가	제공한 자산의 장부금액 + 현금지급액(또는 − 현금수취액)
유형자산의 처분손익	인식하지 않음

3 상업적 실질 여부

교환거래가 다음에 해당되는 경우 상업적 실질이 있다.

① 취득한 자산과 관련된 현금흐름의 구성이 제공한 자산과 관련된 현금흐름 구성과 다르며 그 차이가 유의적인 경우

② 교환거래의 영향을 받는 영업부분의 기업특유가치가 교환거래의 결과로 변동하며 그 차이가 유의적인 경우

예제

(주)서울은 자신이 사용하고 있는 기계장치(취득원가 100만원, 감가상각누계액 50만원)를 (주)부산이 사용하고 있는 차량운반구(취득원가 70만원, 감가상각누계액 30만원)와 교환하고, 추가로 30만원을 현금으로 수취하였다. 기계장치의 공정가액과 차량운반구의 공정가액이 각각 60만원과 30만원일 때 이 교환거래로 발생하는 (주)서울의 회계처리로 맞는 것은?(단, 이 교환거래는 상업적 실질이 있다고 가정함)

① 차량운반구의 취득원가는 60만원이다.
② 기계장치의 처분이익은 10만원이다.
③ 이 거래를 통하여 처분손익은 인식하지 않는다.
④ 주어진 자료만 가지고는 처분손익이나 취득원가를 판단할 수 없다.

정답 및 해설

②

(차)	감가상각누계액	500,000	(대) 기계장치	1,000,000
	차량운반구	300,000	유형자산처분이익	100,000
	현 금	300,000		

보충설명

〈교환으로 취득한 자산의 취득원가 요약정리〉

(1) 상업적 실질이 있는 경우
　① 제공한 자산의 공정가치가 명확한 경우 : 제공한 자산의 공정가치
　② 취득한 자산의 공정가치가 명확한 경우 : 취득한 자산의 공정가치
(2) 교환거래에 상업적 실질이 결여된 경우 : 제공한 자산의 장부금액
(3) 취득한 자산과 제공한 자산의 공정가치를 측정할 수 없는 경우 : 제공한 자산의 장부금액

04 차입원가의 자본화

1 차입원가 자본화의 의의

차입원가란 자금의 차입과 관련하여 발생하는 이자 및 기타원가를 말한다. 이러한 차입원가는 자금조달에 따른 지출이므로 당기비용으로 처리하는 것이 일반적이다. 그러나 자산을 사용하면서 수익이 창출되므로 이전에 비용을 먼저 인식하는 결과가 되어 수익·비용의 원칙에 위배된다.
그러므로 자산의 취득이 원인이 되어 발생한 차입원가는 자산취득과 관련한 직접원가로 보아 취득원가에 포함하는 것이 합리적이다.

2 적격자산과 자본화가능 차입원가

(1) 적격자산

적격자산이란 의도된 용도로 사용하거나 판매 가능한 상태에 이르게 하는데 상당한 기간을 필요로 하는 재고자산, 유형자산, 무형자산, 투자부동산을 말한다. 다만, 금융자산이나 생물자산 또는 단기간 내에 생산되거나 제조되는 재고자산은 적격자산에 해당하지 아니한다.

(2) 자본화 차입원가

적격자산에 대한 차입원가는 자산의 취득과 관련된 원가이므로 자산의 인식요건(미래 경제적 효익의 발생가능성이 높고 신뢰성 있게 측정가능)을 만족하는 경우에 자산 원가의 일부로 자본화하여야 한다. 자본화 가능 차입원가는 다음과 같은 것이 포함된다.

- 당좌차월과 장・단기차입금에 대한 이자
- 차입과 관련된 할인・할증차금의 상각(환입)액과 차입약정과 관련하여 발생하는 부대원가의 상각액
- 금융리스 관련 금융비용

05 유형자산의 사용

1 감가상각

(1) 감가상각의 의의와 방법

① 의의 : 유형자산의 시간경과나 사용에 따른 경제적 효익의 감소를 반영해야 하는데 이것을 감가상각으로 나타낸다. 감가상각이란, 자산의 감가상각대상금액을 그 자산에 따른 내용연수 동안 체계적으로 배분하는데 수익・비용 대응을 위한 원가배분으로서 의미가 크다. 기업이 유형자산의 사용기간에 따라 수익이 발생하고 수익이 발생하는 기간 동안 원가를 배분하는 것이 감가상각인 것이다.

② 감가상각방법

㉠ 감가상각대상금액 : 감가상각대상금액은 내용연수에 걸쳐 체계적으로 배분할 총원가를 말한다. 즉, 취득원가에서 잔존가치를 차감한 금액이 감가상각대상금액이다.

㉡ 내용연수 : 기업에서 자산이 사용가능할 것으로 기대되는 기간이나 자산에서 얻을 것으로 기대되는 생산량, 이와 유사한 단위 수량을 말한다. 유형자산의 내용연수는 매 회계연도 말에 재검토 한다.

㉢ 방법 : 감가상각방법은 자산이 미래 경제적 효익이 소비되는 형태를 반영하여 감가상각대상금액을 내용연수 동안 체계적으로 배분하는 방법을 사용한다.

(2) 감가상각의 방법

① **체감상각법** : 유형자산은 일반적으로 내용연수 초기에 수익이 많이 창출되며, 내용연수가 지남에 따라 수익이 감소한다. 수익·비용 대응 관점에서 원가배분도 수익의 창출에 비례하여 인식하는 것이 합리적이다. 초기에 감가상각비가 많이 계상되어 법인세 이연효과가 있다. 이런 방법에는 정률법, 이중체감법, 연수합계법이 있다.

㉠ 정률법 : 잔존가치를 고려하여 상각률을 결정한 후에 미상각잔액에 상각률을 곱하여 감가상각비를 계산하는 방법이다.

$$\text{감가상각비} = (\text{취득원가} - \text{감가상각누계액}) \times \text{상각률}^{*}$$
$$= \text{미상각잔액} \times \text{상각률}$$

$$^{*}\ \text{상각률} = 1 - \sqrt[n]{\frac{\text{잔존가치}}{\text{취득원가}}},\ n = \text{내용연수}$$

㉡ 이중체감법 : 정률법과 동일하게 미상각잔액에 일정한 상각률을 곱하여 감가상각비를 계산하는 방법이다.

$$\text{감가상각비} = (\text{취득원가} - \text{감가상각누계액}) \times \text{상각률}^{*}$$
$$= \text{미상각잔액} \times \text{상각률}$$

$$^{*}\ \text{상각률} = \frac{1}{\text{내용연수}} \times 2$$

㉢ 연수합계법 : 감가상각대상금액에 매년 감소되는 상각률을 곱하여 감가상각비를 계산하는 방법이다.

$$\text{감가상각비} = (\text{취득원가} - \text{잔존가치}) \times \text{상각률}^{*}$$

$$^{*}\ \text{상각률} = \frac{\text{내용연수의 역순}}{\text{내용연수합계}}$$

② **정액법** : 자산의 경제적 효익이 시간경과에 따라 일정하게 감소하는 경우에 적용하는 방법으로 매기 동액을 감가상각하는 방법이다. 정액법은 계산이 간편하나 수익·비용 대응의 원칙에 위배된다.

$$\text{감가상각비} = \frac{\text{취득원가} - \text{잔존가치}}{\text{내용연수}}$$

③ **생산량비례법** : 생산량에 따라 수익이 창출되므로 생산량에 근거하여 감가상각비를 인식하므로 수익·비용 대응의 원칙에 적합하며 감가의 원인이 물리적 원인에 의해 발생할 때 적절한 방법이다.

$$\text{감가상각비} = (\text{취득원가} - \text{잔존가치}) \times \frac{\text{당기생산량}}{\text{총추정 생산량}}$$

예제

(주)한국은 20X2년 1월 1일에 기계장치를 ₩100,000에 취득하였다. 이 기계의 내용연수는 4년이고, 잔존가치는 ₩20,000으로 추정된다. 20X2년 12월 31일 이 기계의 감가상각을 연수합계법과 정액법을 적용하여 계산할 때 두 방법의 감가상각비 차이는?

정답 및 해설

₩12,000

- 연수합계법 감가상각비 = $(100{,}000 - 20{,}000) \times \dfrac{4}{1+2+3+4}$ = ₩32,000/년
- 정액법 감가상각비 = $\dfrac{100{,}000 - 20{,}000}{4\text{년}}$ = ₩20,000/년

∴ 감가상각비 차이 = ₩32,000 − ₩20,000 = ₩12,000

예제

(주)서울은 20X1년 초 취득원가 ₩1,000,000의 비품을 구입하여 사용하고 있으며, 정률법(계산편의상 40%로 가정함)으로 감가상각한다. 이 비품의 내용연수는 5년, 잔존가액은 ₩50,000으로 추정된다. 20X2년 말 결산 시 감가상각비를 계상하는 분개는?

정답 및 해설

(차) 감가상각비	240,000	(대) 감가상각누계액	240,000

- 20X1년 감가상각비 : ₩1,000,000 × 40% = ₩400,000
- 20X2년 감가상각비 : (₩1,000,000 − ₩400,000) × 40% = ₩240,000

(3) 유형자산의 기중 취득과 처분

감가상각자산의 감가상각은 자산이 사용가능한 때부터 시작한다. 유형자산을 기중에 취득한 경우에는 취득시점부터 보고기간말까지의 기간에 대하여만 감가상각을 인식하는 것이 합리적이다. 그러므로 월할상각, 일할상각 등이 이루어진다.

유형자산의 기중 처분도 기중 취득과 마찬가지로 기초부터 처분일까지의 기간에 대하여 감가상각비를 인식한다.

(4) 사용을 중단하여 매각이 예정된 유형자산

내용연수 도중에 사용을 중단하고, 처분·폐기할 예정인 경우 더 이상 감가상각을 하지 않는다.

(5) 감가상각비 처리

각 기간의 감가상각비는 일반적으로 당기비용으로 인식한다.

• 보고기간말	(차) 감가상각비	xxx	(대) 감가상각누계액	xxx

예제

(주)대한은 20X1년 7월 1일에 취득원가 ₩650,000, 잔존가치 ₩50,000의 기계장치를 취득한 후 사용해 오고 있다. 이 기계장치의 내용연수가 3년이고, 기계장치에 대한 감가상각방법으로 정액법을 사용한다고 할 때, 20X2년 말 재무상태표에 보고되어야 할 기계장치의 장부금액은?

정답 및 해설

₩350,000

• 감가상각비 : $\frac{(650,000 - 50,000)}{3년} = 200,000/년$

• 20X1년 감가상각비 : $200,000 \times \frac{6}{12}$(7월 ~ 12월분) = 100,000

• 20X2년 감가상각비 : 200,000

• 20X2년 말 기계장치의 장부금액 = 취득원가 − 감가상각누계액(20X1년, 20X2년)
= ₩650,000 − (₩100,000 + ₩200,000) = ₩350,000

PART 1

2 유형자산의 손상

(1) 유형자산의 손상차손

자산의 진부화, 시장 가치의 급격한 하락 등으로 인해 유형자산이 정상적으로 사용되지 않거나 가치변동이 발생하는 경우 이를 당기비용으로 반영하여 자산손상에 따라서 손상차손을 인식한다.

(2) 손상차손의 인식

손상징후가 있으며, 개별 유형자산의 회수가능액이 당해 장부금액에 미달하는 경우 장부금액을 회수가능액으로 조정하고, 감소한 금액은 손상차손 계정을 사용하여 즉시 당기손익으로 인식한다.

유형자산손상차손 = 회수가능액[Max(순공정가치, 사용가치)] − 손상 전 장부금액

※ 순공정가치 = 자산의 매각으로 수취할 수 있는 금액 − 처분부대원가
※ 사용가치 = 자산에서 창출될 것으로 기대되는 미래현금흐름의 현재가치

손상차손에 대한 회계처리는 다음과 같으며 이 경우 손상차손누계액은 감가상각누계액과 마찬가지로 당해 유형자산에서 차감하는 형식으로 기재한다.

• 손상 시 (차) 유형자산손상차손 xxx (대) 손상차손누계액 xxx

(3) 유형자산 손상차손환입

손상차손환입 = Min[회수가능액, 손상되지 않았을 경우의 장부금액] − 환입 전 장부금액

3 후속원가와 제거

(1) 후속원가

유형자산은 장기간 사용하는 목적으로 취득하는 자산이므로 취득일 이후 사용과정에서 대체, 수선, 유지, 증설 등과 관련한 자산의 추가적인 지출이 발생하게 된다. 이런 지출을 후속원가라고 한다. 자산의 후속원가 지출인식 기준에 따라 유형자산의 장부금액에 가산하거나, 당기비용으로 처리한다.

① **자본적 지출(자산 인식요건 충족)** : 유형자산의 자산 인식요건을 충족하는 후속원가는 자산의 장부금액에 가산하며, 당해 지출이 발생한 날부터 감가상각하여 비용으로 배분한다.

② **수익적 지출(자산 인식요건 미충족)** : 일상적인 수선・유지와 관련하여 발생하는 원가는 해당 유형자산의 장부금액에 포함하지 않으며, 발생시점에 당기손익으로 인식한다.

예 제

(주)서울은 건물을 수리하는 데 ₩1,000,000을 지출했다. 이 중 ₩750,000은 자본적 지출로 회계처리하고, 나머지는 수익적 지출로 회계처리하는 경우 차변의 ₩750,000에 해당하는 과목은?

① 건 물　　② 수선비

③ 현 금　　④ 건설중인자산

정답 및 해설

①

자본적 지출은 해당 자산의 원가에 산입하므로 건물 계정을 차변에 기입한다.

(2) 유형자산의 제거

유형자산을 ① 처분하거나 ② 사용이나 처분을 통하여 미래 경제적 효익의 유입이 기대되지 않을 때에 유형자산의 장부금액을 제거한다. 유형자산의 처분에는 매각, 교환 등의 자발적 처분과 재해 등과 같은 비자발적 처분이 있다.

> 유형자산처분손익 = 순매각금액 − 장부금액

또한, 회계기간 중에 유형자산이 처분되면 처분일까지의 감가상각비를 인식하여 이를 반영한 후의 처분에 따른 손익을 인식한다.

• 처분 시 이익발생의 경우	(차)	현 금	xxx	(대)	유형자산	xxx
		감가상각누계액	xxx		유형자산처분이익	xxx
• 처분 시 손실발생의 경우	(차)	현 금	xxx	(대)	유형자산	xxx
		감가상각누계액	xxx			
		유형자산처분손실	xxx			

TEST 05 연습문제

01 (주)미래는 20X1년 1월 1일에 기계장치를 취득하여 이중체감법을 적용하여 감가상각하고 있다. 기계장치의 내용연수는 5년이며, 잔존가치는 ₩50,000이다. (주)미래가 20X2년도에 인식한 당해 기계장치의 감가상각비가 ₩48,000이라고 한다면, 기계장치의 취득원가는?

① ₩150,000
② ₩200,000
③ ₩250,000
④ ₩300,000

02 유형자산의 취득원가 구성항목으로 옳지 않은 것은?

① 설치장소 준비원가
② 유형자산의 취득과 관련하여 국채 또는 공채 등을 불가피하게 매입하는 경우 당해 채권의 매입가액
③ 자본화 대상 금융비용
④ 취득세 등 유형자산의 취득과 직접 관련된 제세공과금

PART 1

정답과 해설

01
- 이중체감법의 감가상각비 = (취득원가 − 감가상각누계액) × 상각률 = 미상각잔액 × 상각률
- 상각률 = $\frac{1}{\text{내용연수}} \times 2 = \frac{1}{5} \times 2 = 0.4$
- 기계 취득원가를 x라 한다.
- 20X1년도 감가상각비 = $x \times 0.4 = 0.4x$
- 20X2년도 감가상각비 = $(x - 0.4x) \times 0.4 = 48,000$

  $0.6x = 120,000$, $x = 200,000$

∴ 기계의 취득원가 = ₩200,000

02 유형자산의 취득과 관련하여 불가피하게 매입한 채권의 경우에는 매입가액과 현재가치 평가차액을 취득원가에 가산한다.

정답 01 ② 02 ②

03
(주)한국은 20X1년 초에 기계장치를 ₩5,000,000에 구입하였으며, 이 기계장치의 잔존가치는 없고 내용연수는 10년이며, 감가상각은 정액법에 의한다. 이 기계장치를 4년간 사용한 후 20X5년 초에 ₩1,500,000을 들여 대폭적인 수선을 한 결과 내용연수가 3년 더 연장되었다. 20X5년 말에 계상해야 할 감가상각비는?

① ₩312,500
② ₩500,000
③ ₩520,000
④ ₩800,000

04
(주)한국의 취득원가 ₩100,000의 토지를 20X2년 5월 3일에 처음으로 재평가하였다. 이 토지가 ₩150,000으로 재평가된 경우, 20X2년 말 (주)한국의 재무제표에 미치는 영향으로 옳은 것은?

① 재평가이익 ₩50,000만큼의 이익잉여금이 증가한다.
② 재평가이익 ₩50,000은 포괄손익계산서에 보고되지 않는다.
③ 재평가이익 ₩50,000만큼의 당기순이익이 증가한다.
④ 재평가이익 ₩50,000만큼의 자본이 증가한다.

05
(주)갑은 20X2년도 초에 내용연수가 3년이고 잔존가치는 없는 기계장치를 구입하였다. 회사는 감가상각방법으로 정액법, 연수합계법, 이중체감법을 고려하고 있다. 이 기계장치를 구입한 후 3년 째되는 마지막 회계연도에 보고할 감가상각비가 큰 순으로 감가상각방법을 바르게 나열한 것은?

① 정액법 > 연수합계법 > 이중체감법
② 정액법 > 이중체감법 > 연수합계법
③ 이중체감법 > 정액법 > 연수합계법
④ 이중체감법 > 연수합계법 > 정액법

정답과 해설

03 • 20X5년 초 장부금액 = 취득원가 − 감가상각누계액 + 자본적 지출

$$= [₩5,000,000 - (\frac{₩5,000,000}{10년} \times 4년) + ₩1,500,000] = ₩4,500,000$$

• 20X5년 말 감가상각비 $= \frac{4,500,000}{6년 + 3년} = ₩500,000$

04 재평가잉여금은 기타포괄손익(자본)의 항목이다. 그러므로 ₩50,000의 자본이 증가한다.

05 • 체감상각법(정률법, 이중체감법, 연수합계법) : 일반적으로 내용연수 초기에 수익이 많이 창출되면, 내용연수가 지남에 따라 수익이 감소한다. 수익 · 비용 대응 관점에서 원가배분도 수익이 창출에 비례하여 인식하는 것이 합리적이다. 초기에 감가상각비가 많이 계상하여 법인세 이연효과가 있다.
• 정액법 : 자산의 경제적 효익이 시간경과에 따라 일정하게 감소하는 경우에 적용하는 방법으로 매기 동액을 감가상각하는 방법이다.
• 정액법은 시간이 경과함에 따라 일정액이 감소하며, 연수합계법은 (취득원가 − 잔존가치) × 상각률을 적용하는 방법이고, 이중체감법은 (취득원가 − 감가상각누계액) × 상각률을 적용하는 방법이다.

정답 03 ② 04 ④ 05 ①

06 (주)한강은 20X2년 3월 5일 사용 중인 컴퓨터(취득원가 ₩1,600,000)와 복사기(공정가액 ₩3,000,000)를 교환취득하면서 추가로 현금 ₩2,000,000을 지급하였다. 컴퓨터의 현재 장부가액은 ₩600,000이고 공정가액은 ₩400,000일 경우 복사기의 취득원가는?

① ₩2,400,000
② ₩2,600,000
③ ₩3,000,000
④ ₩3,600,000

07 (주)서울은 20X1년 1월 1일에 취득원가 ₩1,000,000, 내용연수 3년, 잔존가액 ₩100,000인 기계장치를 취득하였다. (주)서울은 이 기계장치를 정액법으로 감가상각하다가 20X3년 1월 1일에 ₩450,000을 받고 처분하였다. 이 기계장치의 처분손익은?

① ₩50,000 손실
② ₩50,000 이익
③ ₩150,000 손실
④ ₩150,000 이익

08 다음 중 유형자산에 해당되는 것은?

① 주택시장의 침체로 인하여 건설회사가 소유하고 있는 미분양 상태의 아파트
② 남해안에서 양식 중인 5년된 양식장의 참치
③ 해양 천연가스를 발굴하기 위하여 설치한 대형 해양탐사 구조물
④ 시세가 상승할 것으로 예측하여 취득하였으나 아직 사용목적을 결정하지 못한 대도시 외곽의 토지

정답과 해설

06 공정가치로 측정하는 경우는 ① 새로 취득한 자산이 새로운 형태의 경제적 효익을 창출하며, ② 경제적 실질의 변화가 발생하는 교환거래인 경우이다.
교환에 따른 손익이 발생하는 경우 유형자산처분손익을 인식한다. 교환이 현금을 수반하는 거래인 경우에는 이를 가감하여 유형자산의 취득원가를 측정한다. 즉, 제공한 자산의 공정가액 ± 현금수수액이다.
• 취득원가 : ₩400,000(공정가액) + ₩2,000,000(현금지급액) = ₩2,400,000

07 • 감가상각누계액 : $\frac{1,000,000 - 100,000}{3\text{년}} \times 2 =$ ₩600,000
• 20X3년 12월 31일 기계장치 장부가액 : ₩1,000,000 − ₩600,000 = ₩400,000
• 처분손익 = 처분대가 − 장부가액 = ₩450,000 − ₩400,000 = ₩50,000(이익)

08 ① 재고자산, ② 재고자산(생물자산), ④ 투자부동산

정답 06 ① 07 ② 08 ③

CHAPTER 06

PART 1 재무회계

투자부동산과 무형자산

01 투자부동산

1 투자부동산의 인식

투자부동산이란 임대수익이나 시세차익 또는 두 가지 모두를 얻기 위하여 소유자나 금융리스의 이용자가 보유하고 있는 부동산을 말한다. 투자부동산은 ① 투자부동산의 정의를 충족하고 ② 당해 투자부동산에서 발생하는 미래 경제적 효익의 유입가능성이 높고 ③ 그 원가를 신뢰성 있게 측정할 수 있을 때 자산으로 인식된다.

2 투자부동산의 측정

투자부동산은 최초 인식시점에 원가로 측정한 후 보고기간 말에 원가모형 또는 공정가치모형 중 한 가지를 선택하여 모든 투자부동산에 적용한다.

(1) 원가모형

투자부동산에 대하여 유형자산 기준서의 원가모형에 따라 측정된다. 따라서 감가상각대상인 투자부동산인 경우에는 유형자산과 동일하게 감가상각비를 인식한다.

(2) 공정가치모형

투자부동산을 공정가치로 측정하며 공정가치 변동으로 발생하는 손익은 발생한 기간의 당기손익에 반영한다. 이 경우 감가상각대상자산인 경우에도 감가상각은 하지 않는다.

- 투자부동산은 최초인식 시점에 원가로 측정하고, 그 원가에는 거래원가도 포함된다.
- 거래원가에는 법률용역의 대가로 전문가에게 지급하는 수수료, 부동산 구입과 관련된 세금 및 그 밖의 거래원가 등이 있다.

3 투자부동산의 사례유형 검토

① 장기 시세차익을 얻기 위하여 보유하고 있는 토지
② 장래 사용목적을 결정하지 못한 채로 보유하고 있는 토지

③ 직접 소유(또는 금융리스를 통해 보유)하고 운용리스로 제공하고 있는 건물

④ 리스제공자가 운용리스로 제공하기 위하여 보유하고 있는 미사용 건물

⑤ 미래에 투자부동산으로 사용하기 위하여 건설 또는 개발 중인 부동산

⑥ 부동산 보유자가 부동산 사용자에게 부수적인 용역을 제공하는 경우 예 사무실 건물의 소유자가 그 건물을 사용하는 리스이용자에게 보안과 관리용역 제공

〈투자부동산이 아닌 항목의 예〉

- 제3자를 위하여 건설 또는 개발 중인 부동산
- 자가사용부동산
- 금융리스로 제공한 부동산
- 정상적인 영업과정에서 판매하기 위한 부동산이나 이를 위하여 건설, 개발 중인 부동산
- 지배기업 또는 다른 종속기업에게 부동산을 리스하는 경우, 이러한 부동산은 연결재무제표에 투자부동산으로 분류할 수 없음(경제적 실체 관점에서 당해 부동산은 자가사용부동산)
- 소유자가 직접 경영하는 호텔은 투자부동산이 아닌 자가사용부동산

〈운용리스와 금융리스〉

구 분	위험과 보상이전	리스제공자	리스이용자
운용리스	×	자산(감가상각)	–
금융리스	○	–	자산(감가상각)

4 투자부동산 인식 후의 측정

투자부동산은 보고기간말에 공정가치모형과 원가모형 중 하나를 선택하여 모든 투자부동산에 적용한다. 다만, 운용리스부동산에 대한 권리는 투자부동산으로 분류하는 경우 반드시 공정가치모형을 적용하여 평가한다.

(1) 원가모형

투자부동산이 감가상각대상자산인 경우에는 유형자산과 동일하게 감가상각비를 인식한다.

(2) 공정가치모형

투자부동산에 대하여 공정가치모형을 선택한 경우에는 최초 인식 후 모든 투자부동산을 공정가치로 측정하고 공정가치 변동으로 발생하는 손익은 발생한 기간의 당기손익에 반영한다. 이 경우 감가상각대상자산인 경우에도 감가상각을 하지 않는다.

구 분	공정가치모형	원가모형
대 상	투자부동산	투자부동산
평가손익	손익인식	–
감가상각	감가상각 ×	감가상각 O

예제

(주)대한은 20X1년 초 장기적인 임대수익을 얻을 목적으로 건물을 1,000,000원에 구입하였다. 내용연수가 10년이고 잔존가치는 없으며 정액법에 의해 감가상각한다. 20X1년 12월 말 공정가치가 1,200,000원인 경우 원가모형과 공정가치모형을 각각 적용할 경우 당기손익에 영향을 미치는 금액은 얼마인가?

정답 및 해설

• 원가모형
매년 정액법에 의해 감가상각한 100,000원(= 1,000,000원 ÷ 10년)이 당기손익에 영향을 미친다.

• 공정가치모형
공정가치 변동으로 발생하는 손익을 당기손익에 반영한다.

	20X1년 12월 31일 공정가치	1,200,000원
−	20X1년 1월 1일 취득원가	1,000,000원
	당기손익에 미치는 영향(이익)	200,000원

02 무형자산

1 무형자산의 의의 및 취득원가

(1) 무형자산의 의의

① **식별가능성** : 무형자산은 식별가능성 조건을 충족하기 위해서 당해 자산이 분리가능하거나, 당해 자산이 계약상 권리 또는 기타 법적 권리로부터 발생하여야 한다.

② **자원에 대한 통제** : 기초가 되는 자원에서 유입되는 미래 경제적 효익을 확보할 수 있고 그 효익에 대한 제3자의 접근을 제한할 수 있다면 기업이 자산을 통제하고 있는 것이다.

③ **미래의 경제적 효익** : 무형자산의 미래 경제적 효익은 제품의 매출, 용역수익, 원가절감 또는 자산의 사용에 따른 기타 효익의 형태로 발생할 수 있다.

(2) 무형자산의 인식

어떤 항목을 무형자산으로 인식하기 위해서는 그 항목이 다음의 조건을 모두 충족한다는 사실을 기업이 제시하여야 한다.

• 무형자산의 정의를 충족한다.
• 자산에서 발생하는 미래 경제적 효익이 기업에 유입될 가능성이 높다.
• 자산의 취득원가를 신뢰성 있게 측정한다.

(3) 취득원가

① **개별 취득** : 일반적으로 무형자산을 개별 취득하기 위하여 지급하는 가격은 그 자산이 갖는 미래 경제적 효익이 기업에 유입될 확률에 대한 기대를 반영한 것이다. 즉, 기업은 유입의 시기와 금액이 불확실하더라도 미래 경제적 효익의 유입이 있을 것으로 기대한다.

개별 취득하는 무형자산의 원가는 일반적으로 신뢰성 있게 측정할 수 있으며 다음 항목으로 구성된다.

- 구입가격 : 매입할인과 리베이트를 차감하고 수입관세와 환급받을 수 없는 제세금을 포함한 순구입가격
- 자산을 의도한 목적에 사용할 수 있도록 준비하는 데 직접 관련되는 원가

② **내부적으로 창출한 무형자산** : 내부적으로 창출한 무형자산이 인식기준을 충족하는지를 평가하는 것은 용이하지 않다. 그러므로 내부적으로 창출한 무형자산에 대해서는 무형자산의 인식과 최초측정에 대한 규정과 지침을 추가로 적용한다. 내부적으로 창출한 무형자산이 인식기준을 충족하는지를 평가하기 위하여 무형자산의 창출과정을 연구단계와 개발단계로 구분한다.

㉠ 연구단계 : 연구(또는 내부 프로젝트의 연구단계)에서 발생하는 무형자산을 인식하지 않는다. 연구(또는 내부 프로젝트의 연구단계)에 대한 지출은 발생시점에 비용으로 인식한다.

내부 프로젝트의 연구단계에서는 미래 경제적 효익을 창출할 무형자산이 존재한다는 것을 제시할 수 없기 때문에, 내부 프로젝트의 연구단계에서 발생한 지출은 발생시점에 비용으로 인식한다. 연구활동의 예는 다음과 같다.

- 새로운 지식을 얻고자 하는 활동
- 연구결과 기타 지식을 탐색, 평가, 최종선택, 응용하는 활동
- 재료, 장치, 제품, 공정시스템이나 용역에 대한 여러 가지 대체안을 탐색하는 활동
- 새롭거나 개선된 재료, 장치, 제품, 공정, 시스템이나 용역에 대한 여러 가지 대체안을 제안, 설계, 평가, 최종 선택하는 활동

㉡ 개발단계 : 다음 사항을 모두 제시할 수 있는 경우에만 개발활동(또는 내부 프로젝트의 개발단계)에서 발생한 무형자산을 인식한다.

- 무형자산을 사용하거나 판매하기 위해 그 자산을 완성할 수 있는 기술적 실현가능성
- 무형자산을 완성하여 사용하거나 판매하려는 기업의 의도
- 무형자산을 사용하거나 판매할 수 있는 기업의 능력
- 무형자산이 미래 경제적 효익을 창출하는 방법(무형자산의 산출물, 거래시장이 존재 또는 내부적으로 사용할 것이라면 그 유용성을 제시할 수 있다.)
- 무형자산의 개발을 완료하고 그것을 판매하거나 사용하는 데 필요한 기술적, 재정적 자원 등의 확보 가능성
- 개발과정에서 발생한 무형자산 관련 지출을 신뢰성 있게 측정할 수 있는 기업의 능력

개발활동의 예는 다음과 같다.

- 생산이나 사용 전의 시제품과 모형을 설계, 제작, 시험하는 활동
  ※ 무형자산을 창출하기 위한 내부프로젝트를 연구단계와 개발단계로 구분할 수 없는 경우 그 프로젝트에서 발생한 지출은 모두 연구단계에서 발생한 것으로 본다.
- 새로운 기술과 관련된 공구, 주형, 금형 등을 설계하는 활동
- 상업적 생산 목적으로 실현가능한 경제적 규모가 아닌 시험공장을 설계, 건설, 가동하는 활동
- 신규 또는 개선된 재료, 장치, 제품, 공정, 시스템이나 용역에 대하여 최종적으로 선정된 안을 설계, 제작, 시험하는 활동

〈연구단계와 개발단계의 구분〉

연구단계	연구비(당기 비용처리)
개발단계	• 자산인식요건 충족 O : 개발비(무형자산) • 자산인식요건 충족 X : 경상개발비(당기 비용처리)

③ 내부적으로 창출한 무형자산의 원가 : 내부적으로 창출한 무형자산의 원가는 무형자산 인식기준을 최초로 충족시킨 이후에 발생한 지출금액의 합으로 한다. 이미 비용으로 인식한 지출은 무형자산의 원가로 인식할 수 없다. 내부적으로 창출한 무형자산의 원가는 그 자산의 창출, 제조 및 경영자가 의도하는 방식으로 운영될 수 있게 준비하는 데 필요한 직접 관련된 모든 원가를 포함한다. 직접 관련된 원가의 예는 다음과 같다.

〈직접 관련된 원가의 예〉

- 무형자산의 창출에 사용되었거나 소비된 재료원가, 용역원가 등
- 무형자산의 창출을 위하여 발생한 종업원의 급여
- 법적 권리를 등록하기 위한 수수료
  ※ 내부적으로 창출한 브랜드는 무형자산으로 인식하지 아니한다.

〈발생한 기간의 비용으로 인식하는 기타 지출의 예〉

- 판매비, 관리비 및 기타 일반경비 지출. 단, 자산을 의도한 용도로 사용할 수 있도록 준비하는데 직접 관련된 경우는 제외
- 자산의 계획된 성과를 달성하기 전에 발생한 명백한 비효율로 인한 손실과 초기 영업손실
- 자산을 운용하는 직원의 교육훈련과 관련된 지출

④ 무형자산의 정의 충족여부

- 고객관계나 고객충성도는 이를 지속할 수 있는 법적 권리나 그것을 통제할 기타 방법이 없다면 무형자산의 정의를 충족하기에 기업이 충분한 통제를 가지고 있지 않다.
- 내부적으로 창출한 브랜드, 출판표제, 고객목록과 이와 실질이 유사한 항목은 무형자산으로 인식할 수 없다.
- 무형자산을 창출하기 위한 내부 프로젝트를 연구단계와 개발단계로 구분할 수 없는 경우에는 그 프로젝트에서 발생한 지출을 모두 연구단계에서 발생한 것으로 본다.

2 무형자산의 후속측정

(1) 인식 후의 측정

무형자산의 회계정책으로 원가모형이나 재평가모형을 선택할 수 있다. 재평가모형을 적용하여 무형자산을 회계처리하는 경우에는, 같은 분류의 기타 모든 자산도 그에 대한 활성시장이 없는 경우를 제외하고는 동일한 방법을 적용하여 회계처리한다.

무형자산은 영업상 유사한 성격과 용도로 분류한다. 자산을 선택적으로 재평가하거나 재무제표에서 서로 다른 기준일의 원가와 가치가 혼재된 금액을 보고하는 것을 방지하기 위하여 같은 분류 내의 무형자산 항목들은 동시에 재평가한다.

(2) 원가모형

① **내용연수가 유한한 무형자산** : 내용연수가 유한한 무형자산은 상각하지만 내용연수가 비한정인 무형자산은 상각을 하지 않는다. 무형자산의 내용연수가 비한정이라는 것은 무한(infinite)을 의미하는 것은 아니다.

> 무형자산의 내용연수 = MIN[경제적 내용연수, 법적 내용연수]

② **내용연수가 비한정인 무형자산** : 내용연수가 비한정인 무형자산은 상각을 하지 않고, 다음의 각 경우에 회수가능액과 장부금액을 비교하여 손상검사를 수행하여야 한다.

> ㉠ 매년 일정시기
> ㉡ 무형자산의 손상을 시사하는 징후가 있을 때

③ **잔존가치** : 잔존가치란 자산이 이미 오래되어 내용연수 종료시점에 도달하였다는 가정하에 자산의 처분으로부터 현재 획득할 금액에서 추정 처분부대원가를 차감한 금액의 추정치로, 내용연수가 유한한 무형자산의 잔존가치는 다음의 ㉠과 ㉡ 중 하나에 해당하는 경우를 제외하고는 영(0)으로 본다.

> ㉠ 내용연수 종료시점에 제3자가 자산을 구입하기로 한 약정이 있다.
> ㉡ 무형자산의 활성시장이 있고 다음을 모두 충족한다.
> • 잔존가치를 그 활성시장에 기초하여 결정할 수 있다.
> • 그러한 활성시장이 내용연수 종료시점에 존재할 가능성이 높다.

(3) 무형자산의 상각

무형자산은 원가에서 잔존가치를 차감한 금액을 내용연수 동안 체계적인 방법으로 배분하여야 한다. 상각은 자산이 사용가능한 때부터 시작한다. 즉, 자산이 경영자가 의도하는 방식으로 운영할 수 있는 위치와 상태에 이르렀을 때부터 시작한다. 상각은 자산이 매각예정으로 분류되는 날과 자산이 재무상태표에 제거되는 날 중 이른 날에 중지한다. 상각방법은 자산의 경제적 효익이 소비되는 형태를 반영한 방법이어야 한다. 다만, 소비되는 형태를 신뢰성 있게 결정할 수 없는 경우에는 정액법을 사용한다.

3 무형자산의 손상차손과 환입

(1) 손상차손

매 보고기간말마다 자산손상을 시사하는 징후가 있는지 검토하고 만약, 그러한 징후가 있다면 당해 자산의 회수가능액을 추정하여 손상검사를 한다.

> 무형자산손상차손 = 회수가능액 − 장부금액

(2) 손상차손환입

손상 이후에 손상된 자산의 회수가능액이 장부금액을 초과하게 되는 경우에는 손상되지 않았을 경우의 장부금액을 한도로 하여 그 초과액을 손상차손환입으로 처리한다.

> 손상차손환입 = Min[회수가능액, 손상되지 않았을 경우의 장부금액] − 환입 전 장부금액

03 영업권

1 영업권의 인식과 종류

(1) 영업권의 인식

영업권이란 우수한 경영진, 뛰어난 판매조직, 법률적・경제적으로 독점적 지위 등의 요인들이 동종산업에 종사하는 다른 기업에 비하여 특별히 유리한 사항들을 집합한 무형의 자원을 말한다. 영업권은 다른 무형자산과는 달리 식별가능하지 않으며, 개별적으로 판매되거나 교환될 수 없고 기업전체와 관련지어서만 확인이 가능하다는 특징이 있다.

(2) 영업권의 종류

① **매수영업권** : 기업이 다른 기업을 매수 합병하는 경우 발생한 영업권이다. 즉, 피취득자의 개별 순자산의 공정가치를 초과하여 지급한 이전대가를 말한다. 기업 간의 거래에 의하여 외부적으로 발생하므로 취득원가의 신뢰성있는 측정이 가능하다.

② **내부창출 영업권** : 기업이 스스로 영업권을 계상하는 경우 발생한 영업권을 말한다. 내부창출 영업권은 취득원가를 신뢰성있게 산정하기 어렵고 기업이 통제하고 있는 식별가능한 자원이 아니기 때문에 내부창출 영업권을 인정하지 않는다.

2 영업권의 측정, 상각, 손상 등

① **매수영업권** : 사업결합의 결과로 인식한 영업권은 그 자산이 순현금유입을 창출할 것으로 기대되는 기간에 대하여 예측가능한 제한이 없으므로 내용연수가 비한정적인 것으로 본다. 즉, 매수영업권은 사업결합일 현재 피취득자로부터 취득한 식별가능한 순자산의 공정가치를 초과하여 지급한 이전대가를 영업권으로 측정하는 방법이다.

> 영업권 = 이전대가 − (피취득자의 순자산 공정가치 × 취득지분율)

② **영업권의 상각** : 사업결합으로 취득한 영업권은 상각하지 않는다. 그러나 매년 혹은 손상을 시사하는 징후가 있을 때 보고기간말마다 회수가능액을 추정하고, 장부금액과 비교하여 손상검사를 수행한다.

③ **영업권의 손상** : 회수가능액이 장부금액에 미달하는 경우 회수가능액을 장부금액으로 조정하고 그 차액은 손상차손(당기비용)으로 인식한다.

④ **영업권 손상차손환입** : 영업권 손상은 산정하나 손상된 영업권은 추후 회복하더라도 환입할 수 없다.

04 웹 사이트 원가

1 의의와 인식 및 측정

(1) 의 의

웹 사이트는 인터넷에서 사용자들이 정보가 필요할 때 웹 서버에 정보를 저장해 놓은 집합체를 말한다.

(2) 인 식

① 개발한 자체의 웹 사이트는 내부적으로 창출한 무형자산이므로 무형자산의 인식기준과 내부적으로 창출된 무형자산의 자산인식요건을 모두 충족하는 경우에만 무형자산으로 인식한다.

② 웹 사이트에서 이루어진 주문접수를 통해 수익을 직접 발생시키는 경우와 같이 웹 사이트가 수익을 창출할 수 있을 때에는 무형자산으로 인식할 수 있다.

③ 기업이 주로 판매촉진과 광고를 위해 웹 사이트를 개발한 경우에는 발생시점에 비용으로 인식한다.

(3) 회계처리

① **계획단계** : 연구단계와 성격이 유사, 발생시점에 비용처리

② **응용프로그램과 하부구조, 그래픽 디자인 및 콘텐츠 개발단계** : 개발단계와 유사, 무형자산으로 인식하는 웹 사이트의 취득원가에 포함

③ **운영단계** : 자산인식 요건을 충족하지 못하면 발생시점에 비용처리

④ 웹 사이트에 대한 활성시장은 존재할 가능성이 낮으므로 원가모형이 적용된다.

⑤ 웹 사이트 하드웨어의 구매, 개발, 운영을 위한 지출은 유형자산 기준서에 따라 회계처리한다.

TEST 06 연습문제

01 무형자산의 개념 및 회계처리에 대한 설명으로 적절하지 않은 것은?

① 금액이 크고 중요한 연구활동비는 무형자산으로 인식될 수 있다.
② 무형자산은 형태가 없는 자산으로 산업재산권, 저작권, 광업권 등이 포함된다.
③ 유한 내용연수를 가진 무형자산은 체계적이고 합리적인 방법으로 상각해야 한다.
④ 무형자산의 잔존가치는 처분으로 회수가능한 금액을 근거로 하여 추정하며, 적어도 매 회계기간 말에 검토한다.

02 무형자산에 관한 설명으로 옳지 않은 것은?

① 무형자산은 무형자산의 정의를 충족하고 해당 자산으로부터 발생하는 미래 경제적 효익이 기업에 유입될 가능성이 매우 높으며, 자산의 취득원가를 신뢰성 있게 측정할 수 있을 때 인식한다.
② 프로젝트의 연구단계에서 발생한 지출은 발생한 기간의 비용으로 인식한다.
③ 내부적으로 창출된 브랜드, 고객목록 및 이와 유사한 항목에 대한 지출은 무형으로 인식하지 않는다.
④ 무형자산은 당해 자산을 취득한 시점부터 합리적인 기간 동안 상각하여야 한다.

03 제조공정 혁신을 위한 연구개발비의 회계처리에 관한 설명으로 옳지 않은 것은?(단, 한국채택국제회계기준에 따른다)

① 연구단계에서 발생한 지출은 발생한 기간의 비용으로 처리한다.
② 개발비의 회수가능가액이 장부가액에 미달하는 경우 그 미달액을 손상차손으로 인식하고 장부가액에서 차감할 수 있다.
③ 소프트웨어를 자체개발한 경우 개발비로 계상할 수 있으며, 구입한 사용 소프트웨어는 기타의 무형자산으로 계상할 수 있다.
④ 재료, 장치, 제품, 공정 등에 대한 여러 가지 대체안을 탐색하는 활동은 무형자산으로 인식한다.

정답과 해설

01 • 연구활동 : 연구활동과 관련된 비용은 전액 발생하는 시점에서 비용으로 처리한다.
• 개발활동 : 개발활동과 관련된 비용은 자산 인식요건을 충족할 경우 개발비 과목으로 하여 무형자산으로 처리하고, 자산의 인식요건을 충족하지 못할 경우에는 발생시점에 비용처리한다.

02 무형자산은 당해 자산을 취득한 시점이 아니라, 사용가능한 시점부터 합리적인 기간 동안 상각하여야 한다.

03 연구단계에서 발생한 지출로, 무형자산으로 인식할 수 없고 발생한 기간의 비용으로 인식한다.

정답 01 ① 02 ④ 03 ④

04 무형자산의 회계처리에 대한 설명으로 옳지 않은 것은?

① 내용연수가 비한정인 무형자산은 상각하지 않고, 매년 손상검사를 실시하여 손상차손을 인식한다.

② 내부적으로 창출한 영업권은 무형자산으로 인식하지 않는다.

③ 연구개발활동과 관련하여 연구단계와 개발단계에서 발생한 지출은 무형자산의 취득원가로 처리한다.

④ 무형자산은 미래 경제적 효익이 기업에 유입될 가능성이 높고 취득원가를 신뢰성있게 측정할 수 있을 때 인식한다.

05 무형자산과 관련된 설명 중 옳지 않은 것은?

① 연구단계에서 발생한 지출은 모두 발생한 기간의 비용으로 인식하고, 개발단계에서 발생한 지출은 무형자산의 인식기준을 모두 충족한 경우에만 무형자산으로 인식하며 그 외에는 발생한 기간의 비용으로 인식한다.

② 무형자산은 정액법, 체감잔액법, 연수합계법, 생산량비례법 등을 사용하여 상각하며, 소비되는 형태를 신뢰성 있게 결정할 수 없는 경우에는 체감잔액법을 사용한다.

③ 프로젝트를 연구단계와 개발단계로 구분할 수 없는 경우, 당해 프로젝트에서 발생한 지출은 연구단계에서 발생한 것으로 본다.

④ 무형자산은 산업재산권, 라이선스와 프랜차이즈, 저작권, 어업권, 컴퓨터 소프트웨어 등으로 분류할 수 있으며, 더 큰 단위로 통합하거나 더 작은 단위로 구분할 수 있다.

정답과 해설

04 연구단계에서 발생한 지출은 당기비용으로 처리하고, 개발단계에서 발생한 지출은 자산 인식요건을 충족하면 개발비의 과목으로 자산의 원가에 포함한다. 자산 인식요건을 충족하지 않으면 당기비용으로 처리한다.

〈무형자산 인식요건〉

- 무형자산의 정의를 충족한다.
- 자산에서 발생하는 미래 경제적 효익이 기업에 유입될 가능성이 높다.
- 자산의 취득원가를 신뢰성 있게 측정한다.

05 소비되는 형태를 신뢰성 있게 결정할 수 없는 경우에는 정액법을 사용한다.

정답 04 ③ 05 ②

CHAPTER 07

PART 1 재무회계

부 채

01 부채의 의의와 구분

과거사건에 의하여 발생하였으며 경제적 효익을 갖는 자원이 기업으로부터 유출됨으로써 이행될 것으로 기대되는 현재의무를 말한다. 부채의 정의에는 과거, 현재 및 미래의 개념이 포함되어 있다.

1 부채의 의의

(1) 과거사건의 결과로 존재

(2) 경제적 자원의 이전

기업이 경제적 자원을 다른 당사자(또는 당사자들)에게 이전하도록 요구받게 될 잠재력이 있어야 한다.

(3) 과거사건으로 생긴 현재의무

··· 참고

부채 발생 시 채권자가 반드시 확정되어야 하는 것은 아님

2 부채의 구분

(1) 유동부채와 비유동부채

유동부채란 재무상태표일로부터 1년 이내 상환되거나 소멸되는 부채를 말하며 비유동부채란 재무상태표일로부터 1년을 초과한 시점에서 상환되거나 소멸하는 부채를 말한다. 다만, 매입채무나 미지급비용 등의 영업 관련 부채는 정상영업주기와 1년 중 긴 기간을 기준으로 유동성을 구분한다.

(2) 확정부채와 추정부채

부채의 지출시기나 금액의 확정여부에 따라 확정부채와 추정부채로 분류한다. 확정부채는 계약이나 법률에 의하여 측정일 현재 지출의 시기와 금액이 확정되어 있는 부채를 말하고, 추정부채는 측정일 현재 지출의 시기 또는 금액이 불확실한 부채를 말한다.

추정부채 중 인식 요건을 충족하는 금액은 충당부채로써 재무상태표에 반영하며, 인식요건을 충족하지 않는 부분은 우발부채로써 재무제표 주석에 공시한다.

02 충당부채와 우발부채의 구분

1 충당부채

(1) 충당부채의 의의

지출의 시기 또는 금액이 불확실한 부채를 말한다. 충당부채는 부채의 인식요건을 충족하므로 재무상태표에 부채로 계상한다. 충당부채는 그 사용시기에 따라 유동부채 또는 비유동부채로 분류한다.

예 제품보증충당부채, 반품충당부채, 경품충당부채, 지급보증충당부채, 구조조정충당부채 등

(2) 충당부채의 인식

충당부채는 다음의 요건을 모두 충족하는 경우에 인식한다.

- 과거사건의 결과로 현재의무(법적의무 또는 의제의무)가 존재한다.
- 당해 의무를 이행하기 위하여 경제적 효익을 갖는 자원이 유출될 가능성이 높다.
- 당해 의무의 이행에 소요되는 금액을 신뢰성 있게 측정할 수 있다.

위의 요건을 충족하지 못할 경우에는 어떠한 충당부채도 인식할 수 없다.

① **현재의무** : 과거사건이 현재의무를 발생시켰는지의 여부는 대부분의 경우 분명하다. 그러나 현재의무의 존재여부가 불분명한 경우가 있다. 이러한 경우 이용할 수 있는 모든 증거를 고려하여 보고기간말에 현재의무가 존재할 가능성이 존재하지 아니할 가능성보다 높은 경우에는 과거사건이 현재의무를 발생시킨 것으로 간주한다.
현재의무에는 법적의무와 의제의무를 포함한다. 법적의무는 명시적 또는 묵시적인 계약, 법률, 기타 법적효력에 의해 발생하는 의무를 말한다. 의제의무는 과거의 실무관행, 공표된 경영방침 등을 통해 기업이 책임을 부담하겠다고 상대방에게 표명하고 그 결과 기업이 책임을 이행할 것이라는 정당한 기대를 상대방이 가지게 되었을 때 발생하는 의무이다.

② **과거사건** : 현재의무를 발생시키는 과거사건을 의무발생사건이라고 한다. 의무발생사건이 되기 위해서는 당해 사건으로부터 발생된 의무를 이행하는 것 외에는 실질적인 대안이 없어야 한다. 이러한 경우는 다음의 경우에만 해당된다.

- 의무의 이행을 법적으로 강제할 수 있는 경우
- 의제의무와 관련해서는 기업이 당해 의무를 이행할 것이라는 정당한 기대를 상대방이 가지게 되는 경우

충당부채로 인식되기 위해서는 과거사건으로 인한 의무가 기업의 현재의무의 미래행위와는 독립적이어야 한다. 예를 들어 환경오염에 따른 범칙금은 기업의 미래행위와 관계없이 당해 의무가 존재한다. 왜냐하면 경제적 효익이 내재된 자원의 유출이 수반되므로 충당부채를 인식할 대상이기 때문이다.

③ **경제적 효익이 내재된 자원의 유출가능성** : 부채로 인식하기 위해서는 현재의무가 존재하여야 할 뿐만 아니라 당해 의무의 이행을 위하여 경제적 효익을 갖는 자원의 유출가능성이 높아야 한다. 현재의무의 존재가능성이 높지 아니한 경우에는 우발부채를 공시한다.

④ **의무에 대한 신뢰성 있는 측정** : 충당부채의 성격상 다른 재무상태표 항목에 비하여 불확실성이 더 크므로 그에 대한 추정치의 사용은 특히 필수적이다. 극히 드문 경우를 제외하고는 가능한 결과의 범위를 결정할 수 있으므로 충당부채를 인식할 때 충분히 신뢰성 있는 금액을 추정할 수 있다.

2 우발부채

(1) 우발부채

우발부채는 지출의 시기 또는 금액이 불확실한 잠재적 의무 또는 충당부채 인식요건을 충족하지 않는 현재의무를 말한다. 구체적으로 아래에 해당하는 의무를 우발부채라고 한다. 우발부채는 부채로 인식하지 아니한다. 의무를 이행하기 위하여 경제적 효익이 있는 자원을 유출할 가능성이 희박하지 않다면 우발부채를 공시한다.

- 과거사건에 의하여 발생하였으나, 기업이 전적으로 통제할 수 없는 하나 이상의 불확실한 미래사건의 발생여부에 의해서만 그 존재가 확인되는 잠재적 의무
- 과거사건에 의하여 발생하였으나, 자원의 유출가능성이 높지 않거나 의무이행금액을 신뢰성 있게 측정할 수 없는 현재의무

··· **참고**

타기업의 차입금에 대한 지급보증과 담보 제공은 주석 공시 사항임

··· **참고**

〈우발자산〉
우발자산은 과거사건에 의하여 발생하였으나 기업이 전적으로 통제할 수 없는 하나 이상의 불확실한 미래사건의 발생여부에 의해서만 그 존재가 확인되는 잠재적 자산을 말한다. 우발자산은 이를 자산으로 인식하지 아니한다.
일반적으로 우발자산은 경제적 효익의 유입가능성을 발생시키는 사전에 계획되지 아니하였거나 기타 예기하지 못한 사건으로부터 발생한다. 그러한 예로는 기업이 제기하였으나 그 결과가 불확실한 소송을 들 수 있다.

3 충당부채의 측정

충당부채로 인식하는 금액은 현재의무를 보고기간말에 이행하기 위하여 소요되는 지출에 대한 최선의 추정치이어야 한다. 결과 및 재무적 효과의 추정은 유사한 거래에 대한 과거의 경험, 독립적인 전문가의 보고서 및 보고기간후사건에 의해 확인할 수 있는 추가적 증거 등을 종합적으로 고려하여 경영자가 판단한다.

충당부채는 미래의 예상되는 지출이므로 화폐의 시간가치가 중요한 경우 예상되는 지출액의 현재가치로 평가한다.

4 충당부채 회계처리 사례

(1) 제품보증충당부채

제품 판매와 서비스 제공 후 제품의 품질 등에 결함이 발생되었을 때 수선 및 교환하여 준다는 판매자와 구매자 간의 약속으로, 제품보증으로 인한 보증청구로 자원의 유출가능성이 높고 자원의 유출금액에 대하여 신뢰성 있게 추정 가능하다면 제품보증충당부채로 인식한다.

① **제품 판매 시 회계처리** : 제품 판매시점에 매출수익과 관련한 제품보증비를 대응시켜 수익비용 대응의 원칙에 부합하도록 한다.

(차) 제품보증비	xxx	(대) 제품보증충당부채	xxx

② 지출시점의 회계처리

(차) 제품보증충당부채 (충당부채 잔액 부족 시 : 제품보증비)	xxx	(대) 현금 등	xxx

충당부채	부채 인식 O
우발부채	부채 인식 ×, 주석 공시
우발자산	자산 인식 ×, 자원유입 가능성이 높은 경우 주석 공시

(2) 복구충당부채

기업이 특정 유형자산을 취득할 때 해당 자산을 해체, 제거할 의무를 부담하는 경우 인식하게 되는 부채를 의미한다.

① 인식 : 원상복구를 위한 원가의 최초 추정치 (현재가치로 할인하여 인식)

② 대상 : 취득시점의 복구예상원가(복구공사를 위한 노무원가, 간접원가 등)

(3) 구조조정충당부채

구조조정은 경영진의 계획과 통제에 따라 기업의 사업범위나 사업수행방식을 중요하게 바꾸는 일련의 절차를 말한다.

① 구조조정과 관련된 충당부채는 다음의 인식기준을 모두 충족한 경우에만 인식한다.

- 기업이 구조조정에 대한 구체적인 공식 계획을 가지고 있다.
- 기업이 구조조정 계획의 실행에 착수하였거나 구조조정의 주요 내용을 공표함으로써 구조조정의 영향을 받을 당사자가 기업이 구조조정을 실행할 것이라는 정당한 기대를 갖게 한다.

② 구조조정충당부채로 인식할 수 있는 지출은 구조조정과정에서 생기는 직접 비용만을 포함해야 하며 다음의 요건을 모두 충족해야 한다.

- 구조조정 때문에 반드시 생기는 지출
- 기업의 계속적인 활동과 관련없는 지출

TEST 07 연습문제

01 **부채와 관련된 내용으로 옳지 않은 것은?**

① 정상적인 영업주기 내에 소멸할 것으로 예상되는 매입채무와 미지급비용 등은 보고기간말로부터 12개월 이내에 결제되지 않더라도 유동부채로 분류한다.
② 부채의 유동성 분류는 보고기간말 또는 정상영업주기말의 기준을 적용한다.
③ 우발부채는 재무상태표상 부채로 인식하지 않고 유형별로 그 성격을 주석에 설명한다.
④ 충당부채의 명목금액과 현재가치의 차이가 중요한 경우에는 의무를 이행하기 위하여 예상되는 지출의 현재가치로 평가한다.

02 **부채에 대한 설명으로 옳지 않은 것은?**

① 부채는 특정기업실체가 과거의 거래나 사건으로부터 발생하여 현재시점에서 부담하는 경제적 의무이다.
② 충당부채와 우발부채는 현재의 의무로서 이를 이행하기 위하여 자원이 유출될 가능성이 높으므로 부채로 인식한다.
③ 신뢰성 있는 금액의 추정이 불가능한 경우라면 부채로 인식하지 않는다.
④ 확정부채란 지급시기와 지급금액이 확정된 부채를 말한다.

정답과 해설

01 유동부채란 재무상태표일(보고기간말)로부터 12개월 이내 상환되거나 소멸되는 부채를 말하며, 비유동부채란 재무상태표일로부터 1년을 초과한 시점에서 상환되거나 소멸하는 부채를 말한다. 그러나 매입채무나 미지급비용 등의 영업 관련 부채는 정상영업주기와 12개월 중 긴 기간을 기준으로 유동성을 구분한다.

02 충당부채는 재무상태표에 부채로 인식하지만 우발부채는 부채로 인식하지 않는다.

정답 01 ② 02 ②

CHAPTER 08

종업원급여

01 종업원 급여의 의의

1 의 의

종업원급여란 종업원이 제공한 근무용역과 교환하여 기업이 제공하는 모든 종류의 대가를 말한다. 종업원급여는 단기종업원급여, 기타장기종업원급여, 해고급여 및 퇴직급여 등으로 구분할 수 있다.

02 단기종업원급여

1 의 의

단기종업원급여란 종업원이 관련 근무용역을 제공한 회계기간의 말부터 12개월 이내에 결제될 종업원급여(해고급여 제외)를 말하며, 다음과 같은 급여를 포함한다.

- 임금, 사회보장분담금(예 국민연금)
- 종업원이 관련 근무용역을 제공하는 회계기간의 말부터 12개월 이내에 결제될 유급연차휴가 또는 유급병가 등과 같은 단기유급휴가
- 종업원이 관련 근무용역을 제공하는 회계기간의 말부터 12개월 이내에 지급될 이익분배금과 상여금
- 현직종업원을 위한 비화폐성 급여(예 의료, 주택, 자동차, 무상 또는 일부 보조로 제공되는 재화나 용역)

2 인식과 측정

단기종업원급여의 채무나 원가를 측정하는 데 보험수리적가정이 필요하지 않으며, 단기종업원급여채무는 할인하지 않은 금액으로 측정한다. 이미 지급한 금액을 차감한 후 부채(미지급비용)로 인식하며, 이미 지급한 금액이 해당 급여의 할인되지 않은 금액보다 많은 경우에는 그 초과액 때문에 미래 지급액이 감소하거나 현금이 환급되는 만큼을 자산(선급비용)으로 인식한다.

• 미지급액	(차) 단기종업원급여	xxx	(대) 미지급급여	xxx
• 초과지급	(차) 선급급여	xxx	(대) 단기종업원급여	xxx

다만, 해당 급여를 자산의 원가에 포함하는 경우를 제외하고는 비용으로 인식한다.

03 퇴직급여

퇴직급여란 퇴직 이후에 지급하는 종업원급여(해고급여 제외)를 말한다. 퇴직급여는 퇴직연금과 같은 퇴직급여, 퇴직 후 생명보험이나 퇴직 후 의료급여 등을 퇴직급여에 포함한다.

종업원이 퇴직급여에 대한 권리를 획득하는 시점은 근무기간 중이므로 기업은 근무기간 중에 퇴직급여를 비용과 부채로 인식하는 것이 합리적이며 이는 수익·비용 대응의 원칙에 부합된다.

퇴직급여제도란 기업이 한 명 이상의 종업원에게 퇴직급여를 지급하는 근거가 되는 공식 또는 비공식 협약을 말한다. 이는 경제적 실질에 따라 ① 확정기여제도 또는 ② 확정급여제도로 분류된다.

1 확정기여제도

(1) 의 의

기업이 별개의 실체(기금)에 고정 기여금을 납부하여야 하고, 그 기금이 당기와 과거기간에 제공된 종업원 근무용역과 관련된 모든 종업원급여를 지급할 수 있을 정도로 충분한 자산을 보유하지 못하더라도 기업에게는 추가로 기여금을 납부해야 하는 법적의무나 의제의무가 없는 퇴직급여제도를 말하며 특징은 다음과 같다.

- 기업의 법적의무 또는 의제의무는 기금에 출연하기로 약정한 금액으로 한정한다.
- 종업원이 받을 퇴직급여액은 기업과 종업원이 퇴직급여제도나 보험회사에 출연하는 기여금과 그 기여금에서 발생하는 투자수익에 따라 결정된다.
- 보험수리적위험(실제급여액이 기대급여액에 미치지 못할 위험)과 투자위험(기여금을 재원으로 투자한 자산이 기대급여액을 지급하는 데 충분하지 못하게 될 위험)은 종업원이 부담한다.

(2) 인식과 측정

채무나 비용을 측정하기 위해 보험수리적가정을 세울 필요가 없고 그 결과 보험수리적손익이 발생할 가능성도 없다. 또 기여금 전부나 일부의 납부기일이 종업원의 근무용역이 제공된 회계기간의 말부터 12개월 이내에 도래하지 않는 경우를 제외하고는 할인되지 않은 금액으로 채무를 측정하며, 기여금의 납부기일이 종업원의 근무용역이 제공된 회계기간의 말부터 12개월 이내에 도래하는 경우에는 할인되지 않은 금액으로 측정한다.

• 납부 시	(차) 퇴직급여	xxx	(대) 현금 등	xxx
• 결산일		회계처리 없음		
• 지급일		회계처리 없음		

2 확정급여제도

(1) 의 의

확정급여제도란 확정기여제도 이외의 모든 퇴직급여제도를 말하며 특징은 다음과 같다.

- 기업이 보험수리적위험(실제급여액이 기대급여액을 초과할 위험)과 투자위험을 실질적으로 부담한다. 보험수리적실적이나 투자실적이 예상보다 저조하다면 기업의 의무는 증가할 수 있다.

(2) 인식과 측정

기금이 적립되는 확정급여제도의 경우에는 그 기금에서 종업원급여가 지급된다. 또 지급기일이 도래한 급여의 지급가능성은 기금의 재무상태와 투자성과뿐만 아니라 기금자산의 부족분을 보전할 수 있는 기업의 능력과 의도에도 달려있다. 따라서 기업이 실질적으로 제도와 관련된 보험수리적위험과 투자위험을 부담한다.

- 납부일 (차) 사외적립자산 xxx (대) 현금 등 xxx

〈확정기여제도 VS 확정급여제도〉

구 분	기업 부담	위험 부담	종업원 수령액
확정기여제도	출연금에 한정	종업원	변 동
확정급여제도	변동적임	기 업	확 정

(3) 관련된 개념

이자비용, 예측단위적립방식

04 기타장기종업원급여

1 의 의

단기종업원급여, 퇴직급여 및 해고급여를 제외한 급여로서 장기유급휴가(장기근속휴가, 안식년 휴가 등) 그 밖의 장기근속급여, 장기장애급여 등이 포함된다.

05 해고급여

1 의 의

해고 시 정상적인 퇴직급여 이외의 일시적으로 지급하는 급여이다. 조기퇴직으로 인한 명예퇴직수당 등이 이에 해당하는데, 이는 근로에 대한 대가가 아니라 해고에 대한 대가이기 때문에 일반 퇴직급여와 구별된다.

CHAPTER 09

PART 1 재무회계

사 채

01 사채의 의의와 발행

1 사채의 의의

사채란 기업이 자금을 조달할 목적으로 사채권을 발행하여 불특정 다수로부터 자금을 차입하는 것으로 발행자가 약정에 따라 일정기간 동안 표시이자를 지급하고 만기일에는 원금을 상환하기로 한 채무증권이다.

2 용어정리

액면가액	사채의 만기일에 상환을 약속한 원금으로서 사채액면(표면)에 표시되어 있는 금액
액면이자율	액면가액을 기준으로 정기적으로 지급을 약정한 이자율
이자지급일	액면가액에 액면이자율을 적용하여 계산한 액면이자를 정기적으로 지급하기로 약정한 날
사채발행비	사채발행의 원인이 되어 지출되는 금액(예 사채인쇄비, 증권회사 수수료 등)으로 사채발행가액에서 직접차감하여 처리하도록 한국채택국제회계기준에서 정하고 있다.
발행가액	사채를 발행하여 조달한 금액
시장이자율	시장이자율은 기초이자율에 신용가산이자율을 가산하여 계산한 이자율
유효이자율	사채의 발행가액과 사채발행에 따라 만기까지 지급할 액면이자와 액면가액의 현재가치를 일치시키는 할인율

3 사채의 발행방법

사채는 사채의 공정가치를 기준으로 발행하며, 발행가격은 사채의 미래현금흐름을 발행 당시의 시장이자율로 할인한 현재가치로 결정된다. 현금흐름은 만기 시의 지급액인 액면가액과 액면가액에 액면이자율을 곱하여 구한 매기의 이자로 구성된다.

액면가액과 액면이자는 일정하며, 만기일과 이자지급일에 따른 기간이 정해져 있으므로 사채의 발행가액은 결국 시장이자율에 의해 결정된다.

※ 시장이자율 : 사채가 거래되는 시장에서의 이자율을 의미하며 투자자는 신용도가 낮은 회사의 사채를 높은 이자율을 부담해야만 구입하고, 신용도가 높은 회사는 낮은 이자율을 부담하여도 구입할 것이다.

$$\text{사채발행가액} = \Sigma\frac{\text{액면이자}}{(1+r)^n} + \frac{\text{액면가액}}{(1+r)^n}$$

= 액면이자의 현재가치 + 액면가액의 현재가치

= 사채와 관련된 미래현금흐름의 현재가치

즉, 시장이자율과 액면이자율의 관계에 따라 발행가액은 다음과 같이 결정된다.

구 분	이자율 간의 관계	액면가액과 발행가액의 관계
액면발행	시장이자율 = 액면이자율	발행가액 = 액면가액
할인발행	시장이자율 > 액면이자율	발행가액 < 액면가액
할증발행	시장이자율 < 액면이자율	발행가액 > 액면가액

(1) 액면발행

액면발행은 사채발행가액이 액면가액과 같다. 액면이자율과 시장이자율이 일치하는 경우 미래현금흐름의 현재가치는 액면가액과 일치하므로 액면가액으로 발행되는 것을 말한다.

(2) 할인발행

할인발행은 사채발행가액이 액면가액에 미달하는 것을 말한다. 액면이자율보다 시장이자율이 크면 미래현금흐름의 현재가치는 액면가액보다 할인되는데 이를 할인발행이라 한다.

(3) 할증발행

할증발행은 사채발행가액이 액면가액을 초과하는 것을 말한다. 액면이자율보다 시장이자율이 작으면 미래현금흐름의 현재가치는 액면가액보다 할증되는데 이를 할증발행이라 한다.

구분	차변	금액	대변	금액
할인발행	(차) 예금 등	xxx	(대) 사 채	xxx
	사채할인발행차금 (선급이자 성격)	xxx		
할증발행	(차) 예금 등	xxx	(대) 사 채	xxx
			사채할증발행차금 (선수이자 성격)	xxx

4 사채발행비

사채를 발행하는 과정에서 발생하는 비용으로 증권회사수수료, 광고비, 사채권의 인쇄비 등이 포함된다. 사채발행비는 발행가액에서 직접 차감하고 사채발행차금의 상각 시에는 새로운 사채발행가액과 미래현금흐름의 현재가치를 일치시키는 새로운 유효이자율을 재계산하고 동 유효이자율을 적용하여 사채할인발행차금을 상각하도록 규정하고 있다.

〈사채발행비의 영향〉

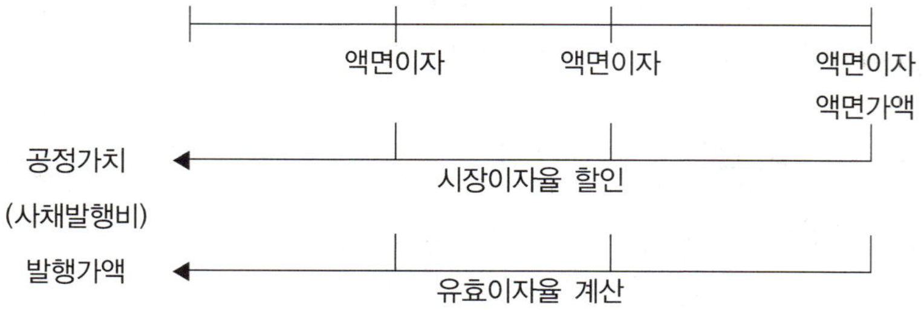

사채발행비 회계처리 (당기비용 처리하지 않음)	사채할인발행차금	가 산
	사채할증발행차금	차 감

예 제

(주)대한은 20X2년 1월 1일 표시이자율 10%, 액면가액 ₩10,000, 이자지급은 매년 12월 31일 후불조건, 만기 3년의 사채를 발행하였다. 발행시점에서 동 사채에 적용된 유효이자율이 15%일 경우 사채의 발행가액은?(단, 사채발행금액 계산에는 다음의 자료를 이용하시오)

- 단일금액 ₩1의 현재가치요소(10%, 3년) = 0.75
- 단일금액 ₩1의 현재가치요소(15%, 3년) = 0.66
- 정상연금 ₩1의 현재가치요소(10%, 3년) = 2.49
- 정상연금 ₩1의 현재가치요소(15%, 3년) = 2.28

정답 및 해설

₩8,880

사채발행가액 = (₩10,000 × 0.66) + (₩10,000 × 0.1 × 2.28) = ₩8,880

02 이자비용

1 유효이자

사채발행 이후 기간경과에 따라 이자비용이 발생한다. 이때 발생하는 이자비용은 발행기업이 실질적으로 빌린 금액에 유효이자율을 적용하여 계산한다. 이를 유효이자라 하며, 액면이자에 사채발행차금의 상각액을 가감한 금액으로 결정된다.

2 상각방법

사채발행차금은 사채기간 동안 일정한 방법으로 상각하여 이자비용에 가감한다. 상각방법에는 정액법과 유효이자율법이 있으나 한국채택국제회계기준은 유효이자율법만 인정한다.

(1) 유효이자율법

유효이자율법은 매기 인식할 이자부담률이 일정하도록 사채할인발행차금을 상각하는 방법으로서 사채의 장부금액이 변동함에 따라 매기 인식할 이자비용도 비례하여 변동하도록 하는 방법이다.

(2) 정액법

정액법은 사채할인차금을 사채기간 동안 균등하게 상각하는 방법이다. 사채발행차금 상각액이 기간별로 동일하므로 이자비용도 기간별로 동일하다.

예제

액면 ₩100,000, 만기 3년, 표시이자율 연 10%인 사채를 연초에 발행하였다. 발행시점에서 시장이자율을 고려하여 계산된 사채의 발행가액은 ₩88,000이다. 이 회사가 발행차금을 유효이자율법으로 회계처리해야 한다고 할 경우, 향후 3년간 포괄손익계산서에 인식해야 할 이자비용 총액은?

정답 및 해설

₩42,000
만기까지 계상할 이자비용 : ① + ② = ₩42,000
① ₩10,000 × 3년 = ₩30,000(3년간의 사채이자)
② ₩100,000 − ₩88,000 = ₩12,000(사채할인발행차금)

발행유형	사채발행차금상각	총사채이자비용	사채장부가액
액면발행	0	동일(액면이자)	동 일
할인발행	매년 증가*	매년 증가(액면이자 + 할인차금)	매년 증가
할증발행	매년 증가*	매년 감소(액면이자 − 할증차금)	매년 감소

*사채할인발행차금과 사채할증발행차금을 유효이자율법에 따라 상각할 경우 상각액은 할인발행이나 할증발행에 관계없이 매년 증가한다.

03 사채의 상환

1 만기상환

사채의 만기일에 사채의 액면가액을 일시에 상환하는 방법으로, 사채의 상환금액과 장부금액이 동일하므로 만기에 따른 사채상환손익이 발생하지 않는다.

2 조기상환(임시상환)

만기 이전에 사채를 상환하여 계약상 의무가 소멸되는 경우를 말한다. 이때 일반적으로 상환하는 대가로 지급하는 금액은 조기상환일의 사채의 공정가치이며, 사채의 공정가치는 조기상환일로부터 미래 지급할 현금흐름을 조기상환일의 시장이자율로 할인한 현재가치이다.

상환일 사채의 장부금액은 상환일 이후 현금흐름을 사채발행일 현재 유효이자율로 할인한 현재가치이다. 그러므로 사채발행 시의 유효이자율과 상환일 현재 유효이자율의 차이, 상환사채의 권리행사 또는 자기사채의 매입소각방법에 의하여 조기상환할 경우 시장이자율의 변동에 따라 사채의 시장가격이 변하여 사채상환손익이 발생한다.

> 사채상환손익 = 상환가액 − 사채의 장부금액(액면가액 ± 미상각사채발행차금)

(1) 사채상환손익의 발생

상환가액과 장부금액의 관계	손 익
장부금액 = 상환가액	손익 없음
장부금액 > 상환가액	사채상환이익
장부금액 < 상환가액	사채상환손실

예제

서울상사는 사채를 현금 ₩3,000으로 조기상환하였다. 사채액면 ₩4,000, 미상각사채할인발행차금 ₩600일 경우 사채상환손익은 얼마인가?

정답 및 해설

사채상환이익 ₩400

사채상환 시 사채에 관한 사채할인발행차금을 제거하고 잔여금액을 사채상환이익으로 회계처리한다.

(차) 사 채	4,000	(대) 사채할인발행차금	600
		현 금	3,000
		사채상환이익	400

(2) 중도상환하는 경우

중도상환하는 경우 상환일까지의 이자비용을 먼저 인식한 후에, 상환에 대하여 회계처리한다. 상환대가를 지급하고 사채와 사채발행차금 및 미지급이자를 제거하며, 차액을 사채상환손익으로 인식한다.

예제

서울상사는 액면가액 ₩26,000,000의 사채를 ₩29,000,000에 조기상환하였다. 상환 당시 이 사채에 대한 사채할인발행차금 계정 잔액은 ₩600,000이었고 미지급 사채이자가 ₩700,000이다. 사채상환손익은 얼마인가?

정답 및 해설

사채상환손실 ₩2,900,000
사채상환 시 사채에 관한 사채할인발행차금, 미지급사채이자 계정 등을 상계시킨다. 상환사채 분개는 다음과 같다.

(차) 사 채	26,000,000	(대) 사채할인발행차금	600,000
미지급사채이자	700,000	현 금	29,000,000
사채상환손실	2,900,000		

PART 1

04 사채의 종류

1 전환사채

전환사채는 사채에 주식의 성질을 가미한 것으로 전환사채를 소유한 채권자의 선택에 의하여 채무증권에서 주식으로 전환할 수 있는 채권증서를 말한다. 전환할 경우 사채가 자본으로 전환되는 것이므로 부채는 감소되고 같은 금액의 자본은 증가하게 된다.

2 신주인수권부 사채

신주인수권부 사채는 사채에 신주인수권을 부여하여 발행하는 전환증권을 말한다. 채권의 소유자가 사채에 부여된 신주인수권을 행사하고 주금의 납입을 통하여 주식을 취득할 수 있다. 발행회사의 입장에서는 신주인수권의 행사를 하여도 사채는 그대로 있으며, 신주인수권의 행사에 의한 증자를 하게 된다.

3 전환사채와 신주인수권부 사채의 비교

구 분	부 채	자 본	자 산
전환사채	감소(상환의무 ×)	증 가	변동 없음
신주인수권부 사채	변동 없음(상환의무 ○)	증 가	증 가

01 (주)갑은 20X1년도 초에 3년 만기, 액면가 ₩1,000,000인 사채를 발행하였다. 액면이자율은 6%이고, 발행 당시 유효이자율은 5%이며, 이자는 매년 말에 지급하기로 하였다. (주)갑이 사채발행차금을 매 회계연도 말에 유효이자율법으로 상각할 경우 옳지 않은 것은?(단, 회계기간은 1월 1일부터 12월 31일까지이다)

① (주)갑의 20X1년도 초 사채의 발행가액은 20X3년도 말 사채의 상환가액보다 크다.
② (주)갑의 20X2년도 말 사채의 장부가액은 20X1년도 말 사채의 장부가액보다 낮다.
③ (주)갑의 20X2년도 사채이자비용은 20X1년도 사채이자비용보다 작다.
④ (주)갑의 20X2년도 사채이자비용은 20X2년도 현금이자지급액보다 크다.

02 (주)갑은 20X1년 1월 1일 액면가액이 ₩10,000이고, 표시(액면)이자율이 연 8%이며, 매년 12월 31일에 이자를 지급하는 만기 3년의 사채를 ₩9,503에 발행하였다. 이 사채의 발행 당시 시장이자율은 10%이며, 시장이자율과 유효이자율은 같다. 사채할인발행차금은 유효이자율법으로 상각한다. 20X1년 말 재무상태표상 사채 장부가액은 ₩9,653이고, 위 사채 외의 차입금은 없다. (주)갑의 20X2 회계연도(20X2년 1월 1일 ~ 12월 31일) 포괄손익계산서상의 사채이자비용과 20X2년 말 재무상태표상의 사채장부가액의 합계액은?(단, 금액계산 시 원단위 미만은 반올림한다)

① ₩10,303
② ₩10,618
③ ₩10,783
④ ₩10,800

정답과 해설

01 사채의 할증발행은 현금이자지급액이 유효이자(포괄손익계산서상 이자비용)보다 더 크다.

02
- 20X2년 포괄손익계산서상의 사채이자비용 : ₩9,653 × 10% = ₩965
- 20X2년 사채할인발행차금 상각비 : ₩9,653 × 10% − ₩10,000 × 8% = ₩165
- 20X2년 말 재무상태표상 사채장부가액 : ₩9,653 + ₩165 = ₩9,818
- 20X2년 이자비용 + 20X2년 말 사채장부가액 : ₩965 + ₩9,818 = ₩10,783

정답 01 ④ 02 ③

03 사채발행과 관련한 회계처리는 원칙적으로 유효이자율법을 따르도록 하고 있다. 다음 설명 중 올바른 것은?

① 사채가 할인발행된 경우 이자비용은 매기 감소한다.
② 사채가 할증발행된 경우 이자비용은 매기 증가한다.
③ 유효이자율법 적용 시 할증발행차금상각액은 매기 증가한다.
④ 사채발행시점에 발생한 사채발행비는 즉시 비용으로 처리한다.

04 (주)경기산업은 20X1년 1월 1일에 3년 만기의 액면가액 ₩20,000,000인 사채를 ₩19,005,000에 발행하였다. 발행 당시 액면이자율은 8%, 유효이자율은 10%였다. 그리고 이자는 매년 12월 31일에 현금 지급한다. 유효이자율법에 의해 사채이자비용을 계산할 경우, 20X1년 12월 31일(결산일)에 (주)경기산업이 수행할 가장 적절한 분개는?

	(차 변)		(대 변)	
①	이자비용	1,600,000	현 금	1,600,000
②	이자비용	1,600,000	현 금	1,600,000
	사채할인발행차금상각	200,000	사채할인발행차금	200,000
③	이자비용	1,900,500	현 금	1,600,000
			사채할인발행차금	300,500
④	이자비용	1,931,667	현 금	1,600,000
			사채할인발행차금	331,667

PART 1

정답과 해설

03 ① 사채가 할인발행된 경우 이자비용은 매기 증가한다.
② 사채가 할증발행된 경우 이자비용은 매기 감소한다.
④ 사채발행시점에 발생한 사채발행비는 당기비용처리하지 않고 사채할인발행차금에 가산하거나 사채할증발행차금에 차감한다.

04 • 현금지급이자 : ₩20,000,000 × 8% = ₩1,600,000
• 사채할인발행차금상각비 : (₩19,005,000 × 10%) − (₩20,000,000 × 8%) = ₩300,500

(차) 이자비용	1,900,500	(대) 현 금	1,600,000
		사채할인발행차금	300,500

정답 03 ③ 04 ③

05 다음 자료에 의하여 사채할인발행차금 상각액을 계산하면?

- 20X1년 1월 1일 사채액면 ₩20,000,000을 ₩19,000,000에 현금으로 발행하다.
  - 만기일　　20X5년 12월 31일
  - 액면이자율　　4%
  - 유효이자율　　5%
  - 이자지급　　12월 31일
  - 결산일　　12월 31일
- 20X1년 12월 31일 사채이자를 현금으로 지급하고, 사채할인발행차금을 상각하다.
  (다만, 유효이자율법 ₩1,000 미만 반올림)

① ₩240,000
② ₩200,000
③ ₩167,000
④ ₩150,000

06 사채를 할인발행할 경우 재무상태표상 비유동부채의 금액은?

① 사채의 원금상환 시까지 매년 감소한다.
② 사채발행부터 원금상환 시까지 액면가액으로 변함이 없이 평가된다.
③ 사채의 원금상환 시까지 매년 증가한다.
④ 사채발행부터 원금상환 시까지 당초의 할인발행가액대로 계상된다.

정답과 해설

05
- 유효이자율법 : 유효이자 − 액면이자 = 사채할인발행차금 상각액
- 유효이자 = 장부가액 × 유효이자율 = (액면가액 − 사채할인발행차금) × 유효이자율
- 액면이자 = 액면가액 × 액면이자율
- 사채할인발행차금상각액 = (₩19,000,000 × 5%) − (₩20,000,000 × 4%) = ₩150,000

06 사채를 할인발행할 경우 사채의 장부가액은 매년 증가하며, 할증발행할 경우 사채의 장부가액은 매년 감소한다.

정답 05 ④ 06 ③

자본회계

01 자본의 의의

1 자본의 본질

자본은 일반적으로 순자산, 소유지분 또는 주주지분을 의미하고, 자산에서 부채를 차감하여 산출되므로 독립적으로 측정할 수 없으며 잔여지분이라 한다. 즉, 회사의 소유자가 회사의 자산에 대하여 가지는 청구권의 가치를 말한다. 오늘날의 대표적인 기업형태가 주식회사이므로 이를 주주지분이라고도 한다.

2 자본의 분류 및 변동

(1) 자본의 분류

한국채택 국제회계기준	납입자본	• 자본을 기업의 자산에서 부채를 차감한 후의 잔여지분을 나타내는 모든 계약으로 정의한다. • 현행 국제회계기준에서는 자본의 분류 및 표시 등에 구체적인 규정이 없다.
	기타자본구성요소	
	이익잉여금	
일반기업 회계기준	자본금	발행주식수 × 1주당 액면가액 예 보통주자본금, 우선주자본금 등
	자본잉여금	주주와의 자본거래에서 발생한 잉여금 예 주식발행초과금, 감자차익, 자기주식처분이익 등
	자본조정	자본거래 중 자본금, 자본잉여금에 포함되지 아니하나, 자본항목에 가산 혹은 차감되는 임시적인 항목 예 차감 : 주식할인발행차금, 감자차손, 자기주식처분손실, 자기주식 등 가산 : 미교부주식배당금 등
	기타포괄손익누계액	손익거래 중 미실현손익 예 기타포괄손익-공정가치측정금융자산평가손익, 해외사업환산손익 등
	이익잉여금	영업활동에 의해 발생한 순이익 중 주주에게 배당하지 않고 유보된 부분 예 법정적립금, 임의적립금, 미처분이익잉여금 등

(2) 자본(순자산)의 변동

기업실체에 영향을 미치는 거래는 다음과 같이 분류할 수 있다.

① **순자산의 변동을 발생시키는 거래** : 순자산의 변동을 가져오는 거래는 반드시 순자산(자산과 부채)과 순자산 이외 요소 간의 결합거래로 발생한다. 이는 자본의 증감을 반드시 가져온다. 수익과 비용 및 기타포괄손익은 성과보고를 위해 포괄손익계산서에 일차적으로 공시하고, 재무상태표의 이익잉여금과 기타포괄손익누계액으로 누적된다. 반면, 자본거래에서 발생한 항목은 직접적으로 재무상태표에 누적되어 공시된다.

② **순자산의 변동이 없는 거래** : 순자산의 변동을 발생시키지 않는 거래는 일반적으로 자산과 부채의 교환거래이다. 일반적인 사례는 다음과 같다.

- 자산과 자산의 교환
- 부채와 부채의 교환
- 자산취득에 의한 부채 증가
- 부채상환에 의한 자산 감소

③ **자본구성만을 변화시키는 거래** : 순자산 총액에는 아무런 영향을 미치지 않고 자본의 구성항목에만 영향을 미치는 거래이다. 무상증자, 주식배당 등이 있다.

02 자본의 분류

자본은 자본 조달의 원천에 따라 분류된다. 국제회계기준에서는 자본을 납입자본, 기타자본요소, 이익잉여금으로 구분(이는 상법을 고려하지 않고 자본을 구분한 것)하고 있으며, 일반기업회계기준에서는 자본금, 자본잉여금, 자본조정, 기타포괄손익누계액, 이익잉여금으로 구분하고 있다.

〈자본의 표시〉

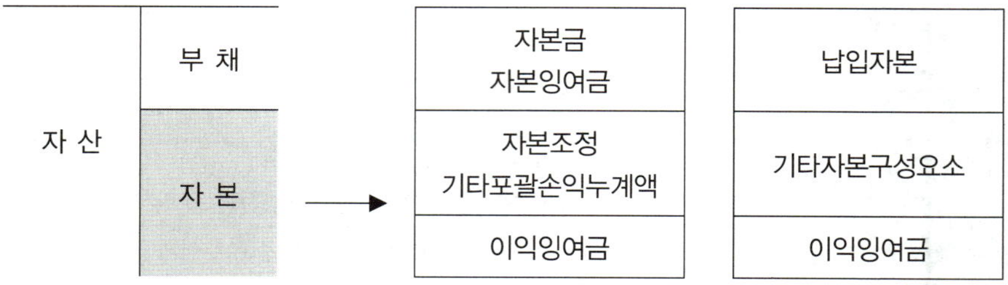

1 자본금

(1) 자본금의 의의

자본금이란 주주가 납입한 자본 중 상법의 규정에 따라 자본금으로 계상한 부분을 말하며, 회사가 발행한 주식의 총수에 주당 액면가액을 곱한 금액이다.

자본금 = 발행주식수 × 1주당 액면가액

(2) 주식의 종류

① **보통주** : 보통주란 여러 종류의 주식 중 상대적인 의미에서의 표준이 되는 주식을 말한다. 이익의 배당과 잔여재산배분에 있어 다른 종류의 주식에 대해 기준이 되는 주식은 보통주가 된다.

② **우선주** : 우선주란 보통주보다 이익배당우선권, 잔여재산분배우선권, 보통주로의 전환권 등이 부여된 주식으로서 일반적으로 의결권이 제한된다. 이익배당우선주에는 누적적 또는 비누적적 우선주와 참가적 또는 비참가적 우선주가 있다.

(3) 주식발행 회계처리

액면발행	(차) 예금 등	xxx	(대) 자본금	xxx
할증발행	(차) 예금 등	xxx	(대) 자본금 주식발행초과금(자본잉여금)	xxx xxx
할인발행	(차) 예금 등 주식할인발행차금(자본조정)	xxx xxx	(대) 자본금	xxx

2 자본잉여금

자본잉여금은 증자·감자·자기주식거래 등 자본거래에서 발생한 이익을 말한다. 자본거래는 포괄손익계산서를 거치지 않고 직접 재무상태표에 기재되는 것이 특징이다.

자본잉여금에는 주식발행초과금, 감자차익, 자기주식처분이익, 전환권대가, 신주인수권대가 등이 있다. 이러한 자본잉여금은 ① 자본금으로 전입(무상증자)하거나 ② 결손보전 목적으로만 사용된다. 즉 자본잉여금은 어느 경우이든 배당의 재원으로는 사용할 수 없다.

(1) 자본잉여금의 분류

① **주식발행초과금** : 주식발행초과금은 주식발행가액이 액면가액을 초과하는 경우 그 초과액을 말하며, 미달하는 경우에는 주식할인발행차금이라 한다. 주식할인발행차금이 존재하는 경우 동 금액과 상계한 후의 금액으로 표시한다.

② **감자차익** : 감자차익은 주식 소각 시 상환가액(주금반환액)이 액면가액(자본금 감소액)에 미달하는 경우 그 미달액을 말한다. 감자차손이 존재하는 경우 동 금액과 상계한 후의 금액으로 표시한다.

③ **자기주식처분이익** : 자기주식처분이익은 자기주식을 처분 시 처분대가가 취득원가를 초과하는 경우 그 초과액을 말한다. 자기주식처분손실이 존재하는 경우 동 금액과 상계한 후의 금액으로 표시한다.

예 제

(주)한국은 액면가 ₩5,000의 보통주 1,000주를 주당 ₩7,000에 발행하면서 신주발행비 ₩100,000을 현금 지급하였다. 이 거래로 발생하는 주식발행초과금은?

정답 및 해설

₩1,900,000
(1,000주 × ₩7,000) − [(1,000주 × ₩5,000) + ₩100,000] = ₩1,900,000
주식발행비 ₩100,000은 주식발행초과금에서 차감한다.

(차) 현 금	6,900,000	(대) 자본금	5,000,000
		주식발행초과금	1,900,000

주식발행비 회계처리 (당기비용 처리하지 않음)	주식할인발행차금	가 산
	주식발행초과금	차 감

3 자본조정

자본조정이란 주금의 납입, 소유자원천의 자본거래에서 순자산의 증감을 가져오는 거래는 발생하였으나 자본금과 자본잉여금으로 분류할 수 없는 자본항목이다.

자본에 차감할 항목(−)		자본에 가산할 항목(+)
• 자기주식 • 감자차손	• 주식할인발행차금 • 자기주식처분손실	• 미교부주식배당금

(1) 자본조정의 분류

① **자기주식** : 자기주식은 회사가 이미 발행한 주식을 일정한 사유나 특정 목적으로 재취득하여 보유하고 있는 주식을 말한다. 자기주식은 자본에서 차감하여 표시한다.

② **주식할인발행차금** : 주식할인발행차금은 주식발행초과금이 존재하는 경우 동 금액을 상계한 후의 금액으로 표시한다. 주식할인발행차금은 주식 발행 연도부터 3년 이내의 기간에 매기 균등액을 상각하여야 하는데 이는 이익잉여금처분으로 상각한다. 단, 처분할 이익잉여금이 부족한 경우 차기 이후의 연도에 이월하여 상각할 수 있다.

③ **감자차손** : 감자차손은 감자 시 주금반환액이 액면가액을 초과하는 경우 그 초과액을 말하며, 감자차익이 존재하는 경우 동 금액을 상계한 후의 금액으로 표시한다. 감자차손은 이익잉여금의 처분으로 우선적으로 상각하고 남은 잔액은 결손금 보전방법으로 처리하거나 이월하여 상각할 수 있다.

④ **자기주식처분손실** : 자기주식처분손실은 자기주식의 처분 시 처분대가가 취득원가보다 작을 경우 그 차액을 말하는 것으로 자기주식처분이익이 존재하는 경우 동 금액을 상계한 후의 금액으로 표시한다. 이익잉여금의 처분을 우선적으로 상각하고 남은 잔액은 결손금 보전방법으로 처리하거나 이월하여 상각할 수 있다.

⑤ **미교부주식배당금** : 미교부주식배당금은 주주총회에서 주식배당을 결의한 경우 실제로 주식배당이 이루어지기 전까지 계상되는 자본항목이다. 주식배당이 이루어지면 동 금액을 자본금으로 대체한다.

예 제

다음 중 자본조정 항목이 아닌 것은?

① 자기주식처분손실
② 자기주식
③ 감자차손
④ 기타포괄손익-공정가치측정금융자산평가손실

정답 및 해설

④
기타포괄손익-공정가치측정금융자산평가손실은 기타포괄손익누계액 항목이다.

4 기타포괄손익누계액

기타포괄손익누계액은 재무상태표일 현재의 기타포괄손익 누적잔액이다. 포괄손익계산서의 기타포괄손익은 일정기간 변동액을 의미하며, 재무상태표의 기타포괄손익누계액은 일정시점의 누적액을 의미한다.

(1) 기타포괄손익누계액의 분류

① 기타포괄손익-공정가치측정금융자산평가손익 : 기타포괄손익-공정가치측정금융자산평가손익은 보고기간말 현재 공정가치로 평가함에 따라 발생하는 미실현손익 항목이다. 해당 기타포괄손익-공정가치측정금융자산이 처분되거나 손상되는 시점에서 당기손익으로 대체한다.
② 해외사업환산손익 : 외화표시 재무제표를 표시통화로 환산하는 경우에 발생하는 미실현손익 항목이다. 이는 기업의 폐쇄, 청산 또는 매각시점에서 당기손익으로 실현된다.
③ 현금흐름위험회피파생상품평가손익 중 효과적인 부분
④ 재평가잉여금
⑤ 확정급여제도의 보험수리적손익

예 제

다음 중 기타포괄손익누계액으로 보고되는 항목으로만 묶여진 것은?

① 자기주식처분손실, 미교부주식배당금, 신주청약증거금
② 회계정책변경누적효과, 전기오류수정, 중간배당
③ 회계정책변경누적효과, 기타포괄손익-공정가치측정금융자산평가손익, 해외사업환산손익
④ 기타포괄손익-공정가치측정금융자산평가손익, 현금흐름위험회피파생상품평가손익(효과적인 부분), 해외사업환산손익

정답 및 해설

④
기타포괄손익누계액의 항목 : 재평가잉여금, 해외사업환산손익, 기타포괄손익-공정가치측정금융자산평가손익, 현금흐름위험회피파생상품평가손익(효과적인 부분), 확정급여제도의 보험수리적손익

5 이익잉여금

이익잉여금이란 회사의 정상적인 영업활동과 영업외활동에 의한 손익거래에서 발생한 회사 내 이익의 유보액이다. 즉, 매년 발생한 당기순손익에서 배당 또는 자본항목의 상각 등으로 사용한 금액을 차감한 잔액이다. 이익잉여금은 재무상태표에 법정적립금, 임의적립금, 미처분이익잉여금으로 구분하여 표시한다.

(1) 이익잉여금의 분류

① **법정적립금** : 법정적립금은 관련 법률에 의해 강제적으로 적립된 이익잉여금을 말한다. 상법의 규정에 따라 강제적으로 적립되는 이익준비금이 있다. 이익준비금은 자본금의 1/2에 달할 때까지 이익배당액(금전배당과 현물배당)의 10% 이상을 의무적으로 적립한다. 법정적립금은 자본전입, 결손보전의 목적 이외에는 사용이 제한된다.

이익준비금	이익배당액의 10% 이상(한도 : 자본금의 1/2)

② **임의적립금** : 임의적립금이란 회사의 선택에 따라 임의적으로 적립된 이익잉여금을 말한다. 또한 주주총회의 승인을 통해 언제든지 미처분이익잉여금으로 이입하여 배당의 재원 등으로 사용할 수 있다는 점에서 사용제한이 있는 법정적립금과 다르다.

③ **미처분이익잉여금** : 미처분이익잉여금이란 회사가 창출한 실현손익 중 배당, 적립 또는 자본조정항목의 상각 등으로 사용되지 않고 남아있는 이익잉여금을 말한다. 이 금액이 (−)인 경우를 미처리결손금이라 한다. 미처리결손금은 결손금 보전순서에 따라 처리하여 소멸시키거나 차후 연도로 이월된다.

예제

다음 중 자본항목에 속하지 않는 계정은?

① 기타포괄손익−공정가치측정금융자산평가손익
② 자기주식
③ 당기손익−공정가치측정금융자산평가손익
④ 감자차익

정답 및 해설

③
당기손익−공정가치측정금융자산평가손익은 포괄손익계산서상 당기손익에 반영한다.

예제

주주총회의 결의에 의해서 당기분 배당액 ₩7,000,000 중 ₩4,000,000을 주주들에게 금전으로 배당한 경우에 회사가 설정해야 할 이익준비금의 법정한도액은?

정답 및 해설

₩400,000

• 이익준비금은 금전에 의한 이익배당액의 1/10 이상을 적립한다.

∴ 이익준비금 설정액 = ₩4,000,000 $\times \frac{1}{10}$ = ₩400,000

예제

당기에 거액의 당기순손실이 발생하여 당기 말에 처분 전 결손금이 나타난 경우에는 일정 순서에 따라 자본잉여금 및 이익잉여금을 이입시켜 이를 보전해야 한다. 이 경우에 결손금 처리 순서가 올바르게 나열된 것은?

㉠ 이익준비금	㉡ 임의적립금
㉢ 자본잉여금	㉣ 기타법정적립금

① ㉠ – ㉡ – ㉢ – ㉣
② ㉠ – ㉡ – ㉣ – ㉢
③ ㉡ – ㉠ – ㉣ – ㉢
④ ㉡ – ㉣ – ㉠ – ㉢

정답 및 해설

④

결손금 처리 순서 : 임의적립금 → 기타법정적립금 → 이익준비금 → 자본잉여금

03 자본거래

1 자기주식

(1) 자기주식의 의의

자기주식은 회사가 이미 발행한 주식을 일정한 사유나 특정 목적으로 재취득하여 보유하고 있는 주식을 말한다. 자기주식을 처분하는 경우 처분금액이 장부금액을 초과하는 경우 동 초과액은 자기주식처분이익의 과목으로 하여 자본항목으로 처리한다. 만일 처분금액이 장부금액에 미달하는 경우에는 동 미달액은 자기주식처분손실의 과목으로 하여 부(−)의 자본항목으로 분류한다. 자기주식처분이익과 자기주식처분손실은 발생 순서에 관계없이 서로 상계하여 표시한다.

(2) 회계처리

자기주식에 대한 회계처리는 원가법과 액면가액법으로 구분된다. 한국채택국제회계기준은 원가법에 근거하여 회계처리를 수행한다. 원가법은 자기주식의 취득과 처분을 하나의 연결된 거래로 이해하고 처리하는 방법이다. 원가법에서는 자기주식을 취득원가로 기록하고, 재무상태표에 이를 자본 차감 항목으로 표시한다. 자기주식의 소각은 유상감자를 의미하므로 액면금액과 취득원가의 차액을 감자차손익으로 계상한다. 감자차익과 감자차손은 서로 상계한 후 잔액만 자본에 표시한다.

예제

20X1년 자기주식 거래에 대한 회계처리를 해보시오(단, 자기주식의 회계처리는 한국채택국제회계기준에 의한 원가법에 따른다).

- 20X1년 1월 1일 　보통주자본금 ₩10,000이고, 주식발행초과금 ₩2,000이며, 이익잉여금 ₩1,000이다.
- 20X1년 4월 1일 　자기주식 10주를 주당 ₩700에 취득하였다. 취득한 자기주식은 주당 ₩600(주당 액면금액 ₩500)에 발행한 보통주이다.
- 20X1년 12월 31일 　20X1년 4월 1일에 취득한 자기주식 5주를 소각하였다.

정답 및 해설

• 20X1년 4월 1일	(차) 자기주식	7,000	(대) 현 금	7,000
• 20X1년 12월 31일	(차) 자본금	2,500	(대) 자기주식	3,500
	감자차손	1,000		

※ 자기주식은 취득원가로 인식한다.
20X1년 4월 1일 자기주식 10주 × ₩700(취득원가) = 7,000
20X1년 12월 31일 처분되는 자기주식 5주 × ₩700(취득원가) = 3,500

※ 자본금은 액면금액으로 인식한다.
20X1년 12월 31일 자본금 5주 × ₩500(액면금액) = 2,500

2 증자거래

유상증자란 회사가 주식을 발행하여 교부하는 대가로 자산의 유입이 발생하는 거래를 실질적 증자라고 한다.

(1) 현금출자

주식을 발행하여 교부하는 대가로 현금을 받는 자본거래를 말한다. 주식발행가액 중 발행주식의 액면가액을 자본금으로 계상하고, 발행가액과 액면가액과의 차이를 주식발행초과금(자본잉여금) 또는 주식할인발행차금(자본조정)으로 처리한다. 주권발행비, 증권회사 수수료 등의 주식 관련 비용은 주식발행가액에서 차감처리한다.

(2) 현물출자

회사가 주식발행대가로 자산을 받는 자본거래이다. 자산의 취득원가는 발행가액을 적용하나, 발행가액이 불분명한 경우 취득한 자산의 공정가치와 발행한 주식의 공정가치 중 명확한 가액으로 한다.

(3) 무상증자

주식발행대가로 자산의 유입이 없는 자본거래를 말하며, 형식적 증자라고 한다. 이사회 결의에 따라 자본잉여금이나 이익잉여금 중 법정적립금을 재원으로 하여 무상으로 주식을 발행하는 거래이다.

현물출자 (공정가치 > 액면가액)	(차) 예금유형자산 등	xxx	(대) 자본금 주식발행초과금	xxx xxx
무상증자	(차) 자본잉여금 (또는 법정적립금)	xxx	(대) 자본금	xxx

3 감자거래

(1) 무상감자

결손보전 등의 목적으로 상환대가의 지급 없이 무상으로 주식을 상환하여 소각시키는 자본거래를 말하며 형식적 감자라고 한다. 무상감자 시 소각되는 주식의 액면가액을 감소시키고 이를 감자차익으로 대체한다. 결손보전을 목적으로 무상감자가 이루어지는 경우 감소되는 자본금과 보전되는 결손금의 차이를 감자차익으로 처리한다.

(2) 유상감자

거래에 대한 대가를 별도로 지급하며, 발행주식을 법적으로 소멸시키는 거래를 말한다. 이를 실질적 감자라고 한다. 유상감자는 소각되는 주식의 액면가액을 감소시키고, 자본금과 주식상환가액의 차이를 감자차익 또는 감자차손으로 처리한다.

04 배당회계

배당이란 주주들의 납입자본을 원금으로 하여 영업활동을 수행한 결과, 획득한 이익을 주주들에게 투자에 대한 보상의 의미로 지급하는 것을 말한다. 따라서 배당은 항상 이익잉여금에서 지급되어야 하며 납입자본(자본금 및 자본잉여금)에서 지급되어서는 안 된다.

1 현금 및 주식배당

배당의 일반적인 형태는 현금으로 지급하는 것으로 회사가 창출한 이익을 주주들에게 현금으로 지급하는 자본거래이다. 중간배당은 이사회 결의로써 실시할 수 있으나 상법에서는 현금배당에 의해서만 지급하도록 되어있다. 정기배당은 주주총회 결의로 실시할 수 있다.

주식배당이란 기업이 자금이 부족한 경우 배당가능한 미처분이익잉여금을 자본화할 목적으로 수권주식수의 범위 내에서 현금 대신 주식으로 배당하는 자본거래를 말한다. 주식배당은 중간배당으로는 이루어질 수 없으며, 정기배당으로만 실시할 수 있다. 그리고 이익배당총액의 1/2을 초과하지 못한다.

(1) 현금 및 주식배당 처리방법

① **배당기준일** : 배당기준일이란 배당받을 권리가 있는 주주가 결정되는 날로서, 일반적으로 결산일을 기준으로 하며, 아무런 회계처리를 하지 않는다.

② **현금 배당결의일** : 배당결의일이란 배당의무 발생일로서, 주주총회의 결의에 의하여 배당의무가 발생한다. 배당재원인 미처분이익잉여금(자본)을 차감하고, 미지급배당금(유동부채)으로 계상한다.

- 배당금 결의일 (차) 미처분이익잉여금 xxx (대) 미지급배당금 xxx

③ **주식 배당결의일** : 배당결의일에는 배당재원의 미처분이익잉여금(자본)을 차감하고, 배당금을 미교부주식배당금(자본)으로 계상한다.

- 배당금 결의일 (차) 미처분이익잉여금 xxx (대) 미교부주식배당금 xxx

④ **현금 배당지급일** : 배당지급일이란 배당의무의 이행일로서, 이행내역을 거래로 기록하여야 한다. 현금(자산)을 지급하고 미지급배당금(부채)을 차감처리한다.

- 배당금 지급일 (차) 미지급배당금 xxx (대) 현 금 xxx

⑤ **주식 배당지급일** : 배당지급일에는 주식을 발행하여 교부하고 미교부주식배당금을 차감하여 처리한다. 이때 배당금액은 주식의 액면가액을 기준으로 결정한다. 주식배당은 자본금과 주식수는 증가하나 자본총계는 일정하다.

- 배당금 지급일 (차) 미교부주식배당금 xxx (대) 자본금 xxx

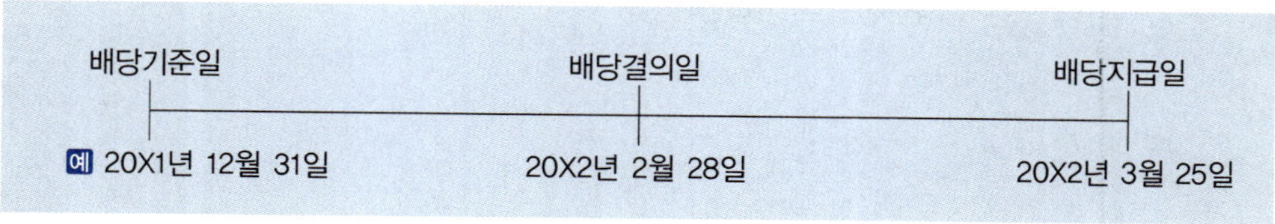

2 주식배당, 무상증자, 주식분할, 주식병합의 비교

구 분	주식배당	무상증자	주식분할	주식병합
자본(순자산)	불 변	불 변	불 변	불 변
자본금	증 가	증 가	불 변	불 변
자본잉여금	불 변	감소가능	불 변	불 변
이익잉여금	감 소	감소가능	불 변	불 변
주식액면가액	불 변	불 변	감 소	증 가
발행주식수	증 가	증 가	증 가	감 소

① **주식배당** : 주식배당은 자본의 구성요소의 변동을 가져온다. 이익잉여금이 감소함에 따라 주식으로 배당된 자본금이 증가하기 때문이다.

② **무상증자** : 자본의 증감 없이 자본금이 증가하지만 이익잉여금, 자본잉여금이 감소할 수 있다. 주식이 발행되므로 주식수는 증가한다.

③ **주식분할** : 자본의 증가 없이 발행주식총수를 늘리고 기존 주식을 여러 개로 세분화 하는 것을 말한다.

④ **주식병합** : 자본금 및 자산의 증감 없이 이미 발행된 기존의 여러 개의 주식을 합하여 발행주식수를 줄이는 것을 말한다.

예 제

주식배당, 무상증자 및 주식분할에 대한 설명으로 옳지 않은 것은?

① 주식분할의 경우 발행주식수가 증가하여 자본금이 증가한다.
② 무상증자의 경우 자본총계는 불변이다.
③ 무상증자의 경우 주당 액면가액은 불변이지만, 주식분할의 경우는 주당 액면가액이 감소한다.
④ 주식배당의 경우 이익잉여금은 감소하지만, 주식분할의 경우 이익잉여금이 불변이다.

정답 및 해설

①
주식분할의 경우 발행주식수는 증가하지만 자본금, 잉여금에 미치는 영향은 없다.

TEST 10 연습문제

01 다음 각 항목이 재무상태표의 자본금, 이익잉여금 및 자본총계에 미치는 영향으로 옳지 않은 것은?

항 목	자본금	이익잉여금	자본총계
① 무상증자	증 가	증 가	증 가
② 주식배당	증 가	감 소	불 변
③ 주식분할	불 변	불 변	불 변
④ 유상증자	증 가	불 변	증 가

02 자본이 증감될 수 있는 경우를 모두 고른 것은?

> ㉠ 주식배당
> ㉡ 주식병합
> ㉢ 해외사업환산손실의 발생
> ㉣ 자기주식의 취득

① ㉠, ㉡
② ㉡, ㉢
③ ㉢, ㉣
④ ㉠, ㉣

정답과 해설

01 무상증자 : (차) 자본잉여금(자본항목) xxx (대) 자본금(자본항목) xxx
• 같은 자본항목 안에서의 분류의 이동이므로 자본총액은 불변이다.

02 ㉠ 주식배당 : 미처분이익잉여금의 감소, 자본금의 증가로 자본총액은 불변
㉡ 주식병합 : 자본 불변
㉢ 해외사업환산손실 : 기타포괄손익의 (−)항목으로 자본총액 감소
㉣ 자기주식의 취득 : 자기주식은 자본조정의 (−)항목으로 자본총액 감소

정답 01 ① 02 ③

03 다음 중 자본이 증가되는 거래는?

① 전환사채의 전환
② 이익준비금의 적립
③ 주식발행초과금의 자본전입
④ 자기주식의 취득

04 주당 액면가액이 ₩5,000인 신주 10주를 주당 ₩4,500에 발행하면서 신주발행비용이 주당 ₩100 발생하였다. 신주발행 전 재무상태표에는 주식발행초과금과 주식할인발행차금은 계상되어 있지 않다. 주식발행을 회계처리할 경우 이에 대한 설명으로 옳은 것은?(단, 신주발행비용을 차감하고 당좌예입됨)

① 자본의 순증가는 ₩45,000이다.
② 주식할인발행차금은 ₩3,000으로 표시된다.
③ 신주발행비용 ₩1,000은 3년 내에 상각하여 상각연도 비용으로 처리한다.
④ 재무상태표상 자본금 증가는 ₩50,000이다.

정답과 해설

03

①	(차) 전환사채	xxx	(대) 자본금	xxx	: 자본총액 증가
②	(차) 미처분이익잉여금	xxx	(대) 이익준비금	xxx	: 자본총액 불변
③	(차) 주식발행초과금	xxx	(대) 자본금	xxx	: 자본총액 불변
④	(차) 자기주식	xxx	(대) 현 금	xxx	: 자본총액 감소

04
- 주식발행 시 주식발행비는 주식의 발행가액에서 차감하여 주식할인발행차금을 증가시키거나, 주식발행초과금을 감소시킨다.

(차) 당좌예금	44,000	(대) 자본금	50,000
주식할인발행차금	6,000		

- 자본의 순증가는 ₩44,000이고, 주식할인발행차금은 ₩6,000이다. 그리고 신주발행비용 ₩1,000은 주식할인발행차금에 포함되어 3년 내에 상각하며, 상각액은 이익잉여금의 처분항목으로 처리한다.

정답 03 ① 04 ④

05 미처분이익잉여금의 처분순서를 바르게 나열한 것은?

㉠ 임의적립금	㉡ 이익준비금
㉢ 기타법정적립금	㉣ 주주배당금

① ㉡ - ㉣ - ㉢ - ㉠
② ㉡ - ㉢ - ㉣ - ㉠
③ ㉣ - ㉡ - ㉢ - ㉠
④ ㉣ - ㉢ - ㉡ - ㉠

06 주당 액면가액이 ₩500인 보통주 500,000주를 발행하고 있고, 이익잉여금 잔액이 ₩100,000,000인 (주)한국은 20X1년 2월에 5%의 주식배당과 주당 ₩15의 현금배당을 선언하였다. 이러한 배당선언이 회사의 자본에 미치는 영향으로 옳지 않은 것은?

① 이익잉여금 ₩20,000,000이 배당의 재원으로 사용되었다.
② 현금배당액은 ₩7,500,000이 될 예정이다.
③ 주식배당액은 ₩7,500,000이 될 예정이다.
④ 배당선언으로 부채 ₩7,500,000이 증가한다.

정답과 해설

05 미처분이익잉여금의 처분순서 : 이익준비금 → 기타법정적립금 → 자본조정항목의 상각(주식할인발행차금, 배당건설이자, 자기주식, 미교부주식배당금 등) → 주주배당금 → 임의적립금

06 배당선언 시

(차) 미처분이익잉여금	20,000,000	(대) 미지급배당금*1	7,500,000
		미교부주식배당금*2	12,500,000

*1 500,000주 × ₩15 = ₩7,500,000
*2 500 × 500,000주 × 5% = ₩12,500,000
배당을 선언함에 따라 이익잉여금이 ₩20,000,000 감소되고, 미지급배당금(부채) ₩7,500,000이 증가되어 미교부주식배당금(자본)이 ₩12,500,000 증가가 나타난다.

정답 05 ② 06 ③

CHAPTER 11

PART 1 재무회계

금융자산(1)

01 현금및현금성자산

1 현금및현금성자산

현금및현금성자산은 기업이 보유하는 자산 중 결제수단으로 자유롭게 사용가능한 자산들을 통칭하는 개념이다. 현금성자산으로 분류되기 위해서는 ① 확정된 금액의 현금으로 전환이 용이하고, ② 가치변동의 위험이 경미해야 한다. 따라서 투자자산은 일반적으로 ③ 만기일이 단기에 도래하는 경우(예를 들어, 취득일(주의 : 결산일×)로부터 만기일이 3개월 이내인 경우 단기채무상품, 상환우선주, 환매조건인 환매채)에만 현금성자산으로 분류된다.

현금및현금성자산 O	통화(지폐, 주화), 통화대용증권(타인발행수표, 자기앞수표, 우편환증서, 송금수표, 국공채이자표 등), 소액현금, 당좌예금, 보통예금, 지점 전도금, 취득 당시 만기가 3개월 이내 도래하는 채권 등
현금및현금성자산 ×	우표, 수입인지, 선일자수표, 부도수표, 당좌차월, 당좌개설보증금, 임직원 가불금 등

2 금융자산

금융상품은 거래당사자 일방에게 금융자산을 발생시키고 동시에 다른 거래상대방에게 금융부채나 지분상품을 발생시키는 모든 계약을 말한다.

금융자산	현금, 예치금, 매출채권, 대여금, 투자사채, 미수금, 미수수익 등
비금융자산	재고자산, 유형자산, 무형자산, 투자부동산, 선급금, 선급비용 등
금융부채	매입채무, 미지급금, 미지급비용, 차입금, 사채 등
비금융부채	충당부채, 미지급법인세, 선수금, 선수수익 등

구 분	사 례	재무상태표	주 의
현금 및 요구불예금	통화 및 통화대용증권 보통예금, 당좌예금	현금및현금성자산	사용이 제한된 경우에는 단기(장기)금융자산
금융상품	정기예금, 정기적금	단기(장기)금융자산	취득 당시 만기가 3개월 이내인 경우에는 현금및현금성자산
	CD, MMF(단기금융펀드), CMA(어음관리계좌)		

PART 1

계정과목	계정과목의 분류	
정기예금, 정기적금, 환매채, 양도성예금증서 등 금융상품	취득일로부터 만기 3개월 이내	현금성자산
	보고기간말로부터 1년 이내 만기도래	단기금융상품
	보고기간말로부터 1년 이후 만기도래	장기금융상품

예제

다음 자료에서 甲회사가 20X1년 말 현재 재무상태표에 현금및현금성자산으로 보고해야 할 금액은?

- 지폐 및 주화 ₩105,000
- 乙 회사 발행수표 ₩200,000
- 20X1년 12월 27일 취득하여 보유 중인 우표 ₩150,000
- 20X1년 12월 27일 취득한 양도성 예금증서(만기 20X2년 9월 1일) ₩800,000
- 20X1년 12월 27일 취득한 수익증권(만기 20X2년 2월 20일) ₩700,000

정답 및 해설

₩1,005,000
현금및현금성자산 = ₩105,000 + ₩200,000 + ₩700,000 = ₩1,005,000

3 관련 용어 설명

타인발행수표	거래처에서 발행한 당좌수표(은행과 당좌계약을 체결하여 발행한 수표)
자기앞수표	은행권에서 발급되는 수표(통상 10만원권, 50만원권, 100만원권 등)
양도성예금증서	양도성이 부여된 예금증서로 무기명 할인식 발행
우편환증서	우정사업본부에서 발행하는 소액현금증서
송금수표	수표를 우편으로 발송한 후 해당 수표를 금융기관에 제시하여 현금화(주로 해외송금 시 이용)
만기도래 국공채이자표	만기 도래한 채권의 이자지급
선일자수표	당좌수표의 발행일자를 후일로 기재함. 형식적으로 수표이나 실질은 어음

02 은행계정조정표

1 의 의

회사는 기업의 자산구입대금, 비용을 결제할 목적으로 당좌수표나 어음을 발행한다. 보고기간말이나 특정일 기준으로 기업의 당좌예금 장부금액과 은행의 예금잔고가 일치하지 않는 상황이 발생한다. 이런 불일치하는 원인을 파악하기 위하여 은행계정조정표를 작성한다.

2 은행계정조정표

(1) 불일치의 원인

① 은행측의 조정사항

㉠ 기발행 미지급(인출)수표 : 기업이 발행한 당좌수표가 아직 은행에 제시되지 않아 은행에서 지급되지 않는 것을 말한다. 이 경우 수표를 은행에 제시하면 언제든지 출금될 금액이므로 동 금액을 은행측 잔액에서 차감한다.

㉡ 미기입예금 : 기업이 은행에 입금하고 기업측 잔액을 증가하였으나, 은행측에서 입금처리하지 못한 예금을 말한다. 이는 실제로 입금이 된 것이므로 은행측 잔액에 동 금액을 가산하여야 한다.

㉢ 은행측 기장오류 : 은행측의 기록 오류는 은행측 잔액에서 조정한다.

② 회사측의 조정사항 : 다음은 회사측의 원인에 의하여 불일치하는 경우로써 회사측에서 조정하는 사항이다.

㉠ 은행수수료, 이자비용 : 은행의 용역제공 대가로 일정금액을 출금하거나 당좌차월에 대하여 이자비용을 출금한 것을 회사측에서 알지 못한 경우 동 금액을 회사측의 잔액에서 차감한다.

㉡ 미통지 입금 : 거래처가 외상대금을 회사측에 입금하였거나, 추심을 위임한 어음이 은행에 입금처리된 사항을 기업이 통지받지 못한 경우 회사측 잔액에 가산한다.

㉢ 부도수표·어음 : 회사가 거래처로부터 받은 부도수표·어음을 당좌예금에 입금하였으나 부도로 처리된 경우 은행은 회사의 당좌예금 계정에서 동 금액을 즉시 차감한다.

㉣ 회사측 기장오류 : 회사측 잔액에서 조정한다.

(2) 은행계정조정표 작성

원 인	조 정		수정분개 여부
	회사측 잔액	은행측 잔액	
은행의 미기입예금		(+) XXX	부
기발행 미지급(인출)수표		(−) XXX	부
은행측 기장오류		(±) XXX	부
미통지 입금	(+) XXX		여
부도수표·부도어음	(−) XXX		여
은행수수료, 이자비용	(−) XXX		여
회사측 기장오류	(±) XXX		여

예제

은행에서 보내온 20X2년 12월 31일 현재 수정 전 예금잔액증명서상의 잔액이 ₩30,000일 경우, (주)대한의 20X2년 12월 31일 현재 수정 전 당좌예금 계정 잔액은?

- 20X2년 12월 중 (주)대한에서 기발행되었으나, 기말 현재 은행에서 미인출된 수표는 ₩8,000이다.
- 20X2년 12월 31일 현재 은행의 예금잔액증명서에 반영된 부도수표 ₩9,000이 (주)대한의 당좌예금 계정에는 반영되지 않았다.
- (주)대한이 20X2년 12월 31일 입금했으나, 은행에서는 20X3년 1월 3일 입금처리된 금액은 ₩6,000이다.
- 20X2년 12월 말까지 (주)대한에 통보되지 않은 매출채권 추심액은 ₩12,000이다.

정답 및 해설

₩25,000

원 인	조 정	
	회사측 잔액	은행측 잔액
수정 전 잔액	x	₩30,000
부도수표	(−)9,000	
미통지 입금	+12,000	
기발행 미지급수표		(−)8,000
미기입예금		6,000
수정 후 잔액	₩28,000	₩28,000

∴ x = ₩25,000

03 매출채권

수취채권이란 기업이 영업, 투자활동을 수행하는 과정에서 재화나 용역을 신용으로 판매하고 그 대가로 미래에 현금을 수취할 권리를 말한다. 매출채권이란 영업활동에서 발생한 외상매출금이나 받을어음 등을 말하며, 기타채권은 부수적인 거래나 투자활동에서 발생하는 단기대여금, 미수금 등이 있다.

수취채권		지급채무	
매출채권	기타채권	매입채무	기타채무
외상매출금 받을어음	미수금 대여금	외상매입금 지급어음	차입금 미지급금

매출채권 T-계정 이해	
증 가	감 소
전기이월 발생액 (타인발행 약속어음 수취, 외상판매)	매출채권 회수, 손상(= 대손), 어음 배서양도, 어음의 부도 차기이월

1 매출채권의 의의와 측정

(1) 매출채권의 의의

매출채권이란 영업활동에서 발생하는 외상매출금과 받을어음을 일컫는 말이다. 외상매출금은 회사가 제공한 재화 또는 용역에 대한 대가를 지급하겠다는 수취채권으로서, 회사가 고객에게 무이자로 제공한 단기간의 신용공여로 생각할 수 있다. 이에 비하여 받을어음은 약속어음의 작성자가 일정한 금액을 미래의 특정한 날에 지급하겠다는 서면약속이며, 판매 혹은 대여 등의 거래의 결과 발생하게 된다.

(2) 매출채권의 측정

① 매출에누리와 환입

㉠ 매출에누리 : 제품의 결함이나 하자 등의 이유로 가격을 깎아주는 것을 말하며 매출에서 직접 차감하며 매출채권도 감소시킨다.

㉡ 매출환입 : 제품의 하자 등으로 인해 판매한 상품이 반품되는 것을 말하며, 매출에서 직접 차감하며 매출채권도 감소시킨다.

• 매출에누리·환입 (차) 매출에누리·환입 xxx (대) 매출채권 xxx

② 매출할인 : 매출채권을 신속하게 회수하기 위하여 일정한 기간 내에 대금을 지급한 고객에게 대금의 일부를 깎아주는 것을 말한다. 매출할인이 발생하는 경우 매출을 직접 또는 간접적으로 차감하고, 매출채권을 감소시킨다.

• 매출할인 (차) 매출할인 xxx (대) 매출채권 xxx

2 매출채권의 손상

손상(대손)이란 매출채권 및 기타채권 등이 채무자의 파산 등의 사유로 회수가 불가능하게 된 경우를 말한다.

(1) 직접차감법

실제로 손상(대손)이 발생하는 시점에서 회수불가능한 금액을 당기비용으로 인식하고 매출채권에서 직접 차감하는 방법으로 인식하는 방법이다. 직접차감법은 회계연도 말 손상(대손)예상액을 추측할 필요가 없으므로 간편하나, 매출이 발생한 회계기간 이후 손상(대손)이 발생하는 경우, 수익·비용 대응의 원칙에 부적절하다. 국제회계기준에서는 충당금 설정법만 인정한다.

• 회계연도 말	회계처리 없음			
• 손상(대손)발생 시	(차) 손상차손(= 대손상각비)	xxx	(대) 매출채권	xxx

(2) 충당금 설정법

충당금 설정법은 각 회계기간 말에 손상(대손)예정액을 추정하여 비용으로 처리하고 손실(대손)충당금을 설정 후 실제 손상(대손)사유 발생 시 충당금과 상계처리하는 방법이다. 손실(대손)충당금은 부채가 아니라 매출채권의 차감항목이다.

충당금을 설정하면 수익이 인식되는 기간에 관련 손상차손(= 대손상각비)를 인식하기 때문에 수익·비용 대응이 적절하다.

① 손상(대손)발생 시

1단계	손실(대손)충당금 잔액 검토				
2단계	잔액이 충분한 경우	(차) 손실(= 대손)충당금	xxx	(대) 매출채권 등	xxx
	잔액이 부족한 경우	(차) 손실(= 대손)충당금 손상차손(= 대손상각비)(초과분)	xxx xxx	(대) 매출채권 등	xxx
	잔액이 없는 경우	(차) 손상차손(= 대손상각비)	xxx	(대) 매출채권 등	xxx

② 손실(대손)충당금 설정

1단계	손실(대손)충당금 설정액 – 손실(대손)충당금 기말잔액				
2단계	설정액 > 기말잔액	보충 (차) 손상차손(= 대손상각비)	xxx	(대) 손실(대손)충당금	xxx
	설정액 < 기말잔액	환입 (차) 손실(대손)충당금	xxx	(대) 손실(대손)충당금환입	xxx

③ 손상(대손)채권 회수 시

손상회복 시 (대손된 채권 회수)	(차) 현금 등	xxx	(대) 손실(대손)충당금	xxx

3 매출채권의 제거

재무상태표에서 매출채권을 삭제하는 회계행위를 말한다.

매출채권의 제거요건을 충족하는 경우 재무상태표에서 제거하고, 충족하지 아니한 경우 계속 인식한다.

제거여부 판단	• 권리의 소멸 • 권리의 양도(위험과 보상의 이전 및 보유 여부)

예제

(주)시대는 매출채권의 회수불능액을 연령분석법(집합자산에 속하는 대여금 및 수취채권을 대금청구일 후의 경과일수에 따라 구분한 연령분석표를 통해 손상(대손) 분석)에 의하여 추정한다. 20X2년 12월 31일 매출채권에 관한 정보는 다음과 같다. 20X2년 12월 31일 현재 수정전 시산표상의 손실(대손)충당금 잔액이 ₩450,000일 경우 기말에 계상할 손상차손(= 대손상각비)는 얼마인가?

경과기간	매출채권 금액	손상(대손)추정률
30일 이하	₩2,000,000	5%
31일 ~ 60일	₩1,500,000	10%
61일 ~ 180일	₩1,000,000	30%
181일 이상	₩500,000	50%

정답 및 해설

₩350,000

경과기간	매출채권 금액	손상(대손)추정률	손상(대손)추정액
30일 이하	₩2,000,000	5%	₩100,000
31일 ~ 60일	₩1,500,000	10%	₩150,000
61일 ~ 180일	₩1,000,000	30%	₩300,000
181일 이상	₩500,000	50%	₩250,000
합 계			₩800,000

• ₩800,000(손상(대손)추정액) − ₩450,000(손실(대손)충당금 잔액) = ₩350,000

∴ 손상차손(= 대손상각비) = ₩350,000

보충설명

팩토링

정의 : 기업이 보유한 외상매출채권을 금융기관 또는 팩토링 사에 양도(매각)해 자금을 확보하는 방법

거래구조 : 판매기업은 외상매출채권을 금융기관에게 양도해 대금 수령. 금융기관은 약정에 따른 수수료나 할인율을 적용하고 양수한 외상매출채권의 만기일에 구매기업으로부터 회수함

4 손상차손의 포괄손익계산서상 표시

구 분	포괄손익계산서상 표시
매출채권의 손상차손	판매비와관리비
기타채권의 손상차손	영업외비용

04 매출채권의 자금조달

1 어음할인

어음은 만기까지 보유하면 액면금액(혹은 이자상당액 추가)을 받을 수 있다.

※ 무이자부 어음 : 어음에 이자를 부여하지 않은 어음으로써 만기 시 원금만 회수

※ 이자부 어음 : 어음에 이자를 부여한 어음으로써 만기 시 원금과 이자를 회수

자금이 필요할 경우 만기일 이전에 거래처로부터 받은 받을어음을 금융기관에 배서양도하고 자금을 조달하는 형태의 거래를 어음의 할인이라 한다. 만기일 이전에 대금을 받기 때문에 만기일까지의 이자 및 수수료를 공제하고 잔액만 받게 된다. 이때 차감되는 것을 할인료라고 한다.

매출채권 등을 타인에게 양도하는 경우 당해 채권의 권리·의무가 양도인과 분리되어 실질적으로 이전되는 조건이면 매각거래로 간주하고 그 이외에는 차입거래로 규정한다.

(1) 매각거래

• 어음할인 시	(차) 현금 등	xxx	(대) 매출채권	xxx
	매출채권처분손실	xxx		
• 만기 시		회계처리 없음		

(2) 차입거래

• 어음할인 시	(차) 현금 등	xxx	(대) 단기차입금	xxx
	이자비용	xxx		
• 만기 시	(차) 단기차입금	xxx	(대) 매출채권	xxx

받을어음의 할인

- 만기가액(만기 현금수령액) : 액면금액 + 만기까지 이자
- 할인액 = 만기가액 × 할인율 × (할인월수/12)
- 현금수령액 = 만기가액 − 할인료

예제

(주)상공은 20X1년 10월 1일 상품판매대금으로 3개월 만기 약속어음 1,000,000(연이자율 10%)을 받았다. 이 약속어음을 1개월간 보유한 후 거래은행에 연 15% 할인율로 할인하고 할인료를 제외한 금액을 현금으로 수령하였다. 현금수령액은 얼마인가?(단, 이자 할인료는 월할계산)

정답 및 해설

• 무이자부 어음
 – 만기가액 : 1,000,000
 – 할인액 : $1,000,000 \times 15\% \times \frac{2}{12} = 25,000$
 – 현금수령액 : 1,000,000 − 25,000 = 975,000

• 이자부 어음
 – 만기가액 : $1,000,000 + (1,000,000 \times 10\% \times \frac{3}{12}) = 1,025,000$
 – 할인액 : $1,025,000 \times 15\% \times \frac{2}{12} = 25,625$
 – 현금수령액 : 1,025,000 − 25,625 = 999,375

2 어음의 추심

어음의 지급기일이 도래하면 거래은행에 어음대금을 받아줄 것을 의뢰하고 어음대금을 회수하는 것을 추심이라 한다.

• 추심의뢰	(차) 수수료비용	xxx	(대) 현금 등	xxx
• 추심완료	(차) 당좌예금 등	xxx	(대) 매출채권	xxx

3 어음의 배서양도

수취한 어음을 어음의 만기가 되기 전에 상품 매입대금이나 외상매입금의 지급을 위하여 제3자에게 양도하는 것을 말한다.

• 배서양도 (매각거래 시)	(차) 매입채무 (외상매입금)	xxx	(대) 매출채권 (받을어음)	xxx

4 환어음

환어음은 발행인 이외의 제3자(환어음 인수자)가 지급의무를 지는 것으로 관련 회계처리는 다음과 같다.

• 환어음 발행	(차) 매 입 (외상매입금)	xxx	(대) 매출채권 (외상매출금)	xxx
• 환어음 인수	(차) 매입채무 (외상매입금)	xxx	(대) 매입채무 (지급어음)	xxx
• 환어음 수취	(차) 매출채권 (받을어음)	xxx	(대) 매 출	xxx

05 기타채권·채무

구 분	내 용
미수금	일반적인 상거래 외에서 발생한 채권 예 자산처분 등 <회계처리> 미수금 계정 차변 기입
미지급금	일반적인 상거래 외에서 발생한 채무 예 자산취득 등 <회계처리> 미지급금 계정 대변 기입
미수수익	기말(재무상태표일) 수익이 실현되었으나 대가를 받지 않아 기록되지 않은 수익 <회계처리> 미수수익 계정 차변 기입
미지급비용	기말(재무상태표일) 비용이 발생하였으나 대가가 지급되지 않아 기록되지 않은 비용 <회계처리> 미지급비용 계정 대변 기입
대여금	타인에게 차용증서 등을 받고 빌려준 경우 <회계처리> 대여금 계정 차변 기입
차입금	타인에게 빌려준 경우 <회계처리> 차입금 계정 대변 기입
선급금	상품, 원재료 등을 매입하기 전 미리 대금을 지급하는 경우 <회계처리> 선급금 계정 차변 기입
선수금	상품, 원재료 등의 대금을 미리 수령한 경우 <회계처리> 선수금 계정 대변 기입
선급비용	비용의 발생 전 대금을 지급한 경우로 미경과분 자산 계정으로 인식 <회계처리> 선급비용 계정 차변 기입
선수수익	수익 실현 전 대금을 수령한 경우 <회계처리> 선수수익 계정 대변 기입
가지급금	현금 지출되었으나 계정과목과 금액이 미확정인 경우 <회계처리> 가지급금 계정 차변 기입
가수금	현금 수령하였으나 계정과목과 금액이 미확정인 경우 <회계처리> 가수금 계정 대변 기입

TEST 11 연습문제

01 20X1년 5월 20일 거래처인 태양상회의 부도로 외상매출금 ₩200,000이 회수불가능하여 손상(= 대손)처리하였다. 그러나 다행스럽게도 20X2년 12월 5일 태양상회로부터 손상(= 대손)처리한 금액 중 ₩50,000을 현금으로 회수하였다. 20X2년 12월 5일의 분개는?(다만, 결산일은 12월 말이다)

①	(차) 손실(대손)충당금	50,000	(대) 매출채권	50,000
②	(차) 현 금	50,000	(대) 손실(대손)충당금	50,000
③	(차) 현 금	50,000	(대) 매출채권	50,000
④	(차) 현 금	50,000	(대) 상각채권추심이익	50,000

PART 1

02 20X2년 12월 31일 결산일 현재 (주)대한이 보유하고 있는 자산 중 재무상태표에 계상할 현금및현금성자산은?

• 통 화	₩1,500
• 수입인지	₩100
• 만기가 도래한 국채이자표	₩300
• 송금환	₩400
• 배당금지급통지표	₩50
• 20X2년 12월 1일에 취득한 환매채(만기 20X3년 1월 31일)	₩500

① ₩1,500　　② ₩2,250
③ ₩2,750　　④ ₩2,950

정답과 해설

02 • 현금및현금성자산 : ₩1,500 + ₩300 + ₩400 + ₩50 + ₩500 = ₩2,750
• 우표(= 수입인지)는 현금및현금성자산이 아니다.

정답 01 ② 02 ③

03 한국채택국제회계기준에서 '현금및현금성자산'으로 분류하지 않는 것은?

① 결산일 현재 만기가 3개월 이내인 특정현금과 예금
② 취득 당시 만기가 3개월 이내인 상환우선주
③ 취득 당시 3개월 이내의 환매조건인 환매채
④ 당좌예금

04 12월 말 결산법인인 (주)서울의 20X2년 말의 수정후 시산표의 일부이다. 기말 손실(대손)충당금 차감 전 매출채권은?

• 전기이월 손실(대손)충당금 잔액	₩400,000
• 전기이월 손실(대손)충당금 잔액 중 당기상각액	₩300,000
• 당기결산 시 계상한 손상차손(= 대손상각비)	₩500,000
• 손실(대손)충당금 차감 후 매출채권 잔액	₩3,200,000

① ₩3,800,000
② ₩4,000,000
③ ₩4,200,000
④ ₩4,400,000

정답과 해설

03 현금및현금성자산은 사용 제한이 없는 취득 당시 만기 3개월 이내인 유가증권 및 단기투자자산을 말한다. 따라서 사용 제한이 있는 특정현금과 예금은 현금및현금성자산으로 분류할 수 없다.

04 • 수정 후 손실(대손)충당금 기말잔액 : ₩400,000 − ₩300,000 + ₩500,000 = ₩600,000
• 손실(대손)충당금 차감 전 매출채권 : ₩3,200,000 + ₩600,000 = ₩3,800,000

정답 03 ① 04 ①

05 매출채권의 손상 회계처리 중 옳지 않은 것은?

① 기말 현재 손실충당금 잔액이 없는 상태에서 매출채권 ₩1,000이 손상추정되는 경우

(차) 손상차손	1,000	(대) 손실충당금	1,000

② 손실충당금 잔액 ₩2,000에서 매출채권 ₩1,000이 회수불가능한 것으로 확정된 경우

(차) 손실충당금	1,000	(대) 매출채권	1,000

③ 대손충당금 잔액 ₩500에서 매출채권 ₩1,000이 회수불가능한 것으로 확정된 경우

(차) 손실충당금	500	(대) 매출채권	1,000
손상차손	500		

④ 손상으로 확정된 ₩1,000의 매출채권 가운데 ₩500을 현금으로 회수한 경우

(차) 현 금	500	(대) 매출채권	500

06 (주)abc는 당기에 손상처리했던 매출채권 ₩90,000을 당기에 다시 현금으로 회수하였다. 상각된 매출채권의 회수와 관련하여 가장 옳은 분개는?(단, 손상처리 당시의 손실충당금 계정 잔액은 ₩30,000이었다)

	(차 변)		(대 변)	
①	현 금	90,000	손상차손	90,000
②	현 금	90,000	손실충당금	60,000
			손상차손	30,000
③	현 금	90,000	손실충당금	30,000
			손상차손	60,000
④	현 금	90,000	매출채권	90,000

정답과 해설

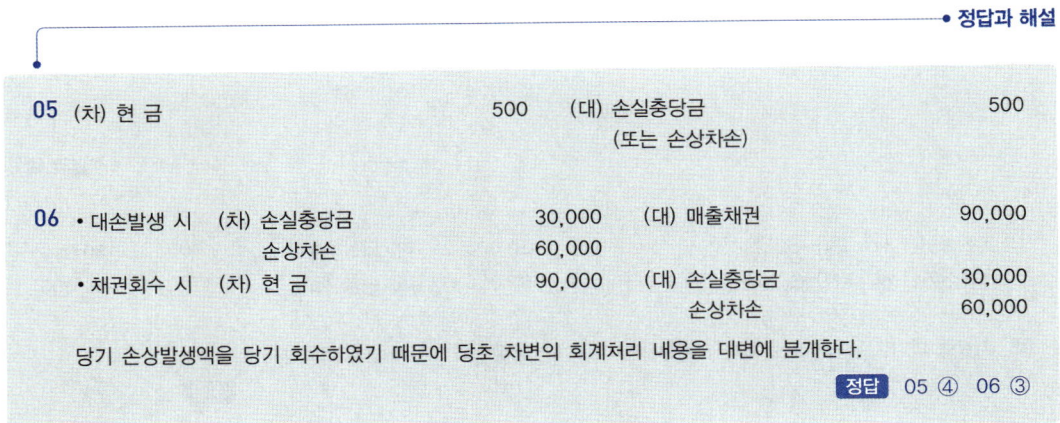

05 (차) 현 금 500 (대) 손실충당금 500
(또는 손상차손)

06

• 대손발생 시	(차) 손실충당금	30,000	(대) 매출채권	90,000
	손상차손	60,000		
• 채권회수 시	(차) 현 금	90,000	(대) 손실충당금	30,000
			손상차손	60,000

당기 손상발생액을 당기 회수하였기 때문에 당초 차변의 회계처리 내용을 대변에 분개한다.

정답 05 ④ 06 ③

07 (주)한국은 결산기 외상매출채권 잔액 ₩580,000의 회수가능성을 검토한 결과 ₩30,000은 회수가 불가능한 것으로 판명되어 손상처리하기로 하였으며, 회수가 불확실한 채권은 ₩80,000으로 추산되었다. 손실충당금 기초잔액은 ₩50,000이었다. 아래의 설명 중 옳지 않은 것은?

① 결산 후 재무상태표상 손실충당금은 ₩80,000이다.
② 결산 후 포괄손익계산서상 손상차손은 ₩60,000이다.
③ 회수불가능 채권에 대한 분개는 (차) 손상차손 30,000 (대) 손실충당금 30,000이다.
④ 결산 후 재무상태표상 매출채권 순액은 ₩470,000이다.

08 (주)한국의 당좌예금 계정 장부가액은 ₩1,500,000이다. 그러나 은행계산서의 당좌예금 잔액은 ₩4,000,000이다. 이러한 불일치의 원인이 다음과 같을 때, (주)한국의 당좌예금 계정 수정에 관한 설명으로 옳지 않은 것은?

• 기발행 미인출 당좌수표	₩2,600,000
• 부도처리 당좌수표	₩90,000
• 당좌차월에 대한 이자비용	₩10,000

① 기발행 미인출 당좌수표와 관련하여 당좌예금 ₩2,600,000을 증가시키는 수정이 필요하다.
② 부도처리된 당좌수표와 관련하여 당좌예금 ₩90,000을 감소시키는 수정이 필요하다.
③ 당좌예금과 관련된 수정으로 보고이익이 ₩10,000 감소한다.
④ 당좌예금 계정의 수정 후 잔액은 ₩1,400,000이다.

정답과 해설

07	• 손상처리 시	(차) 손실충당금	30,000	(대) 외상매출금	30,000
	• 손상예상 시	(차) 손상차손	60,000	(대) 손실충당금	60,000

08 기발행 미인출 당좌수표는 회사의 수정사항이 아니라 은행측의 수정사항(차감)이다.

정답 07 ③ 08 ①

09 (주)한국의 20X2년 12월 31일 현재 당좌예금 계정 잔액은 ₩200,000이고, 은행의 잔액증명서상 잔액은 ₩150,000으로 그 차이의 원인은 다음과 같다.

- 12월 31일 회사는 현금 ₩150,000을 당좌예입하였으나, 은행에서는 입금처리되지 않았다.
- 12월 10일 발행된 수표 중 지급제시되지 않은 수표 ₩50,000이 있다.
- 12월 30일 거래처인 (주)충청이 ₩200,000을 (주)한국의 당좌예금 계좌에 입금하였지만 회사는 이에 대한 회계처리를 하지 않았다.
- 12월 31일 은행은 차입금에 대한 이자 ₩50,000을 회사의 당좌예금 계좌에서 차감하였지만 회사는 이에 대한 회계처리를 하지 않았다.
- 12월 25일 외상매출금은 회수하여 당좌예입한 수표 ₩100,000을 ₩150,000으로 기록하였다.
- 12월 27일 비품을 처분한 대가로 받은 수표 ₩50,000을 당좌예입하였으나 부도처리되었다.

20X2년 12월 31일 현재 재무상태표에 보고되어야 할 정확한 당좌예금 잔액은?

① ₩150,000　② ₩200,000
③ ₩250,000　④ ₩300,000

PART 1

정답과 해설

09 〈은행계정조정표〉

원 인	조 정	
	회사측 잔액	은행측 잔액
수정 전 잔액	₩200,000	₩150,000
미통지 입금	200,000	
미통지 차입금이자	(−)50,000	
기장오류	(−)50,000	
부도수표	(−)50,000	
미기입예금		150,000
기발행 미지급수표		(−)50,000
수정 후 잔액	₩250,000	₩250,000

정답 09 ③

PART 1 재무회계

CHAPTER 12 금융자산(2) - 유가증권

01 금융상품의 의의 및 분류

1 금융상품의 의의

금융상품은 정기예금, 정기적금, 금전신탁, 중개어음 등 정형화된 상품뿐만 아니라 다른 기업의 지분상품, 거래상대방에게서 현금 등 금융자산을 수취할 계약상의 권리(의무) 등을 포함하는 포괄적인 개념이다. 금융상품을 보유한 자와 발행한 자로 구분할 수 있는데, 보유자 입장에서 금융자산으로 인식한 금융상품에 대하여 발행자는 금융부채 또는 지분상품으로 인식하게 된다. 즉, 금융상품을 보유자에게 발생시키고 동시에 상대방에게 금융부채나 지분상품을 발생시키는 모든 계약을 의미한다. 금융자산에 해당하는 계정으로는 현금및현금성자산, 매출채권, 미수금, 대여금, 지분상품 및 채무상품 등이 있으며, 금융부채에 해당하는 계정으로는 매입채무, 미지급금, 차입금, 사채 등이 있다.

〈금융상품〉

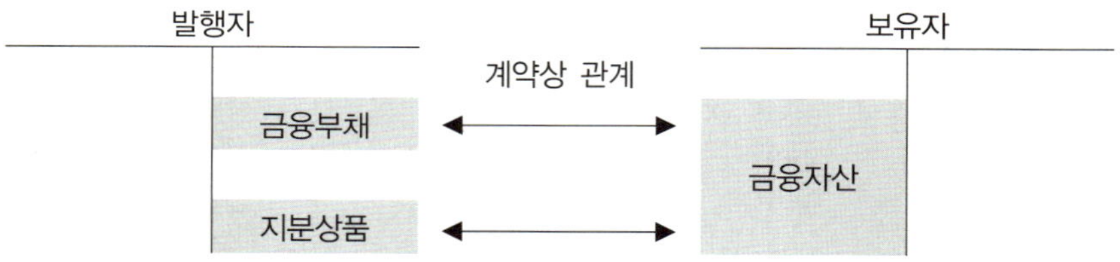

2 금융상품의 정의

금융상품은 보유자와 발행자 입장에서 다음과 같이 정의된다.

분 류	정 의
금융자산	• 현 금 • 다른 기업의 지분상품 • 다음 중 하나에 해당하는 계약상의 권리 – 거래상대방에게서 현금 등 금융자산을 수취할 계약상의 권리 – 잠재적으로 유리한 조건으로 거래상대방과 금융자산이나 금융부채를 교환하기로 한 계약상의 권리 • 기업이 자신의 지분상품(이하 '자기지분상품')으로 결제되거나 결제될 수 있는 다음 중 하나의 계약 – 수취할 자기지분상품의 수량이 변동 가능한 비파생상품 – 확정수량의 자기지분상품에 대하여 확정금액의 현금 등 금융자산을 교환하여 결제하는 방법이 아닌 방법으로 결제되거나 결제될 수 있는 파생상품

금융부채 (발행자)	• 다음 중 하나에 해당하는 계약상의 의무 – 거래상대방에게 현금 등 금융자산을 인도하기로 한 계약상 의무 – 잠재적으로 불리한 조건으로 거래상대방과 금융자산이나 금융부채를 교환하기로 한 계약상 의무 • 자기지분상품으로 결제되거나 결제될 수 있는 다음 중 하나의 계약 – 인도할 자기지분상품의 수량이 변동 가능한 비파생상품 – 확정수량의 자기지분상품에 대하여 확정금액의 현금 등 금융자산을 교환하여 결제하는 방법이 아닌 방법으로 결제되거나 결제될 수 있는 파생상품
지분상품 (발행자)	기업의 자산에서 모든 부채를 차감한 후의 잔여지분을 나타내는 모든 계약

(1) 금융자산의 정의

① **현금 및 다른 기업의 지분상품** : 현금은 지폐, 주화 이외에도 타인발행당좌수표, 자기앞수표, 송금환, 우편환, 만기도래한 공사채이자표, 만기도래한 어음, 일람출급어음과 같이 일반 지급수단으로 쓰이는 대용증권과 당좌예금 · 보통예금을 포함한다.

현금성자산이란 유동성이 매우 높은 단기 투자자산으로서 확정된 금액이 현금으로 전환이 용이하고 가치변동의 위험이 경미한 자산이다. 따라서 투자자산은 일반적으로 만기일이 단기에 도래하는 경우(예 취득일로부터 만기일이 3개월 이내인 경우)에만 현금성자산으로 분류된다.

(2) 계약상 권리와 의무

미래에 현금을 수취할 계약상 권리에 해당하는 금융자산과 이에 대응하여 미래에 현금을 지급할 계약상 의무에 해당하는 금융부채의 일반적인 예는 다음과 같다.

- 매출채권과 매입채무
- 대여금과 차입금
- 받을어음과 지급어음
- 투자사채와 사채

구 분	계정과목
금융자산 O	매출채권, 대여금, 미수수익 등
금융자산 X	재고자산, 유형자산, 무형자산, 리스자산, 선급비용 등
금융부채 O	매입채무, 미지급금, 미지급비용, 차입금, 사채 등
금융부채 X	충당부채, 미지급법인세, 선수금, 선수수익 등

3 금융자산의 분류

금융자산은 ① 금융자산의 계약상 '현금흐름 특성'과 ② 금융자산의 관리를 위한 '사업모형'에 근거하여 후속적으로 '상각후원가', '기타포괄손익-공정가치', '당기손익-공정가치'로 측정되도록 분류한다.

〈금융자산의 분류〉

구 분	정 의	평가손익
당기손익-공정가치측정 금융자산	• '상각후원가측정금융자산'이나 '기타포괄손익-공정가치측정금융자산'으로 분류되지 않는 경우 예 단기매매항목, 주식	당기손익
기타포괄손익-공정가치측정 금융자산	• 아래 두 조건을 모두 만족하는 금융자산 - 사업모형이 '계약상 현금흐름 수취와 매도' - 계약상 현금흐름이 원리금으로만 구성 • 단기매매항목이 아닌 지분상품으로 최초인식시점에 선택한 경우	기타 포괄손익
상각후원가측정 금융자산	• 아래 두 조건을 모두 만족하는 금융자산 - 사업모형이 '계약상 현금흐름 수취' - 계약상 현금흐름이 원리금으로만 구성	

(1) 당기손익-공정가치측정금융자산

당기손익-공정가치측정금융자산(기존 '당기손익인식금융자산')은 최초 취득 시 공정가치로 측정하고 관련 거래원가는 비용으로 인식한다. 이후 보고기간말에 공정가치로 평가하며 그 평가손익을 당기손익으로 인식한다.

(2) 기타포괄손익-공정가치측정금융자산

기타포괄손익-공정가치측정금융자산(기존 '기타포괄손익인식금융자산')은 보고기간말에 공정가치로 측정하되 평가손익을 자본항목인 기타포괄손익으로 인식하는 금융자산이다.

(3) 상각후원가측정금융자산

상각후원가측정금융자산은 계약상 현금흐름을 수취하는 목적으로 보유하는 금융자산으로 보고기간말에 공정가치로 평가하지 않는다. 계약상 현금흐름을 수취하는 것은 반드시 금융자산을 만기까지 보유할 것을 전제로 하지 않는다. 상각후원가측정금융자산의 할인 혹은 할증발행 시 할증차금 등은 유효이자율법에 따라 이자수익에 가감하는데 이렇게 가감한 금액을 상각후원가라고 한다.

02 금융자산의 측정

1 최초측정

(1) 공정가치측정

금융자산은 계약당사자가 되는 시점에 공정가치로 측정한다. 공정가치란 합리적인 판단력과 거래의사가 있는 독립된 당사자 사이의 거래에서 자산이 교환되거나 부채가 결제될 수 있는 금액을 의미한다. 공정가치의 최선의 추정치는 활성시장에서 공시되는 가격으로 하고, 활성시장이 없다면 금융상품의 공정가치는 평가기법을 사용하여 측정하여야 한다. 최초인식 시 금융상품의 공정가치는 일반적으로 거래가격(즉, 제공한 대가의 공정가치)이다.

(2) 거래비용

당기손익-공정가치측정금융자산의 취득과 직접 관련되는 거래원가는 지출시점에 당기비용으로 처리한다. 그러나 기타포괄손익-공정가치측정금융자산과 상각후원가측정금융자산은 당해 금융자산의 취득과 직접 관련되는 거래원가를 취득원가에 가산하여 측정한다.

PART 1

예 제

(주)시대는 20X1년 7월 1일에 (주)한라의 주식 10주를 주당 100,000원에 현금으로 취득하였다. 취득과 직접 관련되는 거래원가는 주당 1,000원이다. 이 경우 주식이 아래와 같이 분류될 경우 각각의 회계처리를 하시오.

1) 당기손익-공정가치측정금융자산　　2) 기타포괄손익-공정가치측정금융자산

정답 및 해설

1) 당기손익-공정가치측정금융자산

(차)	당기손익-공정가치측정금융자산	1,000,000	(대) 현 금	1,000,000
	거래비용	10,000	현 금	10,000

2) 기타포괄손익-공정가치측정금융자산

(차)	기타포괄손익-공정가치측정금융자산	1,010,000	(대) 현 금	1,010,000

〈금융자산의 최초측정〉

구 분	최초측정	취득부대비용
당기손익-공정가치측정금융자산	제공대가의 공정가치	당기비용으로 인식
당기손익-공정가치측정금융자산 이외	제공대가의 공정가치	금융자산 취득원가에 가산

2 후속측정

최초인식 후 금융자산(파생상품자산 포함)은 공정가치로 측정하는 것을 원칙으로 한다. 금융자산 분류별 후속측정 방법은 아래와 같다.

〈금융자산의 후속측정〉

분 류		측정방법
당기손익-공정가치측정금융자산		공정가치 평가하여 당기손익에 반영
기타포괄손익-공정가치측정 금융자산	지분증권	공정가치 평가하여 기타포괄손익에 반영
	채무증권	공정가치 평가하여 기타포괄손익에 반영
상각후원가측정금융자산		유효이자율법을 적용하여 상각후원가로 평가

예 제

(주)시대는 20X0년 1월 1일 기타포괄손익-공정가치측정금융자산(지분상품)을 100원에 취득하였다. 해당 금융상품의 20X0년 말 공정가치 및 20X1년 말 처분 시 처분가액은 다음과 같을 때 20X0년과 20X1년의 (주)시대의 회계처리는?

일 자	공정가치(처분가치)
20X0년 말	120원
20X1년 말	150원

정답 및 해설

• 20X0년 1월 1일

(차) 기타포괄손익-공정가치측정금융자산	100	(대) 현 금	100

• 20X0년 12월 31일

(차) 기타포괄손익-공정가치측정금융자산	20	(대) 기타포괄손익-공정가치측정금융자산평가이익	20

• 20X1년 12월 31일

기타포괄손익-공정가치측정금융자산의 처분 : 평가손익(기타포괄손익)을 재분류하지 않음

(차) 현 금	150	(대) 기타포괄손익-공정가치측정금융자산	120
		기타포괄손익-공정가치측정금융자산평가이익	30

3 금융자산 처분

구 분	처분손익	
당기손익-공정가치측정금융자산	당기손익(처분금액-장부금액)	
상각후원가측정금융자산	당기손익(처분금액-장부금액)	
기타포괄손익-공정가치측정금융자산	지분상품	처분손익 인식하지 않음
	채무상품	당기손익

03 금융부채의 분류

금융부채는 채무상품으로서 크게 당기손익-공정가치측정금융부채(기존 '당기손익인식금융부채')와 기타금융부채로 구분하고 있다.

1 당기손익-공정가치측정금융부채

당기손익-공정가치측정금융부채는 다음 중 하나의 요건에 해당하는 금융부채이다.

① 단기매매 항목 분류
  ㉠ 주로 단기간 내에 매각하거나 재매입할 목적으로 취득하거나 부담한다.
  ㉡ 최초인식시점에 최근의 실제 운용형태가 단기적 이익획득 목적이라는 증거가 있으며, 공동으로 관리되는 특정 금융상품 포트폴리오의 일부이다.
  ㉢ 파생상품이다(다만, 금융보증계약인 파생상품이나 위험회피수단으로 지정되고 위험회피에 효과적인 파생상품은 제외한다).
② 최초인식시점에 당기손익인식 항목으로 지정한다(당기손익인식지정금융부채).

2 기타금융부채

기타금융부채는 당기손익-공정가치측정금융부채로 분류되지 않은 모든 금융부채를 의미한다.

TEST 12 연습문제

01 **기타포괄손익-공정가치측정금융자산으로 인하여 수취한 현금배당액에 대한 회계처리로 옳은 것은?**

① 재무상태표에 기타포괄손익누계액으로 표시한다.
② 기타포괄손익-공정가치측정금융자산의 장부금액을 감소시킨다.
③ 포괄손익계산서에 기타포괄손익으로 표시한다.
④ 포괄손익계산서에 수익으로 표시한다.

02 **기업회계기준에 따르면 총포괄손익과 당기순손익이 일치하지 않을 수 있다. 다음 중 총포괄손익과 당기순손익의 불일치를 초래하는 항목은?**

① 감자차손
② 주식선택권
③ 배당건설이자
④ 기타포괄손익-공정가치측정금융자산평가손익

정답과 해설

01 당기손익-공정가치측정금융자산, 기타포괄손익-공정가치측정금융자산 등에서 발생하는 배당금수익은 '배당금수익'의 과목으로 하여 당기수익으로 표시한다.

02 총포괄손익은 당기순손익과 기타포괄손익누계액을 포함한다. 기타포괄손익누계액은 손익거래 중 미실현손익의 집합계정으로서 기타포괄손익-공정가치측정금융자산평가손익, 해외사업장환산손익, 현금흐름위험회피파생상품평가손익 등이 있다.

정답 01 ④ 02 ④

03 금융자산 중 유가증권에 대한 내용으로 옳지 않은 것은?

① 당기손익-공정가치측정금융자산에 대한 미실현손익은 당기손익항목으로 처리한다.
② 기타포괄손익-공정가치측정금융자산에 대한 미실현손익 누적금액은 처분하거나 손상차손을 인식하는 시점에 일괄하여 당기손익에 반영한다.
③ 당기손익-공정가치측정금융자산을 취득하는 과정에서 발생한 거래원가는 취득원가에 포함한다.
④ 당기손익인식항목의 금융자산은 드문 경우에만 당기손익인식항목의 범주에서 다른 범주로 재분류할 수 있다.

04 다음 자료를 이용하여 20X2년 포괄손익계산서에 보고할 평가이익을 계산하면?

	20X2년 초 취득원가	20X2년 12월 31일 시가
• 당기손익-공정가치측정금융자산	₩200,000	₩240,000
• 기타포괄손익-공정가치측정금융자산	₩3,000,000	₩3,500,000

① ₩40,000
② ₩500,000
③ ₩540,000
④ 0

정답과 해설

03 당기손익-공정가치측정금융자산을 취득하는 과정에서 발생한 거래원가는 당기비용으로 처리한다.

04 • 당기손익-공정가치측정금융자산평가이익 : 당기손익
₩240,000 − ₩200,000 = ₩40,000(평가이익)
• 기타포괄손익-공정가치측정금융자산평가이익 : 기타포괄손익누계액
₩3,500,000 − ₩3,000,000 = ₩500,000(평가이익)
그러므로 포괄손익계산서에 보고되는 평가이익은 ₩540,000이다.

정답 03 ③ 04 ③

CHAPTER 13

PART 1 재무회계

현금흐름표

※ 현금흐름표는 기본사항을 중심으로 학습하고 계산형 문제는 너무 깊이 학습하지 않아도 된다.

01 현금흐름표의 기본사항

1 현금흐름표의 의의

현금흐름표란 일정기간 동안의 기업의 현금유입・유출에 대한 정보를 제공하는 재무제표이다. 특정 보고기간의 현금의 변동내용을 보고하는 것으로 현금유입의 경우는 조달된 현금의 원천별로, 유출의 경우는 사용된 현금의 용도별(영업활동, 투자활동, 재무활동)로 구분하여 일정기간의 현금흐름을 표시한다. 즉, 발생주의정보와 현금흐름정보를 통합적으로 고려해야 하며, 이런 현금흐름정보를 나타내는 재무제표가 현금흐름표이다.

(1) 현금흐름표의 유용성

① 다른 재무제표와 같이 사용되는 경우 순자산의 변화, 재무구조(유동성과 지급능력 포함), 변화하는 상황과 기회에 적응하기 위하여 현금흐름의 금액과 시기를 조절하는 능력을 평가하는 데 유용한 정보를 제공한다.

② 현금흐름정보는 현금및현금성자산의 창출능력을 평가하는 데 유용할 뿐만 아니라, 서로 다른 기업의 미래현금흐름의 현재가치를 비교・평가하는 모형을 개발할 수 있도록 한다.

③ 현금흐름정보는 동일한 거래와 사건에 대하여 서로 다른 회계처리를 적용함에 따라 발생하는 영향을 제거하기 때문에 영업성과에 대한 기업 간의 비교가능성을 제고한다.

(2) 현금흐름표의 한계점

① 현금흐름표는 단기적으로 유용하나 장기전망을 평가하는 목적으로는 한계가 있다.

② 현금흐름표의 자금개념인 현금및현금성자산에 따라 현금흐름이 달라지며 개념이 모호한 경우도 있다.

(3) 순이익과 현금 증감에 따른 자산 및 부채 변화

증감변화	이익 관계	현금흐름 관계	관 계
자 산 ↑	이 익 ↑	현금흐름 ↓	이익과 비례 / 현금흐름과 반비례
자 산 ↓	이 익 ↓	현금흐름 ↑	이익과 비례 / 현금흐름과 반비례
부 채 ↑	이 익 ↓	현금흐름 ↑	이익과 반비례 / 현금흐름과 비례
부 채 ↓	이 익 ↑	현금흐름 ↓	이익과 반비례 / 현금흐름과 비례

예제

현금흐름표에 관한 설명으로 틀린 것은?

① 현금흐름표는 현금및현금성자산의 증감변화 내용을 보고한다.
② 각종 재무활동과 투자활동에 대한 정보도 제공한다.
③ 이자비용은 재무활동으로 인한 현금흐름으로 분류된다.
④ 투자활동으로 인한 현금흐름에는 현금의 대여, 회수와 유형자산의 취득, 처분이 포함된다.

정답 및 해설

③
이자비용은 일반적으로 영업활동으로 인한 현금유출로 분류하고, 대체적인 방법으로 재무활동으로 분류할 수 있다.

PART 1

2 현금흐름의 활동구분

현금흐름표는 회계기간 동안 발생한 현금흐름을 영업활동, 투자활동 및 재무활동으로 분류하여 보고한다. 기업은 사업 특성을 고려하여 가장 적절한 방법으로 영업활동, 투자활동 및 재무활동에서 발생하는 현금흐름을 표시한다.

(1) 영업활동

영업활동 현금흐름은 주로 기업의 주요 수익창출활동에서 발생한다. 따라서 일반적으로 당기순손익의 결정에 영향을 미치는 거래나 그 밖의 사건의 결과로 발생한다. 해당 현금흐름의 예는 다음과 같다.

- 재화의 판매와 용역 제공에 따른 현금유입
- 로열티, 수수료, 중개료 및 기타 수익에 따른 현금유입
- 재화와 용역의 구입에 따른 현금유출
- 종업원과 관련하여 직·간접으로 발생하는 현금유출
- 보험회사의 경우 수입보험료, 보험금, 연금 및 기타 급부금과 관련된 현금유입과 현금유출
- 법인세의 납부 또는 환급. 다만, 재무활동과 투자활동에 명백히 관련되는 것은 제외한다.
- 단기매매목적으로 보유하는 계약에서 발생하는 현금유입과 현금유출

(2) 투자활동

투자활동 현금흐름은 미래수익과 미래현금흐름을 창출할 자원의 확보를 위하여 지출된 정도를 나타내기 때문에 현금흐름을 별도로 구분 공시하는 것이 중요하다. 재무상태표에 자산으로 인식되는 지출만이 투자활동으로 분류하기에 적합하다. 해당 현금흐름의 예는 다음과 같다.

- 유형자산, 무형자산 및 기타 장기성 자산의 취득에 따른 현금유출(자본화된 개발원가와 자가건설 유형자산에 관련된 지출 포함)과 처분에 따른 현금유입
- 제3자에 대한 선급금 및 대여금에 의한 현금유출과 회수에 따른 현금유입(금융회사의 현금 선지급과 대출채권은 제외)

(3) 재무활동

재무활동 현금흐름은 미래현금흐름에 대한 자본 제공자의 청구권을 예측하는 데 유용하기 때문에 현금흐름을 별도로 구분 공시하는 것이 중요하다. 재무활동 현금흐름의 예는 다음과 같다.

- 주식이나 기타 지분상품의 발행에 따른 현금유입
- 주식의 취득이나 상환에 따른 소유주에 대한 현금유출
- 담보 · 무담보사채 및 어음의 발행과 기타 장 · 단기차입에 따른 현금유입
- 차입금의 상환에 따른 현금유출
- 리스이용자의 리스부채 상환에 따른 현금유출

(4) 특수한 항목의 활동 구분

구 분	분류 이유	활 동	비 고
이자의 지급	당기순이익에 영향미침	영업활동	재무활동 분류가능
이자의 수취	당기순이익에 영향미침	영업활동	투자활동 분류가능
배당금의 수취	당기순이익에 영향미침	영업활동	투자활동 분류가능
배당금의 지급	재무자원의 획득비용	재무활동	영업활동 분류가능

3 현금흐름표의 보고양식

(1) 직접법

직접법이란 총현금유입과 총현금유출을 주요 항목별로 구분하고 표시하는 방법을 말한다. 영업활동 현금흐름을 보고하는 경우 국제회계기준에서는 직접법을 사용할 것을 권장하고 있다.

직접법을 사용하면 기업의 영업활동에서 발생한 현금흐름 구성비율을 자세히 볼 수 있어서 미래현금흐름을 추정하는데 간접법보다 유용한 정보를 제공할 수 있다.

(2) 간접법

간접법은 당기순손익에 현금을 수반하지 않는 거래, 과거 또는 미래의 영업활동 현금유입이나 현금유출의 이연 또는 발생, 투자활동이나 재무활동 현금흐름과 관련된 손익항목의 영향을 조정하여 표시하는 방법을 말한다.

당기순이익		xxx
(포괄)손익계산서 조정	(당기손익 중 영업활동이 아닌 손익제거)	xxx
재무상태표 조정	(영업활동 자산, 부채의 증감 고려)	xxx
영업활동 현금흐름		xxx

※ 영업활동이 아닌 손익제거 시 부호를 반대로 조정한다.

※ 재무상태표 조정은 영업활동 자산, 부채의 증감을 고려하여 발생주의를 현금주의로 전환시키는 것이다. 자산의 증감은 반비례해서 조정하고, 부채의 증감은 비례해서 조정한다.

• 현금유출이 없는 비용 가산(감가상각비, 무형자산상각비 등)
• 현금유입이 없는 수익 차감(지분법이익 등)
• 자산 증가(매출채권 증가, 재고자산 증가 등) → 현금흐름 감소
• 자산 감소(매출채권 감소, 재고자산 감소 등) → 현금흐름 증가
• 부채 증가(매입채무 증가 등) → 현금흐름 증가
• 부채 감소(매입채무 감소 등) → 현금흐름 감소

〈현금흐름표〉

(주)xx 20X1년 1월 1일부터 20X1년 12월 31일까지 (금액 : 원)

1. 영업활동 현금흐름*1		xxx
2. 투자활동 현금흐름*2		xxx
투자활동현금유입액	xxx	
투자활동현금유출액	(xxx)	
3. 재무활동 현금흐름*2		xxx
재무활동현금유입액	xxx	
재무활동현금유출액	(xxx)	
4. 현금및현금성자산 관련 환율변동효과		xxx
현금및현금성자산의 증가(감소)		xxx
기초의 현금및현금성자산		xxx
기말의 현금및현금성자산*3		xxx

*1 직접법 또는 간접법으로 표시
*2 직접법 작성
*3 보고기간말 재무상태표의 현금및현금성자산과 동일한 금액

TEST 13 연습문제

01 (주)한국의 20X1년도 당기순이익은 ₩2,090,000이었다. 다음의 추가자료를 이용하여 20X1년도 영업활동에 의한 현금흐름을 계산하면 얼마인가?

• 매출채권의 증가	₩50,000
• 재고자산의 증가	₩80,000
• 매입채무의 감소	₩50,000
• 미지급비용의 증가	₩40,000
• 감가상각비	₩50,000

① ₩1,870,000 ② ₩2,000,000

③ ₩2,160,000 ④ ₩2,210,000

정답과 해설

01

• 당기순이익		2,090,000
감가상각비	(+)	50,000
매출채권의 증가	(−)	50,000
재고자산의 증가	(−)	80,000
매입채무의 감소	(−)	50,000
미지급비용의 증가	(+)	40,000
영업활동 현금흐름		2,000,000

• 당기순이익
현금유출이 없는 비용 가산
현금유입이 없는 수익 차감
자산 증가 → 현금흐름 감소
자산 감소 → 현금흐름 증가
부채 증가 → 현금흐름 증가
부채 감소 → 현금흐름 감소
영업활동 현금흐름

정답 01 ②

02 현금흐름표에 관한 설명 중 옳은 것은?

① 현금흐름표는 현금흐름의 종류를 크게 영업활동으로 인한 현금흐름 및 투자활동으로 인한 현금흐름으로 구분하여 보고한다.
② 영업활동으로 인한 현금흐름을 직접법으로 작성하는 경우와 간접법으로 작성하는 경우, 영업활동으로 인한 현금흐름의 크기가 달라질 수 있다.
③ 단기매매목적으로 유가증권을 취득하는 것은 재무활동 현금흐름이다.
④ 직접법이나 간접법 중 어떤 방법으로 작성하더라도 투자활동으로 인한 현금흐름은 동일하게 표시된다.

03 다음 자료를 이용하여 영업활동으로 인한 현금흐름을 간접법으로 계산하면?

• 당기순이익	₩5,000	• 감가상각비	₩400
• 유형자산처분이익	₩1,000	• 재고자산의 증가	₩500

① ₩3,500
② ₩3,900
③ ₩4,100
④ ₩4,600

PART 1

정답과 해설

02 ① 현금흐름표는 현금흐름의 종류를 크게 영업활동으로 인한 현금흐름 및 투자활동으로 인한 현금흐름, 재무활동으로 인한 현금흐름으로 구분하여 보고한다.
② 영업활동으로 인한 현금흐름을 직접법으로 작성하는 경우와 간접법으로 작성하는 경우, 영업활동으로 인한 현금흐름의 크기는 동일하다.
③ 단기매매목적으로 보유하는 계약에서 발생하는 현금유입과 현금유출은 영업활동 현금흐름이다.

03

당기순이익		5,000
유형자산처분이익	(−)	1,000
감가상각비	(+)	400
재고자산의 증가	(−)	500
영업활동 현금흐름		3,900

정답 02 ④ 03 ②

04 다음은 (주)서울의 재무상태표와 현금흐름표에서 발췌한 20X1년 현금흐름 관련 자료이다. 20X2년도 영업활동으로 인한 현금흐름은?

• 20X1년 12월 31일 말 현금 잔액	₩120,000
• 20X2년 투자활동으로 인한 현금 감소	₩40,000
• 20X2년 재무활동으로 인한 현금 증가	₩50,000
• 20X2년 12월 31일 말 현금 잔액	₩150,000

① ₩10,000　② ₩20,000
③ ₩30,000　④ ₩40,000

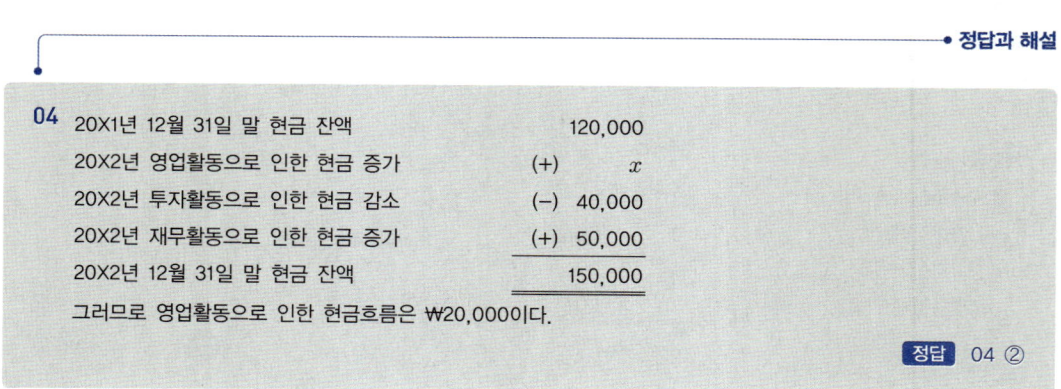

정답과 해설

04

20X1년 12월 31일 말 현금 잔액		120,000
20X2년 영업활동으로 인한 현금 증가	(+)	x
20X2년 투자활동으로 인한 현금 감소	(−)	40,000
20X2년 재무활동으로 인한 현금 증가	(+)	50,000
20X2년 12월 31일 말 현금 잔액		150,000

그러므로 영업활동으로 인한 현금흐름은 ₩20,000이다.

정답 04 ②

CHAPTER 14

PART 1 재무회계

주당이익

01 주당이익의 기본사항

1 주당이익의 의의

당기순이익의 크기만으로 기업의 경영성과를 판단하는 것은 합리적이지 않다. 예를 들어 당기순이익을 단순 비교할 경우 이익의 규모가 큰 기업이 더 나은 경영성과를 달성하였다고 판단할 수 있을 것이나, 투자금액을 비교할 경우 다른 결론에 도달하기도 한다. 주당이익은 보통주식 1주당 이익이 얼마인가를 나타내는 지표를 말한다. 주당이익은 투자금액을 고려한 이익으로 당기순이익을 단순 비교하는 것보다 더 합리적인 의사결정에 도달할 수 있다.

(1) 주당이익의 유용성

① 주당이익은 투자규모를 고려한 투자단위당 이익이므로 기업의 경영성과를 기간 간, 기업 간 비교하는 데 유용하다.

② 주가수익비율(PER) 계산을 기초자료로 제공하여 특정 기업의 주가가 다른 기업과 비교하여 과대 또는 과소평가되었는지 여부에 대한 유용한 정보를 제공한다.

(2) 주당이익의 한계

① 주당이익은 특정 기업이 영위하고 있는 업종의 특성이나 위험 등 질적인 정보를 제공하지 못한다.

② 미래 수익창출능력을 나타내지 못하며, 기업 규모의 경제효과를 반영하지 못한다.

2 주당이익의 종류

(1) 기본주당이익

실제로 발행되어 유통되는 보통주식수를 기준으로 계산한 것을 말한다.

(2) 희석주당이익

유통되는 보통주식수에 잠재적 보통주를 보통주로 간주하는 경우의 주식수를 합산한 주식수를 기준으로 계산한 주당이익을 말하며(예 전환사채, 전환우선주, 신주인수권부사채 등), 기본주당이익에 비해 일반적으로 낮은 금액이 된다.

3 기본주당이익

(1) 의 의

$$\text{기본주당이익} = \frac{\text{보통주당기순이익}}{\text{가중평균유통보통주식수}}$$

(2) 가중평균유통보통주식수

① 기초의 유통보통주식수에 회계기간 중 취득된 자기주식수 또는 신규 발행된 보통주식수를 각각의 유통기간에 따른 가중치를 고려하여 조정한 보통주식수이다.

② 무상증자, 주식배당, 주식분할, 주식병합이 실시되는 경우에는 자원의 실질적인 변동을 유발하지 않으면서 유통보통주식수의 변동을 가지고 온다. 유통보통주식수는 비교 표시되는 최초기간의 개시일에 그 사건이 일어난 것처럼 비례적으로 조정한다.

(3) 보통주당기순이익

당기순이익에서 자본으로 분류된 우선주에 대한 세후 우선주배당금을 차감하여 산정한다.

보통주당기순이익 = 당기순이익 − 우선주배당금

PART 1 재무회계

보론 기출분개 정리

01 기말결산정리

1 선급보험료

서울(주)은 20X1년 중 보험료 ₩1,000,000을 현금으로 지급했다. 이 중에서 20X2년에 해당하는 보험료가 ₩300,000이다. 보험료 지출 시 자산으로 처리하는 방법을 사용하였을 때 20X1년 결산 시 수행할 결산수정분개를 처리하시오.

해설

• 지급 시 자산처리하였다면

(차) 선급보험료	1,000,000	(대) 현 금	1,000,000

• 결산 시에는 당기분에 대한 보험료를 비용화 시킨다. 이 경우 자산을 감소하고 비용을 발생시키는 분개를 한다.

(차) 보험료	700,000	(대) 선급보험료	700,000

2 보험료

(주)신한은 20X3년 8월 1일에 화재보험에 가입하면서 1년분(20X3년 8월 1일 ~ 20X4년 7월 31일) 보험료 ₩2,400,000을 현금으로 지급하였다(지급 시 전액 비용처리). 이 경우 (주)신한의 20X3년 12월 말 결산 시 수행할 결산수정분개를 처리하시오(단, 보험료는 월할계산이다).

해설

• 8월 1일 전액 보험료 처리 시

(차) 보험료	2,400,000	(대) 현 금	2,400,000

• 12월 31일 기말 결산 수정분개(차기 1월 ~ 7월분)

(차) 선급보험료(선급비용)	1,400,000	(대) 보험료	1,400,000

3 소모품과 소모품비

12월 말 결산 법인인 (주)한국은 9월 1일 처음으로 소모품을 ₩2,000,000 구입하여 전액 자산으로 처리하였다. 당기에 사용된 소모품은 ₩1,700,000이었다. 12월 31일 결산 시 수행할 결산수정분개를 처리하시오.

PART 1

해설

구입 시 자산(소모품)으로 처리한 경우, 결산 시 사용액을 비용(소모품비) 계정으로 대체한다.

• 구입 시	(차) 소모품	2,000,000	(대) 현 금	2,000,000
• 결산 시	(차) 소모품비	1,700,000	(대) 소모품	1,700,000

4 임대료

(주)대한은 20X3년 7월 1일에 1년분 임대료 ₩1,000,000을 받았으며, 수취시점에 모두 선수금으로 인식하였다. 20X3년 12월 31일 결산 시 수행할 결산수정분개를 처리하시오.

해설

• 임대료 수령 시	(차) 현 금	1,000,000	(대) 선수금	1,000,000
• 기말 분개 시	(차) 선수금	500,000	(대) 임대료수익	500,000

5 손상(대손)회계

(주)대한은 결산시점에 개별회사 외상매출금의 기말잔액을 기초로 손상(대손)예상액을 추정한다. 결산 시 외상매출금 잔액 ₩8,000,000에 대해서 2%의 손상이 추정되었으며, 기말에 손실충당금의 잔액이 ₩200,000이 있었다. 12월 31일 결산 시 수행할 결산수정분개를 처리하시오.

해설

기말 외상매출금에 대한 손실충당금 설정은 8,000,000원 × 0.02 − 200,000원 = −40,000원, 추정액 초과분은 환입 처리한다.

(차) 손실충당금	40,000	(대) 손실충당금환입	40,000

02 어 음

1 어음의 추심

(주)상공이 소지하고 있던 약속어음 ₩100을 거래은행에 추심의뢰하고, 수수료 ₩20을 보통예금 계좌에서 인출하여 지급하다. 올바른 분개를 처리하시오.

해설

받을어음 추심의뢰 행위는 회계상 거래가 아니다. 어음의 추심수수료 지급에 대한 내역만 분개한다.

(차) 수수료비용	20	(대) 보통예금	20

2 어음의 배서양도

(주)서울은 보유하고 있던 약속어음 ₩100,000을 타인에게 양도하고 ₩96,000을 현금으로 수령하였다. 어음의 양도를 차입거래로 회계처리할 경우 올바른 분개를 처리하시오.

해설

(차) 현 금	96,000	(대) 차입금	100,000
이자비용	4,000		

03 매출 및 매입

1 매 입

경기상사는 갑 상품 100개를 10,000원에 외상으로 매입하고, 매입수수료 500원과 매입운반비 500원을 현금으로 지급하였다. 올바른 분개를 처리하시오(단, 상품거래는 3분법 처리).

해설

상품매입 시 매입수수료와 매입운반비는 매입원가에 포함하여 가산한다.

(차) 매 입	11,000	(대) 외상매입금	10,000
		현 금	1,000

2 매 출

(주)상공기업은 대한상점에 상품 ₩1,000,000을 매출하고 대금은 신용카드로 결제 받았다. 이에 대한 올바른 분개를 처리하시오(단, 상품거래는 3분법으로 처리한다).

해설

신용카드로 결제 받았더라도 해당 매출은 미수금으로 처리하지 아니하고 외상매출금 계정을 사용한다.

(차) 외상매출금	1,000,000	(대) 매 출	1,000,000

3 매출 : 신용카드

상품 ₩30,000을 판매하였는데, 대금은 카드회사에서 발행한 신용카드로 결제되었다. 카드 수수료율은 판매대금의 5%이다. 올바른 분개를 처리하시오.

해설

매출발생 시 신용카드사의 수수료는 당기비용으로 처리한다. 매출액에서 해당 수수료비용을 차감한 금액이 외상매출금으로 계상된다.

(차) 외상매출금	28,500	(대) 매 출	30,000
수수료비용	1,500		

4 매출 : 부가가치세

상품을 ₩60,000에 외상매출하고 부가가치세 10%를 현금으로 받은 경우의 올바른 분개를 처리하시오(단, 상품거래는 3분법으로 처리한다).

해설

매출 시 부가가치세액은 거래상대방으로부터 거래징수하고 추후 부가가치세 납부세액은 매출세액에서 매입세액을 차감하여 계산된다. 그 기간 동안 매출 시 부가가치세는 부가가치세예수금(부채) 항목으로 반영한다.

(차) 외상매출금	60,000	(대) 매 출	60,000
현 금	6,000	부가가치세예수금	6,000

5 상품권

(주)대한백화점은 9월 5일 상품권 액면가액 ₩500,000을 10% 할인 발행하고 현금을 받았다. 10월 20일 상품을 판매하고 그 대금은 앞서 발행하였던 상품권 ₩500,000으로 회수하였다. 올바른 분개를 처리하시오.

해설

상품권은 상품권 판매시점에서 상품권선수금으로 처리하고 해당 상품권으로 상품이 판매되는 시점에 매출로 인식한다.

• 9월 5일	(차) 현 금	450,000	(대) 상품권선수금	500,000
	상품권할인액	50,000		
• 10월 20일	(차) 상품권선수금	500,000	(대) 매 출	500,000
	매출에누리(매출)	50,000	상품권할인액	50,000

04 금융자산

1 당기손익-공정가치측정금융자산

(주)대한은 단기적 이익획득을 목적으로 주식 ₩100,000을 현금으로 매입하였으며, 이 주식의 취득을 위해 직접적으로 관련된 수수료 ₩50,000을 현금으로 지급하였다. 올바른 분개를 처리하시오.

해설

당기손익-공정가치측정금융자산 취득 시 수수료는 원가에 포함하지 않고 수수료비용으로 처리한다.

(차) 당기손익-공정가치측정금융자산	100,000	(대) 현 금	150,000
수수료비용	50,000		

2 당기손익-공정가치측정금융자산

기초에 단기매매목적으로 ₩100,000에 구입한 A주식의 기말 현재시가는 ₩120,000으로 평가되었다. 다음 중 기말에 A주식에 대한 올바른 분개를 처리하시오.

해설

당기손익-공정가치측정금융자산에 대한 기말 평가이익이 발생한 경우 해당 자산을 증가시키고 대변에 당기손익-공정가치측정금융자산평가손익을 반영한다. 기말 재무상태표에 표시되는 당기손익-공정가치측정금융자산에는 120,000원으로 표시한다.

(차) 당기손익-공정가치측정금융자산	20,000	(대) 당기손익-공정가치측정 금융자산평가이익	20,000

3 당기손익-공정가치측정금융자산

(주)한국은 7월 26일에 단기 시세차익을 얻을 목적으로 액면금액이 1주당 ₩5,000인 (주)홍콩의 주식 500주를 1주당 ₩6,200에 매입하고, 주식 취득수수료 ₩30,000은 현금으로 지급하였다. 올바른 분개를 처리하시오.

해설

단기간의 이익획득 목적이므로 당기손익-공정가치측정금융자산으로 분류한다. 이 경우 취득 시 거래비용은 지출시점에 당기비용으로 처리한다. 따라서 500주 × 6,200원 = 3,100,000원이다.

(차) 당기손익-공정가치측정금융자산	3,100,000	(대) 현 금	3,130,000
수수료비용	30,000		

4 당기손익-공정가치측정금융자산

가. 10월 1일 기업의 유휴자금을 활용할 목적으로 (주)상공의 주식 200주를 1주당 ₩10,000(액면가 ₩5,000)에 현금으로 취득하였다.
나. 11월 1일 위 주식 100주를 1주당 ₩9,000에 처분하고 현금으로 받았다.
다. 12월 31일 위 주식의 공정가치가 1주당 ₩12,000으로 평가되다.

올바른 분개를 처리하시오.

해설

당기손익-공정가치측정금융자산의 평가는 재무상태표일 현재의 공정가치로 한다. 공정가치와의 차이는 당기손익에 반영한다.

• 10월 1일 : 주식 200주 2,000,000원 취득

(차) 당기손익-공정가치측정금융자산	2,000,000	(대) 현 금	2,000,000

• 11월 1일 : 주식 100주 900,000원 처분(처분손실 100,000원)

(차) 현 금	900,000	(대) 당기손익-공정가치측정금융자산	1,000,000
당기손익-공정가치측정금융자산처분손실	100,000		

• 12월 31일 : 주식 100주 보유 기말평가 = 100주 × (12,000원 − 10,000원) = 200,000원(평가이익)

(차) 당기손익-공정가치측정금융자산	200,000	(대) 당기손익-공정가치측정금융자산평가이익	200,000

5 상각후원가측정금융자산

12월 결산법인인 (주)상공은 2010년 1월 1일에 다음과 같은 조건으로 발행된 공채를 ₩947,516에 취득하였다. 이 공채의 취득 시 적용된 유효이자율은 7%였다. (주)상공이 2010년 말에 인식해야 할 이자수익을 구하고 올바른 분개를 처리하시오(단, 회사는 이를 상각후원가측정금융자산으로 분류한다).

가. 발행일 : 2010년 1월 1일
나. 액면금액 : ₩1,000,000
다. 이자지급 : 매년 12월 31일에 액면금액의 연 5%의 이자 지급(이자는 기말 현재 미수령)
라. 상환 : 2012년 12월 31일에 일시 상환

해설

상각후원가측정금융자산은 상각후원가로 측정한다. 유효이자율법에 의해 계산된 금액은 이자수익으로 반영되며 이 중 액면 이자금액을 제외한 나머지는 상각후원가측정금융자산의 장부상 가액을 증가시킨다.

947,516원 × 0.07 = 66,326원

(차) 상각후원가측정금융자산	16,326	(대) 이자수익	66,326
미수이자	50,000		

05 자 산

1 정기예금

1년 만기 정기예금 ₩500,000이 오늘 만기가 되어 이자 ₩50,000과 함께 현금으로 받았다. 올바른 분개를 처리하시오.

해설

1년 만기 정기예금 상품이므로 단기금융상품으로 처리한다. 차변에 자산의 증가와 대변에 자산의 감소 및 수익의 발생으로 분개한다. 정기예금에 대한 이자는 이자수익으로 반영한다.

(차) 현 금	550,000	(대) 단기금융상품	500,000
		이자수익	50,000

2 유형자산

상공(주)은 20X1년 3월 1일에 건물을 ₩150,000에 취득하였다. 이 건물의 내용연수는 20년이며 잔존가치는 없고, 정액법으로 감가상각한다. 20X3년 6월 30일에 동 건물을 ₩125,000에 처분하여 현금 수령 시 올바른 분개를 처리하시오.

해설

감가상각비는 월할로 계산한다. 따라서 20X1년에는 취득시점인 3월부터 12월 말까지 반영하고, 20X2년은 1월부터 12월까지 반영하며, 20X3년은 1월부터 처분시점인 6월까지 반영하여, 총 28개월간 감가상각비는 17,500원이다.

- 20X1년 : 150,000 ÷ 20 = 7,500 7,500 × 10/12 = 6,250원
- 20X2년 : 150,000 ÷ 20 = 7,500 7,500 × 12/12 = 7,500원
- 20X3년 : 150,000 ÷ 20 = 7,500 7,500 × 6/12 = 3,750원

(차) 감가상각누계액	17,500	(대) 건 물	150,000
현 금	125,000		
유형자산처분손실	7,500		

3 상업적 실질이 있는 (이종)자산 간 교환

(주)상공은 장부금액이 ₩52,000(취득원가 ₩90,000, 감가상각누계액 ₩38,000)인 기계장치와 현금 ₩50,000을 제공하고 토지를 취득하였다. 제공한 기계장치의 공정가치가 ₩68,000일 때, 토지의 취득원가를 구하고 올바른 분개를 처리하시오.

해설

이종자산 간 교환으로 교환거래 시 상업적 실질이 있는 경우이므로
토지 취득원가 = 기계장치의 공정가치(68,000원) + 현금제공액(50,000원) = 118,000원

(차) 감가상각누계액	38,000	(대) 기계장치	90,000
토 지	118,000	현 금	50,000
		유형자산처분이익	16,000

06 부 채

1 퇴직급여부채

20X1년 초 퇴직급여채무의 잔액은 ₩830,000이며, 20X1년 퇴직금지급액이 ₩250,000이었다. 20X1년 말 현재 퇴직급여채무가 ₩880,000일 경우 퇴직급여와 관련된 결산수정분개를 처리하시오(단, 퇴직급여제도는 확정급여제도로 채택하고 관련 사외적립자산 및 보험수리적손익은 고려하지 않는다).

해설

퇴직급여부채의 설정은 기초잔액에서 기중 퇴직금지급액을 차감하고 기말 현재가치를 고려하여 보충한다.

(차) 퇴직급여	300,000	(대) 퇴직급여부채*	300,000

* 880,000 − (830,000 − 250,000) = 300,000

2 퇴직급여 지급(확정급여제도)

종업원이 퇴직하여 퇴직금 ₩1,000,000을 미리 적립해 두었던 사외적립자산으로 지급하였다(단, 퇴직급여제도는 확정급여제도를 채택하고 있다).

해설

(차) 확정급여채무	1,000,000	(대) 사외적립자산	1,000,000

3 차입금

차입금 ₩1,000,000을 현금으로 상환하고 동시에 관련 이자 ₩120,000을 현금으로 지급하였다. 올바른 분개를 처리하시오.

해설

(차) 차입금(부채의 감소)	1,000,000	(대) 현 금(자산의 감소)	1,120,000
이자비용(비용의 발생)	120,000		

PART 1

4 사 채

(주)전북의 재무상태표에는 사채(액면가액 ₩100,000, 미상각 사채할인발행차금 ₩5,000)가 있는데, 여유자금이 생긴 (주)전북은 이 사채를 ₩100,000에 모두 상환하였다. 사채상환에 대한 올바른 분개를 처리하시오.

해설

- 사채의 장부금액 = 사채액면가액(100,000원) − 사채할인발행차금(5,000원) = 95,000원
- 사채상환손실 = 상환대가(100,000원) − 사채의 장부금액(95,000원) = 5,000원

(차) 사 채	100,000	(대) 현 금	100,000
사채상환손실	5,000	사채할인발행차금	5,000

PART 2

전산회계운용사
2급 필기

원가회계

많이 보고 많이 겪고 많이 공부하는 것은 배움의 세 기둥이다.

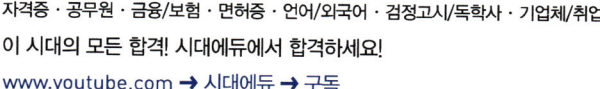

– 벤자민 디즈라엘리 –

CHAPTER 01

PART 2 원가회계

원가의 기초 개념

01 원가의 기초 개념

1 원가회계의 의의

원가회계란 외부보고용 재무제표를 작성하고, 내부관리용 장기계획이나 경영정책을 수립하는 데 필요한 원가정보를 제공할 목적으로 제조활동과 영업활동에 관한 원가자료를 인식・측정하고 분류・집계하여 해석・보고하는 회계시스템의 한 분야이다.

2 원가회계 목적

① 원가의 관리와 통제
② 성과측정
③ 제품원가 계산

3 원가회계 특징

① 재무제표의 작성에 필요한 원가를 집계 및 반영한다.
　예 재무상태표 재고자산 가액 및 손익계산서 제품매출원가 결정
② 경영계획 및 통제, 의사결정에 필요한 원가정보를 제공한다.
③ 각 부문별 책임자들에게 원가관리에 필요한 원가자료를 제공한다.
④ 원가관리회계는 원가측정 및 계산을 주로 다루는 원가회계와 원가정보를 의사결정에 사용하는 기법을 다루는 관리회계로 세분하기도 한다.

4 원가회계와 관리회계의 구분

(1) 원가회계

원가계산 준칙에 의거하여 외부 정보이용자에게 재무제표의 매출원가 및 재고자산에 필요한 원가계산 및 내부관리를 목적으로 원가정보를 제공한다.

(2) 관리회계

일정한 기준은 없으나 의사결정에 필요한 목적적합한 내부정보를 경영자(관리자)에게 제공한다.

구 분	재무회계	관리회계
정보이용자 및 목적	외부이용자의 경제적 의사결정에 유용한 정보 제공	내부이용자의 경제적 의사결정에 유용한 정보 제공
보고수단	일반목적 보고서(재무제표)	특수목적의 보고서
회계기준	한국채택국제회계기준, 일반기업회계기준	일정한 기준이 없음
정보의 성격	과거지향적, 객관성 강조	미래지향적, 목적적합성 강조

구 분	원가회계	관리회계
주요 목적	제품의 원가를 정확히 측정하고 계산하는 것	기업의 경영 의사결정(계획, 통제, 성과평가)을 위한 정보를 제공하는 것
주요 대상	원가 흐름 및 원가 추적	경영자의 의사결정, 성과평가
정보이용자	기업 내부 이해관계자	경영자 등 기업 내부 이해관계자
보고시점	과거 및 미래 정보를 모두 포함 가능	과거 및 미래 정보를 모두 포함 가능
정보의 성격	객관성, 신뢰성, 규정 준수가 중요한 과거 지향적 정보	기업 내부 기준에 따라 유연하게 작성

5 원가의 개념

제조원가란 제품을 생산하기 위해 희생된 경제적 자원을 화폐가치로 측정한 것을 말하며, 크게 직접재료원가, 직접노무원가, 제조간접원가로 분류된다.

(1) 원가개념의 분류

① **직접재료원가** : 직접재료원가란 특정제품을 생산하기 위해 투입된 원재료를 화폐액으로 표시한 것으로 특정제품에 직접적으로 추적할 수 있는 원가이다.

② **직접노무원가** : 직접노무원가란 특정제품을 생산하기 위해 종업원에게 지급하는 노동의 대가를 화폐액으로 표시한 것으로 특정제품에 직접적으로 추적할 수 있는 원가이다.

③ **제조간접원가** : 제조간접원가란 직접재료원가와 직접노무원가를 제외한 공장에서 발생하는 모든 제조원가를 의미한다. 간접재료원가, 간접노무원가, 전력비, 감가상각비, 보험료, 세금과공과 등을 그 예로 들 수 있다. 제조간접원가는 행태에 따라 변동원가인 변동제조간접원가와 고정원가인 고정제조간접원가로 나눌 수 있다.

④ **기초원가(= 기본원가)** : 기초원가는 제품생산에 직접 추적이 용이한 직접재료원가와 직접노무원가의 합을 말한다.

⑤ **가공원가(= 전환원가)** : 가공원가는 원재료를 가공하는 과정에서 발생하는 직접노무원가와 제조간접원가의 합을 말한다.

기초(기본)원가	직접재료원가 + 직접노무원가
가공원가	직접노무원가 + 제조간접원가

황당하지만 교재 내용을 이해하기 쉬운 사례

〈떡볶이와 순대볶음을 동시에 판매하는 분식집의 원가분류〉

직접재료원가	떡, 순대
직접노무원가	떡볶이와 순대볶음 만드는 사람의 인건비
제조간접원가	양념, 떡볶이와 순대볶음 서빙하는 사람의 인건비, 사업장 월세 등

예제

(주)한국의 20X2년 1월 중 발생한 제조원가 및 비용에 대한 자료가 다음과 같을 때, 20X2년 1월에 발생한 가공원가는?(단, (주)한국은 20X2년 1월 초에 ₩3,000, 1월 말에 ₩1,000의 직접재료원가가 있었다)

항 목	금 액
직접재료원가 매입액	₩2,000
직접노무원가	₩3,000
감가상각비 – 공장건물	₩500
감가상각비 – 영업점포	₩300
공장감독자 급여	₩100
기타제조간접원가	₩200
합 계	₩6,100

정답 및 해설

₩3,800

가공원가 = 직접노무원가 + 제조간접원가 = ₩3,000 + (₩500 + ₩100 + ₩200) = ₩3,800

02 제조원가의 흐름과 회계처리

1 원재료 계정

(1) 원재료 계정의 원가흐름

원재료 계정은 재공품 계정에 투입될 원재료의 원가를 기록하는 재고자산 계정이다. 원재료투입액은 특정제품의 추적가능성 여부에 따라 직접재료원가와 간접재료원가로 나누어진다.

원재료

차변		대변	
기 초	xxx	사용액	
당기매입		직접재료원가	xxx
매입채무	xxx	간접재료원가	xxx
현 금	xxx	기 말	xxx
	xxx		xxx

직접재료원가 = 기초원재료 + 당기원재료매입액 − 기말원재료 − 간접재료원가

(2) 회계처리

원재료 계정 차변은 기초원재료와 원재료매입액의 합이고 원재료 계정 대변은 원재료 투입액과 기말원재료의 합이다.

① 원재료 구입 시

(차) 원재료	xxx	(대) 현금(또는 매입채무)	xxx

② 원재료 사용 시

(차) 직접재료원가(재공품)	xxx	(대) 원재료	xxx
제조간접원가(간접재료원가)	xxx		

2 노무원가

(1) 노무원가의 원가흐름

노무원가는 제품 제조과정에서 노동에 대한 대가로 지급되는 비용으로서 직접노무원가와 간접노무원가로 나누어진다.

① **직접노무원가** : 직접노무원가란 제품을 제조하는 데 발생되는 노무원가 중 특정제품에 대하여 직접 추적할 수 있는 원가이다.

② **간접노무원가** : 간접노무원가란 직접노무원가 이외의 노무원가로 제품 전체 또는 다수의 제품에 대하여 공통적으로 발생하기 때문에 특정제품별로 소비된 노동의 가치를 직접 추적할 수 없는 원가를 말한다.

노무원가

발생액		소비액	
현 금	xxx	직접노무원가	xxx
미지급노무원가	xxx	간접노무원가	xxx
	xxx		xxx

(2) 회계처리

① 노무원가 발생 시

(차) 노무원가	xxx	(대) 현금(또는 미지급임금)	xxx

② 노무원가 대체 시

(차) 직접노무원가(재공품)	xxx	(대) 노무원가	xxx
제조간접원가(간접노무원가)	xxx		

3 제조간접원가

(1) 제조간접원가 원가흐름

① 직접재료원가와 직접노무원가를 제외한 공장에서 발생한 모든 비용으로 이에는 간접재료원가, 간접노무원가와 공장건물과 기계장치의 감가상각비, 각종 공과금 및 공장감독자의 급여 등이 있다.

② 제조활동과 관련 없는 제품을 판매하는 과정에서 발생하는 모든 비용은 판매관리비로 본다.

③ 제조경비란 제품의 제조를 위하여 소비되는 원가 중에서 재료원가와 노무원가를 제외한 기타의 모든 원가요소를 말하며 제조간접원가와 유사한 개념으로 사용되고 있다.

④ 제조경비의 계산

㉠ 월할제조경비 : 보험료, 임차료, 감가상각비, 세금과공과, 특허권사용료 등과 같이 1년 또는 일정 기간분을 총괄하여 일시에 지급하는 제조경비를 말한다.

㉡ 측정제조경비 : 전력비, 가스수도비 등과 같이 계량기에 의해 소비액을 측정할 수 있는 제조경비를 말한다.

㉢ 지급제조경비 : 수선비, 운반비, 잡비, 외주가공비 등과 같이 매월의 소비액을 그 달에 지급하는 제조경비를 말한다.

당월소비액 = 당월지급액 + (전월선급액 + 당월미지급액) − (당월선급액 + 전월미지급액)

PART 2

㉣ 발생제조경비 : 재료감모손실 등과 같이 현금의 지출이 없이 발생하는 제조경비를 말한다.

- 재료감모손실 = 재료장부재고액 − 재료실제재고액
- 재료감모손실이 정상적인 발생인 경우는 제조간접원가 계정 차변에, 비정상적인 발생인 경우에는 영업외비용으로서 손익 계정 차변에 대체한다.

제조간접원가

간접재료원가	xxx	재공품	xxx
간접노무원가	xxx		
감가상각비	xxx		
수도광열비	xxx		
수선유지비	xxx		
	xxx		xxx

(2) 회계처리

① 제조간접원가 집계 시

(차) 제조간접원가	xxx	(대) 감가상각비	xxx
		감독자급여	xxx
		수도광열비	xxx

② 재공품에 대체 시

(차) 재공품	xxx	(대) 제조간접원가	xxx

외주가공원가는 성격에 따라 재료원가 또는 제조경비에 포함하여 계상할 수 있으며, 그 금액이 중요한 경우에는 별도의 과목으로 기재할 수 있다.

4 재공품 계정

(1) 재공품 계정의 원가흐름

재공품 계정은 제조공정 중에 미완성된 상태로 있는 제품에 부과된 직접재료원가, 직접노무원가와 제조간접원가를 기록하는 재고자산 계정이다.

재공품

기 초	xxx	당기제품제조원가	xxx
당기총제조원가	xxx		
1) 직접재료원가	xxx		
2) 직접노무원가	xxx	기 말	xxx
3) 제조간접원가	xxx		
	xxx		xxx

당기총제조원가 = 직접재료원가 + 직접노무원가 + 제조간접원가

당기제품제조원가 = 기초재공품 + 당기총제조원가 − 기말재공품

(2) 회계처리

재공품 계정 차변은 기초재공품과 당기총제조원가로 구성되고, 당기총제조원가에는 당기에 발생한 직접재료원가, 직접노무원가와 제조간접원가가 계상된다.

재공품 계정 대변에는 당기제품제조원가와 기말재공품으로 구성되는데 당기에 재공품이 완성되면 당기제품제조원가로 제품 계정에 대체되고 완성이 되지 않으면 기말재공품원가가 된다.

① 제조원가 집계 시(당기총제조원가)

(차)	재공품	xxx	(대) 직접재료원가	xxx
			직접노무원가	xxx
			제조간접원가	xxx

② 제품완성 시(당기제품제조원가)

(차)	제 품	xxx	(대) 재공품	xxx

[T-계정 회계처리 방법]

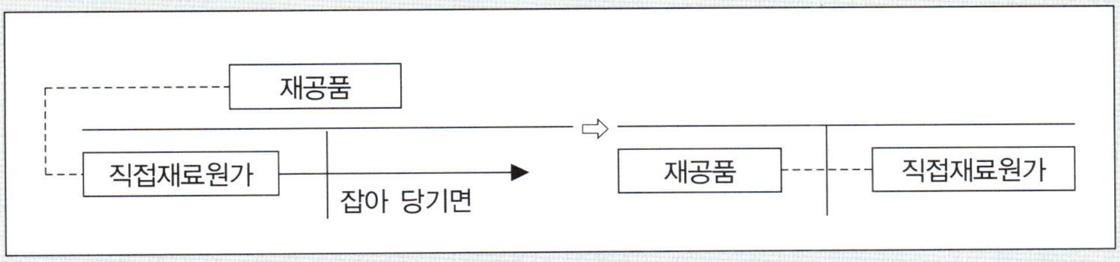

위 재공품과 직접재료원가를 끈으로 묶고 T-계정이 탁자라고 생각해 보자. 탁자 밑에 있는 직접재료원가를 왼쪽에서 오른쪽으로 잡아 당겨 보면 위에 있던 재공품이 탁자에서 밑으로 떨어질 것이다. 이와 같은 방식을 응용한다면 여러 가지 복잡한 생각을 하지 않더라도 T-계정 관련 회계처리를 손쉽게 할 수 있다.

5 제품 계정

(1) 제품 계정의 원가흐름

제품 계정은 완성 후 판매를 위하여 보관하고 있는 제품에 집계된 제조원가의 총액을 기록하는 재고자산 계정이다.

제 품

기 초	xxx	매출원가	xxx
당기제품제조원가	xxx	기 말	xxx
	xxx		xxx

매출원가 = 기초제품 + 당기제품제조원가 − 기말제품

(2) 회계처리

제품 계정의 차변은 기초제품과 당기제품제조원가로 구성되며 이 합계액을 판매가능제품원가라고 한다. 또한 제품 계정의 대변은 매출원가와 기말제품으로 구성되는데, 제품 계정의 대변 합계액은 차변의 합계액인 판매가능제품원가와 항상 일치한다.

① 제품완성 시

(차) 제 품	xxx	(대) 재공품	xxx

② 제품판매 시

(차) 매출원가	xxx	(대) 제 품	xxx

예 제

(주)대한의 20X2년 12월 31일로 종료되는 회계연도의 제조원가와 관련된 자료가 다음과 같을 때, 당기의 매출원가는?

- 직접재료원가 ₩30,000
- 직접노무원가 ₩15,000
- 제조간접원가 ₩25,000
- 재공품 기초재고 ₩10,000, 기말재고 ₩15,000
- 제 품 기초재고 ₩40,000, 기말재고 ₩35,000

정답 및 해설

₩70,000

재공품

기 초	10,000	당기제품제조원가	x
직접재료원가	30,000	기 말	15,000
직접노무원가	15,000		
제조간접원가	25,000		
	80,000		80,000

- 당기제품제조원가(x) = ₩80,000 − ₩15,000 = ₩65,000

제 품

기 초	40,000	매출원가	y
당기제품제조원가	65,000	기 말	35,000
	105,000		105,000

- 매출원가(y) = ₩105,000 − ₩35,000 = ₩70,000

문제풀이 Tip

재공품과 제품 T-계정을 이용한 계산형 문제

〈1〉 재공품 T-계정의 차변 합계 = 대변 합계
〈2〉 제품 T-계정의 차변 합계 = 대변 합계
〈3〉 재공품 당기제품제조원가 = 제품 당기제품제조원가
〈4〉 차변 또는 대변 합계가 나온 곳부터 계산을 시작한다.

위 문제는 재공품 T-계정의 차변 합계액이 먼저 계산되기 때문에 재공품 차변을 시작으로 대변의 당기제품제조원가를 구한다. 이어서 '재공품 당기제품제조원가 = 제품 당기제품제조원가'이므로 제품 T-계정의 차변 합계액을 구하면 대차평균의 원리에 의해 매출원가를 구하게 된다.

6 제조기업의 회계처리 요약

구 분	각 상황	차 변	대 변
원료비 (재료원가)	원재료 구입 시	원재료	현금 등
	원재료 사용 시	재공품(직접) 제조간접원가	원재료
노무원가	노무원가 발생	노무원가	현금 등
	노무원가 대체	재공품(직접) 제조간접원가	노무원가
제조간접원가	제조간접원가 집계 시	제조간접원가	간접재료원가 외
	재공품 대체	재공품	제조간접원가
재공품과 제품	당기총제조원가 집계	재공품	직접재료원가 직접노무원가 제조간접원가
	제품 완성 시	제 품	재공품
	제품 판매 시	매출원가	제 품

7 제조원가명세서

1. 직접재료원가(= ① + ② − ③)	×××
① 기초원재료 재고액	×××
② 당기원재료 매입액	×××
③ 기말원재료 재고액	×××
2. 직접노무원가	×××
3. 제조간접원가	×××
4. 당기총제조원가(= 1 + 2 + 3)	×××
5. 기초재공품재고액	×××
합계(= 4 + 5)	×××
6. 기말재공품재고액	×××
7. 당기제품제조원가(= 4 + 5 − 6)	×××

TEST 01 연습문제

01 **다음 중에서 자동차 생산기업의 제조간접원가에 포함되는 항목은?**

① 특정 자동차 생산라인에서 일하는 생산직의 급여
② 타이어 생산업체에서 구입한 타이어
③ 판매관리직의 인건비
④ 생산을 지원하는 구매부나 자재관리부 직원의 급여

02 **다음은 12월 말 결산법인인 (주)경기의 20X2 회계연도 중의 발생원가 및 비용과 관련된 자료이다. 이를 이용하여 가공원가(전환원가)를 계산하면?**

• 직접재료원가	₩35,000	• 직접노무원가	₩30,000
• 공장건물감가상각비	₩20,000	• 본사비품감가상각비	₩25,000
• 판매원판매수당	₩17,000	• 공장수도광열비	₩12,000
• 간접노무원가	₩18,000	• 공장소모품비	₩7,000

① ₩65,000 ② ₩83,000
③ ₩87,000 ④ ₩122,000

정답과 해설

01 ①·②는 직접제조원가이고, ③은 판매관리비이다.

02 가공원가(전환원가) = 직접노무원가 + 제조간접원가
가공원가 = ₩30,000(직접노무원가) + ₩20,000(공장건물감가상각비) + ₩12,000(공장수도광열비) + ₩18,000(간접노무원가) + ₩7,000(공장소모품비)
= ₩87,000

정답 01 ④ 02 ③

03 (주)대한의 20X1 회계연도 중 재료구입액은 ₩200,000이고, 직접노무원가와 제조간접원가 발생액이 각각 ₩150,000과 ₩155,000일 경우 다음 자료를 이용하여 당기제품제조원가와 매출원가를 계산하면?

구 분	20X1년 1월 1일	20X1년 12월 31일
재 료	₩100,000	₩80,000
재공품	₩120,000	₩150,000
제 품	₩150,000	₩200,000

	당기제품제조원가	매출원가
①	₩495,000	₩445,000
②	₩495,000	₩475,000
③	₩505,000	₩445,000
④	₩505,000	₩475,000

PART 2

정답과 해설

03

재료원가

기 초	100,000	투 입	x
당기구입액	200,000	기 말	80,000
	300,000		300,000

• x = ₩300,000 − ₩80,000 = ₩220,000

재공품

기 초	120,000	당기제품제조원가	y
당기총제조원가			
1) 직접재료원가	220,000		
2) 직접노무원가	150,000		
3) 제조간접원가	155,000	기 말	150,000
	645,000		645,000

• y = ₩645,000 − ₩150,000 = ₩495,000

제 품

기 초	150,000	매출원가	z
당기제품제조원가	495,000	기 말	200,000
	645,000		645,000

• z = ₩645,000 − ₩200,000 = ₩445,000

∴ 당기제품제조원가는 ₩495,000, 매출원가는 ₩445,000이다.

정답 03 ①

04 다음 원가계산 자료에서 제조지시서 #1과 #2는 완성되었으나 제조지시서 #3은 미완성이다. 재공품 계정의 월말 재고액은?(단, 제조간접원가는 직접재료원가에 근거하여 배부한다)

구 분	지시서 #1	지시서 #2	지시서 #3	합 계
직접재료원가	₩2,000	₩2,000	₩1,000	₩5,000
직접노무원가	₩5,000	₩6,000	₩2,500	₩13,500
제조간접원가	(　　)	(　　)	(　　)	₩9,000

① ₩1,800
② ₩5,300
③ ₩10,600
④ ₩11,600

05 직접노무원가가 다음 항목에 포함되는지를 모두 옳게 나타낸 것은?

	기본원가	가공원가	제품원가	기간비용
①	예	아니오	예	아니오
②	예	예	아니오	예
③	예	예	예	아니오
④	아니오	아니오	아니오	예

정답과 해설

04 제조지시서 #3이 미완성이므로 월말재공품 재고액은 제조지시서 #3의 제조원가이다.

〈제조지시서 #3의 제조원가〉

- 직접재료원가 : ₩1,000
- 직접노무원가 : ₩2,500
- 제조간접원가 : ₩1,800[= ₩9,000 × $\frac{₩1,000}{₩5,000}$(제조간접원가는 직접재료원가에 근거하여 배부)]

05
- 기본원가 = 직접재료원가 + 직접노무원가
- 가공원가 = 직접노무원가 + 제조간접원가
- 제품제조원가 = 직접재료원가 + 직접노무원가 + 제조간접원가

정답 04 ② 05 ③

원가의 분류와 부문별 원가계산

01 원가계산 방법

1 원가의 분류

(1) 추적가능성에 따른 분류

① 직접원가 : 특정제품이나 부문에 직접적으로 추적할 수 있는 원가

② 간접원가 : 특정제품이나 부문에 직접적으로 추적할 수 없는 원가

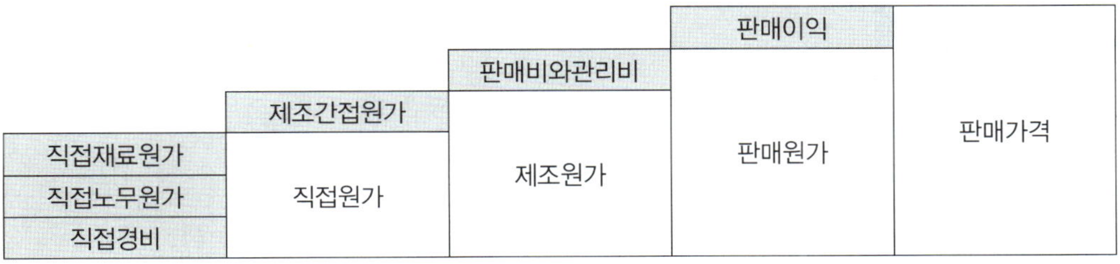

(2) 원가행태에 따른 분류

(관련범위 내)조업도의 증감에 따라 다음과 같이 분류할 수 있다.

① 변동원가 : 조업도의 변동에 따라 단위당 원가가 일정하고 원가총액이 증감하는 원가

② 준변동원가(혼합원가) : 조업도가 없는 경우에도 일정한 원가가 발생하고 조업도가 증가하면 총원가가 증가하는 형태 예 전화요금, 전기요금 등

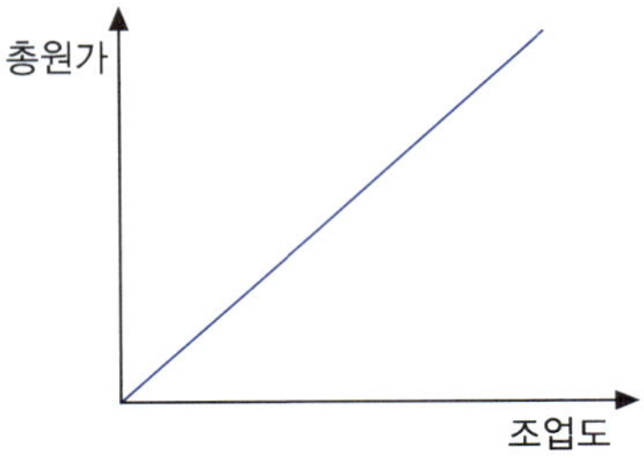

〈변동원가〉

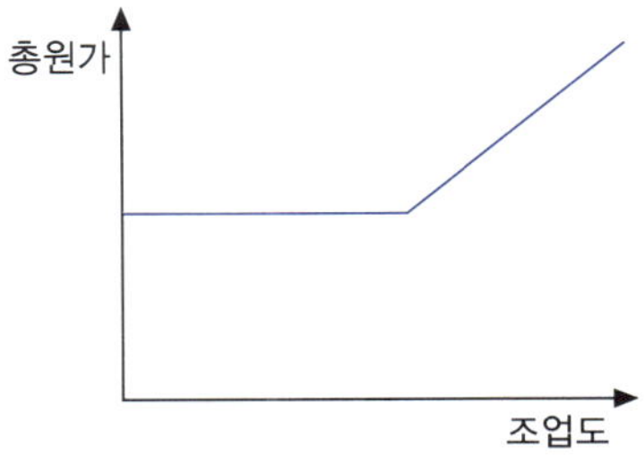

〈준변동원가(혼합원가)〉

③ 고정원가 : 고정원가는 조업도의 변동에 관계없이 총원가가 일정하나, 조업도가 증가하면 단위당 원가는 감소 예 감가상각비, 임차료 등

④ **준고정원가** : 일정구간 내 총원가는 동일, 그 구간을 넘어서는 경우 증가 또는 감소

예 일정 인원 증가에 따라 채용되는 감독관 인건비, 포장지 1장당 포장 가능한 제품 개수가 제한된 경우(일정 수량 넘을 경우 추가로 포장지 한 단위가 더 필요함)

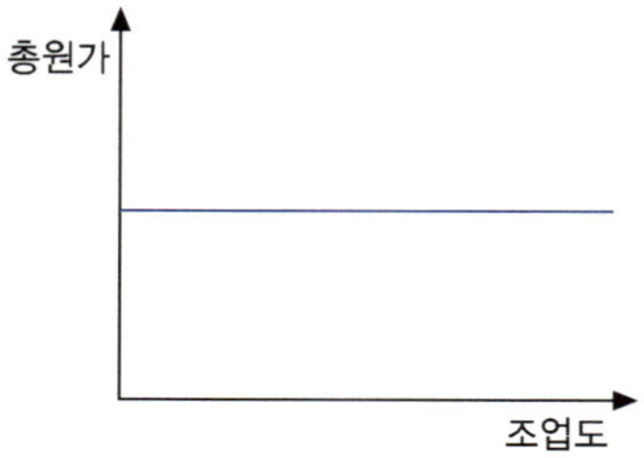

〈고정원가〉

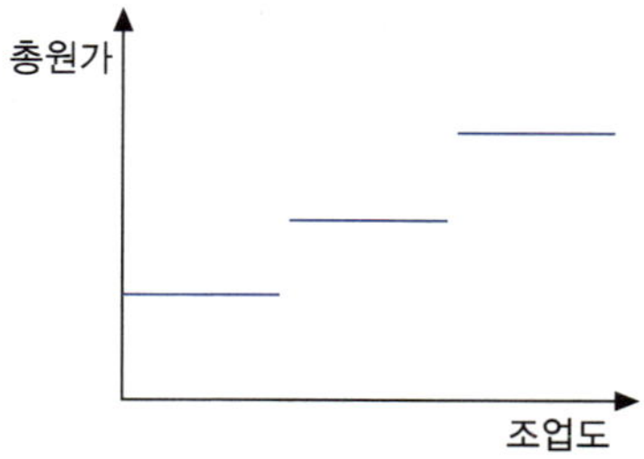

〈준고정원가〉

변동원가	• 총변동원가 – 조업도 ↑ ⇨ 총변동원가 ↑ – 조업도 ↓ ⇨ 총변동원가 ↓ • 단위당 변동원가 – 조업도 ↑ ⇨ 단위당 변동원가 일정 – 조업도 ↓ ⇨ 단위당 변동원가 일정
고정원가	• 총고정원가 – 조업도 ↑ ⇨ 총고정원가 일정(일정 구간 내) – 조업도 ↓ ⇨ 총고정원가 일정(일정 구간 내) • 단위당 고정원가 – 조업도 ↑ ⇨ 단위당 고정원가 ↓ – 조업도 ↓ ⇨ 단위당 고정원가 ↑

황당하지만 교재 내용을 이해하기 쉬운 사례

[변동원가의 총원가와 단위당 원가]

분필 제조업체 00상사는 분필을 제조·생산하고 있다. 분필을 하나 생산하는데 100원의 원가가 들어간다.

(상황 1) 분필을 하나 만들면 100원이 들어간다. 그럼 두 개 만들면 200원, 세 개 만들면 300원이 들어간다.

∴ 총원가 : 증가

(상황 2) 이번에는 조금 다른 개념의 질문을 해 본다.

첫 번째 분필 만드는데 얼마가 들어갔나? 100원

두 번째 분필 만드는데 얼마가 들어갔나? 100원

세 번째 분필 만드는데 얼마가 들어갔나? 100원

∴ 단위당 원가 : 일정

(3) 제조활동 관련성에 따른 분류

① **제조원가** : 제품의 제조활동과 관련하여 발생하는 원가 예 직접재료원가, 직접노무원가, 제조간접원가

② **비제조원가(= 기간원가)** : 제품의 제조활동과 관련 없이 발생하는 원가 예 판매관리비

(4) 의사결정 관련성에 따른 분류

① 관련원가 : 관련원가는 특정한 의사결정과 직접적으로 관련이 있는 원가로서 선택 가능한 대안 사이에 발생할 수 있는 미래의 원가차이를 말한다.

② 비관련원가 : 비관련원가는 특정 의사결정과 관련이 없는 원가로써 이미 발생하여 현재의 의사결정에 아무런 영향을 미치지 못하는 기발생원가와 각 대안들 간에 차이가 없는 미래원가를 말한다.

③ 기회원가 : 현재 이 대체안을 선택하지 않았으므로 포기한 대안 중 최대금액 혹은 최대이익을 기회원가(기회비용)라 한다.

④ 매몰원가 : 의사결정시점 이전에 발생이 확정된 원가로 의사결정 대안들 사이에 차이가 없으므로 의사결정과 무관한 비관련원가이다. 즉, 과거의 의사결정의 결과로서 이미 발생된 원가로 현재의 의사결정에는 아무런 영향을 미치지 못하는 원가를 말한다.

(5) 생산방식에 따른 분류

구 분	개별원가계산	종합원가계산
생산방식	이종제품에 대한 개별적인 주문생산방식	동종제품에 대한 연속·대량·반복의 생산방식
원가집계	작업별로 작업지시서에 따라 원가집계	공정별로 제조원가보고서에 원가집계
주요사항	제조간접원가 배부가 핵심	완성품환산량 계산이 핵심

PART 2

(6) 원가측정 시점에 따른 분류

① 실제원가계산 : 모든 원가요소를 실제발생액을 기준으로 제품원가를 측정하는 방법이다.

② 정상원가계산 : 직접재료원가와 직접노무원가는 실제발생 원가로 측정하며, 제조간접원가는 예정배부액을 기준으로 측정하는 방법으로 실제조업도를 기준으로 한다.

③ 표준원가계산 : 미리 정해놓은 표준원가를 기준으로 측정하는 방법이다. 표준배부액은 실제생산량에 허용된 표준 수량을 기준으로 한다(신속한 원가계산이 가능하나, 예정배부액과 실제발생액과의 차이를 조정하게 된다).

구 분	실제원가계산	정상원가계산	표준원가계산
직접재료원가	실제원가	실제원가	표준원가
직접노무원가	실제원가	실제원가	표준원가
제조간접원가	실제원가	예정배부액	표준배부액

(7) 제품원가 범위에 따른 분류

① 전부원가계산 : 고정제조간접원가를 포함한 직접재료원가, 직접노무원가, 변동제조간접원가의 금액을 제품원가로 처리하는 원가계산 방법이다(외부보고 목적으로 작성되며 이익 증가를 위해 불필요한 생산을 증가시켜 재고관리 부담이 늘어남).

② 변동원가계산 : 고정제조간접원가를 제외한 직접재료원가, 직접노무원가, 변동제조간접원가를 제품원가로 처리하고 고정제조간접원가는 기간비용으로 처리하는 원가계산 방법이다(내부관리 목적으로 작성되며 불필요한 생산을 줄임).

(8) 통제가능성에 따른 분류

① **통제가능원가** : 통제가능원가는 경영자가 원가의 발생정도에 영향을 미칠 수 있는 권한이 있는 원가로서 성과평가 시 고려되어야 한다. 통제가능하다는 것은 경영자가 원가 발생액을 통제할 수 있는 재량권을 갖고 있음을 의미한다.

② **통제불가능원가** : 통제불가능원가는 경영자가 원가의 발생정도에 영향을 미칠 수 있는 권한이 없는 원가로서 성과평가 시 배제되어야 한다. 예를 들어 과거 의사결정에 의해서 발생하는 감가상각비는 이미 발생한 원가로서 경영자가 통제할 수 없는 원가이다.

③ 관리계층이 높아질수록 통제가능원가는 증가하고 통제불능원가는 감소한다. 반면, 관리계층이 낮아질수록 통제가능원가는 감소하고 통제불능원가는 증가한다.

(9) 시점에 따른 분류

① **역사적 원가** : 재화나 용역이 교환된 시점에서 결정된 원가로서 취득원가라고도 한다. 역사적 원가는 과거에 발생한 사건에 근거해서 결정되기 때문에 객관적이며 검증가능하다.

② **예정원가** : 앞으로 발생될 것으로 기대되는 미래원가를 추정과 분석을 통해 예측한 원가로 예정원가가 역사적 원가보다 원가관리에 있어 더 적시성 있는 정보를 제공한다. 예정원가는 특정 사상이 발생하기 전에 분석과 예측을 통하여 결정되는 원가로서, 이미 발생한 사건이 아니라 미래에 발생할 것으로 예상되는 사건에 의해 결정되는 원가이다.

(10) 자산 관련성에 따른 분류

① **소멸원가** : 수익을 획득하는 과정에서 소멸된 원가 또는 소비된 자산(비용)

② **미소멸원가** : 미래 경제적 효익을 얻을 수 있는 것으로 예상되는 경우 이연된 원가, 자산

예제

조업도가 변화할 때 원가가 어떻게 달라지는가에 따라 변동원가, 고정원가, 준변동원가, 준고정원가로 분류할 수 있다. 고정원가에 대한 설명으로 가장 적당한 것은?

① 조업도의 증감에 따라 비례적으로 증가 또는 감소하는 성격의 원가이다.

② 조업도가 증감하더라도 관련 범위 내에서는 고정적이기 때문에, 다른 조건이 동일할 경우 제품의 단위당 원가는 조업도의 증가에 따라 감소한다.

③ 조업도가 0(영)인 경우에도 일정액이 발생하고, 그 이후로부터 조업도에 따라 비례적으로 증가하는 원가를 말한다.

④ 조업도와 관계없이 제품의 단위당 원가는 항상 일정하다.

정답 및 해설

②

고정원가는 조업도에 상관없이 총원가는 일정하며, 조업도의 증가에 따라 단위당 원가는 감소한다.

예제

조업도에 따른 원가의 분류 중 고정원가에 대한 설명으로 옳은 것은?

① 조업도의 증감에 따라 비례적으로 증감한다.
② 고정원가의 전형적인 예로는 직접재료원가와 직접노무원가가 있다.
③ 생산량이 증가하면 단위당 고정원가는 감소한다.
④ 생산량과는 관계없이 단위당 고정원가는 항상 일정하다.

정답 및 해설

③
- 고정원가 : 조업도에 관계없이 총원가는 일정, 조업도의 증가에 따라 단위당 원가는 감소한다.
- 변동원가 : 조업도에 따라 총원가 증가, 단위당 원가는 일정하다.

원가추정방법

고저점법(선형원가함수의 추정)

고저점법은 최고조업도과 최저조업도의 원가자료를 이용하여 원가함수를 추정하는 방법이며 고저점법에 의한 원가함수는 다음과 같다.

- 원가함수 : Y = a + bX
  - 단위당 변동원가 추정치(b) = $\dfrac{\text{최고조업도의 총원가} - \text{최저조업도의 총원가}}{\text{최고조업도} - \text{최저조업도}}$
  - 총고정원가 추정치(a) = 최고조업도의 총원가 − (단위당 변동원가 추정치(b) × 최고조업도)
    = 최저조업도의 총원가 − (단위당 변동원가 추정치(b) × 최저조업도)

02 원가의 배분

1 원가배분의 의의

공통원가를 집계하여 일정한 배부기준에 따라 각 원가대상에 대응시키는 과정이다. 원가집합에 집계된 공통원가를 가장 합리적인 배분기준에 따라 원가대상에 할당하는 과정이다.

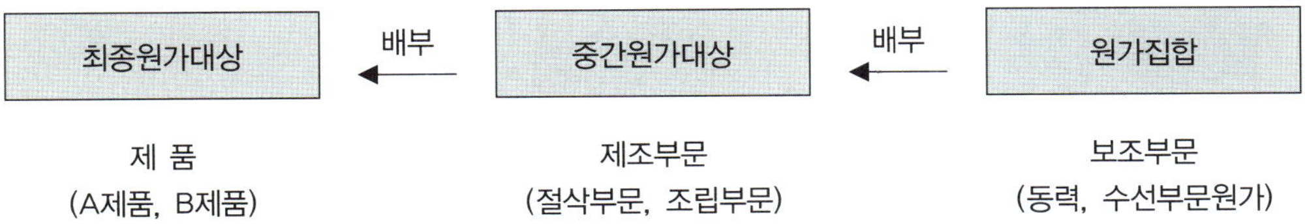

2 원가배분의 목적과 배분절차

(1) 원가배분의 목적에 따른 분류

① **의사결정** : 제품의 가격결정, 부품의 자가제조 또는 외부구입과 같은 의사결정에 필요한 정보를 제공한다.

② **성과평가** : 부문경영자나 종업원들의 성과평가 및 합리적인 행동(동기부여)을 하도록 하기 위해서 각 부문이나 활동별로 원가를 배분한다.

③ **가격결정** : 재고자산 평가와 이익측정을 위한 매출원가를 계산하기 위해 관련된 원가를 재고자산과 매출원가에 배부하여야 한다.

(2) 원가배분절차에 따른 분류

① **원가대상선택** : 경영자의 목적에 따라 원가대상(부문, 제품)을 선택한다.

② **원가의 집계** : 직접원가는 원가대상, 즉 제품에 직접 부과하고, 간접원가는 원가집합에 집계한다.

③ **간접원가배분** : 배부기준을 결정하여 배부율을 산정하고 배부한다.

황당하지만 교재 내용을 이해하기 쉬운 사례

〈원가배분의 개념과, 배부기준 중심으로〉

다가구주택의 공동거주자에 대한 상하수도 요금계산

Q. 다가구주택의 호별 인원 수가 다음과 같을 때, 해당 주택에 상하수도 요금 100,000원이 부과된 경우, 각 호별로 얼마씩 부담하여야 하는가?(별도의 계량기가 설치되어 있지 않음)

• 101호 : 1명	• 102호 : 2명	• 201호 : 2명
• 202호 : 2명	• 301호 : 3명	

A. 수도 사용량을 체크할 수 있는 계량기가 없기 때문에 어떤 기준으로 요금을 나누는(배분하는) 것이 합리적인가를 고려한다. 일반적으로 인과관계 측면에서 거주하는 인원 수에 따라 수도요금을 배분하는 방식이 적용된다.

수도요금 배부액 = 총 수도요금 100,000원 ÷ 총 거주인원 수 10명
= 10,000원/1인당

따라서 각 호별로 101호 1만원, 102호, 201호, 202호 각 2만원, 301호는 3만원이 계산되어 부담한다.

3 원가배분기준

인과관계기준	원가대상에 제공된 특정활동에 비례하여 공통원가를 배분하는 방법으로 가장 이상적인 배분기준이나, 인과관계의 정확한 측정이 곤란한 어려움이 있다.
수혜이득기준	원가대상에 제공된 경제적 효익에 비례하여 공통원가를 배분하는 방법이다.
부담능력기준	수익창출능력이나 이익창출능력에 비례하여 공통원가를 배분하는 방법이나, 성과평가의 왜곡가능성이 있다.
공정성 또는 공평성기준	독립적으로 수행될 경우의 원가에 비례하여 공통원가를 배분하는 방법으로 원가배분을 통해서 달성하고자 하는 목표를 표현한 방법이다.

다만, 원가배분기준을 결정할 때 다음의 사항을 고려하여 결정하여야 한다.

- 공통원가와 배분기준 간에 인과관계가 있어야 한다.
- 원가대상에 대하여 공통적으로 적용할 수 있어야 한다.
- 배분기준에 대한 자료수집이 용이해야 한다.

예제

부문별 원가계산순서를 옳게 배열한 것은?

㉠ 부문공통원가를 계산한다.
㉡ 보조부문원가를 제조부문에 배부한다.
㉢ 부문직접원가를 계산한다.
㉣ 제품에 배부한다.

① ㉠ → ㉡ → ㉢ → ㉣
② ㉡ → ㉢ → ㉣ → ㉠
③ ㉢ → ㉠ → ㉡ → ㉣
④ ㉣ → ㉡ → ㉢ → ㉠

정답 및 해설

③

〈부문별 원가계산 절차〉

부문개별(직접)원가의 부과 → 부문공통(간접)원가의 배부 → 보조부문원가를 제조부문에 대체 → 제품에 배부

03 제조간접원가를 제품에 배부

직접재료원가와 직접노무원가는 인과관계에 따라 개별제품에 직접 대응시킬 수 있으나 제조간접원가는 인과관계를 추적할 수 없기 때문에 집계 후 일정한 배부기준에 따라 제품에 배부하여야 한다.

1 공장전체 제조간접원가 배부율

공장전체의 총제조간접원가를 공장전체의 단일 배부기준으로 나누어 제조간접원가 배부율을 산정한 후에 제품에 제조간접원가를 배부하는 방법이다. 공장전체 제조간접원가는 공장에서 발생한 모든 제조간접원가를 말하며 전체 제조부문 배부기준은 보조부문을 제외한 제조부문만의 조업도를 의미한다.

① 장점 : 계산이 쉽다. 제조부문과 보조부문을 따로 구분할 필요가 없다.

② 단점 : 제조간접원가의 규모와 성격이 제조부문 간에 상이하고, 제조부문 작업과 관련된 원가 동인이 상이할 경우 제품원가계산이 부정확하다.

공장전체 제조간접원가 배부율 = 공장전체 제조간접원가 ÷ 전체 제조부문 배부기준

2 부문별 제조간접원가 배부율

각 제조부문별로 제조간접원가를 집계한 후 이를 각 제조부문의 특성에 맞는 배부기준으로 나누어 각 제조부문별로 서로 다른 제조간접원가 배부율을 산정하여 제품에 배부하는 방법이다.

① 장점 : 원가계산이 정확하다. 원가관리 통제에 유용하다.

② 단점 : 계산이 번거롭고, 노력이 많이 든다.

> 부문별 제조간접원가 배부율 = 제조부문별 제조간접원가 ÷ 제조부문별 배부기준

위의 제조부문별 제조간접원가는 제조부문 자체에서 발생한 제조간접원가와 보조부문에서 배분받은 제조간접원가를 합산한 금액이다. 또한 제조부문별 배부기준은 해당 제조부문의 조업도만을 의미한다. 공장전체 제조간접원가 배부총액과 부문별 제조간접원가 배부총액은 일치하나, 공장전체 제조간접원가 배부보다 부문별 제조간접원가 배부가 더 정확하다.

> **황당하지만 교재 내용을 이해하기 쉬운 사례**
> 〈공장전체와 부문별 제조간접원가 배부율〉
> 3형제(대학생, 고등학생, 중학생) 용돈 나눠주기
> ① 제일 쉬운 방법 : 인원수에 맞춰 균등하게 나눠준다.
> ② 그러나 위 방법에 대해 첫째 대학생이 불만을 가진다.
> 동생들은 시내버스를 타고 학교에 가지만, 자신은 지하철과 시외버스로 통학한다. 또 고등학생과 중학생은 학교급식으로 점심을 해결하지만, 본인은 식사비용을 지불해야 한다. 또한 자신은 대학생이므로 대외적인 활동비가 동생들에 비해 더 많이 지출된다고 항변한다.
>
> 용돈을 지급하는 것도 이러한데, 제조간접원가를 단일 배부기준 또는 각 제조부문의 특성에 맞게 배부할 것인지를 선택하는 것은 생각보다 복잡하고 여러 이해관계가 맞물려 있는 작업이라 할 수 있다.

04 제조간접원가의 배부

1 제조간접원가의 의의

제조간접원가란 공장에서 여러 제품을 제조하기 위하여 공통적으로 발생한 원가로서 직접재료원가나 직접노무원가를 제외한 모든 원가를 의미하며, 간접재료원가와 간접노무원가를 포함하는 원가를 말한다.

2 제조간접원가의 배부기준과 배부방법

(1) 제조간접원가 배부기준

일반적으로 제조간접원가의 배부기준은 다음과 같다.

시간법	가액법
• 기계작업시간	• 직접노무원가
• 직접노동시간	• 직접재료원가
	• 직접원가

(2) 제조간접원가 배부방법

① 실제배부법

㉠ 가액법 : 실제로 발생한 제조간접원가를 배부기준에 따라 배분된 금액을 각 제품에 배부하는 방법이다.

㉡ 시간법 : 제품을 제조하기 위하여 소비된 직접노동시간 또는 기계작업시간을 기준으로 배부하는 방법이다.

$$\text{제품의 제조간접원가 배부액} = \frac{\text{특정제품의 배부기준}}{\text{배부기준합계}} \times \text{제조간접원가 합계}$$

② **예정배부법** : 기업의 제조간접원가 예산액에 과거 기업의 정상조업도(평준화 조업도)를 근거로 산정한 기준조업도를 계산하여 예정배부율을 계산한다. 기업의 해당 기간의 실제조업도에 예정배부율을 적용하여 제품별로 제조간접원가 배부액을 계산하는 방법이다. 이 방법은 원가를 효율적으로 통제할 수 있으며, 원가계산이 비교적 신속하다.

예제

(주)한국은 직접노동시간을 기준으로 제조간접원가를 예정배부하고 있다. 당기의 제조간접원가 예산은 ₩500,000이고, 예상되는 직접노동시간은 1,000시간이다. 당기 제조간접원가 실제발생액은 ₩530,000이고, 실제직접노동시간은 1,100시간일 때, 제조간접원가의 과소 또는 과대배부액은?

정답 및 해설

₩20,000 과대배부

예정배부액 : 1,100시간 × (₩500,000 ÷ 1,000시간) = ₩550,000

실제발생액	예정배부액
₩530,000	₩550,000

₩20,000(과대)

문제풀이 Tip

〈1〉 실제발생액이 기준이 된다.
〈2〉 실제발생액에 비해 예정배부액이 많은지(과대), 적은지(과소)를 판단한다.
〈3〉 예정배부액 구하는 식을 응용한다 : 실제조업도 × 예정배부율

※ 문제에서는 어떤 내용을 물어보느냐에 따라 풀이 순서가 달라지기 때문에 다양한 문제 유형을 검토하여 각 상황별 응용 능력을 키워야 한다.

③ **제조간접원가 배부율** : 제조간접원가를 배부하기 위해서 아래와 같이 제조간접원가 배부율을 계산한다.

$$\text{제조간접원가 실제배부율} = \frac{\text{제조간접원가(실제발생액)}}{\text{배부기준(실제조업도)}}$$

제조간접원가 배부율이 결정되면, 작업별 배부기준에 제조간접 배부율을 곱하여 각 작업원가표에 제조간접원가를 배부한다.

$$\text{제품의 제조간접원가 배부액} = \text{제품의 실제배부기준} \times \text{예정배부율*}$$

$$\text{* 제조간접원가 예정배부율} = \frac{\text{연간 제조간접원가 예산}}{\text{연간 예정배부기준(예정조업도)}}$$

05 부문별 원가계산

1 부문별 원가계산의 의의

원가부문이란 원가집계의 중심점으로 원가를 유발시키는 부문의 활동을 말한다. 이는 원가 중 제조간접원가가 차지하는 비중이 높은 경우에는 보다 정확한 원가계산을 위하여 부문별 원가계산을 한다. 부문별 원가계산은 각 부문별로 발생한 원가를 집계하고, 집계된 원가를 그 부문을 통과한 제품에 합리적으로 부담시키키 위한 절차를 말한다.

2 원가부문의 종류

(1) 제조부문

원재료를 완제품으로 가공하는 제조활동을 직접적으로 하는 부문이다. 예 조립부, 절단부 등

(2) 보조부문

① **공장관리** : 공장의 관리사무를 담당하는 부문이다. 예 공장관리부, 시험연구부, 기획부 등

② **보조용역** : 제조활동에 직접 관여하지 않고, 제조부문에서 생산한 제품 또는 용역을 제공하는 부문이다. 예 동력부, 수선부, 운반부 등

3 원가부문의 설정

부문별 계산을 하기 위해서는 원가부문을 우선 설정하여야 한다. 일반적으로 원가계산상 다음의 두 가지 사항을 고려하여 결정한다.

① 각 원가요소가 특정부문에 대해서만 단독으로 발생되도록 부문을 설정해야 한다. 이는 일정한 기준에 의하여 각 부문에 배부해야 하기 때문이다.

② 배부계산을 정확히 하기 위해서 한 부문에서 이루어지는 작업의 종류가 동일해야 한다. 이는 각 부문마다 집계된 원가가 그 부문에서 작업받은 각 특정제품에 배부되어야 하기 때문에 동일부문에서 수행한다고 하면 제품에 배부하기 위한 배부기준을 결정하기가 곤란하기 때문이다.

PART 2

4 배부절차

(1) 제조간접원가의 부문별 집계

개별원가계산에서의 제조간접원가를 부문별로 집계한다. 제조간접원가로 분류되는 원가요소는 부문에 직접 추적할 수 있는 원가와 공통으로 발생하여 직접 추적이 불가능한 원가가 있다. 직접 추적할 수 없는 원가는 적절한 배부기준에 의해 각 부문에 배분한다.

① **부문직접원가 부과** : 특정부문에서 직접 추적이 가능한 개별원가로서 그 부문에 직접적으로 추적이 가능한 원가이다. 예 특정부문에서 작업하는 감독자와 종업원의 급여, 특정부문에서만 사용하는 기계의 수선유지비・감가상각비 등

② **부문간접원가 배부** : 각 부문에 직접 추적할 수 없는 제조간접원가로서 일정한 배부기준에 따라 제조부문, 보조부문에 배부한다. 예 공장장 급여, 수도광열비, 공장건물 감가상각비, 임차료 등

부문공통원가	배부기준
전력비	각 부문의 전력사용량
보험료	보험목적 자산의 가액, 각 부문의 건물점유면적
감가상각비	건물점유면적, 기계가액
복리후생비	각 부문의 종업원 수
재산세, 임차료	각 부문의 건물점유면적

(2) 보조부문원가를 제조부문에 배부

보조부문원가를 적당한 기준에 따라 제조부문에 배부하는 단계이다. 제품이 보조부문을 직접 통과하지 않으나 보조부문은 제조부문의 생산활동을 보조하므로 보조부문의 원가도 제조원가로 취급되어야 한다. 보조부문원가의 제조부문 배부방법에는 보조부문 상호 간의 용역수수관계에 따라 직접배부법과 단계배부법 및 상호배부법으로 구분된다.

구 분	직접배부법	단계배부법	상호배부법
의 의	보조부문 간의 용역제공비율을 무시하고 보조부문원가를 제조부문에만 배부하는 방법	보조부문원가를 배부순서에 따라 후순위 보조부문과 제조부문에 배부하는 방법	보조부문 간의 용역제공비율을 완전히 인식하여 보조부문과 제조부문에 배부하는 방법
핵 심	제조부문에 대한 용역제공 비율만 고려해야 한다.	선순위 보조부문과 자기부문에는 배부하지 않는다.	보조부문 상호 간의 용역수수를 완벽히 고려하여 배부하는 방법이다. 배부대상 보조부문제조간접원가 = 자기부문제조간접원가 + 타보조부문으로부터 배부받은 제조간접원가
단 점	보조부문 간의 용역수수가 밀접할 경우 원가 관리 및 통제에 유용하지 못하다.	배부순서에 따라 배부원가가 상이하다. 보조부문의 수가 많아 시간이 많이 소요될수 있다.	보조부문의 수가 여러 개일 경우 시간과 비용이 많이 소요된다.

황당하지만 교재 내용을 이해하기 쉬운 사례

이번 달 1일부터 시작하여 말일까지 1팀은 A프로젝트를, 2팀은 B프로젝트를 수행하고 있다. 각 팀에는 팀장 1명, 팀원 3명이 있으며, 1팀과 2팀의 업무를 지원하기 위한 지원부서가 있다. 지원부서에는 갑과 을이 근무 중이다.
어느 날 대표이사는 A프로젝트와 B프로젝트에 들어가는 원가를 회계팀장에게 요구했다. 참고로 팀장의 급여는 400만원, 팀원은 300만원으로 책정되어 있다. 회계팀장은 이를 근거로 A와 B프로젝트 원가를 각각 1,300만원(= 팀장 1인 400만원 + 팀원 총 3인 900만원)으로 보고하였다.
대표이사는 각 팀을 지원하기 위한 지원부서에 근무하는 갑과 을의 급여를 고려한 보다 세밀한 원가를 요구하여 회계팀장은 이들의 업무가 어떻게 구성되는지 현장을 방문하였다.

[지원부서 업무 패턴]
갑과 을은 각 팀을 지원할 뿐 아니라 바쁠 때에는 서로에게 도움을 주고 있는 상황이다.

회계팀장은 위 내용을 바탕으로 지원부서 인건비를 각 팀별로 나누어 보려고 계획 중이다.

1. 갑과 을 사이에서 서로 주고 받는 용역을 고려할 경우 너무 복잡하니, 단순하게 생각하자. 그래 무시하는게 좋겠다.
2. 갑과 을 사이에서 상호 제공한 용역까지 완벽하게 고려하여 계산하자.
3. 1은 단순해서 좋지만 계산이 정확할 것 같지 않고, 2는 가장 이상적이나 복잡할 것 같으니 적당하게 1과 2를 절충해 보자.

제조간접원가는 변동제조간접원가와 고정제조간접원가로 구분된다. 제조간접원가를 변동원가와 고정원가로 구분하지 않고 하나의 배부기준을 적용하는 방법을 단일배부율법이라 하고, 변동원가와 고정원가로 구분하여 여러개의 배부기준을 사용하는 방법을 이중배부율법이라 한다.

구 분	단일배부율법	이중배부율법
의 의	보조부문원가를 변동원가와 고정원가로 구분하지 않고, 공통적인 하나의 배부기준, 즉 실제(예정)용역사용량을 기준으로 배부하는 방법이다.	보조부문원가를 변동원가와 고정원가로 구분하여 변동원가는 실제(예정)용역사용량을 기준으로 배분하고, 고정원가는 최대용역사용가능량을 기준으로 배분하는 방법이다.
단 점	고정원가도 변동원가처럼 취급하므로 원가계산이 부정확하다.	계산이 복잡하다.
장 점	간편하다.	이론적으로 타당하다.

배분방법	직접배부법	단계배부법	상호배부법
단일배부율법	○	○	○
이중배부율법	○	○	○

PART 2

(3) 제조부문원가를 제품에 배부

보조부문에서 배분받은 제조간접원가와 제조부문의 부문별 제조간접원가를 합산하여 조업도를 이용하여 부문별로 제조간접원가 배부율을 구한다. 그리고 각 제품에 제조부문 제조간접원가를 배부한다.

〈부문별 원가계산 절차〉

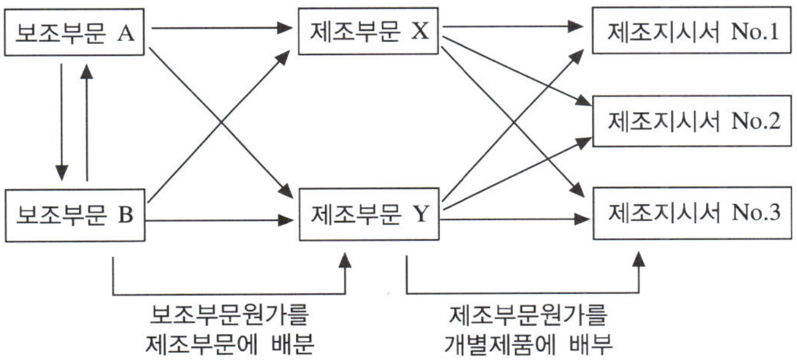

예 제

(주)행복자동차는 한 개의 보조부문(수선부문)과 두 개의 제조부문(조립부문과 도장부문)으로 구성되어 있다. 수선부문은 제조부문에 설비수선 용역을 제공하고 있는데, 각 제조부문에 대한 최대공급노동시간과 실제공급노동시간 그리고 수선부문발생원가는 다음과 같다.

구 분	조립부문	도장부문	합 계
최대공급노동시간	500시간	700시간	1,200시간
실제공급노동시간	500시간	500시간	1,000시간

구 분	수선부문
변동원가	₩40,000
고정원가	₩12,000
합 계	₩52,000

보조부문(수선부문)의 원가를 공급노동시간을 기준으로 이중배부율법을 적용하여 제조부문에 배부한다고 할 때 조립부문에 배부될 원가는?

정답 및 해설

₩25,000
보조부문원가를 변동원가와 고정원가로 구분하여 변동원가는 실제(예정)용역사용량을 기준으로 배분하고, 고정원가는 최대용역사용가능량을 기준으로 배분하는 방법이다.

구 분	수선부문	조립부문	도장부문
변동원가(실제)	₩40,000	₩20,000 *1	₩20,000
고정원가(최대)	₩12,000	₩5,000 *2	₩7,000
합 계	₩52,000	₩25,000	₩27,000

*1 ₩40,000 × $\frac{500\text{시간}}{1{,}000\text{시간}}$

*2 ₩12,000 × $\frac{500\text{시간}}{1{,}200\text{시간}}$

TEST 02 연습문제

01 휴대폰 부품을 생산하는 (주)대한은 두 제조부문 (가), (나)와 두 보조부문 (A), (B)로 나누어 부문원가를 계산하고 있다. 단계배부법을 이용하여 보조부문원가를 배부할 때 두 제조부문에 최종적으로 집계되는 원가는?(단, 보조부문원가의 배부순서는 다른 보조부문에 제공한 서비스 제공비율이 큰 부문을 먼저 배부한다)

구 분	(가)제조부문	(나)제조부문	(A)보조부문	(B)보조부문
1차 집계원가	₩120,000	₩130,000	₩50,000	₩60,000
보조부문의 각 부문별 서비스 제공비율				
(A)보조부문	40%	40%	–	20%
(B)보조부문	40%	30%	30%	–

	(가)제조부문	(나)제조부문
①	₩171,200	₩175,200
②	₩178,000	₩182,000
③	₩180,000	₩180,000
④	₩182,000	₩178,000

02 (주)태양은 주문에 의한 제품생산을 하고 있는 조선업체이다. 20X2년 중에 자동차운반선(갑)과 LNG운반선(을)을 완성하여 주문자에게 인도하였고, 20X2년 말 미완성된 컨테이너선(병)이 있다. 갑, 을, 병 이외의 제품주문은 없었다고 가정한다. 다음은 20X2년의 실제원가자료이다.

구 분	갑	을	병	합 계
기초재공품	₩300	₩400	₩100	₩800
직접재료원가	₩150	₩200	₩160	₩510
직접노무원가	₩60	₩80	₩40	₩180
직접노무시간	200시간	500시간	300시간	1,000시간

20X2년에 발생한 총 제조간접원가는 ₩1,000이다. (주)태양은 제조간접원가를 직접노무시간에 따라 배부한다고 할 때, (주)태양의 20X2년 기말재공품원가는?

① ₩300　　② ₩600
③ ₩800　　④ ₩1,000

01 1. 배부순서

보조부문 상호 간 배부함에 있어 (A)는 (B)에게 20% 배부하고, (B)는 (A)에게 30% 배부하므로 서비스 제공비율이 큰 (B)를 1순위로 하여 배분한다.

2. 배 부

(1) (B)보조부문

(B)보조부문은 (A)보조부문과 제조부문(가)·(나)에게 배부한다.

- (가)제조부문 : 60,000 × 40% = 24,000
- (나)제조부문 : 60,000 × 30% = 18,000
- (A)보조부문 : 60,000 × 30% = 18,000

(2) (A)보조부문

(A)보조부문은 ₩68,000(= 1차 집계원가 50,000 + (B)보조부문 배부액 18,000)을 제조부문 (가), (나)에게 배부한다.

- (가)제조부문 : $68,000 \times \frac{40\%}{(40\% + 40\%)} = 34,000$
- (나)제조부문 : $68,000 \times \frac{40\%}{(40\% + 40\%)} = 34,000$

(3) 제조부문 최종 집계원가

- (가)제조부문원가 : 1차 집계원가 120,000 + (B)보조부문 배부액 24,000 + (A)보조부문 배부액 34,000 = 178,000
- (나)제조부문원가 : 1차 집계원가 130,000 + (B)보조부문 배부액 18,000 + (A)보조부문 배부액 34,000 = 182,000

구 분	(가)제조부문	(나)제조부문	(A)보조부문	(B)보조부문
1차 집계원가	₩120,000	₩130,000	₩50,000	₩60,000
(B)보조부문	40%	30%	30%	
₩60,000	₩24,000	₩18,000	₩18,000	(₩60,000)
(A)보조부문	40%	40%		20%
₩68,000	₩34,000	₩34,000	(₩68,000)	
보조부문원가 계	₩58,000	₩52,000		
제조부문원가 계	₩178,000	₩182,000		

02
- 갑, 을은 주문자에게 인도하였으므로 남은 재고는 병(컨테이너선)뿐이다.
- 병에 대한 기초재공품(100), 직접재료원가(160), 직접노무원가(40), 제조간접원가(300)를 합산하면 '600'이 된다.

〈병〉

기초재공품	₩100
직접재료원가	160
직접노무원가	40
제조간접원가	300*
총합계	600

* 병의 제조간접원가

- 제조간접원가는 직접노무시간에 따라 배부한다고 가정하므로

$$\text{제조간접원가 배부액} = \frac{\text{총 제조간접원가 } 1,000}{\text{총 직접노무시간 } 1,000} = \frac{1}{1\text{시간}}$$

- 병 제품의 경우 직접노무시간이 300시간이므로 '300시간 × 1 = 300'

$$\therefore \text{병의 제조간접원가} = 1,000 \times \frac{300\text{시간(병)}}{1,000\text{시간(총)}} = 300$$

정답 01 ② 02 ②

03 다음 자료를 이용하여 제1제조부에 배부되는 동력부 부문원가를 직접배부법에 의해 계산하면?

- 부문원가 합계 : ₩1,200,000
  제조부문 : 제1제조부 = ₩500,000
  : 제2제조부 = ₩300,000
  보조부문 : 동력부 = ₩240,000
  : 수선부 = ₩160,000
- 부문별 배부율

보조부문		동력부	수선부
부문별 배부율	제1제조부	30%	40%
	제2제조부	20%	40%
	동력부	–	20%
	수선부	50%	–

① ₩144,000　② ₩128,000
③ ₩72,000　④ ₩250,000

● 정답과 해설

03 • 직접배부법에 의한 계산이므로 보조부문(동력부, 수선부) 상호 간 용역제공비율을 무시하고 제조부문에만 배부한다.
• 동력부의 제조부 배부율은 각각 제1제조부 30%, 제2제조부 20%이므로 제1제조부에 배부되는 동력부 원가는 아래와 같다.

$$240,000 \times \frac{30\%}{(30\% + 20\%)} = 144,000$$

※ 다음 표는 동력부, 수선부 전체의 제조부에 배부되는 금액을 제시한 것이다.

구 분	제조부문		보조부문	
	제1제조부	제2제조부	동력부	수선부
배부 전 원가	₩500,000	₩300,000	₩240,000	₩160,000
동력부	30%	20%		
	₩144,000	₩96,000	(₩240,000)	
수선부	40%	40%		
	₩80,000	₩80,000		(₩160,000)
배분 후 원가	₩724,000	₩476,000	₩0	₩0

정답 03 ①

04 여러 종류의 제품을 생산하는 제조업의 경우 다음 중 제조간접원가에 포함되어야 하는 것은?

① 기획담당 임원 인건비
② 공장 전체의 수도광열비
③ 특정 제품 주재료의 매입운임과 매입수수료
④ 특정 생산라인 작업인력의 인건비

05 (주)한국은 기계가동시간을 배부기준으로 하는 제조간접원가 예정배부율을 적용한다. 이 회사의 정상 기계가동시간은 10,000시간, 제조간접원가 예산은 ₩300,000이다. 만일 실제기계가동시간이 11,000시간, 실제제조간접원가 발생액이 ₩325,000일 경우 제조간접원가 초과 또는 부족 배부액은 얼마인가?

① ₩30,000(초과)
② ₩30,000(부족)
③ ₩5,000(초과)
④ ₩5,000(부족)

06 제조원가에 대한 설명 중에서 그 내용이 옳지 않은 것은?

① 제품의 단위당 변동원가는 조업도에 비례하여 증감한다.
② 고정원가는 관련 범위 내에서 조업도와 무관하게 총액은 일정하다.
③ 비용 중에는 변동원가와 고정원가로 구분하기 어려운 것도 있다.
④ 변동원가와 고정원가의 분류는 원가통제에 유용하다.

정답과 해설

04 ① 판매관리비 ② 제조간접원가 ③ 재료원가 ④ 직접노무원가

05 예정배부율 $= \dfrac{300{,}000}{10{,}000\text{시간}} =$ ₩30/시간

실제발생액	예정발생액
₩325,000	11,000시간 × ₩30 = ₩330,000

₩5,000(초과)

06 변동원가는 조업도에 비례하여 증가하고, 단위당 변동원가는 조업도에 관계없이 일정하다.

정답 04 ② 05 ③ 06 ①

07 (주)한국의 관련 범위는 500톤에서 1,000톤이다. 20X2년 동안 600톤을 생산하였을 때 발생한 변동원가와 고정원가는 다음과 같다. 이를 이용하여 800톤을 생산할 경우 총원가(변동원가 + 고정원가)와 단위당 원가는?

구 분	600톤 생산
변동원가	₩2,400
고정원가	₩3,000
총원가	₩5,400

	총원가	단위당 원가
①	₩6,000	@₩7.50
②	₩6,200	@₩7.75
③	₩6,400	@₩8.00
④	₩7,200	@₩9.00

08 (주)이천공업의 다음 자료에 의하여 제조지시서 #1의 제조원가를 계산하면 얼마인가?(단, 제조간접원가는 직접원가배부법)

- 직접재료원가 총액 ₩1,360,000
- 제조간접원가 총액 ₩160,000
- 직접노무원가 총액 ₩640,000
- 직접노동시간 5,000시간
- 제조지시서 #1의 자료
  직접재료원가 ₩85,000
  직접노무원가 ₩35,000
  직접노동시간 500시간

① ₩216,000
② ₩136,000
③ ₩129,600
④ ₩2,160,000

정답과 해설

07
- 단위당 변동원가 = ₩2,400 ÷ 600톤 = @₩4
- 800톤 생산 시 변동원가 = 800톤 × @₩4 = ₩3,200
- 800톤 생산 시 총원가 = ₩3,000 + ₩3,200 = ₩6,200
- 단위당 원가 = ₩6,200 ÷ 800톤 = @₩7.75

08 제조간접원가는 직접원가배부법(직접원가 = 직접재료원가 + 직접노무원가)에 의해 계산됨
- 전체 총 직접원가 = 1,360,000 + 640,000 = 2,000,000
- 제조지시서 #1의 직접원가 = 85,000 + 35,000 = 120,000
- 제조지시서 #1의 제조간접원가 배부액 = 제조간접원가 총액 160,000 × $\frac{120,000}{2,000,000}$ = 9,600

∴ 제조지시서 #1의 제조원가 = 직접재료원가 85,000 + 직접노무원가 35,000 + 제조간접원가 배부액 9,600 = 129,600

정답 07 ② 08 ③

09 다음 자료에서 판매가격의 금액은?

• 직접재료원가	₩200,000
• 직접노무원가	₩300,000
• 직접제조경비	₩100,000
• 제조간접원가	₩400,000
• 판매이익은 판매원가의 20%	
• 판매관리비는 제조원가의 10%	

① ₩1,300,000 ② ₩1,320,000

③ ₩1,350,000 ④ ₩1,370,000

정답과 해설

09

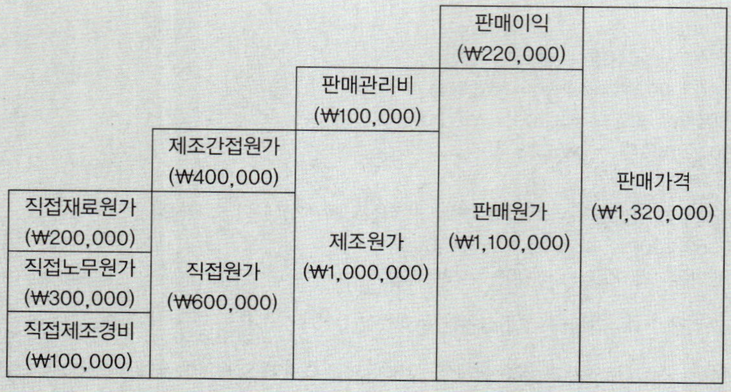

정답 09 ②

CHAPTER 03

PART 2 원가회계

개별원가계산

01 원가계산제도

1 원가계산제도의 의의

각 기업의 제품생산방식과 원가집계방법에 따라 ① 개별원가계산과 ② 종합원가계산으로 나눌 수 있다.

개별원가계산은 다양한 종류의 개별적인 제품들을 주문방식으로 생산하는 것을 말한다. 즉, 다품종 소량생산 기업의 원가계산 방법으로 적합한 방법이다. 특별주문이나 수요에 따라 개별적으로 제품을 생산하는 기업이나, 조선업, 건설업, 항공산업, 기계제조업 등이 이에 해당된다.

재공품

기 초				xxx	당기제품제조원가	xxx
당기총제조원가					기 말	xxx
	A	B	C			
1) 직접재료원가	xxx	xxx	xxx			
2) 직접노무원가	xxx	xxx	xxx			
3) 제조간접원가	xxx	xxx	xxx			

황당하지만 교재 내용을 이해하기 쉬운 사례

〈개별원가계산과 종합원가계산을 비교할 수 있는 극단적 사례〉

유튜브에 how it's made - marbles을 치면 구슬을 제조하는 공정이 등장한다. 1분 45초까지는 우리가 어릴 적 놀던 조그만 구슬이 어떻게 만들어지는가 나오는데 이런 원가를 계산하는 것이 종합원가계산이다. 그 이후부터 마지막 5분까지 크고 다양한 색의 선이 들어간 아름다운 구슬을 제조 과정이 나오는데 이러한 구슬 원가를 계산하는 것을 개별원가계산이라 한다.

02 개별원가계산

1 개별원가계산의 의의

개별원가계산에서는 제품마다 그 종류, 모양, 크기 등이 서로 다르기 때문에 개별작업별로 원가를 구분하여 계산한다. 개별원가계산은 여러 종류의 제품을 고객의 요구에 따라 소량으로 주문생산하는 제조업에서 흔히 볼 수 있다.

원가가 발생할 때마다 제조직접원가와 제조간접원가로 구분하여 제조직접원가는 제조지시별로 작성되는 각 원가계산표에 직접 부과하고 제조간접원가는 부문별 원가계산을 거쳐 적정한 배부기준을 사용하여 각 제조지시서에 배부함으로써 제품별로 원가를 계산한다.

2 개별원가계산의 목적과 특징

(1) 개별원가계산의 목적

개별원가계산은 각 개별작업에 직접재료원가, 직접노무원가 및 제조간접원가를 보다 정확하게 관련시켜 수익과 비용을 적절히 대응하여 경영자의 관리적 의사결정에 유용한 정보를 제공하기 위함이다. 연속생산하는 종합원가계산보다 개별원가계산이 일반적으로 제품의 단위당 원가가 매우 크므로 정확한 원가계산이 필요하다.

(2) 개별원가계산의 특징

① 원가추적가능성 여부에 따라 원가를 직접원가와 제조간접원가로 분류하여 직접원가는 제품(작업지시서)별로 직접 대응시키고, 제조간접원가는 실제원가 또는 예정원가를 이용하여 각 작업지시서에 배부한다.

② 개별원가계산에서 총원가에 비해 생산량이 적기 때문에 일반적으로 단위당 원가가 크게 나타난다.

③ 각 개별작업별로 원가를 기록하기 때문에 직접원가와 간접원가로 구분하여 직접원가는 제조지시서별로 작성된 각 작업원가표에 대응시키고, 공통적으로 소비된 제조간접원가는 해당 기간 중에 발생한 총액을 집계하여 제조지시서별로 작성된 각 작업원가표에 배부한다. 그러므로 특정작업이 완성되면 그 작업원가표에 집계된 원가가 완성품원가가 되고, 미완성되면 기말재공품원가가 되기 때문에 기말재공품을 따로 평가할 필요가 없다.

(3) 작업지시서와 작업원가표

① **작업지시서(제조지시서)** : 작업현장에 대한 제조명령을 기재한 서식인 작업지시서는 일반적으로 생산부문에서 작성한다. 작업지시서는 원칙적으로 주문받은 제품별로 1매씩 작성하고 직접원가는 작업지시서별로 집계하며 제조간접원가를 배부한다.

② **작업원가표(개별원가계산표)** : 작업지시서에 따라 작업이 수행된 개별작업별로 원가를 기록하고 집계하는 방식이다. 작업지시서와 마찬가지로 제품종류별(작업별)로 1매씩 작성한다. 제조원가의 직접재료원가와 직접노무원가는 발생시점에서 작업원가표에 기록되나, 제조간접원가는 직접 대응시킬 수 없기 때문에 기말에 적절한 기준에 의해 배부된 금액을 작업원가표에 기록한다.

〈개별원가계산의 흐름〉

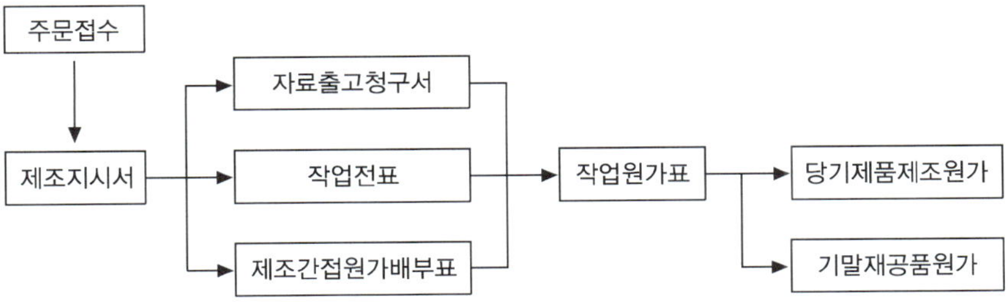

3 원가계산의 비교

원가는 측정하는 방법에 따라 다음과 같이 분류할 수 있다.

원가요소	실제원가계산	정상원가계산	표준원가계산
직접재료원가	실제원가	실제원가	표준원가
직접노무원가	실제원가	실제원가	표준원가
제조간접원가	실제조업도 × 실제배부율	실제조업도 × 예정배부율	표준조업도 × 표준배부율

실제원가계산에서는 모든 원가요소의 실제발생액을 측정하여 제품원가를 계산하고, 표준원가계산에서는 모든 원가요소에 대해 기초시점의 표준설정액을 이용하여 제품원가를 계산한다. 그리고 정상원가계산에서는 직접재료원가와 직접노무원가는 실제발생액으로 측정하고 제조간접원가는 기초의 예정배부액을 이용하여 제품원가를 계산한다.

4 개별원가계산의 절차

① 원가집적대상이 되는 개별작업을 파악한다.
② 직접원가를 계산하여 개별작업에 직접 부과한다.
③ 공장별 또는 부서별로 간접원가를 집계한다.
④ 간접원가의 배부기준을 설정한다.
⑤ 간접원가를 배부율을 계산하여 개별작업에 배부한다.

03 실제개별원가계산

1 실제개별원가계산의 의의

실제개별원가계산은 실제직접재료원가, 실제직접노무원가는 인과관계에 따라 발생과 동시에 제조지시서별 작업원가표에 직접 부과하고 제조간접원가는 매월 또는 매년 작업이 끝난 후에 집계된 실제제조간접원가를 제조간접원가 실제배부율을 이용하여 제품별로 배부하는 원가계산방식이다.

2 실제제조간접원가의 배부절차와 단점

(1) 실제제조간접원가 배부절차의 분류

① **실제 발생한 제조간접원가 집계** : 매월 또는 매년 말에 실제 발생한 제조간접원가를 집계한다.

② **제조간접원가 배부기준 설정** : 제조간접원가 배부기준으로 생산량, 직접작업시간, 기계사용시간 등이 사용되는데 다양한 배부기준 중에서 가장 합리적인 배부기준을 설정한다.

③ **제조간접원가 실제배부율 산정** : ①에서 구한 실제 발생한 제조간접원가를 ②에서 정한 배부기준의 실제조업도로 나누어 실제배부율을 산정한다.

$$\text{제조간접원가 실제배부율} = \frac{\text{실제제조간접원가}}{\text{실제조업도}}$$

④ 제조간접원가를 제품에 배부

$$\text{제조간접원가 배부액} = \text{실제조업도} \times \text{제조간접원가 실제배부율}$$

(2) 실제원가계산의 단점

① 기말에 제조간접원가를 집계해야만 제품원가계산을 할 수 있기 때문에 신속한 제품원가계산이 이루어지지 않는다.

② 고정제조간접원가로 인하여 제품에 배부되는 제조간접원가가 조업도의 변동에 따라 제품의 단위당 제조간접원가가 달라지게 된다.

04 정상개별원가계산

1 의 의

정상개별원가계산은 실제직접재료원가와 실제직접노무원가는 인과관계에 따라 제품별로 직접 부과하고 제조간접원가는 회계연도 시작 전에 결정된 제조간접원가 예정배부율을 이용하여 제품별로 배부한다. 사전에 설정한 제조간접원가 배부율을 기초로 제조간접원가를 예정배부하므로 제품에 대한 원가계산을 신속하게 할 수 있다.

2 제조간접원가 배부절차

① **연간 제조간접원가 예산액 추정** : 과거에 발생한 원가자료와 가격과 기술의 예상변화를 반영하여 추정한 연간 제조간접원가의 예산액을 추정한다.

② **제조간접원가의 연간 예정조업도 설정** : 보통 직접노무원가, 노무시간, 기계시간 또는 생산수량 등을 예정조업도로 설정한다.

③ **제조간접원가 예정배부율 산정** : 예정배부율을 산정할 때 연간자료를 사용하여야 제조간접원가 배부율의 변동을 방지할 수 있다.

$$\text{제조간접원가 예정배부율} = \frac{\text{제조간접원가 예산}}{\text{예정조업도}}$$

④ 제조간접원가를 제품에 배부

$$\text{제조간접원가 배부액} = \text{실제조업도} \times \text{제조간접원가 예정배부율}$$

⑤ 배부차이를 조정

3 제조간접원가 배부차이

(1) 배부차이

제조간접원가를 예정배부하는 정상원가계산제도에서는 실제배부율과 예정배부율의 차이로 인하여 제조간접원가의 배부차이가 발생한다. 이러한 배부차이는 제조간접원가 계정에 나타나게 되며 제조간접원가 차변금액은 실제발생액이고, 대변금액은 예정배부액이다.

① 과소배부 : 실제발생액 > 예정배부액

② 과대배부 : 실제발생액 < 예정배부액

제조간접원가

차변	대변
실제발생액	예정배부액
	과소배부

제조간접원가

차변	대변
실제발생액	예정배부액
과대배부	

(2) 배부차이 조정 방법

① **매출원가 조정법** : 배부차이를 전액 매출원가에서 조정하는 방법으로 부족배부된 경우 부족배부된 만큼 매출원가가 과소계상되어 있으므로 매출원가를 증가시킨다. 기말재공품이나 기말제품이 부담하여야 할 배부차이를 무시하는 방법이다.

• 과소계상	(차) 매출원가	xxx	(대) 제조간접원가	xxx

② **원가요소 비례배분법** : 기말에 재공품, 제품, 매출원가에 포함된 제조간접원가의 비율에 따라 각 계정에 배부차이를 배분하는 방법으로 실제원가계산과 동일한 결과를 얻을 수 있다.

③ **총원가 비례배분법** : 배부차이를 기말재공품, 기말제품, 매출원가의 총액비율로 배분하는 방법이다. 총원가의 배율과 제조간접원가의 비율이 같다는 가정하에 배분하는 방법으로 각각의 비율 차이가 있는 경우에는 실제원가와 일치하지 않는다.

• 과소계상	(차) 재공품	xxx	(대) 제조간접원가	xxx
	제 품	xxx		
	매출원가	xxx		

④ **영업외손익법** : 배부차이의 전액을 영업외손익으로 처리하는 방법이다. 부족배부된 경우 영업외비용으로 처리하고 초과배부된 경우에는 영업외수익으로 처리한다.

• 과소계상	(차) 영업외비용	xxx	(대) 제조간접원가	xxx

(3) 회계처리

① 제조간접원가 예정배부 시

(차) 재공품	xxx	(대) 제조간접원가	xxx

② 제조간접원가 실제발생 시

(차) 제조간접원가	xxx	(대) 재료원가	xxx
		노무원가	xxx
		제조경비	xxx

③ **배부차이** : 과소배부는 제조간접원가 차변에 가산처리하며, 과대배부는 제조간접원가 대변에 차감처리한다.

• 과소배부	(차) 제조간접원가배부차이	xxx	(대) 제조간접원가	xxx
• 과대배부	(차) 제조간접원가	xxx	(대) 제조간접원가배부차이	xxx

TEST 03 연습문제

01 (주)회계의 제조간접원가의 배부기준은 기계가동시간이며, 20X1년 제조간접원가예산은 ₩400,000이고, 기계가동예상시간은 40,000시간이다. 20X1년 10월 작업별 기계가동시간은 다음과 같다.

구 분	#101	#102	합 계
기계가동시간	1,200	2,000	3,200

20X1년 10월 제조간접원가 실제발생액이 ₩34,000일 때 제조간접원가 배부차이는?

① ₩2,000 과소배부
② ₩2,000 과대배부
③ ₩32,000 과소배부
④ ₩32,000 과대배부

02 제조간접원가 예정배부액의 계산식은?

① 제품별 배부기준의 실제발생액 × 실제배부율
② 제품별 배부기준의 예정발생액 × 실제배부율
③ 제품별 배부기준의 실제발생액 × 예정배부율
④ 제품별 배부기준의 예정발생액 × 예정배부율

03 개별원가계산에 대한 다음의 설명 중 틀린 것은?

① 작업원가표를 사용해 원가를 집계하여 제품별 원가계산하는 방법이다.
② 조선업, 기계제작업 등의 업종에 적합한 원가계산이다.
③ 기본원가와 제조간접원가의 구분이 중요하다.
④ 모든 제조원가를 작업별로 직접 추적한다.

정답과 해설

01

실제제조간접원가	예정제조간접원가
₩34,000	$3,200\text{시간} \times \dfrac{₩400,000}{40,000\text{시간}} = ₩32,000$

₩2,000(과소배부)

02 예정배부액의 계산식은 실제발생액에 예정배부율을 곱한 금액이다.

03 직접원가는 개별제품에 부과하지만, 간접원가는 적절한 배부기준을 설정하여 개별제품에 배부한다.

정답 01 ① 02 ③ 03 ④

CHAPTER 04

PART 2 원가회계

종합원가계산

01 종합원가계산의 의의

1 종합원가계산의 의의

종합원가계산이란 하나 또는 그 이상의 제조공정을 통해 대량생산되는 단일종류의 제품에 관한 원가계산 방법이다. 예 제분업 · 시멘트 생산업 · 철강업 · 화학공업 · 섬유업 등에 적합

종합원가계산은 연속적으로 제품을 대량생산하므로 일정한 원가계산기간을 인위적으로 설정하여 생산량과 제조원가를 파악한 후 단위당 원가를 계산하고 기말재공품원가와 완성품원가를 구한다.

이는 동일한 공정을 통하여 제조된 각 제품은 동질적이기 때문에 제품의 단위당 원가가 동일하다는 것이다.

재공품

기 초		xxx	완성품원가	xxx
당기투입원가		xxx	기 말	xxx
1) 재료원가	xxx			
2) 가공원가	xxx			

2 종합원가계산의 특징

① 동일공정을 거쳐 제품이 생산되므로 각 제품의 단위당 원가가 동일하다는 가정하에 제품의 원가를 평균개념에 의해 산출한다.

② 동일공정 내에서 발생하는 원가는 재료원가와 가공원가로 구분하여 원가계산을 하면 된다.

③ 동종제품을 계속적으로 대량생산하기 때문에 개별작업별로 제조지시서를 발행할 필요가 없다.

④ 각 공정별로 원가가 집계되므로 원가통제, 원가관리, 성과평가가 용이해진다.

3 종합원가계산과 개별원가계산의 차이

구 분	종합원가계산	개별원가계산
업종의 형태	단일제품을 대량으로 생산하는 업체에 적합 (동종제품 대량생산)	다품종소량생산하는 업체에 적합 (이종제품 소량생산)
원가계산	공정별로 원가계산이 이루어진다.	개별작업별로 원가계산이 이루어진다.
원가집계	직접재료원가와 가공원가로 구분	직접원가와 간접원가로 구분

업 종	시멘트, 제분, 유리제조업	건설, 조선, 기계제작업
초 점	완성품원가와 기말재공품원가의 집계	제조간접원가의 제품별 배부
기말재공품원가	원가배분절차가 필요하다.	자동적으로 계산된다.
증빙서류	제조원가보고서	제조지시서, 개별원가계산표

4 종합원가계산의 장점과 단점

장 점	단 점
• 원가계산 시 시간·비용 절약 • 공정이나 부문별로 제조원가가 집계되므로 원가 중심점의 성과평가와 원가관리에 유용한 정보를 제공	• 개별원가계산에 비해 상세한 원가정보를 상실할 가능성이 있어 원가계산이 부정확 • 기말재공품들의 완성도가 다르므로 재공품의 완성도를 정확히 측정하기 매우 어려움

5 종합원가계산의 종류

(1) 단일 종합원가계산

한 종류의 제품을 한 공정에서 대량으로 제조하는 경우의 원가계산이다.

예 얼음제조업, 소금제조업, 생수회사, 벽돌공장

(2) 공정별 종합원가계산

2개 이상의 제조공정을 거쳐 제품을 연속 대량생산하는 형태의 원가계산으로, 전공정에서 다음 공정으로 대체되는 전공정원가를 다음 공정의 제조원가에 가산한다.

제2공정의 원가를 계산하기 위해서는 전공정대체원가의 완성품환산량을 계산해야 하는데 이때 전공정대체원가 완성도는 100%로 간주한다(제1공정 완성품은 중간제품의 형태로 제2공정 초기에 투입되기 때문).

예 화학공업, 제지업, 제당업

(3) 조별 종합원가계산

종류가 다른 제품을 연속적으로 대량생산하는 기업에서 제품의 종류별로 조 또는 반을 설정하여 각 조별로 종합원가계산을 한다. 조 직접원가는 각 원가요소계정에 직접 각 조별 제조계정으로 대체기입하지만, 조 간접원가는 조별 배부를 위하여 일시적으로 집계하고, 적절한 배부기준에 의하여 배부된 금액을 조별 제조계정으로 대체한다.

예 식료품제조업, 제과업, 통조림 제조업

(4) 등급별 종합원가계산

동일한 공정에서 동일한 재료를 사용하여 동일한 제품을 생산한다. 제품의 품질, 모양, 크기, 순도 등이 서로 다른 제품을 대량 생산하는 형태의 원가계산 방법이다.

예 제화업, 제분업

등급품별로 직접원가를 구분하는 것이 가능할 경우 직집원가는 당해 제품에 직접 부과한다.

예제

소금, 벽돌 등의 공정에서 이용되는 원가계산 방법은?

① 단일 종합원가계산　　② 공정별 종합원가계산
③ 조별 종합원가계산　　④ 개별원가계산

정답 및 해설

①
• 단일 종합원가계산 : 제염업, 제빙업
• 조별 종합원가계산 : 제과업, 음료제조업, 식품제조업 등
• 공정별 종합원가계산 : 화학약품, 제지업, 제당업 등
• 등급별 종합원가계산 : 제화업, 제분업 등

02 종합원가계산의 절차

1단계 : 물량의 흐름을 파악한다.
2단계 : 완성품환산량을 계산한다.
3단계 : 원가요소별 기초재공품원가와 당기투입(발생)원가를 집계한다.
4단계 : 완성품환산량 단위당 원가를 계산한다.
5단계 : 완성품과 기말재공품에 총원가를 배분한다.

1 물량의 흐름 파악

종합원가계산은 공정별로 물량의 흐름을 파악한다.

기초재공품수량 + 당기착수량 = 당기완성품수량 + 기말재공품수량
= 기초재공품완성품수량 + 당기착수완성품수량 + 기말재공품수량

제조공정

기초재공품수량	당기완성품수량
당기착수량	기말재공품수량
합 계	합 계

제 품

기초제품수량	판매수량
당기완성량	기말제품수량
합 계	합 계

2 완성품환산량의 계산

(1) 완성품환산량의 의의

종합원가계산은 공정별로 집계된 원가를 완성품과 기말재공품으로 배분하여 원가를 산정한다. 이때 배분하기 위해 인위적으로 완성품환산량을 사용한다. 이는 기말재공품에 투입된 원가가 다르기 때문에 동일한 물량으로 원가배분을 할 수 없다. 그러므로 완성품환산량이 필요하다.

완성품환산량이란 특정기간에 발생한 총원가를 당기완성품과 기말재공품으로 배분하기 위하여 공정에서 수행된 총 작업량을 완성품수량으로 환산한 공통척도를 말한다.

또한 완성품환산량은 원가집계 시 재료원가와 가공원가로 집계하므로 환산량 또한 재료원가환산량과 가공원가환산량으로 각각 집계하여야 한다.

당기착수완성품은 당기에 착수하여 당기에 완성하였으므로 항상 물량과 환산량이 일치하지만 재공품은 물량과 환산량이 꼭 일치하지는 않는다.

황당하지만 교재 내용을 이해하기 쉬운 사례

[완성품환산량]

OO컴퓨터는 본체를 생산하는데 10개의 부품이 들어간다. 만일 10개의 본체를 생산한다면 먼저 1번 부품부터 첫 번째 본체에 집어 넣고 이어서 두 번째 본체에 다시 1번 부품을 끼우고, 그 다음 세 번째 본체에 1번 부품을 넣고, … 그리고 마지막 10번째 본체까지 작업 마치게 되면, 그 다음 2번 부품을 위와 동일한 순서로 반복 작업하기로 했다.

1번 부품을 첫 번째 본체부터 작업해서 10번째 본체까지 집어 넣었고, 그 다음 2번 부품을 동일한 순서로 1 ~ 10번 본체에 넣는 것을 완료하고, 이이서 3번 부품을 1 ~ 10번 본체에 넣는 작업을 했다.

그리고 하루 일과가 끝났다. 그럼 오늘 완성된 본체는 있었는가? 없었다. 10개 본체 중 10개 부품이 모두 들어간 제품은 없다. 본체 하나당 3개씩 부품이 들어갔다. 그래서 후회가 밀려온다.

위와 같은 방식으로 하지 말고, 처음부터 10개 부품을 손에 쥐고 첫 번째 본체가 들어오면 1번 부품을 먼저 끼우고, 그 다음 2번 부품, 3번 부품 그리고 순서대로 10번 부품까지 넣어 본체를 생산했다면 오늘 하루 3개는 만들 수 있었을 것이다(총 삽입된 부품 수는 30개이므로 본체 하나에 부품 모두 삽입하는 생산방식으로 변경했다면 3개를 만들 수 있었음).

그 후회됨을 다음과 같이 표현한다.

만들 수 있었던 수량(완성품환산량) 3개 = 전체 물량 10개 본체 × 완성도 30%(본체 하나당 총 10개 부품 중 3개씩 들어감)

(2) 완성품환산량의 계산방법

① 재료원가 : 일반적으로 공정 초기에 모두 투입되며, 투입 시점에 재료원가가 모두 발생하므로 100% 완성된다(단, 문제에서는 공정 전반에 걸쳐 균등하게 발생한다고 가정하기도 한다).

② 가공원가 : 일반적으로 공정 전반에 걸쳐 균등하게 발생하므로 재공품이 가공된 정도를 구하여 완성품과는 원가부담능력이 상이하게 나타나도록 완성품환산량을 구해야 한다.

원가의 소비시점이 요소별로 다르기 때문에 완성품환산량은 대개 원가요소별로 다르게 계산한다.

완성품환산량 = 물량(수량) × 완성도(진척도)

(3) 원가요소별 산출량에 대한 환산량 계산

재공품이 있는 경우 물량과 실제로 작업한 수량이 일치하지 않아 완성품수량과 재공품수량에 대한 환산량을 구하여야 한다.

완성품환산량 = 완성품수량 + (기말재공품수량 × 완성도)

3 기초재공품원가와 당기투입원가 집계

환산량 단위당 원가를 구하기 위해 기초재공품원가와 당기투입원가를 집계한다. 다만, 원가흐름의 가정이 선입선출법의 경우에는 당기투입원가만을 이용하며, 평균법의 경우에는 기초재공품원가와 당기투입원가, 즉 총원가를 이용하여 환산량 단위당 원가를 구한다.

총원가 = 기초재공품원가 + 당기투입(발생)원가

4 완성품환산량 단위당 원가 계산

재료원가환산량과 가공원가환산량을 이용하여 환산량 단위당 원가를 구한다.

완성품환산량 단위당 원가 = 원가(3단계의 총원가) ÷ 완성품환산량

5 완성품과 기말재공품에 총원가 배분

항목별 완성품환산량에 완성품환산량 단위당 원가를 이용하여 완성품원가와 기말재공품원가에 배분한다. 이때 차·대변의 합계액이 원가흐름의 가정에 상관없이 항상 일치해야 한다.

완성품원가 = (재료원가환산량 단위당 원가 × 완성품의 재료원가 완성품환산량) + (가공원가환산량 단위당원가 × 완성품의 가공원가 완성품환산량)
= (전기분 기초재공품원가 + 당기분 기초재공품원가 + 당기착수완성품원가)

기말재공품원가 = (재료원가환산량 단위당 원가 × 기말재공품의 재료원가 완성품환산량) + (가공원가 환산량 단위당 원가 × 기말재공품의 가공원가 완성품환산량)

※ 가급적 위와 같은 식으로 암기하는 것보다 전체적인 내용을 이해하면서 풀이방식을 학습하는 것이 더 바람직하다.

03 원가흐름에 대한 가정

공정에 기초재공품이 존재하지 않는다면 공정에 집계된 당기발생제조원가를 당기착수완성품과 기말재공품에 배부하면 된다. 그러나 기초재공품이 기말에 남아있게 될 경우 기말재공품원가 안에 기초재공품원가와 당기제조원가가 있기 때문에 기초재공품원가도 적절히 기말재공품과 완성품원가에 배부시켜야 한다. 따라서 이를 반영시키기 위하여 원가흐름의 가정으로 선입선출법과 평균법을 이용한다.

1 선입선출법

선입선출법은 전기 기초재공품원가를 완성품원가에 배분하고 당기투입원가는 완성품환산량을 기준으로 당기완성품과 기말재공품에 비례배분하는 방법이다. 즉, 기초재공품을 우선 가공하여 완성품으로 만든 후 당기착수량을 가공한다는 가정이다.

(1) 원가계산 절차

① 물량흐름을 파악

> 기초재공품 수량 + 당기착수량 = (기초재공품완성품수량 + 당기착수완성품수량) + 기말재공품수량

② 완성품환산량 계산

> 완성품환산량 = (기초재공품수량 × 당기추가분완성도) + (당기착수완성품수량 × 100%) + (기말재공품수량 × 완성도)

③ 원가요소별 원가집계 : 원가요소별로 기초재공품원가와 당기투입원가를 집계한다. 환산량 단위당 원가 계산 시 대상이 되는 금액은 당기투입원가이다.

> 총원가 = 당기투입원가

④ 완성품환산량 단위당 원가계산

> 완성품환산량 단위당 원가 = 당기투입(발생)원가 ÷ 당기완성품환산량

⑤ 원가의 배분 : 전기 발생한 기초재공품원가는 완성품원가에 배분하며, 당기투입원가는 완성품과 기말재공품에 배분한다.

> 완성품원가 = (전기분 기초재공품원가 + 당기분 기초재공품원가) + 당기착수완성품원가
> = 전기분 기초재공품원가 + (완성품환산량 × 환산량 단위당 원가)

> 기말재공품원가 = 기말재공품완성품환산량 × 환산량 단위당 원가

(2) 선입선출법의 장 · 단점

장 점	단 점
• 인과관계 따라 원가대응이 가능하다. • 당기 업적과 능률 파악에 유용하다. • 원가관리에 유용한 정보를 제공한다.	• 계산이 복잡하다. • 실무적으로 평균법이 간편하다.

2 평균법

기초재공품이 당기에 착수되어 완성된 것처럼 보아, 기초재공품원가와 당기투입원가를 구분하지 않고 집계한 후 완성품환산량을 기준으로 당기완성품과 기말재공품에 비례배분하는 방법이다.

따라서 기초재공품의 완성도를 0%로 가정하므로 제품의 단위당 원가는 전기의 원가와 당기의 원가가 가중평균되어 당기에 완성된 모든 제품의 단위당 원가가 동일하게 된다.

(1) 원가계산 절차

① 물량흐름을 파악

> 기초재공품수량 + 당기착수수량 = 기초재공품완성품수량 + 당기착수완성품수량 + 기말재공품수량
> = 당기완성품수량 + 기말재공품수량

② 완성품환산량 계산

> 완성품환산량
> = (기초재공품수량 × 100%) + (당기착수완성품수량 × 100%) + (기말재공품수량 × 완성도)
> = 당기완성품수량 + (기말재공품수량 × 완성도)

③ 원가요소별 원가집계 : 원가요소별로 기초재공품원가와 당기투입원가를 합한 총원가를 집계한다.

> 총원가 = 기초재공품원가 + 당기투입원가

④ 완성품환산량 단위당 원가

> 완성품환산량 단위당 원가 = 총원가 ÷ 완성품환산량

⑤ 원가의 배분 : 완성품과 기말재공품에 총원가를 배분한다.

> 완성품원가 = 완성품환산량 × 환산량 단위당 원가
> = 기초재공품원가 + 당기착수완성품원가

(2) 평균법의 장 · 단점

장 점	단 점
• 계산이 간편하다. • 많은 기업들이 적용하므로 기업 간 제품원가 비교가 용이하다.	• 당기 원가를 왜곡시킨다. • 당기 업적 및 능률을 정확히 평가할 수 없다.

3 선입선출법과 평균법의 차이

평균법과 선입선출법의 계산방식에 있어서 차이는 기초재공품을 어떻게 취급하느냐이다. 따라서 기초재공품이 없는 경우에는 평균법에 의한 완성품환산량과 선입선출법에 의한 완성품환산량이 동일하다.

04 공 손

공손이란 생산과정에서 일부 파손 또는 규격 · 품질에서 미달하는 불합격품으로 재작업이 불가능한 불량품을 말한다. 이는 재작업을 통해 합격품 등으로 판매될 수 있는 재작업분과 다르며, 제조과정 중 증발에 의한 소실이나 제품이 되지 못한 원재료의 투입분인 감손과도 다르다.

1 공손 회계처리방법

공손인식법은 공손원가를 정상공손과 비정상공손으로 구분하여 회계처리하는 것으로써 정상공손원가는 제품의 원가로 처리하고, 비정상공손원가는 기간비용(영업외비용)으로 처리하는 방법이다. 이 방법은 공손원가를 정확하게 계산하므로 제품원가계산에 목적적합하며, 기업의 제조활동에 경영자가 주의를 기울일 수 있다.

TEST 04 연습문제

01 종합원가계산을 실시하는 (주)대한은 원재료를 공정 개시시점에서 전량 투입하고, 가공원가는 전 공정을 통해 균일하게 발생한다. (주)대한이 재공품의 평가방법으로 평균법과 선입선출법을 사용할 경우, 다음 자료를 이용하여 가공원가의 당기 완성품환산량을 계산하면?

> • 기초재공품수량 : 200개(완성도 40%)
> • 착수량 : 3,500개
> • 완성품수량 : 3,200개
> • 기말재공품수량 : 500개(완성도 : 50%)

	평균법	선입선출법
①	3,450개	3,330개
②	3,700개	3,450개
③	3,450개	3,370개
④	3,700개	3,750개

정답과 해설

01 원재료가 공정 개시시점에 투입되므로 원재료는 100% 환산하며, 가공원가는 무조건 완성도에 의해 완성품으로 환산한다.

• 선입선출법 : 기초재공품을 우선 가공하여 완성품으로 만든 후 당기착수량을 가공한다는 가정이다.
• 평균법 : 기초재공품이 당기에 착수되어 완성된 것처럼 보아, 기초재공품원가와 당기투입원가를 구분하지 않고 집계한 후 완성품환산량을 기준으로 당기완성품과 기말재공품에 비례 배분하는 방법이다.

구 분		평균법	선입선출법
완성품			
1) 기초재공품	200개(40%)	200개	120개*1
2) 당기착수완성량	3,000개	3,000개	3,000개
기말재공품	500개(50%)	250개*2	250개*2
당기완성품환산량		3,450개	3,370개

*1 200개 × (1 − 40%) = 120개
*2 500개 × 50% = 250개

정답 01 ③

02 (주)한국은 20X2년 10월 1일 현재 완성도가 60%인 월초재공품 8,000개를 보유하고 있다. 직접재료원가는 공정 초기에 투입되고, 가공원가는 전 공정을 통해 균등하게 투입된다. 10월 중에 34,000개가 생산에 착수되었고, 36,000개가 완성되었다. 10월 말 현재 월말재공품은 완성도가 80%인 6,000개이다. 10월의 완성품환산량 단위당 원가를 계산할 때 가중평균법에 의한 완성품환산량이 선입선출법에 의한 완성품환산량보다 더 많은 개수는?

	직접재료원가	가공원가
①	0개	3,200개
②	0개	4,800개
③	8,000개	3,200개
④	8,000개	4,800개

정답과 해설

02 [1단계 물량의 흐름]

월초재공품	8,000개
당월착수량	34,000개
당월완성량	36,000개
월말재공품	6,000개

[2단계 완성품환산량_직접재료원가] 공정 초기 전량투입

구 분		평균법	선입선출법
완성품			
1) 월초재공품	8,000개	8,000개	0개
2) 당월착수완성량	28,000개	28,000개	28,000개
월말재공품	6,000개	6,000개	6,000개
당기완성품환산량		42,000개	34,000개

[2단계 완성품환산량_가공원가] 전 공정을 통해 균등하게 투입

구 분		평균법	선입선출법
완성품			
1) 월초재공품	8,000개(60%)	8,000개	3,200개
2) 당월착수완성량	28,000개(100%)	28,000개	28,000개
월말재공품	6,000개(80%)	4,800개	4,800개
당기완성품환산량		40,800개	36,000개

[차이계산]

- 직접재료원가 완성품환산량 차이 = 평균법 42,000개 – 선입선출법 34,000개 = 8,000개
- 가공원가 완성품환산량 차이 = 평균법 40,800개 – 선입선출법 36,000 = 4,800개

정답 02 ④

PART 2

03 다음 자료를 이용하여 완성품환산량 단위당 원가를 계산하면?(단, 월초재공품은 없으며 모든 원가요소는 완성도에 비례하여 발생한다)

- 월말재공품 : 80개
- 월말재공품완성도 : 50%
- 완성품 : 500개
- 당월총제조원가 : ₩675,000

① ₩1,450　② ₩1,350
③ ₩1,250　④ ₩1,290

04 다음 종합원가계산 자료에 의하여 재료원가와 가공원가의 완성품환산량(당월작업분)을 각각 구하면?(단, 재공품 평가는 선입선출법에 의한다)

당월착수수량	70,000개	당월완성량	60,000개
월초재공품수량	10,000개(완성도 : 재료원가 80%, 가공원가 40%)		
월말재공품수량	20,000개(완성도 : 재료원가 50%, 가공원가 20%)		

	재료원가	가공원가		재료원가	가공원가
①	50,000개	56,000개	②	58,000개	54,000개
③	62,000개	60,000개	④	78,000개	68,000개

정답과 해설

03 완성품환산량 단위당 원가 : ₩675,000 ÷ (500개 + 80개 × 50%) = ₩1,250

04 [1단계 물량의 흐름]

월초재공품	10,000개
당월착수량	70,000개
당월완성량	60,000개
월말재공품	20,000개

[2단계 완성품환산량]

- 당월완성량 60,000개를 선입선출법에 따라 기초재공품 10,000개와 당월착수완성량* 50,000개로 구분하여 반영
- 월초재공품은 재료원가 80%, 가공원가 40%로 완료된 상태에서 당월작업을 하였기 때문에 나머지 부분(재료원가 20%, 가공원가 60%)만 추가하여 완료함

구 분		재료원가	가공원가
월초재공품	10,000	2,000(= 10,000 × 20%)	6,000(= 10,000 × 60%)
당월착수완성량	50,000	50,000	50,000
월말재공품	20,000	10,000(= 20,000 × 50%)	4,000(= 20,000 × 20%)
완성품환산량		62,000	60,000

* 당월착수완성량이란 당월에 작업을 시작하여 완성한 수량을 의미하며, 당월착수량과는 다른 개념임

정답 03 ③ 04 ③

05 (주)한양은 종합원가계산제도를 이용하여 제품원가를 계산하고 있다. 다음 자료를 이용하여 계산한 기말재공품원가는?(단, 평균법을 적용하고, 재료는 제조 착수 시 전부 투입되며 가공원가는 공정진행에 비례하여 발생한다고 가정한다)

구 분	수 량	직접재료원가	가공원가	제조원가 합계
기초재공품	60개(완성도 50%)	₩2,000	₩1,000	₩3,000
당기완성품	160개	₩8,000(당기투입)	₩3,500(당기투입)	₩11,500
기말재공품	40개(완성도 50%)			

① ₩2,000
② ₩2,500
③ ₩3,000
④ ₩14,500

정답과 해설

05 [2단계 완성품환산량]
평균법을 적용하는 것이므로 당기완성품을 기초재공품과 당기착수완성량으로 구분하지 않음

구 분		재료원가	가공원가
당기완성품	160	160	160
기말재공품	40	40(공정 초기 전량 투입)	20(= 40 × 50%)
완성품환산량		200	180

[3단계 총원가요약]
평균법을 적용함으로 기초재공품원가와 당기투입원가를 합산하여 반영

구 분	재료원가	가공원가
기초재공품원가	2,000	1,000
당기투입원가	8,000	3,500
총원가	10,000	4,500

[4단계 환산량 단위당 원가]

구 분	재료원가	가공원가
총원가	10,000	4,500
완성품환산량	200	180
환산량 단위당 원가	@50	@25

∴ 기말재공품원가 = (40 × @50) + (20 × @25) = 2,500

[별해-속산식]

• 재료원가 : $\frac{2,000 + 8,000}{160개 + 40개} \times 40개 = ₩2,000$

• 가공원가 : $\frac{1,000 + 3,500}{160개 + (40개 \times 50\%)} \times (40개 \times 50\%) = ₩500$

정답 05 ②

06 한국회사는 선입선출법에 따라 종합원가계산을 실시하고 있다. 원재료는 공정 초에 100% 투입되며, 가공원가는 전체공정에 걸쳐 균등하게 발생한다. 20X2년 한국회사의 생산활동과 관련된 자료는 다음과 같다.

• 기초재공품수량	400단위(가공원가 완성도 30%)
• 당기착수량	2,600단위
• 당기완성품수량	2,500단위
• 기말재공품의 가공원가 완성도	40%

한국회사의 재료원가와 가공원가의 완성품환산량으로 옳은 것은?

	재료원가 완성품환산량	가공원가 완성품환산량
①	2,600	2,500
②	2,600	2,580
③	2,500	2,580
④	2,500	2,620

정답과 해설

06 [2단계 완성품환산량]

선입선출법에 의한 계산이므로 당기완성품을 기초재공품과 당기착수완성량으로 구분하여 기초재공품은 재료는 공정 초에 100% 투입되므로 당기에 추가 투입할 필요가 없으며, 가공원가는 균등하게 발생하므로 기존 30% 완성된 상태에서 당기 추가로 70%를 투입하게 됨

구 분		재료원가	가공원가
기초재공품	400	0(공정 초기 전량 투입)	280(= 400 × 70%)
당기착수완성량	2,100	2,100	2,100
기말재공품	500	500(= 500 × 100%)	200(= 500 × 40%)
완성품환산량		2,600	2,580

정답 06 ②

07 종합원가계산을 이용하는 회사의 가공원가 완성품환산량을 계산하면?

• 기초재공품 1,000개 (30%)
• 당기완성품 7,000개
• 당기착수량 10,000개
• 기말재공품 4,000개 (30%)
• 재료는 기초에 전량 투입되고, 선입선출법으로 평가한다.

① 10,000개　　② 4,000개
③ 7,900개　　④ 6,500개

08 종합원가계산제도를 채택하는 합격회사의 다음 자료에 의하여 당기제품제조원가를 계산하면 얼마인가?(단, 재공품의 평가는 선입선출법에 의하며 재료는 공정 초에 투입된다)

• 기초재공품 : 직접재료원가 ₩10,000, 가공원가 ₩50,000, 100개(50%)
• 당기제조원가 : 직접재료원가 ₩200,000, 가공원가 ₩300,000
• 기말재공품 : 100개(50%)
• 당기완성품 : 200개

① ₩375,000　　② ₩380,000
③ ₩385,000　　④ ₩400,000

PART 2

정답과 해설

07

(선입선출법)	재료원가	가공원가
기초 1,000(30%)	–	700
당기착수완성량 6,000	6,000	6,000
기말재공품 4,000(30%)	4,000	1,200
완성품환산량	10,000	7,900

그러므로 가공원가 완성품환산량은 7,900개이다.

정답 07 ③

08 당기제품제조원가 = 기초재공품 + 당기총제조원가 − 기말재공품
= ₩60,000 + ₩500,000 − ₩175,000
= ₩385,000

		〈2〉 완성품환산량*1		
〈1〉물량흐름*1		재료원가	가공원가	
기초재공품	100(50%)			
당기착수량	200			
	300개			
당기완성품				
기초재공품	100(50%)	−	50	
당기착수완성량	100	100	100	
기말재공품	100(50%)	100	50	
	300개	200개	200개	
〈3〉총원가요약*2				
기초재공품원가		−	−	
당기투입원가		₩200,000	₩300,000	
합계		₩200,000	₩300,000	
완성품환산량		÷ 200단위	÷ 200단위	
〈4〉환산량 단위당 원가		₩1,000	₩1,500	
〈5〉총원가의 배분*3				
완성품원가				
기초재공품	₩60,000 + (0 × ₩1,000) + (50 × ₩1,500) =			₩135,000
당기착수완성품	(100 × ₩1,000) + (100 × ₩1,500) =			250,000
당기제품제조원가				₩385,000
기말재공품원가	(100 × ₩1,000) + (50 × ₩1,500) =			175,000
합계				₩560,000

*1 [1단계 물량의 흐름, 2단계 완성품환산량]

- 선입선출법에 의한 계산이므로 당기완성품을 기초재공품과 당기착수완성량으로 구분한다. 기초재공품은 공정이 50% 진척된 상태에서 당기 작업하는 것이므로 재료를 새롭게 투입할 필요는 없기 때문에 0이 되고(재료는 공정 초 투입하기 때문에), 가공원가는 나머지 50%를 추가 가공하여야 완성되므로 100 × 50%를 반영하여 완성품환산량은 50이 된다.

*2 [3단계 총원가요약]

- 선입선출법에 의한 종합원가계산이므로 기초재공품과 당기제조원가를 구분하고 기초재공품원가는 완성품원가에 배분하고 당기제조원가는 완성품과 기말재공품으로 나눠 반영한다.

*3 [5단계 총원가의 배분]

- 완성품원가 = 기초재공품(제시된 직접재료원가 + 가공원가 합산) + 당기착수완성품(완성품환산량 × 환산량 단위당 원가)
- 기말재공품원가 = 완성품환산량 × 환산량 단위당 원가

정답 08 ③

보론 결합원가계산

※ 시험범위에 포함되지 않으나 과거 출제된 영역으로 기출문제 풀이에 참고

01 결합원가계산의 의의

1 용어정리

주산품	동일공정에서 둘 이상의 제품이 생산될 때 상대적인 시장가치가 크고 중요한 제품을 주산품이라고 한다.
연산품	단일공정에서 두 개 이상의 높은 판매가치를 갖는 제품을 생산할 때 그러한 제품을 연산품이라 한다. 예 생우유에서 버터, 크림, 탈지유 등 생산
부산품	주산품 또는 연산품에 비해 상대적으로 판매가치가 낮은 제품을 부산품이라고 한다.
작업폐물	제조공정 중에 나오는 원재료의 찌꺼기로서 판매가치가 지극히 낮으며 오히려 폐기하는 과정에서 추가비용이 발생할 때는 부(−)의 가치를 갖기도 한다.
분리점	결합제품이 일정한 제조단계에 도달하여 개별제품으로 확인할 수 있는 시점
결합원가	분리점 이전에 결합공정에서 발생된 원가
추가가공원가	분리점 이후에 개별제품으로 가공하기 위해 발생되는 원가
연산품원가	결합원가 + 추가가공원가

※ 주산품, 연산품, 부산물의 구분이 실무상 명확하지 아니하다. 예를 들어 원유 정제 시 등유의 판매가치가 낮다고 판단하면 이를 부산물로 구분한다. 그러나 등유의 판매가치가 다른 제품의 판매가치보다 높은 경우 다른 회사에서는 이를 연산품으로 구분할 수 있다.

2 결합원가계산의 의의

결합원가는 동일한 공정에서 동일한 재료를 투입하여 동시에 생산하는 단일공정의 원가이다. 동일한 원재료를 동일한 제조공정을 통해 가공하는데 이때 발생하는 원가를 결합원가라고 한다.

결합원가는 어떤 방법으로 배분할 것인지를 결정하고 그에 따른 결합제품에 대하여 각각 제품원가를 결정하는 것이다.

(1) 결합제품의 특징

① 결합제품은 일정 시점 이후에야 개별제품으로 확인된다.

② 결합제품은 인위적으로 제품배합을 조정할 수 없다.

02 결합원가의 배분

1 결합원가 배분 방법

(1) 상대적 판매가치법

분리점에서의 개별제품이 갖는 상대적인 판매가치를 기준으로 결합원가를 배분하는 방법으로 각 개별제품의 원가에 대한 부담능력에 따라 결합원가를 배분해야 한다는 것이다. 즉, 판매가치가 낮은 제품은 적은 원가를 부담시키고, 판매가치가 높은 제품에는 많은 원가를 부담시킴으로써 수익과 비용이 적절히 대응될 수 있도록 해야 한다고 보기 때문이다.

(2) 물량기준법

각 결합제품의 물리적 단위인 면적・수량・무게 등을 기준으로 결합원가를 배부하는 방법이다. 물량기준법은 간단하다는 장점이 있으나 공통기준을 물량으로 사용할 경우 개별제품의 수익창출 능력을 반영하지 못하므로 기간 간 손익이 왜곡될 수 있다.

(3) 균등이익률법

각 개별제품의 이익률이 동일하도록 결합원가를 배분하는 방법이다. 이는 결합공정, 추가가공공정에서도 각 제품별로 이익이 창출된다는 가정하에 결합원가를 배분하는 방법으로서 균등이익률법을 적용하면 모든 제품이 동일한 매출총이익률을 갖게 된다.

(4) 순실현가치법

순실현가치란 개별제품의 최종판매가격에서 분리점 이후의 추가원가와 판매비와관리비를 차감한 금액을 말한다.

분리점에서 판매가 불가능하여 추가가공을 하는 경우에는 분리점에서의 추정을 통해 추가가공 시 판매가치를 측정해야 한다. 이때 일반적으로 사용하는 것이 분리점의 순실현가치법이다.

분리점에서의 순실현가치 = 최종판매가치 − 추가원가 − 추가판매비

01 (주)경기는 연산품 A, B를 생산하고 있다. 20X2년 3월 연산품 생산에서 발생한 결합원가는 ₩100,000이고, 각 연산품의 생산량, 판매가격, 분리점 이후의 단위당 분리원가와 관련된 자료는 다음과 같다. 순실현가능가치를 기준으로 결합원가를 배분할 경우 각 연산품의 단위당 원가를 계산하면?

연산품	생산량	단위당 판매가격	단위당 분리원가
A	30개	₩3,000	₩1,000
B	20개	₩5,000	₩3,000

	연산품 A	연산품 B
①	₩3,000	₩5,000
②	₩2,000	₩4,000
③	₩2,000	₩5,000
④	₩3,000	₩4,000

정답과 해설

01

연산품	총판매가격	분리원가	순실현가치	비 율	결합원가	총원가
A	₩90,000	₩30,000	₩60,000	60%	₩60,000	₩90,000
B	₩100,000	₩60,000	₩40,000	40%	₩40,000	₩100,000
합 계			₩100,000		₩100,000	

• 순실현가치는 최종 판매가치에서 추가원가 등으로 차감하여 계산한다.
  – 연산품 A의 경우 '(30개 × @3,000) – (30개 × @1,000) = 60,000'의 순실현가치를 계산하며 동일한 방식에 의해 연산품 B는 40,000이 된다.
  – 전체 순실현가치 중 연산품 A와 B의 비율은 60%, 40%이므로 결합원가 100,000은 해당 비율에 따라 배분할 경우 각 60,000과 40,000이 된다.

연산품	총원가	생산량	단위당 원가
A	₩90,000	30개	@₩3,000
B	₩100,000	20개	@₩5,000

• 총원가 = 결합원가 + 분리원가

• 단위당 원가 = $\frac{\text{총원가}}{\text{수 량}}$

∴ A : @₩3,000, B : @₩5,000이다.

정답 01 ①

02 (주)한강은 원재료 A를 투입하여 제품X와 제품Y를 생산하고 있다. 20X2년 6월 결합원가는 ₩1,500,000이며, 제품X와 제품Y의 생산량은 각각 2,000단위와 6,000단위이다. 제품X는 분리점 이후 ₩200,000을 추가로 투입하여 완성되며, 단위당 판매가격은 ₩500이다. 제품Y는 분리점 이후 ₩600,000을 추가로 투입하여 완성되며, 단위당 판매가격은 ₩300이다. (주)한강이 순실현가치법에 의해 결합원가를 배부한다면, 제품X와 제품Y에 배부될 결합원가는 각각 얼마인가?

	제품X	제품Y
①	₩300,000	₩600,000
②	₩400,000	₩500,000
③	₩600,000	₩900,000
④	₩900,000	₩1,200,000

03 다음 자료를 이용하여 판매가치법에 의한 연산품 A와 B의 단위당 원가를 계산하면?(단, 연산품의 결합원가는 ₩210,000이다)

제 품	생산량	판매단가
A	200개	₩600
B	400개	₩400

	A제품	B제품
①	₩300	₩450
②	₩350	₩350
③	₩400	₩300
④	₩450	₩300

정답과 해설

02

제 품	총판매가격	추가공정원가	순실현가치	비 율	결합원가 배부액
X	₩1,000,000	₩200,000	₩800,000*1	40%	₩600,000
Y	₩1,800,000	₩600,000	₩1,200,000*2	60%	₩900,000
합 계			₩2,000,000		₩1,500,000

※ 총판매가격 − 추가공정원가 = 순실현가치

*1 제품X : ₩1,000,000 − ₩200,000 = ₩800,000

*2 제품Y : ₩1,800,000 − ₩600,000 = ₩1,200,000

03

제 품	생산량	판매단가	총판매가치	비 율	결합원가	단위당 원가
A	200개	₩600	₩120,000	$\frac{12}{28}$	₩90,000	₩450
B	400개	₩400	₩160,000	$\frac{16}{28}$	₩120,000	₩300
합 계			₩280,000		₩210,000	

정답 02 ③ 03 ④

PART 3

전산회계운용사
2급 필기

기출문제

기출문제 추가 제공

1. 시대에듀 홈페이지(www.sdedu.co.kr)에 접속한 후 [학습자료] 클릭

2. [기출문제]를 클릭 후 검색창에 [전산회계운용사]를 검색한다.

* 로그인 후 다운로드 가능합니다.

T·E·S·T 01

2025년 기출복원문제

기출문제

응시시간 60분

재무회계

01 **다음 중 재무제표에 관한 설명으로 옳지 않은 것은?**

① 재무제표는 보고기업이 계속기업이며 예측가능한 미래에 영업을 계속할 것이라는 가정하에 작성된다.

② 재무제표의 종류에는 재무상태표, 포괄손익계산서, 자본변동표, 현금흐름표가 있으며, 재무제표 외의 보고서에는 주기, 주석, 감사에 관한 보고서, 부가가치세 보고서 등이 있다.

③ 재무제표는 보고기업에 유입될 미래순현금흐름을 전망을 하는데 유용한 재무정보를 재무제표이용자들에게 제공하는 것을 목적으로 한다.

④ 재무제표는 보고기업의 경제적 자원에 대한 경영진의 수탁책임을 평가는데 유용한 정보를 재무제표이용자에게 제공하는 것을 목적으로 한다.

02 **다음 중 자산과 자본이 모두 감소하는 결과를 초래할 수 있는 거래는 무엇인가?**

①	(차) 상 품	xxx	(대) 선급금	xxx
②	(차) 보험료	xxx	(대) 선급보험료	xxx
③	(차) 가지급금	xxx	(대) 현 금	xxx
④	(차) 매출채권	xxx	(대) 가수금	xxx

03

(주)시대는 상품 A(₩1,000,000), 상품 B(₩3,000,000), 상품 C(₩5,000,000)를 각 가격에 개별 판매하고 있으며, 상품 A와 B를 함께 구매할 경우 ₩3,000,000에 판매하고 있다. 만일 12월 1일에 (주)고시에게 ₩8,000,000을 받고 상품 A, B, C를 모두 판매하였다면 상품 B의 수익은 얼마로 인식해야 하는가?

① ₩2,250,000
② ₩2,400,000
③ ₩2,666,667
④ ₩3,000,000

04

(주)대한은 20X1년 건물이 있는 토지를 ₩100,000,000에 일괄구입한 후 그 토지에 있던 구건물을 철거하고 회사사옥을 건설하고 있다. 토지의 취득일 이후 그 해에 발생한 원가가 다음과 같은 경우 20X1년 건설중인자산으로 반영할 금액은 얼마인가?(단, 회사사옥에 대한 공사는 20X3년 완공예정이다)

• 토지 취득세	₩1,000,000
• 기존건물 철거비	₩2,000,000
• 건물 설계비	₩500,000
• 건물 공사를 위한 원자재	₩1,000,000

① ₩500,000
② ₩1,500,000
③ ₩3,500,000
④ ₩4,500,000

05

다음과 같은 경우 출장비 정산시점의 회계처리로 옳은 것은?

> 직원 갑은 회사로부터 출장비 명목으로 현금 ₩70,000 수령한 후 실제 출장 중 지출한 교통 및 숙박 비용 ₩50,000을 제외한 나머지 금액을 현금으로 회사에 반환하였다.

①	(차) 여비교통비	70,000	(대) 가수금	70,000
②	(차) 여비교통비	50,000	(대) 가지급금	70,000
	현 금	20,000		
③	(차) 여비교통비	50,000	(대) 선수금	70,000
	현 금	20,000		
④	(차) 여비교통비	50,000	(대) 선급금	70,000
	현 금	20,000		

06 **금융자산의 양도와 할인에 대한 내용으로 옳지 않은 것은?**

① 매출채권의 양도액 및 할인액을 그 경제적 실질에 따라 처리하도록 하였다.
② 어음 등을 할인하는 경우 만기일까지의 이자 및 수수료는 공제하고 잔액을 받게 되는데 이때 차감되는 금액을 할인료라고 한다.
③ 어음할인은 거래의 실질에 따라 매각거래(담보 제공)과 차입거래(처분손익 인식)로 구분한다.
④ 회사가 매출채권을 매각하면서 해당 매출채권에 대해 지속적인 관여를 하는 경우 매각거래가 아니라고 판단한다.

07 **(주)상공이 20X1년 초 ₩300,000에 취득한 주식의 20X1년 말 공정가치가 ₩370,000인 경우 해당 주식이 각각 당기손익–공정가치측정금융자산과 기타포괄손익–공정가치측정금융자산으로 분류할 경우 20X1년 당기순이익의 증감으로 옳은 무엇인가?**

	당기손익–공정가치측정금융자산	기타포괄손익–공정가치측정금융자산
①	당기순이익 ₩70,000 증가	당기순이익 ₩70,000 증가
②	영향 없음	당기순이익 ₩70,000 증가
③	영향 없음	영향 없음
④	당기순이익 ₩70,000 증가	영향 없음

08 **(주)상공은 20X1년 7월 1일 단기매매 목적으로 (주)대한의 주식 10주를 주당 ₩10,000에 현금으로 취득하였으며, 취득과 직접 관련되는 거래원가는 ₩10,000이 발생하였다. 20X1년 말 해당 주식의 주당 공정가치가 ₩40,000인 경우, 금융자산 후속측정으로 인한 당기손익의 변화로 옳은 것은 무엇인가?**

① 당기손익 ₩290,000 증가
② 당기손익 ₩300,000 증가
③ 당기손익 ₩310,000 증가
④ 변화 없음

09 (주)대한은 매출채권 ₩1,000,000의 팩토링을 통해 자금조달하고 있다. 해당 팩토링에 대한 수수료는 매출채권의 5%이며, 매출할인 및 매출환입 등이 발생될 것을 고려하여 15%를 유보하고 있다. 팩토링한 매출채권 중 ₩300,000은 상환청구권이 없는 내역으로 매출채권을 제거하려고 하는 경우 이에 대한 매출채권처분손실은 얼마인가?

① ₩10,000
② ₩15,000
③ ₩30,000
④ ₩45,000

10 (주)상공의 상품권 판매에 관한 사항이 다음과 같다. 20X1년 (주)상공이 인식해야 할 수익은 얼마인가?

- 20X1년 상품권 10매를 1매당(액면 ₩100,000) ₩90,000에 판매하였다.
- 상품권은 50% 이상 사용 시 나머지 잔액을 현금으로 지급한다.
- 20X1년 상품권 4매를 회수해 상품과 교환하고 현금 ₩50,000을 돌려주었다.

① ₩900,000
② ₩400,000
③ ₩360,000
④ ₩310,000

11 (주)대한의 20X1년 매출은 상품 ₩1,000,000을 전액 외상매출한 것이 전부이다. 매출채권의 기초잔액이 ₩100,000이고 매출채권회전율이 500%인 경우 20X1년 매출에 대한 현금유입액은 얼마인가?

① ₩1,000,000
② ₩800,000
③ ₩500,000
④ ₩300,000

12 다음 자료를 참고하여 자본잉여금과 기타포괄손익누계액을 구하면 얼마인가?

• 기타포괄손익–공정가치측정금융자산평가이익	₩200,000
• 자기주식	₩100,000
• 자기주식처분이익	₩200,000
• 감자차손	₩100,000
• 주식할인발행차금	₩100,000

	자본잉여금	기타포괄손익누계액
①	₩200,000	₩200,000
②	₩100,000	₩300,000
③	₩300,000	₩400,000
④	₩400,000	₩200,000

13 차입금, 미수금, 대여금, 미지급금에 관한 설명으로 옳지 않은 것은?

① 단기차입금은 차용증서를 발행하고 금전을 빌리는 경우로 보고기간종료일로부터 상환기간이 1년 이내의 부채이며 발생 시 대변에 기재한다.

② 미수금은 일반적인 상거래 이외의 채권으로 감소 시 대변에 기재한다.

③ 단기대여금은 금전을 빌려주었을 때 보고기간종료일로부터 상환기간이 1년 이내인 경우로 발생 시 대변에 기재한다.

④ 미지급금은 일반적인 상거래 외의 자산을 구입하는 과정에서 발생하는 채무로 발생 시 대변에 기재한다.

14 다음은 (주)대한의 자료이다. 이를 참고할 경우 20X1년 반영할 충당부채는 얼마인가?

(가) 유형자산의 취득 시 해당 자산을 해체, 제거할 의무를 부담한 경우로 원상복구를 위한 추정치는 ₩1,000이다.
(나) 제품 판매 후 제품보증에 따른 수선 및 교환될 것으로 예상되는 금액으로 추정치는 ₩2,000이다.
(다) 기업이 구조조정을 할 경우 예상되는 금액으로 추정치는 ₩4,000이다. 다만 해당 구조조정 계획의 실행 시기 등이 구체적으로 계획되거나 공표된 것은 아니다.

① ₩1,000
② ₩2,000
③ ₩3,000
④ ₩7,000

15 다음 자료를 참고할 경우 금융부채는 얼마인가?

• 미수금	₩50,000	• 장기차입금	₩150,000
• 미지급금	₩100,000	• 미수수익	₩30,000
• 선수수익	₩20,000	• 선수금	₩50,000

① ₩200,000
② ₩250,000
③ ₩280,000
④ ₩300,000

16 무상증자, 주식배당, 주식분할, 주식병합에 관한 설명으로 가장 옳지 않은 것은?

① 주식분할의 경우 발행주식수는 증가하고 순자산은 동일하다.
② 주식배당은 발행주식수과 자본금이 증가하고 이익잉여금은 감소한다.
③ 무상증자의 경우 발행주식수는 증가하나 자본잉여금, 이익잉여금은 변화없다.
④ 주식병합은 자본과 자본금, 자본잉여금 관련하여 불변한다.

17 (주)상공은 액면가 ₩10,000의 사채를 ₩8,000에 조기상환하였다. 상환 당시 이 사채에 대해 미상각 사채할인발행차금 계정 잔액이 ₩500이었다면 사채상환손익은 얼마인가?(단, 해당 사채에 대한 미지급이자는 없다고 가정한다)

① ₩500 ② ₩1,000
③ ₩1,500 ④ ₩2,000

18 총포괄손익, 기타포괄손익, 당기순손익에 대한 내용이다. 옳지 않은 것은?

① 기타포괄손익 부분은 당해 기간의 기타포괄손익의 금액을 표시하는 항목을 성격별로 분류하고, 다른 한국채택국제회계기준서에 따라 후속적으로 당기손익으로 재분류되지 않는 항목과 특정조건을 충족하는 때에 후속적으로 당기손익으로 재분류되는 항목으로 구분하여 표시하여야 한다.

② 당기손익과 기타포괄손익은 단일의 포괄손익계산서에 두 부분으로 나누어 표시한다.

③ 포괄손익계산서에 당기손익 부분과 기타포괄손익 부분에 추가하여 당기순손익, 기타포괄손익, 당기손익과 기타포괄손익을 합한 총포괄손익을 표시한다.

④ 수익과 비용의 어느 항목은 당기손익과 기타포괄손익을 표시하는 보고서 또는 주석에 특별손익 항목으로 표시할 수 있다.

19 주당순이익에 관한 설명으로 옳지 않은 것은?

① 주당이익은 투자규모를 고려한 투자단위당 이익이므로 기업의 경영성과를 기간 간, 기업 간 비교하는데 유용하다.

② 기초의 유통보통주식수에 회계기간 중 취득한 자기주식수 또는 신규 발행된 보통주식수는 각각의 유통기간에 따른 가중치를 고려하지 않는다.

③ 무상증자, 주식배당 등이 실시되는 경우 가중평균유통보통주식수는 비교 표시되는 최초기간의 개시일에 그 사건이 일어난 것처럼 비례적으로 조정한다.

④ 보통주당기순이익은 당기순이익에서 자본으로 분류된 우선주에 대한 세후 우선주배당금을 차감하여 산정한다

20 다음이 설명하는 퇴직금제도에 대한 내용과 관련 없는 것은?

가. 회사는 퇴직급여를 금융회사에 납입하고 사외적립자산으로 처리한다.
나. 노사협약에 따라 기업이 부담할 퇴직금은 퇴사 시 확정된다.
다. 기업이 보험수리적 위험과 투자위험을 실질적으로 부담함

① 이자원가
② 확정급여제도
③ 선급비용
④ 예측단위적립방식

원가회계

21 **원가회계에 대한 설명으로 옳지 않은 것은?**

① 재무제표 작성을 주된 목적으로 하며 재무와 관련된 모든 원가에 영향을 준다.
② 기업 내부 경영진이 합리적인 의사결정을 내릴 수 있도록 원가 정보를 제공한다.
③ 제품 또는 서비스의 생산 과정에서 발생하는 원가를 집계하고 분석하여, 제품의 원가를 정확하게 산정하는데 기여한다.
④ 원가 절감, 가격 결정, 예산 수립 등 다양한 경영 활동에 필요한 기초 자료를 제공한다.

22 **원가회계와 관리회계에 대한 설명이다. 옳은 것을 모두 고른 것은?**

구 분	원가회계	관리회계
가. 주요 목적	제품의 원가를 정확히 측정하고 계산하는 것	기업의 경영 의사결정(계획, 통제, 성과평가)을 위한 정보를 제공하는 것
나. 주요 대상	원가 흐름 및 원가 추적	경영자의 의사결정, 성과평가
다. 정보이용자	기업 내부 이해관계자	내부 및 외부 이해관계자
라. 보고시점	과거 및 미래 정보를 모두 포함 가능	과거 및 미래 정보를 모두 포함 가능
마. 정보의 성격	객관성, 신뢰성, 규정 준수가 중요한 과거 지향적 정보	기업 내부 기준에 따라 유연하게 작성

① 가, 나, 다
② 가, 나, 라
③ 가, 나, 다, 라
④ 가, 나, 라, 마

23 **다음 중 단기적인 관점에서 통제가능원가에 해당하는 것으로 옳은 것은?**

① 직접재료원가
② 공장건물 임차료
③ 기계장치 감가상각비
④ 공장건물 화재보험료

24 다음에 설명하고 있는 원가를 원가형태에 따라 분류하고자 할 때 가장 옳은 것은?

> 일정범위의 조업도 내에서는 총원가가 일정하지만 조업도가 일정범위를 벗어나면 총원가가 증가 또는 감소하는 원가

① 준고정원가
② 준변동원가
③ 순수고정원가
④ 순수변동원가

25 다음 중 제품원가에서 기본원가와 가공원가가 동일한 금액일 때, 이에 대한 설명으로 올바른 것은?

① 직접재료원가는 제조간접원가보다 크다.
② 직접재료원가는 직접노무원가보다 작다.
③ 직접재료원가와 제조간접원가는 같다.
④ 직접노무원가는 제조간접원가보다 크다.

PART 3

26 제조원가에 대한 분류 설명으로 옳지 않은 것은?

① 직접재료원가, 직접노무원가, 제조간접원가는 원가의 3요소에 해당한다.
② 추적가능성에 따라 직접원가와 제조간접원가로 분류한다.
③ 원가행태에 따라 고정원가와 변동원가로 구분한다.
④ 제조활동의 관련성에 따라 관련원가와 비관련원가 등으로 분류한다.

27 제조간접원가가 직접노무원가의 300%일 때 기말재공품 원가는 얼마인가?

• 기본원가	₩350,000
• 가공원가	₩800,000
• 당기제품제조원가	₩1,000,000
• 기초재공품	₩300,000

① ₩200,000
② ₩250,000
③ ₩300,000
④ ₩350,000

28 **보조부문원가 배부방법에 관한 설명으로 옳지 않은 것은?**

① 직접배부법은 어떤 순서로 배부하느냐에 따라 제조부문에 배부되는 보조부문원가의 배부액이 다르게 나타난다.
② 단계배부법은 보조부문 간의 용역수수관계를 부분적으로 고려하는 방법이다.
③ 단계배부법은 배부를 끝낸 보조부문에는 다른 보조부문원가를 재배부하지 않는다.
④ 상호배부법은 보조부문상호 간의 용역수수가 중요할 때 유용한 방법이며 배부순서는 중요하지 않다.

29 **(주)상공은 단계배분법을 사용하여 보조부문원가를 제조부문에 배분한다. 보조부문원가를 전력부문부터 배분할 경우 수선부문이 도색부문에 배분할 원가는 얼마인가?**

사용부문 / 제공부문	보조부문		제조부문	
	전력부문	수선부문	조립부문	도색부문
배분 전 원가	₩200,000	₩170,000	₩300,000	₩200,000
전력부문 공급(kW)	–	200kW	300kW	500kW
수선부문 공급(시간)	40시간	–	40시간	20시간

① ₩34,000
② ₩56,667
③ ₩60,000
④ ₩70,000

30 **다음 중 보조부문원가 배부기준으로 가장 옳지 않은 것은?**

① 전력부문 : 각 제조부문의 종업원 수
② 수선부문 : 수선유지횟수 또는 수선작업시간
③ 품질검사 : 검사수량, 검사인원 또는 검사시간
④ 공장건물관리부문 : 각 제조부문이 차지하고 있는 점유면적

31 **여러 가지 제품을 주문에 의해 생산하거나 동종의 제품을 일정간격을 두고 비반복적으로 생산하는 업종에 적합한 원가계산제도는?**

① 표준원가계산제도
② 정산원가계산제도
③ 개별원가계산제도
④ 종합원가계산제도

32 (주)대한은 종합원가계산제도를 채택하고 있다. 기말재공품 200개에 대해 재료원가는 100%, 가공원가는 80%의 완성도를 보이고 있다. 만일 완성품환산량 단위당 재료원가는 @₩800, 가공원가는 @₩200이라면 기말재공품원가는 얼마인가?

① ₩189,000
② ₩190,000
③ ₩191,000
④ ₩192,000

33 완성품환산량에 대한 내용이다. 옳지 않은 것은?

① 기초재공품원가와 당기총제조원가를 완성품과 기말재공품으로 배부하기 위해서는 완성품과 기말재공품을 동질화시켜줄 공통분모가 필요한데, 이를 완성품환산량이라 한다.
② 완성품환산량은 물량단위에 완성도를 반영한 가상적인 수량단위이다. 이때 완성도는 원가의 투입정도(발생시점)가 아니라 물리적인 완성도를 의미한다.
③ 대부분의 경우 직접재료원가와 가공원가는 원가의 투입시점을 달리하므로, 완성품환산량도 각각 구해야 한다.
④ 기말재공품의 가공비에 대한 완성도가 60%라면 기말재공품 100개의 가공비에 대한 완성품환산량은 60개가 될 것이다.

34 (주)상공은 평균법을 이용한 종합원가계산제도를 채택하고 있다. 원재료는 공정초기에 전량 투입되며, 가공원가는 공정전반에 걸쳐 발생한다고 가정할 경우 완성품원가와 기말재공품원가는 각각 얼마인가?

• 수량

기초재공품	착수량	완성품	기말재공품
50개(완성도 40%)	450개	400개	100개(완성도 20%)

• 원가

구 분	재료원가	가공원가
기초재공품원가	₩8,000,000	₩6,000,000
당기발생원가	₩32,000,000	₩24,240,000

	완성품원가	기말재공품원가
①	₩60,800,000	₩9,440,000
②	₩56,192,000	₩56,192,000
③	₩60,800,000	₩56,192,000
④	₩56,192,000	₩9,440,000

35 (주)상공의 제조간접원가 계정의 차변 금액은 대변 금액보다 ₩25,000만큼 더 컸다. (주)상공이 제조간접원가 배부차이를 원가요소별 비례배분법에 의하여 회계처리를 한다면, 매출원가조정법으로 처리하는 경우에 비하여 당기순이익에 어떠한 영향을 미치는가?

구 분	매출원가	기말제품	기말재공품	합 계
기말잔액	₩60,000	₩30,000	₩10,000	₩100,000

① ₩15,000만큼 증가
② ₩15,000만큼 감소
③ ₩10,000만큼 증가
④ ₩10,000만큼 감소

36 다음 중 정상개별원가계산에 대한 설명으로 올바른 것은?

① 정상개별원가계산에서 제조간접원가는 예정배부율로 계산한다.
② 정상개별원가계산에서 모든 원가는 실제원가로 계산한다.
③ 정상개별원가계산은 완성품환산량 단위당 원가를 사용한다.
④ 정상개별원가계산은 직접노무원가만 실제 배부율을 사용한다.

37 정상개별원가계산을 채택하고 있는 (주)시대는 직접노무시간을 기준으로 제조간접원가를 배부하고 있다. 20X1년 제조간접원가 예산은 ₩3,000이고, 예정 직접노무시간은 300시간이었다. 20X1년 실제 직접노무시간은 310시간, 제조간접원가 실제 발생액이 ₩3,000이라면, 제조간접원가 초과배부액은 얼마인가?

① ₩50
② ₩80
③ ₩100
④ ₩150

38 원가계산방법은 원가 측정 시점에 따라 실제원가계산과 정상원가계산으로 구분할 수 있다. 다음 중 실제원가계산과 정상원가계산의 차이를 발생시키는 원가요소는 무엇인가?

① 직접재료원가
② 직접노무원가
③ 기본원가
④ 제조간접원가

39 다음 중 정상원가계산에서 제조간접비 배부차이에 관한 설명으로 틀린 것은?

① 실제제조간접비와 제조간접비배부액의 차이를 배부차이라 한다.
② 제조간접비배부액이 실제제조간접비보다 큰 경우를 과대배부라 한다.
③ 배부차이를 매출원가에서 전액 조정하는 경우 제조간접비 과소배부액은 매출원가에서 차감한다.
④ 기말에 재공품, 제품, 매출원가에 포함된 제조간접원가의 비율에 따라 각 계정에 배부차이를 배분하는 방법을 원가요소 비례배분법이라 한다.

40 결합원가를 상대적 판매가치법에 의해 배부할 경우, 다음 자료에 의해서 휘발유에 배부될 결합원가를 계산하면 얼마인가?

가. 분리시점까지의 결합원가 : ₩8,000,000
나. 휘발유 : 생산량 2,500ℓ, ℓ당 판매가격 ₩3,000
다. 등유 : 생산량 2,500ℓ, ℓ당 판매가격 ₩2,000

① ₩4,800,000
② ₩4,000,000
③ ₩3,200,000
④ ₩2,800,000

TEST 02

2024년 기출복원문제

기출문제

응시시간 60분

재무회계

01 **다음 자료를 통해 계속기록법하에서 평균법으로 처리하여 매출원가를 구하면 얼마인가?**

일 시	구 분	수 량	단 가	금 액
10월 1일	기초재고	20개	@₩1,200	₩24,000
10월 5일	매 입	60개	@₩1,600	₩96,000
10월 10일	매 출	40개	@₩2,000	₩80,000
10월 17일	매 입	50개	@₩1,860	₩93,000
10월 25일	매 출	30개	@₩2,300	₩69,000

① ₩104,000
② ₩111,000
③ ₩114,000
④ ₩125,000

02 **재무상태표와 포괄손익계산서에 관한 설명으로 옳지 않은 것은?**

① 재무상태표는 일정시점의 재무상태를 나타내는 재무제표이다.
② 재무상태표는 유동성・비유동성 구분법과 유동성배열법에 따라 표시한다.
③ 포괄손익계산서상 당기순이익은 현금흐름표와 자본변동표상의 당기순이익과 같다.
④ 포괄손익계산서에 현금으로 거래하지 아니한 사항은 반영하지 않는다.

03 **주식회사가 당기순이익의 30%를 주식배당한다고 선언(결의)할 경우에 이익잉여금과 자본의 변화로 옳은 것은?**

	이익잉여금	자 본
①	감 소	증 가
②	증 가	감 소
③	감 소	변동 없음
④	증 가	증 가

04 재무제표를 작성하는데 있어 기업 실체는 오랜 기간 존속한다는 가정으로 역사적 원가주의의 타당성을 갖게 하는 가정은?

① 계속기업의 가정
② 경제적 실체의 가정
③ 화폐단위 측정의 가정
④ 회계기간의 가정

05 (주)상공은 3년 만기 ₩10,000에 사채를 발행하였다. 액면이자율은 10%, 시장이자율은 12%일 경우 이자 ₩1,080에 관한 회계처리로 옳은 것은?(현금 수령 또는 지급으로 가정)

①	(차) 현 금	1,080	(대) 이자수익	1,080
			사채할인발행차금	80
②	(차) 현 금	1,080	(대) 이자수익	1,080
			사채할증발행차금	80
③	(차) 이자비용	1,080	(대) 현 금	1,000
			사채할인발행차금	80
④	(차) 이자비용	1,080	(대) 현 금	1,000
			사채할증발행차금	80

06 (주)대한은 20X1년 기초에 정기간행물(도서)를 제공하기로 계약하고 2년치에 해당하는 ₩240,000을 수령하여 전부 부채로 인식하였다. 20X1년 기말 결산분개로 옳은 것은?

①	(차) 선급금	120,000	(대) 매 출	120,000
②	(차) 선수금	120,000	(대) 매 출	120,000
③	(차) 예수금	120,000	(대) 매 출	120,000
④	(차) 가수금	120,000	(대) 매 출	120,000

07 (주)대한은 20X1년 초에 장기 임대수익을 얻을 목적으로 건물을 ₩200,000에 구입하였다. 20X1년 12월 31일과 20X2년 12월 31일 현재의 공정가치는 각각 ₩360,000과 ₩300,000이다. 동 건물에 대하여 공정가치모형을 적용할 경우 20X2년도 당기손익에 영향을 미치는 금액은 얼마인가?(단, 감가상각이 필요할 경우에는 건물 내용연수 10년, 잔존가치 ₩0, 정액법으로 처리한다)

① ₩120,000
② ₩100,000
③ ₩80,000
④ ₩60,000

08 **(주)대한은 투자부동산을 취득하였다. 이에 관한 공정가치모형과 원가모형 설명으로 옳지 않은 것은?**

① 투자부동산은 최초로 인식한 후 원가모형 또는 공정가치모형 중 한 가지를 선택하여 모든 투자부동산에 적용한다.
② 투자부동산을 공정가치로 측정하며 공정가치 변동으로 발생하는 손익은 발생한 기간의 당기손익에 반영한다. 이 경우 감가상각대상자산인 경우에도 감가상각은 하지 않는다.
③ 원가모형은 감가상각대상인 투자부동산인 경우 유형자산과 동일하게 감가상각비를 인식한다.
④ 공정가치 모형에 따른 취득원가 산정 시 거래원가를 제외하고 반영한다.

09 **다음 자료를 참고하여 현금및현금성자산을 구하면 얼마인가?**

• 지폐와 동전	₩30,000
• 타인발행수표	₩50,000
• 수입인지	₩10,000
• 당좌개설보증금	₩40,000
• 선일자수표	₩100,000
• 자기앞수표	₩30,000
• 만기도래 국공채이자표	₩50,000
• 양도성예금증서(120일 만기)	₩100,000
• 채권(취득일로부터 2개월 후 만기)	₩150,000
• 환매조건부 채권(90일 만기)	₩300,000
• 정기예금(1년만기)	₩200,000
• 정기예금(3년만기)	₩250,000

① ₩510,000
② ₩610,000
③ ₩810,000
④ ₩860,000

10 **(주)상공은 20X1년 3월 1일 ₩150,000에 취득한 건물을 20X2년 6월 30일 ₩125,000에 처분하였다. 다음 설명 중 옳은 것은?(단, 해당 건물의 내용연수는 20년이고 잔존가치는 없으며 정액법으로 감가상각을 한다)**

① 20X1년 건물에 대한 감가상각비로 계상되는 금액은 ₩6,250이다.
② 20X2년 건물 처분에 따른 유형자산처분이익은 ₩15,000이다.
③ 20X2년 처분 시까지 감가상각누계액은 ₩9,500이다.
④ 20X2년 건물에 대한 감가상각비는 ₩7,500이다.

11 (주)상공은 20X1년 주식 100주를 ₩450,000에 취득하여 보유 중이며, 기말 현재 공정가치는 1주당 ₩4,600이다. 해당 주식을 기타포괄손익-공정가치측정금융자산으로 분류할 경우 20X1년 당기순이익과 총포괄이익에 미치는 영향으로 옳은 것은?

	당기순이익	총포괄이익
①	₩10,000	₩10,000
②	₩0	₩10,000
③	₩10,000	₩0
④	₩0	₩0

12 다음 자료를 참고하여 매출총이익을 구하시오.

• 총매출액	₩500,000	• 총매입액	₩250,000
• 매출에누리	₩10,000	• 매입환출	₩30,000
• 매출할인	₩5,000	• 매입할인	₩10,000
• 매출운임	₩20,000	• 매입운임	₩10,000
• 기초재고	₩30,000	• 기말재고	₩40,000

① ₩255,000
② ₩260,000
③ ₩275,000
④ ₩315,000

13 다음은 포괄손익계산서에 기입된 자료의 일부이다. 당기순이익을 추정한 금액으로 옳은 것은?

• 매출총이익	₩2,000,000	• 기타수익	₩1,000,000
• 기타포괄이익	₩300,000	• 총포괄이익	₩3,500,000

① ₩1,300,000
② ₩2,300,000
③ ₩3,200,000
④ ₩3,800,000

PART 3

14 **다음 중 일반목적재무보고에 대한 설명으로 옳지 않은 것은?**

① 재무회계의 기본가정으로 계속기업을 가정한다.
② 재무제표를 통해 제공되는 정보는 정보이용자가 그 정보를 쉽게 이해할 수 있도록 제공되어야 한다.
③ 목적적합성과 표현충실성을 근본적 질적특성이라 하고 이와 별도로 보강적 질적특성이 있다.
④ 일반목적재무보고의 주요 정보이용자는 현재 및 잠재적 투자자, 대여자 및 그 밖의 채권자뿐만 아니라 일반대중도 일반목적재무보고가 유용할 수 있으므로 주요대상에 포함된다.

15 **(주)상공의 기초 매출채권은 ₩100,000이고 당기 발생 매출채권은 ₩550,000이다. 이 중 ₩50,000은 부도가 발생되어 손상(대손)처리하였다. 기말 매출채권이 ₩80,000인 경우 매출채권 회수액은 얼마인가?**

① ₩510,000
② ₩520,000
③ ₩530,000
④ ₩550,000

16 **무형자산에 관한 설명으로 옳지 않은 것은?**

① 연구단계와 개발단계의 구분이 불분명할 경우에는 전액 비용처리한다.
② 자산 인식요건을 충족하는 개발단계의 활동은 경상개발비로 처리한다.
③ 내부적으로 창출한 무형자산의 원가는 무형자산 인식기준을 최초로 충족시킨 이후에 발생한 지출금액의 합으로 한다.
④ 내부적으로 창출한 브랜드는 무형자산으로 인식하지 아니한다.

17 **수익인식의 단계는 5단계를 거쳐 계약과 의무를 식별하고 수익금액을 측정하여 수익을 인식한다. '고객과의 계약을 식별'은 둘 이상의 당사자 사이에 집행 가능한 권리와 의무가 생기게 하는 합의로서 서면·구두 또는 사업관행에 따라 체결된다. 그 이후 단계로 옳은 것은?**

① 별도의 수행의무 식별
② 각 수행의무 충족 시 수익인식
③ 각 수행의무에 거래가격 배분
④ 거래가격의 산정

18 다음 중 수익으로 인식하지 않는 경우에 해당하지 아니한 것은?

① 구매자가 판매계약에 명시된 사유에 따라 구매를 취소할 권리가 있고, 해당 재화의 반품가능성을 예측하기 어려운 경우
② 판매대금의 회수가 구매자의 재판매에 의해 결정되는 경우
③ 설치조건부 판매에서 계약의 중요한 부분을 차지하는 설치가 아직 완료되지 않은 경우
④ 판매자가 판매대금의 회수를 확실히 할 목적만으로 해당 재화의 법적 소유권을 계속 가지고 있는 경우(단, 소유에 따른 중요한 위험과 보상이 이전됨)

19 (주)대한의 20X1년 매출채권에 관련한 다음 자료에 의하여 20X1년 결산 시 손상차손(= 대손상각비)으로 계상할 금액은 얼마인가?

• 기초 손실(대손)충당금 잔액	₩200,000
• 당기 손상(대손) 발생액	₩100,000
• 전기 손상(대손)처리액 중 당기 회수액	₩50,000
• 기말 손상(대손) 예상액	₩260,000

① ₩90,000
② ₩110,000
③ ₩130,000
④ ₩150,000

20 다음 중 금융자산과 금융부채에 대한 설명으로 옳지 않은 것은?

① 금융자산과 금융부채는 금융상품의 계약당사자가 되는 때에 재무상태표에 인식한다.
② 금융자산의 정형화된 매입이나 매도는 매매일 또는 결제일에 인식하거나 제거한다.
③ 금융자산 전체를 처분하는 경우 제거일 현재 측정된 금융자산의 장부금액과 처분으로 수취한 대가의 차액을 처분손익으로 인식하지 아니한다.
④ 금융부채는 소멸한 경우(계약상 의무가 이행, 취소, 만료)에 재무상태표에서 제거한다.

21 다음 자료를 참고하여 당기총제조원가를 구하라.

	기 초	기 말
원재료	₩100,000	₩200,000
재공품	₩150,000	₩250,000
원재료 당기매입액	₩300,000	
가공원가	₩300,000	
기초원가	₩500,000	

① ₩500,000　　② ₩550,000
③ ₩600,000　　④ ₩650,000

22 (주)상공은 기계가동시간을 기준으로 제조간접원가 예정배부율을 계산하고 있다. 20X1년 정상기계가동시간은 10,000시간이고 제조간접원가 예산은 ₩200,000이다. 20X1년 실제 기계가동시간은 11,000시간이고 제조간접원가 실제발생액은 ₩200,000이다. 20X1년 제조간접원가 배부차이조정 전 매출원가가 ₩2,500,000일 경우 매출원가조정법으로 배부차이를 조정한 후의 매출원가는?

① ₩2,450,000　　② ₩2,480,000
③ ₩2,520,000　　④ ₩2,550,000

23 (주)상공은 종합원가계산제도를 채택하고 있다. 재료원가는 공정 초에 전량투입되며, 가공원가는 공정전반에 걸쳐 균등하게 발생한다. 물량흐름이 다음과 같을 때 옳은 것은?

기초재공품 100개 (완성도 30%)	당기완성품 700개
당기착수량 800개	기말재공품 200개 (완성도 40%)

① 평균법에 의한 재료원가의 완성품환산량은 800개이다.
② 선입선출법에 의한 재료원가의 완성품환산량은 750개이다.
③ 평균법에 의한 가공원가의 완성품환산량은 780개이다.
④ 선입선출법에 의한 가공원가의 완성품환산량은 900개이다.

24 개별원가계산에 대한 설명으로 옳지 않은 것은?

① 여러 가지 제품을 주문에 의해 생산하거나 동종의 제품을 일정 간격을 두고 비반복적으로 생산하는 업종에 적합한 원가계산제도이다.
② 조선업, 기계제작업 등과 같이 수요자의 주문에 기초하여 제품을 생산하는 업종에 주로 사용한다.
③ 종합원가계산에 비해 각 제품별로 원가를 집계하기 때문에 직접원가와 간접원가의 구분이 보다 중요한 의미를 갖는다.
④ 개별원가계산은 제조간접원가의 배부절차가 필요없다.

25 다음은 부문별 원가계산에 대한 설명이다. 옳지 않은 것은?

① 원가부문은 원가요소를 분류・집계하는 계산상의 구분으로서 제조부문과 보조부문으로 구분한다.
② 보조부문은 직접 생산활동을 수행하지 아니하고 제조부분을 지원・보조하는 부분으로서 그 수행하는 내용에 따라 세분할 수 있다.
③ 원가의 부문별 계산은 원가요소를 제조부문과 보조부문에 배부하고 보조부문원가는 직접배부법, 단계배부법 또는 상호배부법 등을 적용하여 각 제조부문에 합리적으로 배부한다.
④ 부문공통원가는 원가발생액을 당해 발생부문에 직접 배부하고 부문개별원가는 인과관계 또는 효익관계 등을 감안한 합리적인 배부기준에 의하여 관련부문에 부과한다.

26 (주)상공의 원가흐름에 관한 자료이다. 다음 설명으로 옳은 것은?

	재공품	제 품
기 초	₩100,000	₩250,000
기 말	₩150,000	₩200,000
기초(기본)원가	₩300,000	
가공원가	₩350,000	
당기총제조원가	₩550,000	

① 제조간접원가는 ₩200,000이다.
② 직접재료원가는 ₩250,000이다.
③ 당기제품제조원가는 ₩500,000이다.
④ 매출원가는 ₩500,000이다.

PART 3

27 제품생산에 사용한 기계장치의 당기 감가상각비를 기간비용(관리비)으로 처리했을 경우의 결과로 옳지 않은 것은?(단, 제품의 생산수량이 판매수량과 동일하다고 가정한다)

① 당기총제조원가가 과소계상된다.
② 매출총이익이 과대계상된다.
③ 매출원가가 과대계상된다.
④ 판매비와관리비가 과대계상된다.

28 원가회계, 재무회계, 관리회계에 관한 내용으로 바르게 짝지어진 것은?

> (가)란 재화나 서비스에 대한 정확한 원가를 측정, 분석 및 보고하는 걸 말합니다. 이러한 활동을 통해 재고자산 및 매출원가를 계산하여 기업의 경영성과와 재무상태에 관한 정보를 제공한다는 측면에서 (나)에 도움을 줍니다. (다)는 원가의 추정과 분석 그리고 경영에 관련된 의사결정과 성과를 평가하는 것을 다룹니다.

	(가)	(나)	(다)
①	관리회계	재무회계	원가회계
②	원가회계	재무회계	관리회계
③	재무회계	관리회계	원가회계
④	원가회계	관리회계	재무회계

29 (주)대한은 단일제품을 생산, 판매하고 있다. 8월 생산자료는 기초재공품 1,000단위(완성도 60%), 당기착수량 12,000단위, 당기완성수량 11,000단위, 그리고 기말재공품 2,000단위(완성도 40%)이다. 선입선출법에 의한 가공원가 완성품환산량은 얼마인가?(단, 원재료는 공정 초기 모두 투입하고, 가공원가는 공정 전반에 걸쳐 균등하게 발생한다고 가정)

① 11,000단위
② 11,200단위
③ 11,800단위
④ 13,000단위

30 다음 원가에 관한 설명 중 옳은 것은?

① 예정원가는 앞으로 발생될 것으로 기대되는 미래원가를 추정과 분석을 통해 예측한 원가로 예정원가가 역사적 원가보다 원가관리에 있어 더 목적적합성 있는 정보를 제공한다.
② 표준원가는 신속한 원가계산이 가능하나, 예정배부액과 실제발생액과의 차이를 조정하게 되고 내부관리용으로 사용한다.
③ 실제원가계산은 직접재료원가와 직접노무원가는 실제발생 원가로 측정하지만, 제조간접원가는 사전에 정해 놓은 제조간접원가 예정배부율에 의해 배부된 원가로 측정한다.
④ 기회원가는 현재 이 대체안을 선택하지 않았으므로 포기한 대안 중 최대금액 혹은 최대이익을 말하며 재무제표에 반영한다.

31 다음 자료를 이용하여 평균법에 의한 완성품환산량 단위당 원가를 계산하면 얼마인가?(단, 모든 제조원가는 공정 전반에 걸쳐 균등하게 발생한다)

가. 월초재공품원가	₩150,000
나. 당월총제조원가	₩600,000
다. 완성품수량	100개
라. 월말재공품의 완성품환산량	50개

① ₩5,000
② ₩6,000
③ ₩7,500
④ ₩15,000

32 (주)대한의 지난 5개월간 생산자료는 다음과 같다. 6월의 계획생산량이 5,000개일 때 고저점법을 활용하여 6월의 제조간접원가 발생예상액을 구하면 얼마인가?

구 분	1월	2월	3월	4월	5월
생산량	1,200개	2,000개	1,600개	3,300개	4,000개
제조간접원가	₩55,000	₩90,000	₩70,000	₩150,000	₩160,000

① ₩185,000
② ₩187,500
③ ₩195,000
④ ₩197,500

33 다음 자료를 이용하여 선입선출법에 의한 완성품환산량 단위당 원가를 계산하면 얼마인가?(단, 모든 제조원가는 공정 전반에 걸쳐 균등하게 발생한다)

가. 기초재공품원가	₩150,000
나. 당기총제조원가	₩600,000
다. 기초재공품의 완성품환산량	50개
라. 당기착수 당기완성품수량	50개
마. 기말재공품의 완성품환산량	50개

① ₩4,000
② ₩5,000
③ ₩6,000
④ ₩7,000

34 보조부문원가를 제조부문에 배부하는 방법에 대한 설명으로 옳지 않은 것은?

① 상호배부법은 보조부문 상호 간의 용역수수관계를 완전히 인식하여 보조부문원가를 다른 보조부문과 제조부문에 배분하는 방법이다.
② 이중배부율법은 직접배부법, 단계배부법, 상호배부법에 모두 사용 가능하다.
③ 직접배부법과 단계배부법은 보조부문원가를 배부순서에 따라 제조부문에 배분하는 금액에 차이를 보인다.
④ 단일배부율법은 보조부문원가를 변동원가와 고정원가로 구분하지 않고, 공통적인 하나의 배부기준으로 배부하는 방법을 말한다.

35 다음은 (주)상공의 9월의 원가계산 관련 자료이다. 9월 완성품의 제조원가를 계산한 금액으로 옳은 것은?(단, 제조간접원가 배부기준은 직접노무원가이다)

원가항목	제조지시서 #1 (완성품)	제조지시서 #2 (미완성품)	합 계
전월이월	₩300,000	₩400,000	₩700,000
직접재료원가	₩800,000	₩900,000	₩1,700,000
직접노무원가	₩1,000,000	₩400,000	₩1,400,000
제조간접원가			₩700,000

① ₩1,700,000
② ₩2,000,000
③ ₩2,500,000
④ ₩2,600,000

36 다음 자료를 통해 생산량 20,000개의 제조원가를 구하면 얼마인가?

• 고정원가	₩500,000
• 생산량	10,000개 ~ 50,000개
• 단위당 변동원가	@₩30

① ₩1,100,000
② ₩1,250,000
③ ₩1,300,000
④ ₩1,500,000

37 (주)상공은 제품A를 생산 · 판매하고 있다. 20X1년 1월의 생산활동에 따른 원가는 다음과 같다. 1월의 생산량이 10개였는데, 2월에는 20개로 추정된다. 2월의 제품 단위당 원가는 얼마로 예상되는가?(단, 생산량 10개와 20개는 관련 범위 내에 있으며, 재공품은 없다)

가. 생산량	10개
나. 변동제조간접원가	₩3,000
다. 직접재료원가	₩10,000
라. 고정제조간접원가	₩6,000
마. 직접노무원가	₩5,000

① ₩2,000
② ₩2,100
③ ₩2,200
④ ₩2,300

38 (주)대한은 종합원가계산제도를 택하고 있다. 원재료는 공정의 초기에 모두 투입되고, 가공원가는 공정의 전반에 걸쳐 균등하게 발생한다. 재료원가의 경우 선입선출법에 의해 완성품환산량을 계산하면 80,000단위이고 평균법에 의해 완성품환산량을 계산하면 100,000단위이다. 가공원가의 경우 선입선출법에 의해 완성품환산량을 계산하면 62,000단위이고 평균법에 의해 완성품환산량을 계산하면 70,000단위이다. 이 경우 (주)대한의 기초재공품의 완성도는 얼마인가?

① 30%
② 40%
③ 50%
④ 60%

39 (주)상공의 다음 자료에 의하면 당기에 구매처에서 구입한 원재료는 얼마인가?

	기초재고	기말재고
원재료	₩40,000	₩50,000
재공품	₩85,000	₩65,000
당기제품제조원가	₩210,000	
직접노무원가	₩25,000	
제조간접원가	₩100,000	

① ₩65,000
② ₩75,000
③ ₩190,000
④ ₩210,000

40 (주)대한은 정상개별원가계산을 적용하고 있으며, 제조간접원가 배부기준은 직접노무시간이다. 20X1년 제조간접원가 예산은 ₩2,000이고, 예정 직접노무시간은 200시간이었다. 20X1년 실제 직접노무시간은 210시간, 제조간접원가 과대배부액이 ₩200이었다. 제조간접원가 실제 발생액은 얼마인가?

① ₩1,700
② ₩1,800
③ ₩1,900
④ ₩2,000

T·E·S·T 03

2023년 기출복원문제

기출문제

응시시간 60분

재무회계

01 (주)상공은 제품을 판매하여 2년 만기 어음 ₩3,000,000을 수령하였다. 해당 받을어음은 이자성격의 금액이 ₩400,000 포함되어 있다. 이 경우 (주)상공이 매출액으로 인식할 금액으로 옳은 것은?

① ₩400,000
② ₩2,600,000
③ ₩3,000,000
④ ₩3,400,000

02 투자부동산에 관한 다음의 설명 중 옳지 않은 것은?

① 투자부동산은 공정가치모형과 원가모형 중 하나를 선택하고 모든 투자부동산은 감가상각을 하지 않는다.
② 투자부동산의 사용목적이 변경된 경우에는 투자부동산은 다른 자산항목으로의 계정대체가 발생한다.
③ 투자부동산이란 임대수익이나 시세차익 또는 두 가지 모두를 얻기 위하여 소유자나 금융리스의 이용자가 보유하고 있는 부동산을 말한다.
④ 투자부동산의 공정가치 변동으로 발생하는 손익은 발생한 기간의 당기손익에 반영한다.

03 다음은 (주)상공기업의 장부상 당좌예금 잔액과 은행의 당좌예금 잔액과의 차이를 나타낸 것이다. 12월 31일 장부상 회사측 당좌예금 잔액이 ₩100,000, 은행측 당좌예금 계좌 잔액은 ₩170,000인 경우 다음 자료를 참고하여 12월 31일 은행계정조정표 작성 후 조정된 당좌예금 잔액을 구하면 얼마인가?

[불일치 원인]

가. 은행 미기입예금	₩10,000
나. 기발행 미인출수표	₩10,000
다. 미통지입금	₩70,000

① ₩140,000
② ₩150,000
③ ₩160,000
④ ₩170,000

04 기타 채권과 채무와 관련한 내용으로 옳지 않은 것은?

① 업무용 차량을 1대 구입하고 3개월 후 만기의 약속어음을 발행하여 지급하고 이를 미지급금으로 처리하다.
② 업무용 노트북을 법인카드로 매입하고 신용카드매출전표를 발급받아 이를 미지급금으로 처리하다.
③ 기업이 상품 이외의 자산을 외상으로 처분한 경우에 발생한 채권은 미수금 계정으로 기입한다.
④ 은행 정기예금을 담보로 하여 금융기관에서 차입한 경우에는 회계처리하지 아니하고 주석으로만 공시한다.

05 (주)상공의 다음 자료를 참고하여 기말재고자산을 구하면?

가. 매출총이익률	25%
나. 기초재고자산	₩600,000
다. 당기 상품매입액	₩2,800,000
라. 매출액	₩4,000,000

① ₩800,000
② ₩400,000
③ ₩500,000
④ ₩600,000

06 다음과 같은 요건을 모두 충족하는 계정에 관한 설명으로 옳은 것은?

> 가. 과거 사건의 결과로 현재의무
> 나. 자원의 유출가능성 높음
> 다. 신뢰성 있게 금액을 추정 가능

① 우발부채로 재무제표에 반영한다.
② 회계처리하지 않고 주석으로 공시한다.
③ 우발자산으로 재무제표에 반영한다.
④ 충당부채로 반영한다.

07 자본에 대한 설명으로 옳지 않은 것은?

① 자본은 납입자본, 이익잉여금, 기타자본요소로 분류할 수 있다.
② 자본금은 발행주식수와 주당 발행금액의 곱으로 산출된다.
③ 주식할인발행차금은 기타자본요소로 분류된다.
④ 기타포괄손익누계액은 당기순손익에 포함되지 않고 자본으로 분류 및 표시한다.

08 다음 중 현금흐름표와 관련된 설명으로 옳지 않은 것은?

① 영업활동 현금흐름은 주로 기업의 주요 수익창출활동에서 발생하므로 일반적으로 당기순이익의 결정에 영향을 미치는 거래나 그 밖의 사건의 결과로 발생한다.
② 주식이나 사채의 발행에 따른 현금유입은 재무활동 현금흐름의 예이다.
③ 현금흐름표는 회계기간 동안 발생한 현금흐름을 영업활동, 투자활동 및 재무활동으로 분류하여 보고한다.
④ 매출채권의 증감은 현금의 유입과 유출에 변화를 주지 않는다.

09 **다음은 (주)상공의 20X1년도 말 자산내역 중 일부이다. 현금및현금성자산에 해당하는 금액은 얼마인가?**

가. 지폐와 동전	₩100,000
나. 당좌개설보증금	₩100,000
다. 타인발행당좌수표	₩100,000
라. 배당금지급통지표	₩100,000
마. 가불금	₩100,000
바. 우 표	₩100,000
사. 지점 전도금	₩100,000
아. 환매채(만기 90일)	₩100,000

① ₩400,000
② ₩500,000
③ ₩600,000
④ ₩700,000

10 **다음 자료에 의하여 (주)상공의 결산 시 수정분개로 옳은 것은?**

결산시점 현금과부족 계정 대변잔액은 ₩80,000이다. 그 원인을 파악한 결과 종업원 식대 ₩36,000을 현금으로 지급한 분개가 이중 기입되었음을 확인하고, 나머지는 원인을 알 수 없어 이를 정리하다.

①	(차) 복리후생비	36,000	(대) 현금과부족	80,000
	잡손실	44,000		
②	(차) 현금과부족	80,000	(대) 복리후생비	36,000
			잡이익	44,000
③	(차) 현금과부족	80,000	(대) 접대비	36,000
			잡이익	44,000
④	(차) 현금과부족	80,000	(대) 복리후생비	36,000
			현 금	44,000

11 다음은 상품매매업을 영위하는 (주)상공의 20X1년도 자료이다. 이 자료를 이용하여 20X1년도의 매출총이익을 구하면 얼마인가?

• 총매출액	₩60,000	• 총매입액	₩45,000
• 매출환입액	₩1,000	• 매입에누리액	₩700
• 매출할인액	₩500	• 매입환출액	₩300
• 기초상품재고액	₩4,000	• 기말상품재고액	₩3,000
• 판매운임	₩2,000	• 매입운임	₩1,000

① ₩10,500
② ₩11,500
③ ₩12,500
④ ₩13,500

12 (주)한국은 20X1년 1월 1일에 기계장치를 ₩100,000에 취득하였다. 이 기계의 내용연수는 5년이고, 잔존가치는 ₩10,000으로 추정된다. 20X1년 12월 31일 이 기계장치의 감가상각을 연수합계법으로 계산한 금액으로 옳은 것은?

① ₩15,000
② ₩20,000
③ ₩30,000
④ ₩35,000

13 다음은 비용에 대한 내용이다. 옳지 않은 것은?

① 광의의 비용의 정의에는 기업의 정상영업활동의 일환으로 발생하는 비용뿐만 아니라 차손도 포함된다.
② 차손은 흔히 관련 수익을 차감한 금액으로 보고된다.
③ 비용은 자산의 감소나 부채의 증가와 관련하여 미래 경제적 효익이 감소하고 이를 신뢰성 있게 측정할 수 있을 때 포괄손익계산서에 인식한다.
④ 제품보증에 따라 부채가 발생하는 경우 포괄손익계산서에 비용으로 인식할 수 없다.

14 다음과 같은 누락사항을 반영하기 전 당기순이익이 ₩200,000인 경우, 수정 후 당기순이익은 얼마인가?(단, 손실(대손)충당금 잔액은 ₩20,000이다)

• 임차료 중 선급분	₩10,000
• 이자수익 중 미수령분	₩20,000
• 손상(대손) 발생 예상액	₩20,000

① ₩210,000
② ₩220,000
③ ₩230,000
④ ₩240,000

15 (주)상공은 20X1년 7월 1일에 (주)대한의 주식 1주 액면가 ₩5,000를 ₩8,000에 매입하였다. 취득과 관련한 수수료는 ₩20이다. 단기매매목적이 아닌 경우 취득 시 회계처리로 옳은 것은?

①	(차) 당기손익-공정가치측정금융자산	8,020	(대) 현 금	8,020
②	(차) 기타포괄손익-공정가치측정금융자산	8,020	(대) 현 금	8,020
③	(차) 상각후원가측정금융자산	8,020	(대) 현 금	8,020
④	(차) 당기손익-공정가치측정금융자산	8,000	(대) 현 금	8,020
	수수료비용	20		

16 금융자산에 대한 설명이다. 옳지 않은 것은?

① 기타포괄손익-공정가치측정금융자산 지분상품의 경우 기말 공정가치로 평가하여 당기손익에 반영한다.
② 당기손익-공정가치측정금융자산에 대한 미실현손익은 당기손익항목으로 처리한다.
③ 상각후원가측정금융자산은 기말에 유효이자율법을 적용하여 상각후원가로 평가한다.
④ 당기손익-공정가치측정금융자산의 취득부대비용은 당기비용으로 인식한다.

17 (주)상공은 20X1년 초 장기적인 임대수익을 얻을 목적으로 건물을 ₩1,000,000에 구입하였다. 내용연수가 10년이고 잔존가치는 없다. 20X1년 12월 말 공정가치가 ₩950,000, 20X2년 말 공정가치 ₩800,000이며 공정가치모형을 적용할 경우 20X2년 당기손익에 영향을 미치는 금액은 얼마인가?

① ₩50,000
② ₩150,000
③ ₩200,000
④ ₩0

18 다음 자료를 참고하여 이익준비금을 구하면 얼마인가?(단, 이익준비금은 법정 최소금액을 적립한다)

• 자본금	₩4,500,000	• 자본잉여금	₩120,000
• 이익잉여금	₩100,000	• 1주당 현금배당	@₩200
• 액면금액	@₩5,000		

① ₩18,000
② ₩20,000
③ ₩22,000
④ ₩25,000

19 (주)상공은 20X1년 7월 1일 상품을 매출하고 받은 무이자부어음(액면 ₩100,000, 만기 20X1년 9월 30일)을 20X1년 8월 1일에 연 24%의 할인율로 할인하고 당좌예금에 예입하였다. 매출채권처분손실액은 얼마인가?(동 어음할인에 대하여 매각거래로 가정하고 월할 계산함)

① ₩4,000
② ₩5,000
③ ₩6,000
④ ₩8,000

20 다음 자료를 참고하여 기말재고자산을 구하면 얼마인가?

• 매출액	₩500,000	• 기초재고	₩100,000
• 매출에누리	₩20,000	• 당기매입액	₩300,000
• 매출총이익	₩200,000	• 매입에누리	₩10,000

① ₩90,000
② ₩100,000
③ ₩110,000
④ ₩130,000

원가회계

21 다음 중 비제조원가로 옳은 것은?

① 주요 재료원가
② 외주가공원가
③ 생산직 근로자 임금
④ 손상차손(= 대손상각비)

22 다음은 상공(주)의 10월 원가계산과 관련된 자료이다. 제조지시서 #101의 제조원가는 얼마인가? (단, 제조간접원가 배부기준은 직접노무원가법, 지시서 #101은 완성되었음)

항 목	제조지시서 #101	제조지시서 #102	합 계
월초재공품	₩50,000		
직접재료원가	₩300,000	₩400,000	₩700,000
직접노무원가	₩650,000	₩350,000	₩1,000,000
제조간접원가			₩2,000,000

① ₩1,300,000
② ₩2,000,000
③ ₩2,250,000
④ ₩2,300,000

23 (주)회계의 제조간접원가의 배부기준은 기계가동시간이며, 20X1년 제조간접원가 예산은 ₩400,000이고, 기계가동예상시간은 40,000시간이다. 20X1년 10월 작업별 기계가동시간은 다음과 같다. 20X1년 10월 제조간접원가 실제발생액이 ₩34,000일 때 제조간접원가 배부차이는?

구 분	#101	#102	합 계
기계가동시간	1,200	2,000	3,200

① 과소배부 ₩2,000
② 과대배부 ₩2,000
③ 과소배부 ₩32,000
④ 과대배부 ₩32,000

24 보조부문원가배부에 대한 설명으로 옳지 않은 것은?

① 직접배부법은 보조부문 상호 간의 용역수수를 무시하나 상호배부법은 보조부문 상호 간의 용역수수관계를 완전히 고려한다.

② 직접배부법과 단계배부법은 상호 간의 용역수수관계를 일부만 고려하므로 이중배부율을 사용하지 못한다.

③ 보조부문의 원가배분은 기업의 이해관계자인 주주나 채권자에게 보고되는 재무보고에 의한 의사결정에도 영향을 미친다.

④ 보조부문원가 배부에서 자기부문이 생산한 용역을 자기부문이 사용하는 자기부문원가는 고려하지 않는다.

25 다음 자료를 통해 생산량 30,000개의 제조원가를 구하라.

• 고정원가	₩50,000
• 생산량	10,000개 ~ 50,000개
• 단위당 변동원가	@50

① ₩1,550,000

② ₩1,750,000

③ ₩1,900,000

④ ₩2,300,000

26 다음은 (주)상공의 재공품 계정에 대한 자료이다. 기본원가를 계산한 금액으로 옳은 것은?

가. 기초재공품	₩100,000
나. 직접재료원가	₩500,000
다. 기말재공품	₩200,000
라. 완성품(당기제품제조원가)	₩1,000,000

※ 단, (주)상공은 직접노무원가의 50%를 제조간접원가로 배부한다.

① ₩600,000

② ₩800,000

③ ₩900,000

④ ₩1,000,000

27 (주)대한의 20X1 회계연도 중 재료구입액은 ₩200,000이고, 직접노무원가와 제조간접원가 발생액이 각각 ₩150,000과 ₩155,000일 경우 다음 자료를 이용하여 당기제품제조원가와 매출원가를 계산하면?

구 분	20X1년 1월 1일	20X1년 12월 31일
재 료	₩100,000	₩80,000
재공품	₩120,000	₩150,000
제 품	₩150,000	₩200,000

	제품제조원가	매출원가
①	₩495,000	₩445,000
②	₩495,000	₩475,000
③	₩505,000	₩445,000
④	₩505,000	₩475,000

28 완성품환산량에 대한 전반적인 내용이다. 옳지 않은 것은?

① 평균법은 기초의 재공품원가와 당기의 제조원가가 평균적으로 완성품과 기말재공품에 분산되어 있다는 것을 전제로 한다. 따라서 재공품의 평가도 평균적인 개념으로 수행하여야 한다.

② 제품의 제조개시 시점에서 직접재료의 전량을 투입한다고 한다면, 직접재료원가에 대한 완성품 환산비율은 항상 100%를 적용시켜야 한다.

③ 평균법은 기초재공품원가와 당기총제조원가를 구분하여 계산하므로 계산과정이 선입선출법보다 복잡하지만, 전기의 작업능률과 당기의 작업능률이 명확히 구분되기 때문에 원가통제상 유용한 정보를 제공한다.

④ 선입선출법을 이용하여 종합원가계산을 수행하는 회사에서 기초재공품의 완성도를 실제보다 과소평가할 경우 당연히 기초재공품의 원가는 과소평가되고 완성품환산량 단위당 원가가 과소평가되므로 기말재공품의 원가는 과소평가되고 완성품환산량은 과대평가된다.

29 직접원가를 기준으로 제조간접원가 총액 ₩30,000을 배부한다. 이때 제품 A의 제조간접원가 배부액은 얼마인가?

가. 직접재료원가 총액	₩20,000	나. 제품 A의 직접재료원가	₩4,000
다. 직접노무원가 총액	₩40,000	라. 제품 A의 직접노무원가	₩6,000

① ₩4,500 ② ₩5,000
③ ₩6,000 ④ ₩15,000

30 다음 자료에 의하여 당기총제조원가를 구하면 얼마인가?

• 기초재공품원가	₩50,000
• 기말재공품원가	₩70,000
• 기초제품원가	₩100,000
• 기말제품원가	₩50,000
• 매출원가	₩350,000

① ₩300,000 ② ₩320,000
③ ₩350,000 ④ ₩420,000

31 (주)대한은 직접노무원가에 비례하여 제조간접원가를 실제 배부하는 방법을 사용하고 있다. 당월에 제조를 착수하여 완성된 제조지시서 No.116의 제품제조원가는 얼마인가?

가. 당월총제조원가	
– 직접재료원가	₩180,000
– 직접노무원가	₩280,000
– 제조간접원가	₩420,000
나. 제조지시서 No.116의 직접원가	
– 직접재료원가	₩11,000
– 직접노무원가	₩26,000

① ₩68,000 ② ₩76,000
③ ₩85,000 ④ ₩99,000

PART 3

32 다음 자료에 의하여 월말재공품 원가를 계산한 것으로 옳은 것은?(단, 직접재료비는 제조 착수 시에 전부 투입되고, 가공비는 균등하게 투입되며, 월말재공품 평가는 평균법에 의한다)

구분(진척도)	물량흐름	직접재료비	가공비
월초재공품(30%)	100개	₩200,000	₩150,000
당월제조착수수량	500개	₩400,000	₩100,000
당월완성품수량	400개		
월말재공품수량(50%)	200개		

① ₩150,000
② ₩200,000
③ ₩250,000
④ ₩300,000

33 (주)대한에서 직접재료원가를 기준으로 제조간접원가를 배부할 때 제조지시서 NO.107의 제조간접원가는 얼마인가?

구 분	총작업	제조지시서 No.107
직접재료원가	₩800,000	₩20,000
직접노무원가	₩460,000	₩60,000
직접노동시간	6,000시간	400시간
제조간접원가	₩260,000	?

① ₩9,500
② ₩8,500
③ ₩7,500
④ ₩6,500

34 다음 중 종합원가계산과 관련된 설명으로 옳지 않은 것은?

① 기말재공품의 완성도가 50%인데 이를 30%로 잘못 파악하여 종합원가계산을 수행하면 기말재공품의 원가가 과소계상된다.
② 평균법에 의해 원가계산할 때 기초재공품의 완성도는 계산상 영향을 미치지 않는다.
③ 평균법에서는 기초재공품도 당기에 착수하여 생산한 것처럼 가정한다.
④ 평균법을 사용하면 선입선출법에 비해 당기의 성과와 이전의 성과를 보다 명확하게 구분하여 평가할 수 있다.

35 다음 자료를 이용하여 고저점법으로 제품 수량 200개일 때 제조간접원가 발생예상액을 구하라.

- 생산량 180개(제조간접원가 ₩200,000)
- 생산량 230개(제조간접원가 ₩250,000)

① ₩190,000
② ₩200,000
③ ₩210,000
④ ₩220,000

36 개별원가계산에 대한 설명으로 옳지 않은 것은?

① 직접원가는 작업별로 직접 추적하고 간접원가는 배부기준에 따라 배부하여 제품이나 서비스의 원가를 계산한다.
② 조선업이나 건설업 등과 같이 수요자의 주문에 따라 제품을 생산하는 업종에서 주로 사용된다.
③ 직접재료원가, 직접노무원가, 제조간접원가 모두를 실제원가로 계산하는 것을 실제개별원가계산이라 한다.
④ 직접재료원가, 직접노무원가, 제조간접원가 모두를 예정배부율을 사용해 예정원가로 계산하는 것을 정상개별원가계산이라 한다.

37 (주)상공화학은 하나의 공정을 가지고 있으며 종합원가계산으로 원가를 계산하고 있다. 다음의 자료에 의하면 기말제품재고액은 얼마인가?(단, 기초제품재고액 ₩100,000, 매출원가 ₩600,000이며, 모든 원가요소는 전공정을 통하여 균등하게 발생하며 원가계산방법은 평균법으로 하고 있다)

가. 기초재공품 : 5,000개, 원가 ₩100,000(완성도 40%)
나. 당기투입원가 : ₩1,100,000
다. 당기완성량 : 58,800개
라. 기말재공품 : 4,000개(완성도 30%)

① ₩376,000
② ₩476,000
③ ₩576,000
④ ₩676,000

PART 3

38 **개별원가계산과 종합원가계산의 차이점에 대한 설명 중 옳지 않은 것은?**

① 개별원가계산은 다품종 소량 주문생산에, 종합원가계산은 동종제품 대량생산에 보다 적합하다.
② 개별원가계산은 일반적으로 종합원가계산에 비해 경제적이나 원가계산의 정확성이 떨어진다.
③ 개별원가계산의 원가집계는 제조지시서별로 이루어지나 종합원가계산은 원가계산기간별로 원가가 집계된다.
④ 개별원가계산은 제조간접원가의 배부, 종합원가계산은 완성품환산량의 계산이 핵심이다.

39 **원가와 의사결정과의 관련성에 대한 설명으로 적절하지 않은 것은?**

① 과거에 발생한 원가도 미래의 의사결정과정에 고려할 필요가 있다.
② 매몰원가는 과거의 의사결정으로 인하여 발생한 원가로서 대안 간의 차이가 발생하지 않는 원가를 말한다.
③ 기회원가는 자원을 현재의 용도에 사용함으로써 얻을 수 있는 순현금유입과 차선의 대체안에 사용할 때 얻을 수 있는 순현금유입의 차액이 아니라, 차선의 대체안으로부터의 순현금유입 그자체이다.
④ 관련원가에는 여러 가지 대체안들과 실제 선택된 의사결정 대안 간에서 발생하는 원가의 차이인 차액원가가 있다.

40 **(주)상공은 종합원가계산제도를 채택하고 있으며, 원가의 흐름으로 선입선출법을 적용하고 있다. 재료는 공정 초기에 50%가 투입되고 나머지는 가공이 50% 진행된 시점부터 공정진행에 따라 비례적으로 투입된다. 다음의 5월 자료를 이용한 재료원가의 완성품환산량은?**

• 기초재공품(완성도 70%)	2,000개
• 당기투입	5,000개
• 완성품	5,000개
• 기말재공품(완성도 50%)	2,000개

① 4,400개
② 4,600개
③ 4,800개
④ 5,000개

T·E·S·T 04

2023년 기출복원문제

기출문제

응시시간 60분

재무회계

01 **투자부동산으로 회계처리하는 경우로 옳은 것은?**

① 자가사용부동산
② 제3자를 위하여 건설 중인 부동산
③ 장기 시세차익을 얻기 위하여 보유하고 있는 토지
④ 정상적인 영업활동 과정에서 판매를 목적으로 보유 중인 부동산

PART 3

02 **다음 중 투자부동산에 대한 설명으로 옳지 않은 것은?**

① 투자부동산의 폐기나 처분으로 발생하는 손익은 당기손익으로 인식한다.
② 부동산의 용도가 변경되는 경우에만 투자부동산의 대체가 발생한다.
③ 제3자에게 운용리스로 제공한 경우 재고자산을 투자부동산으로 대체한다.
④ 재고자산을 투자부동산으로 대체 시 원가모형을 적용하는 경우 사용목적 변경시점에 차액을 당기손익으로 인식한다.

03 **다음 중 확정기여형 및 확정급여형 퇴직연금제도에 대한 설명으로 옳지 않은 것은?**

① 퇴직급여제도는 제도의 주요 규약에서 도출되는 경제적 실질에 따라 확정기여제도 또는 확정급여제도로 분류된다.
② 확정기여제도에서는 기업이 별개의 실체(기금, 보험회사)에 사전에 확정된 기여금을 납부하는 것으로 기업의 의무가 종결된다.
③ 확정급여제도에서는 기업이 퇴직급여에 관한 모든 의무를 부담한다.
④ 확정기여제도에서는 보험수리적위험과 투자위험을 기업이 실질적으로 부담한다.

04 현금및현금성자산에 대한 설명으로 옳지 않은 것은?

① 현금성자산은 단기의 현금수요를 충족하기 위한 목적으로 보유한다.
② 현금성자산으로 분류되기 위해서는 확정된 금액이 현금으로의 전환이 용이하고, 가치변동의 위험이 경미하여야 한다.
③ 취득 당시 장기로 분류되었던 국・공채 중 결산일 현재 만기일이 3개월 이내인 국・공채를 현금성자산으로 분류한다.
④ 상환일이 정해져 있고 취득일로부터 상환일까지 기간이 3개월 이내인 우선주의 경우 현금성자산으로 처리한다.

05 다음은 포괄손익계산서에 기입된 자료의 일부이다. 당기순이익을 추정한 금액으로 옳은 것은?

• 매출총이익	₩1,500,000
• 기타수익	₩500,000
• 기타포괄이익	₩300,000
• 총포괄이익	₩900,000

① ₩600,000
② ₩800,000
③ ₩1,200,000
④ ₩2,000,000

06 다음은 (주)상공의 7월 중 당좌예금 관련 거래 내용이다. 7월말 당좌예금 잔액으로 옳은 것은?

7월 1일	전월이월 ₩100,000
7월 10일	갑 상회에서 사무용 비품 ₩50,000을 구입하고 대금은 수표를 발행하여 지급하다.
7월 15일	병 상회에서 상품 ₩100,000을 매입하고, 대금 중 ₩50,000은 자기앞수표로 지급하고 잔액은 외상으로 하다.
7월 20일	정 상회에서 상품 ₩150,000을 매출하고 대금은 정 상회가 발행한 당좌수표를 받다.
7월 30일	당월분 종업원급여 ₩30,000을 수표로 발행하여 지급하다.

① ₩20,000
② ₩70,000
③ ₩130,000
④ ₩180,000

07 다음과 같은 누락사항을 반영하기 전 당기순이익이 ₩350,000인 경우, 수정 후 당기순이익은 얼마인가?

• 임대료 중 차기에 해당하는 선수분	₩70,000
• 보험료 중 차기에 해당하는 선급분	₩80,000
• 기타포괄손익-공정가치측정금융자산평가이익	₩30,000

① ₩340,000
② ₩350,000
③ ₩360,000
④ ₩370,000

PART 3

08 다음 중 거래형태별 수익인식 시점에 대한 설명으로 옳은 것은?

① 이자수익은 현금을 수취하는 시점
② 재화의 판매는 대금이 회수되는 시점
③ 상품권을 이용한 판매의 수익은 상품권을 판매하는 시점
④ 배당금수익은 받을 권리가 확정되는 시점

09 (주)상공은 공장건물을 신축하기로 하고, A건설사와 ₩7,000,000에 도급계약을 체결하였다. 신축 기간 중 차입금과 관련하여 자본화될 차입원가는 ₩500,000이며, 건물의 취득세로 납부한 금액은 ₩250,000일 때, 공장건물의 취득원가는 얼마인가?

① ₩7,000,000
② ₩7,250,000
③ ₩7,500,000
④ ₩7,750,000

10 다음은 (주)상공기업의 약속어음 할인과 관련된 거래이다. 이에 대한 분개로 옳은 것은?(단, 회계처리는 매각거래로 한다)

> 1개월 전에 (주)대한기업으로부터 받은 약속어음 ₩1,000,000(만기 3개월)을 은행에서 할인받고 할인료 ₩20,000을 차감한 잔액은 당좌예금하다.

① (차)	당좌예금	980,000	(대) 받을어음	1,000,000
	이자비용	20,000		
② (차)	당좌예금	980,000	(대) 받을어음	1,000,000
	매출채권처분손실	20,000		
③ (차)	당좌예금	980,000	(대) 단기차입금	1,000,000
	이자비용	20,000		
④ (차)	당좌예금	980,000	(대) 단기차입금	1,000,000
	수수료비용	20,000		

11 다음 자료를 참고하여 이익준비금을 구하면 얼마인가?

재무상태표

	자본금	4,500,000
	자본잉여금	120,000
	이익잉여금	100,000

※ 액면금액은 @₩5,000이고 1주당 현금배당은 ₩200이며 이익준비금은 법정 최소금액을 적립한다.

① ₩18,000
② ₩20,000
③ ₩22,000
④ ₩25,000

12 다음은 종업원급여 지급과 관련된 거래이다. 8월 10일 분개로 옳은 것은?

> 가. 7월 25일 7월분 종업원급여 ₩1,000,000 중 소득세 ₩40,000, 국민건강보험료 ₩30,000을 원천징수하고 잔액은 현금으로 지급하다.
> 나. 8월 10일 7월분 종업원급여 지급 시 차감한 소득세와 국민건강보험료(회사 부담금 ₩30,000 포함)를 함께 현금으로 납부하다.

①	(차) 예수금	70,000	(대) 현 금	100,000
	보험료	30,000		
②	(차) 예수금	70,000	(대) 현 금	100,000
	복리후생비	30,000		
③	(차) 예수금	40,000	(대) 현 금	100,000
	복리후생비	60,000		
④	(차) 세금과공과	100,000	(대) 현 금	100,000

13 금융부채와 지분상품의 분류에 대한 설명으로 옳지 않은 것은?

① 사채를 발행한 회사는 발행한 사채를 금융부채로 분류한다.
② 충당부채, 선수금, 선수수익, 퇴직급여부채는 금융부채로 분류한다.
③ 자금 조달 목적으로 발행한 금융상품(주식)은 지분상품으로 분류한다.
④ 거래 상대방에게 일정한 현금 등을 지급하기로 한 계약상의 의무는 금융부채로 분류한다.

14 (주)상공은 제품을 판매하여 24개월 만기 어음 ₩3,000,000을 수령하였다. 해당 받을어음은 이자성격의 금액이 ₩400,000 포함되어 있다. 이 경우 (주)상공이 매출액으로 인식할 금액으로 옳은 것은?

① ₩400,000
② ₩2,600,000
③ ₩3,000,000
④ ₩3,400,000

15 (주)상공은 20X1년 7월 1일에 (주)대한의 주식 1주 액면가 ₩5,000를 ₩8,000에 매입하였다. 취득과 관련한 수수료는 ₩20이다. 단기매매 목적인 경우 취득 시 회계처리로 옳은 것은?

① (차)	당기손익-공정가치측정금융자산	8,020	(대) 현 금	8,020
② (차)	기타포괄손익-공정가치측정금융자산	8,020	(대) 현 금	8,020
③ (차)	상각후원가측정금융자산	8,020	(대) 현 금	8,020
④ (차)	당기손익-공정가치측정금융자산	8,000	(대) 현 금	8,020
	수수료비용	20		

16 다음은 (주)상공기업의 장부상 당좌예금 잔액과 은행의 당좌예금 잔액과의 차이를 나타낸 것이다. 12월 31일 은행계정조정표 작성 후 조정된 당좌예금 잔액은 얼마인가?

• 12월 31일 장부상 당좌예금 잔액	₩500,000
• 12월 31일 은행 당좌예금 계좌 잔액	₩400,000
[불일치 원인]	
가. 은행 미기입예금	₩100,000
나. 기발행 미인출수표	₩70,000
다. 부도수표	₩70,000

① ₩400,000
② ₩410,000
③ ₩420,000
④ ₩430,000

17 (주)상공의 다음 자료를 참고하여 기말재고자산을 구하면?

가. 매출총이익	₩1,000,000
나. 기초재고자산	₩600,000
다. 당기 상품매입액	₩2,800,000
라. 매출액	₩4,000,000

※ 당기 상품매입액은 매입운임 ₩100,000이 포함된 금액이다.

① ₩300,000
② ₩400,000
③ ₩500,000
④ ₩600,000

18 **다음 중 금융자산에 대한 설명으로 옳은 것은?**

① 선급비용과 같이 미래 경제적 효익이 재화나 용역의 수취인 자산
② 잠재적으로 불리한 조건으로 거래상대방과 금융자산이나 금융부채를 교환하기로 한 계약상 처리
③ 재고자산이나 유형자산 및 리스자산 등과 같이 현금 등 금융자산이 유입될 기회를 제공하는 자산
④ 계약상 현금흐름의 수취 목적으로 보유하는 상각후원가측정금융자산

19 **(주)상공은 계약상 현금흐름을 수취하기 위해 보유하는 것이 목적인 사업모형하에서 ₩100,000의 금융자산을 보유하고 있다(해당 자산을 취득하기 위한 비용이 ₩20,000 발생됨). 계약조건에 따라 특정일에 원금과 원금잔액에 대한 이자 지급만으로 구성되어 있는 현금흐름이 발생할 경우 금융자산으로 반영될 금액으로 옳은 것은?**

① 기타포괄손익-공정가치측정금융자산 ₩120,000
② 당기손익-공정가치측정금융자산 ₩120,000
③ 상각후원가측정금융자산 ₩120,000
④ 당기손익-공정가치측정금융자산 ₩100,000

20 **(주)대망은 20X1년 8월 5일에 발생한 화재로 인하여 모든 재고자산이 소실되었다. 20X1년 1월 1일부터 8월 5일까지의 확인된 자료는 다음과 같다. 매출총이익률이 30%라면 화재로 인해 소실된 재고자산은 얼마인가?**

가. 1월 1일 기초재고자산	₩300,000
나. 8월 5일까지의 순매출액	₩2,000,000
다. 8월 5일까지의 총매입액	₩1,500,000
라. 8월 5일까지의 매입환출액	₩20,000

① ₩200,000
② ₩280,000
③ ₩300,000
④ ₩380,000

PART 3

원가회계

21 다음 자료는 제조지시서 No.1의 제조원가 내역이다. (가)에 해당하는 금액으로 옳은 것은?(단, 제조간접원가는 직접노무원가를 기준으로 배부한다)

구 분	No.1	총 액
직접재료원가	₩90,000	₩150,000
직접노무원가	₩40,000	₩100,000
제조간접원가	(가)	₩50,000

① ₩20,000
② ₩30,000
③ ₩40,000
④ ₩50,000

22 보조부문원가를 제조부문에 배부하는 방법에 대한 설명으로 옳지 않은 것은?

① 직접배부법은 보조부문원가를 다른 보조부문에는 배분하지 않고 제조부문에만 배분하는 방법이다.
② 단계배부법은 보조부문원가를 배분순서에 따라 순차적으로 다른 보조부문과 제조부문에 배분하는 방법이다.
③ 상호배부법은 보조부문 상호 간의 용역수수관계를 완전히 인식하여 보조부문원가를 다른 보조부문과 제조부문에 배분하는 방법이다.
④ 계산의 정확성은 단계배부법, 상호배부법, 직접배부법 순으로 높게 나타난다.

23 부문원가 내역과 용역수수관계는 다음과 같다. 직접배부법에 의하는 경우 제조부문2에 배분될 보조부문의 부문원가 총액을 계산하면 얼마인가?

사 용 / 제 공	제조부문		보조부문	
	제조부문1	제조부문2	동 력	용 수
발생원가	₩100,000	₩30,000	₩75,000	₩60,000
동 력	50%	25%	–	25%
용 수	40%	40%	20%	–

① ₩55,000
② ₩60,000
③ ₩75,000
④ ₩80,000

24 두 개의 제조부문(제A부문과 제B부문)을 이용하여 제품을 생산하고 있는데, 직접노동시간을 기준으로 제조간접원가를 배부하고 있다. 공장전체 배부율을 사용하는 경우와 부문별 배부율을 사용하는 경우 각각에 대하여 제품의 제조간접원가 배부액을 계산하면 얼마인가?

구 분	제A부문	제B부문	합 계
부문원가	₩12,000	₩16,000	₩28,000
직접노동시간	600시간	400시간	1,000시간
제품 A	45시간	55시간	100시간

	공장전체 배부율 사용	부문별 배부율 사용
①	₩3,400	₩3,100
②	₩3,100	₩3,320
③	₩2,800	₩3,100
④	₩2,800	₩3,080

25 (주)상공의 다음 자료에 의하면 매출총이익은 얼마인가?(단, 기초제품은 ₩35,000, 기말제품은 ₩44,000이며, 매출액은 ₩1,000,000이다)

재공품

기초재공품	62,000	당기제품제조원가	(　　)
직접재료원가	180,000	기말재공품	48,000
직접노무원가	240,000		
제조간접원가	160,000		

① ₩585,000　② ₩594,000
③ ₩415,000　④ ₩435,000

26 추적가능성에 따라 다음과 같이 분류하였다. 자료를 참고하여 가공원가를 구하면 얼마인가?

구 분	추적가능성 ○	추적가능성 ×
재료원가	₩50,000	₩20,000
노무원가	₩70,000	₩30,000

① ₩100,000　② ₩120,000
③ ₩150,000　④ ₩170,000

27 (주)대한공업의 다음 자료를 이용하여 당월의 매출원가를 계산하면 얼마인가?

가. 월초 및 월말재고액

구 분	재 료	재공품	제 품
월초재고액	₩30,000	₩80,000	₩150,000
월말재고액	₩40,000	₩60,000	₩200,000

나. 직접재료 매입액 ₩350,000
다. 직접노무원가 발생액 ₩700,000
라. 제조간접원가 발생액 ₩430,000

① ₩1,290,000
② ₩1,440,000
③ ₩1,470,000
④ ₩1,490,000

28 다음은 상공(주)의 10월 원가계산과 관련된 자료이다. 제조지시서 #1의 제조원가는 얼마인가?(단, 제조간접원가 배부기준은 직접노무원가법, 지시서 #1은 완성되었음)

원 가	제조지시서 #1	제조지시서 #2	합 계
월초재공품	₩50,000		
직접재료원가	₩300,000	₩400,000	₩700,000
직접노무원가	₩650,000	₩350,000	₩1,000,000
제조간접원가			₩2,000,000

① ₩1,300,000
② ₩2,000,000
③ ₩2,250,000
④ ₩2,300,000

29 다음 자료를 통해 생산량 2,000개의 총원가를 구하라.

- 고정원가 : ₩500,000
- 생산량 : 1,000개 ~ 3,000개
- 단위당 변동원가 : @₩1,000

① ₩2,000,000
② ₩2,200,000
③ ₩2,500,000
④ ₩3,000,000

30 다음 중 개별원가계산과 종합원가계산에 대한 설명 중 옳지 않은 것은?

① 개별원가계산방법과 종합원가계산방법 모두 표준원가계산을 함께 사용할 수 있다.
② 개별원가계산은 직접재료원가, 직접노무원가, 제조간접원가로 원가분류를 하고, 종합원가계산은 직접재료원가와 가공원가로 원가분류를 한다.
③ 개별원가계산은 인쇄, 건설, 조선 등의 업종에 적합한 원가계산 방법이고, 종합원가계산은 제지, 제분, 시멘트 업종에 적합한 원가계산 방법이다.
④ 개별원가계산은 완성품환산량 계산이 핵심과제이고, 종합원가계산은 제조간접원가 배분이 핵심과제이다.

31 (주)상공은 기계가동시간을 배부기준으로 하여 다음과 같은 계산식을 통해 제조간접원가를 예정배부한다.

- a = ₩100,000 + @50 × b
- b : 기계가동시간

실제 기계가동시간이 1,000시간, 실제제조간접원가 발생액이 ₩200,000일 경우 제조간접원가 초과 또는 부족배부액은 얼마인가?

① ₩50,000(초과)
② ₩50,000(부족)
③ ₩150,000(초과)
④ ₩150,000(부족)

32 다음은 (주)상공의 제품제조와 관련된 자료이다. 기초제품과 기말제품은 없고 제품은 완성된 당기제품제조원가의 50%를 이익으로 가산하여 판매할 경우 매출총이익은 얼마인가?(단, 기말재공품의 평가는 평균법이다. 재료원가와 가공원가는 제조진행에 따라 균등하게 소비된다)

가. 기초재공품
 – 재료원가 : ₩2,400
 – 가공원가 : ₩1,800
 – 수량 : 600개(완성도 : 재료원가 40%, 가공원가 30%)
나. 당기착수량 : 3,000개
 – 재료원가 : ₩39,960
 – 가공원가 : ₩44,220
다. 기말재공품수량 : 100개(완성도 : 재료원가 30%, 가공원가 40%)

① ₩43,750
② ₩64,750
③ ₩78,500
④ ₩87,500

33 (주)대한은 제조간접원가를 예정배부한다. 예정제조간접원가 ₩500,000이며 실제제조간접원가는 ₩460,000이 발생하였다. 기말 현재 제조지시서 #100, #101, #102 중 #100만 완성 상태이며 판매가 완료되었다. 제조간접원가 배부차이를 매출원가조정법으로 회계처리할 경우 매출원가는 얼마인가?(단, 제조간접원가는 직접노무원가를 기준으로 배부하며, 제시되지 않은 사항들은 없다고 가정한다)

구 분	#100	#101	#102
직접재료원가	₩30,000	₩35,000	₩60,000
직접노무원가	₩50,000	₩50,000	₩100,000

① ₩145,000
② ₩150,000
③ ₩165,000
④ ₩180,000

34 복리후생비를 부문별로 배부할 경우 동력부문으로의 배부액은 얼마인가?

가. 공통부문원가 : 복리후생비 총 발생액 ₩700,000
나. 배부기준 : 종업원 수

항 목	제조부문		보조부문	
	A부문	B부문	동력부문	수선부문
종업원 수	25명	20명	15명	10명

① ₩100,000
② ₩150,000
③ ₩200,000
④ ₩250,000

35 (주)대한은 단일제품을 생산, 판매하고 있다. 원재료는 공정의 초기에 모두 투입되며, 가공원가는 공정의 전반에 걸쳐 균등하게 발생한다. 8월 생산자료는 기초재공품 1,000단위(완성도 60%), 당기착수량 12,000단위, 당기완성수량 11,000단위, 그리고 기말재공품 2,000단위(완성도 40%)이다. 선입선출법에 의한 가공원가 완성품환산량은 얼마인가?

① 11,000단위
② 11,200단위
③ 11,800단위
④ 13,000단위

36 다음은 종합원가계산에 관한 설명이다. 옳지 않은 것은?

① 종합원가계산의 단위당 원가는 발생한 모든 원가요소를 집계한 당기총제조원가에 기초재공품원가를 가산한 후 그 합계액을 완성품과 기말재공품에 안분계산함으로써 완성품 총원가를 계산하고, 이를 제품단위에 배분하여 산정한다.

② 종합원가계산은 다른 종류의 제품을 개별적으로 생산하는 생산형태에 적용하며, 각 제조지시서별로 원가를 산정한다.

③ 종합원가계산에서의 완성품환산량 계산은 완성품뿐만 아니라 기말재공품에 대한 작업량도 포함된다.

④ 종합원가계산의 기말재공품의 완성품환산량은 재료의 투입정도 또는 가공정도 등을 고려하여 직접재료원가와 가공원가로 구분하여 산정할 수 있다.

37 다음 제조부문원가 배부에 따른 거래 중 8월 31일의 분개로 옳은 것은?

- 8월 5일 절단부문원가 ₩5,000을 예정배부하다.
- 8월 31일 월말에 집계된 절단부문원가 실제 발생액은 ₩4,500이다.

①	(차) 절단부문원가	500	(대) 부문원가배부차이	500
②	(차) 절단부문원가	4,500	(대) 부문원가배부차이	4,500
③	(차) 부문원가배부차이	500	(대) 절단부문원가	500
④	(차) 부문원가배부차이	4,500	(대) 절단부문원가	4,500

38 종합원가계산제도를 채택하는 합격회사의 다음 자료에 의하여 당기제품제조원가를 계산하면 얼마인가?(단, 재공품의 평가는 선입선출법에 의하며 재료는 공정 초에 투입되며, 가공은 공정 전반에 걸쳐 균등하게 발생)

- 기초재공품 : 직접재료원가 ₩10,000, 가공원가 ₩50,000, 100개(50%)
- 당기제조원가 : 직접재료원가 ₩200,000, 가공원가 ₩300,000
- 기말재공품 : 100개(50%)
- 당기완성품 : 200개

① ₩375,000

② ₩385,000

③ ₩395,000

④ ₩405,000

39 **원가회계는 재무회계와 관리회계에 영향을 미친다. 관련 설명으로 옳지 않은 것은?**

① 원가회계는 기업의 경영자나 관리자에게 의사결정에 필요한 원가나 세부부문의 재무정보를 제공한다.
② 원가회계는 원가측정 및 계산을 주로 다루는 원가회계와 원가정보를 의사결정에 사용하는 기법을 다루는 관리회계로 세분하기도 한다.
③ 원가회계의 정보는 모든 자산을 측정하는데 있어 기초자료를 제공한다.
④ 원가회계는 각종 업무활동을 위해 원가를 측정 및 분석 하는 분야이므로 기업의 기획, 구매, 판매 등 모든 분야의 경영관리자에게 필수적인 지식이다.

40 **다음 자료를 이용하여 선입선출법을 가정한 재료원가와 가공원가의 완성품환산량을 각각 계산하면 얼마인가?(단, 재료는 공정 초에 전량 투입되며, 가공원가는 균등하게 발생한다고 가정한다)**

가. 기초재공품수량 400개(30%)
나. 완성량 2,400개
다. 기말재공품 600개(40%)

	재료원가	가공원가
①	₩2,600	2,620개
②	₩2,600	2,520개
③	₩2,500	2,520개
④	₩2,400	2,320개

T·E·S·T 05

2022년 기출복원문제

기출문제

응시시간 60분

재무회계

01 웹 사이트에 관한 설명으로 옳지 않은 것은?

① 자체적으로 개발한 웹 사이트는 무형자산의 조건을 모두 충족하지 않더라도 무형자산으로 인식한다.
② 웹 사이트 하드웨어의 구매·개발·운영을 위한 지출은 유형자산 기준서에 따라 회계처리한다.
③ 기업의 웹 사이트를 호스팅하는 인터넷 서비스 공급자에 대한 지출은 용역의 제공시점에 비용으로 인식한다.
④ 기업이 내부 또는 외부 접근을 위해 개발한 자체의 웹 사이트는 내부적으로 창출한 무형자산이다.

PART 3

02 다음 자료에 의하여 결산일 현재 재무상태표에 나타난 자본총액을 계산하면 얼마인가?

가. 보통주자본금	₩200,000	나. 우선주자본금	₩300,000
다. 주식발행초과금	₩90,000	라. 자기주식	₩50,000

① ₩640,000
② ₩590,000
③ ₩550,000
④ ₩540,000

03 (주)상공은 사용 중이던 기계장치(취득금액 ₩5,000,000, 감가상각누계액 ₩1,500,000)를 새로운 기계장치와 교환하면서 현금 ₩1,000,000을 지급하였다. 새 기계장치의 공정가치가 ₩5,000,000일 때, 다음 중 기계장치 교환분개로 옳은 것은?(단, 동 교환거래는 상업적 실질이 없다고 가정한다)

① (차)	기계장치	4,500,000	(대)	기계장치	5,000,000
	감가상각누계액	1,500,000		현 금	1,000,000
② (차)	기계장치	5,000,000	(대)	기계장치	1,000,000
	감가상각누계액	1,500,000		현 금	5,000,000
				유형자산처분이익	500,000
③ (차)	기계장치	6,000,000	(대)	기계장치	3,500,000
				현 금	1,000,000
				유형자산처분이익	1,500,000
④ (차)	기계장치	5,500,000	(대)	기계장치	5,000,000
	유형자산처분손실	500,000		현 금	1,000,000

04 (주)상공은 3전표제를 채택하고 있으며, 전표를 해당 계정에 직접 전기할 경우, 다음 계정에 기입된 전표로 옳은 것은?

현 금

3/5	보통예금	100,000	

비 품

4/20	현 금	50,000	

	3월 5일	4월 20일
①	출금전표	입금전표
②	출금전표	출금전표
③	입금전표	출금전표
④	대체전표	출금전표

05 재무제표 작성과 표시에 관한 설명으로 옳지 않은 것은?

① 포괄손익계산서 작성과 관련하여 '단일포괄손익계산서' 또는 '별개의 손익계산서와 포괄손익계산서' 중 하나를 선택하여 작성한다.

② 중요성에 따라 상이한 성격이나 기능을 가진 항목은 구분하여 표시하되 중요하지 않은 항목은 통합하여 표시할 수 있다.

③ 총포괄손익은 자본의 변동 내역을 의미한다.

④ 당기손익 항목은 성격별 분류법과 기능별 분류법 중 선택하여 표시한다.

06 제조업을 영위하는 (주)상공이 결산 시 이자비용 미지급분에 대한 거래를 누락하였을 경우 재무제표에 미치는 영향으로 옳은 것은?

① 매출총이익이 과소계상된다. ② 영업이익이 과대계상된다.
③ 비유동부채가 과소계상된다. ④ 당기순이익이 과대계상된다.

07 어음거래와 관련하여 장부에 기입하는 내용으로 옳지 않은 것은?(단, 어음의 할인은 매각거래로 처리한다)

① 환어음을 인수하면 지급어음 계정 대변에 기입한다.
② 어음 대금을 회수하면 받을어음 계정 대변에 기입한다.
③ 환어음을 수취하면 받을어음 계정 차변에 기입한다.
④ 약속어음을 은행으로부터 할인받으면 받을어음 계정 차변에 기입한다.

08 다음 자료를 참고하여 (주)상공의 기능별 포괄손익계산서상의 영업이익을 계산한 금액으로 옳은 것은?

• 매출액	₩3,000,000
• 매출원가	₩1,600,000
• 종업원급여	₩1,100,000
• 통신비	₩150,000
• 기타의손상차손(기타의대손상각비)	₩100,000
• 유형자산처분이익	₩40,000

① ₩110,000 ② ₩150,000
③ ₩190,000 ④ ₩210,000

09 (주)대한은 20X1년 7월 1일 은행으로부터 ₩1,000,000을 5년간 차입하였으며, 상환은 매년 6월 30일에 균등액으로 상환하기로 하였다. 차입금의 연이자율은 6%이며 6개월 단위로 이자를 지급하는 조건이다. 20X2년 12월 31일 결산 시 은행차입금은 재무상태표상에 어떻게 표시되는가?(단, 이자비용은 모두 지급되었다)

	비유동부채	유동부채
①	₩400,000	₩400,000
②	₩600,000	₩200,000
③	₩800,000	₩0
④	₩800,000	₩200,000

10 다음 자료를 참고하여 결산 시 현금및현금성자산의 금액으로 옳은 것은?

> 가. 수정 전 현금및현금성자산 ₩860,000
> 나. 결산 전 타인발행수표 ₩60,000이 부도처리되었다.
> 다. 우표 ₩3,700을 보관 중이며 위 (가) 금액에 포함되어 있지 않다.

① ₩860,000
② ₩803,700
③ ₩800,000
④ ₩796,300

11 투자부동산에 관한 다음의 설명 중 옳지 않은 것은?

① 투자부동산의 용도로 건설 중이거나 개발 중인 자산은 유형자산 기준서를 적용하지 아니한다.
② 투자부동산은 최초 인식시점에 원가로 측정한 후 보고기간말에 공정가치모형과 원가모형 중 하나를 선택하여 모든 투자부동산에 적용한다.
③ 투자부동산의 사용목적이 변경된 경우에는 투자부동산은 다른 자산항목으로의 계정대체가 발생한다.
④ 투자부동산의 공정가치 변동으로 발생하는 손익은 발생한 기간의 기타포괄손익에 반영한다.

12 다음은 (주)상공의 6월 중 매출처원장이다. 외상매출금 미회수액은 얼마인가?(단, 제시된 자료 외에는 고려하지 않는다)

매출처원장

○○상점

6/1	전월이월	30,000	6/13	매 출	50,000
6/11	매 출	370,000	6/24	현 금	340,000
6/25	매 출	60,000	6/30	차월이월	70,000
		460,000			460,000

△△상점

6/1	전월이월	20,000	6/17	현 금	250,000
6/15	매 출	300,000	6/28	매 출	60,000
6/27	매 출	400,000	6/29	당좌예금	330,000
			6/30	차월이월	80,000
		720,000			720,000

① ₩50,000
② ₩60,000
③ ₩110,000
④ ₩150,000

13 다음은 (주)상공의 20X1년 9월 상품 매매내역이다. 이를 기초로 매출총이익을 계산하면 얼마인가?(단, 원가흐름가정은 이동평균법을 가정한다)

상품 매매내역

– 9월 1일	전월이월	200개	@₩100
– 9월 10일	매 입	200개	@₩200
– 9월 22일	매 출	250개	@₩300

① ₩20,000
② ₩37,500
③ ₩45,000
④ ₩75,000

14 재무제표에 관한 설명으로 옳지 않은 것은?

① 경제적 의사결정에 유용한 재무상태, 재무성과 등에 관한 정보를 제공한다.
② 재무제표는 재무적 요소뿐 아니라 비재무적 요소를 포함하여 제시하고 있다.
③ 재무제표는 위탁받은 자원에 대한 경영진의 수탁책임의 결과를 나타낸다.
④ 보고기업의 자산, 부채, 자본, 수익 및 비용에 대한 재무정보를 재무제표 이용자들에게 제공한다.

15 다음 중 충당부채와 우발부채에 관한 설명으로 옳지 않은 것은?

① 유출가능성이 높지 않거나 유출가능성이 높더라도 추정이 불가능한 경우 주석 공시한다.
② 우발자산 중 유입가능성이 높은 경우 자산으로 인식한다.
③ 지출의 시기 또는 금액이 불확실한 부채로 유출가능성(50% 초과)이 높고 추정 가능할 경우 충당부채로 인식한다.
④ 충당부채의 유형에는 제품보증충당부채, 반품충당부채, 하자보수충당부채 등이 있다.

16 다음은 (주)대한의 법인세 관련 거래이다. 법인세가 확정되어 납부할 때 분개로 옳은 것은?

가. 중간예납 시 법인세 ₩300,000을 현금으로 지급하다.
나. 결산 시 법인세비용이 ₩650,000으로 추산되다.
다. 법인세비용이 ₩650,000으로 확정되어 당좌수표를 발행하여 납부하다.

①	(차) 선급법인세	350,000	(대) 당좌예금	350,000
②	(차) 미지급법인세	350,000	(대) 당좌예금	350,000
③	(차) 법인세비용	650,000	(대) 미지급법인세	300,000
			당좌예금	350,000
④	(차) 법인세비용	650,000	(대) 선급법인세	650,000

17 다음 중 투자부동산에 해당하는 자산으로 적합하지 않은 것은?

① 임대수익을 목적으로 보유하고 있는 건물
② 장기시세차익 목적으로 보유하고 있는 토지
③ 자가사용 목적으로 건설 또는 개발 중인 부동산
④ 운용리스로 제공하기 위하여 보유하는 미사용건물

18 다음 거래 중 현금성자산에 변동을 주는 것은?

① 자기앞수표를 현금으로 교환하다.
② 보통예금에서 현금을 인출하다.
③ 당좌예금에서 수표를 발행하다.
④ 보통예금에서 인출하여 정기예금에 가입하다.

19 12월 결산법인인 (주)상공은 20X1년 1월 1일에 다음과 같은 조건으로 발행된 공채를 ₩947,516에 취득하였다. 이 공채의 취득 시 적용된 유효이자율은 7%였다. (주)상공이 20X1년 말에 인식해야 할 이자수익은 얼마인가?(단, 회사는 이를 상각후원가측정금융자산으로 분류하였다. 답은 가장 근사치를 구하라)

가. 발행일 : 20X1년 1월 1일
나. 액면금액 : ₩1,000,000
다. 이자지급 : 매년 12월 31일에 액면금액의 연 5% 이자지급
라. 상환 : 20X3년 12월 31일에 일시 상환

① ₩47,400
② ₩50,000
③ ₩66,300
④ ₩70,000

20 금융자산에 관한 설명으로 옳지 않은 것은?

① 모든 주식, 채권은 당기손익-공정가치측정금융자산, 기타포괄손익-공정가치측정금융자산, 상각후원가측정금융자산으로 분류될 수 있다.
② 당기손익-공정가치측정금융자산의 평가손익은 당기손익으로 처리한다.
③ 기타포괄손익-공정가치측정금융자산의 평가손익은 기타포괄손익으로 인식한다.
④ 상각후원가측정금융자산은 보고기간말에 공정가치로 평가하지 않는다.

21 다음은 상공(주)의 10월 원가계산과 관련된 자료이다. 제조지시서 #101의 제조원가는 얼마인가? (단, 제조간접원가 배부기준은 직접노무원가법, 지시서 #101은 완성되었음)

항 목	제조지시서 #101	제조지시서 #102	합 계
월초재공품	₩50,000	–	
직접재료원가	₩300,000	₩400,000	₩700,000
직접노무원가	₩650,000	₩350,000	₩1,000,000
제조간접원가			₩2,000,000

① ₩1,300,000
② ₩2,000,000
③ ₩2,250,000
④ ₩2,300,000

22 다음은 종합원가계산에 관한 설명이다. 옳지 않은 것은?

① 종합원가계산의 단위당 원가는 발생한 모든 원가요소를 집계한 당기총제조원가에 기초재공품원가를 가산한 후 그 합계액을 완성품과 기말재공품에 안분계산함으로써 완성품 총원가를 계산하고, 이를 제품단위에 배분하여 산정한다.
② 종합원가계산은 다른 종류의 제품을 개별적으로 생산하는 생산형태에 적용하며, 각 제조지시서별로 원가를 산정한다.
③ 종합원가계산에서의 완성품환산량 계산은 완성품뿐만 아니라 기말재공품에 대한 작업량도 포함된다.
④ 종합원가계산의 기말재공품의 완성품환산량은 재료의 투입정도 또는 가공정도 등을 고려하여 직접재료원가와 가공원가로 구분하여 산정할 수 있다.

23 직접원가를 기준으로 제조간접원가 총액 ₩30,000을 배부한다. 이때 제품 A의 제조원가는 얼마인가?

가. 직접재료원가 총액	₩20,000	나. 직접노무원가 총액	₩40,000
다. 제품 A의 직접재료원가	₩4,000	라. 제품 A의 직접노무원가	₩6,000

① ₩13,000
② ₩14,000
③ ₩15,000
④ ₩16,000

24 다음 중 비제조원가로 옳은 것은?

① 손상차손(= 대손상각비)
② 외주가공원가
③ 생산직 근로자 임금
④ 주요재료원가

25 다음은 (주)상공의 제품제조와 관련된 자료이다. 기초제품과 기말제품은 없고 제품은 완성된 당기 제품제조원가의 50%를 이익으로 가산하여 판매할 경우 매출총이익은 얼마인가?(단, 기말재공품의 평가는 평균법이다. 재료원가와 가공원가는 제조진행에 따라 균등하게 소비된다)

가. 기초재공품
  - 재료원가 : ₩2,400
  - 가공원가 : ₩1,800
  - 수량 600개(완성도 : 재료원가 40%, 가공원가 30%)
나. 당기착수량 : 3,000개
  - 재료원가 : ₩39,960
  - 가공원가 : ₩44,220
다. 기말재공품수량 : 100개(완성도 : 재료원가 30%, 가공원가 40%)

① ₩43,750
② ₩64,750
③ ₩78,500
④ ₩87,500

26 추적가능성에 따라 다음과 같이 분류하였다. 자료를 참고하여 가공원가를 구하면 얼마인가?

구 분	추적가능성 O	추적가능성 ×
재료원가	₩50,000	₩20,000
노무원가	₩70,000	₩30,000

① ₩100,000
② ₩120,000
③ ₩150,000
④ ₩170,000

27 다음은 (주)대한의 원가에 대한 자료이다. 그 내용이 옳지 않은 것은?(단, (주)대한에는 자동차 사업부와 오토바이 사업부의 두 개의 사업부만 존재한다)

> 가. 자동차 사업부에서는 20X1년 중에 총 10,000시간의 노무시간과 25,000시간의 기계사용시간이 발생했다.
> 나. 오토바이 사업부에서는 20X1년 중에 총 30,000시간의 노무시간과 25,000시간의 기계사용시간이 발생했다.
> 다. 20X1년 (주)대한에서 발생한 전체 제조간접원가는 ₩1,000,000이다.

① 노무시간을 기준으로 제조간접원가를 배부하면 자동차 사업부에는 ₩250,000이 배부된다.
② 기계사용시간을 기준으로 제조간접원가를 배부하면 자동차 사업부에는 ₩500,000이 배부된다.
③ 제조간접원가의 배부기준이 무엇이냐에 따라 각 사업부의 성과가 달라진다.
④ 이익을 기준으로 사업부가 평가된다면 오토바이 사업부는 노무시간을 기준으로 제조간접원가를 배부받기를 원할 것이다.

28 선입선출법에 의한 종합원가계산 시 완성품 가공원가를 계산하면?(단, 기말재공품 가공원가는 6,000원이라고 가정함)

• 기초재공품	1,000개(30%)	• 당기완성품	7,000개
• 당기착수량	10,000개	• 기말재공품	4,000개(30%)
• 가공원가는 균등하게 발생된다고 가정함			

① ₩33,500　　② ₩35,700
③ ₩38,500　　④ ₩40,700

29 당기에 발생한 제조원가의 내역은 직접재료원가 ₩25,000, 직접노무원가 ₩50,000, 제조간접원가 ₩40,000이다. 기초재공품원가가 ₩20,000이고, 기말재공품이 ₩55,000이라면 당기제품제조원가는 얼마인가?

① ₩65,000　　② ₩70,000
③ ₩75,000　　④ ₩80,000

30 다음 자료를 이용하여 평균법에 의한 완성품환산량 단위당 원가를 계산하면 얼마인가?(단, 모든 제조원가는 공정 전반에 걸쳐 균등하게 발생한다)

가. 월초재공품원가	₩150,000
나. 당월총제조원가	₩600,000
다. 완성품수량	100개
라. 월말재공품의 완성품환산량	50개

① ₩5,000 ② ₩6,000
③ ₩7,500 ④ ₩15,000

31 다음 자료를 통해 생산량 30,000개의 총원가를 구하라.

• 고정원가	₩500,000
• 생산량	20,000개
• 총원가	₩1,500,000

① ₩2,000,000 ② ₩2,200,000
③ ₩2,500,000 ④ ₩3,000,000

32 다음은 (주)상공의 9월의 원가계산 관련 자료와 제품계정이다. 9월의 매출원가를 계산한 금액으로 옳은 것은?

원가항목	제조지시서 #1 (완성품)	제조지시서 #2 (미완성품)
전월이월	₩200,000	₩300,000
직접재료비	₩400,000	₩500,000
직접노무비	₩300,000	₩400,000
제조간접비배부액	₩100,000	₩200,000

제 품	
전월이월 500,000 (?)	(?) 차월이월 300,000

① ₩800,000 ② ₩1,000,000
③ ₩1,200,000 ④ ₩1,300,000

33 (주)상공은 보조부문(X, Y)과 제조부문(A, B)을 이용하여 제품을 생산하고 있으며, 보조부문과 제조부문에 관련된 자료는 아래와 같다. 보조부문 X와 Y에 집계된 부문원가는 각각 ₩600,000, ₩800,000이다. 다음 설명 중 옳지 않은 것은?

제공부문	보조부문		제조부문		합 계
	X	Y	A	B	
X	–	400단위	400단위	200단위	1,000단위
Y	200단위	–	400단위	400단위	1,000단위

① 단계배부법에 의해 보조부문 Y를 2순위로 할 경우 제조부문 A, B에게 원가를 배분한다.
② 단계배부법에 의해 보조부문 X를 1순위로 할 경우 Y, A, B에게 원가를 배분한다.
③ 상호배부법은 보조부문 상호 간의 용역수수관계를 완전히 인식하여 보조부문원가를 다른 보조부문과 제조부문에 배분하는 방법이다.
④ 직접배부법에 의할 경우 제조부문 A에는 ₩560,000의 보조부문의 제조간접원가가 집계된다.

34 원가회계는 재무회계와 관리회계에 영향을 미친다. 관련 설명으로 옳지 않은 것은?

① 원가회계는 기업의 경영자나 관리자에게 의사결정에 필요한 원가나 세부부문의 재무정보를 제공한다.
② 원가회계는 원가측정 및 계산을 주로 다루는 원가회계와 원가정보를 의사결정에 사용하는 기법을 다루는 관리회계로 세분하기도 한다.
③ 원가회계의 정보는 모든 자산을 측정하는데 있어 기초자료를 제공한다.
④ 원가회계는 각종 업무활동을 위해 원가를 측정 및 분석 하는 분야이므로 기업의 기획, 구매, 판매 등 모든 분야의 경영관리자에게 필수적인 지식이다.

35 다음은 재무회계와 관리회계와의 차이점에 관한 내용이다. 옳지 않은 것은?

	재무회계	관리회계
①	외부이용자의 경제적 의사결정에 유용한 정보 제공	내부이용자의 경제적 의사결정에 유용한 정보 제공
②	일반목적을 위한 재무제표	특수목적의 보고서
③	한국채택국제회계기준, 일반기업회계기준	일정한 기준이 없음
④	미래지향적, 목적적합성 강조	과거지향적, 객관성 강조

36 **종합원가계산제도를 적용함에 있어 선입선출법과 평균법에 대한 설명으로 옳지 않은 것은?**

① 기초재공품이 없다고 하더라도 평균법과 선입선출법의 완성품환산량 단위당 원가를 계산하는 방법이 상이하기 때문에 두 방법의 결과는 달라지게 된다.

② 평균법은 완성품환산량을 계산할 때 기초재공품을 당기에 착수한 것으로 간주한다.

③ 원재료의 단가를 산정할 때 선입선출법을 사용하는 기업이라 할지라도 종합원가계산제도 적용 시 평균법을 사용할 수 있다.

④ 평균법 적용하의 완성품환산량은 선입선출법 적용하의 완성품환산량보다 크거나 같다.

37 **실제개별원가계산에 대한 설명으로 옳은 것은?**

① 제조간접원가 배부차이에 대한 조정을 한다.

② 제품에 대한 원가계산을 신속하게 할 수 있다.

③ 연간 제조간접원가 예산액을 추정하여 제조간접원가를 배부한다.

④ 제조간접원가는 실제배부율을 이용하여 제품별로 배부한다.

38 **다음은 개별원가계산에 관한 자료이다. 직접노무원가의 50%를 제조간접원가에 배부할 때 제조지시서 #1의 제조원가는 얼마인가?**

분 류	제조지시서 #1	총원가
직접재료원가	₩300,000	₩800,000
직접노무원가	₩400,000	₩1,000,000
제조간접원가	( )	₩500,000

① ₩200,000

② ₩600,000

③ ₩700,000

④ ₩900,000

39 다음의 재공품 계정을 토대로 알 수 있는 당기제품제조원가는 얼마인가?

재공품

전기이월	100,000	제 품	800,000
재료원가	400,000	차기이월	200,000
노무원가	200,000		
제조간접원가	300,000		
	1,000,000		1,000,000

① ₩600,000

② ₩800,000

③ ₩900,000

④ ₩1,000,000

40 (주)상공의 다음 자료에 의하면 매출총이익은 얼마인가?(단, 기초제품은 ₩35,000, 기말제품은 ₩44,000이며, 매출액은 ₩1,000,000이다)

재공품

기초재공품	62,000	당기제품제조원가	( )
직접재료원가	180,000	기말재공품	48,000
직접노무원가	240,000		
제조간접원가	160,000		

① ₩585,000

② ₩594,000

③ ₩415,000

④ ₩435,000

PART 3

T·E·S·T 06

2022년 기출복원문제

기출문제

응시시간 60분

재무회계

01 **다음 중 자본변동표에 대한 설명으로 옳지 않은 것은?**

① 자본의 구성요소는 각 분류별 납입자본, 각 분류별 기타포괄손익의 누계액과 이익잉여금의 누계액 등을 포함한다.

② 자본의 각 구성요소별로 장부금액의 각 변동액을 공시한 기초시점과 기말시점의 장부금액 조정내역을 표시한다.

③ 자본변동표는 이익잉여금 처분과 결손금에 관한 처리 그리고 전기오류수정손익 등을 보고하기 위해 작성한다.

④ 자본변동표란 납입자본, 기타자본구성요소, 이익잉여금의 각 항목별로 기초잔액, 당기 변동사항, 기말 잔액을 일목요연하게 나타낸 재무보고서이다.

02 **(주)상공은 제조업 및 도소매업을 영위하고 있다. 다음 중 선급금으로 회계처리할 수 없는 것은?**

① 미리 지급한 상품 대금의 일부 금액

② 건물 신축을 위해 지급한 계약금

③ 제품의 외주가공처에 미리 지급한 가공원가

④ 원재료를 구입하고 계약금으로 지급한 금액

03 **다음 중 '재무보고를 위한 개념체계'에 대한 설명으로 옳지 않은 것은?**

① 재무회계의 기본가정은 계속기업의 가정이다.

② 재무제표를 통해 제공되는 정보는 정보이용자가 그 정보를 쉽게 이해할 수 있도록 제공되어야 한다.

③ 목적적합성과 표현충실성을 근본적 질적특성이라 하고 이와 별도로 보강적 질적특성이 있다.

④ 일반목적 재무보고는 투자자, 주주, 채권자 외 정보이용자를 주요 대상으로 작성 및 제공한다.

04 (주)상공의 기초 매출채권은 ₩580,000이며 손실(대손)충당금 기초 잔액은 ₩50,000이다. 이 중 ₩30,000은 부도가 발생되어 손상(대손)처리하기로 하였다. 기말 회수가 불확실한 채권은 ₩80,000으로 추산되었다. 기말 매출채권 잔액은 얼마인가?(단, 위 내용 이외의 다른 매출채권의 변화는 없었다고 가정한다)

① ₩470,000　　② ₩490,000
③ ₩520,000　　④ ₩550,000

05 다음은 상품매매업을 영위하는 (주)상공의 20X1년 자료이다. 이 자료를 이용하여 기말상품재고액을 구하면 얼마인가?

• 총매출액	₩60,000	• 총매입액	₩45,000
• 매출환입액	₩1,000	• 매입에누리액	₩700
• 매출할인액	₩500	• 매입환출액	₩300
• 기초상품재고액	₩4,000	• 매출운임	₩2,000
• 매입운임	₩1,000	• 매출총이익	₩12,500

① ₩2,500　　② ₩3,000
③ ₩3,500　　④ ₩4,000

06 (주)대한은 20X1년 초에 장기 임대수익을 얻을 목적으로 건물을 ₩300,000에 구입하였다. 20X1년 12월 31일과 20X2년 12월 31일 현재의 공정가치는 각각 ₩360,000과 ₩300,000이다. 동 건물에 대하여 공정가치모형을 적용할 경우 20X2년도 당기손익에 영향을 미치는 금액은 얼마인가?(단, 감가상각이 필요할 경우에는 건물의 내용연수 10년, 잔존가치는 없으며, 정액법으로 처리한다)

① 영향없음　　② ₩60,000 이익
③ ₩30,000 손실　　④ ₩60,000 손실

07 **다음은 수익인식의 5단계에 대한 설명이다. 옳지 않은 것은?**

① 고객과의 계약으로 생기는 수익을 인식할 때는 '계약의 식별 – 수행의무의 식별 – 거래가격의 산정 – 거래가격의 배분 – 수익의 인식'의 단계를 거쳐야 한다.
② 고객에게서 받은 대가는 수익으로 인식하기 전까지 부채로 인식하며, 인식된 부채는 계약과 관련된 사실 및 상황에 따라, 재화나 용역을 미래에 이전하거나 받은 대가를 환불해야 하는 의무를 나타낸다.
③ 거래가격은 고객에게 약속한 재화나 용역을 이전하고 그 대가로 기업이 받을 권리를 갖게 될 것으로 예상하는 금액이며, 제3자를 대신해서 회수한 금액도 포함한다.
④ 고객에게 약속한 재화나 용역, 즉 자산을 이전하여 수행의무를 이행할 때 또는 기간에 걸쳐 이행하는 대로 수익을 인식한다.

08 **다음은 (주)상공의 20X1년 12월 31일 종료되는 회계연도의 수정전 시산표상 계정들과 그에 대한 설명이다. 다음 내용이 결산에 반영된다면 20X1년 당기순이익에 미치는 영향은 얼마인가?**

- 이자수익 ₩240,000
- 임차료 ₩150,000
- 임차료는 20X1년 7월 1일에 1년분 현금지급하면서 계상한 것이다.
- 이자수익은 20X1년 11월 1일에 3개월분을 수령하면서 계상한 것이다.

① 당기순이익 ₩5,000 감소
② 당기순이익 ₩5,000 증가
③ 당기순이익 ₩10,000 감소
④ 당기순이익 ₩10,000 증가

09 **다음 자료를 이용하여 20X1년 포괄손익계산서에 보고할 평가이익으로 옳은 것은?**

(주)상공의 당기손익–공정가치측정금융자산
가. 20X1년 초 취득원가 : 100주 @3,000
나. 취득 시 수수료 : ₩1,000
다. 20X1년 12월 31일 시가 : @3,300

① ₩29,000 ② ₩30,000
③ ₩31,000 ④ ₩32,000

10 다음은 (주)상공기업의 장부상 당좌예금 잔액과 은행의 당좌예금 잔액과의 차이를 나타낸 것이다. 12월 31일 은행계정조정표 작성 후 조정된 당좌예금 잔액은 얼마인가?

• 12월 31일 장부상 당좌예금 잔액	₩500,000
• 12월 31일 은행 당좌예금 계좌 잔액	₩400,000
[불일치 원인]	
가. 은행 미기입예금	₩100,000
나. 기발행 미인출수표	₩70,000
다. 부도수표	₩70,000

① ₩400,000
② ₩410,000
③ ₩420,000
④ ₩430,000

11 (주)상공은 7월 1일 판매계약(₩1,000,000)을 체결하여 신상품 A를 이전하였다. 상품의 원가는 60%이며, 90일 이내 반품할 수 있다. 다른 상품에 대한 반품률은 50%이나, A상품은 반품에 대한 과거 증거나 반품률을 확정할만한 자료는 없다. 7월 1일 매출로 인식되는 금액은 얼마인가?

① ₩0
② ₩500,000
③ ₩600,000
④ ₩1,000,000

12 웹 사이트 원가에 관한 설명으로 옳지 않은 것은?

① 기업이 내부 또는 외부 접근을 위해 개발한 자체의 웹 사이트는 내부적으로 창출한 무형자산이다.
② 웹 사이트의 하드웨어 구매, 개발, 운영을 위한 지출은 유형자산 기준서에 따라 회계처리한다.
③ 활성시장이 내용연수 종료시점에 존재할 가능성이 있다면 원가모형으로 회계처리한다.
④ 기업의 웹 사이트를 호스팅하는 인터넷 서비스 공급자에 대한 지출은 용역의 제공시점에 비용으로 인식한다.

13 (주)상공은 20X1년에 일시적인 여유자금을 이용하여 단기매매목적으로 (주)대한이 발행한 주식을 ₩100,000에 취득하여 보유하고 있다. 기말 현재 (주)대한 주식의 공정가치는 ₩120,000이라고 한다면 (주)상공의 재무상태표에 계상될 계정과목과 금액은 얼마인가?

① 당기손익-공정가치측정금융자산 ₩120,000
② 기타포괄손익-공정가치측정금융자산 ₩120,000
③ 상각후원가측정금융자산 ₩120,000
④ 당기손익-공정가치측정금융자산 ₩100,000

14 (주)상공은 기계장치(취득원가 ₩1,000,000 감가상각누계액 ₩500,000)를 (주)대한이 사용하고 있는 차량운반구(취득원가 ₩700,000, 감가상각누계액 ₩300,000)와 교환하고 추가로 ₩100,000을 현금으로 수령하였다. 차량운반구의 공정가치는 명확하지 않은 상태이고, 기계장치의 공정가치는 ₩300,000이다. 이 교환거래는 상업적 실질이 있다고 가정할 경우 처분손익은 얼마인가?

① 처분손실 ₩100,000
② 처분이익 ₩100,000
③ 처분손실 ₩200,000
④ 처분이익 ₩200,000

15 주식할인발행차금에 관한 설명으로 옳지 않은 것은?

① 주식할인발행차금은 발행금액이 액면금액에 미달하는 경우 동 미달액을 의미하며, 포괄손익계산서상 수익으로 처리한다.
② 주식할인발행차금은 주식발행초과금이 존재하는 경우 동 금액을 상계한 후의 금액으로 표시한다.
③ 주식할인발행차금은 주식발행연도부터 3년 이내의 기간에 매기 균등액을 상각하여야 한다.
④ 주식할인발행차금은 처분할 이익잉여금이 부족한 경우 차기 이후의 연도에 이월하여 상각할 수 있다.

16 (주)상공의 20X8년 중 매출채권과 관련된 다음 자료에 의하여 20X8년 12월 31일 결산 시 분개로 옳은 것은?

- 1월 1일 : 기초 매출채권에 대한 손실(대손)충당금 계정 잔액은 ₩4,500이다.
- 3월 15일 : 거래처의 파산으로 ₩3,200의 매출채권이 손상(대손)처리되었다.
- 11월 12일 : 전기에 손상(대손)처리한 매출채권 ₩2,000이 현금으로 회수되었다.
- 12월 31일 : 결산 시 매출채권 잔액 ₩500,000에 대하여 2%의 손상(대손)을 예상하다.

①	(차) 손상차손(= 대손상각비)	6,700	(대) 손실(대손)충당금	6,700
②	(차) 손상차손(= 대손상각비)	8,700	(대) 손실(대손)충당금	8,700
③	(차) 손상차손(= 대손상각비)	10,000	(대) 손실(대손)충당금	10,000
④	(차) 손실(대손)충당금	10,000	(대) 손실(대손)충당금환입	10,000

17 **다음 요건의 충족여부에 따라 처리될 계정과목에 대한 설명으로 옳지 않은 것은?**

- 과거사건의 결과로 현재의무가 존재한다.
- 당해 의무를 이행하기 위하여 경제적 효익을 갖는 자원이 유출될 가능성이 높다.
- 당해 의무의 이행에 소요되는 금액을 신뢰성 있게 측정할 수 있다.

① 위 요건을 충족하고 지출하는 시기 또는 금액이 불확실한 부채를 충당부채라고 한다.
② 위 요건을 충족한 충당부채는 반드시 재무제표에 부채로 인식한다.
③ 위 요건을 충족하지 못하여 충당부채로 인식할 수 없는 의무를 우발부채라고 한다.
④ 위 요건을 충족하지 아니한 우발부채는 재무제표에 부채로 인식할 수 있다.

18 **다음은 (주)대한기업 투자부동산과 관련된 자료이다. (주)대한기업은 투자부동산에 대하여 공정가치모형으로 측정하고 있다. 20X2년의 평가손익으로 옳은 것은?**

가. 20X1년 1월 1일 취득원가	₩200,000
나. 20X1년 12월 1일 공정가치	₩160,000
다. 20X2년 12월 1일 공정가치	₩180,000

① 평가손실 ₩40,000
② 평가이익 ₩40,000
③ 평가손실 ₩20,000
④ 평가이익 ₩20,000

19 **다음 중 현금흐름표와 관련된 설명으로 옳지 않은 것은?**

① 현금흐름표는 회계기간 동안 발생한 현금흐름을 영업활동, 투자활동 및 재무활동으로 분류하여 보고한다.
② 영업활동은 기업의 주요 수익창출활동, 그리고 투자활동이나 재무활동이 아닌 기타의 활동을 말한다.
③ 투자활동은 장기성 자산과 현금성자산에 속하지 않는 기타 투자자산의 취득과 처분을 말한다.
④ 재무활동은 기업의 금융자산의 크기 및 구성내용에 변동을 가져오는 활동을 말한다.

20 다음은 상공기업의 5월 중 현금 관련 거래 내용이다. 5월 말 현금 잔액으로 옳은 것은?

1일	전월이월액 ₩300,000
8일	A상회에서 사무용 비품 ₩50,000을 구입하고, 대금은 현금으로 지급하다.
12일	B상회에서 상품 ₩100,000을 매입하고, 대금 중 ₩50,000은 자기앞수표로 지급하고 잔액은 외상으로 하다.
17일	C상회에 상품 ₩150,000을 매출하고, 대금은 C상사가 발행한 갑은행앞수표로 받다.
28일	당월분 종업원급여 ₩30,000을 현금으로 지급하다.

① ₩170,000
② ₩320,000
③ ₩350,000
④ ₩370,000

원가회계

21 (주)상공화학은 하나의 공정을 가지고 있으며 종합원가계산으로 원가를 계산하고 있다. 다음의 자료에 의하면 기말제품재고액은 얼마인가?(단, 기초제품재고액 ₩100,000, 매출원가 ₩600,000이며, 모든 원가요소는 전공정을 통하여 균등하게 발생하며 원가계산방법은 평균법으로 하고 있다)

가. 기초재공품 : 5,000개, 원가 ₩100,000(완성도 40%)
나. 당기투입원가 : ₩1,100,000
다. 당기완성량 : 58,800개
라. 기말재공품 : 4,000개(완성도 30%)

① ₩376,000
② ₩476,000
③ ₩576,000
④ ₩676,000

22 다음 재공품 계정을 자료로 알 수 있는 당기총제조원가는 얼마인가?

재공품

전기이월	200,000	제 품	900,000
재료원가	400,000	차기이월	300,000
노무원가	300,000		
제조경비	100,000		
제조간접원가	200,000		
	1,200,000		1,200,000

① ₩800,000
② ₩900,000
③ ₩1,000,000
④ ₩1,200,000

23 종합원가계산제도를 채택하는 합격회사의 다음 자료에 의하여 당기제품제조원가를 계산하면 얼마인가?(단, 재공품의 평가는 선입선출법에 의하며 재료는 공정 초에 투입되며, 가공은 공정 전반에 걸쳐 균등하게 발생)

- 기초재공품 : 직접재료원가 ₩10,000, 가공원가 ₩50,000, 100개(50%)
- 당기제조원가 : 직접재료원가 ₩200,000, 가공원가 ₩300,000
- 기말재공품 : 100개(50%)
- 당기완성품 : 200개

① ₩375,000
② ₩385,000
③ ₩395,000
④ ₩405,000

24 다음 자료를 이용하여 선입선출법에 의한 완성품환산량 단위당 원가를 계산하면 얼마인가?(단, 모든 제조원가는 공정 전반에 걸쳐 균등하게 발생한다)

가. 기초재공품원가	₩150,000
나. 당기총제조원가	₩600,000
다. 기초재공품의 완성품환산량	50개
라. 당기착수 당기완성품수량	50개
마. 기말재공품의 완성품환산량	50개

① ₩4,000
② ₩5,000
③ ₩6,500
④ ₩8,000

25 다음 제조원가명세서에 관한 설명으로 옳은 것은?

제조원가명세서

1. 직접재료원가	₩400,000
(1) 기초원재료 재고액	100,000
(2) 당기원재료 매입액	300,000
(3) 기말원재료 재고액	(　　)
2. 직접노무원가	₩250,000
3. 제조간접원가	(　　)
4. (　　가　　)	₩750,000
5. 기초재공품재고액	(　　)
합 계	₩900,000
6. 기말재공품재고액	₩200,000
7. (　　나　　)	₩700,000

① 가 : 당기제품제조원가
② 기초원가 : ₩550,000
③ 나 : 당기총제조원가
④ 가공원가 : ₩350,000

26 선입선출법에 의한 종합원가계산 시 완성품 가공원가를 계산하면?(단, 기말재공품 가공원가는 ₩6,000이라고 가정함)

• 기초재공품 1,000개(30%)
• 당기착수량 10,000개
• 당기완성품 7,000개
• 기말재공품 4,000개(30%)
• 가공원가는 균등하게 발생된다고 가정함

① ₩33,500
② ₩35,700
③ ₩38,500
④ ₩40,700

27 개별원가계산에 대한 설명으로 옳지 않은 것은?

① 직접원가는 작업별로 직접 추적하고 간접원가는 배부기준에 따라 배부하여 제품이나 서비스의 원가를 계산한다.
② 조선업이나 건설업 등과 같이 수요자의 주문에 따라 제품을 생산하는 업종에서 주로 사용된다.
③ 직접재료원가, 직접노무원가, 제조간접원가 모두를 실제원가로 계산하는 것을 실제개별원가계산이라 한다.
④ 직접재료원가, 직접노무원가, 제조간접원가 모두를 예정배부율을 사용해 예정원가로 계산하는 것을 정상개별원가계산이라 한다.

28 개별원가계산과 종합원가계산에 대한 설명으로 옳지 않은 것은?

① 종합원가계산의 단위당 원가는 발생한 모든 원가요소를 집계한 당기총제조원가에 기말재공품원가를 가산한 후 그 합계액을 완성품과 기초재공품에 안분계산함으로써 완성품 총원가를 계산하고, 이를 제품단위에 배분하여 산정한다.

② 개별원가계산은 다른 종류의 제품을 개별적으로 생산하는 생산형태에 적용하며, 각 제조지시서별로 원가를 산정한다.

③ 원가의 제품별 계산은 원가요소를 제품단위에 집계하여 단위 제품의 제조원가를 산정하는 절차를 말하며, 이는 생산형태에 따라 개별원가계산방식과 종합원가계산방식 등으로 분류한다.

④ 종합원가계산의 기말재공품의 완성품환산량은 재료의 투입정도 또는 가공정도 등을 고려하여 직접재료원가와 가공원가로 구분하여 산정할 수 있다.

29 다음은 재무회계와 관리회계와의 차이점에 관한 내용이다. 옳지 않은 것은?

	재무회계	관리회계
①	외부이용자의 경제적 의사결정에 유용한 정보 제공	내부이용자의 경제적 의사결정에 유용한 정보 제공
②	일반목적을 위한 재무제표	특수목적의 보고서
③	한국채택국제회계기준, 일반기업회계기준	일정한 기준이 없음
④	미래지향적, 목적적합성 강조	과거지향적, 객관성 강조

30 종합원가계산제도를 적용함에 있어 선입선출법과 평균법에 대한 설명으로 옳지 않은 것은?

① 기초재공품이 없다고 하더라도 평균법과 선입선출법의 완성품환산량 단위당 원가를 계산하는 방법이 상이하기 때문에 두 방법의 결과는 달라지게 된다.

② 평균법은 완성품환산량을 계산할 때 기초재공품을 당기에 착수한 것으로 간주한다.

③ 원재료의 단가를 산정할 때 선입선출법을 사용하는 기업이라 할지라도 종합원가계산제도 적용시 평균법을 사용할 수 있다.

④ 평균법 적용하의 완성품환산량은 선입선출법 적용하의 완성품환산량보다 크거나 같다.

31 다음은 (주)대한의 실제개별원가에 의해 제품 원가를 계산하기 위한 자료이다. 당기에 발생된 제조간접원가 ₩1,000,000을 직접노무원가에 비례하여 배분하는 경우 작업지시서 #102의 제조원가의 금액으로 옳은 것은?(단, 당기의 작업은 아래 세 가지 이외에는 없다)

구 분	#101	#102	#103
직접재료원가	₩500,000	₩300,000	₩200,000
직접노무원가	₩200,000	₩200,000	₩100,000

① ₩500,000
② ₩900,000
③ ₩1,000,000
④ ₩1,100,000

32 (주)대한은 단일제품을 생산, 판매하고 있다. 원재료는 공정의 초기에 모두 투입되며, 가공원가는 공정의 전반에 걸쳐 균등하게 발생한다. 8월 생산자료는 기초재공품 1,000단위(완성도 60%), 당기착수량 12,000단위, 당기완성수량 11,000단위, 그리고 기말재공품 2,000단위(완성도 40%)이다. 선입선출법에 의한 가공원가 완성품환산량은 얼마인가?

① 11,000단위
② 11,200단위
③ 11,800단위
④ 13,000단위

33 다음 자료를 참고하여 20X1년 (주)상공의 재고자산과 비용으로 옳은 것은?(단, 제시된 내용 이외 다른 원가는 없다고 가정함)

• 생산량	1,000개	• 판매량	500개
• 판매직 사원 급여	₩2,000,000	• 생산직 직원 급여	₩2,000,000

	재고자산	비 용
①	₩1,000,000	₩2,000,000
②	₩2,000,000	₩2,000,000
③	₩1,000,000	₩3,000,000
④	₩2,000,000	₩4,000,000

34 다음 자료를 참고하여 가공원가를 구한 금액으로 옳은 것은?

• 직접재료원가	₩100,000
• 직접노무원가	₩200,000
• 총제조원가	₩500,000

① ₩100,000　　② ₩200,000
③ ₩300,000　　④ ₩400,000

35 다음 자료를 참고하여 (주)상공의 #101의 총제조원가를 구하라. 제조간접원가 총액은 ₩1,000,000이며 직접노무원가를 기준으로 배분한다. #102의 기본원가는 ₩500,000이다.

구 분	#101	#102	#103	총 액
직접재료원가	(　　　)	(　　　)	₩300,000	₩1,000,000
직접노무원가	(　　　)	₩100,000	₩200,000	₩500,000

① ₩400,000　　② ₩500,000
③ ₩700,000　　④ ₩900,000

36 (주)상공은 기초와 기말의 제품 재고는 없었으며, 당기완성품 전부를 그 제조원가에 20%의 이익을 가산하여 판매하였다. 다음의 자료로 기초재공품의 원가를 구하면 얼마인가?

가. 직접재료원가	₩80,000
나. 제조간접원가	₩50,000
다. 직접노무원가	₩70,000
라. 매출액	₩300,000
마. 기말재공품원가	₩10,000

① ₩10,000　　② ₩20,000
③ ₩40,000　　④ ₩60,000

37 다음 자료를 참고하여 (주)상공의 직접노무원가를 구하면?

• 기초원가 : ₩900,000	• 가공원가 : ₩600,000	• 총제조원가 : ₩1,100,000

① ₩100,000
② ₩200,000
③ ₩300,000
④ ₩400,000

38 (주)회계의 제조간접원가의 배부기준은 기계가동시간이며, 20X1년 제조간접원가 예산은 ₩400,000이고, 기계가동예상시간은 40,000시간이다. 20X1년 10월 작업별 기계가동시간은 다음과 같다. 20X1년 10월 제조간접원가 실제발생액이 ₩34,000일 때 제조간접원가 배부차이는?

구 분	#101	#102	합 계
기계가동시간	1,200	2,000	3,200

① ₩2,000 과소배부
② ₩2,000 과대배부
③ ₩32,000 과소배부
④ ₩32,000 과대배부

39 조업도가 변화할 때 원가가 어떻게 달라지는가에 따라 변동원가, 고정원가, 준변동원가, 준고정원가로 분류할 수 있다. 관련 설명으로 옳지 않은 것은?

① 준고정원가는 일정구간 내 총원가는 동일하고, 그 구간을 넘어서는 경우 증가 또는 감소한다.
② 고정원가는 조업도가 증감하더라도 관련 범위 내에서는 고정적이기 때문에, 다른 조건이 동일할 경우 제품의 단위당 원가는 변동없다.
③ 준변동원가는 조업도가 0(영)인 경우에도 일정액이 발생하고, 그 이후로부터 조업도에 따라 비례적으로 증가하는 원가를 말한다.
④ 변동원가는 조업도의 변동에 따라 제품의 단위당 원가는 일정하다.

40 다음 자료를 토대로 가공원가를 구하면 얼마인가?

• 직접재료원가	₩135,000	• 직접노무원가	₩220,000
• 제조간접원가(변동)	₩140,000	• 제조간접원가(고정)	₩180,000

① ₩355,000
② ₩360,000
③ ₩400,000
④ ₩540,000

TEST 07

2022년 기출복원문제

기출문제

응시시간 60분

재무회계

01 다음은 (주)상공의 20X1년도 말 자산내역 중 일부이다. 현금및현금성자산에 해당하는 금액은 얼마인가?

가. 지폐와 동전	₩100,000
나. 당좌개설보증금	₩100,000
다. 타인발행 당좌수표	₩100,000
라. 배당금지급통지표	₩100,000
마. 가불금	₩100,000
바. 우 표	₩100,000
사. 제주지점 전도금	₩100,000

① ₩400,000
② ₩500,000
③ ₩600,000
④ ₩700,000

02 다음은 (주)상공기업의 장부상 당좌예금 잔액과 은행의 당좌예금 잔액과의 차이를 나타낸 것이다. 12월 31일 은행계정조정표 작성 후 조정된 당좌예금 잔액은 얼마인가?

• 12월 31일 장부상 당좌예금 잔액	₩100,000
• 12월 31일 은행 당좌예금 계좌 잔액	₩170,000
[불일치 원인]	
가. 은행 미기입예금	₩10,000
나. 기발행 미인출수표	₩10,000
다. 미통지입금	₩70,000

① ₩140,000
② ₩150,000
③ ₩160,000
④ ₩170,000

PART 3

03 (주)상공은 제품을 판매하여 어음 ₩3,000,000을 수령하였다. 해당 받을어음은 이자성격의 금액이 ₩400,000 포함되어 있다. 이 경우 (주)상공이 매출액으로 인식할 금액으로 옳은 것은?

① ₩400,000
② ₩2,600,000
③ ₩3,000,000
④ ₩3,400,000

04 다음은 상품매매업을 영위하는 (주)상공의 20X1년도 자료이다. 이 자료를 이용하여 20X1년도의 매출총이익을 구하면 얼마인가?

• 총매출액	₩60,000	• 순매입액	₩45,000
• 매출환입액	₩1,000	• 매출할인액	₩500
• 기초상품재고액	₩4,000	• 기말상품재고액	₩3,000
• 판매운임	₩2,000	• 이자비용	₩1,000

① ₩10,500
② ₩11,500
③ ₩12,500
④ ₩13,500

05 다음 퇴직금에 대한 내용과 관련 없는 것은?

가. 퇴직급여를 외부에 적립 및 운용한다.
나. 근로자가 받을 금액이 사전에 확정된다.
다. 운용수익은 근로자에게 귀속되지 아니한다.

① 이자원가
② 퇴직급여
③ 선급비용
④ 확정급여채무

06 기타 채권과 채무와 관련한 내용으로 옳지 않은 것은?

① 업무용 차량을 1대 구입하고 3개월 후 만기의 약속어음을 발행하여 지급하고 이를 미지급금으로 처리하다.
② 업무용 노트북을 법인카드로 매입하고 신용카드매출전표를 발급받아 이를 미지급금으로 처리하다.
③ 기업이 상품 이외의 자산을 외상으로 처분한 경우에 발생한 채권은 미수금 계정으로 기입한다.
④ 자회사의 금융기관 차입과 관련하여 보증을 하는 경우 주석으로 공시하지 않는다.

07 현금흐름표에 대한 설명으로 옳지 않은 것은?

① 현금흐름표상 현금흐름의 유형은 영업활동, 투자활동, 재무활동으로 구분된다.
② 매출채권 회수, 종업원 관련 현금유출, 자금의 차입 등은 영업활동이다.
③ 자금의 대여 및 대여금 회수, 유형자산의 취득과 처분 등은 투자활동이다.
④ 주식 및 사채의 발행을 통한 자금조달은 재무활동이다.

PART 3

08 (주)상공은 20X1년 10월 1일 상품판매대금으로 3개월 만기 약속어음 ₩1,000,000을 받았다. 이 약속어음을 1개월간 보유한 후 거래은행에 연 15% 할인율로 할인하고 할인료를 제외한 금액을 현금으로 수령하였다. 차입거래로 회계처리할 때 이자비용은 얼마인가?(단, 이자 할인료는 월할계산)

① ₩20,000　　② ₩23,000
③ ₩25,000　　④ ₩27,000

09 (주)상공은 매출총이익률이 25%이다. (주)상공의 20X1년 기초재고자산은 ₩600,000이고, 20X1년 한 해 동안의 매입액은 ₩2,800,000이며, 매출액은 ₩4,000,000이었다. (주)상공의 기말재고자산 금액을 구하면?

① ₩300,000　　② ₩400,000
③ ₩500,000　　④ ₩600,000

10 다음 중 투자부동산에 해당되지 않는 것은?

① 장기 시세차익을 얻기 위하여 보유하고 있는 토지
② 자가사용부동산
③ 미래에 투자부동산으로 사용하기 위하여 건설 또는 개발 중인 부동산
④ 리스제공자가 운용리스로 제공하기 위하여 보유하고 있는 미사용건물

11 다음과 같은 누락사항을 반영하기 전 당기순이익이 ₩200,000인 경우, 수정 후 당기순이익은? (단, 손상(대손)예상액은 ₩30,000이다)

• 임차료 중 선급분	₩10,000
• 이자수익 중 미수령분	₩20,000
• 손실(대손)충당금 잔액	₩20,000
• 당기손익-공정가치측정금융자산평가이익	₩10,000

① ₩210,000 ② ₩220,000
③ ₩230,000 ④ ₩240,000

12 (주)상공은 20X1년 7월 1일에 (주)대한의 주식 1주 액면가 ₩5,000를 ₩8,000에 매입하였다. 취득과 관련한 수수료는 ₩20이다. 단기매매목적이 아닌 경우 취득 시 회계처리로 옳은 것은?

①	(차) 당기손익-공정가치측정금융자산	8,020	(대) 현 금	8,020
②	(차) 기타포괄손익-공정가치측정금융자산	8,020	(대) 현 금	8,020
③	(차) 상각후원가측정금융자산	8,020	(대) 현 금	8,020
④	(차) 당기손익-공정가치측정금융자산	8,000	(대) 현 금	8,000

13 금융자산에 대한 설명이다. 옳지 않은 것은?

① 당기손익-공정가치측정금융자산에 대한 미실현손익은 당기손익항목으로 처리한다.
② 기타포괄손익-공정가치측정금융자산 지분상품의 경우 기말 공정가치로 평가하여 당기손익에 반영한다.
③ 상각후원가측정금융자산은 기말에 유효이자율법을 적용하여 상각후원가로 평가한다.
④ 당기손익-공정가치측정금융자산의 취득부대비용은 당기비용으로 인식한다.

14 (주)한국은 20X1년 1월 1일에 기계장치를 ₩100,000에 취득하였다. 이 기계의 내용연수는 5년이고, 잔존가치는 ₩10,000으로 추정된다. 20X1년 12월 31일 이 기계장치의 감가상각을 연수합계법으로 계산한 금액으로 옳은 것은?

① ₩15,000
② ₩20,000
③ ₩30,000
④ ₩35,000

PART 3

15 투자부동산에 관한 다음의 설명 중 옳지 않은 것은?

① 투자부동산의 용도로 건설 중이거나 개발 중인 자산은 유형자산 기준서를 적용하지 아니한다.
② 투자부동산은 최초인식시점에 원가로 측정한 후 보고기간말에 공정가치모형과 원가모형 중 하나를 선택하여 모든 투자부동산에 적용한다.
③ 투자부동산의 사용목적이 변경된 경우에는 투자부동산은 다른 자산항목으로의 계정대체가 발생한다.
④ 투자부동산의 공정가치 변동으로 발생하는 손익은 발생한 기간의 기타포괄손익에 반영한다.

16 다음 거래에 대한 회계처리 방법으로 옳은 것은?

① 상품을 매출하고 신용카드로 결제받은 경우 차변에 미수금 계정으로 처리한다.
② 사무용 소모품을 구입하고 신용카드로 결제한 경우 대변에 미지급금 계정으로 기입한다.
③ 업무용 비품을 구입하고 직불카드로 결제한 경우 대변에 외상매입금 계정으로 처리한다.
④ 상품을 매입하고 신용카드로 결제한 경우 대변에 미지급금 계정으로 처리한다.

17 **다음 중 사채에 대한 설명으로 옳지 않은 것은?**

① 액면이자율이 시장이자율과 같으면 사채는 액면발행된다.
② 사채가 할증발행된 경우 유효이자율법에 따라 이자비용으로 인식되는 금액은 매년 감소한다.
③ 사채가 할인발행된 경우 유효이자율법에 따른 사채할인발행차금 상각액은 매년 증가한다.
④ 사채가 할인발행된 경우 손익계산서에 이자비용으로 인식되는 금액은 현금으로 지급하는 이자(표시이자)보다 작다.

18 **(주)상공은 20X1년 초 장기적인 임대수익을 얻을 목적으로 건물을 ₩1,000,000에 구입하였다. 내용연수가 10년이고 잔존가치가 없다. 20X1년 12월 말 공정가치가 ₩950,000, 20X2년 말 공정가치 ₩800,000이며 공정가치모형을 적용할 경우 20X2년 당기손익에 영향을 미치는 금액은 얼마인가?**

① ₩50,000
② ₩150,000
③ ₩200,000
④ ₩0

19 **내부에서 창출된 무형자산에 관한 설명으로 옳지 않은 것은?**

① 새로운 지식을 얻고자 하는 활동은 연구단계에서 발생한 지출에 해당한다.
② 내부적으로 창출한 무형자산의 원가는 무형자산 인식기준을 최초로 충족시킨 이후에 발생한 지출금액의 합으로 한다.
③ 연구 및 개발단계에서 발생된 지출은 무형자산으로 인식한다.
④ 내부적으로 창출한 무형자산의 원가는 그 자산의 창출, 제조 및 경영자가 의도하는 방식으로 운영될 수 있게 준비하는데 필요한 직접 관련된 모든 원가를 포함한다.

20 **다음 자료를 참고하여 이익준비금을 구하면 얼마인가?(단, 이익준비금은 법정 최소금액을 적립한다)**

• 자본금	₩4,500,000	• 자본잉여금	₩120,000
• 이익잉여금	₩100,000	• 1주당 현금배당	@₩200
• 액면금액	@₩5,000		

① ₩18,000
② ₩20,000
③ ₩22,000
④ ₩25,000

원가회계

21 다음 자료를 참고하여 20X1년 (주)상공의 재고자산과 비용으로 옳은 것은?(단, 제시된 내용 이외 다른 원가는 없다고 가정함)

• 생산량	1,000개	• 판매량	500개
• 판매직 사원 급여	₩2,000,000	• 생산직 직원 급여	₩2,000,000

	재고자산	비 용
①	₩1,000,000	₩2,000,000
②	₩2,000,000	₩2,000,000
③	₩1,000,000	₩3,000,000
④	₩2,000,000	₩4,000,000

22 (주)대한은 단일제품을 생산, 판매하고 있다. 8월 생산자료는 기초재공품 1,000단위(완성도 60%), 당기착수량 12,000단위, 당기완성수량 11,000단위, 그리고 기말재공품 2,000단위(완성도 40%)이다. 기초재공품 원가 ₩40,000일 경우 선입선출법에 의한 완성품원가는 얼마인가?(단, 재료와 가공원가는 균등하게 발생되고, 단위당 재료원가는 @50, 단위당 가공원가는 @20이라고 가정한다)

① ₩757,000
② ₩754,000
③ ₩768,000
④ ₩824,000

23 다음 자료에 의하여 제조간접원가 배부차이를 계산하면 얼마인가?

가. 당월 제조간접원가 예정배부액	₩500,000
나. 당월 제조간접원가 실제발생액	
− 재료원가	₩200,000
− 노무원가	₩250,000
− 제조경비	₩100,000

① 과다배부 ₩50,000
② 과소배부 ₩50,000
③ 과다배부 ₩150,000
④ 과소배부 ₩150,000

24 다음 제조원가명세서에 관한 설명으로 옳은 것은?

제조원가명세서

1. 직접재료원가	₩400,000
(1) 기초원재료 재고액	100,000
(2) 당기원재료 매입액	300,000
(3) 기말원재료 재고액	( )
2. 직접노무원가	₩250,000
3. 제조간접원가	( )
4. (가)	₩750,000
5. 기초재공품재고액	( )
합 계	₩900,000
6. 기말재공품재고액	₩200,000
7. (나)	₩700,000

① (가) : 당기제품제조원가
② 기초원가 : ₩550,000
③ (나) : 당기총제조원가
④ 가공원가 : ₩350,000

25 다음 자료를 이용하여 평균법에 의한 완성품환산량 단위당 원가를 계산하면 얼마인가?(단, 모든 제조원가는 공정 전반에 걸쳐 균등하게 발생한다)

가. 월초재공품원가	₩150,000	나. 당월총제조원가	₩600,000
다. 완성품수량	100개	라. 월말재공품의 완성품환산량	50개

① ₩5,000
② ₩6,000
③ ₩7,500
④ ₩15,000

26 다음 자료를 참고하여 (주)대한의 가공원가를 구하면 얼마인가?

가. 직접재료원가 : ₩100,000
나. 직접노무원가 : ₩200,000
다. 제조간접원가 : ₩200,000
라. 판매비와관리비 : 총제조원가의 20%
마. 판매가 : 총제조원가와 판매비와관리비를 합한 금액의 25% 이익을 가산함

① ₩400,000
② ₩600,000
③ ₩750,000
④ ₩970,000

27 보조부문원가를 제조부문에 배부하는 방법에 대한 설명으로 옳지 않은 것은?

① 직접배부법은 보조부문원가를 다른 보조부문에는 배분하지 않고 제조부문에만 배분하는 방법이다.
② 단계배부법은 보조부문원가를 배분순서에 따라 순차적으로 다른 보조부문과 제조부문에 배분하는 방법이다.
③ 상호배부법은 보조부문 상호 간의 용역수수관계를 완전히 인식하여 보조부문원가를 다른 보조부문과 제조부문에 배분하는 방법이다.
④ 직접배부법은 보조부문원가를 배부하는데 있어 계산의 정확성이 가장 높게 나타난다.

28 다음 중 개별원가계산과 종합원가계산에 대한 설명 중 옳지 않은 것은?

① 개별원가계산방법과 종합원가계산방법 모두 표준원가계산을 함께 사용할 수 있다.
② 개별원가계산은 직접재료원가, 직접노무원가, 제조간접원가로 원가분류를 하고, 종합원가계산은 직접재료원가와 가공원가로 원가분류를 한다.
③ 개별원가계산은 인쇄, 건설, 조선 등의 업종에 적합한 원가계산 방법이고, 종합원가계산은 제지, 제분, 시멘트 업종에 적합한 원가계산 방법이다.
④ 개별원가계산은 완성품환산량 계산이 핵심과제이고, 종합원가계산은 제조간접원가 배분이 핵심과제이다.

29 (주)상공은 종합원가계산제도를 이용하여 제품원가를 계산하고 있다. 다음 자료를 이용하여 계산한 기말재공품원가는?(단, 평균법을 적용하고, 재료는 제조 착수 시 전부 투입되며 가공원가는 공정진행에 비례하여 발생한다고 가정한다)

구 분	수 량	직접재료원가	가공원가	제조원가 합계
기초재공품	60개(완성도 50%)	₩2,000	₩1,000	₩3,000
당기완성품	160개	₩8,000(당기투입)	₩3,500(당기투입)	₩11,500
기말재공품	40개(완성도 50%)			

① ₩2,000
② ₩2,500
③ ₩3,000
④ ₩14,500

30 종합원가계산의 평균법과 선입선출법에 관한 설명 중 옳지 않은 것은?

① 선입선출법은 기초재공품의 완성도를 필요로 하나, 평균법에 의한 원가계산 시 기초재공품의 완성도는 불필요하다.
② 평균법으로 당기의 완성품환산량 단위당 원가를 계산하고자 할 때 기초재공품원가는 불필요하다.
③ 선입선출법에 의한 원가계산 시 기말재공품원가는 당기발생원가로만 구성된다.
④ 선입선출법은 전기의 작업능률과 당기의 작업능률을 구분하므로 원가통제상 유용한 정보를 제공한다.

31 개별원가계산에 대한 설명으로서 다음 중 옳지 않은 것은?

① 주로 고객의 주문에 따라 서로 다른 여러 종류의 제품을 소량씩 개별적으로 생산하는 조선업, 건설업, 영화제작업 등에서 사용한다.
② 제품별로 제조를 지시하는 제조지시서를 사용하고 있기 때문에 제조지시서 번호별로 원가를 집계한다.
③ 원가계산은 제조지시서별로 언제라도 수행할 수 있으므로, 종합원가계산에 비해 원가계산기간은 중요하지 않다.
④ 월말에 완성된 제조지시서의 제조원가는 월말재공품원가가 되며, 미완성된 제조지시서의 제조원가는 완성품원가가 된다.

32 다음 자료를 통해 생산량 30,000개의 제조원가를 구하라.

> • 고정원가 ₩50,000
> • 생산량 10,000개 ~ 50,000개 : 단위당 변동원가 @₩50

① ₩1,550,000
② ₩1,750,000
③ ₩1,900,000
④ ₩2,150,000

33 조업도가 변화할 때 원가가 어떻게 달라지는가에 따라 변동원가, 고정원가, 준변동원가, 준고정원가로 분류할 수 있다. 관련 설명으로 옳지 않은 것은?

① 준고정원가는 일정구간 내 총원가는 동일하고, 그 구간을 넘어서는 경우 증가 또는 감소한다.
② 총고정원가와 단위당 고정원가는 조업도에 관계없이 변화하지 않는다.
③ 준변동원가는 조업도가 0(영)인 경우에도 일정액이 발생하고, 그 이후로부터 조업도에 따라 비례적으로 증가하는 원가를 말한다.
④ 변동원가는 조업도의 변동에 따라 제품의 단위당 원가는 일정하다.

PART 3

34 (주)대한의 20X1 회계연도 중 재료구입액은 ₩200,000이고, 직접노무원가와 제조간접원가 발생액이 각각 ₩150,000과 ₩155,000일 경우 다음 자료를 이용하여 당기제품제조원가와 매출원가를 계산하면?

구 분	20X1.1.1	20X1.12.31
재 료	₩100,000	₩80,000
재공품	₩120,000	₩150,000
제 품	₩150,000	₩200,000

	당기제품제조원가	매출원가
①	₩495,000	₩445,000
②	₩495,000	₩475,000
③	₩505,000	₩445,000
④	₩505,000	₩475,000

35 (주)대한은 종합원가계산제도를 택하고 있다. 원재료는 공정의 초기에 모두 투입되고, 가공원가는 공정의 전반에 걸쳐 균등하게 발생한다. 재료원가의 경우 선입선출법에 의해 완성품환산량을 계산하면 80,000단위이고 평균법에 의해 완성품환산량을 계산하면 100,000단위이다. 가공원가의 경우 선입선출법에 의해 완성품환산량을 계산하면 62,000단위이고 평균법에 의해 완성품환산량을 계산하면 70,000단위이다. 이 경우 (주)대한의 기초재공품의 완성도는 얼마인가?

① 30%
② 40%
③ 50%
④ 60%

36 (주)상공은 종합원가계산제도를 채택하고 있으며, 원가의 흐름으로 선입선출법을 적용하고 있다. 재료는 공정 초기에 50%가 투입되고 나머지는 가공이 50% 진행된 시점부터 공정진행에 따라 비례적으로 투입된다. 다음의 5월 자료를 이용한 재료원가의 완성품환산량은?

• 기초재공품(공정의 완성도 70%)	2,000개
• 당기투입	5,000개
• 완성품	5,000개
• 기말재공품(공정의 완성도 50%)	2,000개

① 4,400개
② 4,600개
③ 4,800개
④ 5,000개

37 다음 자료를 참고하여 (주)상공의 #101의 총제조원가를 구하라. 제조간접원가 총액은 ₩1,000,000이며 직접노무원가를 기준으로 배분한다. #102의 기본원가는 ₩500,000이다.

구 분	#101	#102	#103	총 액
직접재료원가	(　　)	(　　)	₩300,000	₩1,000,000
직접노무원가	(　　)	₩100,000	₩200,000	₩500,000

① ₩400,000
② ₩500,000
③ ₩700,000
④ ₩900,000

38 다음의 재공품 계정을 토대로 알 수 있는 당기총제조원가는 얼마인가?

재공품

전기이월	100,000	제 품	800,000
재료원가	400,000	차기이월	200,000
노무원가	200,000		
제조간접원가	300,000		
	1,000,000		1,000,000

① ₩600,000 ② ₩800,000
③ ₩900,000 ④ ₩1,000,000

39 다음은 (주)상공의 재공품 계정에 대한 자료이다. 기본원가를 계산한 금액으로 옳은 것은?

가. 기초재공품 ₩100,000
나. 직접재료원가 ₩500,000
다. 기말재공품 ₩200,000
라. 완성품(당기제품제조원가) ₩1,000,000
※ 단, (주)상공은 직접노무원가의 50%를 제조간접원가로 배부한다.

① ₩600,000 ② ₩800,000
③ ₩900,000 ④ ₩1,000,000

40 다음은 재무회계와 관리회계와의 차이점에 관한 내용이다. 옳지 않은 것은?

	재무회계	관리회계
①	외부이용자의 경제적 의사결정에 유용한 정보 제공	내부이용자의 경제적 의사결정에 유용한 정보 제공
②	특수목적의 보고서	일반목적을 위한 재무제표
③	한국채택국제회계기준, 일반기업회계기준	일정한 기준이 없음
④	과거지향적, 객관성 강조	미래지향적, 목적적합성 강조

TEST 08

2021년 기출복원문제

기출문제

응시시간 60분

재무회계

01 **다음 자료를 각 기업의 입장에서 회계처리한 결과, 재무상태표에 미치는 영향으로 옳은 것은?**

> (주)상공은 (주)대한으로부터 기계장치 1대를 ₩800,000에 구입하고 3개월 후 만기의 약속어음을 발행하여 지급하다.

① (주)상공은 매입채무가 증가한다.
② (주)상공은 미지급금이 증가한다.
③ (주)대한은 유형자산이 증가한다.
④ (주)대한은 매출채권이 감소한다.

02 **재무제표의 목적에 관한 설명이다. 그 내용으로 옳지 않은 것은?**

① 현금흐름을 제외한 기업의 자산, 부채, 자본, 수익 및 비용 등에 대한 재무정보를 제공한다.
② 정보이용자의 경제적 의사결정에 유용한 기업의 재무상태, 재무성과와 재무상태 변동에 관한 정보를 제공한다.
③ 위탁받은 자원에 대한 경영진의 수탁책임 결과를 보여준다.
④ 재무제표 이용자가 기업의 미래현금흐름, 특히 그 시기와 확실성을 예측하는데 도움을 준다.

03 **웹 사이트에 관한 설명으로 옳지 않은 것은?**

① 웹 사이트가 수익을 창출할 수 있는 경우 무형자산으로 인식한다.
② 계획단계는 연구단계와 유사하므로 발생시점에 비용으로 인식한다.
③ 기업의 판매촉진과 광고를 위해 웹 사이트를 개발한 경우 무형자산으로 인식한다.
④ 운영단계에 무형자산의 인식조건을 충족하지 못하면 발생시점에 비용으로 인식한다.

04 (주)상공의 다음 자료에 의하여 기능별 포괄손익계산서상의 영업이익을 계산한 금액으로 옳은 것은?

• 기초상품재고액	₩250,000	• 기부금	₩10,000
• 당기순매입액	₩500,000	• 임차료	₩40,000
• 기말상품재고액	₩100,000	• 통신비	₩70,000
• 당기순매출액	₩1,000,000	• 세금과공과	₩50,000
• 광고선전비	₩50,000	• 수도광열비	₩20,000
• 이자비용	₩30,000	• 유형자산처분손실	₩30,000

① ₩90,000
② ₩100,000
③ ₩110,000
④ ₩120,000

05 다음은 갑상품에 대한 매입 · 매출 관련 자료이다. 재고자산을 이동평균법으로 평가할 때, 10월 중 매출원가는 얼마인가?

10월 1일	기초재고	20개	@₩1,200	₩24,000
10월 5일	매 입	60개	@₩1,600	₩96,000
10월 10일	매 출	40개	@₩2,000	₩80,000
10월 17일	매 입	50개	@₩1,860	₩93,000
10월 25일	매 출	30개	@₩2,300	₩69,000

① ₩104,000
② ₩111,000
③ ₩114,600
④ ₩125,000

06 환어음에 관한 설명으로 옳지 않은 것은?

① 환어음은 발행인 외의 제3자가 지급의무를 진다.
② 환어음을 발행할 경우 대변에는 매출채권으로 회계처리한다.
③ 환어음을 인수하면 차변에 반영될 계정과목은 매입채무이다.
④ 환어음 수취인은 차변에 매입채무로 회계처리한다.

07 12월 결산법인인 (주)상공은 20X1년 1월 1일에 다음과 같은 조건으로 발행된 공채를 ₩947,516에 취득하였다. 이 공채의 취득 시 적용된 유효이자율은 7%였다. (주)상공이 20X1년 말에 인식해야 할 이자수익은 얼마인가?(단, 회사는 이를 상각후원가측정자산으로 분류하였다. 답은 가장 근사치를 구하라)

> 가. 발행일 : 20X1년 1월 1일
> 나. 액면금액 : ₩1,000,000
> 다. 이자지급 : 매년 12월 31일에 액면금액의 연 5% 이자지급
> 라. 상환 : 20X3년 12월 31일에 일시 상환

① ₩47,400
② ₩50,000
③ ₩66,300
④ ₩70,000

08 다음 중 무형자산에 관련한 설명으로 옳은 것은?

① 개발활동에서 발생한 지출은 모두 무형자산으로 인식한다.
② 무형자산의 미래 경제적 효익은 제품의 매출, 용역수익, 원가절감 등의 형태로 발생할 수 있다.
③ 연구활동과 관련된 지출은 자산 인식요건을 충족할 경우 무형자산으로 처리한다.
④ 내부창출 영업권은 취득원가를 신뢰성 있게 측정할 수 있어 무형자산으로 인식한다.

09 다음 중 유형자산(건설중인자산 포함)을 취득하여 목적으로하는 활동에 사용하기까지 소요되는 지출로서 유형자산의 취득원가에 포함되는 항목으로 적합하지 않은 것은?

① 관리 및 기타 일반간접비
② 최초의 운송비 및 수수료
③ 기계장치 설치비 및 시운전비
④ 건설과 직접 관련되어 발생한 종업원급여 또는 토지정지비

10 다음 자료에 의하여 결산일 현재 재무상태표에 나타난 자본총액을 계산하면 얼마인가?

가. 보통주자본금	₩200,000
나. 우선주자본금	₩300,000
다. 주식발행초과금	₩90,000
라. 자기주식	₩50,000

① ₩640,000 ② ₩590,000
③ ₩550,000 ④ ₩540,000

11 다음은 (주)상공의 6월 중 매출처원장이다. 외상매출금 미회수액은 얼마인가?(단, 제시된 자료 외에는 고려하지 않는다)

매출처원장

○○상점

6/1	전월이월	30,000	6/13	매 출	50,000
6/11	매 출	370,000	6/24	현 금	340,000
6/25	매 출	60,000	6/30	차월이월	70,000
		460,000			460,000

△△상점

6/1	전월이월	20,000	6/17	현 금	250,000
6/15	매 출	300,000	6/28	매 출	60,000
6/27	매 출	400,000	6/29	당좌예금	330,000
			6/30	차월이월	80,000
		720,000			720,000

① ₩50,000 ② ₩60,000
③ ₩110,000 ④ ₩150,000

12 어음거래와 관련하여 장부에 기입하는 내용으로 옳지 않은 것은?(단, 어음의 할인은 매각거래로 처리한다)

① 환어음을 인수하면 지급어음 계정 대변에 기입한다.
② 어음 대금을 회수하면 받을어음 계정 대변에 기입한다.
③ 환어음을 수취하면 받을어음 계정 차변에 기입한다.
④ 약속어음을 은행으로부터 할인받으면 받을어음 계정 차변에 기입한다.

13 다음은 '재무제표 표시'에서 재무상태표 표시와 관련된 설명이다. 옳지 않은 것은?

① 유동성 순서에 따른 표시방법이 신뢰성 있고 더욱 목적적합한 정보를 제공하는 경우를 제외하고는 유동자산과 비유동자산, 유동부채와 비유동부채로 재무상태를 구분하여 표시한다.
② 기업이 명확히 식별 가능한 영업주기 내에서 재화나 용역을 제공하는 경우, 재무상태표에 유동자산과 비유동자산 및 유동부채와 비유동부채를 구분하여 표시한다.
③ 유동성 순서에 따른 표시방법을 적용할 경우 모든 자산과 부채는 유동성 순서에 따라 표시한다.
④ 하나의 재무제표에서 유동성/비유동성 구분법과 유동성 순서에 따른 표시방법을 혼합하여 사용할 수 없다.

14 다음 거래 중 현금성자산에 변동을 주는 것은?

① 자기앞수표를 현금으로 교환하다.
② 보통예금에서 현금을 인출하다.
③ 당좌예금에서 수표를 발행하다.
④ 어음을 할인받아 당좌예금에 입금하다.

15 다음 중 충당부채와 우발부채에 관한 설명으로 옳지 않은 것은?

① 과거에 우발부채로 처리하였더라도 이후 충당부채의 인식조건을 충족하였다면 재무상태표에 충당부채로 인식한다.
② 충당부채를 인식할 때의 인식조건인 현재의 의무는 법적의무와 의제의무를 포함한다.
③ 과거사건에 의하여 발생하였거나 기업이 전적으로 통제할 수 없는 하나 이상의 불확실한 미래사건의 발생여부에 의하여서만 그 존재가 확인되는 잠재적 의무의 경우 우발부채로 인식하여 주석으로 공시한다.
④ 제품판매 시 소비자에게 일정기간동안 무상으로 품질보증서비스를 제공하기로 한 경우 품질보증서비스의 제공가능성이 높고, 금액이 신뢰성 있게 추정된다면 품질보증서비스를 실제로 제공할 때 비용으로 인식하여야 한다.

16 (주)상공은 3전표제를 적용하여 회계처리를 하고 있다. 다음 거래 시 작성되는 전표의 종류는?

> 상품 ₩2,000,000을 매출하고 대금 중 ₩1,000,000은 현금으로 받고, 잔액은 우리은행 발행 자기앞수표로 받다.

① 출금전표
② 입금전표
③ 대체전표
④ 입금전표, 대체전표

17 (주)상공은 자신이 사용하고 있는 기계장치(취득원가 100만원, 감가상각누계액 50만원)를 (주)대한이 사용하고 있는 차량운반구(취득원가 70만원, 감가상각누계액 30만원)와 교환하였다. 기계장치의 공정가액과 차량운반구의 공정가액이 각각 60만원과 30만원일 때 이 교환거래로 발생하는 (주)상공의 회계처리로 맞는 것은?(단, 이 교환거래는 상업적 실질이 없다고 가정함)

① 차량운반구의 취득원가는 60만원이다.
② 기계장치의 처분이익은 10만원이다.
③ 이 거래를 통하여 처분손익은 인식하지 않는다.
④ 주어진 자료만 가지고는 처분손익이나 취득원가를 판단할 수 없다.

18 다음은 (주)대한의 법인세 관련 거래이다. 법인세가 확정되어 납부할 때 분개로 옳은 것은?(단, 이연법인세자산과 이연법인세부채는 없는 것으로 가정한다)

가. 중간예납 시 법인세 ₩300,000을 현금으로 지급하다.
나. 결산 시 법인세비용이 ₩650,000으로 추산되다.
다. 법인세비용이 ₩650,000으로 확정되어 당좌수표를 발행하여 납부하다.

①	(차) 선급법인세	350,000	(대) 당좌예금	350,000
②	(차) 미지급법인세	350,000	(대) 당좌예금	350,000
③	(차) 법인세비용	650,000	(대) 미지급법인세	300,000
			당좌예금	350,000
④	(차) 법인세비용	650,000	(대) 선급법인세	650,000

19 (주)대한은 20X1년 7월 1일 은행으로부터 ₩1,000,000을 5년간 차입하였으며, 상환은 매년 6월 30일에 균등액으로 상환하기로 하였다. 차입금의 연이자율은 6%이며 6개월 단위로 이자를 지급하는 조건이다. 20X2년 12월 31일 결산 시 은행차입금은 재무상태표상에 어떻게 표시되는가?(단, 이자비용은 모두 지급되었다)

	비유동부채	유동부채
①	₩400,000	₩400,000
②	₩600,000	₩200,000
③	₩800,000	₩0
④	₩800,000	₩200,000

20 다음 거래의 분개로 옳은 것은? 단, 계정과목은 K-IFRS 기준 계정과목 표준분류체계에 따른다.

1년 만기 정기예금 ₩500,000이 오늘 만기가 되어 이자 ₩50,000과 함께 현금으로 받다.

① (차) 현 금	550,000	(대)	장기금융상품	500,000
			이자수익	50,000
② (차) 현 금	550,000	(대)	현금성자산	550,000
③ (차) 현 금	550,000	(대)	단기금융상품	550,000
④ (차) 현 금	550,000	(대)	단기금융상품	500,000
			이자수익	50,000

원가회계

21 (주)상공보석은 하나의 공정에서 원석 40캐럿을 투입하여 결합 제품 A와 B를 생산하고 있다. 다음 자료에 의하여 제품 A의 결합원가 배부액을 계산하면 얼마인가?(단, 배부기준은 물량기준법에 의한다)

제 품	생산량	단위당 판매가격	결합원가 배부액
A	10	₩10,000	
B	30	₩2,000	
계	40		₩360,000

① ₩90,000 ② ₩135,000
③ ₩200,000 ④ ₩225,000

22 다음은 원가관리회계의 특성과 관련된 설명들이다. 이 중에서 옳지 않은 것은?

① 원가관리회계는 기업의 경영자나 관리자에게 의사결정에 필요한 원가나 세부부문의 재무정보를 제공한다.
② 원가관리회계는 원가측정 및 계산을 주로 다루는 원가회계와 원가정보를 의사결정에 사용하는 기법을 다루는 관리회계로 세분하기도 한다.
③ 원가관리회계의 정보는 외부에 보고하는 재무회계의 정보와 아무런 관련성이 없다.
④ 원가관리회계는 각종 업무활동을 위해 원가를 측정・관리・분석하는 분야이므로 기업의 기획・구매・판매・생산・설계 등 모든 분야의 경영관리자에게 필수적인 지식이다.

23 (주)대한공업사는 다음 자료에 의하여 부문공통원가를 각 부문에 배부할 때, 절단부문에 배부될 부문공통원가로 옳은 것은?

가. 부문개별원가

- 절단부문원가 ₩600
- 조립부문원가 ₩400
- 동력부문원가 ₩150
- 수선부문원가 ₩50

나. 부문공통원가

- 기계 화재보험료 ₩60(가액 기준으로 배부)
- 공장 건물 감가상각비 ₩90(면적 기준으로 배부)

다. 부문공통원가 배부기준

구 분	절단부문	조립부문	동력부문	수선부문	합 계
면 적	100평	50평	30평	20평	200평
가 액	₩1,500	₩2,000	₩750	₩750	₩5,000

① ₩18
② ₩45
③ ₩63
④ ₩70

24 다음 제조부문원가 배부에 따른 거래 중 8월 31일의 분개로 옳은 것은?

8월 5일 절단부문원가 ₩5,000을 예정배부하다.
8월 31일 월말에 집계된 절단부문원가 실제 발생액은 ₩4,500이다.

① (차) 절단부문원가 500 (대) 부문원가배부차이 500
② (차) 절단부문원가 4,500 (대) 부문원가배부차이 4,500
③ (차) 부문원가배부차이 500 (대) 절단부문원가 500
④ (차) 부문원가배부차이 4,500 (대) 절단부문원가 4,500

25 다음의 자료를 토대로 단계배부법에 의하여 수선부문원가를 P1 제조부문에 배부한 금액으로 옳은 것은?(단, 수선부문을 먼저 배부한다)

항 목	제조부문		보조부문	
	P1 부문	P2 부문	동력부문	수선부문
부문원가 발생액	₩250,000	₩200,000	₩180,000	₩120,000
수선부문(시간)	300	200	100	
동력부문원가(kwh)	5,000	4,000		3,000

① ₩40,000
② ₩60,000
③ ₩72,000
④ ₩120,000

PART 3

26 다음은 (주)상공의 개별원가계산에 의한 제품 생산 원가자료이다. 20X1년 초 제품재고액이 ₩1,000,000, 20X1년 말 제품재고액이 ₩1,300,000일 때 20X1년도 손익계산서에 계상될 매출원가는 얼마인가?(단, 당기에 작업지시서 #102는 완성되었으나, 작업지시서 #101은 아직 완성되지 않았다)

항 목	작업지시서 #101	작업지시서 #102
기초재공품	₩500,000	
직접재료원가	₩300,000	₩200,000
직접노무원가	₩400,000	₩100,000
제조간접원가	₩200,000	₩200,000

① ₩200,000
② ₩600,000
③ ₩700,000
④ ₩1,000,000

27 다음 원가배부에 관한 설명 중 옳지 않은 것은?

① 공장전체 제조간접원가 배부율을 사용하면 제조부문과 보조부문에서 발생한 총제조간접원가를 각각의 이중배부율법에 의하여 개별제품에 배부하게 되지만, 공장전체의 제조간접원가는 변함이 없다.
② 보조부문원가는 보조부문 상호 간의 용역수수관계를 어떻게 인식하느냐에 따라 직접배분법, 단계배분법, 상호배분법의 방법으로 원가를 배분한다.
③ 단일배부율법은 보조부문원가를 제조부문에 배부할 때 변동원가와 고정원가로 구분하지 않고 하나의 배부율을 사용하여 배부하는 것이고, 이중배부율법은 변동원가와 고정원가를 구분하여 별개의 배부기준을 사용하여 배부하는 것이다.
④ 직접배부법, 단계배부법, 상호배부법은 단일배부율법에서 뿐만 아니라 이중배부율법에서도 사용할 수 있다.

28 직접원가를 기준으로 제조간접원가 총액 ₩30,000을 배부한다. 이때 제품 A의 제조간접원가 배부액은 얼마인가?

가. 직접재료원가 총액	₩20,000
나. 제품 A의 직접재료원가	₩4,000
다. 직접노무원가 총액	₩40,000
라. 제품 A의 직접노무원가	₩6,000

① 4,500
② 5,000
③ 6,000
④ 15,000

29 제품생산에 사용한 기계장치의 당기 감가상각비를 기간비용(관리비)으로 처리했을 경우의 결과로 옳지 않은 것은?(단, 제품의 생산수량이 판매수량과 동일하다고 가정한다)

① 당기총제조원가가 과소계상된다.
② 매출총이익이 과대계상된다.
③ 매출원가가 과대계상된다.
④ 판매관리비가 과대계상된다.

30 (주)금화는 선입선출법을 적용하여 종합원가계산을 하고 있다. 재료는 모두 제1공정 초기에 투입된다. 1월의 생산에 대한 자료는 다음과 같다. 1월 중 제1공정 완성품환산량은 얼마인가?

	수 량
1월 1일 재공품(가공원가 40% 완성)	50
당월 착수	200
제2공정 대체	210
1월 31일 재공품(가공원가 25% 완성)	40

	재 료	가공원가
①	250	220
②	250	190
③	200	220
④	200	200

31 변동원가와 고정원가에 관한 원가형태 설명으로 옳지 않은 것은?

생산량 0개 : 총원가 ₩500,000
생산량 100개 : 총원가 ₩1,500,000
생산량 200개 : 총원가 ₩2,500,000

① 단위당 변동원가는 ₩10,000이다.
② 총 고정원가는 ₩500,000이다.
③ 생산량 200개일 때 총 변동원가는 ₩1,000,000이다.
④ 생산량 200개일 때 단위당 고정원가는 ₩2,500이다.

32 (주)상공화학은 하나의 공정을 가지고 있으며 단일 종합원가계산으로 원가를 계산하고 있다. 다음의 기말재공품에 관련된 자료에 의하면 기말재공품원가는 얼마인가?(단, 모든 원가요소는 전공정을 통하여 균등하게 발생하며 원가계산방법은 평균법으로 하고 있다)

가. 기초재공품 : 5,000개, 원가 ₩100,000(완성도 40%)
나. 당기투입원가 : ₩1,100,000
다. 당기완성량 : 58,800개
라. 기말재공품 : 4,000개(완성도 30%)

① ₩22,930
② ₩23,500
③ ₩24,000
④ ₩24,500

33 다음은 제조간접원가에 대한 자료이다. 제조간접원가 예정배부율(시간당)과 예정배부액은 각각 얼마인가?

가. 예상제조간접원가 : ₩360,000
나. 예상직접노동시간 : 7,200시간
다. 실제제조간접원가 : ₩270,000
라. 실제직접노동시간 : 6,000시간

	예정배부율	예정배부액
①	₩50	₩300,000
②	₩50	₩360,000
③	₩60	₩300,000
④	₩60	₩360,000

34 원가와 원가회계의 전반적인 내용을 기술한 것으로 옳지 않은 것은?

① 제조원가란 제품을 생산하기 위해 희생된 경제적 자원을 화폐가치로 측정한 것을 말한다.
② 경영계획 및 통제, 의사결정에 필요한 원가정보를 제공한다.
③ 각 부문별 책임자들에게 원가관리에 필요한 원가자료를 제공한다.
④ 원가를 집계 및 반영하는 것은 재무상태표에 영향을 미치지 아니한다.

35 두 개의 제조부문(제A부문과 제B부문)을 이용하여 제품을 생산하고 있는데, 직접노동시간을 기준으로 제조간접원가를 배부하고 있다. 공장전체 배부율을 사용하는 경우와 부문별 배부율을 사용하는 경우 각각에 대하여 제품의 제조간접원가 배부액을 계산하면 얼마인가?

구 분	제A부문	제B부문	합 계
부문원가	₩12,000	₩16,000	₩28,000
직접노동시간	600시간	400시간	1,000시간
제품 A	45시간	55시간	100시간

	공장전체 배부율 사용	부문별 배부율 사용
①	₩3,400	₩3,100
②	₩3,100	₩3,320
③	₩2,800	₩3,100
④	₩2,800	₩3,080

36 제조원가에 대한 설명으로 옳지 않은 것은?

① 제조원가는 제품의 생산과 관련하여 소비된 경제적 자원의 가치만을 포함하며, 비정상적으로 발생한 경제적 자원의 소비는 제조원가에 포함하지 아니한다.

② 제조원가 요소는 재료원가, 노무원가 및 경비로 분류하거나, 회사가 채택하고 있는 원가계산방법에 따라 직접재료원가, 직접노무원가 및 제조간접원가 등으로 분류할 수 있다.

③ 제조원가 요소와 판매관리비 요소는 구분하여 집계한다. 다만, 그 구분이 명확하지 아니한 경우에는 발생원가를 비목별로 집계한 후, 일정한 기준에 따라 제조원가와 판매관리비로 구분하여 배부할 수 있다.

④ 제품제조와 관련된 제조간접원가는 원가발생시점에 비용화하며, 제품제조와 관련 없는 판매관리비는 제품판매시점에 비용화한다.

37 다음 자료에 의하여 당기총제조원가를 구하면 얼마인가?

• 기초재공품원가	₩50,000
• 기말재공품원가	₩70,000
• 기초제품원가	₩100,000
• 기말제품원가	₩50,000
• 매출원가	₩350,000

① ₩300,000 ② ₩320,000
③ ₩350,000 ④ ₩420,000

PART 3

38 다음은 (주)상공기업의 외주가공원가 지급내역이다. 외주가공원가 당월소비액은 얼마인가?

가. 당월지급액	₩500,000
나. 전월선급액	₩50,000
다. 당월선급액	₩100,000

① ₩400,000
② ₩450,000
③ ₩500,000
④ ₩550,000

39 (주)상공은 기계가동시간을 배부기준으로 하는 제조간접원가 예정배부율을 적용한다. 이 회사의 정상 기계가동시간은 10,000시간, 제조간접원가 예산은 ₩300,000이다. 만일 실제기계가동시간이 11,000시간, 실제제조간접원가 발생액이 ₩325,000일 경우 제조간접원가 초과 또는 부족 배부액은 얼마인가?

① ₩30,000(초과)
② ₩30,000(부족)
③ ₩5,000(초과)
④ ₩5,000(부족)

40 종합원가계산에 있어서 기말재공품의 원가를 평가하는 방법 중 옳지 않은 것은?

① 평균법에 의한 원가계산 시 기초재공품의 완성도는 불필요하다.
② 평균법으로 당기의 완성품환산량 단위당 원가를 계산하고자 할 때 기초재공품원가는 불필요하다.
③ 선입선출법에 의한 원가계산 시 기말재공품원가는 당기발생원가로만 구성된다.
④ 선입선출법은 전기의 작업능률과 당기의 작업능률을 구분하므로 원가통제상 유용한 정보를 제공한다.

T·E·S·T 09

2021년 기출복원문제

기출문제

응시시간 60분

재무회계

01 다음 거래의 분개로 옳은 것은?(단, 계정과목은 K-IFRS기준 계정과목 표준분류체계에 따른다)

> 1년 만기 정기예금 ₩500,000이 오늘 만기가 되어 이자 ₩50,000과 함께 현금으로 받다.

①	(차) 현 금	550,000	(대)	장기금융상품	500,000
				이자수익	50,000
②	(차) 현 금	550,000	(대)	현금성자산	550,000
③	(차) 현 금	550,000	(대)	단기금융상품	550,000
④	(차) 현 금	550,000	(대)	단기금융상품	500,000
				이자수익	50,000

02 (주)상공은 자신이 사용하고 있는 토지(취득원가 40만원)를 (주)대한이 사용하고 있는 기계장치(취득원가 70만원, 감가상각누계액 30만원)와 교환하였다. 토지의 공정가액은 60만원이며 기계장치의 공정가액은 명확하지 않다고 할 때 이 교환거래로 인하여 당기순이익에 영향을 미치는 금액은 얼마인가?(단, 이 교환거래는 상업적 실질이 있다고 가정하고, 법인세는 고려하지 않음)

① ₩0
② ₩100,000
③ ₩150,000
④ ₩200,000

03 (주)상공은 매출총이익률이 40%이다. (주)상공의 20X1년 기초재고자산은 ₩200,000이고, 20X1년 한 해 동안의 매입액은 ₩2,800,000이며, 매출액은 ₩4,000,000이었다. (주)상공의 기말재고자산 금액을 구하면?

① ₩300,000
② ₩400,000
③ ₩500,000
④ ₩600,000

04 (주)상공은 20X2년과 20X3년 각각 할부판매를 하였다. 20X3년에 인식할 매출액은 얼마인가?

구 분	20X2년	20X3년
20X3년 할부판매 인도분		200,000
20X2년 할부판매 인도분	150,000	150,000
할부판매 현금회수액	100,000	100,000

① ₩100,000　② ₩200,000
③ ₩350,000　④ ₩450,000

05 다음 거래에서 어음상의 채권이 소멸되는 거래를 모두 고른 것은?(단, 어음의 배서양도 및 할인거래는 모두 매각거래로 처리한다)

가. 거래처에서 상품 ₩200,000을 매입하고, 대금은 1개월 후 만기의 약속어음을 발행하여 지급하다.
나. 거래처로부터 받은 약속어음 ₩300,000이 만기일에 회수되어 당좌예금에 입금되었다는 통지를 받다.
다. 거래처에 상품 ₩500,000을 매출하고 대금은 동점 발행 상공상점 인수의 환어음으로 받다.
라. 거래처에서 받은 약속어음 ₩400,000을 거래은행에서 할인받고 할인료 ₩20,000을 차감한 실수금은 당좌예입하다.

① 가, 다　② 가, 라
③ 나, 다　④ 나, 라

06 (주)상공의 20X1년 중 매출채권과 관련된 다음 자료에 의하여 20X1년 12월 31일 결산 시 분개로 옳은 것은?

- 1월 1일 : 기초 매출채권에 대한 손실(대손)충당금 계정 잔액은 ₩4,500이다.
- 3월 15일 : 거래처의 파산으로 ₩3,200의 매출채권이 손상(대손)처리되었다.
- 11월 12일 : 전기에 손상(대손)처리한 매출채권 ₩2,000이 현금으로 회수되었다.
- 12월 31일 : 결산 시 매출채권 잔액 ₩500,000에 대하여 2%의 손상(대손)을 예상하다.

①	(차) 손상차손(= 대손상각비) 6,700		(대) 손실(대손)충당금	6,700
②	(차) 손상차손(= 대손상각비) 8,700		(대) 손실(대손)충당금	8,700
③	(차) 손상차손(= 대손상각비) 10,000		(대) 손실(대손)충당금	10,000
④	(차) 손실(대손)충당금 10,000		(대) 손실(대손)충당금환입	10,000

07 (주)대한은 20X1년 초에 장기 임대수익을 얻을 목적으로 건물을 ₩200,000에 구입하였다. 20X1년 12월 31일과 20X2년 12월 31일 현재의 공정가치는 각각 ₩360,000과 ₩300,000이다. 동 건물에 대하여 공정가치모형을 적용할 경우 20X2년도 당기손익에 영향을 미치는 금액은 얼마인가?(단, 감가상각이 필요할 경우에는 건물의 내용연수 10년, 잔존가치는 없으며, 정액법으로 처리한다)

① ₩120,000　② ₩100,000
③ ₩80,000　④ ₩60,000

08 (주)상공의 20X1년 말의 수정후 시산표의 일부이다. 기말 손실(대손)충당금 차감 전 매출채권은?

• 전기이월 손실(대손)충당금 잔액	₩400,000
• 전기이월 손실(대손)충당금 잔액 중 당기상각액	₩300,000
• 당기결산 시 계상한 손상차손(= 대손상각비)	₩500,000
• 매출채권 잔액	₩3,200,000

① ₩3,800,000　② ₩4,000,000
③ ₩4,200,000　④ ₩4,400,000

09 다음은 상공기업의 5월 중 현금 관련 거래 내용이다. 5월 말 현금 잔액으로 옳은 것은?

1일	전월이월액 ₩300,000
8일	A상회에서 사무용 비품 ₩50,000을 구입하고, 대금은 현금으로 지급하다.
12일	B상회에서 상품 ₩100,000을 매입하고, 대금 중 ₩50,000은 자기앞수표로 지급하고 잔액은 외상으로 하다.
17일	C상회에 상품 ₩150,000을 매출하고, 대금은 C상사가 발행한 갑은행앞수표로 받다.
28일	당월분 종업원급여 ₩30,000을 현금으로 지급하다.

① ₩170,000　② ₩320,000
③ ₩350,000　④ ₩370,000

10 다음은 (주)상공기업의 장부상 당좌예금 잔액과 은행의 당좌예금 잔액과의 차이를 나타낸 것이다. 12월 31일 은행계정조정표 작성 후 조정된 당좌예금 잔액은 얼마인가?

잔 액	가. 12월 31일 장부상 당좌예금 잔액 ₩500,000 나. 12월 31일 은행 당좌예금 계좌 잔액 ₩600,000
불일치 원인	다. 12월 29일 발행한 당좌수표 ₩100,000이 아직 은행에서 인출되지 않음

① ₩400,000
② ₩500,000
③ ₩600,000
④ ₩700,000

11 (주)상공은 7월 1일 판매계약(₩1,000,000)을 체결하여 신상품 A를 이전하였다. 상품의 원가는 60%이며, 90일 이내 반품할 수 있다. 다른 상품에 대한 반품률은 50%이나, A상품은 반품에 대한 과거 증거나 반품률을 확정할만한 자료는 없다. 7월 1일 매출로 인식되는 금액은 얼마인가?

① ₩0
② ₩500,000
③ ₩600,000
④ ₩1,000,000

12 다음 중 현금흐름표와 관련된 설명으로 옳지 않은 것은?

① 현금흐름표는 회계기간 동안 발생한 현금흐름을 영업활동, 투자활동 및 재무활동으로 분류하여 보고한다.
② 영업활동은 기업의 주요 수익창출활동, 그리고 투자활동이나 재무활동이 아닌 기타의 활동을 말한다.
③ 투자활동은 장기성 자산과 현금성자산에 속하지 않는 기타 투자자산의 취득과 처분을 말한다.
④ 재무활동은 기업의 금융자산의 크기 및 구성내용에 변동을 가져오는 활동을 말한다.

13 다음은 수익인식의 5단계에 대한 설명이다. 옳지 않은 것은?

① 고객과의 계약으로 생기는 수익을 인식할 때는 '계약의 식별 – 수행의무의 식별 – 거래가격의 산정 – 거래가격의 배분 – 수익의 인식'의 단계를 거쳐야 한다.
② 고객에게서 받은 대가는 수익으로 인식하기 전까지 부채로 인식하며, 인식된 부채는 계약과 관련된 사실 및 상황에 따라, 재화나 용역을 미래에 이전하거나 받은 대가를 환불해야 하는 의무를 나타낸다.
③ 거래가격은 고객에게 약속한 재화나 용역을 이전하고 그 대가로 기업이 받을 권리를 갖게 될 것으로 예상하는 금액이며, 제3자를 대신해서 회수한 금액도 포함한다.
④ 고객에게 약속한 재화나 용역, 즉 자산을 이전하여 수행의무를 이행할 때 또는 기간에 걸쳐 이행하는 대로 수익을 인식한다.

14 다음 요건의 충족여부에 따라 처리될 계정과목에 대한 설명으로 옳지 않은 것은?

> • 과거사건의 결과로 현재의무가 존재한다.
> • 당해 의무를 이행하기 위하여 경제적 효익을 갖는 자원이 유출될 가능성이 높다.
> • 당해 의무의 이행에 소요되는 금액을 신뢰성 있게 측정할 수 있다.

① 위 요건을 충족하고 지출하는 시기 또는 금액이 불확실한 부채를 충당부채라고 한다.
② 위 요건을 충족한 충당부채는 반드시 재무제표에 부채로 인식한다.
③ 위 요건을 충족하지 못하여 충당부채로 인식할 수 없는 의무를 우발부채라고 한다.
④ 위 요건을 충족하지 아니한 우발부채는 재무제표에 부채로 인식할 수 있다.

15 (주)상공은 단기 이익 목적으로 주식을 취득하였다. 기말 반영될 금융자산의 측정금액으로 옳은 것은?

> 20X1년
> • 10월 1일　(주)대한의 주식 100주를 1주당 @₩5,000에 취득하고 수수료 ₩10,000과 함께 현금으로 지급하다.
> • 12월 31일　결산일 위 주식의 공정가치는 @₩6,000이다.

① ₩500,000　② ₩510,000
③ ₩600,000　④ ₩610,000

16 잔액시산표상 차변 합계액과 대변 합계액이 일치되지 아니한 원인으로 타당한 것은?

① 어떤 거래의 분개가 이중으로 분개된 경우
② 분개장에서 원장에 대차를 반대로 전기하였을 때
③ 분개는 맞았으나 차변이나 대변 어느 하나만 전기한 경우
④ 다른 계정과목에 잘못 전기하였을 때

17 계속기업의 유용성에 관한 설명으로 옳지 않은 것은?

① 역사적 원가주의가 타당성을 갖는다.
② 감가상각 등과 같은 회계처리방식이 정당화될 수 있다.
③ 자산과 부채를 결제할 순서로 배열하는 것이 의미를 갖는다.
④ 개발비를 무형자산으로 인식할 수 있다.

18 금융자산과 금융부채에 속하는 항목으로 바르게 나타낸 것은?

	금융자산	금융부채
①	선급금	미지급비용
②	미수금	선수금
③	단기대여금	장기차입금
④	재고자산	선수수익

19 (주)상공은 제조업 및 도소매업을 영위하고 있다. 다음 중 선급금으로 회계처리할 수 없는 것은?

① 미리 지급한 상품 대금의 일부 금액
② 건물 신축을 위해 지급한 계약금
③ 제품의 외주가공처에 미리 지급한 가공원가
④ 원재료를 구입하고 계약금으로 지급한 금액

20 주식할인발행차금에 관한 설명으로 옳지 않은 것은?

① 주식의 발행금액이 액면금액을 미달하는 경우 동 미달액을 의미한다.
② 주식발행초과금과 주식할인발행차금은 발생순서에 따라 서로 상계한다.
③ 주식할인발행차금은 주식발행연도부터 3년 이내 기간에 매기 균등액을 상각한다.
④ 처분할 이익잉여금이 부족한 경우에는 차기 이후 연도에 이월하여 상각할 수 있다.

원가회계

21 다음 자료에 의하여 제조간접원가 배부차이를 계산하면 얼마인가?

가. 당월 제조간접원가 예정배부액	₩500,000
나. 당월 제조간접원가 실제발생액	
− 재료원가	₩200,000
− 노무원가	₩250,000
− 제조경비	₩100,000

① 과다배부 ₩50,000
② 과소배부 ₩50,000
③ 과다배부 ₩150,000
④ 과소배부 ₩150,000

22 개별원가계산과 종합원가계산의 차이점에 대한 설명 중 옳지 않은 것은?

① 개별원가계산은 다품종 소량 주문생산에, 종합원가계산은 동종제품 대량생산에 보다 적합하다.
② 개별원가계산은 일반적으로 종합원가계산에 비해 경제적이나 원가계산의 정확성이 떨어진다.
③ 개별원가계산의 원가집계는 제조지시서별로 이루어지나 종합원가계산은 원가계산기간별로 원가가 집계된다.
④ 개별원가계산은 제조간접원가의 배부, 종합원가계산은 완성품환산량의 계산이 핵심이다.

23 다음은 대한공업사의 제조경비에 관한 자료이다. 제조원가에 산입하는 방법에 따른 분류 중 당월에 발생한 지급제조경비의 소비액을 계산한 것으로 옳은 것은?

기계수선비	– 전월선급액	₩25,000
	– 당월지급액	₩240,000
	– 당월말선급액	₩45,000
외주가공원가	– 전월미지급액	₩50,000
	– 당월지급액	₩500,000
	– 당월미지급액	₩80,000

① ₩420,000
② ₩475,000
③ ₩615,000
④ ₩750,000

24 제품제조원가에 포함되는 항목으로서 옳지 않은 것은?

① 공장 일용근로자 인건비, 공장 감독자 급여
② 공장 경비원 임금, 공장 근로자의 국민연금 회사부담분
③ 재료원가, 제조기계의 감가상각비
④ 광고선전비

25 다음 자료를 이용하여 평균법으로 당월제품제조원가를 계산한 것으로 옳은 것은?(단, 재료는 제조 착수 시에 전부 투입되고 가공원가는 제조 진행에 따라 균등하게 소비된다)

가. 월초재공품
- 재료원가 ₩40,000
- 가공원가 ₩70,000
- 수량 300개(완성도 : 50%)

나. 당월소비액
- 재료원가 ₩380,000
- 가공원가 ₩254,000

다. 당월완성품수량 : 2,500개

라. 월말재공품수량 : 500개(완성도 : 40%)

① ₩500,000
② ₩550,000
③ ₩650,000
④ ₩700,000

26 종합원가계산제도를 적용함에 있어 선입선출법과 평균법에 대한 설명으로 옳지 않은 것은?

① 기초재공품이 없다고 하더라도 평균법과 선입선출법의 완성품환산량 단위당 원가를 계산하는 방법이 상이하기 때문에 두 방법의 결과는 달라지게 된다.
② 평균법은 완성품환산량을 계산할 때 기초재공품을 당기에 착수한 것으로 간주한다.
③ 원재료의 단가를 산정할 때 선입선출법을 사용하는 기업이라 할지라도 종합원가계산제도 적용 시 평균법을 사용할 수 있다.
④ 평균법 적용하의 완성품환산량은 선입선출법 적용하의 완성품환산량보다 크거나 같다.

27 다음은 (주)상공의 20X1년 제조원가 자료이다. 가공원가와 직접노무원가를 계산하면 얼마인가?

가. 직접재료원가	₩400,000
나. 제조간접원가	
– 변동원가	₩80,000
– 고정원가	₩50,000
다. 기본원가	₩900,000

① 가공원가 : ₩530,000, 직접노무원가 : ₩270,000
② 가공원가 : ₩630,000, 직접노무원가 : ₩270,000
③ 가공원가 : ₩630,000, 직접노무원가 : ₩500,000
④ 가공원가 : ₩530,000, 직접노무원가 : ₩500,000

28 다음 재공품 계정을 자료로 알 수 있는 당월총제조원가는 얼마인가?

재공품

전월이월	200,000	제 품	900,000
재료원가	400,000	차월이월	300,000
노무원가	300,000		
제조경비	100,000		
제조간접원가	200,000		
	1,200,000		1,200,000

① ₩800,000
② ₩900,000
③ ₩1,000,000
④ ₩1,200,000

29 다음의 재공품 계정을 토대로 알 수 있는 당월제품제조원가는 얼마인가?

재공품

전월이월	100,000	제 품	800,000
재료원가	400,000	차월이월	200,000
노무원가	200,000		
제조간접원가	300,000		
	1,000,000		1,000,000

① ₩600,000
② ₩800,000
③ ₩900,000
④ ₩1,000,000

30 제조경비에 대한 설명으로 옳은 것은?

① 측정제조경비란 보험료, 임차료, 감가상각비, 세금과공과 등과 같이 일시에 지급하는 제조경비를 말한다.
② 발생제조경비란 재료감모손실 등과 같이 현금의 지출없이 발생하는 제조경비를 말한다.
③ 월할제조경비란 수선비, 운반비, 잡비 등과 같이 매월의 소비액을 그 달에 지급하는 제조경비를 말한다.
④ 지급제조경비란 전기료, 수도료 등과 같이 계량기에 의해 소비액을 측정할 수 있는 제조경비를 말한다.

PART 3

31 다음 자료를 참고하여 재고자산과 비용(판관비)처리 금액을 구하면 각각 얼마인가?

• 생산량	1,000개	• 영업직 급여	₩2,000,000
• 판매량	500개	• 생산직 급여	₩2,000,000

	재고자산	비용(판관비)
①	₩2,000,000	₩2,000,000
②	₩1,000,000	₩2,000,000
③	₩2,000,000	₩1,000,000
④	₩1,000,000	₩1,000,000

32 다음 자료를 토대로 가공원가를 구하면 얼마인가?

• 직접재료원가	₩135,000
• 직접노무원가	₩220,000
• 제조간접원가(변동)	₩140,000
• 제조간접원가(고정)	₩180,000

① ₩355,000
② ₩360,000
③ ₩400,000
④ ₩540,000

33 직접재료의 당기매입액이 9천만원이고 기말금액이 기초금액보다 1천만원 증가하였다면 당기의 생산에 투입된 직접재료원가는 얼마인가?

① 7천만원
② 8천만원
③ 9천만원
④ 1억원

34 선입선출법에 의한 종합원가계산 시 완성품 가공원가를 계산하면?(단, 기말재공품 가공원가는 ₩6,000이라고 가정함)

- 기초재공품 1,000개(30%)
- 당기완성품 7,000개
- 당기착수량 10,000개
- 기말재공품 4,000개(30%)
- 가공원가는 균등하게 발생된다고 가정함

① ₩33,500　② ₩35,700
③ ₩38,500　④ ₩40,700

35 조업도에 따른 원가행태에 대한 설명으로 가장 적절한 것은?

① 조업도에 따라 변동원가 단위당 원가는 증가한다.
② 준고정원가는 일정구간 내에 총원가는 비례적으로 증가하고 그 구간을 넘어서는 경우 일정하다.
③ 조업도가 증가하면 단위당 고정원가는 감소한다.
④ 조업도와는 관계없이 단위당 고정원가는 항상 일정하다.

36 원가의 특성에 관한 분류로 옳지 않은 것은?

① 미소멸원가란 미래 경제적 효익을 얻을 수 있는 것으로 예상되는 경우 이연된 원가, 자산을 뜻한다.
② 역사적 원가는 예정원가보다 원가관리에 있어 더 적시성 있는 정보를 제공한다.
③ 예정원가는 이미 발생한 사건이 아니라 미래에 발생할 것으로 예상되는 사건에 의해 결정되는 원가이다.
④ 소멸원가는 수익을 획득하는 과정에서 소멸된 원가 또는 소비된 자산을 의미한다.

37 **비정상공손에 대한 회계처리 설명으로 옳은 것은?**

① 제품을 생산하기 위해 불가피하게 발생된 것이므로 제품원가에 반영한다.
② 검사시점을 통과한 완성품과 기말재공품의 물량에 제품원가의 비정상공손원가를 포함한다.
③ 기말재공품이 검사시점을 미통과할 경우 완성품에만 배부한다.
④ 공정의 비능률로 발생하였으므로 기간 비용으로 처리한다.

38 **다음은 제조경비를 제조원가에 산입하는 방법에 따라 분류한 것이다. (가), (나)에 들어갈 제조경비 분류로 옳은 것은?**

(가) 전력비, 가스수도료
(나) 임차료, 보험료, 감가상각비

① (가) 발생제조경비, (나) 지급제조경비
② (가) 측정제조경비, (나) 월할제조경비
③ (가) 측정제조경비, (나) 지급제조경비
④ (가) 발생제조경비, (나) 월할제조경비

39 **원가배부에 대한 설명으로 옳지 않은 것은?**

① 인과관계기준은 발생된 공통원가와 원가대상 간에 밀접한 인과관계가 존재하는 경우에 적용한다.
② 수혜기준은 공통원가로부터 제공받은 경제적 효익의 크기에 따라 원가를 배부하는 기준이다.
③ 상호배부법은 보조부문 상호 간의 용역수수관계를 고려하지 않는 보조부문원가 배부 방법이다.
④ 단계배부법은 보조부문 상호 간의 용역수수관계를 부분적으로 고려하여 보조부문원가를 배부하는 방법이다.

40 **다음은 원가관리회계의 특성과 관련된 설명들이다. 이 중에서 옳지 않은 것은?**

① 원가관리회계는 기업의 경영자나 관리자에게 의사결정에 필요한 원가나 세부부문의 재무정보를 제공한다.
② 원가관리회계는 원가측정 및 계산을 주로 다루는 원가회계와 원가정보를 의사결정에 사용하는 기법을 다루는 관리회계로 세분하기도 한다.
③ 원가관리회계의 정보는 외부에 보고하는 재무회계의 정보와 아무런 관련성이 없다.
④ 원가관리회계는 각종 업무활동을 위해 원가를 측정・관리・분석하는 분야이므로 기업의 기획・구매・판매・생산・설계 등 모든 분야의 경영관리자에게 필수적인 지식이다.

T·E·S·T 10

2021년 기출복원문제

기출문제

응시시간 60분

재무회계

01 (주)대한은 20X1년에 상품 ₩1,000,000을 전액 외상매출하였다. 외상매출금의 기초 잔액과 기말 잔액은 각각 ₩100,000과 ₩200,000이다. 외상매출금 현금회수액은 얼마인가?

① ₩800,000
② ₩900,000
③ ₩1,100,000
④ ₩1,200,000

02 다음은 (주)상공의 20X1년도 말 자산내역 중 일부이다. 현금및현금성자산에 해당하는 금액은 얼마인가?

가. 지폐와 동전	₩40,000
나. 양도성예금증서(180일 만기)	₩50,000
다. 타인발행 당좌수표	₩120,000
라. 배당금지급통지표	₩30,000
마. 일반 상거래상의 약속어음(만기 : 20X3년 2월 28일)	₩100,000
바. 만기가 1년 후인 정기예금	₩150,000
사. 만기가 2개월 이내인 채권(20X1년 12월 20일 취득)	₩200,000

① ₩470,000
② ₩420,000
③ ₩390,000
④ ₩320,000

03 다음과 같이 (주)상공은 2017년 1월 1일에 사채를 발행하고 대금은 현금으로 받았다. 2017년 12월 31일 포괄손익계산서에 표시될 이자비용은 얼마인가?(단, 유효이자율법을 적용한다)

가. 액면금액 : ₩1,000,000
나. 액면이자율 : 연 8%
다. 발행금액 : ₩950,000
라. 유효이자율 : 연 10%
마. 상환기한 : 5년
바. 이자지급일 : 매년 12월 31일

① ₩76,000
② ₩80,000
③ ₩95,000
④ ₩100,000

04 (주)상공은 20X1년 3월 1일에 장기적인 임대수익을 얻을 목적으로 건물을 ₩400,000에 구입하였다. 동 건물의 내용연수 10년이고, 잔존가치는 없다. 감가상각은 정액법으로 한다. 20X1년 12월 31일과 20X2년 12월 31일 현재의 공정가치는 각각 ₩720,000과 ₩600,000이다. 동 건물에 대하여 원가모형을 적용하고 20X3년도 6월 30일 매각할 경우 감가상각 관련 처리가 당기손익에 영향을 준 금액을 얼마인가?

① ₩10,000
② ₩20,000
③ ₩30,000
④ ₩40,000

05 다음 중 무형자산에 관련한 설명으로 옳은 것은?

① 개발활동에서 발생한 지출은 모두 무형자산으로 인식한다.
② 무형자산의 미래 경제적 효익은 제품의 매출, 용역수익, 원가절감 등의 형태로 발생할 수 있다.
③ 연구활동과 관련된 지출은 자산 인식요건을 충족할 경우 무형자산으로 처리한다.
④ 내부창출 영업권은 취득원가를 신뢰성 있게 측정할 수 있기 때문에 무형자산으로 인식한다.

06 수익인식의 5단계 중 '고객과의 계약 식별' 이후 설명 중 옳지 않은 것은?

① 5단계에서는 각 수행의무를 충족할 경우 수익을 인식한다.
② 2단계로 수행할 절차는 기업이 고객에게 수행할 의무를 식별하는 것이다. 하나의 계약에 하나의 수행의무가 포함되어야 한다. 즉, 하나의 계약에 여러 수행의무가 포함될 수는 없다.
③ 3단계로 수행할 절차는 거래가격을 산정하는 것이다. 거래가격은 고객이 지급하는 고정된 금액일 수도 있으나, 어떤 경우에는 변동대가를 포함할 수도 있다.
④ 4단계로 수행할 절차는 거래가격을 수행의무에 배분하는 것이다. 개별 판매가격을 관측할 수 없다면 이를 추정해서 수행의무에 배분해야 한다.

07 다음은 (주)상공의 임대료에 관한 거래이다. 기말 결산일(12월 31일) 정리분개로 옳은 것은?

3/1	소유하고 있던 오피스텔을 하늘상사에 임대(보증금 ₩10,000,000 월세 ₩100,000)하고 임대료 ₩600,000을 현금으로 받아 즉시 보통예금에 예입하다.
12/31	임대료 미수분을 계상하다.

①	(차변) 미수수익	400,000	(대변) 임대료	400,000
②	(차변) 임대료	400,000	(대변) 미수수익	400,000
③	(차변) 임대료	600,000	(대변) 미수수익	600,000
④	(차변) 미수수익	600,000	(대변) 임대료	600,000

08 다음 중 금융부채에 해당하는 것은?

① 다른 기업의 지분상품
② 거래상대방으로부터 현금 등 금융자산을 수취할 계약상 권리
③ 거래상대방에게 현금 등 금융자산을 인도하기로 한 계약상 의무
④ 자기지분상품을 미래에 수취하거나 인도하기 위한 계약인 금융상품

09 재무제표의 목적에 관한 설명이다. 그 내용으로 옳지 않은 것은?

① 현금흐름을 제외한 기업의 자산, 부채, 자본, 수익 및 비용 등에 대한 재무정보를 제공한다.
② 정보이용자의 경제적 의사결정에 유용한 기업의 재무상태, 재무성과와 재무상태 변동에 관한 정보를 제공한다.
③ 위탁받은 자원에 대한 경영진의 수탁책임 결과를 보여준다.
④ 재무제표 이용자가 기업의 미래현금흐름 특히 그 시기와 확실성을 예측하는데 도움을 준다.

10 다음 자료를 이용하여 20X2년도에 회사가 인식한 손상차손(= 대손상각비)은 얼마인가?

1) 각 기말 재무상태표 중 매출채권 관련 항목 현황(결산수정분개 반영 후)
가. 20X2년 말 : 매출채권 ₩100,000, 손실(대손)충당금 ₩20,000
나. 20X1년 말 : 매출채권 ₩70,000, 손실(대손)충당금 ₩10,000
2) 20X2년 중 손상(대손)이 확정된 매출채권 ₩5,000을 장부에서 제거하다.

① ₩5,000
② ₩10,000
③ ₩15,000
④ ₩20,000

11 다음은 (주)상공의 20X1년 9월 상품 매매내역이다. 이를 기초로 매출총이익을 계산하면 얼마인가?(단, 원가흐름가정은 이동평균법을 가정한다)

상품 매매내역

– 9월 1일	전월이월	200개	@₩100
– 9월 10일	매 입	200개	@₩200
– 9월 22일	매 출	250개	@₩300

① ₩20,000
② ₩37,500
③ ₩45,000
④ ₩75,000

12 (주)상공은 20X1년 7월 1일에 (주)대한의 주식 10주를 주당 ₩100,000에 현금으로 취득하였다. 취득과 직접 관련되는 거래원가는 주당 ₩1,000이며, 20X1년 말 공정가치는 ₩1,200,000이다. 해당 주식은 기타포괄손익–공정가치측정금융자산으로 분류할 경우 다음 설명 중 옳은 것은?

① 취득원가는 ₩1,010,000이다.
② 기말 공정가치를 평가하여 당기손익에 반영한다.
③ 취득부대비용은 당기비용으로 인식한다.
④ 처분금액과 장부금액의 차이를 당기손익으로 처리한다.

13 다음 자료를 통해 순매출액을 구하면 얼마인가?

• 총매출액	₩1,000,000
• 매출환입액	₩150,000
• 매출에누리	₩30,000
• 매출운임	₩40,000

① ₩820,000 ② ₩850,000
③ ₩860,000 ④ ₩970,000

14 (주)상공의 다음 자료를 이용하여 전기이월미처분이익잉여금을 계산한 것으로 옳은 것은?

가. 차기이월미처분이익잉여금	₩1,000,000
나. 중간배당액(현금)	₩100,000
다. 당기순이익	₩1,000,000
라. 임의적립금이입액	₩200,000
마. 현금배당금	₩500,000
바. 이익준비금은 법정최소금액 적립	

① ₩460,000 ② ₩510,000
③ ₩700,000 ④ ₩900,000

15 다음 중 현금흐름표 작성 시 영업활동에 의한 현금흐름에 속하지 않는 것은?

① 이자수취
② 단기매매금융자산의 처분
③ 유형자산의 처분
④ 매출채권의 현금회수액

16 다음은 상품매매업을 영위하는 (주)상공의 20X1년도 자료이다. 이 자료를 이용하여 20X1년도의 매출총이익을 구하면 얼마인가?

• 총매출액	₩60,000	• 총매입액	₩45,000
• 매출환입액	₩1,000	• 매입에누리액	₩700
• 매출할인액	₩500	• 매입환출액	₩300
• 기초상품재고액	₩4,000	• 기말상품재고액	₩3,000
• 매출운임	₩2,000	• 매입운임	₩1,000

① ₩10,500
② ₩11,500
③ ₩12,500
④ ₩13,500

17 금융자산에 대한 전반적인 내용이다. 옳지 않은 것은?

① 금융자산은 금융상품의 계약당사자가 되는 때에만 재무상태표에 인식한다.
② 금융자산의 정형화된 매입이나 매도는 매매일 또는 결제일에 인식하거나 제거한다.
③ 「금융자산의 현금흐름에 대한 계약상 권리가 소멸한 경우」 또는 「금융자산을 양도하며 그 양도가 제거의 조건을 충족 하는 경우」 중 하나에 해당하는 경우에만 금융자산을 제거한다.
④ 기타포괄손익-공정가치측정금융자산의 취득과 직접 관련되는 거래원가는 발생 시점에서 당기손익으로 인식한다.

18 간접법에 의한 현금흐름표를 작성할 때 영업활동으로 인한 현금흐름에 가산할 항목으로 분류되는 것으로 옳은 것은?

가. 매출채권의 감소	나. 유형자산의 처분
다. 재고자산의 감소	라. 단기차입금의 차입

① 가, 나
② 가, 다
③ 나, 다
④ 다, 라

19 다음의 회계 자료를 보고, 재무상태표에 현금및현금성자산으로 보고하는 금액을 계산하시오.

가. 부도수표	₩710,000
나. 가계수표	₩350,000
다. 자기앞수표	₩500,000
라. 우편환증서	₩300,000
마. 타인발행 당좌수표	₩500,000
바. 취득 시 만기 3개월 이내의 채권	₩100,000
사. 만기 1년 이내의 정기예금	₩200,000
아. 만기 1년 이내의 양도성 예금증서	₩130,000

① ₩1,650,000
② ₩1,750,000
③ ₩1,880,000
④ ₩2,590,000

20 (주)대한은 20X1년 초에 장기 임대수익을 얻을 목적으로 건물을 ₩400,000에 구입하였다. 20X1년 12월 31일과 20X2년 12월 31일 현재의 공정가치는 각각 ₩360,000과 ₩300,000이다. 동 건물에 대하여 공정가치모형을 적용할 경우 20X2년도 당기손익에 영향을 미치는 금액은 얼마인가? (단, 감가상각이 필요할 경우에는 건물의 내용연수 10년, 잔존가치는 없으며, 정액법으로 처리한다)

① ₩20,000 이익
② ₩100,000 손실
③ ₩40,000 손실
④ ₩60,000 손실

원가회계

21 **다음 중 공정별 원가계산에 대한 설명으로 옳지 않은 것은?**

① 동일제품 또는 유사제품을 여러 개의 공정을 거쳐서 생산하는 경우에 적용된다.
② 직전 공정으로부터 대체되는 원가를 전공정원가라 한다.
③ 전공정원가는 후속공정의 시작시점에서 새로 투입된 직접재료와 동일하게 취급된다.
④ 전공정에서 발생한 가공원가는 전공정원가에 포함될 수 없다.

22 **다음 자료를 토대로 가공원가를 구하면 얼마인가?**

직접재료원가	₩135,000	직접노무원가	₩220,000
제조간접원가(변동)	₩140,000	제조간접원가(고정)	₩180,000

① ₩355,000
② ₩360,000
③ ₩400,000
④ ₩540,000

23 **제조원가에 대한 설명으로 옳지 않은 것은?**

① 제조원가는 제품의 생산과 관련하여 소비된 경제적 자원의 가치만을 포함하며, 비정상적으로 발생한 경제적 자원의 소비는 제조원가에 포함하지 아니한다.
② 제조원가 요소는 재료원가, 노무원가 및 경비로 분류하거나, 회사가 채택하고 있는 원가계산방법에 따라 직접재료원가, 직접노무원가 및 제조간접원가 등으로 분류할 수 있다.
③ 제조원가 요소와 판매관리비 요소는 구분하여 집계한다. 다만, 그 구분이 명확하지 아니한 경우에는 발생원가를 비목별로 집계한 후, 일정한 기준에 따라 제조원가와 판매관리비로 구분하여 배부할 수 있다.
④ 제품제조와 관련된 제조간접원가는 원가발생시점에 비용화하며, 제품제조와 관련 없는 판매관리비는 제품판매시점에 비용화한다.

24 선입선출법에 의한 종합원가계산 시 완성품 가공원가를 계산하면?(단, 기말재공품 가공원가는 6,000원이라고 가정함)

• 기초재공품	1,000개(30%)
• 당기완성품	7,000개
• 당기착수량	10,000개
• 기말재공품	4,000개(30%)
• 가공원가는 균등하게 발생된다고 가정함	

① ₩33,500 ② ₩35,700
③ ₩38,500 ④ ₩40,700

25 부산물과 부산물 회계처리에 관한 사항으로 옳지 않은 것은?

① 부산물이란 주산품 제조과정에서 필연적으로 생산되는 부차적인 물품이다.
② 주산품과 비교하여 수량, 판매가치 등이 상대적으로 중요성이 낮은 제품을 말한다.
③ 생산기준법이란 결합원가중에서 부산물의 순실현가치에 해당하는 금액을 결합원가에서 차감한다.
④ 판매기준법은 생산시점에서 부산물의 존재를 인식하고 판매수익을 잡이익으로 처리한다.

26 다음은 제조간접원가에 대한 자료이다. 제조간접원가 배부차이는 얼마인가?

가. 예상제조간접원가	₩360,000
나. 예상직접노동시간	7,200시간
다. 실제제조간접원가	₩27,000
라. 실제직접노동시간	600시간

① ₩3,000 과대배부 ② ₩3,000 과소배부
③ ₩9,000 과대배부 ④ ₩9,000 과소배부

27 (주)금화공업은 결합공정을 통하여 A 제품과 B 제품을 제조하고 있다. 분리점에서의 판매가치는 A 제품 1,000개에 대하여 ₩140,000, B 제품 1,500개에 대하여 ₩60,000이다. 분리점에서의 판매가치에 의해서 결합원가를 배분한다면 A 제품에 대한 배부액은 ₩35,000이 될 것이다. 총 결합원가는 얼마인가?

① ₩40,000
② ₩50,000
③ ₩60,000
④ ₩70,000

28 복리후생비를 부문별로 배부할 경우 동력부문으로의 배부액은 얼마인가?

가. 공통부문원가 : 복리후생비 총 발생액 ₩700,000
나. 배부기준 : 종업원 수

항 목	제조부문		보조보문	
	A 부문	B 부문	동력부문	수성부문
종업원 수	25명	20명	15명	10명

① ₩100,000
② ₩150,000
③ ₩200,000
④ ₩250,000

29 개별원가계산에 대한 설명으로 옳은 것은?

① 제조원가를 재료원가와 가공원가로 구분하여 계산한다.
② 제조지시서별로 원가계산표를 작성하여 원가계산을 한다.
③ 연속 대량 생산하는 작업에 적용하는 원가계산 방법이다.
④ 완성품원가를 계산하기 위해서는 기말재공품을 평가하여야 한다.

30 종합원가계산과 관련된 설명으로 옳지 않은 것은?

① 기말재공품의 완성도가 50%인데 이를 30%로 잘못 파악하여 종합원가계산을 수행하면 기말재공품의 원가가 과소계상된다.
② 평균법에 의해 원가계산할 때 기초재공품의 완성도는 계산상 불필요하다.
③ 평균법에서는 기초재공품도 당기에 착수하여 생산한 것처럼 가정한다.
④ 평균법을 사용하면 선입선출법에 비해 당기의 성과와 이전의 성과를 보다 명확하게 구분하여 평가할 수 있다.

31 종합원가계산의 종류에 대한 설명으로 옳지 않은 것은?

① 공정별 원가계산은 제조공정이 2개 이상의 연속되는 공정으로 구분되고 각 공정별로 당해 공정제품의 제조원가를 계산할 경우에 적용한다.
② 조별 원가계산은 동일 종류의 제품을 조별로 연속하여 생산하는 생산형태에 적용한다.
③ 등급별 원가계산은 동일 종류의 제품이 동일공정에서 연속적으로 생산되나 그 제품의 품질 등이 다른 경우에 적용한다.
④ 연산품 원가계산은 동일재료로 동일공정에서 생산되는 다른 종류의 제품으로서 주산물과 부산물을 명확히 구분하기 곤란한 경우에 적용한다.

32 (주)상공은 한 가지 종류의 고추장을 생산한다. 모든 재료는 공정의 초기단계에 100% 투입되며 가공원가는 공정의 진행에 따라 균일한 비율로 발생한다. 기초재공품의 완성도가 50%였으며, 기말재공품의 완성도가 30%라고 한다. 이 회사가 종합원가계산에 의해 제품의 원가를 계산한다고 할 때 기말재공품의 원가는 얼마인가?(단, 원가흐름에 대한 가정으로 선입선출법(FIFO)을 사용하고 있으며, 공손은 발생하지 않았다고 가정한다)

항 목	단 위	재료원가	가공원가
기초재공품	10,000	₩60,000	₩50,000
당기착수	50,000	₩200,000	₩410,000
기말재공품	20,000	–	–

① ₩120,000
② ₩140,000
③ ₩160,000
④ ₩180,000

33 (주)대한은 직접노무원가에 비례하여 제조간접원가를 실제 배부하는 방법을 사용하고 있다. 당월에 제조를 착수하여 완성된 제조지시서 No.116의 제품제조원가는 얼마인가?

가. 당월총제조원가
- 직접재료원가 ₩180,000
- 직접노무원가 ₩280,000
- 제조간접원가 ₩420,000

나. 제조지시서 No.116의 직접원가
- 직접재료원가 ₩11,000
- 직접노무원가 ₩26,000

① ₩68,000
② ₩76,000
③ ₩85,000
④ ₩99,000

34 (주)대한은 단일제품을 생산, 판매하고 있다. 8월 생산자료는 기초재공품 1,000단위(완성도 60%), 당기착수량 12,000단위, 당기완성수량 11,000단위, 그리고 기말재공품 2,000단위(완성도 40%)이다. 선입선출법에 의한 가공원가 완성품환산량은 얼마인가?

① 11,000단위
② 11,200단위
③ 11,800단위
④ 13,000단위

35 (주)대한은 제조간접원가를 직접노동시간을 기준으로 배부하고 있다. 다음 자료에 의하여 제조간접원가 예정배부율을 계산하면 얼마인가?

가. 제조간접원가 예정총액	₩330,000
나. 제조간접원가 실제발생액	₩350,000
다. 직접노동 예정시간 수	100,000시간

① ₩3.0
② ₩3.2
③ ₩3.3
④ ₩3.5

36 개별원가계산과 종합원가계산을 비교한 것 중 옳지 않은 것은?

	구 분	개별원가계산	종합원가계산
①	제조방법상	이종제품 소량생산	동종제품 대량생산
②	원가집계	직접원가와 간접원가로 구분	직접재료원가와 가공원가로 구분
③	중요서류	각 공정별 제조원가보고서	개별작업에 대한 원가계산표
④	적용업종	건설, 조선, 기계제조업	시멘트, 제분, 유리제조업

37 다음은 (주)상공의 제조부문의 연간 예산액과 실제발생액 및 배부기준을 나타낸 것이다. 각 제조부문별 예정배부율을 계산한 것으로 옳은 것은?

항 목	제조1부문	제조2부문
연간 예산액	₩10,000,000	₩5,000,000
연간 기계작업시간	10,000시간	10,000시간
연간 직접노동시간	5,000시간	5,000시간
배부기준	기계작업시간	직접노동시간
9월 실제발생액	₩1,000,000	₩800,000

① 제조1부문 ₩1,000, 제조2부문 ₩500
② 제조1부문 ₩1,000, 제조2부문 ₩1,000
③ 제조1부문 ₩2,000, 제조2부문 ₩1,000
④ 제조1부문 ₩2,000, 제조2부문 ₩2,000

38 다음은 (주)상공의 9월의 원가계산 관련 자료이다. 9월 완성품의 제조원가를 계산한 금액으로 옳은 것은?(단, 제조간접원가 배부기준은 직접노무원가이다)

항 목	제조지시서 #1(완성품)	제조지시서 #2(미완성품)	합 계
전월이월	₩300,000	₩400,000	₩700,000
직접재료원가	₩800,000	₩900,000	₩1,700,000
직접노무원가	₩600,000	₩400,000	₩1,000,000
제조간접원가			₩500,000

① ₩1,700,000
② ₩1,800,000
③ ₩1,900,000
④ ₩2,000,000

39 다음은 상공(주)의 10월 원가계산과 관련된 자료이다. 제조지시서 #1의 제조원가는 얼마인가?(단, 제조간접원가 배부기준은 직접노무원가법, 지시서 #1은 완성되었음)

항 목	제조지시서 #1	제조지시서 #2	합 계
월초재공품	₩50,000	–	
직접재료원가	₩300,000	₩400,000	₩700,000
직접노무원가	₩650,000	₩350,000	₩1,000,000
제조간접원가			₩2,000,000

① ₩1,300,000
② ₩2,000,000
③ ₩2,250,000
④ ₩2,300,000

PART 3

40 지급임금액(시간급의 경우)의 계산산식은 '각 종업원의 총 작업시간 수 × 계약임률'로 하며, 소비임금액(시간급의 경우)의 계산산식은 '특정제품을 위한 총 작업시간 수 × 소비임률'로 한다. 이에 대한 비교 설명으로 옳지 않은 것은?

① 지급임금이란 종업원 각자에게 임금지급일에 실제 지급하는 금액이다.
② 소비임률은 주로 기본임금액을 계산하기 위한 임률이지만, 지급임률은 기본임금에 가지급금·제수당 등이 포함되어 계산된 임률이다. 그러므로 지급임률이 소비임률보다 높은 것이 일반적이다.
③ 지급임률은 연령, 기술, 경험의 유무 등에 의하여 종업원 개별적으로 결정된다.
④ 소비임금은 제품생산을 위하여 발생된 임금을 말한다.

TEST 11

2020년 10월 시행

기출문제

응시시간 60분

재무회계

01 다음은 개인기업인 상공상사의 회계연도별 자료이다. 20X3년의 당기순손익을 계산한 것으로 옳은 것은?(단, 회계기간은 1월 1일부터 12월 31일까지이며, 제시된 자료 이외에는 고려하지 않는다)

20X1년	기말자산	₩1,000,000	기말부채	₩300,000
20X2년	수익총액	₩800,000	비용총액	₩600,000
20X3년	기말자산	₩1,500,000	기말부채	₩700,000

① ₩100,000(이익)
② ₩100,000(손실)
③ ₩200,000(이익)
④ ₩200,000(손실)

02 시산표의 작성 목적으로 가장 적절한 것은?

① 기말재고 현황을 파악하기 위하여 작성한다.
② 거래를 순서대로 기입하기 위하여 작성한다.
③ 원장 기입의 정확성 여부를 검사하기 위하여 작성한다.
④ 총계정원장 마감 전에 재무상태와 재무성과를 하나의 표로 나타내기 위하여 작성한다.

03 자본의 크기와 자본의 변동에 관한 정보를 제공하는 재무보고서에 해당하는 것은?

① 현금흐름표
② 자본변동표
③ 재무상태표
④ 포괄손익계산서

04 (주)상공은 현금의 실제금액이 장부금액보다 ₩50,000 부족한 것을 발견하여 현금과부족 계정으로 회계처리를 하였다. 그 후 불일치 원인을 찾으려 노력하였지만 결산 시까지 발견할 수가 없었다. 결산 시 회계처리로 옳은 것은?

① (차) 잡손실	50,000	(대) 현 금	50,000
② (차) 잡손실	50,000	(대) 현금과부족	50,000
③ (차) 현 금	50,000	(대) 잡이익	50,000
④ (차) 현금과부족	50,000	(대) 잡이익	50,000

05 다음 항목 중에서 비유동자산은 무엇인가?

① 건 물
② 재고자산
③ 사용제한이 없는 현금
④ 판매 후 3개월 이내에 결제될 매출채권

06 다음은 (주)상공기업의 당좌예금 거래내역이다. 3월 30일 회계처리로 옳은 것은?(단, 3월 30일 이전 회계처리는 모두 적정하게 이루어진 것으로 가정한다)

가. 3월 1일 당좌예금 계좌를 개설하고 현금 ₩1,000,000을 입금하다.
나. 3월 10일 거래처로부터 외상대금 ₩500,000이 입금되다.
다. 3월 15일 당좌차월 ₩1,000,000을 약정하다.
라. 3월 30일 지급어음 대금 ₩2,000,000이 당좌예금 계좌에서 인출되다.

① (차) 지급어음	2,000,000	(대) 당좌예금	2,000,000
② (차) 지급어음	2,000,000	(대) 당좌예금	1,500,000
		단기차입금	500,000
③ (차) 지급어음	2,000,000	(대) 당좌예금	1,000,000
		단기차입금	1,000,000
④ (차) 지급어음	2,000,000	(대) 단기차입금	2,000,000

PART 3

07 **다음은 '금융상품 : 표시'에 따라 금융상품의 정의와 관련된 설명이다. 올바르게 설명한 것을 모두 고르면 몇 개인가?**

> 가. 미래에 현금을 수취할 계약상 권리에 해당하는 금융자산의 일반적인 예로는 매출채권과 대여금, 투자사채 등이 있다.
> 나. 금융상품을 수취, 인도 또는 교환하는 계약상 권리 또는 계약상 의무는 그 자체로 금융상품이 아니다.
> 다. 실물자산(예 재고자산, 유형자산), 리스자산과 무형자산(예 특허권, 상표권)은 금융자산이다.
> 라. 미래 경제적 효익이 현금 등 금융자산을 수취할 권리가 아니라 재화나 용역의 수취인 자산(예 선급비용)은 금융자산이다.

① 1개 ② 2개
③ 3개 ④ 4개

08 **경영진이 의도하는 방식으로 자산을 가동하고자 필요한 장소와 상태에 이르게 하는데 직접 관련되는 원가의 예로 옳은 것은?**

① 설치원가 및 조립원가
② 새로운 상품과 서비스를 소개하는 데 소요되는 원가
③ 관리 및 기타 일반간접원가
④ 새로운 기술을 개발하는데 소요되는 원가

09 **20X1년 초에 운용리스로 제공할 목적으로 건물을 취득하였다. 건물의 취득원가는 ₩10,000이며, 잔존가치는 ₩0, 내용연수는 10년으로 추정된다. 동 건물에 대하여 공정가치모형을 적용하기로 한다. 20X1년 말 현재 공정가치가 ₩11,000이라면, 20X1년도의 포괄손익계산서에 계상되는 동 건물에 대한 감가상각비와 투자부동산 평가손익은 각각 얼마인가?(단, 법인세효과는 없다)**

① 감가상각비 ₩1,000 투자부동산평가이익 ₩2,000
② 감가상각비 ₩1,000 투자부동산평가이익 ₩1,000
③ 감가상각비 ₩0 투자부동산평가이익 ₩2,000
④ 감가상각비 ₩0 투자부동산평가이익 ₩1,000

10 다음은 (주)상공의 6월 중에 발생한 외상매입 관련 자료이다. 6월 중 상품의 순매입액과 외상매입금 계정의 6월 말 잔액으로 옳은 것은?

6월 5일	(주)대한으로부터 상품 ₩150,000을 외상으로 매입하고, 인수운임 ₩5,000을 현금으로 지급하다.
6월 10일	(주)강남으로부터 상품 ₩200,000을 외상으로 매입하다. 그리고 거래처 (주)강남이 지불할 운임 ₩10,000을 현금으로 대신 지급하고 외상대금과 상계하기로 하다.
6월 13일	(주)경기로부터 상품 ₩100,000을 외상으로 매입하다. 그리고 당점 부담 운임 ₩5,000을 (주)경기에서 대신 지급하다.

	순매입액	외상매입금
①	₩455,000	₩445,000
②	₩460,000	₩445,000
③	₩455,000	₩450,000
④	₩460,000	₩450,000

11 다음은 (주)상공기업의 매출처원장이다. (주)상공기업의 기말 외상매출금 잔액은 얼마인가?

A상점

전기이월	100,000	현 금	300,000
매 출	400,000	차기이월	200,000
	500,000		500,000

B상점

전기이월	200,000	받을어음	400,000
매 출	500,000	차기이월	300,000
	700,000		700,000

① ₩500,000
② ₩700,000
③ ₩900,000
④ ₩1,200,000

PART 3

12 다음은 (주)상공가구점에서 발생한 거래와 이를 회계처리한 것이다. 올바른 회계처리를 모두 고른 것은?

> 가. 판매용 책상과 의자 ₩200,000을 주문하고, 계약금 ₩20,000을 현금으로 지급하다.
> (차) 매 입 20,000 (대) 현 금 20,000
> 나. 출장 중인 사원으로부터 내용을 알 수 없는 송금수표 ₩300,000을 받다.
> (차) 현 금 300,000 (대) 가수금 300,000
> 다. 업무용 컴퓨터 1대를 ₩500,000에 구입하고 대금은 외상으로 하다.
> (차) 비 품 500,000 (대) 미지급금 500,000
> 라. 영업사원에게 출장을 명하고 출장비를 어림 계산하여 ₩200,000을 현금으로 지급하다.
> (차) 여비교통비 200,000 (대) 현 금 200,000

① 가, 다
② 가, 라
③ 나, 다
④ 나, 라

13 다음은 (주)상공기업이 기말상품재고조사를 한 결과이다. 포괄손익계산서에 표시되는 기타비용(재고자산감모손실)은 얼마인가?

> 가. 장부상의 기말상품재고액 120개 @₩5,000 ₩600,000
> 나. 실제조사 기말상품재고액 110개 @₩5,000 ₩550,000
> 다. 감모손실 중 6개는 원가성이 있고, 4개는 원가성이 없음

① ₩10,000
② ₩20,000
③ ₩30,000
④ ₩50,000

14 다음 설명에 해당하는 자산 계정으로 옳은 것은?

> 석유나 가스 등의 광물자원을 개발하기 위해 광물자원에 대한 탐사와 평가과정에서 발생한 지출

① 개발비
② 광업권
③ 산업재산권
④ 탐사평가자산

15 **(주)상공이 회계기간에 발생한 거래에 대하여 회계처리한 내용 중 금융부채가 발생하지 않은 것은?**

① 재고자산을 외상으로 구입하고 매입채무로 계상하였다.

② 업무용 자동차를 외상으로 구입하고 미지급금으로 계상하였다.

③ 상품에 대한 판매주문과 동시에 현금을 먼저 받아 선수금으로 계상하였다.

④ 차입금에 대한 이자비용을 후급으로 지급하기 때문에 기간경과 이자비용을 보고기간말에 미지급비용으로 계상하였다.

16 **다음은 주당이익에 대한 내용이다. 옳지 않은 것은?**

① 기본주당이익은 회계기간 중 실제 발행된 보통주식수를 기준으로 산출한 것이며, 희석주당이익은 실제 발행된 보통주뿐만 아니라 보통주로 전환될 수 있는 잠재적보통주까지 감안하여 산출한 것으로 이는 기본주당이익에 비해 일반적으로 낮은 금액이 된다.

② 가중평균유통보통주식수는 기초의 유통보통주식수에 회계기간 중 취득된 자기주식수 또는 신규 발행된 보통주식수를 각각의 유통기간에 따른 가중치를 고려하여 조정한 보통주식수이다.

③ 희석주당이익을 계산하기 위해서는 모든 희석효과가 있는 잠재적보통주의 영향을 고려하여 지배기업의 보통주에 귀속되는 당기순손익 및 가중평균유통보통주식수를 조정한다.

④ 기본주당이익과 희석주당이익은 제시되는 모든 기간에 대하여 동등한 비중으로 제시하며, 기본주당이익과 희석주당이익이 부(−)의 금액(즉 주당손실)의 경우에는 표시하지 아니한다.

PART 3

17 **(주)상공기업의 주식발행 관련 자료이다. 이를 회계처리할 경우 자본변동표에 미치는 영향으로 옳은 것은?**

가. 주식 종류 : 보통주
나. 발행 주식 수 : 100주
다. 1주당 액면금액 : ₩5,000
라. 1주당 발행금액 : ₩7,000
마. 납입금 : 전액 당좌예입

① 납입자본이 ₩700,000 증가한다.

② 이익잉여금이 ₩200,000 증가한다.

③ 자본조정항목이 ₩700,000 증가한다.

④ 기타포괄손익누계액이 ₩200,000 증가한다.

18 **다음은 비용에 대한 내용이다. 옳지 않은 것은?**

① 광의의 비용의 정의에는 기업의 정상영업활동의 일환으로 발생하는 비용뿐만 아니라 차손도 포함된다.
② 차손은 흔히 관련 수익을 차감한 금액으로 보고된다.
③ 비용은 자산의 감소나 부채의 증가와 관련하여 미래 경제적 효익이 감소하고 이를 신뢰성 있게 측정할 수 있을 때 포괄손익계산서에 인식한다.
④ 제품보증에 따라 부채가 발생하는 경우 포괄손익계산서에 비용으로 인식할 수 없다.

19 **결산 시 기말상품재고액의 실제금액이 ₩70,000이었으나 이를 ₩50,000으로 잘못 계산하여 회계처리하였을 경우 그 결과에 대한 설명으로 옳은 것은?**

① 매출원가가 ₩20,000 과소계상된다.
② 매출총이익이 ₩50,000 과소계상된다.
③ 매출원가가 ₩20,000 과대계상된다.
④ 매출총이익이 ₩50,000 과대계상된다.

20 **다음은 (주)상공의 임대료에 관한 거래이다. 기말결산일(12/31) 정리분개로 옳은 것은?**

3/1	소유하고 있던 오피스텔을 하늘상사에 임대(보증금 ₩10,000,000, 월세 ₩100,000)하고 임대료 ₩600,000을 현금으로 받아 즉시 보통예금에 예입하다.
12/31	임대료 미수분을 계상하다.

①	(차) 미수수익	400,000	(대) 임대료	400,000
②	(차) 임대료	400,000	(대) 미수수익	400,000
③	(차) 임대료	600,000	(대) 미수수익	400,000
④	(차) 미수수익	600,000	(대) 임대료	600,000

원가회계

21 **원가를 제품원가와 기간원가로 구분할 때 다음 중 기간원가에 속하지 않는 것은?**

① 소모품비 ② 생산직 근로자의 임금
③ 판매원의 급료 ④ 사장의 급료

22 **다음 중 외부거래에 해당하는 것은?**

① 재료의 공장출고 ② 노무원가 소비
③ 제품의 완성 ④ 재료의 매입

23 **등급별 원가계산에 관한 설명 중 옳지 않은 것은?**

① 등급별 원가계산은 동일 종류의 제품이 동일 공정에서 연속적으로 생산되나 그 제품의 품질 등이 다른 경우에 적용한다.
② 등급품별 단위당 원가는 각 등급품에 대하여 합리적인 배부기준을 정하고, 당해 기간의 완성품 총원가를 동 배부기준에 따라 안분하여 계산한다.
③ 등급품별로 직접원가를 구분하는 것이 가능할 경우 직접원가는 당해 제품에 직접 부과한다.
④ 간접원가는 조업도의 변동에 따라 비례적으로 배분한다.

24 **다음은 개별원가계산을 실시하고 있는 나주공업의 이번 달 원가자료이다. 제조간접원가 예정배부율은 직접노무원가의 50%이다. 이달 중 완성된 제조지시서는 #1001과 #1002이다. 완성품원가는 얼마인가?**

항 목	#1001	#1002	#1003	계
전기이월	₩5,000	–	–	₩5,000
직접재료원가	₩8,200	₩4,500	₩6,400	₩19,100
직접노무원가	₩3,000	₩4,600	₩3,400	₩11,000
계	₩16,200	₩9,100	₩9,800	₩35,100

① ₩11,500 ② ₩25,300
③ ₩29,100 ④ ₩35,100

25 (주)강릉의 제조간접원가 발생액은 ₩100,000이고 직접원가법에 의하여 각 제조지시서에 배부한다. 8월 중 제조지시서 No.45와 No.46은 완성하였고 No.47은 아직 완성하지 못하였다면, 8월 중 미완성품제조원가를 계산하면 얼마인가?

항 목	No.45	No.46	No.47	합 계
월초재공품	₩12,000	₩16,000	₩13,000	₩41,000
직접재료원가	₩17,000	₩20,000	₩10,000	₩47,000
직접노무원가	₩23,000	₩27,000	₩28,000	₩78,000
제조간접원가	( )	( )	( )	₩100,000
합 계	( )	( )	( )	₩266,000

① ₩65,400
② ₩72,200
③ ₩81,400
④ ₩90,200

26 부문별 원가회계에 설명이 옳은 것은?

① 소규모 기업에서 많이 사용한다.
② 부문원가를 예정배부하면 제품 계정 차변으로 대체한다.
③ 보조부문원가는 정액법, 정률법, 생산량비례법으로 배부할 수 있다.
④ 제조간접원가를 보다 더 정확하게 배부하기 위하여 부문별 원가계산을 한다.

27 개별원가계산에서 원가분류를 어떻게 해야 하는가?

① 고정원가, 변동원가
② 직접원가, 간접원가
③ 재료원가, 제조경비
④ 직접원가, 가공원가

28 경기회사는 2개의 보조부문과 2개의 제조부문으로 구성되어 있다. 각 부문직접원가 및 보조부문의 용역사용량에 대한 정보는 다음과 같다.

	제조부문1	제조부문2	보조부문1	보조부문2
부문직접원가			₩15,600	₩20,000
수선시간	60시간	30시간		10시간
전력사용량	120Kwh	40Kwh	40Kwh	

보조부문의 원가는 단일배분율에 의해 제조부문에 배부한다. 보조부문1의 원가배분 기준은 수선시간이며, 보조부문2의 원가배분 기준은 전력사용량이다. 직접배부법에 의해 보조부문원가를 제조부문에 배분할 경우 제조부문2의 총원가는 얼마인가?

① ₩10,200　　② ₩10,400
③ ₩15,000　　④ ₩25,400

29 다음은 추적가능성에 따른 원가의 분류이다. (가)에 대한 설명으로 옳지 않은 것은?

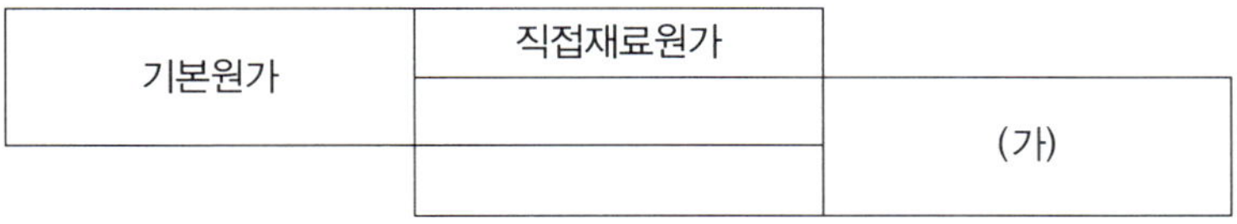

① 전환원가라고도 한다.
② 가공원가라고도 한다.
③ 특정제품을 제조하기 위한 기초원가를 의미한다.
④ 직접노무원가와 제조간접원가가 이 원가에 해당한다.

30 다음은 등급품과 연산품을 설명한 것이다. 적절하지 않은 것은?

① 등급품은 동종제품으로서 품질이나 순도가 다른 제품을 말한다.
② 연산품은 동일한 원료에서 생산되는 이종제품을 말한다.
③ 생우유에서 생산되는 버터, 크림, 탈지유 등은 등급품이라 할 수 있다.
④ 광석에서 추출되는 구리, 은, 납 등은 연산품이라 할 수 있다.

31 다음 중 공정별 원가계산에 대한 설명으로 옳지 않은 것은?

① 동일제품 또는 유사제품을 여러 개의 공정을 거쳐서 생산하는 경우에 적용된다.
② 직전 공정으로부터 대체되는 원가를 전공정원가라 한다.
③ 전공정원가는 후속공정의 시작시점에서 새로 투입된 직접재료와 동일하게 취급된다.
④ 전공정에서 발생한 가공원가는 전공정원가에 포함될 수 없다.

32 제조간접원가는 예정배부한다. 제조간접원가 예산은 ₩500,000이고 배부기준인 총예정작업시간은 10,000시간이다. 제12기 중 제조간접원가는 ₩420,000이 발생하였으며, 총 9,000시간을 작업하였다. 기말 현재 제조지시서 No.77만이 미완성 상태이다. 제조지시서 No.77의 실제작업시간은 500시간이며, 200시간을 추가적으로 작업하여야 완성될 수 있다. 12월 말 기준으로 결산을 하면서 제조간접원가 배부차이는 매출원가조정법으로 회계처리하고자 한다. 제12기에 대한 다음 설명 중 올바른 것은?(단, 제조간접원가만을 대상으로 한다)

① 제조간접원가는 ₩80,000만큼 과대배부되었다.
② 기말재공품원가는 알 수가 없다.
③ 제조간접원가 실제배부율은 예정배부율보다 높다.
④ 제조간접원가 배부차이의 조정을 통하여 매출원가는 감소한다.

33 (주)대한은 선입선출법에 의한 종합원가계산을 수행한다. 다음 3월분 원가자료를 이용하여 기말재공품에 포함된 재료원가를 계산하면 얼마인가?(단, 재료는 공정 초에 전부 투입된다)

가. 기초재공품 : 300개(완성도 20%)
(재료원가 ₩525,000, 가공원가 ₩400,000)
나. 완성품 : 1,000개
다. 기말재공품 : 500개(완성도 40%)
라. 당기투입원가
(재료원가 ₩1,800,000, 가공원가 ₩1,500,000)

① ₩310,000
② ₩400,000
③ ₩750,000
④ ₩775,000

34 다음은 (주)대한의 10월 중 재료의 입출고에 대한 내역이다. 계속기록법하에서 선입선출법을 이용하는 경우, 10월 말 재료의 재고액은 얼마인가?

1일 : 전월이월액은 ₩150,000(단가 ₩500, 수량 300개)이다.
5일 : 200개를 소비하다.
13일 : 300개를 단가 ₩520에 구입하다.
18일 : 200개를 소비하다.
22일 : 500개를 단가 ₩510에 구입하다.
31일 : 600개를 소비하다.

① ₩50,000
② ₩51,000
③ ₩51,500
④ ₩52,000

35 다음의 자료와 같이 제1부문과 제2부문으로 구성된 공장이 있다. 제품P에 대한 제조간접원가를 부문별 배부와 공장전체 배부로 각각 계산할 때 바르게 계산된 것은?

구 분	제1부문	제2부문	공장전체
제조간접원가	₩3,000	₩9,000	₩12,000
직접노동시간	200시간	300시간	500시간
제품P의 사용시간	15시간	25시간	40시간

	부문별 배부	공장전체 배부
①	₩835	₩1,100
②	₩960	₩975
③	₩975	₩960
④	₩1,100	₩835

PART 3

36 상공기계는 2월 중 작업번호가 #101, #102인 두 가지 작업을 수행해서 모두 완성하였다. 2월 중 발생한 제조간접원가 발생액은 ₩1,200,000이다. 2월 중 기타자료는 다음과 같을 때 직접노무원가 기준 제조간접원가 배부율은 얼마인가?

	#101	#102	계
직접노동시간	500시간	1,000시간	1,500시간
기계시간	1,200시간	600시간	1,800시간
직접노무원가	₩300,000	₩500,000	₩800,000

① 직접노무원가의 140%
② 직접노무원가의 150%
③ 직접노무원가의 160%
④ 직접노무원가의 170%

37 (주)대한은 두 개의 공정을 통해 완제품을 생산한다. 다음은 6월 중에 제1공정의 재료에 관한 자료이다. 단, 재료는 제1공정 착수시점에서 전량이 투입된다. 평균법에 의할 경우 6월 30일 월말재공품에 포함된 재료원가는 얼마인가?

구 분	물 량	직접재료원가
6월 1일의 재공품	60,000개	₩260,000
6월 중의 재료투입	120,000개	₩1,000,000
제1공정 완성품수량	120,000개	–

① ₩420,000
② ₩300,000
③ ₩240,000
④ ₩110,000

38 (주)상공의 공장에서 발생한 다음 자료를 이용하여 제조원가를 계산하면 얼마인가?

가. 종업원 임금 : ₩1,000,000
나. 돌발적인 기계고장으로 인해 생산활동이 중지된 기간에 발생한 임금 : ₩100,000
다. 파업기간 임금 : ₩1,400,000
라. 기계장치 수선비 : ₩200,000
마. 공장건물 임차료 : ₩500,000
바. 갑작스런 정전으로 인한 불량품의 원가 : ₩600,000
사. 수도요금과 전기요금 : ₩1,300,000

① ₩4,500,000
② ₩4,100,000
③ ₩3,600,000
④ ₩3,000,000

39 개별원가계산에 대한 설명으로서 다음 중 옳지 않은 것은?

① 주로 고객의 주문에 따라 서로 다른 여러 종류의 제품을 소량씩 개별적으로 생산하는 조선업, 건설업, 영화제작업 등에서 사용한다.
② 제품별로 제조를 지시하는 제조지시서를 사용하고 있기 때문에 제조지시서 번호별로 원가를 집계한다.
③ 원가계산은 제조지시서별로 언제라도 수행할 수 있으므로, 종합원가계산에 비해 원가계산기간은 중요하지 않다.
④ 월말에 완성된 제조지시서의 제조원가는 월말재공품원가가 되며, 미완성된 제조지시서의 제조원가는 완성품원가가 된다.

40 원가의 개념에 대한 다음의 설명 중 옳지 않은 것은?

① 관련원가란 특정한 의사결정과 관련하여 발생하는 원가를 말한다.
② 매몰원가란 미래에 발생할 원가이기 때문에 의사결정과 관련이 있는 원가이다.
③ 소멸원가란 용역 잠재력이 소멸되어 미래에 더 이상 경제적 효익을 제공할 수 없는 원가이다.
④ 기회원가란 선택된 대안을 제외한 다른 대안 중 차선의 대안을 선택하였더라면 얻을 수 있었던 최대효익 또는 최소원가를 말한다.

TEST 12

2020년 5월 시행

기출문제

응시시간 60분

재무회계

01 **사무용 소모품 등 금액이 크지 않은 것에 대하여 자산계상 또는 구입 즉시 비용으로 처리할 수도 있다. 이렇게 회계처리할 수 있는 근거는 재무정보의 질적특성 중 어디에 해당하는가?**

① 중요성
② 수익비용대응
③ 계속성
④ 비교가능성

02 **다음 재무정보의 순환과정과 관련된 내용 중 옳지 않은 것은?**

① 거래의 인식에서부터 출발하여, 분개, 전기, 결산 등의 과정을 통해 재무제표가 작성된다.
② 거래의 이중성이란 모든 거래는 자산·부채·자본에 변화를 초래하는 원인과 결과라는 두 가지 속성이 함께 포함되어 있다는 것을 의미한다.
③ 분개란 거래를 인식해서 기록하는 것을 말하며 모든 재무정보 생산의 기초가 된다.
④ 전기절차는 계정과목결정, 금액결정, 차·대변결정 등의 순서로 이루어진다.

03 **다음 중 포괄손익계산서의 기타포괄손익의 구성요소에 해당하지 않는 것은?**

① 재평가이익
② 기타포괄손익-공정가치측정금융자산평가손익
③ 해외사업장의 재무제표 환산으로 인한 손익
④ 투자부동산평가손익

04 다음은 포괄손익계산서의 비용을 기능별로 분류한 것이다. (가)에 해당하는 비용 계정으로 옳은 것은?

매출원가
(가)
관리비
기타비용
금융비용

① 기부금　　② 임차료
③ 이자비용　　④ 광고선전비

05 다음의 회계 자료를 보고, 재무상태표에 현금및현금성자산으로 보고하는 금액을 계산하시오.

가. 부도수표	₩710,000
나. 가계수표	₩350,000
다. 자기앞수표	₩500,000
라. 우편환증서	₩300,000
마. 타인발행 당좌수표	₩500,000
바. 취득 시 만기 3개월 이내의 채권	₩100,000
사. 만기 1년 이내의 정기예금	₩200,000
아. 만기 1년 이내의 양도성 예금증서	₩130,000

① ₩1,650,000　　② ₩1,750,000
③ ₩1,880,000　　④ ₩2,590,000

06 은행계정조정표는 회사잔액과 은행잔액이 불일치하는 경우 불일치한 원인을 조사하여 잔액을 일치시키는 표를 말한다. 다음의 원인으로 회사잔액과 은행잔액 간 불일치가 발생했다고 가정할 때, 회사측 장부를 조정(수정분개)해야 할 사항이 아닌 것은?

① 기발행 미인도당좌수표　　② 기발행 미인출당좌수표
③ 은행수수료 및 이자비용　　④ 회사미통지 추심어음

07 다음은 금융부채에 대한 설명이다. 이에 해당하는 계정과목으로 옳지 않은 것은?

> 거래상대방에게 현금 등 금융자산으로 인도하기로 한 계약상의 의무

① 미지급금 ② 선수수익
③ 매입채무 ④ 단기차입금

08 다음은 (주)상공의 매출채권 대손과 관련된 거래이다. 결산 후 포괄손익계산서에 표시될 손상차손(= 대손상각비)은 얼마인가?(단, 결산일은 12월 31일이다)

> • 1월 1일 손실(대손)충당금 잔액 ₩1,000
> • 10월 15일 서울상회의 매출채권 ₩1,500이 회수불능되어 손상(대손)처리하다.
> • 12월 31일 매출채권 ₩100,000에 대하여 2% 손상(대손)을 예상하다.

① ₩1,500 ② ₩2,000
③ ₩2,500 ④ ₩30,000

09 (주)상공은 20X1년 초에 장기적인 임대수익을 얻을 목적으로 건물을 ₩400,000에 구입하였다. 동 건물의 내용연수는 10년이고, 잔존가치는 없다. 감가상각은 정액법으로 한다. 20X1년 12월 31일과 20X2년 12월 31일 현재의 공정가치는 각각 ₩720,000과 ₩600,000이다. 동 건물에 대하여 원가모형을 적용할 경우 20X2년도 당기손익에 영향을 미치는 금액은 얼마인가?

① ₩80,000 ② ₩60,000
③ ₩40,000 ④ ₩20,000

10 다음은 (주)상공이 투자부동산으로 분류하여 보유하고 있는 건물에 대한 자료이다. (주)상공의 20X1년 당기손익에 미치는 영향으로 옳은 것은?(단, 회계기간은 20X1년 1월 1일 ~ 12월 31일이며, 법인세비용은 고려하지 않는다)

- 취득일 : 20X1년 7월 1일
- 취득원가 : ₩4,000,000
- 감가상각방법 : 정액법
- 평가방법 : 공정가치모형
- 내용연수 : 20년
- 잔존가치 : ₩400,000
- 20X1년 12월 31일 공정가치 : ₩4,200,000

① ₩90,000(손실) ② ₩200,000(손실)
③ ₩90,000(이익) ④ ₩200,000(이익)

PART 3

11 (주)상공은 20X1년 10월 1일 상품판매대금으로 3개월 만기 이자부 약속어음 ₩5,000,000(연이자율 10%)을 받았다. 회사는 이 약속어음을 1개월간 보유한 후 거래은행에 연 15%의 할인율로 할인 하고 할인료를 제외한 금액을 현금으로 수령하였다. 현금 수령액은 얼마인가?(단, 이자 및 할인료 계산은 월할계산한다)

① ₩4,696,125 ② ₩4,796,875
③ ₩4,896,125 ④ ₩4,996,875

12 다음 유형자산에 대한 지출 중 해당 유형자산의 취득원가에 가산되지 않는 것은?

① 생산성을 향상시키기 위한 지출
② 기존의 건물을 증설하기 위한 지출
③ 기계장치의 단순한 수선을 위한 지출
④ 내용연수를 상당히 연장시키기 위한 지출

13 다음 자료에 의하여 결산 시 차변의 계정과목으로 맞는 것은?(단, 보충법으로 회계처리한다)

- 매출채권 잔액 ₩40,000,000
- 손실(대손)충당금 잔액 ₩100,000
- 결산 때 매출채권의 1%을 손실(대손)충당금으로 설정하다.

① 손상차손(= 대손상각비)
② 감가상각비
③ 소모품비
④ 퇴직급여

14 다음 거래에 대한 날짜별 분개 중에서 틀린 것은?

가. 12월 15일 : 직원 출장 시 출장비를 대략 계산하여 ₩200,000을 현금 지급하다.
나. 12월 20일 : 출장지에서 직원이 원인불명의 금액 ₩150,000을 송금해왔다.
다. 12월 25일 : 출장이 끝난 후 직원의 출장비 정산 결과 ₩50,000 현금을 추가 지급했다.
라. 12월 26일 : 원인불명의 송금액은 매출채권을 회수한 것으로 판명되었다.

① 12월 15일	(차) 가지급금	200,000	(대) 현 금	200,000
② 12월 20일	(차) 보통예금	150,000	(대) 가수금	150,000
③ 12월 25일	(차) 출장비	50,000	(대) 현 금	50,000
④ 12월 26일	(차) 가수금	150,000	(대) 매출채권	150,000

15 (주)대망은 20X1년 8월 5일에 발생한 화재로 인하여 모든 재고자산이 소실되었다. 20X1년 1월 1일부터 8월 5일까지의 확인된 자료는 다음과 같다. 매출총이익률이 30%라면 화재로 인해 소실된 재고자산은 얼마인가?

가. 1월 1일 기초재고자산	₩300,000
나. 8월 5일까지의 순매출액	₩2,000,000
다. 8월 5일까지의 총매입액	₩1,500,000
라. 8월 5일까지의 매입환출액	₩20,000

① ₩200,000
② ₩280,000
③ ₩300,000
④ ₩380,000

16 다음 중 부채에 해당하지 않는 것은?

① 선수금
② 선급금
③ 선수수익
④ 유동성장기부채

17 다음에서 설명하는 자산의 종류에 해당하는 것은?

> 구체적인 존재 형태는 가지고 있지 않지만 사실상의 가치 및 법률상의 권리를 가지고 있는 것과 미래에 기업의 수익창출에 기여할 것으로 예상되는 비화폐성 자산을 말한다.

① 토 지
② 영업권
③ 투자부동산
④ 건설중인자산

18 다음 사항과 관련한 설명이다. 올바른 것은?

> (주)강동은 100주(액면@₩5,000)를 1주당 ₩4,000에 할인발행하였으며, 신주의 발행비용으로 ₩5,000이 소요되었다.

① 신주발행비 ₩5,000은 손익계산서 항목이다.
② (주)강동의 자본금 계정은 ₩400,000이 증가되었다.
③ (주)강동의 자본금 계정은 ₩500,000이 증가되었다.
④ (주)강동은 ₩100,000의 주식할인발행차금이 발생하였다.

19 위탁판매의 경우 위탁자가 수익을 인식하는 시점으로 옳은 것은?

① 수탁자가 위탁품을 고객에게 판매하면, 위탁자는 관련 수익을 인식할 수 있다.
② 위탁자와 수탁자가 위탁계약을 체결하면, 위탁자는 관련 수익을 인식할 수 있다.
③ 위탁자가 위탁품을 수탁자에게 배송하면, 위탁자는 관련 수익을 인식할 수 있다.
④ 수탁자가 위탁자로부터 위탁품을 수령하면, 위탁자는 관련 수익을 인식할 수 있다.

20 수익인식의 5단계와 관련된 다음의 설명 중 옳지 않은 것은?

① 1단계로 수행할 절차는 고객과의 계약을 식별하는 것이다.
② 2단계로 수행할 절차는 기업이 고객에게 수행할 의무를 식별하는 것이다. 하나의 계약에 하나의 수행의무가 포함되어야 한다. 즉, 하나의 계약에 여러 수행의무가 포함될 수는 없다.
③ 3단계로 수행할 절차는 거래가격을 산정하는 것이다. 거래가격은 고객이 지급하는 고정된 금액일 수도 있으나, 어떤 경우에는 변동대가를 포함할 수도 있다.
④ 4단계로 수행할 절차는 거래가격을 수행의무에 배분하는 것이다. 개별 판매가격을 관측할 수 없다면 이를 추정해서 수행의무에 배분해야 한다.

원가회계

21 다음 중 원가회계의 목적이 아닌 것은?

① 원가의 관리와 통제의 목적
② 성과의 측정과 평가를 위한 정보의 제공
③ 기업의 잠재적 투자가치평가 및 기업실제가치 측정에 필요한 정보제공
④ 제품원가의 계산

22 다음 중 혼합원가에 대한 설명으로 올바른 것은?

① 조업도가 0인 상태에서는 원가가 0이나, 조업도가 증가하면 총원가가 증가하는 행태를 보인다.
② 조업도가 0인 상태에서도 일정한 원가가 발생하며, 조업도가 증가하면 총원가가 증가하는 행태를 보인다.
③ 조업도가 0인 상태에서는 원가가 0이나, 조업도가 증가하면 단위당 원가가 증가하는 행태를 보인다.
④ 조업도가 0인 상태에서도 일정한 원가가 발생하며, 조업도가 증가하면 단위당 원가가 증가하는 행태를 보인다.

23 보조부문원가를 제조부문에 배부하는 방법에 대한 설명으로 옳지 않은 것은?

① 직접배부법은 보조부문원가를 다른 보조부문에는 배분하지 않고 제조부문에만 배분하는 방법이다.
② 단계배부법은 보조부문원가를 배분순서에 따라 순차적으로 다른 보조부문과 제조부문에 배분하는 방법이다.
③ 상호배부법은 보조부문 상호 간의 용역수수관계를 완전히 인식하여 보조부문원가를 다른 보조부문과 제조부문에 배분하는 방법이다.
④ 계산의 정확성은 단계배부법, 상호배부법, 직접배부법 순으로 높게 나타난다.

24 상공회사는 제품A를 완성하였다. 다음 자료에 의하면 제품A의 원가는 얼마인가?

가. 직접재료원가 : ₩10,000
나. 직접노무원가 : ₩2,500(시간당 ₩20, 총 125시간)
다. 제조간접원가 배부율 : 직접노무시간당 ₩10

① ₩12,500
② ₩13,750
③ ₩14,650
④ ₩15,000

25 상공회사는 당기 중 #101, #102, #103 세 개의 작업을 시작해서 이 중 #103은 미완성되고 나머지 작업 #101, #102는 완성되었다. 상공회사의 완성품원가는 얼마인가?

항 목	#101	#102	#103
기초재공품원가	₩10,000		
당기발생원가			
직접재료원가	₩20,000	₩30,000	₩10,000
직접노무원가	₩40,000	₩50,000	₩15,000
제조간접원가	₩75,000	₩63,000	₩15,000
계	₩135,000	₩143,000	₩40,000

① ₩183,000
② ₩278,000
③ ₩288,000
④ ₩318,000

26 (주)대한에서 직접재료원가를 기준으로 제조간접원가를 배부할 때 제조지시서 NO.107의 제조간접원가는 얼마인가?

구 분	총작업	제조지시서 NO.107
직접재료원가	₩800,000	₩20,000
직접노무원가	₩460,000	₩60,000
직접노동시간	6,000시간	400시간
제조간접원가	₩260,000	?

① ₩9,500
② ₩8,500
③ ₩7,500
④ ₩6,500

27 다음은 개별원가계산에 대한 설명이다. 잘못된 것은?

① 생산환경이 제품별로 이질적인 경우에 이용된다.
② 동일한 제품이라도 제품별 작업 구분을 확실히 할 수 있는 경우에 이용된다.
③ 종합원가계산과 달리 표준원가계산을 적용할 수 없다.
④ 제조직접원가와 제조간접원가의 구분을 전제로 한다.

28 (주)경기화학은 100kg의 원료에 ₩10,000을 투입하여 1차 가공한 후 각기 다른 세 공정에서 2차 가공하여 각각 A, B, C 세 제품을 생산하고 있다. 1차 가공원가를 제품의 순실현가치를 기준으로 배분한다면, B제품의 kg 단위당 생산원가는 얼마인가?

제 품	2차 가공원가	Kg당 판매가	생산량(Kg)
A	₩10,000	₩500	40
B	₩5,000	₩1,000	25
C	₩18,000	₩800	35

① ₩200
② ₩250
③ ₩300
④ ₩400

29 (주)대한의 제조부문은 A부문과 B부문으로 구성되어 있고, 보조부문은 전력부와 공장관리부로 구성되어 있다. 공장관리부는 A부문, B부문, 전력부에 각각 20%, 60%, 20%의 용역을 제공하고 있다. 공장관리부가 제공하는 용역은 총 2,000시간이며, 총원가는 ₩1,500,000(고정원가 ₩1,000,000, 변동원가 ₩500,000)이다. 회사는 전력부를 폐쇄하고 해당 용역을 외부에서 구입하기로 결정하였다. 외부구입을 실행할 경우에는 공장관리부가 전력부에 용역을 제공하지 않아도 된다. 전력부가 제공하던 용역을 외부에서 구입한다면 B부문에 배부될 공장관리부원가는 얼마인가?(단, 직접배부법을 가정하시오)

① ₩1,050,000
② ₩1,000,000
③ ₩900,000
④ ₩840,000

30 다음 설명 중 잘못된 것은?

① 원가계산기간은 회사의 회계연도와 일치하여야 한다. 다만, 필요한 경우에는 월별 또는 분기별 등으로 세분하여 원가계산을 실시할 수 있다.
② 외주가공원가는 그 성격에 따라 재료원가 또는 노무원가에 포함하여 계상할 수 있으며, 그 금액이 중요한 경우에는 별도의 과목으로 기재할 수 있다.
③ 주요 재료와 부분품의 소비는 직접재료원가를 구성한다.
④ 소모품, 수선용 부분품, 반제품도 재고자산에 포함된다.

31 다음 자료에 의하여 월말재공품원가를 계산한 것으로 옳은 것은?(단, 직접재료원가는 제조 착수 시에 전부 투입되고, 가공원가는 균등하게 발생한다고 가정한다. 월말재공품 평가는 평균법에 의한다)

구분(진척도)	물량흐름	직접재료원가	가공원가
월초재공품(30%)	100개	₩200,000	₩150,000
당월제조착수	500개	₩400,000	₩100,000
당월완성품수량	400개		
월말재공품수량(50%)	200개		

① ₩150,000
② ₩200,000
③ ₩250,000
④ ₩300,000

32 다음은 원가회계 및 원가에 대한 설명이다. 옳지 않은 것은?

① 원가는 경영목적과 직접 관련되어 발생한 것이어야 한다.
② 원가란 재화나 용역을 생산하는 과정에서 소비되는 모든 경제적 가치를 말한다.
③ 원가회계는 재무상태표에 표시되는 재공품과 제품 등의 재고자산의 금액을 결정한다.
④ 원가회계는 기업회계기준서에 의하여 작성하여 외부정보이용자의 의사결정에 유용한 정보를 제공하는 회계이다.

33 결합원가에 대한 설명으로 맞는 것은?

① 연산품은 분리점에서 상대적으로 판매가치가 낮다.
② 판매가치가 증가할 때 부산물이 연산품으로 바뀔 수 있다.
③ 연산품이 부산물로 바뀔 수는 어떠한 경우에도 없다.
④ 결합원가를 배분하는 목적은 단지 이익을 증가시키기 위해서다.

34 다음 중 종합원가계산의 적용이 적절하지 않은 업종은 어느 것인가?

① 정유업
② 화학공업
③ 선박업
④ 제분업

35 다음 자료를 이용하여 선입선출법을 가정한 재료원가와 가공원가의 완성품환산량을 각각 계산하면 얼마인가?(단, 재료는 공정 초에 전량 투입되며, 가공원가는 균등하게 발생한다고 가정한다)

가. 기초재공품수량	400개(30%)
나. 완성량	2,400개
다. 기말재공품	600개(40%)

	재료원가	가공원가
①	2,600개	2,620개
②	2,600개	2,520개
③	2,500개	2,520개
④	2,400개	2,320개

36 (주)상공화학은 동일공정에서 결합제품 A와 B를 생산하고 있다. 다음 자료에 의하여 연산품 A의 단위당 제조원가를 계산한 금액으로 옳은 것은?(단, 결합제품 A와 B에 투입된 결합원가는 ₩24,000이며 결합원가는 상대적 순실현가치를 기준으로 배부하고 있다)

제 품	생산수량	분리점에서의 판매가치	분리점 이후	
			추가가공원가	최종판매가치
A	100	₩15,000	₩2,000	₩20,000
B	200	₩22,000		₩42,000

① ₩82
② ₩84
③ ₩92
④ ₩95

37 종합원가계산의 종류에 대한 설명 중 옳지 않은 것은?

① 단일 종합원가계산 : 제품생산공정이 단일공정인 제품을 생산하는 기업에서 사용
② 조별 종합원가계산 : 종류가 다른 다양한 제품을 연속 대량생산하는 기업에서 사용
③ 공정별 종합원가계산 : 성격, 규격 등이 서로 다른 제품을 주문에 의해 생산하는 기업에서 사용
④ 연산품 종합원가계산 : 동일한 공정 및 동일한 재료를 사용하여 계속적으로 생산하되 다른 제품을 생산하는 기업에서 사용

PART 3

38 다음은 선입선출법에 따라 종합원가시스템을 사용하는 (주)대한의 원가자료이다. 재료원가와 가공원가의 완성품환산량은 각각 얼마인가?

가. 기초재공품 : 100,000단위(완성도 : 30%)
나. 기말재공품 : 200,000단위(완성도 : 40%)
다. 당월착수량 : 450,000단위
라. 완성품수량 : 350,000단위
마. 원재료는 공정 초기에 전량 투입, 가공원가는 공정 진행정도에 따라 발생

	재료원가	가공원가
①	350,000단위	430,000단위
②	400,000단위	450,000단위
③	450,000단위	350,000단위
④	450,000단위	400,000단위

39 아래의 표는 생산량과 발생원가와의 관계를 나타낸 것이다. 이와 관련된 원가의 분류로 옳은 것은?

생산량(개)	발생원가(원)
0	400,000
300	400,000
600	400,000
900	800,000
1,200	800,000
1,500	1,200,000
1,800	1,200,000

① 변동원가
② 고정원가
③ 준변동원가
④ 준고정원가

40 다음은 (주)상공의 경비와 관련된 자료이다. 당월분의 제조경비를 계산한 금액으로 옳은 것은?

가. 임차료(6개월분, 공장 50%, 본사 50%) : ₩240,000
나. 전력비(공장 60%, 본사 40%)
- 당월발생금액 : ₩150,000
- 당월지급금액 : ₩100,000

다. 복리후생비
- 당월중지급액 : ₩50,000
- 월초기준 선급액 : ₩10,000
- 월말기준 선급액 : ₩20,000

① ₩150,000
② ₩250,000
③ ₩320,000
④ ₩440,000

T·E·S·T 13

2020년 2월 시행

기출문제

응시시간 60분

재무회계

01 **다음 재무정보의 질적특성 중 목적적합성과 관련이 없는 것은?**

① 예측가치
② 중립적 서술
③ 확인가치
④ 중요성

PART 3

02 **결산일이 되어 당좌예금 실사 중에 은행의 당좌예금증명서를 받은 결과, 회사측 당좌예금출납장 잔액은 ₩75,050이고 은행측 당좌예금원장 잔액은 ₩79,510이다. 차액의 내용은 다음과 같다. 정확한 당좌예금 잔액은 얼마인가?**

<차액의 내용>
가. 매입처 앞으로 발행한 수표 ₩10,300이 은행에서 결제되지 않다.
나. 약속어음이 발행되어 은행계좌에서 지급된 금액 ₩4,800이 회사에 통지 미달되다.
다. 외상매출금을 받아 당좌예입한 수표 ₩6,900을 ₩9,600으로 회사에서 잘못 기장하다.
라. 매출처의 외상매출금 ₩7,600이 당좌 이체되었으나 회사에 통지 미달되다.
마. 당좌차월이자 ₩240이 회사에 통지 누락되다.
바. 회사에서 결산일에 당좌예입한 ₩7,700이 은행에서 마감 후 입금으로 처리되다.
사. 받을어음 ₩2,000이 추심 완료되어 당좌 이체되었으나 회사에 통지 미달되다.

① ₩76,910
② ₩76,950
③ ₩77,610
④ ₩78,000

03 투자부동산에 관한 다음의 설명 중 옳지 않은 것은?

① 투자부동산의 용도로 건설 중이거나 개발 중인 자산은 유형자산기준서를 적용하지 아니한다.
② 투자부동산은 최초인식시점에 원가로 측정한 후 보고기간말에 공정가치모형과 원가모형 중 하나를 선택하여 모든 투자부동산에 적용한다.
③ 투자부동산의 사용목적이 변경된 경우에는 투자부동산은 다른 자산항목으로의 계정대체가 발생한다.
④ 투자부동산의 공정가치 변동으로 발생하는 손익은 발생한 기간의 기타포괄손익에 반영한다.

04 다음 중 포괄손익계산서상의 기타포괄손익에 해당하는 것은?

① 재평가잉여금
② 사채상환이익
③ 자기주식처분이익
④ 이익준비금

05 현금흐름표에 보고되는 '영업활동 현금흐름'에 대한 다음의 서술 중 옳지 않은 것은?

① 일반적으로 영업활동 현금흐름을 보고하는 경우에는 간접법을 사용할 것을 권장한다. 간접법을 적용하여 표시한 현금흐름은 직접법에 의한 현금흐름에서는 파악할 수 없는 정보를 제공하며, 미래현금흐름을 추정하는데 보다 유용한 정보를 제공한다.
② 영업활동 현금흐름은 주로 기업의 주요 수익창출활동에서 발생하므로 일반적으로 당기순이익의 결정에 영향을 미치는 거래나 그 밖의 사건의 결과로 발생한다.
③ 영업활동으로 인한 현금유입과 현금유출의 차이로서 계산하며, 이의 계산과 공시방법으로는 직접법과 간접법의 두 가지가 전부 사용될 수 있다.
④ 직접법과 간접법의 두 가지 방법 중 하나를 선택적으로 적용할 수 있으나, 한번 선택한 방법은 특별한 사정이 없는 한 매기 계속하여 적용하여야 할 것이다.

06 다음은 (주)상공의 20X1년 7월 11일의 거래내용을 기입한 약식 전표이다. 이에 대한 회계처리의 결과로 재무 상태에 미치는 영향 중 옳지 않은 것은?

출금전표 20X1년 7월 11일	
(유동성장기부채)	₩1,000,000

대체전표 20X1년 7월 11일			
(유동성장기부채)	₩500,000	(당좌예금)	₩500,000

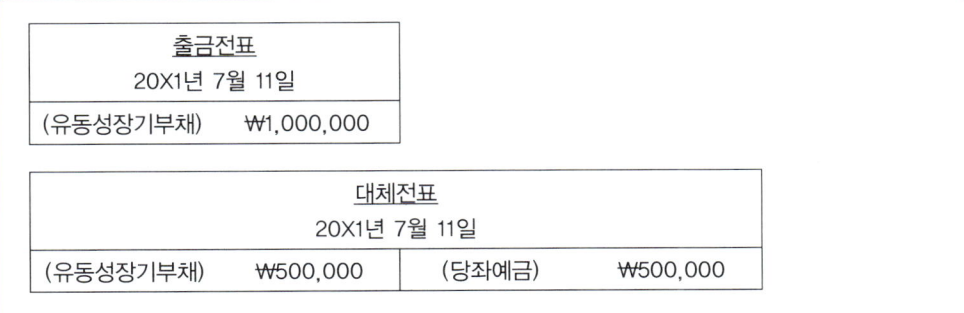

① 유동자산이 감소한다.
② 비유동부채가 감소한다.
③ 현금 계정 잔액이 감소한다.
④ 당좌예금 계정 잔액이 감소한다.

07 다음 중 자본변동표에 표시되지 않는 항목은?

① 자본금
② 자본잉여금
③ 이익잉여금
④ 장기대여금

08 다음은 제조업을 영위하는 상공(주)가 일시적 시세차익을 목적으로 보유하고 있는 시장성이 있는 주식의 결산일 현재의 자료이다. 기말 평가 시 재무제표에 미치는 영향으로 옳은 것은?(단, 제시된 자료 외에는 고려하지 않는다)

종 목	장부금액	보고기간말 현재 공정가치
(주)대한	₩1,500,000	₩1,650,000
(주)서울	₩1,000,000	₩900,000

① 자본잉여금이 ₩50,000 증가한다.
② 영업이익이 ₩50,000 증가한다.
③ 법인세비용차감전순이익이 ₩50,000 증가한다.
④ 기타포괄손익누계액이 ₩50,000 증가한다.

09 금융자산의 분류에 대한 내용이다. 옳지 않은 것은?

① 금융자산은 사업모형 및 계약상 현금흐름 특성 모두에 근거하여 후속적으로 상각후원가, 기타포괄손익-공정가치, 당기손익-공정가치로 측정되도록 분류한다.
② 계약상 현금흐름을 수취하기 위해 보유하는 것이 목적인 사업모형하에서 금융자산을 보유하면서, 동시에 금융자산의 계약조건에 따라 특정일에 원리금 지급만으로 구성되어 있는 현금흐름이 발생하는 경우에는 '당기손익-공정가치측정금융자산'으로 분류한다.
③ 계약상 현금흐름의 수취와 금융자산의 매도 둘 다를 통해 목적을 이루는 사업모형하에서 금융자산을 보유하면서, 동시에 금융자산의 계약조건에 따라 특정일에 원리금 지급만으로 구성되어 있는 현금흐름이 발생하는 경우에는 '기타포괄손익-공정가치측정금융자산'으로 분류한다.
④ 지분상품에 대한 투자로 단기매매항목이 아니고 사업결합에서 취득자가 인식하는 조건부대가가 아닌 지분상품으로 최초 인식시점에 후속적인 공정가치 변동을 기타포괄손익으로 표시하기로 한 경우에는 '기타포괄손익-공정가치측정지분상품'으로 분류한다.

10 다음 자료를 이용하여 20X2년도에 회사가 인식한 손상차손(= 대손상각비)은 얼마인가?

<자 료>
1) 각 기말 재무상태표 중 매출채권 관련 항목 현황(결산수정분개 반영 후)
가. 20X2년 말 : 매출채권 ₩100,000, 손실(대손)충당금 ₩20,000
나. 20X1년 말 : 매출채권 ₩70,000, 손실(대손)충당금 ₩10,000
2) 20X2년 중 손상(대손)이 확정된 매출채권 ₩5,000을 장부에서 제거하다.

① ₩5,000
② ₩10,000
③ ₩15,000
④ ₩20,000

11 다음 (주)상공전자의 거래를 회계처리할 때 옳은 것은?

업무용 노트북(취득원가 ₩1,650,000)을 법인카드로 매입하고, 신용카드매출전표를 발급받다.

①	(차) 매 입	1,650,000	(대) 미지급금	1,650,000
②	(차) 비 품	1,650,000	(대) 미지급금	1,650,000
③	(차) 매 입	1,650,000	(대) 외상매입금	1,650,000
④	(차) 비 품	1,650,000	(대) 외상매입금	1,650,000

12 서울(주)의 20X1년 말 현재 매출채권의 장부금액과 손상추정액에 대한 자료는 아래와 같다. 회사의 20X1년 말 재무상태표에 표시될 매출채권 순장부금액과 손상차손(= 대손상각비) 또는 손실(대손)충당금환입에 해당하는 금액은 얼마인가?(단, 손실(대손)충당금 기초잔액은 ₩10,000, 당기 중 거래처 파산으로 인한 손상(대손)발생액은 ₩2,000(거래처 부산(주)), 전년도 상각 완료한 매출채권에 대한 당기 현금회수액은 ₩1,000이다)

거래처	매출채권금액	손상추정액
경기(주)	₩88,000	₩0
충북(주)	₩50,000	₩500
강원(주)	₩30,000	₩3,000
인천(주)	₩10,000	₩2,000
제주(주)	₩2,000	₩2,000
합 계	₩180,000	₩7,500

① 순장부금액 ₩172,500 손실(대손)충당금환입 ₩3,500
② 순장부금액 ₩172,500 손실(대손)충당금환입 ₩1,500
③ 순장부금액 ₩172,500 손상차손(= 대손상각비) ₩3,500
④ 순장부금액 ₩180,000 손상차손(= 대손상각비) ₩7,500

13 다음의 계정과목에 대한 설명이 옳지 않은 것은?

① 가지급금과 가수금은 계정이나 금액이 확정되는 시점에 적절한 계정으로 대체하며 최종 재무제표에는 나타나지 않아야 하는 계정이다.
② 가지급금은 여비와 업무추진비의 명목으로 일단 지급한 경우에 계상한다.
③ 예수금은 종업원이 부담하는 소득세나 건강보험료 등을 기업이 미리 원천징수한 경우에 계상한다.
④ 장기적으로 거래처에 원료를 공급하기로 계약하고 수취한 계약금은 가수금으로 계상한다.

14 다음 중 (주)대한의 재고자산에 해당하지 않는 것은?

① (주)대한이 매입하여 창고에 보관하고 있는 재고자산
② (주)대한이 선적지 인도조건으로 판매하여 해상 운송 중인 재고자산
③ (주)대한이 판매를 목적으로 위탁한 재고자산 중 수탁자가 보관하고 있는 잔여분
④ (주)대한이 침수피해를 예방하기 위해 일시적으로 (주)설악의 창고로 옮겨 놓은 재고자산

15 다음은 (주)상공의 기말상품 관련 자료이다. 아래의 3가지 품목은 성격과 용도가 서로 유사하지 않다. 재무상태표에 계상될 기말재고액과 손익계산서에 보고될 매출원가를 계산하면 각각 얼마인가?(단, 재고자산평가는 저가법을 따르고 재고자산평가손실은 매출원가에 포함시키며, 기초재고액은 ₩20,000이고 당기상품매입액은 ₩100,000이다)

품 목	취득원가	예상판매가격	예상판매비
갑	₩10,000	₩11,000	₩2,000
을	₩10,000	₩15,000	₩2,000
병	₩10,000	₩9,000	₩2,000

① 기말재고액 : ₩26,000, 매출원가 : ₩94,000
② 기말재고액 : ₩29,000, 매출원가 : ₩91,000
③ 기말재고액 : ₩30,000, 매출원가 : ₩90,000
④ 기말재고액 : ₩35,000, 매출원가 : ₩85,000

16 다음은 수익인식의 5단계에 대한 설명이다. 옳지 않은 것은?

① 고객과의 계약으로 생기는 수익을 인식할 때는 '계약의 식별-수행의무의 식별-거래가격의 산정-거래가격의 배분-수익의 인식'의 단계를 거쳐야 한다.
② 고객에게서 받은 대가는 수익으로 인식하기 전까지 부채로 인식하며, 인식된 부채는 계약과 관련된 사실 및 상황에 따라, 재화나 용역을 미래에 이전하거나 받은 대가를 환불해야 하는 의무를 나타낸다.
③ 거래가격은 고객에게 약속한 재화나 용역을 이전하고 그 대가로 기업이 받을 권리를 갖게 될 것으로 예상하는 금액이며, 제3자를 대신해서 회수한 금액도 포함한다.
④ 고객에게 약속한 재화나 용역, 즉 자산을 이전하여 수행의무를 이행할 때 또는 기간에 걸쳐 이행하는 대로 수익을 인식한다.

17 X회사는 사용 중인 기계장치를 Y회사와 교환하였다. 이 교환거래는 상업적 실질이 존재한다. 교환일 현재 X회사가 보유 중이던 기계장치의 장부금액은 ₩350,000이고, 공정가치는 ₩400,000이다. 한편, Y회사가 보유 중이던 기계장치의 장부금액은 ₩380,000이고, 공정가치는 알 수 없다. X회사가 교환으로 취득한 자산의 취득원가는 얼마인가?(단, 등가교환을 가정한다)

① ₩350,000
② ₩380,000
③ ₩400,000
④ ₩520,000

18 다음의 계정과목 중에서 금융부채가 아닌 것은?

① 매입채무
② 미지급비용
③ 단기차입금
④ 퇴직급여부채

19 구입 후 첫 6개월 이내에 제조상 결함으로 인하여 발생하는 수선비용을 보장하는 보증서와 함께 재화를 판매하는 기업이 있다. 판매한 모든 생산품에서 사소한 결함이 발생할 경우에는 ₩1,000,000의 수선비용이 발생한다. 판매한 모든 생산품에서 중요한 결함이 발생할 경우에는 ₩4,000,000의 수선비용이 발생한다. 기업의 과거경험 및 미래예상에 따르면 내년도에 판매될 재화 중에서 75%는 전혀 결함이 발생하지 아니하는 반면, 20%는 사소한 결함, 나머지 5%는 중요한 결함이 발생할 것으로 예상된다. 이러한 경우 기업은 보증의무와 관련된 자원의 유출가능성을 판단할 때 당해 의무 전체에 대하여 판단한다. 수선비용의 기대가치는 얼마인가?

① ₩200,000
② ₩400,000
③ ₩1,000,000
④ ₩4,000,000

20 자본의 실질적 감소를 가져오는 거래로 옳은 것은?

① 자본잉여금을 재원으로 하여 무상증자를 실시하다.
② 이미 발행한 주식을 유가증권시장에서 매입하여 소각하다.
③ 이익을 배당하면서 현금배당 대신에 주식배당을 실시하다.
④ 누적된 이월결손금의 보전을 위하여 현재 발행주식을 2주당 1주의 비율로 감소시키다.

원가회계

21 원가의 흐름에 관한 내용 중 옳지 않은 것은?

① 재료 계정 차변에는 월초재료재고액과 당월재료매입액을 기입하며, 재료 계정 대변에는 당월재료소비액과 월말재료재고액을 기입한다.
② 경비항목 계정 차변에는 전월선급액과 당월지급액을 기입하고, 경비항목 계정 대변에는 당월발생액과 당월선급액을 기입한다.
③ 급여 계정 차변에는 당월지급액과 전월미지급액을 기입하고, 급여 계정 대변에는 당월미지급액과 당월발생액을 기입한다.
④ 월차손익 계정 차변에는 매출원가, 판매비와관리비를 기입하고, 월차손익 계정 대변에는 매출액을 기입한 후, 그 차액인 영업손익을 (연차)손익 계정에 대체한다.

22 특정제품의 생산을 위하여 소비한 원가 및 판매와 관련하여 직접원가 ₩15,000, 제조간접원가 ₩5,000, 판매비와관리비 ₩4,000이 각각 발생하였다. 판매가격은 이익(제조원가의 10%)을 가산하여 결정한다고 할 때, 판매가격은 얼마인가?

① ₩24,500
② ₩25,000
③ ₩26,000
④ ₩27,500

23 다음은 (주)상공의 제조부문의 예정배부액과 실제배부액이다. 부문별배부차이를 매출원가에 대체하는 분개로 옳은 것은?

항 목	예정배부액	실제발생액
제조1부문	60,000	90,000
제조2부문	180,000	160,000

① (차) 매출원가 10,000 (대) 부문별배부차이 10,000
② (차) 매출원가 20,000 (대) 부문별배부차이 20,000
③ (차) 부문별배부차이 10,000 (대) 매출원가 10,000
④ (차) 부문별배부차이 20,000 (대) 매출원가 20,000

24 다음 중 통제가능원가를 설명한 것으로 옳은 것은?

① 과거 의사결정으로 인하여 미래 의사결정과 관련 없는 원가
② 목표달성을 위하여 경영자의 미래 의사결정에 따라 회피할 수 있는 원가
③ 특정 경영자가 대상원가를 관리할 수 있는 권한이 있는 원가
④ 분석과 예측을 통하여 미래에 발생될 것으로 기대되는 원가

25 다음은 (주)상공의 9월 원재료 입고 및 출고 내용이다. 계속기록법에 의하여 9월의 재료소비액을 계산한 금액으로 옳은 것은?(단, 재료의 소비단가 결정은 선입선출법이다)

9/1 전월이월 : 200개 @₩100
9/5 입 고 : 400개 @₩110
9/8 출 고 : 500개
9/13 입 고 : 300개 @₩130
9/25 출 고 : 200개
※ 실제재고수량 190개(수량부족분은 원가성 없음)

① ₩76,000
② ₩77,000
③ ₩83,000
④ ₩103,000

26 다음 자료로 제조간접원가를 직접원가법을 사용하여 배부할 때, 제조지시서#3의 제조원가는 얼마인가?

분 류	제조지시서#3	총원가
직접재료원가	₩250,000	₩800,000
직접노무원가	₩350,000	₩1,000,000
제조간접원가	(　　)	₩900,000

① ₩900,000
② ₩750,000
③ ₩550,000
④ ₩300,000

27 다음은 관리회계와 원가회계에 대한 설명이다. 이에 해당하지 않는 것은?

① 의사결정과 경영계획을 위한 정보의 제공
② 성과평가를 위한 정보의 제공
③ 제품원가계산에 필요한 원가정보의 제공
④ 일반적으로 인정된 회계원칙에 따라 작성된 재무제표 정보의 제공

28 **재료감모비와 같이 내부거래에서 나타나는 비용으로서 원가계산 기간의 소비액으로 삼는 제조경비를 무엇이라 하는가?**

① 월할경비　　② 발생경비
③ 측정경비　　④ 지급경비

29 **제조부문원가의 예정배부에 대한 설명 중 옳지 않은 것은?**

① 제조부문과 보조부문별로 발생하리라고 예상되는 제조간접원가 연간 예산액을 추정하고, 보조부문원가의 연간 예산액을 제조부문에 배부하여 각 제조부문별 연간 총예산액을 계산한다.
② 제조부문별 제조간접원가의 연간 총예산액을 제조부문별에 배부기준의 연간 예산액으로 나누어 각 제조부문별 예상배부율을 계산한다.
③ 제조부문별 예정배부율에 배부기준의 예정발생분을 곱하여 제품별 제조부문원가 예정배부액을 계산한다.
④ 부문원가배부차이의 처리는 연말재공품, 연말제품, 연말매출원가의 각 금액에 비례하여 배분하는 방법과 전액 연간매출원가에 가감하는 방법 등이 있다.

30 **개별원가계산에 대한 설명으로 옳은 것은?**

① 고객의 개별주문을 이행하는데 있어 개별제품별로 원가를 계산한다.
② 표준화된 동종제품을 대량으로 생산하는 기업을 위한 원가계산 방법이다.
③ 제조간접원가 중에서 변동제조원가만을 제품원가에 포함하는 원가계산 방법이다.
④ 제조간접원가의 표준단가와 표준수량을 설정하고 그에 따라 원가를 계산하는 방법이다.

31 **다음 (　　) 안에 알맞은 것은?**

> 정상원가계산에서는 제조간접원가의 실제발생액과 배부총액에 차이가 발생한다. 이러한 배부차이를 조정하는 방법으로 기말재공품이나 기말제품이 부담하여야 할 배부차이를 무시하는 방법은 (　　)이다.

① 매출원가조정법　　② 총원가기준법
③ 원가요소기준법　　④ 안분법

32 다음 (　　) 안에 알맞은 것은?

> 부문별 원가계산에 있어 1단계로 부문공통원가를 배부하게 되면 2단계로 보조부문원가를 배부한다. 보조부문 상호 간의 용역수수관계를 완전히 무시하고 배부하는 방법은 (　　)이다.

① 직접배부법　　② 단계배부법
③ 상호배부법　　④ 단일배부법

33 원가의 배분목적에 대한 설명이다. 옳지 않은 것은?

① 조직구성원들의 원가마인드 제고를 위한 동기부여 목적
② 제품가격결정을 위한 원가자료 파악 목적
③ 특정제품을 생산하는데 직접 소비된 동질적인 특징 파악 목적
④ 매출원가 계산 목적

PART 3

34 (주)대한에 근무하는 나성공씨는 8월 첫째 주에 48시간의 작업을 하였다. (주)대한은 주당 40시간을 초과하는 작업시간에 대해서 정상임금의 1.5배를 지급하고 있다. (주)대한의 시간당 정상임률은 ₩5,000이다. 8월 첫째 주 나성공씨와 관련하여 발생한 총노무원가는 얼마인가?

① ₩240,000　　② ₩260,000
③ ₩300,000　　④ ₩360,000

35 다음은 (주)상공의 제조간접원가 자료이다. (주)상공이 20X1년도에 제조간접원가로 계상해야 할 금액은 얼마인가?(단, 기간 안분계산은 월할계산한다)

> 가. 공장의 화재보험을 위하여 보험사와 계약하고 ₩12,000,000을 지급하였다. 계약기간은 20X1년 9월 1일부터 20X2년 8월 31일까지이다.
> 나. 공장 지게차를 20X1년 6월부터 20X1년 8월까지 임차하기로 하여 ₩5,000,000을 지급하였다.

① ₩5,000,000　　② ₩9,000,000
③ ₩13,000,000　　④ ₩17,000,000

36 다음은 정유업을 하는 (주)상공정유의 공정흐름도이다. (가)에 해당하는 원가로 옳은 것은?

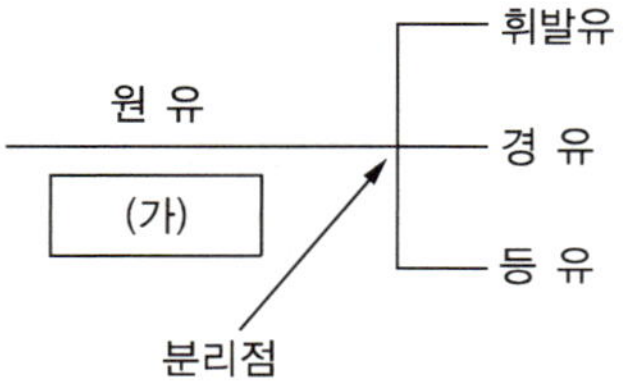

① 개별원가 ② 결합원가
③ 조별원가 ④ 공정별원가

37 직접재료원가 ₩100,000, 직접노무원가 ₩200,000, 제조간접원가 ₩300,000이 각각 발생하였다면 기초원가는 얼마인가?

① ₩300,000 ② ₩400,000
③ ₩500,000 ④ ₩600,000

38 다음 자료를 토대로 (주)상공제지의 20X1년 5월 재료원가와 가공원가의 완성품환산량 단위당 원가를 계산하면 얼마인가?

(주)상공제지의 20X1년 5월 제조원가는 다음과 같이 집계되었다. 원가계산 방법은 종합원가계산(평균법)을 적용한다.

구 분	완성도	물량(개)	재료원가	가공원가
기초재공품	30%	1,000	₩50,000	₩16,000
당기착수량		3,000	₩130,000	₩52,000
		4,000	₩180,000	₩68,000
당기완성량		3,000		
기말재공품	40%	1,000		

투입시기 : 재료원가(공정 초 전량 투입), 가공원가(전공정 균등 투입)

① 재료원가 ₩45 가공원가 ₩20
② 재료원가 ₩50 가공원가 ₩30
③ 재료원가 ₩55 가공원가 ₩40
④ 재료원가 ₩60 가공원가 ₩50

39 (주)상공의 각 부문에 집계된 원가와 보조부문 상호 간에 제공한 용역 자료이다. 상호배부법으로 보조부문원가를 배부한 후의 각 제조부문원가를 계산한 것으로 옳은 것은?

부 문 / 용역제공	제조부문		보조부문		합 계
	제조1	제조2	보조1	보조2	
부문별원가(원)	1,000,000	800,000	300,000	400,000	2,500,000
제공한 용역					
보조1부문(Kw/h)	400	350	–	250	1,000
보조2부문(시간)	50	30	20	–	100

① 제조1부문 ₩1,320,000 제조2부문 ₩1,180,000
② 제조1부문 ₩1,370,000 제조2부문 ₩1,130,000
③ 제조1부문 ₩1,410,000 제조2부문 ₩1,090,000
④ 제조1부문 ₩1,470,000 제조2부문 ₩1,030,000

40 (주)서울의 20X1년 3월 직접재료사용액은 ₩13,000이다. 3월 말 직접재료재고액은 월초에 비해 ₩3,000이 감소하였다. (주)서울의 3월 중 직접재료구입액은 얼마인가?

① ₩10,000 ② ₩11,000
③ ₩12,000 ④ ₩13,000

TEST 14

2019년 9월 시행

기출문제

응시시간 60분

재무회계

01 **다음 계정과목 중 성격이 다른 것은?**

① 산업재산권
② 임대보증금
③ 건설중인자산
④ 기타포괄손익-공정가치측정금융자산

02 **다음 중 회계연도 말에 행하는 결산수정분개로 옳지 않은 것은?**

①	(차) 임차료	×××	(대) 미지급비용	×××
②	(차) 보험료	×××	(대) 선급비용	×××
③	(차) 매 입	×××	(대) 보통예금	×××
④	(차) 미수수익	×××	(대) 이자수익	×××

03 **다음 중 재무제표에 대한 설명으로 옳지 않은 것은?**

① 재무제표의 작성에 대한 책임은 경영자에게 있다.
② 재무제표는 화폐단위로 측정된 정보를 주로 제공한다.
③ 포괄손익계산서는 일정시점의 기업의 재무상태를 보여주는 보고서이다.
④ 재무제표는 정보이용자의 경제적 의사결정에 유용한 정보를 제공하기 위해 작성된다.

04 **다음 중 '재무제표 표시'에서 규정된 기타포괄손익에 해당되는 것을 모두 고르면 몇 개인가?**

- 재평가잉여금
- 해외사업장의 재무제표 환산으로 인한 손익
- 기타포괄손익-공정가치측정금융자산의 재측정손익
- 관계기업의 이익에 대한 지분

① 1개
② 2개
③ 3개
④ 4개

05 20X1년 12월 31일 현재 (주)상공의 장부상 당좌예금 잔액(조정 전)은 ₩4,500,000이다. 다음과 같은 조정사항이 있을 때, 조정 전 은행측 잔액은 얼마인가?

가. 어음 추심(액면과 이자)	₩205,000
나. 은행수수료	₩20,500
다. 은행미기입예금	₩350,000
라. 은행기입 착오(서울상사 입금액을 상공계좌에 입금)	₩200,000
마. 기발행 미인출수표	₩300,000

① ₩4,834,500　② ₩4,684,500
③ ₩4,434,500　④ ₩4,424,500

06 (주)초록은 저장창고를 신축하기 위하여 토지를 구입하였다. (주)초록은 토지구입 직후에 동 토지 위에 있던 낡은 창고를 철거하였는데, 이때 철거비용 ₩1,000,000이 발생하였다. 철거비용 ₩1,000,000을 회계처리하는 방법으로 옳은 것은?

① 당기비용으로 처리한다.
② 취득한 토지원가에 가산한다.
③ 신축되는 저장창고의 원가에 가산한다.
④ 별도의 독립적인 구축물 계정으로 인식한다.

07 다음은 환어음 발행과 관련된 거래내용이다. A상점의 분개로 옳은 것은?

A상점은 B상점으로부터 상품 ₩1,000,000을 매입하고, 상품대금 지급을 위하여 외상매출금이 있는 C상점을 지급인으로 환어음을 발행하여 C상점의 인수를 받아 B상점에게 지급하였다.

①	(차) 매 입	1,000,000	(대) 받을어음	1,000,000
②	(차) 매 입	1,000,000	(대) 지급어음	1,000,000
③	(차) 매 입	1,000,000	(대) 외상매입금	1,000,000
④	(차) 매 입	1,000,000	(대) 외상매출금	1,000,000

08 **투자부동산으로 회계처리하는 경우로 옳은 것은?**

① 자가사용부동산
② 제3자를 위하여 건설중인부동산
③ 장기 시세차익을 얻기 위하여 보유하고 있는 토지
④ 정상적인 영업과정에서 판매를 목적으로 보유 중인 부동산

09 **경기(主)는 20X2년 초에 3년 만기, 액면이자율 연 10%, 액면금액 ₩100,000인 사채를 ₩95,198에 발행했다. 사채발행회사가 사채발행에 따른 다음의 회계처리 중 옳지 않은 것은?**

① 사채발행회사는 발행 시, 현금 ₩95,198을 받는다. 따라서 액면금액을 차입하는 것이 아니라 ₩95,198을 차입하는 것이다.
② 기말시점에서 사채의 장부금액은 발행시점의 장부금액에 차금 상각액만큼 늘어난 금액이 새로운 장부금액이 된다.
③ 1년간의 실질 이자비용은 ₩95,198의 10%인 ₩9,519이다.
④ 할인발행이므로 유효이자율은 액면이자율인 10%보다 크다.

10 **내용연수가 5년인 설비자산을 기초에 취득하였다. 회계기간이 1월 1일부터 12월 31일까지라고 할 때, 3차 연도의 정액법에 의한 감가상각금액과 연수합계법에 의한 감가상각금액을 비교한 것으로 옳은 것은?**

① 정액법이 크다.
② 연수합계법이 크다.
③ 두 방법에 의한 금액이 같다.
④ 잔존가액의 크기에 따라 달라진다.

11 **다음 중 무형자산이 아닌 것은?**

① 임차보증금
② 상표권
③ 산업재산권
④ 컴퓨터 소프트웨어

12 **다음은 금융자산과 금융부채에 대한 내용이다. 바르게 설명한 것을 모두 고르면 몇 개인가?**

> ㉠ 화폐(현금)는 교환의 수단이므로 금융자산이며, 재무제표에 모든 거래를 인식하고 측정하는 기준이 된다.
> ㉡ 미래에 현금을 수취할 계약상 권리에 해당하는 금융자산과 이에 대응하여 미래에 현금을 지급할 계약상 의무에 해당하는 금융부채의 일반적인 예로는 매출채권과 매입채무, 받을어음과 지급어음, 대여금과 차입금 등이 있다.
> ㉢ 실물자산(예 재고자산, 유형자산), 리스자산과 무형자산(예 특허권, 상표권)은 금융자산이다.
> ㉣ 미래 경제적 효익이 현금 등 금융자산을 수취할 권리가 아니라 재화나 용역의 수취인 자산(예 선급비용)은 금융자산이다.

① 1개
② 2개
③ 3개
④ 4개

13 **다음 계정에 의하는 경우, 7월 25일 제1기분 부가가치세 확정신고 시 납부세액 또는 환급세액은 얼마인가?**

부가가치세 대급금

5/2	100,000		
7/1	70,000		

부가가치세 예수금

		5/4	130,000
		7/20	90,000

① 납부세액 ₩30,000
② 납부세액 ₩50,000
③ 환급세액 ₩30,000
④ 환급세액 ₩50,000

14 **12월 결산법인 (주)상공의 20X2년 초의 매출채권에 대한 손실(대손)충당금 잔액은 ₩50,000이다. 20X2년 중에 매출채권 중 ₩70,000이 회수불능으로 판단되어 손상(대손)처리하였다. 한편, 20X2년 말 매출채권 총액은 ₩600,000이며, 동 매출채권에 대한 손실(대손)충당금은 ₩60,000으로 추정하였다. (주)상공의 20X2년 손익계산서에 표시될 손상차손(= 대손상각비)은 얼마인가?**

① ₩20,000
② ₩60,000
③ ₩80,000
④ ₩130,000

15 다음 중 유형자산의 취득원가에 포함되는 것으로 옳지 않은 것은?

① 유형자산 구입 시 중개인에게 지급한 중개수수료
② 유형자산의 취득과 직접 관련된 취득세, 등록세, 관세 등
③ 유형자산의 설계와 관련하여 전문가에게 지급하는 수수료
④ 유형자산의 효율적 운전을 유지하기 위해 발생한 수선유지비

16 다음은 기말상품 관련 자료이다. 아래의 3가지 품목은 성격과 용도가 서로 유사하지 않다. 재무상태표에 계상될 기말재고자산금액과 포괄손익계산서에 보고될 매출원가를 계산하면 각각 얼마인가?(단, 재고자산의 평가는 저가법에 의하고 재고자산평가손실은 매출원가에 포함시키며, 기초재고자산은 ₩200이고 당기상품매입액은 ₩1,000이다)

품 목	취득원가	예상판매가격	예상판매비용
갑	₩100	₩110	₩20
을	₩100	₩150	₩20
병	₩100	₩ 90	₩10

① 기말재고자산 ₩300, 매출원가 ₩930
② 기말재고자산 ₩300, 매출원가 ₩900
③ 기말재고자산 ₩270, 매출원가 ₩930
④ 기말재고자산 ₩270, 매출원가 ₩900

17 (주)상공은 1주당 액면금액이 ₩5,000인 보통주 10,000주를 발행하고 현금 ₩61,000,000의 납입을 받았다. 이후 주식발행 과정에서 발생한 신주발행비 ₩1,000,000을 추가로 지급하였다. 이 경우 자본잉여금의 증가분은 얼마인가?

① ₩10,000,000
② ₩11,000,000
③ ₩12,000,000
④ ₩13,000,000

18 한국(주)는 20X4년에 일시적 여유자금을 이용하여 당기손익–공정가치측정금융자산으로 분류되는 고려(주)가 발행한 주식 500주(취득원가 @₩100)를 구입하여 기중에 200주(처분금액 @₩120)를 처분하고 기말에 300주를 보유하고 있다. 기말 현재 고려(주) 주식의 공정가치는 @₩110이다. 20X4년 한국(주)의 재무상태표에 계상될 당기손익–공정가치측정금융자산의 장부금액과 포괄손익계산서에 계상될 관련 손익의 증감금액은 얼마인가?

	당기손익–공정가치측정금융자산	당기순손익	기타포괄손익
①	₩30,000	₩4,000	₩3,000
②	₩30,000	₩7,000	₩0
③	₩33,000	₩4,000	₩3,000
④	₩33,000	₩7,000	₩0

19 (주)상공기업은 1주당 액면금액 ₩5,000의 주식 100주를 1주당 ₩4,000에 현금으로 매입하여 소각하였다. 이에 대한 분개를 다음과 같이 하였다. (가)에 해당하는 계정과목으로 옳은 것은?

(차) 자본금	500,000	(대) 현 금	400,000
		(가)	100,000

① 감자차익
② 이익잉여금
③ 주식발행초과금
④ 자기주식처분이익

20 다음 중 충당부채와 우발부채에 관한 설명으로 옳지 않은 것은?

① 과거에 우발부채로 처리하였더라도 이후 충당부채의 인식조건을 충족하였다면 재무상태표에 충당부채로 인식한다.
② 충당부채를 인식할 때의 인식조건인 현재의 의무는 법적의무와 의제의무를 포함한다.
③ 과거사건에 의하여 발생하였거나 기업이 전적으로 통제할 수 없는 하나 이상의 불확실한 미래사건의 발생여부에 의하여서만 그 존재가 확인되는 잠재적 의무의 경우 우발부채로 인식하여 주석으로 공시한다.
④ 제품판매 시 소비자에게 일정기간 동안 무상으로 품질보증서비스를 제공하기로 한 경우 품질보증서비스의 제공 가능성이 높고, 금액이 신뢰성 있게 추정된다면 품질보증서비스를 실제로 제공할 때 비용으로 인식하여야 한다.

원가회계

21 다음은 원가행태에 따른 제조원가분류이다. 성격이 다른 하나는?

① 직접재료원가
② 직접노무원가
③ 변동제조간접원가
④ 고정제조간접원가

22 다음은 (주)대한의 20X1년 원가자료이다. 직접노무원가는 ₩800,000, 제조간접원가는 ₩400,000이 발생하였다. 매출은 매출원가에 10%의 이익을 가산해서 결정한다고 가정한다. (주)대한의 매출총이익을 계산하면 얼마인가?(단, 원재료는 모두 직접재료라고 가정한다)

구 분	기초재고	당기 매입액	기말재고
원재료	₩200,000	₩1,000,000	₩500,000
재공품	₩500,000	–	₩800,000
제 품	₩600,000	–	₩300,000

① ₩190,000
② ₩220,000
③ ₩250,000
④ ₩280,000

23 (주)상공은 3년 전에 업무용 트럭을 ₩50,000,000에 구입하여 사용하고 있으며, 현재까지 감가상각누계액은 ₩25,000,000이다. 이 차량을 (주)대한에서 중고가격 ₩30,000,000으로 구입하겠다고 하였으나, (주)상공은 유니세프에 무상으로 기증하였다. 기회원가는 얼마인가?

① ₩30,000,000
② ₩25,000,000
③ ₩20,000,000
④ ₩5,000,000

24 (주)대한공업의 다음 자료를 이용하여 당월의 매출원가를 계산하면 얼마인가?

가. 월초 및 월말재고액

구 분	재 료	재공품	제 품
월초재고액	₩30,000	₩80,000	₩150,000
월말재고액	₩40,000	₩60,000	₩200,000

나. 직접재료 매입액 ₩350,000
다. 직접노무원가 발생액 ₩700,000
라. 제조간접원가 발생액 ₩430,000

① ₩1,290,000
② ₩1,440,000
③ ₩1,470,000
④ ₩1,490,000

25 다음은 원가의 배분과 부문별 원가계산에 대한 설명이다. 옳지 않은 것은?

① 부문별 원가계산의 마지막 절차는 제조부문에 발생한 원가를 매출원가 계정에 대체한다.
② 원가부문은 원가요소를 분류, 집계하는 계산상의 구분으로서 제조부문과 보조부문으로 구분한다.
③ 제조부문은 직접 제품 제조 작업을 수행하는 부문을 말하여 조립부문, 동력부문, 주조부문 등으로 세분할 수 있다.
④ 부문별 원가계산은 제조기업에서 원가요소 중 제조간접원가를 발생한 장소별로 분류하고 집계하는 원가계산절차이다.

26 직접노무시간을 기준으로 제조간접원가를 배부하고 있다. 추정 제조간접원가 총액은 ₩250,000이고 추정 직접노무시간은 100,000시간이다. 제조간접원가 실제발생액은 ₩260,000이고 실제 직접노무시간은 105,000시간이다. 이 기간동안 제조간접원가 과소(대)배부는 얼마인가?

① ₩2,250 과대배부
② ₩2,250 과소배부
③ ₩2,500 과대배부
④ ₩2,500 과소배부

27 **다음은 (주)상공의 제조부문의 연간 예산액과 실제발생액 및 배부기준을 나타낸 것이다. 각 제조부문별 예정배부율을 계산한 것으로 옳은 것은?**

항 목	제조1부문	제조2부문
연간 예산액	₩10,000,000	₩5,000,000
연간 기계작업시간	10,000시간	10,000시간
연간 직접노동시간	5,000시간	5,000시간
배부기준	기계작업시간	직접노동시간
9월 실제발생액	₩1,000,000	₩800,000

① 제조1부문 ₩1,000 제조2부문 ₩500
② 제조1부문 ₩1,000 제조2부문 ₩1,000
③ 제조1부문 ₩2,000 제조2부문 ₩1,000
④ 제조1부문 ₩2,000 제조2부문 ₩2,000

28 **다음은 (주)대한의 원가에 대한 자료이다. 그 내용이 옳지 않은 것은?(단, (주)대한에는 자동차 사업부와 오토바이 사업부의 두 개의 사업부만 존재한다)**

가. 자동차 사업부에서는 20X1년 중에 총 10,000시간의 노무시간과 25,000시간의 기계사용시간이 발생했다.
나. 오토바이 사업부에서는 20X1년 중에 총 30,000시간의 노무시간과 25,000시간의 기계사용시간이 발생했다.
다. 20X1년 (주)대한에서 발생한 전체 제조간접원가는 ₩1,000,000이다.

① 노무시간을 기준으로 제조간접원가를 배부하면 자동차 사업부에는 ₩250,000이 배부된다.
② 기계사용시간을 기준으로 제조간접원가를 배부하면 자동차 사업부에는 ₩500,000이 배부된다.
③ 제조간접원가의 배부기준이 무엇이냐에 따라 각 사업부의 성과가 달라진다.
④ 이익을 기준으로 사업부가 평가된다면 오토바이 사업부는 노무시간을 기준으로 제조간접원가를 배부받기를 원할 것이다.

29 다음 자료는 제조지시서 No.1의 제조원가 내역이다. (가)에 해당하는 금액으로 옳은 것은?(단, 제조간접원가는 직접노무원가를 기준으로 배부한다)

구 분	NO.1	총 액
직접재료원가	₩90,000	₩150,000
직접노무원가	₩40,000	₩100,000
제조간접원가	(가)	₩50,000

① ₩20,000　② ₩30,000
③ ₩40,000　④ ₩50,000

30 다음 중 개별원가계산에 대한 설명 중 가장 옳지 않은 것은?

① 개별원가계산은 건설, 조선과 같은 다품종 소량주문생산 형태에 사용된다.
② 개별원가계산은 원가대상에 대한 추적가능성이 중시된다.
③ 개별원가계산은 공정을 중심으로 원가계산이 이루어진다.
④ 개별원가계산은 제조간접원가의 배분이 핵심과제이다.

PART 3

31 다음 (　　) 안에 들어갈 알맞은 것은?

> 연산품이 개별적으로 식별가능한 시점을 분리점(split-off point)이라고 하며, 분리점 이전에 발생된 원가를 (　　)라고 한다.

① 개별원가　② 조별원가
③ 결합원가　④ 분리원가

32 지급임금액(시간급의 경우)의 계산산식은 '각 종업원의 총 작업시간 수 × 계약임률'로 하며, 소비임금액(시간급의 경우)의 계산산식은 '특정제품을 위한 총 작업시간 수 × 소비임률'로 한다. 이에 대한 비교 설명으로 옳지 않은 것은?

① 지급임금이란 종업원 각자에게 임금지급일에 실제 지급하는 금액이다.
② 소비임률은 주로 기본임금액을 계산하기 위한 임률이지만, 지급임률은 기본임금에 가지급금·제수당 등이 포함되어 계산된 임률이다. 그러므로 지급임률이 소비임률보다 높은 것이 일반적이다.
③ 지급임률은 연령, 기술, 경험의 유무 등에 의하여 종업원 개별적으로 결정된다.
④ 소비임금은 제품생산을 위하여 발생된 임금을 말한다.

33 (주)상공전자의 관리팀, 영업팀, 공장의 6월 관련 비용은 다음과 같다. 이 중 제조원가항목이 아닌 항목의 합은 얼마인가?

항 목	금 액	항 목	금 액
직접재료원가	₩100,000	생산임원 식대	₩20,000
직접 생산 임금	₩170,000	영업팀 성과급	₩2,000
간접 생산 임금	₩130,000	대리점 판매수수료	₩3,000
관리팀 급여	₩120,000	공장 청소용역	₩1,000
영업팀 급여	₩110,000	생산 외주가공원가	₩2,000
공장 건물 감가상각비	₩2,000	관리팀, 영업팀 건물 감가상각비	₩1,000

① ₩230,000
② ₩231,000
③ ₩236,000
④ ₩239,000

34 (주)상공기업의 당월 제조간접원가 실제발생액은 ₩50,000이다. 다음 자료에 의하여 직접재료원가법에 의해 계산한 A제품의 제조간접원가 배부액은 얼마인가?

구 분	직접재료원가	직접노무원가
A제품	₩40,000	₩30,000
B제품	₩60,000	₩30,000

① ₩20,000
② ₩25,000
③ ₩30,000
④ ₩40,000

35 월할제조경비에 대한 설명으로 옳지 않은 것은?

① 발생액이 1년 또는 6개월 등과 같이 일정기간을 단위로 하여 결정되는 비용이다.
② 월할제조경비에 속하는 비용항목에는 보험료, 임차료, 감가상각비, 세금과공과, 특허권사용료 등이 있다.
③ 한 기간의 발생액을 그 기간에 대한 원가계산기간의 비율만큼 계산하여 원가계산기간의 소비액으로 계상한다.
④ 1월부터 6월까지 건물을 ₩60,000에 임차하였을 경우 6월의 경비 소비액은 ₩5,000이다.

36 다음은 우수공업(주)의 10월 원가계산과 관련된 자료이다. 제조지시서 #1의 제조원가를 계산한 것으로 옳은 것은?(단, 제조간접원가 배부기준은 직접노무원가법, 지시서 #1은 완성되었음)

항 목	제조지시서 #1	제조지시서 #2	합 계
월초재공품	₩50,000	–	
직접재료원가	₩300,000	₩400,000	₩700,000
직접노무원가	₩650,000	₩350,000	₩1,000,000
제조간접원가			₩2,000,000

① ₩1,300,000
② ₩2,000,000
③ ₩2,250,000
④ ₩2,300,000

37 다음은 선입선출법에 따라 공정별 원가계산을 시행하고 있는 제2공정의 원가자료이다. 전공정원가에 대한 완성품환산량은 얼마인가?

가. 기초재공품 : 120단위, 완성도 40%
나. 기말재공품 : 100단위, 완성도 50%
다. 완성품 : 420단위

① 400단위
② 420단위
③ 520단위
④ 540단위

38 (주)금화공업은 결합공정을 통하여 A제품과 B제품을 제조하고 있다. 분리점에서의 판매가치는 A제품 1,000개에 대하여 ₩140,000, B제품 1,500개에 대하여 ₩60,000이다. 분리점에서의 판매가치에 의해서 결합원가를 배분한다면 A제품에 대한 배부액은 ₩35,000이 될 것이다. 총결합원가는 얼마인가?

① ₩40,000
② ₩50,000
③ ₩60,000
④ ₩70,000

39 (주)고려는 20X1년 주산물A와 부산물을 생산하였다. 이 제품생산에서 발생한 결합원가는 ₩300,000이다. 20X1년 기초제품재고는 없으며, 20X1년의 매출액과 생산 관련 활동에 관한 자료는 다음과 같을 때 20X1년 주산물A의 매출원가는 얼마인가?(단, (주)고려는 생산시점에서 부산물의 가치를 인식하고 있다)

가. 주산물A 매출액	₩400,000
나. 부산물 처분가치	₩40,000
다. 주산물A 기말재고	₩25,000
라. 부산물의 추가적인 원가	
– 판매관리비	₩10,000
– 추가가공원가	₩15,000

① ₩250,000
② ₩260,000
③ ₩270,000
④ ₩280,000

40 (주)대한은 제1공정에서 완성된 완성품 전액을 제2공정에 대체하며, 제2공정에서 완성된 전액은 제3공정에 대체하여 최종 공정인 제3공정에서 제품이 완성된다. 5월의 원가자료가 다음과 같은 경우 5월의 완성품제조원가로 옳은 것은?

가. 제1공정 완성품원가	₩3,000,000
나. 제2공정 완성품원가	₩4,000,000
다. 제3공정 월초재공품	₩900,000
라. 제3공정 월말재공품	₩800,000
마. 제3공정 5월 원가발생액	
– 직접재료원가	₩2,000,000
– 가공원가	₩1,500,000

① ₩3,500,000
② ₩7,500,000
③ ₩7,600,000
④ ₩8,400,000

T·E·S·T 15

2019년 5월 시행

기출문제

응시시간 60분

재무회계

01 다음 중 회계에 대한 설명으로 옳지 않은 것은?

① 회계의 목적은 기업의 주요 이해관계자인 투자자, 종업원, 거래처, 채권자 등에게 기업과 관련된 합리적 의사결정에 필요한 유용한 재무정보를 제공하는 것이다.

② 회계는 재무정보시스템에서 산출되는 정보를 이용하는 주된 재무정보이용자의 재무정보 이용목적에 따라 재무회계, 관리회계, 세무회계로 구분한다.

③ 회계가 적용되는 조직의 영리성 유무에 따라 영리회계와 비영리회계로 분류한다.

④ 일정한 원칙에 따라 재화의 증감은 물론, 손익의 발생을 원인별로 계산하는 완전한 기입방법이 단식회계(단식부기)이다. 오늘날 대부분의 기업회계, 정부회계 등은 이러한 단식회계제도를 도입하고 있다.

PART 3

02 결산 결과 당기순이익이 ₩300,000이 계상되었으나, 다음과 같은 결산정리사항이 누락되었다. 이를 반영한 후의 정확한 당기순이익으로 옳은 것은?(단, 보험료는 지급할 때 비용 계정으로, 임대료는 받을 때 수익 계정으로 처리하였다)

가. 보험료 선급분	₩5,000
나. 임대료 선수분	₩20,000
다. 이자 미수분	₩15,000
라. 급여 미지급분	₩30,000

① ₩270,000
② ₩290,000
③ ₩300,000
④ ₩330,000

03 다음은 재무상태표 작성 시의 통합 과목 중 하나에 대한 설명이다. 해당 과목의 금액에 있어서 변화를 초래하는 거래로 옳은 것은?

> 보유하고 있는 현금과 요구불예금 및 유동성이 매우 높은 단기투자자산으로서 확정된 금액의 현금으로 전환이 용이하고 가치변동의 위험이 경미한 자산

① 상품 ₩100,000을 외상으로 구입하다.
② 비품 ₩100,000을 매각하고 대금은 월말에 받기로 하다.
③ 보통예금 ₩1,000,000을 인출하여 1년 만기 정기예금하다.
④ 자기앞수표 ₩100,000을 ₩10,000권 지폐 10매로 교환해 오다.

04 다음 중 자본변동표를 통해 변동 내용을 알 수 없는 재무정보는?

① 납입자본
② 이익잉여금
③ 비유동자산
④ 기타자본요소

05 다음 중 현금및현금성자산에 관한 설명으로 옳지 않은 것은?

① 현금및현금성자산에는 은행에 예탁한 현금인 보통예금과 당좌예금도 포함된다.
② 현금성자산은 큰 거래비용 없이 현금으로 전환이 용이하고, 이자율변동에 따른 가치변동의 위험이 중요하지 않으며, 취득 당시 만기 또는 상환일이 3개월 이내에 도래하는 금융상품을 말한다.
③ 현금에는 자기앞수표, 송금수표, 우편환증서 등과 같은 통화대용증권도 포함된다.
④ 금융자산 중 현금성자산의 요건을 충족하지 못하는 경우에는 6개월을 기준으로 단기금융자산으로 분류된다.

06 다음 중 투자부동산에 해당하는 자산으로 적합하지 않은 것은?

① 임대수익을 목적으로 보유하고 있는 건물
② 장기 시세차익 목적으로 보유하고 있는 토지
③ 자가사용 목적으로 건설 또는 개발 중인 부동산
④ 운용리스로 제공하기 위하여 보유하는 미사용건물

07 (주)대한은 20X1년 초에 장기 임대수익을 얻을 목적으로 건물을 ₩200,000에 구입하였다. 20X1년 12월 31일과 20X2년 12월 31일 현재의 공정가치는 각각 ₩360,000과 ₩300,000이다. 동 건물에 대하여 공정가치모형을 적용할 경우 20X2년도 당기손익에 영향을 미치는 금액은 얼마인가?(단, 감가상각이 필요할 경우에는 건물의 내용연수 10년, 잔존가치는 없으며, 정액법으로 처리한다)

① ₩120,000　　② ₩100,000
③ ₩80,000　　④ ₩60,000

08 다음 중 기업의 주된 영업활동인 재화의 판매나 용역의 제공 이외의 거래에서 발생하는 채권·채무로만 구성된 것은 어느 것인가?

① 미수금, 미지급금
② 매출채권, 미지급금
③ 미수금, 매입채무
④ 매출채권, 매입채무

09 다음 거래에서 어음상의 채권이 소멸되는 거래를 모두 고른 것은?(단, 어음의 배서양도 및 할인거래는 모두 매각거래로 처리한다)

가. 거래처에서 상품 ₩200,000을 매입하고, 대금은 1개월 후 만기의 약속어음을 발행하여 지급하다.
나. 거래처로부터 받은 약속어음 ₩300,000이 만기일에 회수되어 당좌예금에 입금되었다는 통지를 받다.
다. 거래처에 상품 ₩500,000을 매출하고, 대금은 동점발행 상공상점 인수의 환어음으로 받다.
라. 거래처에서 받은 약속어음 ₩400,000을 거래 은행에서 할인받고, 할인료 ₩20,000을 차감한 실수금은 당좌예입하다.

① 가, 다　　② 가, 라
③ 나, 다　　④ 나, 라

10 다음 받을어음과 지급어음에 대한 내용으로 옳지 않은 것은?

① 상품을 매출하고 그 대금으로 약속어음 또는 환어음을 받아 어음상의 채권이 발생하면 받을어음 계정의 차변에 기입하고, 만기일에 어음대금을 회수하거나 어음의 배서양도, 어음의 할인 등으로 어음상의 채권이 소멸하면 받을어음 계정의 대변에 기입한다.

② 법적 구분에도 불구하고 약속어음이든 환어음이든 수취인은 교부받은 어음금액을 지급어음(매입채무)으로, 발행인(약속어음의 경우)이나 지급인(환어음의 경우)은 발행된 어음금액을 받을어음(매출채권)으로 회계처리한다.

③ 환어음이란 발행인이 일정한 금액을 만기일에 어음 수취인에게 지급하도록 지명인에게 의뢰한 증서로 거래관계자는 발행인, 수취인, 지명인(지급인) 3인이다.

④ 상품매입 대금으로 약속어음을 발행하여 지급하거나, 매입처가 발행한 환어음을 인수한 경우에는 지급어음 계정의 대변에 기입하고, 나중에 어음대금을 지급하면 지급어음 계정의 차변에 기입한다.

11 다음은 (주)상공의 20X1년 9월 상품 매매내역이다. 이를 기초로 매출총이익을 계산하면 얼마인가?(단, 원가흐름가정은 이동평균법을 가정한다)

상품 매매내역

• 9월 1일 전월이월	200개	@₩100
• 9월 10일 매 입	200개	@₩200
• 9월 22일 매 출	250개	@₩300

① ₩20,000　② ₩37,500
③ ₩45,000　④ ₩75,000

12 다음 중 유형자산의 취득원가에 포함되는 항목으로 옳은 것만을 〈보기〉에서 있는 대로 고른 것은?

〈보 기〉

ㄱ. 유형자산의 건설과 직접적으로 관련되어 발생한 종업원급여
ㄴ. 설치장소 준비 원가
ㄷ. 유형자산이 정상적으로 작동되는지 여부를 시험하는 과정에서 발생하는 원가
ㄹ. 유형자산과 관련된 산출물에 대한 수요가 형성되는 과정에서 발생하는 가동손실
ㅁ. 유형자산 설치 관련 전문가에게 지급하는 수수료

① ㄱ, ㄷ, ㄹ　② ㄱ, ㄴ, ㄷ, ㅁ
③ ㄱ, ㄴ, ㄹ　④ ㄴ, ㄷ, ㄹ, ㅁ

13 (주)상공은 신약 개발과 관련하여 발생한 개발비 ₩300,000이 무형자산의 요건을 충족하여 20X1년 1월 1일부터 개발비로 기록한 후 정액법(내용연수 : 5년)으로 상각해오고 있는 중에 20X3년 1월 1일에 이 신약 제조기술에 대해서 성공적으로 특허권을 취득하고, 그 비용으로 ₩700,000을 지출하였다. 특허권의 취득원가로 기록할 금액은 얼마인가?

① ₩180,000
② ₩700,000
③ ₩820,000
④ ₩1,000,000

14 다음은 금융자산과 금융부채 및 지분상품에 대한 용어정의 및 표시에 관한 내용이다. 옳지 않은 것은?

① 미래에 현금을 수취할 계약상 권리에 해당하는 금융자산과 이에 대응하여 미래에 현금을 지급할 계약상 의무에 해당하는 금융부채의 일반적인 예는 매출채권과 매입채무, 받을어음과 지급어음, 대여금과 차입금, 투자사채와 사채 등이 있다.
② 금융상품의 다른 유형으로는 수취하거나 포기하여야 할 경제적 효익이 현금 외의 금융자산으로 이루어지는 경우이다. 이러한 예로는 국채지급어음을 들 수 있다. 국채는 발행자인 정부가 현금을 지급할 의무를 나타내므로 금융자산이다. 따라서 당해 어음은 보유자와 발행자에게 각각 금융자산과 금융부채이다.
③ 실물자산(예 재고자산, 유형자산), 리스자산과 무형자산 (예 특허권, 상표권)은 금융자산이다.
④ 자기지분상품은 취득한 이유에 관계없이 금융자산으로 인식할 수 없다. 기업이 취득한 자기지분상품은 자본에서 차감하도록 하고 있다.

PART 3

15 다음 중 사채에 표시된 액면이자율이 시장이자율보다 낮을 때의 사채발행방법으로 옳은 것은?(단, 사채발행비는 없다고 가정한다)

① 할인발행
② 할증발행
③ 액면발행
④ 시차발행

16 다음은 (주)상공기업의 종업원 퇴직금에 대한 내용이다. 이에 대한 분개로 옳은 것은?

> 확정급여제도를 채택하고 있는 (주)상공은 A종업원에 대한 퇴직금 ₩1,000,000을 사외적립자산을 활용하여 지급하였다.

① 분개 없음

②	(차) 퇴직급여	1,000,000	(대) 사외적립자산	1,000,000
③	(차) 확정급여채무	1,000,000	(대) 임의적립금	1,000,000
④	(차) 확정급여채무	1,000,000	(대) 사외적립자산	1,000,000

17 다음 중 거래형태별 수익인식 시점에 대한 설명으로 옳은 것은?

① 이자수익은 현금을 수취하는 시점
② 재화의 판매는 대금이 회수되는 시점
③ 상품권을 이용한 판매의 수익은 상품권을 판매하는 시점
④ 배당금수익은 받을 권리가 확정되는 시점

18 다음은 (주)상공의 상품매매와 관련된 거래이다. 이를 회계처리한 후 나타나는 재무상태표 계정의 변화에 대한 설명으로 옳은 것은?

> 가. 거래처에 상품 ₩100,000을 매출하고 대금은 신용카드로 결제하다.
> 나. 판매용 책상 ₩100,000을 구입하고 대금은 신용카드로 결제하다.

① 비품 ₩100,000 증가
② 미수금 ₩100,000 증가
③ 미지급금 ₩100,000 증가
④ 외상매출금 ₩100,000 증가

19 (주)상공의 거래를 분개할 때 현금 계정이 나타나지 않는 것은?

① 임대료 ₩50,000을 거래처발행 당좌수표로 받다.
② 비품 ₩50,000을 구입하고 자기앞수표로 지급하다.
③ 상품 ₩50,000을 매출하고 당점발행 당좌수표로 받다.
④ 결산일에 현금의 장부금액보다 현금의 실제액이 ₩50,000 부족함을 발견하다.

20 특수매매의 회계처리에 대한 설명으로 옳은 것은?

① 상품권 판매의 경우 상품권을 발행한 날 매출 계정으로 처리한다.
② 시용판매의 경우 상품을 고객에게 인도한 날 매출 계정으로 처리한다.
③ 위탁판매의 경우 수탁자에게 상품을 발송한 날 매출 계정으로 처리한다.
④ 단기 할부판매의 경우 상품을 인도한 날 매출 계정으로 처리한다.

원가회계

21 **제조원가에 속하는 원가 항목으로 옳지 않은 것은?**

① 공장 청소사원의 노무원가와 식대
② 제조를 위한 기계장치의 감가상각비, 수리비
③ 생산부서의 시간 외 야근수당, 야근식대
④ 영업부서의 급여, 인센티브

22 **다음 중 원가(cost)에 대한 설명으로 옳지 않은 것은?**

① 원가란 목적을 위한 수단으로서 상이한 목적에 따라 상이한 원가를 적용할 수 있다.
② 원가 중 기업의 수익획득에 기여하지 못하고 소멸된 부분은 비용으로, 수익획득에 기여하고 소멸된 부분은 손실로 처리한다.
③ 원가 중 기업의 수익획득에 아직 사용되지 않은 부분은 자산, 즉 미소멸원가이다.
④ 원가란 특정 재화 및 용역을 얻거나 생산하기 위하여 치른 경제적 자원의 희생을 화폐단위로 측정한 것이다.

23 **다음 중 제조간접원가에 관한 설명으로 옳은 것은?**

① 기초원가 또는 기본원가라고 한다.
② 모든 공장 노무원가를 포함한다.
③ 변동원가가 될 수도 있고 고정원가가 될 수도 있다.
④ 특정제품에 소비된 원가를 추적할 수 있기 때문에 직접 부과한다.

24 다음은 공통원가배분의 전형적인 기준에 대한 설명이다. 이 중 성격이 다른 것은?

① 인과관계기준　　② 수혜기준
③ 부담능력기준　　④ 원가행태기준

25 (주)대한공업사의 9월 중 A주요재료에 관한 자료는 다음과 같다. 9월 말 재료감모손실액을 회계처리한 결과로 옳은 것은?(단, 감모량 중 6개는 정상분이고 나머지는 비정상분으로 발생한 것이다)

가. 월초재고수량	250개
나. 당월매입수량	1,250개
다. 월말장부재고량	300개
라. 월말실제재고량	280개

(단, 장부상의 단위당 원가는 @₩500이다)

①	(차) 재공품	3,000	(대) 재료감모손실	10,000
	손 익	7,000		
②	(차) 제조간접원가	3,000	(대) 재료감모손실	10,000
	손 익	7,000		
③	(차) 제조간접원가	10,000	(대) 재료감모손실	10,000
④	(차) 손 익	10,000	(대) 재료감모손실	10,000

26 (주)상공의 당월 중에 제조부문원가 예정배부액은 ₩55,000이고, 당월 말에 제조부문원가 실제배부액은 ₩50,000인 것으로 밝혀졌다. 이 차이를 조절하기 위한 적절한 분개로 옳은 것은?

①	(차) 보조부문원가	5,000	(대) 제조부문원가	5,000
②	(차) 제조부문원가	5,000	(대) 부문원가배부차이	5,000
③	(차) 제조부문원가	5,000	(대) 보조부문원가	5,000
④	(차) 부문원가배부차이	5,000	(대) 제조부문원가	5,000

27 두 개의 제조부문(제1부문과 제2부문)을 이용하여 제품을 생산하고 있는데, 직접노동시간을 기준으로 제조간접원가를 배부하고 있다. 공장전체 배부율을 사용하는 경우와 부문별 배부율을 사용하는 경우 각각에 대하여 제품A의 제조간접원가 배부액을 계산하면 얼마인가?

구 분	제1부문	제2부문	합 계
부문원가	₩12,000	₩16,000	₩28,000
직접노동시간	600시간	400시간	1,000시간
제품A	45시간	55시간	100시간

	공장전체 배부율 사용	부문별 배부율 사용
①	₩3,400	₩3,100
②	₩3,100	₩3,320
③	₩2,800	₩3,100
④	₩2,800	₩3,080

PART 3

28 다음 원가배부의 기준 중 공장에서 발생하는 제조간접원가를 각 제품생산에 소요된 직접노동시간을 기준으로 배부하는 경우에 해당하는 것으로 옳은 것은?(단, 제조간접원가는 직접노동시간과 비례관계에 있다)

① 효익수혜기준 ② 공정성과 형평성기준
③ 부담능력기준 ④ 인과관계기준

29 부문원가 내역과 용역수수관계는 다음과 같다. 직접배부법에 의하는 경우 제조부문2에 배분될 보조부문의 부문원가 총액을 계산하면 얼마인가?

제공 \ 사용	제조부문		보조부문	
	제조부문1	제조부문2	동 력	용 수
발생원가	₩100,000	₩30,000	₩75,000	₩60,000
동 력	50%	25%	–	25%
용 수	40%	40%	20%	–

① ₩55,000 ② ₩60,000
③ ₩75,000 ④ ₩80,000

30 개별원가계산에 대한 설명으로 옳지 않은 것은?

① 직접원가는 작업별로 직접 추적하고 간접원가는 배부기준에 따라 배부하여 제품이나 서비스의 원가를 계산한다.
② 조선업이나 건설업 등과 같이 수요자의 주문에 따라 제품을 생산하는 업종에서 주로 사용된다.
③ 직접재료원가, 직접노무원가, 제조간접원가 모두를 실제원가로 계산하는 것을 실제개별원가계산이라 한다.
④ 직접재료원가, 직접노무원가, 제조간접원가 모두를 예정배부율을 사용해 예정원가로 계산하는 것을 정상개별원가계산이라 한다.

31 결합제품 A와 B를 생산하였다. A와 B의 단위당 판매가격은 각각 ₩1,000과 ₩1,200이고, 생산량은 각각 400개와 1,200개이었다. 결합제품 A에 배부될 결합원가가 ₩50,000일 때, 결합제품 B에 배부될 결합원가는 얼마인가?(단, 물량기준법을 적용하여 결합원가를 배부한다)

① ₩140,000　　② ₩150,000
③ ₩160,000　　④ ₩170,000

32 다음 자료를 이용하여 평균법에 의한 완성품환산량 단위당 원가를 계산하면 얼마인가?(단, 모든 제조원가는 공정 전반에 걸쳐 균등하게 발생한다)

가. 월초재공품원가	₩150,000
나. 당월총제조원가	₩600,000
다. 완성품수량	100개
라. 월말재공품의 완성품환산량	50개

① ₩5,000　　② ₩6,000
③ ₩7,500　　④ ₩15,000

33 다음 (　) 안에 알맞은 것은?

제품생산이 복수의 공정에 의하여 이루어지는 공정별 원가계산에서 1공정에서 2공정으로 투입되는 완성품을 (　　)(이)라고 한다.

① 1공정 완성품　　② 2공정 완성품
③ 전공정 대체품　　④ 차공정 대체품

34 (주)상경의 다음 자료에 의하면 매출총이익은 얼마인가?(단, 기초제품은 ₩35,000, 기말제품은 ₩44,000이며, 매출액은 ₩1,000,000이다)

재공품

기초재공품	62,000	당기제품제조원가	( )
직접재료원가	180,000	기말재공품	48,000
직접노무원가	240,000		
제조간접원가	160,000		

① ₩585,000 ② ₩594,000
③ ₩415,000 ④ ₩435,000

35 부문별 원가를 배부하는 순서에 대한 다음의 설명 중 옳은 것은?

① 특정한 배부순서가 없다.
② 제품에 배분, 그 다음에는 원가중심점에 배부한다.
③ 원가중심점에 배부, 보조부문에서 제조부문으로 배부, 그 다음에 제품에 배부한다.
④ 제조부문에 배부, 제조부문에서 보조부문으로 배부, 그 다음에 제품으로 배부한다.

36 다음은 선진공업사의 연초에 각 부문별로 자기부문에서 발생하리라고 추정한 연간 제조간접원가 예산액 및 예정배부기준과 예상시간 총 수와 관련된 자료이다. 제조1부문과 제조2부문의 예정배부율을 계산한 것으로 옳은 것은?(단, 보조부문원가 배부는 직접배부법, 제조부문원가 배부는 예정배부법에 의한다)

용역사용 / 용역제공	제조부문		보조부문		합 계
	제조1부문	제조2부문	동력부문	수선부문	
자기부문발생액(원)	500,000	400,000	300,000	200,000	1,400,000
동력부문	40%	40%	–	20%	100%
수선부문	30%	30%	40%	–	100%

제조부문별 예정배부기준 및 연간 예상시간 총 수는 다음과 같다.
가. 제조1부문원가 : 기계작업시간, 연간 1,000시간
나. 제조2부문원가 : 직접노동시간, 연간 500시간

① 단가 ₩680, 단가 ₩1,080 ② 단가 ₩680, 단가 ₩1,160
③ 단가 ₩750, 단가 ₩1,300 ④ 단가 ₩750, 단가 ₩1,680

37 다음은 제조기업인 (주)대한의 회계자료 중 일부이다. 제조간접원가에 포함될 금액은 얼마인가?

• 원재료구입액	₩200,000	• 보험료(공장화재보험)	₩1,500
• 생산직원 임금	₩50,000	• 보험료(판매차량보험)	₩500
• 관리부서 식대	₩5,000	• 지급임차료(생산설비)	₩1,500
• 생산부서 식대	₩8,000	• 광고선전비	₩2,000
• 감가상각비(공장)	₩2,000	• 수선비(공장 시설)	₩1,100
• 감가상각비(영업물류시설)	₩1,000	• 수선비(관리부인테리어)	₩800

① ₩14,100
② ₩15,900
③ ₩24,100
④ ₩25,900

38 다음은 개별원가계산의 절차이다. ㉮, ㉯에 들어갈 내용으로 옳지 않은 것은?

제1단계 (　　) 원가계산	→	제2단계 부문별 원가계산	→	제3단계 (　　) 원가계산
㉮		• 부문개별원가는 부문에 직접 부과 • 보조부문원가는 제조부문에 배부 • 제조부문원가는 각 제품에 배부		㉯

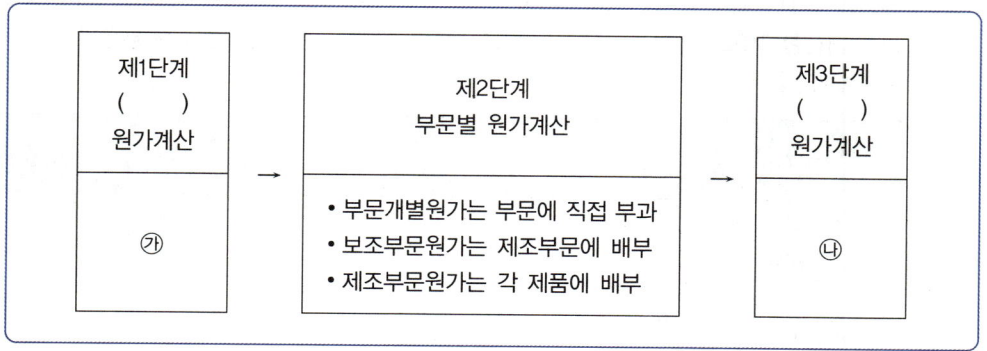

① ㉮ 재료원가, 노무원가, 경비의 요소별 집계
② ㉮ 부문공통원가는 배부기준에 따라 배부
③ ㉯ 제조지시서별 원가를 집계하여 재공품 계정에 집계
④ ㉯ 완성된 것은 제품 계정으로 대체

39 다음은 (주)상공의 재공품 계정에 대한 자료이다. 기본원가를 계산한 금액으로 옳은 것은?

가. 기초재공품	₩100,000
나. 직접재료원가	₩500,000
다. 기말재공품	₩200,000
라. 완성품(당기제품제조원가)	₩1,000,000

(단, (주)상공은 직접노무원가의 50%를 제조간접원가로 배부한다)

① ₩600,000
② ₩800,000
③ ₩900,000
④ ₩1,000,000

40 (주)상공은 월중에 절단부문비 ₩100,000과 조립부문원가 ₩120,000을 예정배부하였다. 월말에 집계된 부문원가의 실제발생액은 절단부문 ₩80,000과 조립부문 ₩90,000으로 집계되었다. 부문원가 실제발생액을 인식하는 분개로 옳은 것은?

	차변	금액	대변	금액
①	(차) 재공품	170,000	(대) 절단부문원가	80,000
			조립부문원가	90,000
②	(차) 제조간접원가	170,000	(대) 절단부문원가	80,000
			조립부문원가	90,000
③	(차) 절단부문원가	80,000	(대) 재공품	170,000
	조립부문원가	90,000		
④	(차) 절단부문원가	80,000	(대) 제조간접원가	170,000
	조립부문원가	90,000		

TEST 16

2019년 2월 시행

기출문제

응시시간 60분

재무회계

01 5전표제를 채택하고 있는 (주)상공기업이 상품 ₩100,000을 매입하고 대금은 현금으로 지급하였다. 발행해야 할 전표를 모두 나열한 것으로 옳은 것은?

① 출금전표
② 대체전표
③ 대체전표, 매입전표
④ 출금전표, 매입전표

02 간접법에 의한 현금흐름표를 작성할 때 영업활동으로 인한 현금흐름에 가산할 항목으로 분류되는 것으로 옳은 것은?

가. 매출채권의 감소	나. 유형자산의 처분
다. 재고자산의 감소	라. 단기차입금의 차입

① 가, 나
② 가, 다
③ 나, 다
④ 다, 라

03 다음 자료를 이용하여 유통업을 영위하는 (주)상공의 영업활동으로 인한 현금흐름을 계산하면 얼마인가?

가. 당기순이익	₩10,000,000
나. 감가상각비	₩500,000
다. 유형자산(장부금액 ₩900,000)의 처분금액	₩1,000,000
라. 은행차입금의 상환	₩2,000,000
마. 무형자산상각비	₩300,000
바. 퇴직급여부채의 증가	₩200,000

① ₩10,800,000
② ₩10,900,000
③ ₩11,000,000
④ ₩11,800,000

04 다음 자료에 의하여 (주)상공의 결산 시 수정분개로 옳은 것은?

> 결산시점 현금과부족 계정 대변잔액은 ₩80,000이다. 그 원인을 파악한 결과 종업원식대 ₩36,000을 현금으로 지급한 분개가 이중 기입되었음을 확인하고, 나머지는 원인을 알 수 없어 이를 정리하다.

①	(차) 복리후생비	36,000	(대) 현금과부족	80,000
	잡손실	44,000		
②	(차) 현금과부족	80,000	(대) 복리후생비	36,000
			잡이익	44,000
③	(차) 현금과부족	80,000	(대) 접대비	36,000
			잡이익	44,000
④	(차) 현금과부족	80,000	(대) 복리후생비	36,000
			현 금	44,000

05 다음은 (주)상공의 20X1년도 말 자산내역 중 일부이다. 현금및현금성자산에 해당하는 금액은 얼마인가?

가. 지폐와 동전	₩40,000
나. 양도성예금증서(180일 만기)	₩50,000
다. 타인발행 당좌수표	₩120,000
라. 배당금지급통지표	₩30,000
마. 일반 상거래상의 약속어음(만기 : 20X3년 2월 28일)	₩100,000
바. 만기가 1년 후인 정기예금	₩150,000
사. 만기가 2개월 이내인 채권(20X1년 12월 20일 취득)	₩200,000

① ₩470,000
② ₩420,000
③ ₩390,000
④ ₩320,000

06 다음 중 금융자산에 대한 설명으로 옳지 않은 것은?

① 금융자산의 정형화된 매입 또는 매도는 매매일이나 결제일에 인식하거나 제거한다.
② 금융자산을 재분류하는 경우에 그 재분류를 최초 취득일로부터 소급법을 적용한다.
③ 당기손익-공정가치측정금융자산의 취득 시 거래원가는 지출시점에 비용으로 인식한다.
④ 금융자산을 관리하는 사업모형을 변경하는 경우에는 이로 인해 영향 받는 모든 금융자산을 재분류해야 한다.

07 전자제품 매매업을 하는 상공상사가 본사 확장이전을 목적으로 건물구입계약을 체결하고 계약금을 지급한 경우 회계처리해야 할 계정과목으로 옳은 것은?

① 투자부동산
② 건 물
③ 건설중인자산
④ 구축물

08 투자부동산으로 분류해야 하는 것으로 옳은 것은?

① 자가사용부동산
② 제품생산에 사용하는 부동산
③ 장기 시세차익을 얻기 위하여 보유하는 부동산
④ 정상적인 영업활동 과정에서 판매를 목적으로 보유하는 부동산

09 (주)상공의 매출처원장에 대한 설명으로 옳지 않은 것은?

〈매출처원장〉

대한상점

1/1	전기이월	300,000	10/11	현 금	200,000
9/10	매 출	500,000			

민국상점

1/1	전기이월	200,000	11/25	현 금	500,000
8/10	매 출	400,000			

① 9월 10일 현재 외상매출금 계정의 잔액은 ₩1,400,000이다.
② 10월 11일 대한상점의 외상매출금 회수액은 ₩200,000이다.
③ 11월 25일 현재 외상매출금 계정의 잔액은 ₩100,000이다.
④ 8월 10일 민국상점의 외상매출금 미회수액은 ₩600,000이다.

10 (주)상공의 (가) ~ (다) 거래를 분개할 경우, 대변 계정과목으로 옳은 것은?

(가) 삼양식당에서 경리부 직원의 야근식비 ₩100,000을 법인신용카드로 결제하다.
(나) 삼양식당에서 단기차입한 ₩1,000,000을 3개월 만기어음으로 발행하여 상환하다.
(다) 삼양식당이 토지 ₩20,000,000을 매입하고 2개월 후에 지급하기로 하다.

① 외상매입금
② 미지급금
③ 복리후생비
④ 단기차입금

11 대여금과 차입금, 미수금과 미지급금에 대한 설명이다. 옳지 않은 것은?

① 기업이 상품 이외의 자산을 외상으로 처분한 경우에 발생한 채권은 미수금 계정의 차변에 기입한다.

② 기업이 종업원이나 거래처 등으로부터 차용증서를 받고 1년 이내에 회수하는 조건으로 현금 등을 빌려준 경우 단기대여금 계정의 대변에 기입한다.

③ 기업이 자금 융통을 위하여 차용증서를 써주고 거래처나 은행 등으로부터 현금을 차입하고, 1년 이내에 갚기로 한 경우 단기차입금 계정의 대변에 기입한다.

④ 기업이 상품 이외의 자산을 외상으로 매입한 경우에 발생한 채무는 미지급금 계정의 대변에 기입한다.

12 (주)대망은 20X1년 8월 5일에 발생한 화재로 인하여 모든 재고자산이 소실되었다. 20X1년 1월 1일부터 8월 5일까지의 확인된 자료는 다음과 같다. 매출총이익률이 30%라면 화재로 인해 소실된 재고자산은 얼마인가?

가. 1월 1일 기초재고자산	₩300,000
나. 8월 5일까지의 순매출액	₩2,000,000
다. 8월 5일까지의 총매입액	₩1,500,000
라. 8월 5일까지의 매입환출액	₩20,000

① ₩200,000　② ₩280,000

③ ₩300,000　④ ₩380,000

13 다음은 (주)상공이 건물을 신축하기 위하여 (주)서울로부터 구입한 건물을 철거한 자료이다. 토지의 취득원가를 계산한 것으로 옳은 것은?

가. 구입금액 : 구건물 ₩50,000,000, 토지 ₩30,000,000
나. 소유권이전 제비용 : ₩500,000
다. 건물철거비용 : ₩1,000,000
라. 구건물 철거부수입 : ₩500,000
마. 신건물 설계비 : ₩800,000

① ₩30,000,000　② ₩31,000,000

③ ₩80,000,000　④ ₩81,000,000

14 무형자산의 취득원가에 대한 설명으로 옳지 않은 것은?

① 구입가격에 자산을 의도한 목적에 사용할 수 있도록 준비하는데 직접 관련되는 원가를 가산한다.

② 무형자산과 기타자산을 일괄 취득한 경우, 자산의 공정가치에 비례하여 배분한 금액을 취득원가로 한다.

③ 정부보조금에 의해 무형자산을 무상 또는 공정가치보다 낮은 대가로 취득한 경우, 취득원가를 공정가치로 할 수 있다.

④ 무형자산을 취득한 후에 이를 사용하거나 재배치하는데 발생하는 원가는 취득원가에 포함한다.

15 (주)상공은 주주총회에서 미처분이익잉여금을 아래와 같이 처분하기로 의결하였다. 배당금과 이익준비금을 계산한 것으로 옳은 것은?

> 가. 자본금은 ₩100,000,000이다.
> 나. 현금배당 5%
> 다. 이익준비금은 법정 최소금액을 적립한다.
> 라. 당기순이익이 ₩10,000,000이다.

	배당금	이익준비금
①	₩10,000	₩100,000
②	₩50,000	₩500,000
③	₩100,000	₩10,000
④	₩500,000	₩50,000

16 비용의 인식에 대한 설명으로 옳지 않은 것은?

① 자산의 경제적 효익의 감소, 소멸이 명백할 때 비용으로 인식한다.

② 비용은 수익을 창출하는 과정에서 희생된 자원으로서 순자산의 감소를 초래한다.

③ 수익과 비용을 대응시키는 방법에는 직접대응, 체계적이고 합리적인 배분 및 즉시 비용화가 있다.

④ 미래 경제적 효익이 기대되지 않는 지출은 비용으로 인식할 수 없다.

17 재무제표 분석기법 중 추세분석에 대한 설명으로 옳은 것은?

① 수직적분석이라고도 한다.

② 기업 간의 회계처리 방법에 차이가 있어도 추세분석을 통해 비교가능하다.

③ 연속되는 몇 회계기간의 자료를 비교함으로써 기업의 상태를 파악하는 것이다.

④ 한 기간의 재무제표를 구성하는 각 재무제표항목의 상대적인 크기를 백분율로 표시하여 비교분석하는 것이다.

18 수익은 기업이 고객에게 약속한 재화나 용역의 이전을 나타내도록 해당 재화나 용역의 대가로 받을 권리를 갖게 될 것으로 예상하는 대가를 반영한 금액으로 인식해야 한다. 수익을 인식하기 위한 올바른 순서는?

> 가. 고객과의 계약을 식별
> 나. 수행의무를 식별
> 다. 거래가격을 산정
> 라. 거래가격을 계약 내 수행의무에 배분
> 마. 수행의무를 이행할 때 수익을 인식

① 가, 나, 다, 라, 마
② 가, 다, 라, 나, 마
③ 나, 가, 다, 라, 마
④ 나, 다, 라, 가, 마

19 다음은 상공(주)가 매출채권의 손상(대손)추정을 위해 확보한 자료이다. 결산수정분개 시 차변에 기입될 손상차손(= 대손상각비) 금액으로 옳은 것은?

〈결산수정분개 반영 전 시산표 자료〉

- 매출채권 총액 : ₩570,000
- 손실(대손)충당금 잔액 : ₩5,000

〈연령분석법에 의한 손상(대손)추정 자료〉

매출채권	손상(대손)추정률(%)
₩500,000	0.5
₩50,000	5
₩10,000	10
₩10,000	20

① ₩1,000
② ₩2,500
③ ₩3,000
④ ₩5,500

20 다음 중 주식수의 변동과 관련된 설명으로 옳은 것은?

① 회계기간 중의 주식분할은 희석주당순이익의 크기에 영향을 주지 못한다.
② 회계기간 중의 주식분할은 납입자본의 증가를 초래한다.
③ 회계기간 중의 주식배당은 총주식수의 변동을 초래한다.
④ 회계기간 중의 주식배당은 1주당 액면금액을 변동시킨다.

원가회계

21 **원가에 대한 설명으로 옳지 않은 것은?**

① 경제적 가치가 없는 재화나 용역의 소비(예 공기 등) 또는 경제적 가치가 있다 하더라도 화폐적 가치를 지니고 있지 않은 재화나 용역의 소비는 원가가 될 수 없다.
② 경영과정에서 소비되는 모든 재화나 용역의 경제적 가치가 원가로 되는 것은 아니다.
③ 원가는 정상적인 경영과정에서 발생된 가치의 소비를 말한다.
④ 비정상적 또는 우발적으로 발생한 가치의 감소 및 과다소비는 원가에 포함한다.

22 **다음은 원가를 행태(cost behavior)에 따라 분류하여 설명한 것이다. 설명하는 원가로 옳은 것은?**

> 조업도의 변화에 따라 그 총액이 변동하는 원가를 말한다. 즉, 단위당 원가는 조업도가 변화하더라도 항상 일정하다.

① 준변동원가 ② 준고정원가
③ 변동원가 ④ 고정원가

23 **원가에 관련된 설명으로 옳지 않은 것은?**

① 원가대상(cost object)이란 원가를 부담하는 목적물을 의미하는 것으로 특정제품이나 부문 등이 그 예이다.
② 특정 원가대상에 추적 가능한 원가를 직접원가라고 한다.
③ 다양한 제품을 만드는 공장의 공장건물 감가상각비는 직접원가의 예이다.
④ 최근에는 활동(activities)이 중요한 원가대상이 되고 있다.

24 다음은 (주)상공의 개별원가계산에 의한 제품생산 원가자료이다. 20X1년 초 제품재고액이 ₩1,000,000, 20X1년 말 제품재고액이 ₩1,300,000일 때 20X1년도 손익계산서에 계상될 매출원가는 얼마인가?(단, 당기에 작업지시서 #102는 완성되었으나, 작업지시서 #101은 아직 완성되지 않았다)

구 분	작업지시서 #101	작업지시서 #102
기초재공품	–	₩500,000
직접재료원가	₩300,000	₩200,000
직접노무원가	₩400,000	₩100,000
제조간접원가	₩200,000	₩200,000

※ 기초재공품 ₩500,000은 작업지시서 #102에 해당한다.

① ₩200,000
② ₩600,000
③ ₩700,000
④ ₩1,000,000

25 부문별 원가계산의 순서를 바르게 나열한 것은?

(ㄱ) 부문공통원가를 각 부문에 배부한다.
(ㄴ) 부문개별원가를 각 부문에 부과한다.
(ㄷ) 보조부문원가를 제조부문에 배부한다.
(ㄹ) 제조부문원가를 각 제품에 배부한다.

① (ㄱ) → (ㄴ) → (ㄷ) → (ㄹ)
② (ㄴ) → (ㄱ) → (ㄷ) → (ㄹ)
③ (ㄷ) → (ㄴ) → (ㄱ) → (ㄹ)
④ (ㄹ) → (ㄴ) → (ㄱ) → (ㄷ)

26 원가배부의 일반적인 목적에 대한 설명으로 옳지 않은 것은?

① 재고자산 평가와 이익측정을 위한 매출원가를 계산하기 위해 관련된 원가를 재고자산과 매출원가에 배부하여야 한다.
② 개별제품과 직접적인 인과관계가 없는 원가는 제품에 배부하면 안 된다.
③ 부문경영자나 종업원들이 합리적인 행동을 하도록 하기 위해서는 각 부문이나 활동별로 원가를 배부한다.
④ 제품의 가격결정, 부품의 자가제조 또는 외부구입과 같은 의사결정에 필요한 정보를 제공할 수 있어야 한다.

27 복리후생비를 부문별로 배부할 경우 동력부문으로의 배부액은 얼마인가?

가. 공통부문원가 : 복리후생비 총 발생액 ₩700,000
나. 배부기준 : 종업원 수

항 목	제조부문		보조부문	
	A부문	B부문	동력부문	수선부문
종업원 수	25명	20명	15명	10명

① ₩100,000
② ₩150,000
③ ₩200,000
④ ₩250,000

28 (주)상공의 제조경비 내역이다. 당월의 제조경비 소비액은 얼마인가?(단, 원가계산기간은 1개월이며, 회계기간은 1년이다)

가. 공장건물 화재보험료 1년분	₩600,000
나. 공장건물 임차료 당월 미지급분	₩100,000
다. 기계장치에 대한 당기분 감가상각비	₩1,200,000

① ₩100,000
② ₩150,000
③ ₩200,000
④ ₩250,000

29 (주)상공식품은 제조간접원가를 기계시간 기준으로 배부한다. 제11기 제조간접원가 배부율과 제빵에 배부될 제조간접원가는 얼마인가?

〈제11기 원가자료〉

구 분	합 계	제 빵
원가자료		
직접재료원가	₩3,000,000	₩1,200,000
직접노무원가	₩2,500,000	₩1,050,000
제조간접원가	₩1,800,000	?
배부기준		
직접노동시간	10,000시간	4,500시간
기계시간	6,000시간	3,000시간

	제조간접원가 배부율	제조간접원가
①	@₩0.72	₩756,000
②	@₩0.60	₩720,000
③	@₩180	₩810,000
④	@₩300	₩900,000

30 (주)한국의 A부문은 종합원가계산에 선입선출법을 적용한다. 다음은 20X1년 6월 한 달 동안 원가 관련 자료이다. 직접재료원가는 공정 초기에 전량 투입되며, 가공원가는 완성도에 따라 비례하여 발생한다. 기초재공품의 완성도는 50%이고 기말재공품의 완성도는 50%이다. 20X1년 6월 한 달 동안의 가공원가의 완성품환산량은 얼마인가?

구 분	조립수량	직접재료원가	가공원가
기초재공품(6월 1일)	8	₩4,933,600	₩910,400
20X1년 6월 착수량	50		
20X1년 6월 완성량	46		
기말재공품(6월30일)	12		
20X1년 6월 투입원가		₩32,200,000	₩13,920,000

① 38단위 ② 41단위
③ 43단위 ④ 48단위

31 다음은 공정별 종합원가계산에 대한 설명이다. 옳지 않은 것은?

① 전공정원가의 완성도는 제조진행의 정도에 따라 계산한다.
② 제1공정에서 제2공정으로 대체되는 원가를 전공정원가라고 한다.
③ 전공정 완성품이 다음 공정으로 대체되지 않을 경우에는 반제품 계정에 대체한다.
④ 2개 이상의 제조공정을 거쳐 연속 대량생산하는 기업에서 사용하는 원가계산 방법이다.

32 개별원가계산과 종합원가계산에 대한 설명으로 옳지 않은 것은?

① 종합원가계산의 단위당 원가는 발생한 모든 원가요소를 집계한 당기총제조원가에 기말재공품원가를 가산한 후 그 합계액을 완성품과 기초재공품에 안분계산함으로써 완성품 총원가를 계산하고, 이를 제품단위에 배분하여 산정한다.
② 개별원가계산은 다른 종류의 제품을 개별적으로 생산하는 생산형태에 적용하며, 각 제조지시서별로 원가를 산정한다.
③ 원가의 제품별 계산은 원가요소를 제품단위에 집계하여 단위 제품의 제조원가를 산정하는 절차를 말하며, 이는 생산형태에 따라 개별원가계산방식과 종합원가계산방식 등으로 분류한다.
④ 종합원가계산의 기말재공품의 완성품환산량은 재료의 투입정도 또는 가공정도 등을 고려하여 직접재료원가와 가공원가로 구분하여 산정할 수 있다.

33 **원가는 경제적 효익의 소멸 여부에 따라 소멸원가와 미소멸원가로 분류한다. 옳지 않은 것은?**

① 원가는 재무보고로 제공될 수 있는 정보에 대한 포괄적 제약요인으로서, 원가란 재화나 용역을 얻기 위해서 희생된 경제적 효익을 말한다.
② 자산은 미래 경제적 효익이 기업에 유입될 가능성이 높고 해당 항목의 원가 또는 가치를 신뢰성 있게 측정할 수 있을 때 재무상태표에 인식한다.
③ 비용은 발생된 원가와 특정 수익 항목 간의 가득 간에 존재하는 직접적인 관련성을 기준으로 포괄손익계산서에 인식한다.
④ 어떤 희생을 치름으로써 미래 경제적 효익을 획득할 수 있을 것으로 예상되는 경우, 그 희생을 미래로 이연하는 원가를 소멸원가라 하며 재무상태표에 자산으로 계상한다.

34 **제조간접원가 배부차이의 회계처리에 관한 설명이다. ( ) 안에 들어갈 말을 순서대로 나열한 것은?**

> 제조간접원가는 예정배부액을 기준으로 원가계산을 하므로 실제 발생한 제조간접원가와 차이가 난다. 이때 예정배부한 제조간접원가보다 실제 발생한 제조간접원가가 더 많다면 제조간접원가는 ( )배부한 것이고, 실제 발생한 제조간접원가가 더 적다면 제조간접원가는 ( )배부한 것이다.

① 과대, 과소　　② 과대, 과대
③ 과소, 과대　　④ 과소, 과소

35 **(주)상공은 제조간접원가를 작업지시별로 배부할 때 조립부문은 직접노무원가에 근거한 예정배부율을 사용하고 있다. 조립부문의 제조간접원가 과대(또는 과소)배부액으로 옳은 것은?**

〈조립부문의 원가〉

구 분	예 정	실 제
직접노무원가	₩600,000	₩800,000
제조간접원가	₩1,200,000	₩1,800,000
직접노동시간	30,000시간	32,500시간

① 과대배부 ₩300,000　　② 과소배부 ₩300,000
③ 과대배부 ₩200,000　　④ 과소배부 ₩200,000

36 제조기업의 재고자산에 해당하는 계정을 〈보기〉에서 고른 것은?

〈보 기〉
ㄱ. 원재료　　ㄴ. 재공품
ㄷ. 노무원가　　ㄹ. 제조간접원가

① ㄱ, ㄴ　　② ㄱ, ㄷ
③ ㄴ, ㄹ　　④ ㄷ, ㄹ

37 (주)상공은 20X1년 11월에 발생한 제조간접원가를 집계한 후 원가계산을 위하여 재공품 계정으로 대체하였다. 옳은 회계처리는?

①	(차) 재공품	×××	(대) 제조간접원가	×××
②	(차) 제조간접원가	×××	(대) 재공품	×××
③	(차) 제조간접원가	×××	(대) 제 품	×××
④	(차) 매출원가	×××	(대) 제조간접원가	×××

PART 3

38 (주)상공은 임대공장에서 제조하고 있으며 제조 품목은 의료기와 건강보조기이다. 각 제품에 공장 임차료를 배부하기 위한 원가배부기준으로 가장 옳지 않은 것은?

① 원가대상인 각 제품과의 특정 활동과 관련되는 인과관계에 비례하여 배부하였다.
② 원가대상인 각 제품의 수익성(이익)에 의하여 배부하였다.
③ 원가대상인 각 제품매출액의 크기에 비례하여 배부하였다.
④ 원가대상인 각 제품 크기에 따라 비례하여 배부하였다.

39 다음 자료는 (주)대한의 생산공장에서 발생한 원가이다. (주)대한의 제조간접원가는 얼마인가? (단, 외주가공원가는 제품별로 추적가능하다)

직접재료원가	₩100,000	간접재료원가	₩50,000
직접노무원가	₩200,000	간접노무원가	₩100,000
수선유지비	₩50,000	외주가공원가	₩20,000
수도광열비	₩30,000		

① ₩150,000　　② ₩200,000
③ ₩230,000　　④ ₩250,000

40 다음은 대한공업사의 제조경비에 관한 자료이다. 제조원가에 산입하는 방법에 따른 분류 중 당월에 발생한 지급제조경비의 소비액을 계산한 것으로 옳은 것은?

가. 기계수선비	전월선급액	₩25,000
	당월지급액	₩240,000
	당월말선급액	₩45,000
나. 외주가공원가	전월미지급액	₩50,000
	당월지급액	₩500,000
	당월미지급액	₩80,000

① ₩420,000
② ₩475,000
③ ₩615,000
④ ₩750,000

PART 4

전산회계운용사
2급 필기

정답 및 해설

인생이란 결코 공평하지 않다. 이 사실에 익숙해져라.

– 빌 게이츠 –

TEST 01

2025년 기출복원문제

정답 및 해설

제1과목 재무회계

01	02	03	04	05	06	07	08	09	10
②	②	①	②	②	③	④	②	②	④
11	**12**	**13**	**14**	**15**	**16**	**17**	**18**	**19**	**20**
②	①	③	③	②	③	③	④	②	③

01 재무제표의 종류 : 재무상태표, 포괄손익계산서, 자본변동표, 현금흐름표, 주석

02 ② (차) 보험료(비용의 발생) xxx (대) 선급보험료(자산의 감소) xxx

- 비용의 발생은 당기순손익에 영향을 주어 자본을 감소시킨다.

03
- 세 상품을 800만원에 모두 구매하였다는 것은 상품 A와 B를 함께 구매할 때의 할인가격인 300만원에 상품 C의 가격인 500만원이 합쳐진 가격으로 구매하였다는 것을 의미하므로, 상품 B에 대한 수익은 동시구매 할인가격인 300만원 중 상품 B에 대한 비중으로 구할 수 있다.

$$\therefore \text{상품 B의 수익} = \text{판매수익 300만원} \times \frac{\text{상품 B(300만원)}}{\text{상품 A(100만원)} + \text{상품 B(300만원)}} = \text{225만원}$$

04 토지만 사용할 목적으로 토지와 건물을 일괄구매한 경우로 토지 취득세와 기존건물 철거비는 토지의 취득원가에 가산되는 항목이며, 신규 건물을 건축하면서 발생한 건물 설계비와 건물 공사를 위한 원자재는 현재 건설이 진행 중인 상황이므로 건설중인자산 계정과목으로 처리한다.

05

• 출장비 지급 시	(차) 가지급금	70,000	(대) 현 금	70,000
• 출장비 정산 시	(차) 여비교통비	50,000	(대) 가지급금	70,000
	현 금	20,000		

※ 계정과목이나 금액이 미확정된 상태에서 지급된 출장비는 가지급금 계정으로 처리한다.

06
- 어음할인은 거래의 실질에 따라 매각거래(처분손익 인식)과 차입거래(담보 제공)로 구분한다.
- 매출채권을 매각하면서 회사가 해당 채권에 대해 지속적인 관여를 하는 경우 매출채권의 미래 경제적 효익에 대한 통제권이 여전히 회사에 있다고 판단하여, 매각거래가 아니라고 판단한다.

07 당기손익-공정가치측정금융자산평가이익은 영업외수익에 해당하여 당기순손익에 영향을 주지만 기타포괄손익-공정가치측정금융자산평가이익은 기타포괄손익누계액(자본)에 해당하므로 당기순손익에는 영향을 주지 않는다.

08 • 단기매매 목적이므로 당기손익–공정가치측정금융자산으로 분류한다.
• 7월 1일 최초 측정 공정가치 = 취득주식수 10주 × 취득단가 10,000원 = 100,000원
※ 당기손익–공정가치측정금융자산의 취득과 관련된 거래원가는 당기 비용으로 처리한다.
• 후속측정으로 인한 영향 = 후속측정 400,000원 – 최초측정 100,000원 = 300,000원(평가이익)
∴ 당기손익–공정가치측정금융자산평가이익은 당기손익에 반영되므로 당기손익 300,000원이 증가한다.

09 • 상환청구권이 없는 매출채권의 팩토링 : 매각거래(팩토링 수수료를 매출채권처분손실로 처리)
• 상환청구권이 있는 매출채권의 팩토링 : 차입거래(팩토링 수수료를 이자비용으로 처리)
∴ 매출채권처분손실 = 상환청구권이 없는 매출채권 양도금액 300,000원 × 팩토링 수수료 5% = 15,000원

10 • 상품권과 관련된 수익은 재화를 인도하고 상품권을 회수하는 시점에서 인식하므로 20X1년에 회수된 4매에 대해서만 수익으로 인식한다.
∴ 매출액 = 상품권선수금 400,000원 – 상품권할인액 40,000원 – 현금지급액 50,000원 = 310,000원

11 • 매출채권회전율 500% = 매출액 1,000,000원 ÷ 평균매출채권
∴ 평균매출채권 = 200,000원
• 평균매출채권 200,000원 = (기초매출채권 100,000원 + 기말매출채권) ÷ 2
∴ 기말매출채권 = 300,000원
∴ 회수액(현금유입) = 기초잔액 100,000원 + 당기발생 1,000,000원 – 기말잔액 300,000원 = 800,000원

12 • 자본잉여금 : 자기주식처분이익
• 기타포괄손익누계액 : 기타포괄손익–공정가치측정금융자산평가이익
• 자본조정 : 자기주식, 감자차손, 주식할인발행차금

13 • 단기대여금은 자산 계정이므로 발생 시 차변에 기재한다.

구 분		증 가	감 소
자 산	단기대여금, 미수금	차 변	대 변
부 채	단기차입금, 미지급금	대 변	차 변

14 • 충당부채 = 복구충당부채(가) 1,000원 + 제품보증충당부채(나) 2,000원 = 3,000원
• 구조조정에 대한 의제의무는 다음의 요건을 모두 충족하는 경우에 생긴다.

(1) 기업이 구조조정에 대한 구체적인 공식 계획을 가지고 있으며 적어도 아래에 열거하는 내용을 모두 확인할 수 있어야 한다.
- 구조조정 대상이 되는 사업이나 사업의 일부
- 구조조정의 영향을 받는 주사업장 소재지
- 해고에 따른 보상을 받게 될 것으로 예상되는 종업원의 근무지, 역할, 대략적인 인원
- 구조조정에 필요한 지출
- 구조조정 계획의 실행 시기

(2) 기업이 구조조정 계획의 실행에 착수하였거나 구조조정의 주요 내용을 공표함으로써 구조조정의 영향을 받을 당사자가 기업이 구조조정을 실행할 것이라는 정당한 기대를 갖게 한다.

15 • 금융부채 = 장기차입금 150,000원 + 미지급금 100,000원 = 250,000원

금융자산	현금, 예치금, 매출채권, 대여금, 투자사채, 미수금, 미수수익 등
비금융자산	재고자산, 유형자산, 무형자산, 투자부동산, 선급금, 선급비용 등
금융부채	매입채무, 미지급금, 미지급비용, 차입금, 사채 등
비금융부채	충당부채, 미지급법인세, 선수금, 선수수익 등

16

구 분	주식분할	주식배당	무상증자	주식병합
자본(순자산)	불 변	불 변	불 변	불 변
자본금	불 변	증 가	증 가	불 변
자본잉여금	불 변	불 변	감소가능	불 변
이익잉여금	불 변	감 소	감소가능	불 변
발행주식수	증 가	증 가	증 가	감 소

17 • 사채 장부가액 = 액면가액 10,000원 − 미상각 사채할인발행차금 500원 = 9,500원
∴ 사채상환이익 = 장부가액 9,500원 − 상환가액 8,000원 = 1,500원

18 ④ 포괄손익계산서상 특별손익 항목은 없다.

19 ② 기초의 유통보통주식수에 회계기간 중 취득한 자기주식수 또는 신규 발행된 보통주식수는 각각의 유통기간에 따른 가중치를 고려하여 조정한 보통주식수를 반영한다.

20 • 확정급여형 퇴직연금에 관한 설명이다.
- 확정기여제도 외의 모든 퇴직급여제도는 확정급여제도이다.
- 확정급여채무의 현행가치는 예측단위적립방식을 사용한다.
- 퇴직급여는 당기근무원가와 이자원가의 합으로 계산한다.

제2과목 원가회계

21	22	23	24	25	26	27	28	29	30
①	④	①	①	③	④	②	①	④	①
31	32	33	34	35	36	37	38	39	40
③	④	②	①	③	①	③	④	③	①

21 ① 원가회계는 재무회계 보고서 작성에 필요한 원가 정보를 제공하고 있으나, 재무제표 작성을 주 목적으로 하지 않으며 재무와 관련된 모든 원가에 영향을 준다고 할 수도 없다.

22 • 관리회계의 정보이용자는 경영자 등 기업 내부이해관계자이다.

23 ① 통제가능원가는 단기간에 있어 특정한 경영자가 원가 발생액에 대하여 영향을 미칠 수 있는 원가로 직접재료원가를 예로 들 수 있다. 반면 통제불능원가로는 임차료, 감가상각비 등이 있다.

24 ① 준고정원가에 대한 설명이다.

25 • 기본원가 = 직접재료원가 + 직접노무원가
• 가공원가 = 직접노무원가 + 제조간접원가
∴ 기본원가와 가공원가가 동일하다면, 직접재료원가와 제조간접원가가 동일하다.

26 • 제조활동의 관련성에 따른 분류 : 제조원가, 비제조원가
• 의사결정의 관련성에 따른 분류 : 관련원가, 비관련원가, 기회원가, 매몰원가

27 • 가공원가 800,000원 = 직접노무 + 제조간접(직접노무의 300%)
∴ 직접노무원가 = 200,000원, 제조간접원가 = 600,000원
• 기본원가 350,000원 = 직접재료원가 + 직접노무원가 200,000원
∴ 직접재료원가 = 150,000원

재공품

기 초	300,000	당기제품제조원가	1,000,000
당기총제조원가			
1) 직접재료원가	150,000		
2) 직접노무원가	200,000		
3) 제조간접원가	600,000	기 말	?
	1,250,000		1,250,000

∴ 기말재공품 = 250,000원

28 ① 직접배부법은 어떤 순서로 배부하더라도 제조부문에 배부되는 보조부문원가의 배부액은 일정하다.

29

사용부문 / 제공부문	보조부문		제조부문	
	전력부문	수선부문	조립부문	도색부문
배분 전 원가	₩200,000	₩170,000	₩300,000	₩200,000
전력부문 배부액	(₩200,000)	₩40,000	₩60,000	₩100,000
수선부문 배부액	–	(₩210,000)	₩140,000	₩70,000
배부 후 원가	–	–	₩500,000	₩370,000

30 ① 전력부문 : 각 부문의 전력사용량

31 ③ 조선업, 기계제작업과 같이 개별적인 주문·제작으로 제품을 생산하는 업종에는 개별원가계산제도가 적합하다.

32 • 기말재료원가 = 기말재공품 200개 × 완성도 100% × 단위당원가 800원 = 160,000원
• 기말가공원가 = 기말재공품 200개 × 완성도 80% × 단위당원가 200원 = 32,000원
∴ 기말재공품원가 = 기말직접재료원가 160,000원 + 기말가공원가 32,000원 = 192,000원

33 ② 완성품환산량은 물량단위에 완성도를 반영한 가상적인 수량단위이다. 이때 완성도는 물리적인 완성도가 아니라 원가의 투입정도를 의미한다.

34

		〈2〉 완성품환산량	
〈1〉 물량흐름		재료원가	가공원가
기초재공품	50개		
당기착수량	450개		
	500개		
당기완성품	400개	400개	400개
기말재공품	100개(20%)	100개	20개
	500개	500개	420개
〈3〉 총원가요약			
기초재공품원가		8,000,000원	6,000,000원
당기투입원가		32,000,000원	24,240,000원
총원가		40,000,000원	30,240,000원
완성품환산량		÷ 500단위	÷ 420단위
〈4〉 환산량 단위당 원가		@80,000원	@72,000원

〈5〉 총원가의 배분

완성품원가 (400개 × 80,000원) + (400개 × 72,000원) = 60,800,000원

기말재공품원가 (100개 × 80,000원) + (20개 × 72,000원) = 9,440,000원

35

- 제조간접원가 계정의 차변 금액이 25,000원만큼 더 크다는 것은 부족배부한 것이다.
- 매출원가조정법은 25,000원만큼 매출원가에 가산하여야 하므로 당기순이익이 25,000원만큼 감소한다. 반면, 원가요소별 비례배분법에 의하여 매출원가에 배분하면 15,000원(= 25,000원 × 60,000원/100,000원)만큼 가산하면 되므로 매출원가조정법보다 당기순이익이 10,000원만큼 증가한다.

36

② 정상원가계산에서의 직접재료원가와 직접노무원가는 실제원가를 사용한다.

③ 완성품환산량 단위당 원가를 사용하는 것은 종합원가계산방법이다

④ 정상원가계산방법에서의 직접재료원가도 실제 배부율을 사용한다.

37

- 예정배부율 = 제조간접원가 예산 3,000원 ÷ 예정 직접노무시간 300시간 = 10원/직접노무시간
- 제조간접원가 예정배부액 = 실제 직접노무시간 310시간 × 예정배부율 10원/직접노무시간 = 3,100원

∴ 초과배부액 = 예정배부액 3,100원 − 실제 발생액 3,000원 = 100원

38

구 분	실제원가계산	정상원가계산	표준원가계산
직접재료원가	실제원가	실제원가	표준원가
직접노무원가	실제원가	실제원가	표준원가
제조간접원가	실제원가	예정배부액	표준배부액

39

③ 배부차이를 매출원가에서 전액 조정하는 경우는 매출원가조정법으로 제조간접비 과소배부액은 매출원가에 가산한다.

40

- 상대적 판매가치법 : 분리점에서 개별제품이 갖는 상대적인 판매가치를 기준으로 결합원가를 배분하는 방법

$$∴ \text{휘발유에 배부될 결합원가} = 8{,}000{,}000\text{원} \times \frac{2{,}500\ell \times 3{,}000\text{원}}{2{,}500\ell \times (3{,}000\text{원} + 2{,}000\text{원})} = 4{,}800{,}000\text{원}$$

PART 4

T·E·S·T 02

2024년 기출복원문제

정답 및 해설

제1과목 재무회계

01	02	03	04	05	06	07	08	09	10
②	④	③	①	③	②	④	④	②	①
11	**12**	**13**	**14**	**15**	**16**	**17**	**18**	**19**	**20**
②	③	③	④	②	②	①	④	②	③

01 • 실지재고조사법하에서의 평균법 : 총평균법
• 계속기록법하에서의 평균법 : 이동평균법
• 이동평균법에 따른 매출원가 계산

일 시	구 분	수 량	금 액	누적수량	누적금액	매출원가
10월 1일	기 초	20개	24,000원	20개		
10월 5일	매 입	60개	96,000원	80개	120,000원	
10월 10일	매 출	(40개)		40개	60,000원	60,000원
10월 17일	매 입	50개	93,000원	90개	153,000원	
10월 25일	매 출	(30개)		60개	102,000원	51,000원
합 계						111,000원

– 10월 10일 매출원가 = (120,000원 ÷ 80개) × 40개 = 60,000원
– 10월 25일 매출원가 = (153,000원 ÷ 90개) × 30개 = 51,000원
∴ 10월 매출원가 합계 = 60,000원 + 51,000원 = 111,000원

02 ④ 포괄손익계산서는 발생주의에 의해 작성되므로 현금으로 거래하지 아니한 사항도 반영된다.

03 • 주식 배당결의일에는 배당재원이 되는 미처분이익잉여금(자본)을 차감하여 배당금에 해당하는 금액만큼 미교부주식배당금(자본)으로 계상하므로, 이익잉여금은 감소하지만 전체 자본에는 변화가 없다.
(차) 미처분이익잉여금(이익잉여금) xxx (대) 미교부주식배당금(자본조정) xxx

04 ① 계속기업 가정의 유용성 : 역사적 원가주의가 타당성을 가짐
※ 기업이 청산하거나 거래를 중단하려는 의도나 필요가 있다면 재무제표는 계속기업과는 다른 기준에 따라 작성되어야 함

05 • 사채발행의 구분

구 분	이자율 간의 관계	액면가액과 발행가액의 관계
액면발행	시장이자율 = 액면이자율	발행가액 = 액면가액
할인발행	시장이자율 > 액면이자율	발행가액 < 액면가액
할증발행	시장이자율 < 액면이자율	발행가액 > 액면가액

• 할인발행 관련 회계처리

발행 시	(차) 현금 등 사채할인발행차금	xxx xxx	(대) 사 채	xxx
이자지급 시	(차) 이자비용	xxx	(대) 현금 등 사채할인발행차금	xxx xxx

06 • 회계처리

– 기초(수령 시) (차) 현금 등 240,000 (대) 선수금 240,000
– 기말(결산분개) (차) 선수금 120,000 (대) 매 출 120,000

※ 20X1년 정기간행물(도서)에 대한 수익인식 : 120,000원 매출로 인식

07 • 임대수익을 얻을 목적으로 보유하는 건물이므로 투자부동산으로 분류한다.

• 투자부동산의 측정 : 원가모형 또는 공정가치모형 중 한 가지를 선택하여 적용한다.
  – 원가모형 : 감가상각대상자산인 투자부동산인 경우 감가상각비 인식
  – 공정가치모형 : 공정가치 변동으로 발생하는 손익 → 당기손익 반영(감가상각대상자산인 경우에도 감가상각 하지 않음)

• 공정가치모형을 적용한 계산식

20X2년 공정가치	300,000원
(–) 20X1년 공정가치	360,000원
당기손익에 미치는 영향(손실)	(–)60,000원

08 ④ 공정가치 모형에 따른 취득원가 산정 시 : 거래원가를 포함하여 반영

09 현금및현금성자산 = 지폐와 동전 30,000원 + 타인발행수표 50,000원 + 자기앞수표 30,000원 + 만기도래 국공채이자표 50,000원 + 채권(취득일로부터 2개월 후 만기) 150,000원 + 환매조건부 채권(90일 만기) 300,000원 = 610,000원

10 • 20X1년 건물에 대한 감가상각비(①) = 150,000원 ÷ 20년 × 10/12 = 6,250원

• 20X2년 건물에 대한 감가상각비(④) = 150,000원 ÷ 20년 × 6/12 = 3,750원
• 20X2년 처분 시까지의 감가상각누계액(③) = 6,250원 + 3,750원 = 10,000원
• 20X2년 처분에 따른 유형자산처분손익(②) = (150,000원 – 10,000원) – 125,000원 = 15,000원(손실)

11 • 450,000원에 취득한 주식의 기말 공정가치가 460,000원이므로 기타포괄손익–공정가치측정금융자산평가이익 10,000원 발생하였다.

• 기타포괄손익–공정가치측정금융자산평가이익 10,000원은 기타포괄이익을 10,000원 증가시키고, 당기순이익에는 영향을 주지 않는다.

∴ 총포괄이익에 미치는 영향 = 당기순이익 0원 + 기타포괄이익 10,000원 = 10,000원(증가)

12 • 순매출액 = 총매출액 500,000원 − 매출에누리 10,000원 − 매출할인 5,000원 = 485,000원
• 순매입액 = 총매입액 250,000원 − 매입환출 30,000원 − 매입할인 10,000원 + 매입운임 10,000원 = 220,000원
• 매출원가 = 기초재고 30,000원 + 순매입액 220,000원 − 기말재고 40,000원 = 210,000원
∴ 매출총이익 = 순매출액 485,000원 − 매출원가 210,000원 = 275,000원
※ 판매운임은 당기비용으로 처리하고, 매입운임은 매입원가에 포함한다.

13 • 총포괄이익 3,500,000원 = 당기순이익 + 기타포괄이익 300,000원
∴ 당기순이익 = 3,200,000원

14 ④ 일반목적 재무보고의 주요정보이용자 : 현재 및 잠재적 투자자, 대여자 및 그 밖의 채권자이며, 일반대중은 포함되지 않는다.

15

매출채권

기초 잔액	100,000	대 손	50,000
당기 발생액	550,000	회수액	520,000
		기말 잔액	80,000
	650,000		650,000

16 ② 개발단계에서 발생한 지출은 자산 인식요건을 충족하면 개발비(무형자산)로 처리하고, 자산 인식요건을 충족하지 못하면 경상개발비(당기 비용)으로 처리한다.

17 • 수익인식 5단계 모형

고객과의 계약 식별 → 별도의 수행의무 식별 → 거래가격의 산정 → 각 수행의무에 거래가격 배분 → 각 수행의무 충족 시 수익인식

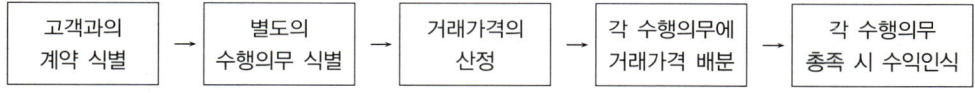

18 • 판매자가 소유에 따른 유의적인 위험을 부담하는 경우에는 당해 거래를 판매로 보지 아니하며, 수익을 인식하지 아니한다. 판매자가 소유에 따른 유의적인 위험을 부담하는 예는 다음과 같다.
- 인도된 재화의 결함에 대하여 정상적인 품질보증범위를 초과하여 책임을 지는 경우
- 판매대금의 회수가 구매자의 재판매에 의해 결정되는 경우
- 설치조건부 판매에서 계약의 중요한 부분을 차지하는 설치가 아직 완료되지 않은 경우
- 구매자가 판매계약에 명시된 사유에 따라 구매를 취소할 권리가 있고, 해당 재화의 반품가능성을 예측하기 어려운 경우

19 • 손실(대손)충당금 기말 잔액 = 기초 잔액 200,000원 − 손상(대손) 발생 100,000원 + 전기 손상(대손) 회수 50,000원 = 150,000원
∴ 손상차손(= 대손상각비) = 손상(대손) 예상액 260,000원 − 기말 손실(대손)충당금 150,000원 = 110,000원

20 ③ 금융자산 전체를 처분하는 경우 제거일 현재 측정된 금융자산의 장부금액과 처분으로 수취한 대가의 차액을 처분손익으로 인식한다.

제2과목 원가회계

21	22	23	24	25	26	27	28	29	30
①	②	③	④	④	③	③	②	②	②
31	32	33	34	35	36	37	38	39	40
①	④	①	③	④	①	②	②	②	③

21 • 직접재료원가 = 기초원재료 100,000원 + 당기매입액 300,000원 − 기말원재료 200,000원 = 200,000원
∴ 당기총제조원가 = 직접재료원가 200,000원 + 가공원가 300,000원 = 500,000원

22 • 제조간접원가 예정배부율 = 200,000원 ÷ 10,000시간 = 20원/시간
• 제조간접원가 예정배부액 = 11,000시간 × 20원/시간 = 220,000원
• 제조간접원가 과대배부액 = 220,000원 − 200,000원 = 20,000원(과대)
• 제조간접원가 과대배부액을 매출원가에서 차감한다.
∴ 조정한 후의 매출원가 = 2,500,000원 − 20,000원 = 2,480,000원

23 • 평균법에 의한 종합원가계산
– 재료원가 공정 초 모두 투입, 가공원가 공정 전반에 걸쳐 균등 계산

	재료원가	가공원가
당기완성(700개)	700	700
기말재공품(200개, 40%)	200	80 (40%)
완성품환산수량	900	780

• 선입선출법에 의한 종합원가계산
– 재료원가 공정 초 모두 투입, 가공원가 공정 전반에 걸쳐 균등 계산

	재료원가	가공원가
기초재공품(100개, 30%)	0 (당기투입분 없음)	70 (1 − 30%)
당기착수당기완성(600개)	600	600
기말재공품(200개, 40%)	200	80 (40%)
완성품환산수량	800	750

24 ④ 개별원가계산은 제조간접원가의 배부절차가 필요하다.

25 • 부문공통원가 : 인과관계 또는 효익관계 등을 감안한 합리적인 배부기준에 의하여 부과
• 부문개별원가 : 당해 발생부문에 직접 배부

26 • 당기총제조원가 550,000원 = 기초원가 300,000원 + 제조간접원가
∴ 제조간접원가 = 250,000원(①)
• 가공원가 350,000원 = 직접노무원가 + 제조간접원가 250,000원
∴ 직접노무원가 = 100,000원
• 기초원가 300,000원 = 직접재료원가 + 직접노무원가 100,000원
∴ 직접재료원가 = 200,000원(②)

재공품

기초재공품	100,000	당기제품제조원가	XXX
당기총제조원가	550,000	기말재공품	150,000
	650,000		650,000

∴ 당기제품제조원가 = 500,000원(③)

PART 4

제 품

기초제품	250,000	매출원가	XXX
당기제품제조원가	500,000	기말제품	200,000
	750,000		750,000

∴ 매출원가 = 550,000원(④)

27 • 제품생산에 사용한 기계장치의 당기 감가상각비는 제조간접원가에 해당하며, 이러한 감가상각비를 관리비로 처리한 경우 아래와 같은 결과가 야기된다.
- 당기총제조원가 과소계상(①) → 매출원가 과소계상(②) → 매출총이익 과대계상(②)
- 판매비와관리비 과대계상(④)

28 • 원가회계 : 재화나 서비스에 대한 정확한 원가 측정, 분석, 보고
• 재무회계 : 경영성과, 재무상태 정보 제공
• 관리회계 : 원가의 추정, 분석, 경영에 관련된 의사결정과 성과 평가

29 • 선입선출법에 의한 종합원가계산
- 원재료 공정 초기 모두 투입, 가공원가는 공정 전반에 걸쳐 균등하게 발생

	재료원가	가공원가
기초재공품(1,000단위, 60%)	0 (당기투입분 없음)	400 (1 − 60%)
당기착수완성량(10,000단위)	10,000	10,000
기말재공품(2,000단위, 40%)	2,000	800 (40%)
완성품환산량	12,000	11,200

30 ① 예정원가는 앞으로 발생될 것으로 기대되는 미래원가를 추정과 분석을 통해 예측한 원가로 예정원가가 역사적 원가보다 원가관리에 있어 더 적시성 있는 정보를 제공한다.
③ 정상원가계산은 직접재료원가와 직접노무원가는 실제발생 원가로 측정하지만 제조간접원가는 사전에 정해 놓은 제조간접원가 예정배부율에 의해 배부된 원가로 측정한다.
④ 기회원가는 현재 이 대체안을 선택하지 않았으므로 포기한 대안 중 최대금액 혹은 최대이익을 말하며 재무제표에 반영하지 않는다.

31 • 모든 제조원가는 공정 전반에 걸쳐 균등하게 발생하므로 재료원가와 가공원가를 합산하여 계산
• 평균법에 의한 완성품환산량 단위당 원가

	재료원가 + 가공원가
당월완성품수량	100
월말재공품의 완성품환산량	50
완성품환산량	150

당월총제조원가 + 월초재공품원가	750,000
완성품환산량	150
단위당 원가	@5,000

32 • 고점(5월 4,000개), 저점(1월 1,200개)
• 선형원가함수 : Y = a + bX

$$- \text{b} = \frac{160{,}000\text{원} - 55{,}000\text{원}}{4{,}000\text{개} - 1{,}200\text{개}} = 37.5\text{원}$$

– a = 160,000원 – (4,000개 × 37.5원)
= 55,000원 – (1,200개 × 37.5원)

∴ a = 10,000원

∴ 6월 제조간접원가 발생예상액 = 10,000원 + 5,000개 × 37.5원 = 197,500원

33 • 모든 제조원가는 공정 전반에 걸쳐 균등하게 발생하므로 재료원가와 가공원가를 합산하여 계산
• 선입선출법에 의한 완성품환산량 단위당 원가

	재료원가 + 가공원가
기초재공품의 완성품환산량	50
당기착수 당기완성수량	50
기말재공품의 완성품환산량	50
완성품환산량	150
당기총제조원가	600,000
완성품환산량	150
단위당 원가	@4,000

34 ③ 단계배부법은 배부순서에 따라 배부원가가 달라지나 직접배부법은 그러하지 않는다.

35 • 제조간접원가 배부율 = $\frac{\text{제조간접원가 합계액 700,000원}}{\text{직접노무원가 합계액 1,400,000원}}$ = 0.5
• 제조지시서 #1 완성품 제조간접원가 배부액 = 1,000,000원 × 0.5 = 500,000원
∴ 제조지시서 #1 완성품 제조원가 = 300,000원 + 800,000원 + 1,000,000원 + 500,000원 = 2,600,000원

36 • 제조원가 = 고정원가 500,000원 + 변동원가(20,000개 × 30원) = 1,100,000원

37 • 단위당 변동제조간접원가 = 3,000원 ÷ 10개 = 300원
• 단위당 직접재료원가 = 10,000원 ÷ 10개 = 1,000원
• 단위당 직접노무원가 = 5,000원 ÷ 10개 = 500원
∴ 2월 제품 단위당 예상원가 = 300원 + 1,000원 + 500원 + (6,000원 ÷ 20개) = 2,100원

38 • 선입선출법과 평균법은 기초재공품에 대한 인식이 다르기 때문에 기초재공품의 완성도를 계산하는 경우, 일일이 재료원가와 가공원가에 대한 완성품환산량을 구하지 않고 두 방법의 차이에 대한 이해를 통해 보다 쉽게 문제를 풀도록 한다.
• 기초재공품 수량 = 평균법 수량 100,000단위 – 선입선출법 수량 80,000단위 = 20,000단위
• 기초재공품 20,000단위 × 완성도 = 평균법 완성품환산량 70,000단위 – 선입선출법 완성품환산량 62,000단위
∴ 완성도 = 40%

39 • 당기제품제조원가 210,000원 = 기초재공품 85,000원 + 당기총제조원가 − 기말재공품 65,000원
∴ 당기총제조원가 = 190,000원
• 당기총제조원가 190,000원 = 직접재료원가 + 직접노무원가 25,000원 + 제조간접원가 100,000원
∴ 직접재료원가 = 65,000원
• 직접재료원가 65,000원 = 기초재고(원재료) 40,000원 + 당기매입액(원재료) − 기말재고(원재료) 50,000원
∴ 당기매입액 = 75,000원

40 • 예정배부율 = 예산 2,000원 ÷ 예정조업도 200시간 = 10원/시간
• 제조간접원가 배부액 = 실제조업도 210시간 × 예정배부율 10원/시간 = 2,100원
∴ 제조간접원가 실제발생액 = 배부액 2,100원 − 과대배부액 200원 = 1,900원

TEST 03

2023년 기출복원문제

정답 및 해설

제1과목 재무회계

01	02	03	04	05	06	07	08	09	10
②	①	④	④	②	④	②	④	②	②
11	12	13	14	15	16	17	18	19	20
③	③	④	③	②	①	②	①	①	③

01 • 제품 판매 후 어음 수령 시 회계처리

(차) 받을어음	3,000,000	(대) 제품매출	2,600,000
		현재가치할인차금	400,000

※ 현재가치할인차금은 받을어음의 만기에 걸쳐 이자수익으로 인식한다.

02 • 투자부동산 원가모형 : 감가상각 ○
• 투자부동산 공정가치모형 : 감가상각 ×

03 은행계정조정표

원 인	회사측 잔액	은행측 잔액
수정 전 잔액	100,000	170,000
은행 미기입예금		(+)10,000
기발행 미인출수표		(−)10,000
미통지입금	(+)70,000	
수정 후 잔액	170,000	170,000

04 ④ 담보의 제공을 통한 차입 시 회계처리 : 차입금 처리
① 일반적인 상거래 외 어음 발행 : 미지급금
② 업무용 비품 법인카드 매입 : 미지급금 (판매용 재고자산 매입 : 외상매입금)
③ 일반적인 상거래 외 자산 처분 시 채권 : 미수금

05 • 매출총이익 = 매출액 4,000,000원 × 25% = 1,000,000원
• 매출원가 = 매출액 4,000,000원 − 매출총이익 1,000,000원 = 3,000,000원
∴ 기말재고자산 = 기초재고자산 600,000원 + 당기매입 2,800,000원 − 매출원가 3,000,000원 = 400,000원

PART 4

06 충당부채 vs 우발부채

요 건	충당부채	우발부채
과거 사건의 결과	현재의무	잠재적 의무
자원의 유출가능성	높 음	높지 않음
금액의 추정	신뢰성 있게 추정 가능	신뢰성 있게 추정 불가능

07 ② 자본금 = 발행주식수 × 1주당 액면금액

08 • 매출채권의 증감은 영업활동으로 인한 자산의 변동에 해당하여 현금흐름에 영향을 미친다.
- 매출채권의 증가 : 현금흐름 감소
- 매출채권의 감소 : 현금흐름 증가

09 • 현금및현금성자산 = 지폐와 동전 100,000원 + 타인발행 당좌수표 100,000원 + 배당금지급통지표 100,000원 + 지점 전도금 100,000원 + 환매체(만기 90일) 100,000원 = 500,000원

※ 당좌개설보증금, 가불금, 우표는 현금및현금성자산에 속하지 않는다.

10 • 현금과부족 인식시점

(차) 현 금	80,000	(대) 현금과부족	80,000

• 결산 시 수정분개

(차) 현금과부족	80,000	(대) 복리후생비	36,000
		잡이익*	44,000

*기중 내역 중 결산시점까지 원인이 파악되지 않은 부분에 대해 잡이익(또는 잡손실)으로 처리

현금과부족

12/31 복리후생비	36,000	12/31 현 금	80,000
12/31 잡이익(원인 확인불가)	44,000		
	80,000		80,000

11

순매출액	58,500원	(= 총매출액 60,000원 − 매출환입액 1,000원 − 매출할인액 500원)
(−) 매출원가	46,000원	(= 기초상품재고액 4,000원 + 순매입액 45,000원* − 기말상품재고액 3,000원)
매출총이익	12,500원	

*순매입액 45,000원 = 총매입액 45,000원 − 매입에누리액 700원 − 매입환출액 300원 + 매입운임 1,000원

※ 판매운임은 당기비용으로 반영하고 매입운임은 매입에 포함한다.

12 연수합계법 감가상각비 = (취득원가 100,000원 − 잔존가치 10,000원) $\times \frac{5}{1+2+3+4+5}$ = 30,000원

13 • 제품보증충당부채와 관련하여 제품 판매시점에 매출수익과 관련한 제품보증비를 대응시켜 수익비용대응의 원칙에 부합하도록 회계처리한다.

(차) 제품보증비	xxx	(대) 제품보증충당부채	xxx

∴ 제품보증에 따라 부채가 발생하는 경우 포괄손익계산서에 비용으로 인식할 수 있다.

14 • 수정 후 당기순이익 = 당기순이익 200,000원 + 임차료 중 선급분 10,000원 + 이자수익 중 미수령분 20,000원
= 230,000원
• 손실(대손)충당금 잔액 20,000원이므로 손상(대손)예상액 20,000원에 대해 추가로 손상차손(= 대손상각비)으로 계상할 필요는 없다.

15 단기매매목적이 아닌 주식의 경우 : 기타포괄손익-공정가치측정금융자산으로 분류되며 취득 시 수수료비용은 취득원가에 포함한다.

16 ① 기타포괄손익-공정가치측정금융자산 지분상품의 경우 기말 공정가치로 평가하여 기타포괄손익에 반영한다.

17 • 공정가치모형 : 공정가치 변동으로 발생하는 손익을 당기손익에 반영함
∴ 당기손익에 미치는 영향 = 20X1년 말 950,000원 − 20X2년 말 800,000원 = 150,000원(손실)

18 • 이익준비금 설정 : 현금배당액의 10% 이상 적립(자본금의 1/2에 달할 때까지)
• 주식수 : $\frac{\text{자본금 4,500,000원}}{\text{액면금액 5,000원}}$ = 900주
• 현금배당금 : 900주 × @200 = 180,000원
∴ 이익준비금 = 180,000원 × 10% = 18,000원

19 • 할인액 = 100,000원 × 24% × 2/12 = 4,000원
• 현금수령액 = 100,000원 − 4,000원 = 96,000원
• 매각거래 회계처리

(차)	당좌예금	96,000	(대) 받을어음	100,000
	매출채권처분손실	4,000		

20 • 순매출액 = 매출액 500,000원 − 매출에누리 20,000원 = 480,000원
• 순매입액 = 당기매입액 300,000원 − 매입에누리 10,000원 = 290,000원
• 매출총이익 200,000원 = 순매출액 480,000원 − 매출원가
∴ 매출원가 = 280,000원
• 매출원가 280,000원 = 기초재고액 100,000원 + 순매입액 290,000원 − 기말재고액
∴ 기말재고액 = 110,000원

제2과목 원가회계

21	22	23	24	25	26	27	28	29	30
④	④	①	②	①	③	①	③	②	②
31	32	33	34	35	36	37	38	39	40
②	③	④	④	④	④	④	②	①	②

21 • 제품원가 : 제품의 제조활동과 관련하여 발생하는 원가 예 생산직 근로자 임금, 주요 재료원가, 외주가공원가 등
• 비제조원가 : 제품의 제조활동과 관련 없이 발생하는 원가 예 손상차손(= 대손상각비), 소모품비, 판매원 및 사장의 급여 등

22 • 제조지시서 #1 제조간접원가 = 2,000,000원 × $\frac{650,000원}{1,000,000원}$ = 1,300,000원

∴ 제조지시서 #1 제조원가 = 50,000원 + 300,000원 + 650,000원 + 1,300,000원 = 2,300,000원

23

실제제조간접원가	예정제조간접원가
34,000원	3,200시간 × $\frac{400,000원}{40,000시간}$ = 32,000원

2,000원(과소배부)

24 ② 이중배부율은 직접배부법, 단계배부법, 상호배부법 모두 사용 가능하다.

25 • 변동원가 = 30,000개 × @50 = 1,500,000원

∴ 생산량 30,000개의 제조원가 = 고정원가 50,000원 + 변동원가 1,500,000원 = 1,550,000원

26

재공품

기초재공품	100,000	당기제품제조원가	1,000,000
직접재료원가	500,000	기말재공품	200,000
직접노무원가	x		
제조간접원가	x의 50%		
	1,200,000		1,200,000

• x = 400,000원

∴ 기본원가 = 직접재료원가 500,000원 + 직접노무원가 400,000원 = 900,000원

27

재료원가

기 초	100,000	투입(직접재료원가)	x
당기구입액	200,000	기 말	80,000
	300,000		300,000

∴ 투입(직접재료원가) = 300,000원 − 80,000원 = 220,000원

재공품

기 초	120,000	당기제품제조원가	y
당기총제조원가			
1) 직접재료원가	220,000		
2) 직접노무원가	150,000		
3) 제조간접원가	155,000	기 말	150,000
	645,000		645,000

• 당기제품제조원가 = 645,000원 − 150,000원 = 495,000원

제 품

기 초	150,000	매출원가	z
당기제품제조원가	495,000	기 말	200,000
	645,000		645,000

• 매출원가 = 645,000원 − 200,000원 = 445,000원

∴ 당기제품제조원가 495,000원, 매출원가 445,000원

28 ③ 선입선출법은 기초재공품원가와 당기총제조원가를 구분하여 계산하므로 계산과정이 평균법보다 복잡하지만 전기 작업능률과 당기의 작업능률이 명확히 구분되기 때문에 원가통제상 유용한 정보를 제공한다.

29
- 제조간접원가 배부율 = 30,000원 ÷ (20,000원 + 40,000원) = 0.5/직접원가
- 제품 A 제조간접원가 배부액 = 제품 A 직접원가(4,000원 + 6,000원) × 0.5 = 5,000원

30

제 품

기초제품	100,000	매출원가	350,000
당기제품제조원가	300,000	기말제품	50,000
	400,000		400,000

재공품

기초재공품	50,000	당기제품제조원가	300,000
당기총제조원가	320,000	기말재공품	70,000
	370,000		370,000

31
- 제조지시서 No.116의 제조간접원가 = 420,000원 × (26,000원/280,000원) = 39,000원

∴ 제조지시서 No.116 제품제조원가 = 직접재료원가 11,000원 + 직접노무원가 26,000원 + 제조간접원가 39,000원 = 76,000원

32 평균법에 의한 종합원가계산(재료비 제조 착수 시 전부 투입, 가공비 균등 투입)

	재료비	가공비
당기완성(400)	400	400
기말재공품(200, 50%)	200	100
완성품환산수량	600 단위	500 단위
당기원가 + 기초원가	600,000 원	250,000 원
단위당 원가	@1,000	@500

∴ 기말재공품원가 = 200 × @1,000 + 100 × @500 = 250,000

33
- 제조간접원가 배부율 = 제조간접원가 260,000원 ÷ 직접재료원가 800,000원 = @0.325
- 제조지시서 No.107 제조간접원가 배부 = @0.325 × 20,000원 = 6,500원

34 선입선출법을 사용하면 평균법에 비해 당기의 성과와 이전의 성과를 보다 명확하게 구분하여 평가할 수 있다.

35
- 선형원가함수 : Y = a + bX

$$b = \frac{250{,}000\text{원} - 200{,}000\text{원}}{230\text{개} - 180\text{개}} = @1{,}000\text{원}$$

250,000원 = a + 230개 × @1,000 ∴ a = 20,000원

∴ Y = 20,000원 + 200개 × @1,000 = 220,000원

36 ④ 정상개별원가계산은 실제직접재료원가와 실제직접노무원가를 인과관계에 따라 제품별로 직접 부과하고 제조간접원가는 예정배부율을 이용하여 제품별로 배부한다.

PART 4

37 • 평균법

	제조원가 (재료원가 + 가공원가)
당기완성량 58,800개	58,800
기말재공품 4,000개(30%)	1,200
완성품환산량	60,000

• 단위당 원가 = $\frac{\text{기초재공품원가 100,000원 + 당기투입원가 1,100,000원}}{\text{완성품환산량 60,000개}}$ = @20

• 당기제품제조원가 = 58,800원 × @20 = 1,176,000원

제 품

기초제품	100,000	매출원가	600,000
당기제품제조원가	1,176,000	기말제품	676,000
	1,276,000		1,276,000

∴ 기말제품재고액 = 676,000원

38 ② 종합원가계산은 일반적으로 개별원가계산에 비해 경제적이나 원가계산의 정확성이 떨어진다.

39 ① 과거에 발생한 원가는 이미 발생된 원가로 현재의 의사결정에는 아무런 영향을 미치지 못한다.

40

	재료원가	
기초재공품(2,000개, 70%)	600	(1 – 70%)
당기착수완성량(3,000개)	3,000	
기말재공품(2,000개, 50%)	1,000	완성도 50%
완성품환산량	4,600	

TEST 04

2023년 기출복원문제

정답 및 해설

제1과목 재무회계

01	02	03	04	05	06	07	08	09	10
③	④	④	③	①	①	③	④	④	②
11	12	13	14	15	16	17	18	19	20
①	②	②	②	④	④	②	④	③	④

01 • 투자부동산의 해당되는 경우의 예
- 장기 시세차익을 얻기 위하여 보유하고 있는 토지
- 장래 용도를 결정하지 못한 채로 보유하고 있는 토지
- 직접 소유하고 운용리스로 제공하는 건물(또는 보유하는 건물에 관련되고 운용리스로 제공하는 사용권자산)
- 운용리스로 제공하기 위하여 보유하고 있는 미사용 건물
- 미래에 투자부동산으로 사용하기 위하여 건설 또는 개발 중인 부동산

02 ④ 재고자산을 투자부동산으로 대체 시 공정가치모형을 적용하는 경우 사용목적 변경시점에 차액을 당기손익으로 인식한다.
• 대체금액과 관련 손익의 처리
- 투자부동산 원가모형 적용 시 : 대체 전 자산의 장부금액으로 대체하므로 사용목적 변경시점에 손익이 발생하지 않음
- 투자부동산 공정가치모형 적용 시 : 변경시점의 공정가치로 대체하므로 장부금액과 차액이 발생
  ⓐ 자가사용부동산(유형자산) → 공정가치 적용 투자부동산 : 유형자산 재평가회계
  ⓑ 재고자산 → 공정가치 적용 투자부동산 : 당기손익으로 인식

03 확정급여제도는 기업이 보험수리적위험과 투자위험을 실질적으로 부담한다.

04 취득(결산일 기준 아님!) 당시 만기가 3개월 이내 도래하는 경우 현금및현금성자산으로 분류한다.

05 • 총포괄이익 900,000원 = 당기순이익 + 기타포괄이익 300,000원
∴ 당기순이익 = 600,000원

06 • 7월 잔액 = 전월이월 100,000원 − 비품대금 50,000원 − 종업원급여 30,000원 = 20,000원
※ 자기앞수표 지급 및 타인발행당좌수표는 현금계정으로 처리한다.

07 • 수정 후 당기순이익 = 당기순이익 350,000원 − 선수임대료 70,000원 + 선급보험료 80,000원 = 360,000원
• 기타포괄손익–공정가치측정금융자산 평가이익 30,000원은 당기순이익에 반영하지 않고 기타포괄손익의 변동에 반영되어 총포괄손익을 구성한다.

08 ① 이자수익 : 원칙적으로 유효이자율을 적용하여 발생기준에 따라 수익인식
② 재화의 판매 : 재화가 인도되는 시점
③ 상품권 판매 : 재화를 인도하고 상품권을 회수하는 시점에서 인식

09
- 토지의 취득원가는 구입가격에 취득 관련 직접원가를 가산하여 결정한다. 취득과 직접 관련된 제세공과금(취득세)과 차입원가(자산취득을 위한 차입 관련이자)는 자본화하여 자산에 포함한다.
- 공장건물의 취득원가 = 도급계약금액 7,000,000원 + 차입원가 500,000원 + 취득세 250,000원
  = 7,750,000원

10
- 어음할인 시 매각거래로 회계처리할 경우 할인료 등의 매출채권처분손실 계정과목을 사용한다.

(차) 당좌예금	980,000	(대) 받을어음	1,000,000
매출채권처분손실	20,000		

11
- 이익준비금 설정 : 현금배당액의 10% 이상 적립(자본금의 1/2에 달할 때까지)
- 주식수 = $\frac{\text{자본금 4,500,000원}}{\text{액면금액 5,000원}}$ = 900주
- 현금배당금 = 900주 × @200 = 180,000원

∴ 이익준비금 = 180,000원 × 10% = 18,000원

12
- 종업원급여 지급 시
  - 예수금 : 소득세, 지방소득세, 국민연금, 국민건강보험료, 고용보험료
  - 세금과공과 : 국민연금 회사부담분 납부 시
  - 복리후생비 : 국민건강보험료 회사부담분 납부 시

13
- 금융부채 : 매입채무, 차입금, 사채, 미지급금, 미지급비용 등
- 비금융부채 : 충당부채, 선수금, 선수수익, 미지급법인세 등

14
- 제품 판매 후 어음 수령 시

(차) 받을어음	3,000,000	(대) 매출액	2,600,000
		현재가치할인차금	400,000

- 현재가치할인차금은 받을어음의 만기에 걸쳐 이자수익으로 인식한다.

15 단기매매목적인 주식의 경우 : 당기손익-공정가치측정금융자산으로 분류되며 취득 시 수수료비용은 당기비용으로 처리한다.

16 은행계정조정표

원 인	회사측 잔액	은행측 잔액
수정 전 잔액	500,000	400,000
은행 미기입예금		(+)100,000
기발행 미인출수표		(−)70,000
부도수표	(−)70,000	
수정 후 잔액	430,000	430,000

17 • 매출원가 = 매출액 4,000,000원 − 매출총이익 1,000,000원 = 3,000,000원
∴ 기말재고자산 = 기초재고자산 600,000원 + 당기매입 2,800,000원 − 매출원가 3,000,000원 = 400,000원
※ 당기매입액에는 매입운임, 매입수수료 등 매입부대비용이 포함된다.

18 ① 선급비용은 금융자산에 해당되지 않는다.
② 금융자산이란 잠재적으로 유리한 조건으로 거래상대방과 금융자산이나 금융부채를 교환하기로 한 계약상의 권리
③ 재고자산, 유형자산, 리스자산과 무형자산은 현금 등 금융자산을 수취할 현재의 권리를 발생시키지 않기 때문에 금융자산이 아니다.

19 • 상각후원가측정금융자산(다음 두 가지 조건을 모두 충족할 경우)
– 계약상 현금흐름을 수취하기 위해 보유하는 것이 목적인 사업모형하에서 금융자산을 보유한다.
– 금융자산의 계약조건에 따라 특정일에 원금과 원금잔액에 대한 이자만으로 구성되어 있는 현금흐름이 발생한다.
• 상각후원가측정금융자산의 최초 거래원가는 공정가치에 가산한다.

20

재고자산

1/1 기초재고	300,000	매출원가[*1]	1,400,000
8/5 순매입액[*2]	1,480,000	기말재고	380,000
	1,780,000		1,780,000

*1 매출원가 = 순매출액 2,000,000원 × (1 − 매출총이익률 0.3) = 1,400,000원
*2 순매입액 = 총매입액 1,500,000원 − 매입환출액 20,000원 = 1,480,000원
∴ 기말재고 = 380,000원
• 8월 5일 시점의 재고액은 380,000원이며 해당 재고는 모두 화재로 인해 소실되었으므로 화재로 인해 소실된 재고자산은 380,000원이 된다.

제2과목 원가회계

21	22	23	24	25	26	27	28	29	30
①	④	①	③	③	②	②	④	③	④
31	32	33	34	35	36	37	38	39	40
②	①	③	②	②	②	①	②	③	②

21 No.1 제조간접원가 = 제조간접원가총액 50,000원 × $\frac{\text{No.1 직접노무원가 40,000원}}{\text{직접노무원가총액 100,000원}}$ = 20,000원

22 ④ 계산의 정확성은 상호배부법, 단계배부법, 직접배부법 순으로 높게 나타난다.

23 • 제조부문2 배부(직접배부법)
– 동력부문 = 75,000원 × $\frac{25\%}{50\% + 25\%}$ = 25,000원
– 수선부문 = 60,000원 × $\frac{40\%}{40\% + 40\%}$ = 30,000원
∴ 제조부문2 배분될 보조부문의 부문원가 총액 = 25,000원 + 30,000원 = 55,000원

24 • 공장전체 배부율

– 공장전체 배부율 = $\frac{\text{부문원가 28,000원}}{\text{직접노동시간 1,000시간}}$ = @28/시간

∴ 제품의 공장전체 배부율 사용 = 100시간 × @28/시간 = 2,800원

• 부문별 배부율

– 제A부문 : 제1부문 12,000원 ÷ 직접노동시간 600시간 = @20/시간

– 제B부문 : 제2부문 16,000원 ÷ 직접노동시간 400시간 = @40/시간

∴ 제품의 부문별 배부율 사용 = 제A부문 900원*1 + 제B부문 2,200원*2 = 3,100원

*1 제1부문 : 45시간 × @20/시간 = 900원

*2 제2부문 : 55시간 × @40/시간 = 2,200원

25

재공품

기초재공품	62,000	당기제품제조원가	(594,000)
당기총제조원가	580,000	기말재공품	48,000
	642,000		642,000

제 품

기초제품	35,000	매출원가	585,000
당기제품제조원가	594,000	기말제품	44,000
	629,000		629,000

∴ 매출총이익 = 매출액 1,000,000원 – 매출원가 585,000원 = 415,000원

26 • 가공원가 = 직접노무원가 + 제조간접원가

• 추적가능성 ○ : 직접원가

• 추적가능성 × : 제조간접원가

∴ 가공원가 = 직접노무원가 70,000원 + 제조간접원가 50,000원(= 20,000원 + 30,000원) = 120,000원

27

재공품

월초재공품	80,000	당월제품제조원가	1,490,000
직접재료원가*1	340,000	월말재공품	60,000
직접노무원가	700,000		
제조간접원가	430,000		
	1,550,000		1,550,000

*1 직접재료원가 = 기초재고 30,000원 + 당기매입 350,000원 – 기말재고 40,000원 = 340,000원

제 품

월초제품	150,000	매출원가	1,440,000
당월제품제조원가	1,490,000	월말제품	200,000
	1,640,000		1,640,000

∴ 매출원가 = 월초제품 150,000원 + 당기제품제조원가 1,490,000원 – 월말제품 200,000원 = 1,440,000원

28 • 제조지시서 #1 제조간접원가 = 2,000,000원 × $\frac{\text{650,000원}}{\text{1,000,000원}}$ = 1,300,000원

∴ 제조지시서 #1 제조원가 = 50,000원 + 300,000원 + 650,000원 + 1,300,000원 = 2,300,000원

29 • 총원가 = 고정원가 500,000원 + 변동원가(= 2,000개 × @1,000) = 2,500,000원

30 ④ 종합원가계산은 완성품환산량 계산이 핵심과제이고, 개별원가계산은 제조간접원가 배분이 핵심과제이다.

31 • 예정배부액 = 100,000원 + @50 × 1,000시간 = 150,000원
• 실제발생액 : 200,000원
∴ 실제발생액에 비해 예정배부액이 50,000원 부족

32 • 평균법에 의한 종합원가계산(재료원가와 가공원가는 제조진행에 따라 균등하게 소비)

	재료원가	가공원가
당기완성(3,500개)	3,500	3,500
기말재공품(100개)	30 (30%)	40 (40%)
완성품환산량	3,530	3,540

• 재료원가 = $\frac{2,400원 + 39,960원}{3,530단위}$ = @12

• 가공원가 = $\frac{1,800원 + 44,220원}{3,540단위}$ = @13

• 당기제품제조원가 = (3,500원 × @12) + (3,500원 × @13) = 87,500원
• 기초제품과 기말제품이 없으므로 당기제품제조원가 = 매출원가
∴ 매출총이익 = 당기제품제조원가의 50% = 87,500원 × 50% = 43,750원

33 • #100 제조간접원가 = 500,000원 × (50,000원/200,000원) = 125,000원
• #100 제조원가 = 30,000원 + 50,000원 + 125,000원 = 205,000원
∴ 매출원가 = 205,000원 − 40,000원(과대배부액 차감) = 165,000원

34 • 배부기준 : 종업원 수
∴ 복리후생비 공통부문원가 총 발생액 700,000원 × $\frac{동력부문 15명}{총종업원수 70명}$ = 150,000원

35 • 선입선출법에 의한 종합원가계산(원재료 공정 초기 모두 투입, 가공원가는 공정 전반에 걸쳐 균등하게 발생)

	재료원가		가공원가	
기초재공품(1,000단위, 60%)	0	(당기투입분 없음)	400	완성도 (1 − 60%)
당기착수완성량(10,000단위)	10,000		10,000	
기말재공품(2,000단위, 40%)	2,000		800	완성도 40%
완성품환산량	12,000		11,200	

36 ② 개별원가계산은 다른 종류의 제품을 개별적으로 생산하는 생산형태에 적용하며, 각 제조지시서별로 원가를 산정한다.

37 • 배부차이 회계처리

− 과소배부	(차) 부문원가배부차이	xxx	(대) 절단부문원가	xxx
− 과대배부	(차) 절단부문원가	xxx	(대) 부문원가배부차이	xxx

※ 실제발생액 4,500원이고, 예정배부액 5,000원일 경우 과대배부된 것임

• 배부차이 검토

절단부문원가			
실 제	4,500	예정배부액	5,000
배부차이	500		
	5,000		5,000

※ 절단부문원가와 배부차이를 끈으로 연결해서 배부차이를 우측으로 당기면 절단부문원가가 떨어지면서 분개가 완성된다.

– (차) 절단부문원가 500 (대) 절단부문원가배부차이 500

38 당기제품제조원가 = 기초재공품 60,000원 + 당기총제조원가 500,000원 – 기말재공품 175,000원 = 385,000원

		〈2〉 완성품환산량	
〈1〉 물량흐름		재료원가	가공원가
기초재공품	100(50%)		
당기착수량	200		
	300개		
당기완성품			
기초재공품	100(50%)	–	50
당기착수완성량	100	100	100
기말재공품	100(50%)	100	50
	300개	200개	200개
〈3〉 총원가요약			
기초재공품원가		–	–
당기투입원가		₩200,000	₩300,000
합 계		₩200,000	₩300,000
완성품환산량		÷ 200단위	÷ 200단위
〈4〉 환산량 단위당 원가		₩1,000	₩1,500

〈5〉 총원가의 배분

완성품원가		
기초재공품	₩60,000 + (0 × ₩1,000) + (50 × ₩1,500) =	₩135,000
당기착수완성품	(100 × ₩1,000) + (100 × ₩1,500) =	250,000
당기제품제조원가		₩385,000
기말재공품원가	(100 × ₩1,000) + (50 × ₩1,500) =	175,000
합 계		₩560,000

39 ③ 원가회계는 원재료 등 재고자산을 측정하는데 있어 기초자료를 제공하지만 '모든' 자산 측정에 활용되는 것은 아니다.

40 • 선입선출법에 의한 종합원가계산(직접재료원가 공정 초 전량 투입, 가공원가 균등 발생)

	재료원가	가공원가	
기초재공품(400개, 30%)	0 *1	280	(= 400개 × (1 – 30%))
당기투입 당기완성(2,000개)	2,000	2,000	
기말재공품(600개, 40%)	600	240	(= 600개 × 40%)
완성품환산량	2,600	2,520	

*1 공정 초 전량 투입되었기 때문에 당기투입분 없음

T·E·S·T 05

2022년 기출복원문제

정답 및 해설

제1과목 재무회계

01	02	03	04	05	06	07	08	09	10
①	④	①	③	③	④	④	②	②	③
11	**12**	**13**	**14**	**15**	**16**	**17**	**18**	**19**	**20**
④	④	②	②	②	②	③	④	③	①

01 ① 자체적으로 개발한 웹 사이트는 무형자산 요건을 모두 충족한 경우에만 무형자산으로 인식한다.

02 자본총액 = 보통주자본금 200,000원 + 우선주자본금 300,000원 + 주식발행초과금 90,000원 − 자기주식 50,000원(자본 차감 항목) = 540,000원

03
- 교환에 의하여 취득한 자산의 취득원가
  - 상업적 실질이 있는 경우 : 제공한 자산의 공정가치, 처분손익 인식 ○
  - 상업적 실질이 없는 경우 : 제공한 자산의 장부금액, 처분손익 인식 ×
- 새 기계장치의 취득원가 = 제공한 자산의 장부가액 3,500,000원* + 현금지급액 1,000,000원 = 4,500,000원
  * 취득금액 5,000,000원 − 감가상각누계액 1,500,000원

04
- 3전표제 : 입금전표, 출금전표, 대체전표 사용
  - 3월 5일 (차) 현 금 100,000 (대) 보통예금 100,000
  - 4월 20일 (차) 비 품 50,000 (대) 현 금 50,000
- 입금전표 : 차변이 현금으로만 구성(3월 5일)
- 출금전표 : 대변이 현금으로만 구성(4월 20일)

05 총포괄손익은 회사의 순자산 변동 중 주주(소유주)와의 자본거래를 제외한 금액을 말한다.

06
- 영업외비용인 이자비용의 미지급분에 대한 거래 누락이므로 매출총이익과 영업이익과는 무관하다.
- 이자비용 누락으로 당기순이익은 과대계상, 유동부채는 과소계상된다.
- (차) 이자비용(비용의 발생) xxx (대) 미지급비용(부채의 증가) xxx

07
- 어음의 할인(매각거래) : 받을어음 계정 대변에 기입
- 회계처리 (차) 보통예금(당좌예금 등) xxx (대) 받을어음 xxx
  매출채권처분손실 xxx

PART 4

08

	매출액	3,000,000
−	매출원가	1,600,000
	매출총이익	1,400,000
−	판매비와관리비	1,250,000 (= 종업원급여 + 통신비)
	영업이익	150,000

※ 기타의손상차손(영업외비용)와 유형자산처분이익(영업외수익)은 영업이익을 계산하는데 고려하지 않음

09 20X1년 12월 31일을 보고기간말로 판단할 경우 다음 해 6월 말 상환될 금액은 유동부채로 분류된다.

일 자	상환액	잔 액	재무상태표
20X1년 7월 1일	−	₩1,000,000	−
20X2년 6월 30일	₩200,000	₩800,000	−
20X2년 12월 31일	−	₩800,000	유 동 : ₩200,000 비유동 : ₩600,000

10

현금및현금성자산 ×	우표, 수입인지, 선일자수표, 부도수표, 당좌차월, 당좌개설보증금 등

∴ 현금및현금성자산 = 수정 전 현금및현금성자산 860,000원 − 부도처리 타인발행수표 60,000원 = 800,000원

※ 우표는 현금및현금성자산에 포함되지 않기 때문에 별도로 차감하지 않음

11 투자부동산의 공정가치 변동으로 발생하는 손익에 대해서 원가모형에서는 이를 인식하지 않고, 공정가치모형에서는 발생한 기간의 당기손익에 반영한다.

12 외상매출금 미회수액은 150,000원(= ○○상점 차월이월 70,000원 + △△상점 차월이월 80,000원)이다.

13

- 9월 22일 매출액 = 250개 × @300 = 75,000원
- 9월 22일 매출원가 = 250개 × @150* = 37,500원

$$*\text{단가(이동평균법 적용)} = \frac{\text{전월이월 200개} \times \text{100원} + \text{당기매입 200개} \times \text{200원}}{\text{전월이월 200개} + \text{당기매입 200개}} = @150$$

∴ 매출총이익 = 매출액 75,000원 − 매출원가 37,500원 = 37,500원

14 재무제표의 한계 : 많은 질적 정보와 비계량(비재무적) 정보가 생략되고 있다.

15 우발자산 : 유입가능성이 높음(주석 공시)

16

• 중간예납 시	(차) 선급법인세	300,000	(대) 현 금	300,000
• 결산 시	(차) 법인세비용	650,000	(대) 선급법인세	300,000
			미지급법인세	350,000
• 법인세 납부	(차) 미지급법인세	350,000	(대) 당좌예금	350,000

17

- 투자부동산의 예
  - 장기 시세차익을 얻기 위하여 보유하고 있는 토지
  - 장래 사용목적을 결정하지 못한 채로 보유하고 있는 토지
  - 미래에 투자부동산으로 사용하기 위하여 건설 또는 개발 중인 부동산
  - 리스제공자가 운용리스로 제공하기 위하여 보유하고 있는 미사용 건물

• 투자부동산이 아닌 예
  – 자가사용부동산
  – 금융리스로 제공한 부동산
  – 제3자를 위하여 건설, 개발 중인 부동산
  – 정상적인 영업과정에서 판매하기 위한 부동산이나 이를 위하여 건설, 개발 중인 부동산

18 ④은 현금성자산이 감소하나, 다른 보기는 현금성자산 간의 거래이므로 금액적인 변동을 주지 않는다.

19

일 자	유효이자(7%)	액면이자(5%)	상각액	장부금액
20X1.01.01	–	–	–	₩947,516
20X1.12.31	₩66,326	₩50,000	₩16,326	₩963,842

• 회계처리 (차) 현 금 50,000 (대) 이자수익 66,326
상각후원가측정금융자산 16,326

20

당기손익–공정가치측정금융자산	지분(주식), 채무(채권)
기타포괄손익–공정가치측정금융자산	지분(주식), 채무(채권)
상각후원가측정금융자산	only 채무(채권)

제2과목 원가회계

21	22	23	24	25	26	27	28	29	30
④	②	③	①	①	②	④	①	④	①
31	32	33	34	35	36	37	38	39	40
①	③	④	③	④	①	④	④	②	③

21 • 제조지시서 #1 제조간접원가 = 2,000,000원 $\times \dfrac{650,000원}{1,000,000원}$ = 1,300,000원

∴ 제조지시서 #1 제조원가 = 50,000원 + 300,000원 + 650,000원 + 1,300,000원 = 2,300,000원

22 ② 개별원가계산은 다른 종류의 제품을 개별적으로 생산하는 생산형태에 적용하며, 각 제조지시서별로 원가를 산정한다.

23 • 제조간접원가 배부율 = $\dfrac{30,000원}{20,000원 + 40,000원}$ = 0.5/직접원가

• 제품 A 제조간접원가 배부액 = 제품 A 직접원가(4,000원 + 6,000원) × 0.5 = 5,000원
∴ 제품 A 제조원가 = 직접재료원가 4,000원 + 직접노무원가 6,000원 + 제조간접원가 5,000원 = 15,000원

24 • 제품원가 : 제품의 제조활동과 관련하여 발생하는 원가 예 생산직 근로자의 임금
• 비제조원가 : 제품의 제조활동과 관련 없이 발생하는 원가 예 소모품비, 판매원의 급료, 사장의 급료 등

25 • 평균법에 의한 종합원가계산(재료원가와 가공원가는 제조진행에 따라 균등하게 소비)

	재료원가	가공원가
당기완성(3,500개)	3,500	3,500
기말재공품(100개)	30 (30%)	40 (40%)
완성품환산량	3,530 단위	3,540 단위

• $\frac{\text{재료원가(2,400원 + 39,960원)}}{\text{3,530단위}}$ = @12

• $\frac{\text{가공원가(1,800원 + 44,220원)}}{\text{3,540단위}}$ = @13

• 당기제품제조원가 = (3,500원 × @12) + (3,500원 × @13) = 87,500원
• 기초제품과 기말제품이 없으므로 당기제품제조원가 = 매출원가
∴ 매출총이익 = 당기제품제조원가의 50% = 87,500원 × 50% = 43,750원

26 • 가공원가 = 직접노무원가 + 제조간접원가
• 추적가능성 O : 직접원가
• 추적가능성 × : 제조간접원가
∴ 가공원가 = 직접노무원가 70,000원 + 제조간접원가 50,000원(= 20,000원 + 30,000원) = 120,000원

27 ④ 이익을 기준으로 사업부가 평가된다면 오토바이 사업부는 기계사용시간을 기준으로 제조간접원가를 배부받기를 원할 것이다(기계사용시간 기준으로 제조간접원가 배부 시 노무시간 기준보다 배부액이 적어지기 때문).

구 분	자동차 사업부	오토바이 사업부
노무시간	10,000시간	30,000시간
기계사용시간	25,000시간	25,000시간
노무시간 기준 제조간접원가 배부	₩250,000	₩750,000
기계사용시간 기준 제조간접원가 배부	₩500,000	₩500,000

28

(선입선출법)	가공원가
기초 1,000개(30%)	700
당기착수완성량 6,000개*	6,000
기말재공품 4,000(30%)	1,200
완성품환산량	7,900 단위

*당기완성품 7,000개 − 기초재공품 1,000개
• 기말재공품 가공원가가 6,000원이므로, 단위당 원가 = 6,000원 ÷ 1,200개 = @5
∴ 완성품 가공원가 = 6,700개 × @5 = 33,500원

29

재공품

기초재공품	20,000	당기제품제조원가	80,000
당기총제조원가		기말재공품	55,000
1) 직접재료원가	25,000		
2) 직접노무원가	50,000		
3) 제조간접원가	40,000		
	135,000		135,000

30 • 평균법에 의한 완성품환산량 단위당 원가(모든 제조원가는 공정 전반에 걸쳐 균등하게 발생하므로 재료원가와 가공원가를 합산하여 계산한다)

	재료원가 + 가공원가
당월완성품수량	100
월말재공품의 완성품환산량	50
완성품환산량	150
당월총제조원가 + 월초재공품원가	750,000
완성품환산량	150
단위당 원가	@5,000

31 • 생산량 20,000개 총원가 1,500,000원 = 고정원가 500,000원 + 변동원가(= 20,000개 × 단위당 변동원가)
• 단위당 변동원가 = 50원
∴ 생산량 30,000개 총원가 = 고정원가 500,000원 + 변동원가(= 30,000개 × 50원) = 2,000,000원

32

제 품

전월이월	500,000	**매출원가**	**1,200,000**
당기제품제조원가	1,000,000	차월이월	300,000
	1,500,000		1,500,000

제조지시서 #1 완성품이므로 당기제품제조원가, #2 미완성품은 기말재공품으로 처리한다.
당기제품제조원가를 반영하면 매출원가를 구할 수 있다.

33 **[직접배부법에 의할 경우]**

X : 600,000 × 400단위 ÷ (400단위 + 200단위) = 400,000
Y : 800,000 × 400단위 ÷ (400단위 + 400단위) = 400,000
A 800,000

34 원가회계는 원재료 등 재고자산을 측정하는데 있어 기초자료를 제공하지만 '모든' 자산 측정에 활용되는 것은 아니다.

35 • 재무회계 : 과거지향적, 객관성 강조
• 관리회계 : 미래지향적, 목적적합성 강조

36 평균법과 선입선출법의 계산방식에 있어서 차이는 기초재공품을 어떻게 취급하느냐이다. 따라서 기초재공품이 없는 경우에는 평균법에 의한 완성품환산량과 선입선출법에 의한 완성품환산량이 동일하다.

37

실제개별원가계산	정상개별원가계산
실제 발생한 제조간접원가 집계	연간 제조간접원가 예산액 추정
실제배부율 $= \frac{\text{실제제조간접원가}}{\text{실제조업도}}$	예정배부율 $= \frac{\text{제조간접원가 예산}}{\text{예정조업도}}$
제조간접원가에 대한 배부차이 발생 ×	제조간접원가에 대한 배부차이 발생 O

PART 4

38 • 제조간접원가 = 직접노무원가 400,000원 × 50% = 200,000원
∴ 제조지시서 #1 제조원가 = 직접재료원가 + 직접노무원가 + 제조간접원가 = 900,000원

39 당기제품제조원가 = 제품 800,000원 = 800,000원

참고

당기총제조원가 = 재료원가 400,000원 + 노무원가 200,000원 + 제조간접원가 300,000원 = 900,000원

40

재공품

기초재공품	62,000	당기제품제조원가	(594,000)
당기총제조원가	580,000	기말재공품	48,000
	642,000		642,000

제 품

기초제품	35,000	매출원가	585,000
당기제품제조원가	594,000	기말제품	44,000
	629,000		629,000

∴ 매출총이익 = 매출액 1,000,000원 − 매출원가 585,000원 = 415,000원

2022년 기출복원문제

정답 및 해설

제1과목 재무회계

01	02	03	04	05	06	07	08	09	10
③	②	④	④	②	④	③	①	②	④
11	12	13	14	15	16	17	18	19	20
①	③	①	③	①	①	④	④	④	②

01 ③은 자본변동표가 아닌 이익잉여금처분계산서(결손금처리계산서)에 관한 설명이다.

02 건물 신축을 위해 지급한 계약금은 건설중인자산으로 회계처리한다.

03 일반목적 재무보고는 현재 및 잠재적 투자자, 대여자 및 그 밖의 채권자가 기업에 자원을 제공하는 것에 대한 의사결정을 할 때 유용한 보고기업 재무정보를 제공하는 것이다.

04 • 회수가 불확실한 채권은 (차) 손상차손(= 대손상각비) (대) 손실(대손)충당금으로 회계처리하므로 매출채권에 직접적인 영향을 주지 않는다.

∴ 기말 매출채권 = 기초 매출채권 580,000원 − 부도된 채권 30,000원 = 550,000원

05

순매출액	58,500원	(= 총매출액 60,000원 − 매출환입액 1,000원 − 매출할인액 500원)
− 매출원가	46,000원	(= 기초상품재고액 4,000원 + 순매입액 45,000원* − 기말상품재고액 3,000원)
매출총이익	12,500원	

*총매입액 45,000원 − 매입에누리액 700원 − 매입환출액 300원 + 매입운임 1,000원

※ 판매운임은 당기비용으로 반영하고 매입운임은 매입에 포함한다.

06 • 투자부동산의 측정 : 원가모형 또는 공정가치모형 중 한 가지를 선택하여 적용한다.

- 원가모형 : 감가상각대상자산인 투자부동산인 경우 감가상각비 인식
- 공정가치모형 : 공정가치 변동으로 발생하는 손익 → 당기손익 반영(감가상각대상자산인 경우에도 감가상각하지 않음)

• 공정가치모형을 적용한 계산식

20X2년 공정가치	300,000원
− 20X1년 공정가치	360,000원
당기손익에 미치는 영향(손실)	(−)60,000원

07 ③ 거래가격은 고객에게 약속한 재화나 용역을 이전하고 그 대가로 기업이 받을 권리를 갖게 될 것으로 예상하는 금액이며, 부가가치세처럼 제3자를 대신해서 회수한 금액은 제외한다.

08 • 이자수익 (차) 이자수익(수익 감소) 80,000 (대) 선수수익 80,000 : 당기순이익 감소
• 임차료 (차) 선급비용 75,000 (대) 임차료(비용 감소) 75,000 : 당기순이익 증가

[당기순이익에 미치는 영향]

비용 75,000원 감소 →	당기순이익 75,000원 증가
수익 80,000원 감소 →	당기순이익 80,000원 감소
합 계	당기순이익 5,000원 감소

09 • 취득부대비용(1,000원)은 당기비용으로 인식
∴ 평가이익 = 100주 × (@3,300 − @3,000) = 30,000원

10 은행계정조정표

원 인	회사측 잔액	은행측 잔액
수정전 잔액	500,000원	400,000원
은행 미기입예금		(+)100,000원
기발행 미인출수표		(−)70,000원
부도수표	(−)70,000원	
수정후 잔액	430,000원	430,000원

11 반품 가능성을 예측할 수 없는 경우, 제품에 대한 통제를 이전할 때 수익을 인식할 수 없다. 이 경우 반품되지 않고 반품권이 소멸되는 시점에 수익을 인식한다.

12 자산의 공정가치를 이후의 측정일에 활성시장을 기초로 하여 측정할 수 있는 경우에는 그 날부터 재평가모형을 적용한다(K-IFRS 제1038호 무형자산 문단 84).

13 • (주)상공이 취득한 (주)대한 주식에 대한 분류 : 당기손익-공정가치측정금융자산(지분증권, 단기매매목적 보유자산)
• 기말 재무상태표 반영 금액 : 공정가치로 평가(120,000원)

14 • 교환으로 취득한 자산의 취득원가(상업적 실질이 있는 경우)
(1) 제공한 자산의 공정가치가 명확한 경우 : 제공한 자산의 공정가치 + 현금지급액 − 현금수령액
(2) 취득한 자산의 공정가치가 명확한 경우 : 취득한 자산의 공정가치
• 회계처리

(차)	감가상각누계액	500,000	(대) 기계장치	1,000,000
	차량운반구	200,000		
	현 금	100,000		
	유형자산처분손실	200,000		

15 주식할인발행차금은 재무상태표상 자본조정 계정과목으로 자본에 차감할 항목으로 처리한다.

16 • 기말 손실(대손)충당금 잔액 = 기초 잔액 4,500원 − 손상(대손)발생액 3,200원 + 손상(대손)처리한 채권회수 2,000원 = 3,300원
• 손실(대손)충당금 추가 설정액 = 손상(대손)예상액 10,000원* − 기말 손실(대손)충당금 잔액 3,300원 = 6,700원
*기말 매출채권 잔액 500,000원 × 손상(대손)률 2%
∴ (차) 손상차손(= 대손상각비) 6,700 (대) 손실(대손)충당금 6,700

손실(대손)충당금

3/15	매출채권(거래처 파산)	3,200	1/1	기 초	4,500
12/31	기 말	10,000	11/12	전기 손상(대손)처리 채권회수	2,000
			12/31	손상차손(= 대손상각비)	6,700
		13,200			13,200

17 우발부채는 재무제표에 부채로 인식하지 않고 주석으로 공시한다.

18 • 투자부동산 공정가치모형 : 매년 공정가치를 비교하여 당기손익에 반영
∴ 평가이익 = 20X2년 12월 1일 공정가치 180,000원 − 20X1년 12월 1일 공정가치 160,000원 = 20,000원

19 재무활동 현금흐름은 기업의 납입자본과 차입금의 크기 및 구성내용에 변동을 가져오는 활동을 말하며, 이는 영업활동과 관련이 없는 부채 및 자본의 증가, 감소거래를 의미한다. 기업의 금융자산의 크기 및 구성내용에 변동을 가져오는 활동은 재무활동으로 볼 수 없다.

20

현 금

5/1	전월이월	300,000	5/8	비 품	50,000
5/17	매 출	150,000	5/12	상품매입	50,000
			5/28	종업원급여	30,000
			5/31	차월이월	(320,000)
		450,000			450,000

※ 5월 12일 자기앞수표, 5월 17일 타인발행수표 : 통화대용증권으로 회계상 '현금'으로 처리

제2과목 원가회계

21	22	23	24	25	26	27	28	29	30
④	③	②	①	④	①	④	①	④	①
31	32	33	34	35	36	37	38	39	40
②	②	③	④	④	④	④	①	②	④

21 • 평균법

	제조원가 (재료원가 + 가공원가)
당기완성량(58,800개)	58,800
기말재공품(4,000개) 30%	1,200
완성품환산량	60,000

• 단위당 원가 = $\frac{\text{(기초재공품원가 100,000원 + 당기투입원가 1,100,000원)}}{\text{완성품환산량 60,000개}}$ = @20

• 당기제품제조원가 = 58,800원 × @20 = 1,176,000원

제 품

기초제품재고액	100,000	매출원가	600,000
당기제품제조원가	1,176,000	기말제품재고액	676,000
	1,276,000		1,276,000

22 당기총제조원가 = 재료원가 400,000원 + 노무원가 300,000원 + 제조경비 100,000원 + 제조간접원가 200,000원 = 1,000,000원

23 당기제품제조원가 = 기초재공품 60,000원 + 당기총제조원가 500,000원 − 기말재공품 175,000원 = 385,000원

		〈2〉 완성품환산량	
〈1〉 물량흐름		재료원가	가공원가
기초재공품	100(50%)		
당기착수량	200		
	300개		
당기완성품			
기초재공품	100(50%)	−	50
당기착수완성량	100	100	100
기말재공품	100(50%)	100	50
	300개	200개	200개
〈3〉 총원가요약			
기초재공품원가		−	−
당기투입원가		₩200,000	₩300,000
합 계		₩200,000	₩300,000
완성품환산량		÷ 200단위	÷ 200단위
〈4〉 환산량 단위당 원가		₩1,000	₩1,500

〈5〉 총원가의 배분

완성품원가		
기초재공품	₩60,000 + (0 × ₩1,000) + (50 × ₩1,500) =	₩135,000
당기착수완성품	(100 × ₩1,000) + (100 × ₩1,500) =	250,000
당기제품제조원가		₩385,000
기말재공품원가	(100 × ₩1,000) + (50 × ₩1,500) =	175,000
합 계		₩560,000

24
- 모든 제조원가는 공정 전반에 걸쳐 균등하게 발생하므로 재료원가와 가공원가를 합산하여 계산한다.
- 선입선출법에 의한 완성품환산량 단위당 원가

	재료원가 + 가공원가
기초재공품의 완성품환산량	50
당기착수 당기완성수량	50
기말재공품의 완성품환산량	50
완성품환산량	150

당기총제조원가	600,000
완성품환산량	150
단위당 원가	@4,000

25 1. 직접재료원가 400,000

1. 직접재료원가	400,000
(1) 기초원재료 재고액	100,000
(2) 당기원재료 매입액	300,000
(3) 기말원재료 재고액	0
2. 직접노무원가	250,000
3. 제조간접원가	100,000
4. 당기총제조원가	750,000
5. 기초재공품재고액	150,000
합 계	900,000
6. 기말재공품재고액	200,000
7. 당기제품제조원가	700,000

- 기초원가 = 직접재료원가 400,000 + 직접노무원가 250,000 = 650,000원
- 가공원가 = 직접노무원가 250,000 + 제조간접원가 100,000 = 350,000원

26

(선입선출법)	가공원가
기초 1,000(30%)	700
당기착수완성량 6,000	6,000
기말재공품 4,000(30%)	1,200
완성품환산량	7,900 단위

- 기말재공품 가공원가가 6,000원이므로 단위당 원가는 6,000원/1,200개 = @5

∴ 완성품 가공원가 = 6,700개 × @5 = 33,500원

27 ④ 정상개별원가계산은 실제직접재료원가와 실제직접노무원가를 인과관계에 따라 제품별로 직접 부과하고 제조간접원가는 예정배부율을 이용하여 제품별로 배부한다.

28 ① 종합원가계산의 단위당 원가는 발생한 모든 원가요소를 집계한 당기총제조원가에 기초재공품원가를 가산한 후 그 합계액을 완성품과 기말재공품에 안분계산함으로써 완성품 총원가를 계산하고, 이를 제품단위에 배분하여 산정한다.

29
- 재무회계 : 과거지향적, 객관성 강조
- 관리회계 : 미래지향적, 목적적합성 강조

30 평균법과 선입선출법의 계산방식에 있어서 차이는 기초재공품을 어떻게 취급하느냐이다. 따라서 기초재공품이 없는 경우에는 평균법에 의한 완성품환산량과 선입선출법에 의한 환산량이 동일하다.

31
- #102의 제조간접원가 배부액 = 1,000,000원 × (200,000원/500,000원) = 400,000원

∴ 작업지시서 #102의 제조원가 = 300,000원 + 200,000원 + 400,000원 = 900,000원

32
- 선입선출법에 의한 종합원가계산(원재료 공정 초기 모두 투입, 가공원가는 공정 전반에 걸쳐 균등하게 발생)

	재료원가		가공원가	
기초재공품 1,000단위(완성도 60%)	0	당기투입분 없음	400	(1 − 60%)
당기완성 11,000단위	11,000		10,000	
기말재공품 2,000단위(완성도 40%)	2,000		800	완성도 40%
완성품환산량	13,000 단위		11,200 단위	

33 • 재고자산 1,000,000원 : 생산직 직원 급여 2,000,000원 중 매출원가에 반영된 판매량 500개를 제외한 나머지 재고수량 500개에 해당하는 금액은 1,000,000원임
• 비용 3,000,000원 : 판매직 사원 급여 2,000,000원 + 판매된 500개에 해당하는 생산직 직원 급여 1,000,000원은 매출원가에 반영됨

34 • 총제조원가 500,000원 = 직접재료원가 100,000원 + 직접노무원가 200,000원 + 제조간접원가 200,000원
∴ 가공원가 = 직접노무원가 200,000원 + 제조간접원가 200,000원 = 400,000원

35 • #102 기본원가 500,000원 = 직접재료원가 400,000원 + 직접노무원가 100,000원
• #101 직접재료원가 300,000원 = 총액 1,000,000원 − (#102 400,000원 + #103 300,000원)
• #101 직접노무원가 200,000원 = 총액 500,000원 − (#102 100,000원 + #103 200,000원)
• #101 제조간접원가 400,000원 = 200,000원 × (1,000,000원/500,000원)
∴ #101 총제조원가 900,000원 = 직접재료원가 300,000원 + 직접노무원가 200,000원 + 제조간접원가 400,000원

36 • 매출액 300,000원 = 매출원가 + 매출총이익(= 매출원가의 20%) = 매출원가 × 1.2
• 매출원가 = 250,000원

제 품

기초제품	0	매출원가	250,000
당기제품제조원가	250,000	기말제품	0
	250,000		250,000

※ 기초와 기말의 제품 재고는 없으므로 매출원가는 곧 당기제품제조원가 된다.
• 당기총제조원가 = 직접재료원가 80,000원 + 직접노무원가 70,000원 + 제조간접원가 50,000원 = 200,000원

재공품

기초재공품	60,000	당기제품제조원가	250,000
당기총제조원가	200,000	기말재공품	10,000
	260,000		260,000

37 • 총제조원가 1,100,000원 = 기초원가 900,000원 + 제조간접원가 200,000원
• 가공원가 600,000원 = 직접노무원가 400,000원 + 제조간접원가 200,000원

38

실제제조간접원가	예정제조간접원가
34,000원	$3{,}200\text{시간} \times \frac{400{,}000\text{원}}{40{,}000\text{시간}} = 32{,}000\text{원}$

2,000원(과소배부)

39 고정원가는 조업도에 상관없이 총원가는 일정하며, 조업도 증가 시 단위당 원가는 감소한다.

40 가공원가 = 직접노무원가 220,000원 + 제조간접원가 320,000원(변동 + 고정) = 540,000원

TEST 07

2022년 기출복원문제

정답 및 해설

제1과목 재무회계

01	02	03	04	05	06	07	08	09	10
①	④	②	③	③	④	②	③	②	②
11	12	13	14	15	16	17	18	19	20
③	②	②	③	④	②	④	②	③	①

01 • 현금및현금성자산이 아닌 것 : 당좌개설보증금, 가불금, 우표
• 현금및현금성자산인 것 : 지폐와 동전, 타인발행 당좌수표, 배당금지급통지표, 지점 전도금

02 은행계정조정표

원 인	회사측 잔액	은행측 잔액
수정전 잔액	100,000	170,000
은행 미기입예금		(+)10,000
기발행 미인출수표		(−)10,000
미통지입금	(+)70,000	
수정후 잔액	170,000	170,000

03 • 제품 판매 후 어음 수령 시

(차) 받을어음	3,000,000	(대) 매출액	2,600,000
		현재가치할인차금	400,000

• 현재가치할인차금은 받을어음의 만기에 걸쳐 이자수익으로 인식한다.

04

순매출액	58,500원	(= 총매출액 60,000원 − 매출환입액 1,000원 − 매출할인액 500원)
− 매출원가	46,000원	(= 기초상품재고액 4,000원 + 순매입액 45,000원 − 기말상품재고액 3,000원)
매출총이익	12,500원	

※ 판매운임은 당기비용으로 반영한다.

05 확정급여형 퇴직연금에 관한 설명이다. 이와 관련하여 등장하는 내용은 이자원가, 퇴직급여, 확정급여채무이다. 해당 회계처리는 우리 시험 수준을 넘는 내용이어서 구체적인 설명은 생략한다.

06 ④ 특수관계자 간 거래가 있는 경우 보증이나 담보의 제공을 주석으로 공시하여야 한다.
① 일반적인 상거래 외 어음 발행 : 미지급금
③ 일반적인 상거래 외 자산 처분 : 미수금

07 ② 자금의 차입금은 재무활동과 관련한 사항이다.

- 영업활동으로 인한 현금흐름
  - 재화의 판매와 용역제공에 따른 현금유입
  - 로열티, 수수료, 중개료 및 기타수입에 따른 현금유입
  - 재화와 용역의 구입에 따른 현금유출
  - 종업원과 관련하여 직·간접으로 발생하는 현금유출
  - 법인세 납부 또는 환급(다만, 재무활동과 투자활동에 명백히 관련되는 것은 제외)
  - 단기매매목적으로 보유하는 계약에서 발생하는 현금유입과 현금유출

08

- 무이자부 어음
  - 만기가액 : 1,000,000원
  - 할인액 : 1,000,000원 × 15% × (2/12) = 25,000원
  - 현금수령액 : 1,000,000원 − 25,000원 = 975,000원
- 차입거래 어음할인 시

(차) 현 금	975,000	(대) 단기차입금	1,000,000
이자비용	25,000		

09

- 매출총이익 = 매출액 4,000,000원 × 25% = 1,000,000원
- 매출원가 = 매출액 4,000,000원 − 매출총이익 1,000,000원 = 3,000,000원

∴ 기말재고자산 = 기초재고자산 600,000원 + 당기매입 2,800,000원 − 매출원가 3,000,000원 = 400,000원

10

- 투자부동산의 사례 유형
  - 장기 시세차익을 얻기 위하여 보유하고 있는 토지
  - 장래 사용목적을 결정하지 못한 채로 보유하고 있는 토지
  - 미래에 투자부동산으로 사용하기 위하여 건설 또는 개발 중인 부동산
  - 리스제공자가 운용리스로 제공하기 위하여 보유하고 있는 미사용건물

11

- 수정 후 당기순이익 = 당기순이익 200,000원 + 임차료 중 선급분 10,000원 + 이자수익 중 미수령분 20,000원 − 손상차손(= 대손상각비) 10,000원 + 당기손익-공정가치측정금융자산평가이익 10,000원 = 230,000원

12 단기매매목적이 아닌 주식의 경우 : 기타포괄손익-공정가치측정금융자산으로 분류되며 취득 시 수수료비용은 취득원가에 가산하여 측정한다.

13 ② 기타포괄손익-공정가치측정금융자산 지분상품의 경우 기말 공정가치로 평가하여 기타포괄손익에 반영한다.

14 연수합계법 감가상각비 = (취득원가 100,000원 − 잔존가치 10,000원) × $\frac{5}{1+2+3+4+5}$ = 30,000원

15 투자부동산의 공정가치 변동으로 발생하는 손익은 원가모형에서는 이를 인식하지 않고, 공정가치모형에서는 발생기간의 당기손익에 반영한다.

16 ① 상품매출 후 신용카드 결제 시 차변 외상매출금 계정 처리(신용카드는 후불결제시스템으로 이루어지면 이 경우 상품매출이므로 외상매출금으로 반영)
③ 업무용 비품을 구입하고 직불카드 결제 시 대변 보통예금 처리(직불카드는 즉시결제시스템으로 결제되어 통장에서 이체됨)
④ 상품매입 후 신용카드 결제 시 대변 외상매입금 계정 처리(상품매입에 대한 결제수단을 신용카드로 사용한 것에 불과하기 때문에 외상매입금으로 처리하는 것이 타당함)

17 • 사채가 할인발행된 경우 손익계산서에 이자비용으로 인식되는 금액은 현금으로 지급되는 이자(표시이자)보다 크다.
• 할인발행 총 이자비용 = 현금 지급이자 + 할인액 상각

18 • 공정가치모형 : 공정가치 변동으로 발생하는 손익을 당기손익에 반영함
∴ 당기손익에 미치는 영향 = 20X1년 말 950,000원 − 20X2년 말 800,000원 = 150,000원(손실)

19 • 연구단계 : 발생시점에 비용으로 인식
• 개발단계 : 일정한 요건 충족 시 무형자산 인식

20 • 이익준비금 설정 : 현금배당액의 10% 이상 적립(자본금의 1/2에 달할 때까지)
• 주식수 : $\frac{\text{자본금 4,500,000원}}{\text{액면금액 5,000원}}$ = 900주
• 현금배당금 : 900주 × @200 = 180,000원
∴ 이익준비금 = 180,000원 × 10% = 18,000원

제2과목 원가회계

21	22	23	24	25	26	27	28	29	30
③	③	②	④	①	①	④	④	②	②
31	**32**	**33**	**34**	**35**	**36**	**37**	**38**	**39**	**40**
④	①	②	①	②	②	④	③	③	②

21 • 재고자산 1,000,000원 : 생산직 직원 급여 2,000,000원 중 매출원가에 반영된 판매량 500개를 제외한 나머지 재고수량 500개에 해당하는 재고금액은 1,000,000원임
• 비용 3,000,000원 : 판매직 사원 급여 2,000,000원 + 판매된 500개에 해당하는 생산직 직원급여 1,000,000원은 매출원가에 반영됨

22 • 선입선출법에 의한 종합원가계산

	환 산	
기초재공품(1,000단위, 60%)	400	(1 − 60%)
당기투입 당기완성(10,000단위) : 기초재공품 제외	10,000	
기말재공품(2,000단위, 40%)	800	완성도 40%
완성품환산량	11,200	

• 완성품원가 768,000 = 기초재공품원가 40,000 + 10,400 × @50 + 10,400 × @20
• 기말재공품 원가 56,000 = 800 × @50 + 800 × @20

23

제조간접원가

실제제조간접원가	550,000	제조간접원가 예정배부액	500,000
		제조간접원가 배부차이	50,000
	550,000		550,000

∴ 실제제조간접원가 > 제조간접원가 예정배부액 : 과소배부 50,000원

24

1. 직접재료원가	400,000
(1) 기초원재료 재고액	100,000
(2) 당기원재료 매입액	300,000
(3) 기말원재료 재고액	0
2. 직접노무원가	250,000
3. 제조간접원가	100,000
4. 당기총제조원가	750,000
5. 기초재공품재고액	150,000
합 계	900,000
6. 기말재공품재고액	200,000
7. 당기제품제조원가	700,000

• 기초원가 = 직접재료원가 400,000원 + 직접노무원가 250,000원 = 650,000원
• 가공원가 = 직접노무원가 250,000원 + 제조간접원가 100,000원 = 350,000원

25

• 평균법에 의한 완성품환산량 단위당 원가(모든 제조원가는 공정 전반에 걸쳐 균등하게 발생하므로 재료원가와 가공원가를 합산하여 계산한다)

	재료원가 + 가공원가
당월완성품수량	100
월말재공품의 완성품환산량	50
완성품환산량	150

당월총제조원가 + 월초재공품원가	750,000
완성품환산량	150
단위당 원가	@5,000

26 가공원가 = 직접노무원가 200,000원 + 제조간접원가 200,000원 = 400,000원

27 ④ 상호배부법 : 보조부문원가를 배부하는데 있어 계산의 정확성이 가장 높게 나타남

28 ④ 종합원가계산은 완성품환산량 계산이 핵심과제이고, 개별원가계산은 제조간접원가 배분이 핵심과제이다.

29 [2단계 완성품환산량]

평균법을 적용하는 것이므로 당기완성품을 기초재공품과 당기착수완성량으로 구분하지 않음

구 분		재료원가	가공원가
당기완성품	160	160	160
기말재공품	40	40(공정 초기 전량 투입)	20(= 40 × 50%)
완성품환산량		200	180

[3단계 총원가요약]

평균법을 적용함으로 기초재공품원가와 당기투입원가를 합산하여 반영

구 분	재료원가	가공원가
기초재공품원가	2,000	1,000
당기투입원가	8,000	3,500
총원가	10,000	4,500

[4단계 환산량 단위당 원가]

구 분	재료원가	가공원가
총원가	10,000	4,500
완성품환산량	200	180
환산량 단위당 원가	@50	@25

∴ 기말재공품원가 = (40 × @50) + (20 × @25) = 2,500원

30 ② 평균법에 의한 완성품환산량 단위당 원가 산정 시 기초재공품원가와 당기투입원가를 구별하지 않고 완성품과 기말재공품에 배부하는 방법이다. 따라서 기초재공품원가는 환산량 단위당 원가 산정 시 필요한 요소이다.

31 ④ 월말에 완성된 제조지시서의 제조원가는 완성품원가가 되며, 미완성된 제조지지서의 제조원가는 월말재공품원가 된다.

32 생산량 30,000개 총원가 1,550,000원 = 고정원가 50,000원 + 변동원가(= 30,000개 × @50)

33 고정원가는 조업도에 상관없이 총원가는 일정하며, 조업도 증가 시 단위당 원가는 감소한다.

34

재료원가

기 초	100,000	투입(직접재료원가)	x
당기구입액	200,000	기 말	80,000
	300,000		300,000

• x = ₩300,000 − ₩80,000 = ₩220,000

재공품

기 초	120,000	당기제품제조원가	y
당기총제조원가			
1) 직접재료원가	220,000		
2) 직접노무원가	150,000		
3) 제조간접원가	155,000	기 말	150,000
	645,000		645,000

• y = ₩645,000 − ₩150,000 = ₩495,000

제 품

기 초	150,000	매출원가	z
당기제품제조원가	495,000	기 말	200,000
	645,000		645,000

• z = ₩645,000 − ₩200,000 = ₩445,000

∴ 당기제품제조원가 ₩495,000, 매출원가 ₩445,000

35 • 선입선출법과 평균법은 기초재공품에 대한 인식이 다르기 때문에 기초재공품의 완성도를 계산하는 경우, 일일이 재료원가와 가공원가에 대한 완성품환산량을 구하지 않고 두 방법의 차이에 대한 이해를 통해 보다 쉽게 문제를 풀도록 한다.

• 기초재공품 수량 = 평균법 수량 100,000 − 선입선출법 수량 80,000 = 20,000

• 기초재공품 수량 20,000 × 완성도 = 평균법 완성품환산량 70,000 − 선입선출법 완성품환산량 62,000

∴ 완성도 = 40%

36

(선입선출법)	재료원가
기초 2,000(70%)	600 (= 2,000 X 30%)
당기착수완성량 3,000	3,000
기말재공품 2,000(50%)	1,000 (= 2,000 × 50%)
완성품환산량	4,600 단위

37 • #102 기본원가 500,000원 = 직접재료원가 400,000원 + 직접노무원가 100,000원

• #101 직접재료원가 300,000원 = 총액 1,000,000원 − (#102 400,000원 + #103 300,000원)

• #101 직접노무원가 200,000원 = 총액 500,000원 − (#102 100,000원 + #103 200,000원)

• #101 제조간접원가 400,000원 = 200,000원 $\times \frac{1,000,000원}{500,000원}$

∴ #101 총제조원가 = 직접재료원가 300,000원 + 직접노무원가 200,000원 + 제조간접원가 400,000원 = 900,000원

38 당기총제조원가 = 재료원가 400,000원 + 노무원가 200,000원 + 제조간접원가 300,000원 = 900,000원

39

재공품

기초재공품	100,000	당기제품제조원가	1,000,000
직접재료원가	500,000	기말재공품	200,000
직접노무원가	x		
제조간접원가	x의 50%		
	1,200,000		1,200,000

• x = 400,000원

∴ 기본원가 = 직접재료원가 500,000원 + 직접노무원가 400,000원 = 900,000원

40 • 재무회계 : 일반목적을 위한 재무제표

• 관리회계 : 특수목적의 보고서

TEST 08

2021년 기출복원문제

정답 및 해설

제1과목 재무회계

01	02	03	04	05	06	07	08	09	10
②	①	③	④	②	④	③	②	①	④
11	12	13	14	15	16	17	18	19	20
④	④	④	④	④	②	③	②	②	④

01 • 일반적인 상거래 외의 어음발행이므로 (주)상공은 미지급금 계정으로 처리한다. 다만, 이 문제에서는 (주)상공의 주된 업종을 제시하여야 대변에 어떤 계정과목을 사용할 것인지 더 명확할 것이다. 만일 (주)상공이 기계장치를 도매하는 경우라면 차변 상품과 대변 매입채무(지급어음)가 될 것이다.

• 회계처리 (차) 기계장치 800,000 (대) 미지급금 800,000

02 현금흐름표를 통해 현금흐름에 관한 정보를 제공한다.

03 기업의 판매촉진과 광고를 위해 웹 사이트를 개발한 경우에는 모든 지출을 발생시점에 비용으로 인식한다.

04 • 매출원가 = 기초상품재고 250,000원 + 당기순매입 500,000원 − 기말상품재고 100,000원 = 650,000원

• 매출총이익 = 순매출 1,000,000원 − 매출원가 650,000원 = 350,000원

• 판매비와관리비 = 광고선전비 50,000원 + 임차료 40,000원 + 통신비 70,000원 + 세금과공과 50,000원 + 수도광열비 20,000원 = 230,000원

∴ 영업이익 = 매출총이익 350,000원 − 판매비와관리비 230,000원 = 120,000원

※ 기부금, 이자비용, 유형자산처분손실은 영업외비용이다.

05

10월 1일	기초재고	20개	24,000원	
10월 5일	매 입	60개	96,000원	@1,500 = 120,000원 ÷ 80개
10월 10일	매 출	40개	매출원가 = 40개 × @1,500 = 60,000원	
10월 17일	매 입	50개	93,000원	@1,700 = 153,000원 ÷ 90개
10월 25일	매 출	30개	매출원가 = 30개 × @1,700 = 51,000원	

∴ 10월 중 매출원가 = 60,000원 + 51,000원 = 111,000원

06 • 환어음 수취인은 차변에 매출채권으로 회계처리한다. 환어음은 발행인 이외의 제3자(환어음 인수자)가 지급의무를 지는 것으로 관련 회계처리는 다음과 같다.

− 환어음 발행	(차) 매 입 or 외상매입금	xxx	(대) 매출채권 (외상매출금)	xxx
− 환어음 인수	(차) 매입채무 (외상매입금)	xxx	(대) 매입채무 (지급어음)	xxx

PART 4

– 환어음 수취　(차) 매출채권　xxx　(대) 매 출　xxx
(받을어음)

07

일 자	유효이자(7%)	액면이자(5%)	상각액	장부금액
20X1.1.1				947,516
20X1.12.31	66,326	50,000	16,326	963,842

• 회계처리　(차) 현 금　50,000　(대) 이자수익　66,326
상각후원가측정금융자산　16,326

08　① 개발활동과 관련한 지출은 자산 인식요건을 충족할 경우 무형자산으로 처리하고, 자산의 인식요건을 충족하지 못할 경우에는 발생시점에서 비용처리한다.
③ 연구활동과 관련된 지출은 전액 발생시점에서 비용으로 처리한다.
④ 내부창출 영업권은 취득원가를 신뢰성 있게 측정할 수 없고 기업이 통제하고 있는 식별가능한 자원이 아니기 때문에 무형자산으로 인식하지 않는다.

09　• 자산을 가동하는데 필요한 장소와 상태에 이르게 하는데 직접 관련되는 원가는 취득원가에 포함
– 유형자산의 매입 또는 건설과 직접적으로 관련되어 발생한 종업원급여
– 설치장소 준비원가(토지정지비용, 건물철거비용 등)
– 최초의 운송 및 취급 관련 원가(매입운임, 운송비 및 수수료 등)
– 설치원가 및 조립원가(기계장치 설치비 및 시운전비)
– 유형자산이 정상적으로 작동되는지 여부를 시험하는 과정에서 발생하는 시험원가

10　자본총액 = 보통주자본금 200,000원 + 우선주자본금 300,000원 + 주식발행초과금 90,000원 – 자기주식 50,000원(자본에 차감할 항목) = 540,000원

11　6월 중 외상매출금 미회수액은 150,000원이다(○○상점 차월이월 70,000원 + △△상점 차월이월 80,000원).

12　• 어음의 할인(매각거래) : 받을어음 계정 대변에 기입
• 회계처리　(차) 보통예금(당좌예금 등)　xxx　(대) 받을어음　xxx
매출채권처분손실　xxx

13　재무상태표의 표시방법은 유동성/비유동성 구분법, 유동성 순서배열법을 사용하고 신뢰성 있고 목적적합한 정보를 제공한다면 혼합표시방법을 사용할 수 있다.

14　④은 현금성자산이 증가하나, 다른 보기는 현금성자산 내의 거래이므로 금액적인 변동을 주지 않는다.

15　④ 자원의 유출가능성이 높고, 금액이 신뢰성 있게 추정된다면 충당부채로 인식한다.

자원의 유출가능성	금액의 신뢰성 있는 추정가능성	
	가 능	불가능
높 음	충당부채	우발부채
높지 않음	우발부채	우발부채

16 3전표제는 입금전표, 출금전표, 대체전표로 구성되어 있으며, 차변이 현금으로만 구성된 경우 입금전표를 작성한다(대변이 현금으로만 구성 시 출금전표, 그 외 나머지 상황에서는 대체전표를 사용).

17 • 상업적 실질이 없는 경우 제공한 자산의 장부가액으로 취득원가를 반영하고, 기계장치의 처분손익을 인식하지 않는다.

∴ 취득원가 = 제공한 자산의 장부금액(100만원 − 50만원) = 50만원

참 고

위와 같은 거래에서 현금 지급과 현금 수령이 제시될 경우 취득원가 : 현급지급액은 더하고, 현금수취액은 차감한다.

18

• 중간예납 시	(차) 선급법인세	300,000	(대) 현 금		300,000
• 결산 시	(차) 법인세비용	650,000	(대) 선급법인세		300,000
				미지급법인세	350,000
• 법인세 납부	(차) 미지급법인세	350,000	(대) 당좌예금		350,000

19 20X1년 12월 31일 보고기간말로 판단할 경우 다음 해 6월 말 상환될 금액은 유동부채로 분류된다.

일 자	상환액	잔 액	재무상태표
20X1년 7월 1일		1,000,000	
20X2년 6월 30일	200,000	800,000	
20X2년 12월 31일		800,000	유 동 : 200,000
			비유동 : 600,000

20 1년 만기 정기예금 상품이므로 단기금융상품으로 처리한다. 차변에 자산의 증가와 대변에 자산의 감소 및 수익의 발생으로 분개한다. 정기예금에 대한 이자는 이자수익으로 반영한다.

PART 4

제2과목 원가회계

21	22	23	24	25	26	27	28	29	30
①	③	③	①	②	③	①	②	③	④
31	32	33	34	35	36	37	38	39	40
③	③	①	④	③	④	②	②	③	②

21 제품 A의 결합원가 배부액 = 전체 결합원가 배부액 360,000원 × 10캐럿/40캐럿 = 90,000원

22 원가회계는 전통적으로 제조업의 재고자산의 평가와 이익측정을 위한 제품원가계산에 중점을 두고 발전해 왔다. 오늘날에는 경영자의 의사결정과 경영성과 평가를 위한 원가정보의 제공이라는 측면이 더욱 강조되며, 재무회계와 관리회계 두 가지 회계와 밀접한 관련성을 지니고 있다.

23 • 기계 화재보험료 : 60원 × (1,500원/5,000원) = 18원

• 공장 건물 감가상각비 : 90원 × (100평/200평) = 45원

∴ 절단부문 부문공통원가 : 18원 + 45원 = 63원

24 • 배부차이 회계처리

– 과소배부 (차) 부문원가배부차이 xxx (대) 절단부문원가 xxx

– 과대배부 (차) 절단부문원가 xxx (대) 부문원가배부차이 xxx

※ 실제발생액 4,500원이고, 예정배부액 5,000원일 경우 과대배부된 것임

• 배부차이 검토

절단부문원가

실 제	4,500	예정배부액	5,000
배부차이	500		
	5,000		5,000

※ 절단부문원가와 배부차이를 끈으로 연결해서 배부차이를 우측으로 당기면 절단부문원가가 떨어지면서 분개가 완성된다.

– (차) 절단부문원가 500 (대) 절단부문원가배부차이 500

25 • 단계배부법(수선부문을 P1 부문, P2 부문, 동력부문에 배분한다)

∴ P1 제조부문 : 120,000원 × (300시간/600시간) = 60,000원

26

재공품

기초재공품	500,000	당기제품제조원가*2	1,000,000
당기총제조원가*1	1,400,000	기말재공품(#101)	900,000
	1,900,000		1,900,000

*1 당기총제조원가 = 작업지시서 #101 900,000원 + 작업지시서 #102 500,000원 = 1,400,000원

*2 당기제품제조원가 = 기초재공품 500,000원 + 당기총제조원가 1,400,000원 – 기말재공품 900,000원
= 1,000,000원

제 품

기초제품	1,000,000	매출원가	700,000
당기제품제조원가	1,000,000	기말제품	1,300,000
	2,000,000		2,000,000

27 부문별 제조간접원가 배부율을 사용하면 제조부문과 보조부문에서 발생한 총제조간접원가를 각각의 이중배부율법에 의하여 개별제품에 배부하게 된다.

28 • 제조간접원가 배부율 = 30,000원 ÷ (20,000원 + 40,000원) = 0.5/직접원가

• 제품 A 제조간접원가 배부액 = 제품 A 직접원가(4,000원 + 6,000원) × 0.5 = 5,000원

29 • 기계장치의 당기 감가상각비 기간비용 처리 : 판매관리비 과대계상

• 해당 감가상각비가 제조원가에 포함되지 않음으로 인해 당기총제조원가 과소계상 → 매출원가 과소계상 → 매출총이익 과대계상

30 • 기초재공품 + 당기착수 = 당기완성(210개) + 기말재공품

	재료원가	가공원가	
당기완성(210개)			
기초재공품(50개)	0	30	(= 50 × 60%)
당기착수완성량(160개)	160	160	
기말재공품(40개)	40	10	
완성품환산량	200	200	

31 생산량 200개일 때 총 변동원가는 2,000,000원이다.

32 • 평균법

	제조원가 (재료원가 + 가공원가)
당기완성(58,800)	58,800
기말재공품(4,000) 30%	1,200
완성품환산량	60,000

• 단위당 원가 = (기초재공품원가 100,000원 + 당기투입원가 1,100,000원) ÷ 완성품환산량 60,000원 = @20

∴ 기말재공품원가 = 1,200 × @20 = 24,000원

33 • 예정배부율 = 예상제조간접원가 360,000원 ÷ 예상직접노동시간 7,200시간 = 50원/시간

• 예정배부액 = 예정배부율 50원/시간 × 실제직접노동시간 6,000시간 = 300,000원

34 원가회계 : 재무상태표 재고자산 가액 및 손익계산서 제품매출원가 결정에 영향을 미침

35 • 공장전체 배부율

– 공장전체 배부율 = $\frac{\text{부문원가(28,000원)}}{\text{직접노동시간(1,000시간)}}$ = @28/시간

∴ 제품의 공장전체 배부율 사용 = 100시간 × @28/시간 = 2,800원

• 부문별 배부율

– 제A부문 : 제1부문 12,000원 ÷ 직접노동시간 600시간 = @20/시간

– 제B부문 : 제2부문 16,000원 ÷ 직접노동시간 400시간 = @40/시간

∴ 제품의 부문별 배부율 사용 = 제A부문 900원*1 + 제B부문 2,200원*2 = 3,100원

*1 제1부문 : 45시간 × @20/시간 = 900원

*2 제2부문 : 55시간 × @40/시간 = 2,200원

36 제조간접원가는 원가사용(투입)시점에서 비용화하며, 제품제조와 관련 없는 판매관리비는 수익과 대응하거나 합리적이고 체계적인 배분 및 즉시 비용화한다.

37

제 품

기초제품	100,000	매출원가	350,000
당기제품제조원가	300,000	기말제품	50,000
	400,000		400,000

재공품

기초재공품	50,000	당기제품제조원가	300,000
당기총제조원가	320,000	기말재공품	70,000
	370,000		370,000

38 당월소비액 = 당월지급액 500,000원 + 전월선급액 50,000원 − 당월선급액 100,000원 = 450,000원

39 • 예정배부율 = $\frac{300{,}000원}{10{,}000시간}$ = 30원/시간

실제발생액	예정발생액
325,000원	11,000시간 × 30원 = 330,000원

₩5,000(초과)

40 평균법에 의한 완성품환산량 단위당 원가 산정 시 기초재공품원가와 당기투입원가를 구별하지 않고 완성품과 기말재공품에 배부하는 방법이다. 따라서 기초재공품원가는 환산량 단위당 원가 산정 시 필요한 요소이다.

T·E·S·T 09

2021년 기출복원문제

정답 및 해설

제1과목 재무회계

01	02	03	04	05	06	07	08	09	10
④	④	④	②	④	①	④	①	②	②
11	12	13	14	15	16	17	18	19	20
①	④	③	④	③	③	③	③	②	②

01 1년 만기 정기예금 상품이므로 단기금융상품으로 처리한다. 차변에 자산의 증가와 대변에 자산의 감소 및 수익의 발생으로 분개한다. 정기예금에 대한 이자는 이자수익으로 반영한다.

02 유형자산처분이익 = 제공한 자산의 공정가치 600,000원 − 제공한 자산의 장부금액 400,000원 = 200,000원

03
- 매출총이익 = 매출액 4,000,000원 × 40% = 1,600,000원
- 매출원가 = 매출액 4,000,000원 − 매출총이익 1,600,000원 = 2,400,000원

∴ 기말재고자산 = 기초재고 200,000원 + 당기매입액 2,800,000원 − 매출원가 2,400,000원 = 600,000원

04
- 할부판매 : 장단기 구분없이 재화가 인도되는 시점에 수익으로 인식한다.

∴ 20X3년 매출액 = 200,000원, 20X2년 매출액 = 300,000원(20X2년 인도분 150,000원 + 20X3년 인도분 150,000원)

05

가.	(차) 매 입	(대) 지급어음	(채무발생)
나.	(차) 당좌예금	(대) 받을어음	(채권소멸)
다.	(차) 받을어음	(대) 매 출	(채권발생)
라.	(차) 당좌예금 매출채권처분손실	(대) 받을어음	(매각거래, 채권소멸)

06
- 기말 손실(대손)충당금 잔액 = 기초잔액 4,500원 + 손상(대손)처리한 채권회수 2,000원 − 손상(대손)발생액 3,200원 = 3,300원
- 손실(대손)충당금 추가 설정액 = 손상(대손)예상액 10,000원* − 기말 손실(대손)충당금 잔액 3,300원 = 6,700원

* 기말 매출채권 잔액 500,000원 × 2%

∴ (차) 손상차손(= 대손상각비) 6,700 (대) 대손충당금 6,700

손실(대손)충당금

3/15	매출채권(거래처파산)	3,200	1/1	기 초	4,500
12/31	기 말	10,000	11/12	전기 손상(대손)처리 채권회수	2,000
			12/31	손상차손(= 대손상각비)	6,700
		13,200			13,200

PART 4

07 • 공정가치모형을 적용한 계산식

20X2년 공정가치	300,000
(−) 20X1년 공정가치	360,000
당기손익에 미치는 영향(손실)	(−)60,000

• 투자부동산의 측정 : 원가모형 또는 공정가치모형 중 한 가지를 선택하여 적용한다.
- 원가모형 : 감가상각대상자산인 투자부동산인 경우 감가상각비 인식
- 공정가치모형 : 공정가치 변동으로 발생하는 손익 → 당기손익 반영(감가상각대상자산인 경우에도 감가상각 하지 않음)

08 • 수정 후 손실(대손)충당금 기말잔액 : 400,000원 − 300,000원 + 500,000원 = 600,000원
∴ 손실(대손)충당금 차감 전 매출채권 : 3,200,000원 + 600,000원 = 3,800,000원

09

현 금

5/1	전월이월	300,000	5/8	비 품	50,000
5/17	매 출	150,000	5/12	상품매입	50,000
			5/28	종업원급여	30,000
			5/31	차월이월	(320,000)
		450,000			450,000

※ 5월 12일 자기앞수표, 5월 17일 타인발행수표 : 통화대용증권으로 회계상 '현금'으로 처리

10

은행계정조정표

은행측 예금잔액	600,000	회사측 예금잔액	500,000
(−)기발행 미인출수표	100,000		
조정 후 잔액	500,000	조정 후 잔액	500,000

11 반품 가능성을 예측할 수 없는 경우, 제품에 대한 통제를 이전할 때 수익을 인식할 수 없다. 이 경우 반품되지 않고 반품권이 소멸되는 시점에 수익을 인식한다.

12 재무활동 현금흐름은 기업의 납입자본과 차입금의 크기 및 구성내용에 변동을 가져오는 활동을 말하며, 이는 영업활동과 관련이 없는 부채 및 자본의 증가, 감소거래를 의미한다. 기업의 금융자산의 크기 및 구성내용에 변동을 가져오는 활동은 재무활동으로 볼 수 없다.

13 ③ 거래가격은 고객에게 약속한 재화나 용역을 이전하고 그 대가로 기업이 받을 권리를 갖게 될 것으로 예상하는 금액이며, 부가가치세처럼 제3자를 대신해서 회수한 금액은 제외한다.

14 우발부채는 재무제표 부채로 인식하지 않는다.

15 • 당기손익−공정가치측정금융자산 취득 시 부대비용은 당기비용 처리한다.

− 20X1년 10월 1일	(차)	당기손익−공정가치측정 금융자산	500,000	(대)	현 금	510,000
		수수료비용	10,000			
− 20X1년 12월 31일	(차)	당기손익−공정가치측정 금융자산	100,000	(대)	당기손익−공정가치측정 금융자산평가이익	100,000

16 • 시산표에서 발견할 수 없는 오류 : ①, ②, ④
• 시산표에서 발견할 수 있는 오류 : ③

17 계속기업을 가정하지 않았다면 자산과 부채를 유동성이 높은 순서대로 배열하는 유동성배열법이 그 의미를 상실하게 되고, 대신 처분할 순서 혹은 결제할 순서로 배열하는 것이 합리적이 될 것이다.

18 • 금융자산 : 미수금, 대여금
• 비금융자산 : 재고자산, 선급금
• 금융부채 : 미지급비용, 차입금
• 비금융부채 : 선수금, 선수수익

19 건물 신축을 위해 지급한 계약금은 건설중인자산으로 회계처리한다.

20 주식발행초과금과 주식할인발행차금은 발생순서에 관계없이 서로 상계한다.

제2과목 원가회계

21	22	23	24	25	26	27	28	29	30
②	②	④	④	③	①	③	③	②	②
31	32	33	34	35	36	37	38	39	40
②	④	②	①	③	②	④	②	③	③

21

제조간접원가

실제제조간접원가	550,000	제조간접원가 예정배부액	500,000
		제조간접원가 배부차이	50,000
	550,000		550,000

∴ 실제제조간접원가 > 제조간접원가 예정배부액 : 과소배부 50,000원

22 종합원가계산은 일반적으로 개별원가계산에 비해 경제적이나 원가계산의 정확성이 떨어진다.

23 • 기계수선비 당월소비액 = 전월선급액 25,000원 + 당월지급액 240,000원 − 당월말선급액 45,000원
= 220,000원
• 외주가공원가 당월소비액 = 당월지급액 500,000원 + 당월미지급액 80,000원 − 전월미지급액 50,000원
= 530,000원
∴ 지급제조경비 당월소비액 = 기계수선비 당월소비액 220,000원 + 외주가공원가 당월소비액 530,000원
= 750,000원

24 광고선전비는 제조원가에 포함되지 않고 포괄손익계산서상 당기비용 처리한다.

25 • 평균법에 의한 종합원가계산(재료원가는 제조 착수 시 전부 투입, 가공원가는 제조 진행에 따라 균등하게 소비)

	재료원가	가공원가
당기완성(2,500개)	2,500	2,500
기말재공품(500개, 40%)	500	200 (완성도 40%)
완성품환산량	3,000 단위	2,700 단위

• 재료원가(40,000원 + 380,000원) ÷ 3,000단위 = @140
• 가공원가(70,000원 + 254,000원) ÷ 2,700단위 = @120
∴ 당월제품제조원가 = (2,500 × @140) + (2,500 × @120) = 650,000원

26 평균법과 선입선출법의 계산방식에 있어서 차이는 기초재공품을 어떻게 취급하느냐이다. 따라서 기초재공품이 없는 경우에는 평균법에 의한 완성품환산량과 선입선출법에 의한 환산량이 동일하다.

27 • 가공원가 = 직접노무원가 500,000원 + 제조간접원가 130,000원 = 630,000원
• 직접노무원가 = 기본원가 900,000원 − 직접재료원가 400,000원 = 500,000원

28 당월총제조원가 = 재료원가 400,000원 + 노무원가 300,000원 + 제조경비 100,000원 + 제조간접원가 200,000원
= 1,000,000원

29 당월제품제조원가 = 제품 800,000원 = 800,000원
※ 당월총제조원가 = 재료원가 400,000원 + 노무원가 200,000원 + 제조간접원가 300,000원 = 900,000원

30 측정제조경비란 전력비, 가스수도비 등과 같이 계량기에 의해 소비액을 측정하는 제조경비이다. 지급제조경비란 복리후생비, 수선비, 운반비, 여비교통비, 외주가공원가, 보관료 등과 같이 매월의 소비액을 그 달에 지급하는 제조경비이다. 월할제조경비는 보험료, 임차료, 감가상각비, 세금과공과, 특허권사용료 등과 같이 1년 또는 일정기간 분을 총괄하여 일시에 지급하는 제조경비를 말한다.

31 • 재고자산 = 생산직 급여 2,000,000원 × 500개/1,000개 = 1,000,000원
• 비용 = 영업직 급여 2,000,000원 = 2,000,000원

32 가공원가 = 직접노무원가 220,000원 + 제조간접원가 320,000원(변동 + 고정) = 540,000원

33 • 직접재료원가 투입액 = 기초재료 0원 + 당기매입액 9천만원 − 기말재료 1천만원 = 8천만원
• 아래는 직접재료 T-계정에 의한 접근방법임(계산 편의를 위해 기초재료에 0을 반영한 것이며, 실제 기초재료가 0을 의미하는 것은 아님)

직접재료

기초재료	0	당기투입재료	80,000,000
당기매입액	90,000,000	기말재료	10,000,000
	90,000,000		90,000,000

34

(선입선출법)	가공원가
기초 1,000(30%)	700
당기착수완성량 6,000	6,000
기말재공품 4,000(30%)	1,200
완성품환산량	7,900 단위

• 기말재공품 가공원가가 6,000원이므로, 단위당 원가 = 6,000 ÷ 1,200개 = @5
∴ 완성품 가공원가 = 6,700개 × @5 = 33,500원

35 • 고정원가 : 조업도에 관계없이 총원가는 일정, 조업도에 따라 단위당 원가는 감소한다.
• 변동원가 : 조업도에 따라 총원가 증가, 단위당 원가는 일정하다.
• 준고정원가 : 일정구간 내에 총원가는 동일하고 그 구간을 넘어서는 경우 증가 또는 감소한다.

36 예정원가는 역사적 원가보다 원가관리에 있어 더 적시성 있는 정보를 제공한다.

37 정상공손에 관한 설명 : ①, ②, ③

38 • 측정제조경비 : 전력비, 가스수도비 등과 같이 계량기에 의해 소비액을 측정하는 제조경비이다.
• 지급제조경비 : 복리후생비, 수선비, 운반비, 여비교통비, 외주가공원가, 보관료 등과 같이 매월의 소비액을 그 달에 지급하는 제조경비이다.
• 월할제조경비 : 보험료, 임차료, 감가상각비, 세금과공과, 특허권사용료 등과 같이 1년 또는 일정기간 분을 총괄하여 일시에 지급하는 제조경비를 말한다.

39 상호배부법은 보조부문 상호 간의 용역수수관계를 완전히 인식하는 배부 방법이다.

40 원가관리회계는 재무제표의 작성에 필요한 원가를 집계하고 반영한다. 손익계산서의 제품매출원가를 통해 당기순이익에 영향을 미치고, 재무상태표에 표시되는 재공품과 제품 등 재고자산의 가액을 결정한다.

TEST 10

2021년 기출복원문제

정답 및 해설

제1과목 재무회계

01	02	03	04	05	06	07	08	09	10
②	③	③	②	②	②	①	③	①	③
11	12	13	14	15	16	17	18	19	20
②	①	①	①	③	③	④	②	②	④

01

외상매출금

기초잔액	100,000	회수액(현금유입)	900,000
발생액	1,000,000	기말잔액	200,000
	1,100,000		1,100,000

02 현금및현금성자산 = 지폐와 동전 40,000원 + 타인발행 당좌수표 120,000원 + 배당금지급통지표 30,000원 + 만기가 2개월 이내인 채권* 200,000원 = 390,000원

* 취득일로부터 만기일 또는 상환일이 3개월 이내인 경우에만 현금성자산으로 분류된다.

03

- 사채할인발행 상각액 = 유효이자 95,000원*1 – 액면이자 80,000원*2 = 15,000원
  - *1 발행가액 950,000원 × 유효이자율 10%
  - *2 액면가액 1,000,000원 × 액면이자율 8%
- 회계처리 (차) 이자비용 95,000 (대) 현 금 80,000
  사채할인발행차금 15,000

04 투자부동산에 대해 원가모형을 적용할 경우 감가상각비를 인식한다. 반면 공정가치모형일 경우 공정가치 변동으로 발생하는 손익은 당기손익에 반영하고 감가상각을 하지 아니한다. (주)상공은 원가모형을 적용하기 때문에 매년 정액법에 의한 상각으로 40,000(= 400,000 ÷ 10년)원이 당기손익에 영향을 미친다. 20X3년은 6월 30일 매각하여 당기 감가상각비는 20,000원 반영되므로 당기손익에 20,000원 영향을 준다.

05

① 개발활동과 관련한 지출은 자산 인식요건을 충족할 경우 무형자산으로 처리하고, 자산의 인식요건을 충족하지 못할 경우에는 발생시점에서 비용처리한다.

③ 연구활동과 관련된 지출은 전액 발생시점에서 비용으로 처리한다.

④ 내부창출 영업권은 취득원가를 신뢰성 있게 측정할 수 없고 기업이 통제하고 있는 식별가능한 자원이 아니기 때문에 무형자산으로 인식하지 않는다.

06 수익인식 2단계와 관련하여 하나의 계약에 하나의 수행의무만 포함되는 것은 아니다. 실질적으로 서로 같고 고객에게 이전하는 방식도 같은 일련의 구별되는 재화나 용역을 이전하기로 한 경우에는 각 약속을 하나의 수행의무로 식별한다. 즉, 하나의 계약에 여러 수행의무가 포함될 수 있다.

07 • 기말 결산일 회계처리(미수령한 임대료 4개월분을 반영)

(차) 미수수익	400,000	(대) 임대료	400,000

08 • 금융부채

다음 중 하나에 해당하는 계약상의 의무
- 거래상대방에게 현금 등 금융자산을 인도하기로 한 계약상 의무
- 잠재적으로 불리한 조건으로 거래상대방과 금융자산이나 금융부채를 교환하기로 한 계약상 의무

• 금융자산
- 현 금
- 다른 기업의 지분상품
- 거래상대방에게서 현금 등 금융자산을 수취할 계약상의 권리
- 잠재적으로 유리한 조건으로 거래상대방과 금융자산이나 금융부채를 교환하기로 한 계약상의 권리

09 현금흐름표를 통해 현금흐름에 관한 정보를 제공한다.

10

손실(대손)충당금

	기중손상(대손)확정	5,000	1/1	기 초	10,000
12/31	기 말	20,000		손상차손(= 대손상각비)	xxx
		25,000			25,000

∴ 20X2년도 손상차손(= 대손상각비) = 15,000원

11 • 9월 22일 매출액 = 250개 × @300 = 75,000원

• 9월 22일 매출원가 = 250개 × @150* = 375,000원

* 단가(이동평균법 적용) = $\frac{\text{이월재고액 20,000원 + 당기매입재고액 40,000원}}{\text{이월수량 200 + 당기매입수량 200}}$ = @150

∴ 매출총이익 = 매출액 75,000원 − 매출원가 37,500원 = 37,500원

12 ① 기타포괄손익–공정가치측정금융자산 취득부대비용은 금융자산의 취득원가에 가산

∴ 취득원가 = 10주 × @100,000 + 10주 × @1,000

② 기말 공정가치를 평가하여 당기손익에 반영한다(당기손익–공정가치측정금융자산).

③ 취득부대비용은 당기비용으로 인식한다(당기손익–공정가치측정금융자산).

④ 처분금액과 장부금액의 차이를 당기손익으로 처리한다(당기손익–공정가치측정금융자산).

13 순매출액 = 총매출액 1,000,000원 − (매출에누리 30,000원 + 매출환입액 150,000원) = 820,000원

14 이익잉여금 처분계산서의 전체 흐름을 살펴보면 다음과 같다.

미처분이익잉여금 (= 전기이월미처분이익잉여금 + 당기순이익 − 중간배당액)

(+) 임의적립금 등 이입액

(−) 이익잉여금처분액 (= 법정적립금(이익준비금) + 배당금(현금, 주식) + 임의적립금)

차기이월미처분이익잉여금

※ 이익준비금을 법정최소금액만큼 적립할 경우 금전배당금액의 1/10을 자본금의 1/2에 달할 때까지 적립한다. 이 경우 법정최소금액 적립액은 60,000원*이다.

* (중간배당액 100,000원 + 현금배당액 500,000원) × 10%

15 • 영업활동으로 인한 현금흐름

재화의 판매와 용역 제공에 따른 현금유입, 재화와 용역의 구입에 따른 현금유출, 단기매매목적으로 보유하는 계약, 이자수익의 경우 영업활동과 투자활동 현금흐름을 가지고 있다.

• 투자활동으로 인한 현금흐름

유형자산, 무형자산 및 기타 장기성자산의 취득과 처분, 대여금의 회수와 대여 등

• 재무활동으로 인한 현금흐름

지분상품 및 사채의 발행, 상환 등

16

	순매출액 58,500원	= 총매출액 60,000원 − 매출환입액 1,000원 − 매출할인액 500원
(−)	매출원가 46,000원	= 기초상품재고액 4,000원 + 순매입액 45,000원* − 기말상품재고액 3,000원
	매출총이익 12,500원	

* 총매입액 45,000원 − 매입에누리액 700원 − 매입환출액 300원 + 매입운임 1,000원

※ 매출운임은 당기비용으로 반영하고 매입운임은 매입에 포함한다.

17 만기보유금융자산은 그 취득과정에서 발생한 거래원가는 당기손익이 아닌 취득원가에 포함한다.

18 • 영업활동으로 인한 현금흐름 : 매출채권의 감소, 재고자산의 감소(현금흐름을 증가시키는 것이므로 가산함)

• 투자활동으로 인한 현금흐름 : 유형자산의 처분

• 재무활동으로 인한 현금흐름 : 단기차입금의 차입

19 • 현금및현금성자산 ○ : 가계수표, 자기앞수표, 우편환증서, 타인발행 당좌수표, 취득 시 만기 3개월 이내 채권(합계 1,750,000원)

※ 취득일로부터 만기 3개월 이내 금융상품은 현금성자산으로 분류함

• 현금및현금성자산 × : 부도수표

• 단기금융상품 : 만기 1년 이내 정기예금, 양도성 예금증서

20 • 공정가치모형을 적용한 계산식

	20X2년 공정가치	300,000
(−)	20X1년 공정가치	360,000
	당기손익에 미치는 영향(손실)	(−)60,000

• 투자부동산의 측정 : 원가모형 또는 공정가치모형 중 한 가지를 선택하여 적용한다.

– 원가모형 : 감가상각대상자산인 투자부동산인 경우 감가상각비 인식

– 공정가치모형 : 공정가치 변동으로 발생하는 손익 → 당기손익 반영(감가상각대상자산인 경우에도 감가상각하지 않음)

제2과목 원가회계

21	22	23	24	25	26	27	28	29	30
④	④	④	①	④	①	②	②	②	④
31	32	33	34	35	36	37	38	39	40
②	②	②	②	③	③	②	④	④	②

21 전공정에서 발생한 가공원가는 전공정원가에 포함될 수 있다.

22 가공원가 = 직접노무원가 220,000원 + 제조간접원가 320,000원(변동 140,000원 + 고정 180,000원) = 540,000원

23 제조간접원가는 원가사용(투입)시점에서 비용화하며, 제품제조와 관련 없는 판매관리비는 수익과 대응하거나 합리적이고 체계적인 배분 및 즉시 비용화한다.

24

(선입선출법)	가공원가
기초 1,000 (30%)	700
당기착수완성량 6,000	6,000
기말재공품 4,000 (30%)	1,200
완성품환산량	7,900 단위

• 기말재공품 가공원가가 6,000원이므로, 단위당 원가 = 6,000원 ÷ 1,200개 = @5
∴ 완성품 가공원가 = 6,700개 × @5 = 33,500원

25 판매기준법은 생산시점에서 부산물의 존재를 인식하지 않는다.

26

제조간접원가

실제제조간접원가	27,000	예정배부액	30,000*
제조간접원가 배부차이	3,000		
	30,000		30,000

* 실제직접노동시간 600시간 × 예정배부율(360,000원 ÷ 7,200시간)
∴ 실제제조간접원가 < 예정배부액(제조간접원가) : 과대배부

27 A 제품 결합원가 배부액(35,000) = 총 결합원가 × $\frac{140,000}{(140,000 + 60,000)}$
∴ 총 결합원가 = 50,000원

28 • 배부기준 : 종업원 수
∴ 복리후생비 공통부문원가 총 발생액(700,000원) × $\frac{\text{동력부문(15명)}}{\text{총 종업원 수(70명)}}$ = 150,000원

29 • 종합원가계산의 특징
① 제조원가를 재료원가와 가공원가로 구분하여 계산한다.
③ 연속 대량 생산하는 작업에 적용하는 원가계산 방법이다.
④ 완성품원가를 계산하기 위해서는 기말재공품을 평가하여야 한다.

30 선입선출법을 사용하면 평균법에 비해 당기의 성과와 이전의 성과를 보다 명확하게 구분하여 평가할 수 있다. 평균법의 단점은 당기 업적 및 능률을 정확히 평가할 수 없다는 것이다.

31 조별 종합원가계산 : 종류가 다른 제품을 연속적으로 대량생산하는 기업에서 제품의 종류별로 원가를 계산하는 방법을 말한다.

32 • 기초재공품 + 당기착수 = 당기완성(40,000) + 기말재공품

	재료원가	가공원가
당기완성(40,000)		
기초재공품(10,000)	0	5,000
당기착수완성(30,000)	30,000	30,000
기말재공품(20,000)	20,000	6,000
완성품환산량	50,000 단위	41,000 단위
당기원가	200,000 원	410,000 원
단위당 원가	@4	@10

∴기말재공품원가 = 20,000 × @4 + 6,000 × @10 = 140,000원

33 • 제조지시서 No.116의 제조간접원가 = 420,000원 × (26,000원 ÷ 280,000원) = 39,000원
∴ 제조지시서 No116 제품제조원가 = 직접재료원가 11,000원 + 직접노무원가 26,000원 + 제조간접원가 39,000원
= 76,000원

34 • 선입선출법에 의한 종합원가계산
– 가공원가에 대한 별다른 언급이 없을 경우 균등하게 발생된다고 가정

	가공원가	
기초재공품(1,000단위, 60%)	400	(1 – 60%)
당기투입 당기완성(10,000단위) : 기초재공품 제외	10,000	
기말재공품(2,000단위, 40%)	800	완성도 40%
완성품환산량	11,200	

35

제조간접원가

실제발생액	350,000	예정총액	330,000
		배부차이	20,000
	350,000		350,000

∴ 예정배부율 = 예정총액 330,000원 ÷ 직접노동 예정시간 수 100,000시간 = 3.3

36

구 분	종합원가계산	개별원가계산
업종의 형태	단일제품을 대량으로 생산하는 업체에 적합 (동종제품 대량생산)	다품종소량생산하는 업체에 적합 (이종제품 소량생산)
원가계산	공정별로 원가계산이 이루어진다.	개별작업별로 원가계산이 이루어진다.
원가집계	직접재료원가와 가공원가로 구분	직접원가와 간접원가로 구분
업 종	시멘트, 제분, 유리제조업	건설, 조선, 기계제작업
초 점	완성품원가와 기말재공품원가의 집계	제조간접원가의 제품별 배부
기말재공품원가	원가배분절차가 필요하다.	자동적으로 계산된다.
증빙서류	제조원가보고서	제조지시서, 개별원가계산표

37

• 제조1부문 $= \dfrac{\text{연간 예산액 10,000,000원}}{\text{연간 기계작업시간 10,000시간}}$ = @1,000/시간

• 제조2부문 $= \dfrac{\text{연간 예산액 5,000,000원}}{\text{연간 직접노동시간 5,000시간}}$ = @1,000/시간

38

• 완성품제조간접원가 = 600,000원 × (500,000원/1,000,000원) = 300,000원

∴ 완성품제조원가 = 전월이월 300,000원 + 직접재료원가 800,000원 + 직접노무원가 600,000원 + 제조간접원가 300,000원 = 2,000,000원

39

• 제조지시서 #1 제조간접원가 = 2,000,000원 × $\dfrac{\text{650,000원}}{\text{1,000,000원}}$ = 1,300,000원

∴ 제조지시서 #1 제조원가 = 50,000원 + 300,000원 + 650,000원 + 1,300,000원 = 2,300,000원

40

• 지급임률은 기본임금 산정의 단위당 임률을 의미한다(기본임금과 잔업 등으로 인한 수당에 따라 금액이 다르게 책정되어 종업원의 능력에 따라 차이가 발생될 수 있다).
• 소비임률은 원가계산기간 동안에 소비된 인건비 원가를 계산하기 위한 평균임률을 의미한다(원가계산기간의 임금 총액을 그 기간 총 작업시간으로 나눠 계산한다).

TEST 11

2020년 10월 시행

정답 및 해설

제1과목 재무회계

01	02	03	04	05	06	07	08	09	10
②	③	②	②	①	②	①	①	④	②
11	12	13	14	15	16	17	18	19	20
①	③	②	④	③	④	①	④	③	①

01
- 기말자본 = 기초자본 ± 당기순손익
- 당기 기말자본은 차기 기초자본이 됨
  - 20X1년 : 기말자본 700,000
  - 20X2년 : 기말자본 900,000(= 20X2년 기초자본 700,000 + 당기순이익 200,000)
  - 20X3년 : 기말자본 800,000(= 20X3년 기초자본 900,000 − 당기순손실 100,000)

02
- 시산표는 원장으로 전기가 제대로 되었는지를 검사하기 위해 작성한다.

① 재고조사표
② 분개장
④ 정산표

03
① 현금흐름표 : 일정기간 동안 현금유입과 유출에 관한 정보를 제공
② 자본변동표 : 자본 크기와 변동에 관한 정보 제공
③ 재무상태표 : 일정시점 재무상태에 관한 정보 제공
④ 포괄손익계산서 : 일정기간 경영성과에 관한 정보 제공

04
- 기중 장부금액과 실제 차이 발생 : 현금과부족으로 회계처리
  - 기 중　(차) 현금과부족　50,000　(대) 현 금　50,000
- 결산 시까지 차이 미확인됨
  - 12월 31일　(차) 잡손실　50,000　(대) 현금과부족　50,000

참고

만일 결산일 당시 차이가 발견되고 해당 원인에 대해 확인할 수 없었다면 결산 시 회계처리는 다음과 같다.
− 12월 31일　(차) 잡손실　50,000　(대) 현 금　50,000

05
- 비유동자산 : 건물
- 유동자산 : 재고자산, 사용제한이 없는 현금, 판매 후 3개월 이내에 결제될 매출채권

06

당좌예금	입 금	출 금	잔 액
3월 1일	1,000,000		1,000,000
3월 10일	500,000		1,500,000
3월 30일		2,000,000	-500,000

- 당좌차월 1,000,000원 범위 내이므로 3월 30일자 출금 2,000,000원이 가능하다.
- 마이너스 된 잔액은 단기차입금 계정과목으로 처리한다.

07 가. 계약상 권리 금융자산 : 매출채권, 받을어음, 대여금, 투자사채(옳음)

나. 금융상품을 수취, 인도, 교환하는 계약상 권리 또는 계약상 의무 그 자체는 금융상품이다.

다. 실물자산(예 재고자산, 유형자산), 리스자산과 무형자산(예 특허권, 상표권)은 금융자산이 아니다.

라. 미래 경제적 효익이 현금 등 금융자산을 수취할 권리가 아니라 재화나 용역의 수취인 자산(예 선급비용)은 금융자산이 아니다.

08
- 취득 관련 직접원가
  - 설치원가 및 조립원가
  - 설치장소 준비원가
  - 최초의 운송 및 취급 관련 원가(매입운임 등)
  - 유형자산이 정상적으로 작동되는지 여부를 시험하는 과정에서 발생하는 원가
- 취득원가 제외항목
  - 새로운 시설을 개설하는데 소요되는 원가
  - 새로운 상품과 서비스를 소개하는데 소요되는 원가
  - 새로운 지역에서 또는 새로운 고객층을 대상으로 영업을 하는데 소요되는 원가
  - 관리 및 기타 일반간접원가

09
- 투자부동산 : 직접 소유 건물을 운용리스로 제공한 경우, 공정가치모형일 경우 평가손익은 인식하고 감가상각은 하지 아니한다.

20X1년 말 공정가치	11,000원
(-) 20X1년 초 취득원가	10,000원
투자부동산평가이익	1,000원

10
- 6월 5일 : 상품매입 155,000(외상매입 150,000 + 인수운임 현금 5,000 포함)
- 6월 10일 : 상품매입 200,000[외상매입 190,000((주)강남 지불 운임 외상대금과 상계 10,000)]
- 6월 13일 : 상품매입 105,000[외상매입 105,000(당점 부담 운임 5,000 포함)]
- 순매입액(460,000) = 155,000 + 200,000 + 105,000
- 외상매입금(445,000) = 150,000 + 190,000 + 105,000

11 (주)상공기업의 기말 외상매출금 잔액(500,000) = A상점(200,000) + B상점(300,000)

12 가. 판매용 책상과 의자 200,000원을 주문하고, 계약금 20,000원을 현금으로 지급하다.

(차) 선급금	20,000	(대) 현 금	20,000

라. 영업사원에게 출장을 명하고 출장비를 어림 계산하여 200,000원을 현금으로 지급하다.

(차) 가지급금	200,000	(대) 현 금	200,000

13 • 재고자산 수량부족
- 수량부족이 정상적으로 발생한 경우 : 매출원가
- 수량부족이 비정상적으로 발생한 경우 : 재고자산감모손실(기타비용)

∴ 수량부족(10개 중 원가성 없는 수량) 4개 × @5,000 = 20,000원

14 • 탐사평가자산 : 석유나 가스 등의 광물자원을 개발하기 위해 광물자원에 대한 탐사와 평가 과정에서 발생한 지출에 해당하는 자산
• 여기서 광물자원이란 광물, 석유, 천연가스, 석탄, 철광석 등 사용함에 따라 고갈되는 자원을 말한다.

15 • 금융부채 : 매입채무, 미지급금, 미지급비용, 차입금, 사채 등
• 비금융부채 : 충당부채, 미지급법인세, 선수금, 선수수익 등

① 매입채무
② 미지급금
③ 선수금
④ 미지급비용

16 기본주당이익과 희석주당이익은 부(−)의 금액인 경우에도 표시한다.

17 ① 납입자본이 700,000원 증가한다(= 발행금액 @7,000 × 100주).
② 이익잉여금은 손익거래에서 발생되므로 주식발행과 관련해서 자본잉여금 200,000원 증가한다(= 100주 × (@7,000 − @5,000)).
③ 자본조정항목은 제시된 상공기업의 주식발행과 무관하다.
④ 기타포괄손익누계액은 제시된 상공기업의 주식발행과 관련 없다.

18 • 제품보증충당부채와 관련하여 제품 판매시점에 매출수익과 관련한 제품보증비를 대응시켜 수익비용대응의 원칙에 부합하도록 회계처리한다.

(차) 제품보증비	xxx	(대) 제품보증충당부채	xxx

∴ 제품보증에 따라 부채가 발생하는 경우 포괄손익계산서에 비용으로 인식할 수 있다.

19 • 기말재고자산 과소 반영한 경우 : 매출원가 과대계상, 매출총이익 과소계상
• 기말재고자산 과대 반영한 경우 : 매출원가 과소계상, 매출총이익 과대계상

∴ 실제금액 70,000원 → 50,000원으로 잘못 계산한 경우이므로 기말재고자산 과소 반영한 것이다. 따라서 매출원가 20,000원 과대계상, 매출총이익 20,000원 과소계상된다.

20 • 3월 1일 : 6개월분 임대료 현금 수령(3, 4, 5, 6, 7, 8월)
• 미수령 임대료 : 4개월분 400,000원(9, 10, 11, 12월 ÷ 1개월 임대료 100,000원)

(차) 미수수익	400,000	(대) 임대료	400,000

제2과목 원가회계									
21	22	23	24	25	26	27	28	29	30
②	④	④	③	③	④	②	①	③	③
31	32	33	34	35	36	37	38	39	40
④	④	③	②	③	②	①	④	④	②

21 • 제품원가 : 제품의 제조활동과 관련하여 발생하는 원가(예 생산직 근로자의 임금)
• 기간원가(비제조원가) : 제품의 제조활동과 관련 없이 발생하는 원가(예 소모품비, 판매원의 급료, 사장의 급료 등)

22 • 외부거래 : 기업 외로부터 재화, 용역 등을 구입하는 것(재료의 매입)
• 내부거래 : 재화와 용역이 기업 내부에서 소비되거나 이동, 전환, 제조하는 것(재료의 공장출고, 노무원가 소비, 제품의 완성)

23 간접원가는 완성품환산량으로 나누어 단위당 제품원가를 계산하고 완성품과 기말재공품에 배분한다.

24

항 목	#1001	#1002	합 계
전기이월	5,000	–	5,000
직접재료원가	8,200	4,500	12,700
직접노무원가	3,000	4,600	7,600
제조간접원가	1,500	2,300	3,800
계	17,700	11,400	29,100

25

항 목	No.45	No.46	No.47	합 계
월초재공품	12,000	16,000	13,000	41,000
직접재료원가	17,000	20,000	10,000	47,000
직접노무원가	23,000	27,000	28,000	78,000
제조간접원가	32,000	37,600	30,400	100,000
합 계			81,400	266,000

• 제조간접원가(30,400) = 100,000 × (38,000 ÷ 125,000)

26 ① 소규모 기업보다 규모가 큰 기업에서 주로 사용한다.
② 부문원가를 예정배부하면 제품 계정 대변으로 대체한다.
③ 보조부문원가는 제조부문원가에 배부하는데 직접배부법, 단계배부법, 상호배부법이 사용된다.

27 • 개별원가계산 원가분류 : 직접원가, 간접원가
• 종합원가계산 원가분류 : 재료원가, 가공원가

28 • 직접배부법
- 보조부문1 → 제조부분2 배분(수선시간 기준)
15,600 × [30시간 ÷ (60시간 + 30시간)] = 5,200
- 보조부문2 → 제조부분2 배분(전력사용량 기준)
20,000 × [40Kwh ÷ (120Kwh + 40Kwh)] = 5,000
- 제조부문2 총원가(10,200) = 5,200 + 5,000

29 • 가공원가(= 전환원가) : 직접노무원가, 제조간접원가
• 기본원가(= 특정제품을 제조하기 위한 기초원가) : 직접재료원가, 직접노무원가

30 생우유에서 생산되는 버터, 크림, 탈지유 등은 연산품이라 할 수 있다.

31 전공정에서 발생한 가공원가는 전공정원가에 포함될 수 있다.

32 ① 제조간접원가는 30,000원만큼 과대배부되었다[실제제조간접원가 420,000 < 예정배부액 450,000(= @50 × 9,000시간), 예정배부율(@50) = 500,000 ÷ 10,000시간].
② 기말재공품원가는 직접재료원가, 직접노무원가와 예정배부율에 실제조업도를 곱하여 산정한 제조간접원가를 반영하여 구할 수 있다.
③ 제조간접원가 실제배부율은 예정배부율보다 낮다[실제배부율(@46.7) = 420,000 ÷ 9,000시간].
④ 배부차이를 전액 매출원가에서 조정하는 방법으로 과대배부된 경우 과대배부된 만큼 매출원가가 과대계상되어 있으므로 매출원가를 감소시킨다(올바른 설명).

33 • 선입선출법에 의한 종합원가계산
- 직접재료원가 : 공정 초 전량 투입

	재료원가	
기초재공품(300개, 20%)	0	전기 공정 초 전량 투입
당기투입 당기완성(700개)	700	
기말재공품(500개, 40%)	500	당기 공정 초 전량 투입
완성품환산량	1,200	

• 단위당 재료원가 @1,500 = 1,800,000 ÷ 1,200개
• 기말재공품 재료원가(750,000) = 500개 × @1,500

34 • 선입선출법은 먼저 매입한 재료를 먼저 소비 및 사용하는 방식이므로 결과적으로 기말에 남아 있는 재고는 가장 최근에 매입한 것이라고 가정하는 방법이다.
• 기말재료재고액(51,000) = 기말재고수량 100개 × @510(가장 최근 매입 단가)

35 • 공장전체 배부(960) = 40시간 × @24(= 12,000 ÷ 500시간)
• 부문별 배부(975) = 15시간 × @15(= 3,000 ÷ 200시간) + 25시간 × @30(= 9,000 ÷ 300시간)

36 제조간접원가 배부율(150%) = 1,200,000(제조간접원가) ÷ 800,000(직접노무원가)

37 • 평균법에 의한 종합원가계산
- 직접재료원가 : 공정 초 전량 투입

	직접재료원가
제1공정 완성품수량(120,000개)	120,000
6월 말의 재공품(60,000개)	60,000
완성품환산량	180,000
총원가	1,260,000
단위당 원가	@7

- 월말재공품 재료원가(420,000) = 60,000개 × @7

38 • 제조원가 : 제품의 제조활동과 관련하여 발생하는 원가(종업원 임금, 기계장치 수선비, 공장건물 임차료, 수도요금과 전기요금)
• 갑작스런 정전으로 인한 불량품의 원가(비정상적인 공손) : 비제조원가
• 돌발적인 기계 고장으로 인해 생산활동이 중지된 기간에 발생한 임금 : 비제조원가
• 파업기간 임금 : 비제조원가

39 월말에 완성된 제조지시서의 제조원가는 완성품원가가 되며, 미완성된 제조지지서의 제조원가는 월말재공품원가 된다.

40 매몰원가란 과거의 의사결정의 결과로서 이미 발생된 원가로 현재의 의사결정에는 아무런 영향을 미치지 못하는 원가를 말한다.

PART 4

T·E·S·T 12

2020년 5월 시행

정답 및 해설

제1과목 재무회계

01	02	03	04	05	06	07	08	09	10
①	④	④	④	②	②	②	③	③	④
11	12	13	14	15	16	17	18	19	20
④	③	①	③	④	②	②	③	①	②

01 근본적 질적특성 : 목적적합성(예측가치와 확인가치, 중요성), 표현 충실성(완전한 서술, 중립적 서술, 오류없는 서술)

① 중요성 : 금액이 크지 아니한 소액의 소모품 구입 시 이를 즉시 비용 처리하는 것이 가능

02 거래에서 발생하는 자산, 부채, 자본 및 수익, 비용의 증감변화를 계정에 기입하기 위한 준비로 ① 계정과목결정, ② 기입할 금액결정, ③ 차·대변결정 등을 미리 결정하는 절차를 분개라 한다.

03

※ 기타포괄손익은 다른 한국채택국제회계기준서에서 요구하거나 허용하여 당기손익으로 인식하지 않은 수익과 비용 항목을 말한다. 기타포괄손익은 후속적으로 당기손익으로 재분류되지 않는 항목과 당기손익으로 재분류되는 항목으로 구분되지만 전산회계운용사 2급 수준에서 해당 항목을 구분하지 아니하고 다음에서 열거된 항목을 수험목적상 암기한다.

① 재평가이익
② 확정급여제도의 재측정요소
③ 기타포괄손익-공정가치측정금융자산평가손익
④ 해외사업장의 재무제표 환산으로 인한 손익
⑤ 현금흐름위험회피에서 위험회피수단의 평가손익 중 효과적인 부분
※ 투자부동산을 공정가치모형으로 측정하여 공정가치 변동을 당기손익으로 처리할 때 투자부동산평가손익으로 반영한다.

04
- 포괄손익계산서 기능별 매출원가, 판매비, 관리비, 기타비용, 금융비용으로 구분한다면 (가)에 포함되는 계정과목은 광고선전비가 이에 속한다.
- 판매비(광고선전비), 관리비(임차료), 기타비용(기부금), 금융비용(이자비용)

05
- 현금및현금성자산 ○ : 가계수표, 자기앞수표, 우편환증서, 타인발행 당좌수표, 취득 시 만기 3개월 이내 채권 (합계 1,750,000)
  ※ 취득일로부터 만기 3개월 이내 금융상품은 현금성자산으로 분류함
- 현금및현금성자산 × : 부도수표
- 단기금융상품 : 만기 1년 이내 정기예금, 양도성 예금증서

06 • 은행측 조정사항 : 기발행 미인출당좌수표, 미기입예금
• 회사측 조정사항 : 기발행 미인도당좌수표, 은행수수료 및 이자비용, 회사미통지 추심어음

07 • 금융부채 : 매입채무, 미지급금, 미지급비용, (장 · 단기)차입금, 사채 등
• 비금융부채 : 충당부채, 미지급법인세, 선수금, 선수수익 등

08

• 10월 15일	(차) 손실(대손)충당금	1,000	(대) 매출채권	1,500
	손상차손(= 대손상각비)	500		
• 12월 31일	(차) 손상차손(= 대손상각비)*	2,000	(대) 손실(대손)충당금	2,000

* 100,000 × 2% = 2,000
∴ 포괄손익계산서 표시될 손상차손(= 대손상각비) 2,500원 = 10월 15일 500원 + 12월 31일 2,000원

09 • 투자부동산에 대해 원가모형을 적용할 경우 감가상각비를 인식한다. 반면 공정가치모형일 경우 공정가치 변동으로 발생하는 손익은 당기손익에 반영하고 감가상각을 하지 아니한다.
• (주)상공은 원가모형을 적용하기 때문에 매년 정액법에 의한 상각으로 40,000(= 400,000 ÷ 10년)원이 당기손익에 영향을 미친다.

10 • 공정가치모형을 적용한 계산식

20X1년 12월 31일 공정가치	4,200,000원
(−) 20X1년 7월 1일 취득원가	4,000,000원
당기손익에 미치는 영향 (이익)	200,000원

• 공정가치모형은 공정가치 변동으로 발생하는 손익 → 당기손익에 반영함

11 이자부 어음
• 만기가액 : 5,000,000 + (5,000,000 × 10% × 3/12) = 5,125,000
• 할인액 : 5,125,000 × 15% × 2/12 = 128,125
• 현금수령액 : 5,125,000 − 128,125 = 4,996,875

12 • 유형자산 취득원가 가산 O(자본적 지출) : 생산성 향상, 건물 증설, 내용연수 연장
• 유형자산 취득원가 가산 ×(수익적 지출) : 단순한 수선

13 • 보충법으로 손실(대손)충당금 설정 : 매출채권 잔액*(400,000) − 손실(대손)충당금 기말잔액(100,000) = 300,000
* 40,000,000원 × 1% = 400,000

12월 31일	(차) 손상차손(= 대손상각비)	300,000	(대) 손실(대손)충당금	300,000

14

• 12월 25일	(차) 출장비	250,000	(대) 가지급금	200,000
			현 금	50,000

※ 12월 25일자 출장비를 대략 계산한 가지급금과 상계하고 추가 지출한 현금까지 고려한 분개를 하여야 한다.

15 • 매출총이익(600,000) = 순매출액 2,000,000의 30%

순매출액	2,000,000	
(−) 매출원가	1,400,000	(= 300,000 + (1,500,000 − 20,000) − 기말재고재산)
매출총이익	600,000	

∴ 기말재고자산 = 380,000

16 • 부채 : 선수금, 선수수익, 유동성장기부채
• 자산 : 선급금

17 • 무형자산에 대한 설명으로 해당 자산의 종류로는 영업권, 개발비 등이 있다.
• 무형자산의 정의를 충족하고 자산에서 발생하는 미래 경제적 효익이 기업에 유입될 가능성이 높고 자산의 취득원가를 신뢰성 있게 측정하면 무형자산으로 인식한다.

18 ① 신주발행비 5,000원은 당기비용으로 처리하지 않고 주식할인발행차금에 가산한다.
② 자본금 계정은 액면가액으로 500,000원이 증가되었다.
④ 주식할인발행차금은 105,000원이 발생하였다(= 100,000 + 신주발행비 5,000).

19 위탁상품의 경우 수탁자에게 적송하는 시점에서는 위험과 보상이 실질적으로 이전되지 않으므로, 상품을 수탁자가 제3자에게 판매할 때 위탁자는 수익을 인식하고 재고자산에서 제외한다.

20 수익인식 2단계와 관련하여 하나의 계약에 하나의 수행의무만 포함되는 것은 아니다. 실질적으로 서로 같고 고객에게 이전하는 방식도 같은 일련의 구별되는 재화나 용역을 이전하기로 한 경우에는 각 약속을 하나의 수행의무로 식별한다. 즉, 하나의 계약에 여러 수행의무가 포함될 수 있다.

제2과목 원가회계

21	22	23	24	25	26	27	28	29	30
③	②	④	②	③	④	③	④	①	②
31	32	33	34	35	36	37	38	39	40
③	④	②	③	②	③	③	④	④	①

21 • 원가회계의 목적은 원가의 관리와 통제, 성과측정 및 평가, 제품원가계산 등이다.
• 기업의 잠재적 투자가치평가 및 기업실제가치 측정에 필요한 정보제공은 원가회계의 목적이라 볼 수 없다.

22 • 혼합원가(= 고정원가 + 변동원가)
• 조업도가 없는 경우에도 원가가 발생하고 이후 조업도 변동에 따라 총원가가 증가한다.
예 전화요금, 전기요금

23 ④ 계산의 정확성은 상호배부법, 단계배부법, 직접배부법 순으로 높게 나타난다.

24 • 제품A원가(13,750) = 직접재료원가(10,000) + 직접노무원가(2,500) + 제조간접원가*(1,250)
* 제조간접원가(1,250) = 직접노무시간(125시간) × 직접노무시간당 10원

25

재공품

기초재공품(#101)	10,000	당기제품제조원가	288,000
당기총제조원가	318,000	기말재공품(#103)	40,000
	328,000		328,000

26 • 제조간접원가 배부율 = 제조간접원가(260,000) ÷ 직접재료원가(800,000) = @0.325
• 제조지시서 NO.107 제조간접원가 배부(6,500) = @0.325 × 20,000

27 • 개별원가계산의 경우 직접재료원가, 직접노무원가는 표준원가로 제조간접원가는 표준조업도에 표준배부율을 반영하여 표준원가계산을 적용할 수 있다.

28

제 품	Kg당 판매가	생산량(Kg)	2차 가공원가	순실현가능가치	배분액
A	₩500	40	₩10,000	10,000	2,500
B	₩1,000	25	₩5,000	20,000	5,000
C	₩800	35	₩18,000	10,000	2,500

• B제품원가 = 결합원가 배분액(5,000) + 2차 가공원가(5,000) = 10,000
• B제품 단위당 원가 = 10,000 ÷ 25kg = @400

29 • 제조부문 : A부문, B부문
• 보조부문 : 전력부, 공장관리부(A부문(20%), B부문(60%), 전력부(20%) 배부)
• 전력부 폐쇄 후 외부 구입 시 전력부에 20%를 배부할 필요가 없어진다.
즉, 변동원가의 20%는 감소하여 400,000으로 배부하여야 한다.
• B부문 = 750,000 + 300,000 = 1,050,000
– 고정원가 : 1,000,000 × (60% ÷ 80%) = 750,000
※ 전력부 용역을 외부에서 구입하더라도 고정원가는 변함없이 동일한 금액이 발생된다.
– 변동원가 : 400,000 × (60% ÷ 80%) = 300,000

30 ② 외주가공원가는 성격에 따라 재료원가 또는 제조경비에 포함하여 계상할 수 있으며, 그 금액이 중요한 경우에는 별도의 과목으로 기재할 수 있다.

31 평균법에 의한 종합원가계산
• 직접재료원가 : 제조 착수 시 전부 투입
• 가공원가 : 균등 발생

	직접재료원가	가공원가	
월초재공품(100개, 30%)			평균법의 경우 월초재공품 고려 ×
당월완성품(400개)	400	400	
월말재공품(200개, 50%)	200	100	완성도 50%
완성품환산량	600	500	
총원가	600,000	250,000	
단위당 원가	@1,000	@500	

∴ 월말재공품 원가(250,000) = (200개 × @1,000) + (100개 × @500)

32 ④ 원가회계는 원가계산 준칙에 의거 작성하며 내부관리를 목적으로 원가정보를 제공하는 회계이다.

33 ① 연산품은 분리점에서 상대적으로 판매가치가 높다. 반면 부산물은 연산품에 비해 상대적으로 판매가치가 낮다.
③ 연산품과 부산물의 구분은 상대적이다. 일반적으로는 판매가치가 낮다고 판단되면 부산물로 구분하지만 이는 절대적인 기준은 아니며 다른 회사에서는 제품 기준으로는 판매가치가 높다고 판단하여 이를 연산품으로 볼 수도 있다.

④ 결합원가를 배분하는 목적은 이익을 증가시키기 위함이 아니라 제조과정에서 발생된 결합된 원가를 어떤 방법으로 배분할 것인지를 결정하여 정확한 원가를 계산하는데 있다.

34 • 종합원가계산에 적합한 업종 : 정유업, 화학공업, 제분업 등
• 개별원가계산에 적합한 업종 : 선박업 등

35 • 선입선출법에 의한 종합원가계산
– 직접재료원가 : 공정 초 전량 투입
– 가공원가 : 균등 발생

	재료원가		가공원가	
기초재공품(400개, 30%)	0	공정 초 전량 투입	280	(1 – 30%)
당기투입 당기완성(2,000개)	2,000		2,000	
기말재공품(600개, 40%)	600		240	완성도 40%
완성품환산량	2,600		2,520	

36

제 품	생산수량	최종판매가치	추가가공원가	순실현가능가치	배분액
A	100	20,000	2,000	18,000	7,200
B	200	42,000	–	42,000	16,800

• 연산품 A의 단위당 제조원가(@92) = (2,000 + 7,200) ÷ 100개

37 ③ 공정별 종합원가계산 : 2개 이상의 제조공정을 거쳐 제품을 연속 대량생산하는 형태의 원가계산

38 선입선출법에 의한 종합원가계산
• 직접재료원가 : 공정 초기 전량 투입
• 가공원가 : 공정 진행정도에 따라 발생(= 균등하게 발생)

	재료원가	가공원가	
기초재공품 (100,000단위, 30%)	0	70,000	(1 – 30%)
당기투입 당기완성(250,000개*)	250,000	250,000	
기말재공품(200,000단위, 40%)	200,000	80,000	완성도 40%
완성품환산량	450,000	400,000	

* 당기완성품 – 기초재공품

39 • 준고정원가 : 일정 구간 내 총원가는 동일하고 그 구간을 넘어서는 경우 증가하는 원가행태

40 • 당월분 제조경비(150,000) = 가(20,000) + 나(90,000) + 다(40,000)
– 가. 임차료 : 20,000(= 240,000 × 50% ÷ 6개월)
– 나. 전력비 : 90,000(= 당월발생금액 150,000 × 60%)
– 다. 복리후생비 : 당월발생금액(40,000) = 당월지급액(50,000) – 당월선급액*(10,000)
  * 당월선급액(10,000) = 월말기준 선급액(20,000) – 월초기준 선급액(10,000)

T·E·S·T 13

2020년 2월 시행

정답 및 해설

제1과목 재무회계

01	02	03	04	05	06	07	08	09	10
②	①	④	①	①	②	④	③	②	③
11	12	13	14	15	16	17	18	19	20
②	②	④	②	①	③	③	④	②	②

01 근본적 질적특성
- 목적적합성 : 예측가치와 확인가치, 중요성
- 표현충실성 : 완전한 서술, 중립적 서술, 오류없는 서술

02
- 차액 내용 중 회사측보다 은행측 조정사항이 적어 효율적인 풀이를 위해 은행측 잔액으로 답을 구한다.

가. 은행측 조정(기발행 미지급(인출)수표)
나. 회사측 조정
다. 회사측 조정(기장오류)
라. 회사측 조정(미통지 입금)
마. 회사측 조정(이자비용 출금)
바. 은행측 조정(미기입예금)
사. 회사측 조정(미통지 입금)

		은행측 당좌예금증명서	79,510
(−)	가.	기발행 미지급수표	10,300
(+)	바.	미기입예금	7,700
		수정 후 잔액	76,910

03 투자부동산의 공정가치 변동으로 발생하는 손익은 원가모형에서 이를 인식하지 않고, 공정가치모형에서는 발생기간의 당기손익에 반영한다.

04 기타포괄손익
- 재평가잉여금 변동, 기타포괄손익-공정가치측정금융자산평가손익, 해외사업환산손익, 현금흐름위험회피손익(효과적인 부분), 확정급여제도의 보험수리적손익 등

05 ① 영업활동 현금흐름을 보고하는 경우 국제회계기준에서는 직접법을 사용할 것을 권장하고 있다. 직접법을 사용하면 기업의 영업활동에서 발생한 현금흐름 구성내용을 자세히 볼 수 있어서 미래현금흐름을 추정하는데 간접법보다 유용한 정보를 제공할 수 있다.

PART 4

06 • 출금전표

7월 11일	(차) 유동성장기부채	1,000,000	(대) 현 금	1,000,000

• 대체전표

7월 11일	(차) 유동성장기부채	500,000	(대) 당좌예금	500,000

② 비유동부채 감소 : 유동성장기부채는 유동부채이므로 해당 회계처리에 대한 결과로 옳지 않다.

07 • 자본변동표 : 자본금, 자본잉여금, 이익잉여금 등 표시
• 재무상태표 : 장기대여금(자산) 표시

08

종 목	장부금액	보고기간말 현재 공정가치	평가손익
(주)대한	1,500,000	1,650,000	+ 150,000
(주)서울	1,000,000	900,000	− 100,000

① 이익잉여금 50,000원 증가(자본잉여금과 무관함)
② 영업이익에 영향을 미치지 아니함(당기손익-공정가치측정금융자산평가이익은 기타수익(영업외수익)에 해당)
④ 당기손익-공정가치측정금융자산평가이익은 당기손익에 반영한다(기타포괄손익누계액에 반영되지 아니함).

09 ② 사업모형이 계약상 현금흐름 수취와 계약상 현금흐름이 원리금으로만 구성된 경우에는 상각후원가측정금융자산으로 분류한다.

10

손실(대손)충당금

	기중손상(대손)확정	5,000	1/1	기 초	10,000
12/31	기 말	20,000		손상차손(= 대손상각비)	xxx
		25,000			25,000

∴ 20X2년도 손상차손(= 대손상각비) = 15,000원

11 • 신용카드 결제 관련 계정과목

외상매입금	상품(판매용) 매입 시
미지급금	상품 외 비품(업무용) 등 자산 구입 시

12 • 손실(대손)충당금 잔액 검토(9,000원) = 기초(10,000원) − 손상(대손)발생(2,000원) + 당기 현금회수액(1,000원) 손상추정액 7,500원이므로 손실(대손)충당금 잔액 9,000원보다 1,500원 초과되어 이를 손실(대손)충당금환입으로 처리한다.
• 매출채권 순장부금액(172,500원) = 매출채권(180,000원) − 손실(대손)충당금(7,500원)

13 ④ 장기적으로 거래처에 원료를 공급하기로 계약하고 수취한 계약금은 선수금으로 계상한다.

14 ② (주)대한이 선적지 인도조건으로 판매하여 해상 운송 중인 경우 : 선적시점에 재고자산의 소유권이 매입자에게 이전되어 재고자산에 해당하지 않는다.
• 소유권이전이 아닌 창고 보관, 위탁상품의 수탁자 보관, 침수피해 예방을 위한 일시적 이전 보관은 (주)대한의 재고자산에 포함한다.

15

품 목	① 취득원가	예상판매가격	예상판매비	② 순실현가능가치	저가법에 의한 기말재고액 MIN(①, ②)
갑	10,000	11,000	2,000	9,000	9,000
을	10,000	15,000	2,000	13,000	10,000
병	10,000	9,000	2,000	7,000	7,000

- 기말재고액(26,000) = 갑(9,000) + 을(10,000) + 병(7,000)
- 매출원가(94,000) = 기초재고액(20,000) + 당기상품매입액(100,000) − 기말재고액(26,000)
- 저가법에 의한 재고자산 평가손실은 매출원가에 반영된다. 즉, 취득원가로 계상된 기말재고액 30,000원에서 평가손실 4,000원을 차감하여 매출원가에 가산하는 것인데 문제 풀이 과정에서는 저가법에 의한 기말재고액 4,000원이 차감된 26,000원으로 반영됨을 매출원가 구입하는 공식에 단순 대입하여 계산하면 된다.

16 ③ 거래가격은 고객에게 약속한 재화나 용역을 이전하고 그 대가로 기업이 받을 권리를 갖게 될 것으로 예상하는 금액이며, 부가가치세처럼 제3자를 대신해서 회수한 금액은 제외한다.

17
- 상업적 실질이 존재하는 교환으로 취득한 자산의 취득원가
- X회사의 기계장치에 대한 공정가치가 400,000원이고 Y회사의 기계장치 공정가치를 알 수 없는 상황이므로 제공한 자산의 공정가치가 명확한 X회사에서 제공한 자산의 공정가치를 취득원가로 반영한다.

18
- 금융부채 ○ : 매입채무, 미지급비용, 단기차입금
- 금융부채 × : 퇴직급여부채

19
- 판매보증충당부채와 관련한 내용이다.
- 수선비용의 기대가치 : (1,000,000 × 20%) + (4,000,000 × 5%) = 400,000

▸ 감각적으로 문제를 접근하여 답을 구할 수는 있으나, 전산회계운용사 2급 수준을 넘는 난이도 측면에서 적절하지 않은 문제가 출제되었다.

20
① 무상증자 : 자본 불변
② 자기주식 매입 소각 : 실질적 자본 감소
③ 주식배당 : 자본 불변
④ 이월결손금 보전 발행주식 감소 : 자본 불변

제2과목 원가회계

21	22	23	24	25	26	27	28	29	30
③	③	①	③	②	①	④	②	③	①
31	32	33	34	35	36	37	38	39	40
①	①	③	②	②	②	①	①	③	①

21 ③ 급여 계정 차변에는 당월지급액과 당월미지급액을 기입하고, 급여 계정 대변에는 전월미지급액과 당월선급액을 기입한다.

경비(급여) 계정

당월미지급액	xxx	전월미지급액	xxx
전월선급액	xxx	당월선급액	xxx
당월지급액	xxx	소비액	xxx
	xxx		xxx

22 • 판매가격 = 판매원가 + 판매이익(제조원가의 10%) = 24,000 + (20,000 × 10%) = 26,000
• 판매원가(24,000) = 제조원가(20,000) + 판매비와관리비(4,000)
• 제조원가(20,000) = 직접원가(15,000) + 제조간접원가(5,000)

23

부문원가

실제발생액	250,000	예정배부액	240,000
		과소배부	10,000
	250,000		250,000

• 부족 배부된 10,000만큼 매출원가가 과소계상되어 있으므로 매출원가 차변을 증가시킨다.

24 ① 매몰원가, ② 회피가능원가, ④ 예정원가이다.

25 • 선입선출법에 의한 재료소비액을 구하는 것이므로 출고된 700개를 순차적으로 계산하면 다음과 같다.
• 9월 재료소비액(77,000) = 전월이월(200개) + 9월 5일 입고(400개) + 9월 13일 입고(100개)
= 20,000 + 44,000 + 13,000

26 • 직접원가(1,800,000) = 직접재료원가(800,000) + 직접노무원가(1,000,000)
• 제조지시서#3 제조간접원가(300,000) = 900,000 × (600,000 ÷ 1,800,000)
• 제조지시서#3 제조원가(900,000) = 250,000 + 350,000 + 300,000

27 ④ 일반적으로 인정된 회계원칙에 따라 작성된 재무제표 정보의 제공은 재무회계에 대한 설명이다.

28 ② 발생경비는 재료감모손실(비) 등과 같이 현금의 지출이 없이 발생하는 제조경비를 말한다.

29 ③ 제조부문별 예정배부율에 배부기준의 실제발생분을 곱하여 제품별 제조부문원가 예정배부액을 계산한다.

30 ② 종합원가계산
③ 변동원가계산
④ 표준원가계산

31 **배부차이 조정방법**
• 매출원가 조정법 : 기말재공품, 기말제품이 부담할 배부차이 무시
• 원가요소 비례배분법 : 기말재공품, 제품, 매출원가에 포함된 제조간접원가 비율에 따라 배부차이 배분
• 총원가 비례배분법 : 기말재공품, 기말제품, 매출원가의 총액비율로 배부차이를 배분하는 방법

32 • 직접배부법 : 보조부문 상호 간 용역수수관계 무시
• 단계배부법 : 보조부문 상호 간 용역수수관계 일부 인식
• 상호배부법 : 보조부문 상호 간 용역수수관계 완전 인식

33 원가의 배분목적 : 의사결정에 필요한 정보제공, 성과평가(부문경영자, 종업원 등), 가격결정(매출원가 계산)

34 총노무원가 = (40시간 × 5,000) + (8시간 × 7,500*) = 260,000
* 5,000의 1.5배 = 7,500

35 • 제조간접원가 = 가 + 나 = 9,000,000

– 가. 12,000,000 × $\frac{4}{12}$ = 4,000,000

– 나. 5,000,000

36 결합원가란 동일한 원재료를 동일한 제조공정을 통해 가공하는데 분리점 이전 결합공정에서 발생하는 원가를 말한다.

37 기초원가(300,000) = 직접재료원가(100,000) + 직접노무원가(200,000)
※ 기초원가 = 기본원가 = 직접원가

38 • 평균법에 의한 종합원가계산
• 직접재료원가 : 공정 초 전량 투입
• 가공원가 : 균등 투입

	재료원가	가공원가	
당기완성품(3,000개)	3,000	3,000	
기말재공품(1,000개, 40%)	1,000	400	완성도 40%
완성품환산량	4,000	3,400	
총원가	180,000	68,000	
단위당 원가	@45	@20	

39 • 보조1 = X, 보조2 = Y로 하여 연립방정식을 풀면 다음과 같다.
X = 300,000 + 0.2Y
Y = 400,000 + 0.25X
∴ X = 400,000 Y = 500,000
• 제조1 = 1,000,000 + 160,000(= 0.4X) + 250,000(= 0.5Y) = 1,410,000
• 제조2 = 800,000 + 140,000(= 0.35X) + 150,000(= 0.3Y) = 1,090,000

40 • 계산하기 쉬운 임의의 금액을 반영하면 답을 쉽게 구할 수 있다.
– 예를 들어 월초직접재료재고액을 10,000이라고 가정한다면 월말재고액은 7,000이 된다.

직접재료원가

월초(임의 숫자 반영)	10,000	사용액	13,000
구입액	(10,000)	월 말	7,000
	20,000		20,000

14 T·E·S·T

2019년 9월 시행

정답 및 해설

제1과목 재무회계

01	02	03	04	05	06	07	08	09	10
②	③	③	③	①	②	④	③	③	③
11	**12**	**13**	**14**	**15**	**16**	**17**	**18**	**19**	**20**
①	②	①	③	④	③	①	④	①	④

01 • 자산 : 산업재산권, 건설중인자산, 기타포괄손익-공정가치측정금융자산
• 부채 : 임대보증금

02 ① 임차료의 지급 미이행
② 보험료 기간 미경과분
③ 회계연도 말 행하는 결산수정분개로 타당하지 않다.
④ 이자수익 발생 미수령분

03 ③ 재무상태표는 일정시점의 기업의 재무상태를 보여주는 보고서이다.
• 포괄손익계산서 : 일정기간 동안의 기업의 경영성과를 보여주는 보고서이다.

04 • 기타포괄손익 : 재평가잉여금변동, 기타포괄손익-공정가치측정금융자산평가손익, 해외사업환산손익, 현금흐름위험회피손익, 확정급여제도의 보험수리적손익 등
• 관계기업의 이익에 대한 지분은 당기손익에 반영

05

은행계정조정표

은행측 예금잔액	4,834,500	회사측 예금잔액	4,500,000
(-) 기발행 미인출수표	300,000	(-) 은행수수료	20,500
(+) 은행미기입 예금	350,000	(+) 어음추심	205,000
(-) 은행기입 착오	200,000		
조정 후 잔액	4,684,500	조정 후 잔액	4,684,500

06 토지만 사용할 목적인 경우 토지의 취득원가는 토지와 건물의 일괄구입 대가에 건물철거비용(철거과정에서 발생된 잔존폐물의 매각 수익은 차감)을 가산하여 산정한다.

07 • A 상점 환어음 발행

(차) 매 입	1,000,000	(대) 매출채권(외상매출금)	1,000,000

• C 상점 환어음 인수

(차) 매입채무(외상매입금)	1,000,000	(대) 매입채무(지급어음)	1,000,000

• B 상점 환어음 수취

(차) 매출채권(받을어음)	1,000,000	(대) 매 출	1,000,000

08 • 투자부동산의 사례 유형
- 장기 시세차익을 얻기 위하여 보유하고 있는 토지
- 장래 사용목적을 결정하지 못한 채로 보유하고 있는 토지
- 미래에 투자부동산으로 사용하기 위하여 건설 또는 개발 중인 부동산
- 리스제공자가 운용리스로 제공하기 위하여 보유하고 있는 미사용건물

• 투자부동산이 아닌 항목의 예
- 자가사용부동산
- 금융리스로 제공한 부동산
- 제3자를 위하여 건설, 개발 중인 부동산
- 정상적인 영업과정에서 판매하기 위한 부동산이나 이를 위하여 건설, 개발 중인 부동산

09 ③ 할인발행 시 총 사채이자비용은 액면이자와 할인차금을 합한 금액으로 한다.

발행유형	사채발행차금상각	총사채이자비용
액면발행	0	동일(액면이자)
할인발행	매년 증가	매년 증가(액면이자 + 할인차금)
할증발행	매년 증가	매년 감소(액면이자 − 할증차금)

10 • 내용연수 5년인 자산에 대한 3차연도 감가상각비를 계산할 경우 상각율이 동일하므로 두 방법에 의한 금액이 같다.

- 정액법 : $\frac{(\text{취득원가} - \text{잔존가치})}{\text{내용연수}} = (\text{취득원가} - \text{잔존가치}) \times \frac{1}{\text{내용연수}}$

$\therefore$ 상각률 $= \frac{1}{\text{내용연수}} = \frac{1}{5} = 0.2$

- 연수합계법 : (취득원가 − 잔존가치) × 상각률

$\therefore$ 상각률 $= \frac{\text{당초 잔존 내용연수}}{\text{내용연수합계}(= 1 + 2 + 3 + 4 + 5)} = \frac{3}{15} = 0.2$

11 • 무형자산 : 상표권, 산업재산권, 컴퓨터 소프트웨어
• 기타비유동자산 : 임차보증금

12 ㉢ 재고자산, 유형자산, 리스자산과 무형자산은 금융자산이 아니다. 이러한 실물자산이나 무형자산에 대한 통제는 현금 등 금융자산이 유입될 기회를 제공하지만, 현금 등 금융자산을 수취할 현재의 권리를 발생시키지 않기 때문이다.

㉣ 미래 경제적 효익이 현금 등 금융자산을 수취할 권리가 아니라 재화나 용역의 수취라면 그 자산(예 선급비용)은 금융자산이 아니다.

13 • 매출세액 > 매입세액

부가가치세 예수금(매출세액) − 부가가치세 대급금(매입세액) = 납부세액

• 매출세액 < 매입세액

부가가치세 예수금(매출세액) − 부가가치세 대급금(매입세액) = (−)환급세액

• 제1기분 부가가치세는 1월 ~ 6월 내역이므로 5월 2일과 4일의 거래를 반영할 경우

부가가치세 예수금(130,000) − 부가가치세 대급금(100,000) = 납부세액(30,000)

14 • 회수불능처리

(차)	손실(대손)충당금(기초)	50,000	(대) 매출채권	70,000
	손상차손(= 대손상각비)	20,000		

• 기말 보충

(차)	손상차손(= 대손상각비)	60,000	(대) 손실(대손)충당금	60,000

∴ 손익계산서상 손상차손(= 대손상각비) = 회수불능처리(20,000) + 기말보충액(60,000) = 80,000

15 ④ 유형자산의 효율적 운전을 유지하기 위해 발생한 수선유지비는 당기손익으로 처리한다.

• 후속원가

– 자산 인식요건 충족 시 : 자산의 장부금액에 가산함

– 자산 인식요건 미충족 시 : 일상적인 수선, 유지와 관련하여 발생하는 원가로 발생시점에 당기손익 처리

16

품 목	취득원가	예상판매가격	예상판매비용	순실현가능가치	재고자산평가*1
갑	100	110	20	90	90
을	100	150	20	130	100
병	100	90	10	80	80

*1 저가법에 의한 재고재산평가 = MIN(취득원가, 순실현가능가치)

• 기말재고자산 = 갑(90) + 을(100) + 병(80) = 270

• 매출원가 = 기초재고(200) + 당기매입(1,000) − 기말재고(270) = 930

17

(차) 현 금	61,000,000	(대) 자본금	50,000,000
		주식발행초과금	11,000,000
(차) 주식발행초과금	1,000,000	(대) 현금 등	1,000,000

∴ 자본잉여금 증가분(10,000,000) = 주식발행초과금(11,000,000) − 신주발행비(1,000,000)

18 • 당기손익–공정가치측정금융자산 : 300주 × @110 = 33,000

• 당기순손익 : 처분이익(4,000) + 평가이익(3,000) = 7,000

– 처분이익 : 200주 × (@120 − @100) = 4,000

– 평가이익 : 300주 × (@110 − @100) = 3,000

• 기타포괄손익 : 당기손익–공정가치측정금융자산에 관한 사항이므로 기타포괄손익은 발생하지 아니한다.

19 • 감자차익은 주식소각 시 상환가액(주금반환액)이 액면가액에 미달하는 경우 그 미달액을 말한다.

• 액면금액(@5,000) − 주금반환액(@4,000) = 미달액(@1,000)

20 ④ 자원의 유출가능성이 높고, 금액이 신뢰성 있게 추정된다면 충당부채로 인식한다.

자원의 유출가능성	금액의 신뢰성 있는 추정가능성	
	가 능	불가능
높 음	충당부채	우발부채
높지 않음	우발부채	우발부채

제2과목 원가회계

21	22	23	24	25	26	27	28	29	30
④	①	①	②	①	③	②	④	①	③
31	32	33	34	35	36	37	38	39	40
③	②	③	①	④	④	①	②	②	③

21 • 원가형태
- 변동원가 : 직접재료원가, 직접노무원가, 변동제조간접원가
- 고정원가 : 고정제조원가

22

재공품

기초재공품	500,000	당기제품제조원가	1,600,000
직접재료원가*1	700,000	기말재공품	800,000
직접노무원가	800,000		
제조간접원가	400,000		
	2,400,000		2,400,000

*1 직접재료원가 = 기초재고(200,000) + 당기매입(1,000,000) − 기말재고(500,000) = 700,000

제 품

기초제품	600,000	매출원가*2	1,900,000
당기제품제조원가	1,600,000	기말제품	300,000
	2,200,000		2,200,000

*2 매출원가 = 기초제품(600,000) + 당기제품제조원가(1,600,000) − 기말제품(300,000) = 1,900,000

∴ 매출총이익 = 매출액 − 매출원가 = (매출원가 × 1.1) − 매출원가 = 2,090,000 − 1,900,000 = 190,000

23 • 기회원가 : 포기한 대안 중 최대 금액 혹은 최대 이익

• (주)대한에서 제시한 중고가격 금액을 포기하고 이를 유니세프에 무상으로 기증하였으므로 기회원가는 30,000,000원이 된다.

24

재공품

월초재공품	80,000	당월제품제조원가	1,490,000
직접재료원가*[1]	340,000	월말재공품	60,000
직접노무원가	700,000		
제조간접원가	430,000		
	1,550,000		1,550,000

*1 직접재료원가 = 기초재고(30,000) + 당기매입(350,000) − 기말재고(40,000) = 340,000

제 품

월초제품	150,000	매출원가	1,440,000
당월제품제조원가	1,490,000	월말제품	200,000
	1,640,000		1,640,000

∴ 매출원가 = 월초제품(150,000) + 당월제품제조원가(1,490,000) − 월말제품(200,000) = 1,440,000

25 ① 부문별 원가계산의 마지막 절차는 제조부문에서 발생한 원가를 제품 계정에 대체한다.

26 • 예정배부율 = $\frac{\text{추정 제조간접원가(250,000)}}{\text{추정 직접노무시간(100,000)}}$ = @2.5/시간

• 예정배부액 = 실제 직접노무시간(105,000) × @2.5 = 262,500

제조간접원가

실제발생액	260,000	예정배부액	262,500
과대배부	2,500		
	262,500		262,500

27 • 제조1부문 = $\frac{\text{연간 예산액(10,000,000)}}{\text{연간 기계작업시간(10,000)}}$ = @1,000/시간

• 제조2부문 = $\frac{\text{연간 예산액(5,000,000)}}{\text{연간 직접노동시간(5,000)}}$ = @1,000/시간

28 ④ 이익을 기준으로 사업부가 평가된다면 오토바이 사업부는 기계사용시간을 기준으로 제조간접원가를 배부받기를 원할 것이다(기계사용시간 기준의 제조간접원가 배부가 노무시간 기준 제조간접원가 배부보다 적어지기 때문에).

구 분	자동차 사업부	오토바이 사업부
노무시간	10,000시간	30,000시간
기계사용시간	25,000시간	25,000시간
노무시간 기준 제조간접원가 배부	250,000	750,000
기계사용시간 기준 제조간접원가 배부	500,000	500,000

29 No.1 제조간접원가 = 제조간접원가총액(50,000) × $\frac{\text{No.1 직접노무원가(40,000)}}{\text{직접노무원가총액(100,000)}}$ = 20,000

30 ③ 종합원가계산은 공정을 중심으로 원가계산이 이루어진다.

구 분	종합원가계산	개별원가계산
업종의 형태	단일제품을 대량생산하는 업체에 적합	다품종소량생산하는 업체에 적합
원가계산	공정별로 원가계산이 이루어짐	개별작업별로 원가계산이 이루어짐
초 점	완성품원가와 기말재공품원가의 집계	제조간접원가의 제품별 배부
기말재공품원가	원가배분절차가 필요함	자동적으로 계산됨
증빙서류	제조원가보고서	제조지시서, 개별원가계산표

31 결합원가 : 분리점 이전에 결합공정에서 발생된 원가

32
- 지급임률은 기본임금 산정의 단위당 임률을 의미한다(기본임금과 잔업 등으로 인한 수당에 따라 금액이 다르게 책정되어 종업원의 능력에 따라 차이가 발생될 수 있다).
- 소비임률은 원가계산기간 동안에 소비된 인건비 원가를 계산하기 위한 평균임률을 의미한다(원가계산기간의 임금 총액을 그 기간 총 작업시간으로 나눠 계산한다).

33
- 비제조원가 = 관리팀 급여(120,000) + 영업팀 급여(110,000) + 영업팀 성과급(2,000) + 대리점 판매수수료(3,000) + 관리팀, 영업팀 건물 감가상각비(1,000) = 236,000

34
- A제품의 제조간접원가 배부액 = 실제발생액(50,000) × $\frac{\text{A제품 직접재료원가(40,000)}}{\text{직접재료원가총액(100,000)}}$ = 20,000

35 ④ 1월부터 6월까지 건물을 60,000원에 임차하였을 경우, 6월의 경비 소비액은 10,000원이다.

36
- 제조지시서 #1 제조간접원가 = 2,000,000 × $\frac{650{,}000}{1{,}000{,}000}$ = 1,300,000
- 제조지시서 #1 제조원가 = 50,000 + 300,000 + 650,000 + 1,300,000 = 2,300,000

37

재공품(제1공정)

기초재공품	완성품원가*2
제1공정 투입원가*1	기말재공품

재공품(제2공정)

기초재공품	완성품원가*4
제2공정 투입원가*3	기말재공품

*1 제1공정 투입원가 : 재료원가, 가공원가

*2 완성품원가 : 차공정대체원가

*3 제2공정 투입원가 : 전공정대체원가, 재료원가, 가공원가

*4 완성품원가 : 당기제품제조원가

※ 제1공정 완성품원가가 제2공정 투입원가로 반영되며 전공정원가에 대한 완성도는 100%로 간주하여 계산한다(제1공정 완성품은 중간제품의 형태로 제2공정 초기에 투입됨).

재공품(제2공정)

기초재공품	120단위	완성품*6	420단위
제2공정 투입*5	400단위	기말재공품	100단위
	520단위		520단위

*5 제2공정 투입 : 전공정 완성품환산량

*6 완성품 : 당기제품제조원가

38 A제품 결합원가 배부액(35,000) = 총 결합원가 × $\frac{140,000}{(140,000 + 60,000)}$

∴ 총 결합원가 = 50,000

39
- 생산시점에서 부산물의 가치를 인식하고 있으므로, 결합원가 중 부산물의 순실현가치에 해당하는 부분을 먼저 부산물에 배분하고, 나머지 부분은 주산물에 배분한다.
  - 부산물의 순실현가치 = 40,000 − (10,000 + 15,000) = 15,000
  - 부산물에 배분될 결합원가 = 15,000
  - 주산물에 배분될 결합원가 = 총 결합원가(300,000) − 부산물에 배분된 결합원가(15,000) = 285,000

∴ 주산물 매출원가 = 기초재고(0) + 당기(결합원가 285,000) − 기말재고(25,000) = 260,000

40

재공품(제3공정)

제3공정 월초재공품	900,000	완성품원가(당기제품제조원가)	7,600,000
〈제3공정 투입원가〉		제3공정 월말재공품	800,000
제2공정 완성품원가	4,000,000		
제3공정 직접재료원가	2,000,000		
제3공정 가공원가	1,500,000		
	8,400,000		8,400,000

※ 제3공정에 대체하여 최종공정인 제3공정에서 제품이 완성될 경우, '제3공정 투입원가에 제2공정 완성품원가 + 제3공정 직접재료원가 + 제3공정 가공원가'를 합산 반영한다(제1공정원가는 제2공정에 투입되어 완성되어 차공정으로 대체되었기 때문에 제2공정 완성품원가에 포함된 것으로 해석한다).

T·E·S·T 15

2019년 5월 시행

정답 및 해설

제1과목 재무회계

01	02	03	04	05	06	07	08	09	10
④	①	③	③	④	③	④	①	④	②
11	12	13	14	15	16	17	18	19	20
②	②	②	③	①	④	④	④	③	④

01 ④ 일정한 원칙에 따라 재화의 증감은 물론, 손익의 발생을 원인별로 계산하는 완전한 기입방법이 복식회계(복식부기)이다. 오늘날 대부분의 기업회계, 정부회계 등은 이러한 복식회계제도를 도입하고 있다.

02 조정 후 당기순이익 = 조정 전 당기순이익(300,000) + 조정사항[보험료 선급분(5,000) − 임대료 선수분(20,000) + 이자 미수분(15,000) − 급여 미지급분(30,000)] = 270,000

03 ③ 현금및현금성자산에 대한 설명이며, 보통예금 인출은 현금및현금성자산의 감소를 초래한다.

04 • 자본변동의 기본구조(자본변동표에 최소한 표시되어야 하는 항목)
- 지배기업의 소유주와 비지배지분에게 각각 귀속되는 금액으로 구분하여 표시한 해당 기간의 총포괄손익
- 자본의 각 구성요소별(납입자본, 이익잉여금, 기타자본요소)로 각 항목(당기순손익, 기타포괄손익 등)에 따른 변동액을 구분하여 표시한, 기초시점과 기말시점의 장부금액 조정내역

05 ④ 금융자산 중 현금성자산의 요건을 충족하지 못하는 경우에는 1년을 기준으로 단기금융자산으로 분류된다.

06 • 투자부동산이 아닌 예
- 자가사용부동산
- 금융리스로 제공한 부동산
- 제3자를 위하여 건설, 개발 중인 부동산
- 정상적인 영업과정에서 판매하기 위한 부동산이나 이를 위하여 건설, 개발 중인 부동산

07 • 공정가치모형을 적용한 계산식

	20X2년 공정가치	300,000
(−)	20X1년 공정가치	360,000
	당기손익 미치는 영향(손실)	(−)60,000

• 투자부동산의 측정 : 원가모형 또는 공정가치모형 중 한 가지를 선택하여 적용한다.
- 원가모형 : 감가상각대상자산인 투자부동산인 경우 감가상각비 인식
- 공정가치모형 : 공정가치 변동으로 발생하는 손익 → 당기손익 반영(감가상각대상자산인 경우에도 감가상각하지 않음)

PART 4

08 • 일반적인 상거래 외 재화의 판매나, 용역의 제공 거래 : 미수금, 미지급금 등
• 일반적인 상거래(영업활동)에서 재화의 판매나, 용역의 제공 거래 : 외상매출금, 외상매입금 등

09

(가)	(차) 매 입	200,000	(대) 매입채무(채무 발생)	200,000
(나)	(차) 당좌예금	300,000	(대) 매출채권(채권 소멸)	300,000
(다)	(차) 매출채권(채권 발생)	500,000	(대) 매 출	500,000
(라)	(차) 당좌예금	380,000	(대) 매출채권(채권 소멸)	400,000
	매출채권처분손실	20,000		

10 ② 환어음은 발행인 이외의 제3자가 지급의무를 지는 것으로 관련 회계처리는 다음과 같다.

• 환어음 발행	(차) 매입(또는 외상매입금)	xxx	(대) 매출채권(외상매출금)	xxx
• 환어음 인수	(차) 매입채무(외상매입금)	xxx	(대) 매입채무(지급어음)	xxx
• 환어음 수취	(차) 매출채권(받을어음)	xxx	(대) 매 출	xxx

11 • 9월 22일 매출액 = 250개 × @300 = 75,000
• 9월 22일 매출원가 = 250개 × @150* = 37,500

* 단가(이동평균법 적용) = $\frac{\text{이월재고액(20,000) + 당기매입재고액(40,000)}}{\text{이월수량(200) + 당기매입수량(200)}}$ = @150

∴ 매출총이익 = 매출액(75,000) − 매출원가(37,500) = 37,500

12 • 유형자산 취득원가에 포함되지 않는 항목
- 경영진이 의도하는 방식으로 가동될 수 있으나, 아직 실제로 사용되지 않는 경우
- 가동수준이 완전조업도 수준에 미치지 못하는 경우에 발생하는 원가
- 관련된 산출물에 대한 수요가 형성되는 과정에서 발생하는 가동손실과 같은 초기 가동손실 (ㄹ)
- 기업의 영업 전부 또는 일부를 재배치하거나 재편성하는 과정에서 발생하는 원가(재배치원가)

13 • 신약제조기술에 대한 특허권 취득으로 지출한 금액(700,000)은 취득원가로 계상한다.
• 신약개발 개발비는 특허권 취득원가로 계상하지 않는다.

14 ③ 실물자산, 리스자산과 무형자산은 금융자산이 아니다.
• 실물자산이나 무형자산에 대한 통제는 현금 등 금융자산이 유입될 기회를 제공하지만, 현금 등 금융자산을 수취할 현재의 권리를 발생시키지는 않기 때문에 금융자산이 아니다.

15

경 우	이자율 간의 관계
액면발행	시장이자율 = 액면이자율
할인발행	시장이자율 > 액면이자율
할증발행	시장이자율 < 액면이자율

16 • 퇴직급여 지급(확정급여제도) : 사외적립자산으로 지급

(차) 확정급여채무	1,000,000	(대) 사외적립자산	1,000,000

17 ① 이자수익 : 원칙적으로 유효이자율을 적용하여 발생기준에 따라 수익인식
② 재화의 판매 : 재화 인도되는 시점
③ 상품권 판매 : 재화 인도하고 상품권을 회수하는 시점에서 인식

18 (가) 외상매출금(상품매출 신용카드 결제 시) 100,000 증가

(차) 외상매출금	100,000	(대) 매 출	100,000

(나) 외상매입금(판매용 상품 구입에 따른 신용카드 결제 시) 100,000 증가

(차) 매 입	100,000	(대) 외상매입금	100,000

19

①	(차) 현 금	50,000	(대) (수입)임대료	50,000
②	(차) 비 품	50,000	(대) 현 금	50,000
③	(차) 당좌예금*	50,000	(대) (상품)매출	50,000
④	(차) 현금과부족	50,000	(대) 현 금	50,000

*당점발행 당좌수표 회수 시 당좌예금 계정을 사용하며, 동점발행 당좌수표 수령 시에는 현금(타인발행수표) 계정을 사용한다.

20 ① 상품권 판매 : 재화인도하고 상품권을 회수하는 시점에서 매출 계정으로 처리
② 시용판매 : 고객의 매입의사를 밝힌 시점에서 매출 계정으로 처리
③ 위탁판매 : 상품을 수탁자가 제3자에게 판매한 시점에서 매출 계정으로 처리
④ 할부판매 : 장·단기 구분없이 재화가 인도되는 시점에서 매출 계정으로 처리

PART 4

제2과목 원가회계

21	22	23	24	25	26	27	28	29	30
④	②	③	④	②	②	③	④	①	④
31	**32**	**33**	**34**	**35**	**36**	**37**	**38**	**39**	**40**
②	①	③	③	③	③	①	②	③	④

21 • 제조원가 : 공장 청소사원의 노무원가와 식대, 제조를 위한 기계장치의 감가상각비, 수리비, 생산부서의 시간외 야근수당, 야근식대
• 비제조원가 : 영업부서의 급여, 인센티브

22

원 가	자 산	수익획득에 아직 사용되지 않은 부분(재고자산)
	비 용	수익획득에 사용된 부분(매출원가)
	손 실	수익획득에 기여하지 못하고 소멸된 부분(원가성 없는 재고자산감모손실 등)

23 ① 기초원가(기본원가) = 직접재료원가 + 직접노무원가
② 제조간접원가 : 간접노무원가만 반영(직접노무원가는 포함하지 않음)
③ 제조간접원가 = 변동제조간접원가 + 고정제조간접원가
④ 직접원가 : 특정제품에 소비된 원가를 추적할 수 있어 직접 부과

24 원가배분기준 : 인과관계기준, 수혜이득기준, 부담능력기준, 공정성 또는 공평성기준, 증분기준

25 • 재료감모손실량 = 월말장부재고량(300개) − 월말실제재고량(280개) = 20개
• 재료감모손실액 = 정상감모손실*1(3,000) + 비정상감모손실*2(7,000) = 10,000
*1 정상감모손실(제조간접원가 계정) = 6개 × @500 = 3,000
*2 비정상감모손실(손익 계정) = 14개 × @500 = 7,000

(차) 제조간접원가	3,000	(대) 재료감모손실	10,000
손 익	7,000		

26

제조부문원가

실제발생액	50,000	예정배부액	55,000
부문원가배부차이	5,000		
	55,000		55,000

• 실제발생액 < 예정배부액 : 과대배부

(차) 제조부문원가	5,000	(대) 부문원가배부차이	5,000

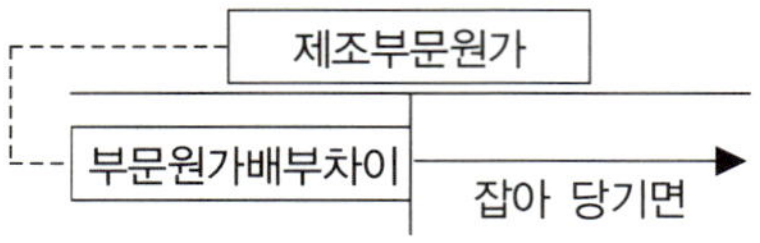

제조부문원가와 부문원가배부차이를 묶고 부문원가배부차이를 오른쪽으로 잡아 당기면 제조부문원가가 왼쪽으로 떨어지면서 위와 같이 회계처리됨

27 • 공장전체 배부율

− 공장전체 배부율 = $\frac{\text{부문원가(28,000)}}{\text{직접노동시간(1,000시간)}}$ = @28/시간

− 제품 A의 공장전체 배부율 사용 = 100시간 × @28/시간 = 2,800

• 부문별 배부율
− 제1부문 : 제1부문(12,000) ÷ 직접노동시간(600시간) = @20/시간
− 제2부문 : 제2부문(16,000) ÷ 직접노동시간(400시간) = @40/시간
− 제품 A의 부문별 배부율 사용 = 제1부문*1(900) + 제2부문*2(2,200) = 3,100
*1 제1부문(45시간 × @20/시간 = 900)
*2 제2부문(55시간 × @40/시간 = 2,200)

28 • 원가배부기준 중 인과관계기준 : 원가대상에 제공된 특정활동에 비례하여 공통원가를 배분하는 방법
• 제시된 내용에서 [제조간접원가는 직접 노동시간과 비례관계가 있다]는 단서를 통해 인과관계기준임을 파악할 수 있다.

29 • 제조부문2 배부(직접배부법)

− 동력부문 = 75,000 × $\frac{25\%}{50\% + 25\%}$ = 25,000

− 수선부문 = 60,000 × $\frac{40\%}{40\% + 40\%}$ = 30,000

∴ 제조부문2 배분될 보조부문의 부문원가 총액 = 25,000 + 30,000 = 55,000

30 ④ 정상개별원가계산은 실제직접재료원가와 실제직접노무원가는 인과관계에 따라 제품별로 직접 부과하고 제조간접원가는 예정배부율을 이용하여 제품별로 배부한다.

31 • 물량기준법을 적용하여 결합원가를 배부함으로 이를 고려하여 B에 배부될 결합원가를 계산한다.
• 비례식
A의 생산량(400개) : B의 생산량(1,200개) = A에 배부될 결합원가(₩50,000) : B에 배부될 결합원가

∴ B에 배부될 결합원가 = $\frac{1,200개 \times ₩50,000}{400개}$ = 150,000

32 • 평균법에 의한 완성품환산량 단위당 원가(모든 제조원가는 공정 전반에 걸쳐 균등하게 발생하므로 재료원가와 가공원가를 합산하여 계산한다)

	재료원가 + 가공원가
당월완성품수량	100
월말재공품의 완성품환산량	50
완성품환산량	150
당월총제조원가 + 월초재공품원가	750,000
완성품환산량	150
단위당 원가	@5,000

33 2개 이상의 제조공정을 거쳐 제품을 연속 대량생산하는 공정별 종합원가계산 형태에서, 제1공정에서 제2공정으로 투입되는 완성품을 전공정 대체품이라고 한다.

34

재공품

기초재공품	62,000	당기제품제조원가	(594,000)
당기총제조원가	580,000	기말재공품	48,000
	642,000		642,000

제 품

기초제품	35,000	매출원가	585,000
당기제품제조원가	594,000	기말제품	44,000
	629,000		629,000

∴ 매출총이익 = 매출액(1,000,000) − 매출원가(585,000) = 415,000

35 ③ 부문별 원가 배부순서 : 보조부문(원가집합) → 제조부문(중간원가 대상) → 제품(최종원가대상)

36 • 제조부문 배부(직접배부법)

− 동력부문 = 300,000 × $\frac{40\%}{(40\% + 40\%)}$ = 150,000(제조1부문, 제조2부문 동일)

− 수선부문 = 200,000 × $\frac{30\%}{(30\% + 30\%)}$ = 100,000(제조1부문, 제조2부문 동일)

− 제조1부문 = 자기부문(500,000) + 동력부문(150,000) + 수선부문(100,000) = 750,000
− 제조2부문 = 자기부문(400,000) + 동력부문(150,000) + 수선부문(100,000) = 650,000

• 제조1부문 단가 = $\frac{750,000원}{1,000시간}$ = @ 750/시간

• 제조2부문 단가 = $\frac{650,000원}{500시간}$ = @1,300/시간

37 제조간접원가 = 생산부서 식대(8,000) + 감가상각비(공장)(2,000) + 보험료(공장화재보험)(1,500) + 지급임차료(생산설비)(1,500) + 수선비(공장 시설)(1,100) = 14,100

38 ② [부문공통원가는 배부기준에 따라 배부]는 제2단계 부문별 원가계산에서 처리될 내용이다.

39

재공품

기초재공품	100,000	당기제품제조원가	1,000,000
직접재료원가	500,000	기말재공품	200,000
직접노무원가	X		
제조간접원가	X의 50%		
	1,200,000		1,200,000

∴ X = 400,000

• 기본원가(900,000) = 직접재료원가(500,000) + 직접노무원가(400,000)

40 • 부문별 원가계산

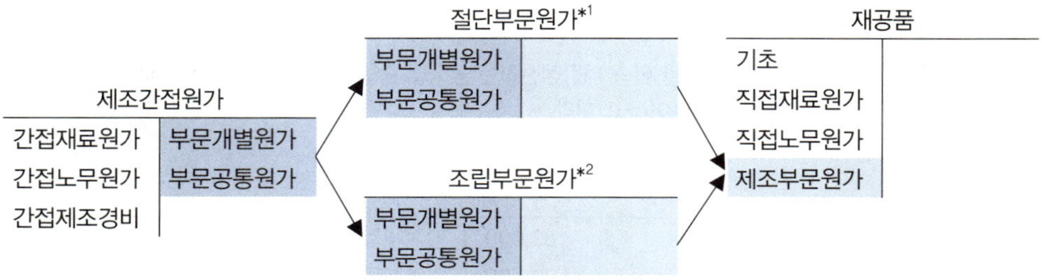

*1 절단부문원가와 부문개별・공통원가를 묶고 부문개별・공통원가를 오른쪽으로 당기면 절단부문원가가 왼쪽으로 떨어지면서 아래와 같이 회계처리됨

(차) 절단부문원가	80,000	(대) 제조간접원가 (부문개별・공통원가)	80,000

*2 조립부문원가와 부문개별・공통원가를 묶고 부문개별・공통원가를 오른쪽으로 당기면 조립부문원가가 왼쪽으로 떨어지면서 아래와 같이 회계처리됨

(차) 조립부문원가	90,000	(대) 제조간접원가 (부문개별・공통원가)	90,000

∴ 부문원가 실제발생액을 인식하는 분개는 아래와 같이 처리됨

(차) 절단부문원가	80,000	(대) 제조간접원가	170,000
조립부문원가	90,000		

TEST 16

2019년 2월 시행

정답 및 해설

제1과목 재무회계									
01	02	03	04	05	06	07	08	09	10
④	②	②	②	③	②	③	③	③	②
11	12	13	14	15	16	17	18	19	20
②	④	④	④	④	④	③	①	③	③

01
- 3전표제 : 입금전표, 출금전표, 대체전표
- 5전표제 : 입금전표, 출금전표, 대체전표, 매입전표, 매출전표
- 상품 매입과 현금으로 대금을 지급한 경우이므로 5전표제에서 출금전표와 매입전표를 발행한다.

02
- 영업활동으로 인한 현금흐름 : 매출채권의 감소, 재고자산의 감소(현금흐름을 증가시키는 것이므로 가산함)
- 투자활동으로 인한 현금흐름 : 유형자산의 처분
- 재무활동으로 인한 현금흐름 : 단기차입금의 차입

증감변화	이익 관계	현금흐름 관계
자산 ↑	이익 ↑	현금흐름 ↓
자산 ↓	이익 ↓	현금흐름 ↑
부채 ↑	이익 ↓	현금흐름 ↑
부채 ↓	이익 ↑	현금흐름 ↓

03

당기순이익	xxx
(포괄)손익계산서 조정(당기손익 중 영업활동이 아닌 손익제거)	xxx
재무상태표 조정(영업활동 자산, 부채의 증감 고려)	xxx
영업활동 현금흐름	xxx

유동부채	재무활동	단기차입금, 미지급금, 유동성장기부채 등
	영업활동	매입채무, 예수금, 선수금, 선수수익 등
비유동부채	재무활동	사채, 장기차입금 등
	영업활동	퇴직급여충당부채, 제품보증충당부채, 이연법인세부채 등

당기순이익		10,000,000
[현금유출이 없는 손익제거]		
감가상각비	(+)	500,000
유형자산처분이익	(−)	100,000
무형자산상각비	(+)	300,000
[재무상태표 조정]		
퇴직급여부채의 증가	(+)	200,000
영업활동 현금흐름		10,900,000

04 • 현금과부족 인식시점

(차) 현 금	80,000	(대) 현금과부족	80,000

• 결산 시 수정분개

(차) 현금과부족	80,000	(대) 복리후생비	36,000
		잡이익*	44,000

* 기중 내역 중 결산시점까지 원인이 파악되지 않은 부분에 대해 잡이익(또는 잡손실)으로 처리

현금과부족

12/31 복리후생비	36,000	12/31 현 금	80,000
12/31 잡이익(원인 확인불가)	44,000		
	80,000		80,000

05 • 현금및현금성자산 = 지폐와 동전(40,000) + 타인발행 당좌수표(120,000) + 배당금지급통지표(30,000) + 만기가 2개월 이내인 채권*(200,000) = 390,000

* 취득일로부터 만기일 또는 상환일이 3개월 이내인 경우에만 현금성자산으로 분류된다.

06 • 금융자산의 재분류

구 분	재분류	재분류일
지분상품	원칙적으로 불가능	−
파생상품		−
채무상품	사업모형 변경 시 가능	사업모형의 변경 후 첫 번째 보고기간의 첫 번째 날 (기중 사업모형 변경되는 경우 다음 회계연도 초에 재분류하게 됨)

07 • 부동산 취득 목적에 따른 계정과목

취득 목적	계정과목
본사확장 이전을 위한 건물구입 계약 시 계약금	건설중인자산
장기 시세차익을 얻기 위하여 구입하는 부동산	투자부동산
영업활동을 위한 취득 완료한 건물	건 물

08 • 투자부동산의 예

- 장기 시세차익을 얻기 위하여 보유하고 있는 토지
- 장래 사용목적을 결정하지 못한 채로 보유하고 있는 토지
- 미래에 투자부동산으로 사용하기 위하여 건설 또는 개발 중인 부동산
- 리스제공자가 운용리스로 제공하기 위하여 보유하고 있는 미사용건물

• 투자부동산이 아닌 예

- 자가사용부동산
- 금융리스로 제공한 부동산
- 제3자를 위하여 건설, 개발 중인 부동산
- 정상적인 영업과정에서 판매하기 위한 부동산이나 이를 위하여 건설, 개발 중인 부동산

09 ① 9월 10일 현재 외상매출금 계정의 잔액 : 대한상점(800,000) + 민국상점(600,000) = 1,400,000

② 10월 11일 대한상점의 외상매출금 회수액 : 대한상점의 대변 현금 200,000

③ 11월 25일 현재 외상매출금 계정의 잔액 : 대한상점(600,000) + 민국상점(100,000) = 700,000

④ 8월 10일 민국상점의 외상매출금 미회수액 : 전기이월(200,000) + 8월 10일 매출(400,000) = 600,000원

10 • 미지급금 : 일반적 상거래 외의 거래에서 일시적 채무가 발생한 경우 사용하는 계정과목

예 상품매매 이외의 비용지출, 유・무형자산 등의 취득, 단기차입금 상환 등

• 회계처리

(가)	(차) 복리후생비	100,000	(대) 미지급금		100,000
(나)	(차) 단기차입금	1,000,000	(대) 미지급금		1,000,000
(다)	(차) 토 지	20,000,000	(대) 미지급금		20,000,000

11 ② 기업이 종업원이나 거래처 등으로부터 차용증서를 받고 1년 이내에 회수하는 조건으로 현금 등을 빌려 준 경우 단기대여금 계정의 차변에 기입한다(회수 시 대변에 기입하여 상계).

12

재고자산

1/1	기초재고	300,000	매출원가*1	1,400,000
8/5	순매입액*2	1,480,000	기말재고	(380,000)
		1,780,000		1,780,000

*1 매출원가 = 순매출액(2,000,000원) × (1 − 매출총이익률 0.3) = 1,400,000

*2 순매입액 = 총매입액(1,500,000원) − 매입환출액(20,000) = 1,480,000

• 매출원가(1,400,000) = 기초재고(300,000) + 순매입액(1,480,000) − 기말재고

∴ 기말재고 : 380,000원

• 8월 5일 시점의 재고액는 380,000원이며 해당 재고는 모두 화재로 인해 소실되었으므로 화재로 인해 소실된 재고자산은 380,000원이 된다.

13

유형자산의 취득원가 = 구입가격 + 취득 관련 직접원가

• 토지 취득 관련 직접원가는 취득세 등의 취득과 관련된 비용이 포함되며, 토지를 사용가능한 상태로 만들기 위해 지출하는 구획정리비용, 개발부담금 등도 취득원가에 포함된다.

• 토지만 사용할 목적인 경우 토지의 취득원가는 토지와 건물의 일괄구입 대가에 건물철거비용(철거과정에서 발생된 잔존폐물의 매각수익은 원가에서 차감)과 토지정지비용을 가산하여 산정한다.
• 토지의 취득원가 = 구입금액(80,000,000) + 소유권이전 제비용(500,000) + 건물철거비용(1,000,000) − 구건물 철거부수입(500,000) = 81,000,000
※ 신건물 설계비는 (신)건물에 반영한다.

14 ④ 무형자산을 취득한 후에 이를 사용하거나 재배치하는데 발생하는 원가는 무형자산의 장부가액에 포함하지 아니한다.

15 • 배당금 : 배당가능이익의 5%
− 배당금 = 당기순이익(10,000,000) × 5% = 500,000
• 이익준비금 : 이익준비금은 자본금의 1/2에 달할 때까지 이익배당액(금전배당과 현물배당)의 10% 이상을 의무적으로 적립
− 이익준비금 = 배당금(500,000) × 10% = 50,000

16 • 비용의 경우 미래 경제적 효익이 없거나 미래 경제적 효익에 대한 불확실성이 큰 비용은 발생시점에서 즉시 비용화한다. 예 광고선전비, 급여, 소모품비 등

17 • 추세분석 : 여러 회계기간 동안의 재무제표의 시계열자료를 분석하는 방법(수평적 분석이라고도 함)
• 구성비율분석 : 한 기간의 재무제표를 구성하는 각 재무제표 항목의 상대적인 크기를 백분율로 표시하여 비교분석하는 방법

18 • 수익인식의 5단계
− 1단계 : 고객과의 계약 식별
− 2단계 : 별도의 수행의무 식별(수행의무 식별)
− 3단계 : 거래가격의 산정(거래가격을 산정)
− 4단계 : 각 수행의무에 거래가격 배분(거래가격을 계약 내 수행의무에 배분)
− 5단계 : 각 수행의무 충족 시 수익인식(수행의무를 이행할 때 수익을 인식)

19 • 연령분석법에 의한 손상(대손) 추정 자료

매출채권(원)	손상(대손)추정률(%)	손상(대손)추정액(원)
500,000	0.5	2,500
50,000	5	2,500
10,000	10	1,000
10,000	20	2,000
합 계		8,000

• 당기 손상(대손)추정액(8,000) − 기초 손실(대손)충당금 잔액(5,000) = 3,000(결산 시 추가 설정될 금액으로 차변에 기입)

20 ① 회계기간 중의 주식분할은 희석주당순이익의 크기에 영향을 미친다(주식분할의 경우 유통보통주식수의 변동).
② 회계기간 중의 주식분할은 납입자본에 영향을 미치지 아니한다(불변).
③ 회계기간 중의 주식배당은 총 주식수의 변동을 초래한다(주식수 증가).
④ 회계기간 중의 주식배당을 하더라도 1주당 액면가액은 변하지 않는다.

제2과목 원가회계

21	22	23	24	25	26	27	28	29	30
④	③	③	③	②	②	②	④	④	④
31	32	33	34	35	36	37	38	39	40
①	①	④	③	④	①	①	④	③	④

21 ④ 비정상적 또는 우발적으로 발생한 가치의 감소 및 과다소비는 원가에 포함하지 아니한다.
- 비원가항목 : 일반적인 원가개념을 충족시키지 아니하는 경제가치의 감소
  예 이상 상태(비정상적, 우발적 상태)를 원인으로 하는 가치의 감소

22 변동원가 : 조업도의 변동에 따라 단위당 원가는 일정하고, 원가총액이 증감하는 원가

23
- 다양한 제품을 만드는 공장의 공장건물 감가상각비는 제조간접원가의 예이다.
- 제조간접원가 : 직접재료원가와 직접노무원가를 제외한 공장에서 발생하는 모든 제조원가
  예 간접재료원가, 간접노무원가, 전력비, 감가상각비, 보험료, 세금과공과 등

24

재공품

기초재공품	500,000	당기제품제조원가*2	1,000,000
당기총제조원가*1	1,400,000	기말재공품(#101)	900,000
	1,900,000		1,900,000

*1 당기총제조원가 = 작업지시서 #101(900,000) + 작업지시서 #102(500,000) = 1,400,000
*2 당기제품제조원가 = 작업지시서 #102[기초재공품(500,000) + 작업지시서 #102(500,000)] = 1,000,000

제 품

기초제품	1,000,000	매출원가	700,000
당기제품제조원가	1,000,000	기말제품	1,300,000
	2,000,000		2,000,000

25
- 부문별 원가계산 순서
  1) [제조간접원가의 부문별 집계(부문직접원가(= 부문개별원가ⓛ) 부과 → 부문간접원가(= 부문공통원가㉠) 배부)]
  2) [보조부문원가를 제조부문에 배부ⓒ]
  3) [제조부문원가를 제품에 배부ⓔ]

26 ② 개별제품과 직접적인 인과관계가 없는 원가(간접원가)라 하더라도 원가집합에 집계, 배부기준을 결정하여 배부한다.

27
- 배부기준 : 종업원 수

∴ 복리후생비 공통부문원가 총 발생액(700,000원) $\times \dfrac{\text{동력부문(15명)}}{\text{총 종업원 수(70명)}}$ = 150,000원

PART 4

28 가. 공장건물 화재보험료 1년분(600,000) ÷ 12 = 공장건물 1개월분 화재보험료(50,000)
나. 공장건물 임차료 당월 미지급분 100,000
다. 기계장치에 대한 당기분 감가상각비(1,200,000) ÷ 12 = 기계장치 1개월분 감가상각비(100,000)
∴ 당월 제조경비 소비액 = 공장건물 1개월분 화재보험료(50,000) + 공장건물 임차료 당월분(100,000) + 기계장치 당월분 감가상각비(100,000) = 250,000

29
- 제조간접원가 배부율 = $\frac{\text{제조간접원가}(1,800,000)}{\text{기계시간}(6,000)}$ = @300
- 제빵 제조간접원가 배부 = @300 × 3,000시간 = 900,000

30

	조립수량	직접재료원가*1	가공원가*2	
기초재공품	8	0	4	(1 − 50%)
당기완성	46	38*3	38*3	(완성품수량 − 기초재공품수량)
기말재공품	12	12	6	완성도 50%
완성품환산량		50	48	

*1 선입선출법에 의한 종합원가계산에서 직접재료원가는 공정 초기에 전량 투입하므로 기초재공품에 대한 당기 재료원가 투입분은 없으며 당기착수 당기완성품과 기말재공품에 대하여는 전량 투입한다.
*2 선입선출법에 의한 종합원가계산에서 가공원가는 완성도에 비례하여 투입한다.
*3 당기착수 당기완성품(38) = 당기완성량(46) − 기초재공품(8)

31 2개 이상의 제조공정을 거쳐 제품을 연속 대량생산하는 형태의 원가계산으로, 전공정에서 다음 공정으로 대체되는 전공정원가를 다음 공정의 제조원가에 가산한다. 이때 대체되는 전공정원가의 완성도는 100%이다.

32 ① 종합원가계산의 단위당 원가는 발생한 모든 원가요소를 집계한 당기총제조원가에 기초재공품원가를 가산한 후 그 합계액을 완성품과 기말재공품에 안분계산함으로써 완성품총원가를 계산하고, 이를 제품단위에 배분하여 산정한다.

33 ④ 어떤 희생을 치름으로써 미래 경제적 효익을 획득할 수 있을 것으로 예상되는 경우, 그 희생을 미래로 이연하는 원가를 미소멸원가라 하며, 재무상태표에 자산으로 계상한다.
- 자산 관련성에 따른 분류
  - 소멸원가 : 수익을 획득하는 과정에서 소멸된 원가 또는 소비된 자산
  - 미소멸원가 : 미래 경제적 효익을 얻을 수 있는 것으로 예상되는 경우 이연된 원가, 자산

34
- 실제 발생한 제조간접원가 > 예정 배부한 제조간접원가 : 과소배부
- 실제 발생한 제조간접원가 < 예정 배부한 제조간접원가 : 과대배부

※ 과대·과소배부의 기준은 실제 발생한 제조간접원가를 중심으로 판단한다.

35

제조간접원가

실제발생액	1,800,000	예정배부액	1,600,000
		과소배부	200,000
	1,800,000		1,800,000

- 예정배부율 = $\frac{\text{제조간접비원가(1,200,000)}}{\text{직접노무원가(600,000)}}$ = @2
- 예정배부액 = 실제 직접노무원가(800,000) × @2 = 1,600,000

36 제조기업 재고자산 : 원재료, 재공품, 제품 등

37 • 제조간접원가 → 재공품 계정 대체

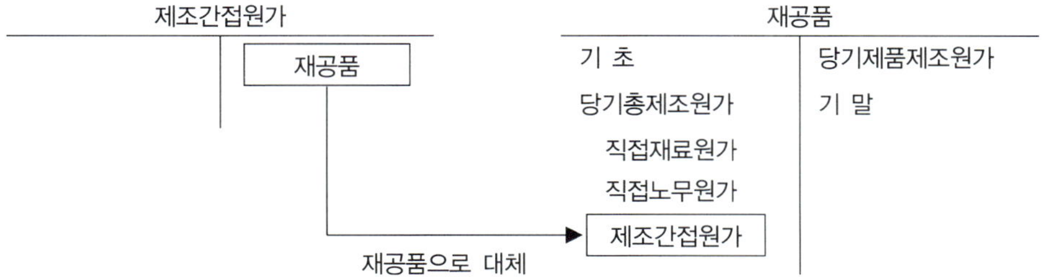

- 회계처리

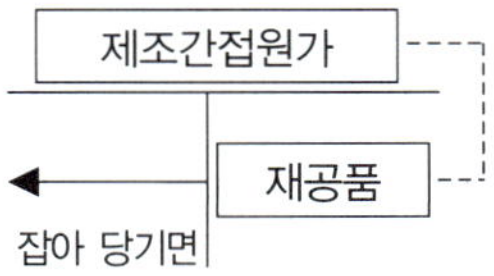

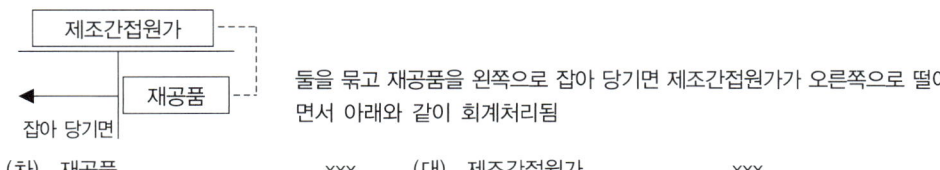

둘을 묶고 재공품을 왼쪽으로 잡아 당기면 제조간접원가가 오른쪽으로 떨어지면서 아래와 같이 회계처리됨

(차) 재공품	xxx	(대) 제조간접원가	xxx

38 • 원가배부기준
- 인과관계기준 : 원가대상에 제공된 특정활동에 비례하여 배부하는 방법
- 수혜이득기준 : 원가대상에 제공된 경제적 효익에 비례하여 배부하는 방법
- 부담능력기준 : 수익창출기준(매출액), 이익창출능력(이익)에 비례하여 공통원가를 배부하는 방법
- 공정성 또는 공평성기준 : 독립적으로 수행될 경우의 원가에 비례하여 배분하는 방법

39 • 제조간접원가 = 간접재료원가(50,000) + 간접노무원가(100,000) + 수선유지비(50,000) + 수도광열비(30,000)
= 230,000

※ 외주가공원가의 경우 제품별로 추적 가능하므로 제조간접원가에 해당되지 아니함

40 • 기계수선비 당월소비액 = 전월선급액(25,000) + 당월지급액(240,000) − 당월말선급액(45,000) = 220,000
- 외주가공원가 당월소비액 = 당월지급액(500,000) + 당월미지급액(80,000) − 전월미지급액(50,000) = 530,000

∴ 지급제조경비 당월소비액 = 기계수선비 당월소비액(220,000) + 외주가공원가 당월소비액(530,000) = 750,000

무료 동영상을 제공하는 전산회계운용사 2급 필기

개정14판1쇄 발행	2026년 01월 05일 (인쇄 2025년 09월 26일)
초 판 발 행	2014년 03월 15일 (인쇄 2013년 11월 07일)
발 행 인	박영일
책 임 편 집	이해욱
편 저	고민석
편 집 진 행	김준일 · 백한강 · 권민협
표지디자인	조혜령
편집디자인	김기화 · 고현준
발 행 처	(주)시대고시기획
출 판 등 록	제10-1521호
주 소	서울시 마포구 큰우물로 75 [도화동 538 성지 B/D] 9F
전 화	1600-3600
팩 스	02-701-8823
홈 페 이 지	www.sdedu.co.kr

I S B N	979-11-434-0022-2 (13320)
정 가	20,000원

※ 잘못된 책은 구입하신 서점에서 바꾸어 드립니다.

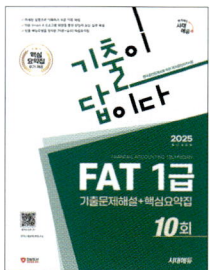

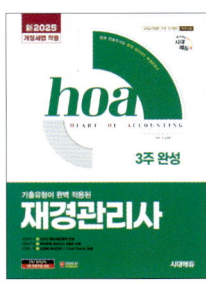